U0216133

吉林人民出版社

简体字本二十六史

北史

卷三一——卷六一

（二）

〔唐〕 李延寿 撰

陈 勇等 标点

北史卷三一
列传第一九

高允　高祐　卢曹

高允字伯恭,勃海蓨人,汉太傅袅之后也。曾祖庆,慕容垂司空。祖父泰,吏部尚书。父韬,少以英朗知名,同郡封懿雅相推敬。亦仕慕容垂,为太尉从事中郎。道武平中山,以为丞相参军,早卒。

允少孤夙成,有奇度,清河崔宏见而异之,叹曰:"高子黄中内润,文明外照,必为一代伟器,但吾恐不见耳。"年十余岁,祖父泰丧,还本郡。允推财与二弟而为沙门,名法净,未久而罢。性好文学,担笈负书,千里就业。博通经史、天文、术数,尤好《春秋公羊》。曾作《塞上翁诗》,有混欣戚、遗得丧之致。

神麚三年,太武舅阳平王杜超行征南大将军,镇邺,以允为从事中郎,年四十余矣。超以方春而诸州囚不决,表允与中郎吕熙等分诣诸州,共评狱事。熙等皆以贪秽得罪,唯允以清平获赏。府解,还家教授,受业者千余人。

四年,与卢玄等俱被征,拜中书博士,迁侍郎。与太原张伟并以本官领卫大将军乐安王范从事中郎。范,太武宠弟,西镇长安,允甚有匡益,秦人称之。寻被征还。乐平王丕西讨上邽,复以本官参丕军事。以谋平凉州之勋,赐爵汶阳子。

后奉诏领著作郎,与司徒崔浩述成国记。时浩集诸术士,考校汉元以来,日月薄蚀,五星行度,并讥前史之失,别为魏历以示允。允曰:"善言远者,必先验于近。且汉元年冬十月,五星聚于东井,此乃历术之浅事。今讥汉史而不觉此谬,恐后之讥今,犹今之讥古。"浩曰:"所谬云何?"允曰:"案《星传》,金、水二星,常附日而行,冬十月,日旦在尾、箕,昏没于申南,而东井方出于寅北,二星何因背日而行? 是史官欲神其事,不复推之于理。"浩曰:"欲为变者,何所不可? 君独不疑三星之聚,而怪二星之来。"允曰:"此不可以空言争,宜更审之。"时坐者咸怪,唯东宫少傅游雅曰:"高君长于历,当不虚言也。"后岁余,浩谓允曰:"先所论者,本不经心,及更考究,果如君语。以前三月聚于东井,非十月也。"又谓雅曰:"高允之术,阳源之射也。"众乃叹服。允虽明于历数,初不推步有所论说。惟游雅数以灾异问允。允曰:"昔人有言,知之甚难,既知,复恐漏泄,不如不知也。天下妙理至多,何遽问此。"雅乃止。寻以本官为秦王翰傅。后敕以经授景穆,甚见礼待。又诏允与侍郎公孙质、李灵、胡方回共定律令。

太武引允与论刑政,言甚称旨。因问允"万机何者为先。"时多禁封良田,又京师游食众。允因曰:"臣少也贱,所知唯田,请言农事。古人云:方一里则为田三顷七十亩,方百里则田三万七千顷。若劝之,则亩益三升。不劝,则亩损三升。方百里损益之率,为粟二百二十二万斛,况以天下之广乎?若公私有储,虽遇饥年,复何忧乎?"帝善之,遂除田禁,悉以授百姓。

初崔浩荐冀、定、相、幽、并五州士数十人,各起家为郡守。景穆谓浩曰:"先召之人,亦州郡选也,在职已久,勤劳未答。今可先补前召,外任郡县;以新召者代为郎吏。又守令宰人,宜使更事者。"浩固争而遣之。允闻之,谓东宫博士管恬曰:"崔其不免乎! 苟逞其非而校胜于上,何以能济?"

辽东公翟黑子有宠于太武,奉使并州,受布千疋。事发,黑子问允:"主上问我,首乎? 讳乎?"允曰:"公帏幄宠臣,答诏宜实。"中书侍郎崔鉴、公孙质等咸言宜讳之。黑子以鉴等为亲己,怒而绝允,而不以实对,终获罪戮。

时著作令史闵湛、郄标性巧佞,为崔浩信待。见浩所注《诗》、

《书》、《论语》及《易》，遂上疏言马、郑、王、贾不如浩之精微，请收藏境内诸书，班浩所注。并求敕浩注《礼》、《传》。浩亦表荐湛有著述才。湛等又劝浩刊所撰国史于石，以彰直笔。允闻之，谓著作郎宗钦曰："闵湛所营分寸之间，恐为崔门万世之祸，吾徒无类矣。"未几而难作。

初，浩之被收，允直中书省。景穆使召允，留宿宫内。翌日，命骖乘至宫门，谓曰："入当见至尊，吾自导卿，脱至尊有问，但依吾说。"既入见，景穆言允小心慎密，且微贱，制由于浩，请赦之。帝召允谓曰："国书皆浩作不？"允曰："《太祖记》，前著作郎邓彦海所撰；《先帝记》及《今记》，臣与浩同作，然而臣多于浩。"帝大怒曰："此甚于浩，安有生路？"景穆曰："天威严重，允迷乱失次耳。臣向问，皆云浩作。"帝问："如东宫言不？"允曰："臣罪应灭族，不敢虚妄。殿下以臣侍讲日久，哀臣乞命耳。实不问臣，不敢迷乱。"帝谓景穆曰："直哉！此亦人情所难，而能临死不移。且对君以实，贞臣也，宁失一有罪，宜宥之。"允竟得免。于是召浩前，使人诘，惶惑不能对。允事事申明，皆有条理。时帝怒甚，敕允为诏，自浩以下，僮吏以上，一百二十八人皆夷五族。允持疑不为，频诏催切，允乞更一见，然后为诏。诏引前，允曰："浩之所坐，若更有余衅，非臣敢知。直以犯触，罪不至死。"帝怒，命介士执允。景穆拜请，帝曰："无此人忿朕，当有数千口死矣！"浩竟族灭，余皆身死。宗钦临刑叹曰："高允其殆圣乎！"

景穆后让允，以不同己所导之言而令帝怒。允曰："夫史籍，帝王之实录，将来之炯诫，今之所以观往，后之所以知今。是以言行举动，莫不备载，故人君慎焉。然浩世受殊遇，荣曜当时，私欲没其公廉，爱憎蔽其直理，此浩之责也。至于书朝廷起动之迹，言国家得失之事，此为史之本体，未为多违。然臣与浩实同其事，死生义无独殊。诚荷殿下再造之慈，违心苟免，非臣之意。"景穆动容称叹。允后与人言曰："我不奉东宫导旨者，恐负翟黑子也。"

景穆季年，颇亲近左右，营立田园，以收其利。允谏曰："殿下，国之储贰，四海属心，言行举动，万方所则。而营立私田，畜养鸡犬，乃至贩酤市厘，与人争利，议声流布，不可追掩。夫天下者，殿下之天下，富有四海，何求而不获？何欲而弗从？而与贩夫贩妇竞此尺寸？愿殿下少察过言，斥出佞邪，所在田园，分给贫下。如此，则休声日至，谤议可除。"景穆不纳。景穆之崩也，允久不进见，后见，升阶献欷，悲不能止。帝流泪，命允使出。左右莫知其故，相谓曰："允无何悲泣，令至尊哀伤，何也？"帝闻之，召而谓曰："汝不知高允悲乎？崔浩诛时，允亦应死。东宫苦请，是以得免。今无东宫，允见朕悲耳。"

先是，敕允集天文灾异，使事类相从，约而可观。允依《洪范传》、《天文志》，撮其事要，略其文辞，凡为八篇。帝览而善之，曰："高允之明灾异，亦岂减崔浩乎？"

及文成即位，允颇有谋焉，司徒陆丽等皆受重赏，允既不蒙褒异，又终身不言。其忠而不伐，皆此类也。

给事中郭善明，性多机巧，欲逞其能，劝文成大起宫室。允谏曰："臣闻太祖道武皇帝既定天下，始建都邑。其所营立，必因农隙。今建国已久，宫室已备，永安前殿，足以朝会万国。西堂温室，足以安御圣躬。紫楼临望，可以周视远近。若广修壮丽为异观者，宜渐致之，不可仓卒。计斫材军士及诸杂役须二万。丁夫充作，老小供饷，合四万人，半年可讫。古人有言：'一夫不耕，或受其饥，一妇不织，或受其寒。'况数万之众，其所损费，亦已多矣！"帝纳之。

允以文成纂承平之业，而风俗乃旧，婚娶丧葬，不依古式，乃谏曰：

前朝之世，屡发明诏，禁诸婚娶，不得作乐，及葬送之日，歌谣鼓舞，杀牲烧葬，一切禁绝。虽条旨久班，而不革变，将由居上者未能悛改，为下者习以成俗，教化陵迟，一至于此。《诗》云："尔之教矣，人胥效矣。"人君举动，不可不慎。

《礼》云：嫁女之家，三日不息火，娶妻之家，三日不举乐。今诸王纳室，皆乐部给伎以为嬉戏，而独禁细人不得作乐，此一异也。

古之婚者,皆采德义之门,妙简贞闲之女,先之以媒娉,继之以礼物,集僚友以重其别,亲御轮以崇其敬。今诸王十五便赐妻别居。然所配者,或长少差舛,或罪入掖庭,而以作合宗王,妃嫔藩懿,失礼之甚,无复此过。今皇子娶妻,多出宫掖,令天下小人,必依礼限,此二异也。

凡万物之生,靡不有死,然葬者藏也,死者不可再见,故深藏之。昔尧葬谷林,农不易亩,舜葬苍梧,市不改肆。秦始皇作为地市,下锢三泉,死不旋踵,尸焚墓掘。由此推之,尧舜之俭,始皇之奢,是非可见。今国家营葬,费损巨亿,一旦焚之,以为灰烬。上为之而不辍,而禁下人之必止,此三异也。

古者,祭必立尸,序其昭穆,使亡者有冯,致食飨之礼。今葬之魂,人直求貌类者,事之如父母,宴好如夫妻,损败风化,黩乱情礼,莫此之甚。上未禁之,下不改绝,此四异也。

夫大飨者,所以定礼仪,训万国,故圣王重之。至乃爵盈而不饮,肴乾而不食,乐非雅声则不奏,物非正色则不列。今之大会,内外相混,酒醉喧哓,罔有仪式,又俳优鄙亵,污辱视听。朝廷积习以为美,而责风俗之清纯,此五异也。

今陛下当百王之末,踵晋乱之弊,而不矫然厘改,以厉颓俗,臣恐天下苍生,永不闻见礼教矣。

允如此非一,帝从容听之。或有触迕,帝所不忍闻者,命左右扶出。事有不便,允辄求见,帝知允意,逆屏左右以待之。礼敬甚重,晨入暮出,或积日居中,朝臣莫知所论。或有上事陈得失者,帝省而谓群臣曰:"君父一也,父有是非,子何为不作书于人中谏之,使人知恶,而于家内隐处也?岂不以父亲,恐恶彰于外也。今国家善恶,不能面陈,而上表显谏,以此,岂不彰君之短,明己之美。至如高允者,真忠臣矣。朕有是非,恒正言面论,至朕所不忍闻者,皆侃侃论说,无所避就。朕闻其过,而天下不知其谏,岂不忠乎。汝等在左右,不曾闻一正言,但伺朕喜以求官。汝等以弓刀侍朕,徒立劳耳,皆至公、王,此人执笔匡我,不过著作郎。汝等不亦愧乎!"于是拜允中书令,著作如故。司徒陆丽曰："高允虽蒙宠待，而家贫布衣，妻子不立。"帝怒曰："何不先言？今见朕用之，方言其贫！"是日，幸允第，唯草屋数间，布被缊袍，厨中盐菜而已。帝叹息曰："古人之清贫，岂有此乎！"即赐帛五百疋，粟千斛，拜长子忱为长乐太守。允频表固让，帝不许。

初与允同征游雅等，多至通官，封侯，及允部下吏百数十人，亦至刺史、二千石；而允为郎二十七年不徙官。时百官无禄，允恒使诸子樵采自给。初，尚书窦瑾坐事诛，瑾子遵亡在山泽，遵母焦没入县官。后焦以老得免，瑾之亲故，莫有恤者。允愍焦年老，保护在家，积六年，遵始蒙赦。其笃行如此。

转太常卿，本官如故。允上《代都赋》，因以规讽，亦《二京》之流也。时中书博士索敞与侍郎傅㹯、梁祚论名字贵贱，著议纷纭。允遂著《名字论》以释其惑，甚有典证。复以本官领秘书监，解太常卿，进爵梁城侯。

初，允与游雅及太原张伟同业相友。雅尝论允曰："夫喜怒者，有生所不能无也。而前史载卓公宽中，文饶洪量，褊心者或之弗信。余与高子游处四十余年，未见是非愠喜之色，不亦信哉。高子内文明而外柔弱，其言呐呐不能出口，余常呼为'文子'。崔公谓余云：'高生丰才博学，一代佳士，所乏者矫矫风节耳。'余亦然之。司徒之谴，起于纤微，及于诏责，崔公声嘶股战，不能一言。宗钦以下，伏地流汗，都无人色。高子敷陈事理，申释是非，辞义清辩，音韵高亮。明主为之动容，听者无不称善。仁及僚友，保兹元吉，向之所谓矫矫者，更在斯乎！宗爱之任势也，威振四海，尝召百司于都坐，王公以下，望庭毕拜，高子独升阶长揖。由此观之，汲长孺卧见卫青，何抗礼之有！向之所谓风节者，得不谓此乎！知人故不易，人亦不易知。吾既失之于心内，崔亦漏之于形外。钟期止听于伯牙，夷吾见明于鲍叔，良有以也。"其为人物所推如此。

文成重允，常不名之，恒呼为"令公"。令公之号，播于四远矣。

文成崩，献文居谅闇，乙弗浑专擅朝命，谋危社稷。文明太后诛之,引允禁中,参决大政。又诏允曰:"朕稽之旧典,欲置学官于郡国。卿儒宗元老,宜与中秘二省,参议以闻。"允表:请制大郡立博士二人、助教四人、学生一百人;次郡立博士二人、助教二人、学生八十人;中郡立博士一人、助教二人、学生六十人;下郡立博士一人、助教一人、学生四十人。其博士取博关经典,履行忠清,堪为人师者,年限四十以上。助教亦与博士同,年限三十以上。若道业夙成,才任教授,不拘年齿。学生取郡中清望,人行修谨,堪束脩名教者,先尽高门,次及中等。帝从之,郡国立学,自此始也。

后允以老疾,频上表乞骸骨,诏不许,于是乃著《告老诗》。又以昔岁同征,零落将尽,感逝怀人,作《征士颂》。盖止于应命,其有命而不至,则阙焉。

其著颂者:中书侍郎、固安侯范阳卢玄子真,郡功曹史博陵崔绰茂祖,河内太守、下乐侯广宁燕崇玄略,上党太守、高邑侯广宁常陟公山,征南大将军从事中郎勃海高毗子翼,征南大将军从事中郎勃海李金道赐,河西太守、饶阳子博陵许堪祖根,中书郎、新丰侯京兆杜铨士衡,征西大将军从事中郎京兆韦阆友规,京兆太守赵郡李诜令孙,太常博士、钜鹿公赵郡李灵武符,中书郎中、即丘子赵郡李遐仲熙,营州刺史、建安公太原张伟仲业,辅国大将军从事中郎范阳祖迈,征东大将军从事中郎范阳祖侃士伦,东郡太守、蒲阴子中山刘策,濮阳太守、真定子常山许琛,行司隶校尉、中都侯西河宋宣道茂,中书郎燕郡刘遐彦鉴,中书郎、武恒子河间邢颖宗敬,沧水太守、浮阳侯勃海高济叔仁,太平太守、原平子雁门李熙士元,秘书监、梁郡公广平游雅伯度,廷尉正、安平子博陵崔建兴祖,广平太守、列人侯西河宋愔,州主簿长乐潘符,郡功曹长乐杜熙,征东大将军从事中郎中山张纲,中书郎上谷张诞叔术,秘书郎雁门王道雅,秘书郎雁门闵弼,卫大将军从事中郎中山郎苗,大司马从事中郎上谷侯辩,陈郡太守、高邑子赵郡吕季才,合三十四人。

其词曰:

紫气干天,群雄乱夏,王衮祖征,戎车屡驾。扫荡游氛,克揃袄霸,四海从风,八垠渐化。政教无外,既宁且壹,偃武橐兵,唯文是恤。帝乃虚求,搜贤采逸,岩隐投竿,异人并出。

亹亹卢生,量远思纯,钻道据德,游艺依仁,旌弓既招,释褐投巾,摄齐升堂,嘉谋日陈,自东徂南,跃马驰轮,僭冯影附,刘以和亲。茂祖茕单,凤离不造,克己勉躬,聿隆家道,敦心《六经》,游思文藻,终辞宠命,以之自保。燕、常笃信,百行靡遗,仕不苟进,任理栖迟,居冲守约,好让善推,思贤乐古,如渴如饥。子翼致远,道赐悟深,相期以义,和若瑟琴,并参幕府,俱发德音,优游卒岁,聊以寄心。祖根运会,克光厥猷,仰缘朝恩,俯因德友,功虽后建,爵实先受,班同旧臣,位并群后。士衡孤立,内省靡疚,言不崇华,交不遗旧,以产则贫,论道则富,所谓伊人,实邦之秀。卓矣友规,禀兹淑量,存彼大方,摈此细让,神与理冥,形随流浪,虽屈王侯,莫废其尚。赵实名区,世多奇士,山岳所钟,挺生三李,矫矫清风,抑抑容止,初九而潜,望云而起,诜尹西都,灵惟作傅,载训皇宫,载理云雾,熙虽中夭,迹阶郎署,余尘可挹,终亦显著。仲业深长,雅性清到,宪章古式,绸缪典诰,时逢崄艰,当一其操,纳众以仁,训下以孝,化洽龙川,人归其教。迈则英贤,侃亦称选,闻达邦家,名行素显,志在兼济,岂伊独善,绳匠弗顾,功不获展。刘、许履忠,竭力致躬,出则骋说,入献其功,辂轩一举,桡燕下崇,名彰魏世,享业亦隆。道茂凤成,弱冠播名,与朋以信,行物以诚,怡怡昆弟,穆穆家庭,发响九皋,翰飞紫冥,频烦省闼,亦司于京,刑以之中,政以之平。猗欤彦鉴,思参文雅,率性任真,器成非假,靡矜于高,莫耻于下,乃谢朱门,归迹林野。宗敬延誉,号为四俊,华藻云飞,金声凤振,中遇沈痾,赋诗以讯,忠显于辞,理出于韵。高沧朗达,默识该通,领新悟异,发自心胸,质侔和璧,文照雕龙,耀姿天邑,衣锦旧邦。士元先觉,介焉不惑,振袂来庭,始宾王国,蹈方履正,好是绳墨,淑人君子,其仪不忒。孔称游、夏,汉美卿、云,越哉伯度,出类逾群,司言秘阁,作牧河、汾,移风易俗,理乱解纷，融彼滞义，涣此潜文，儒道以析，九流以分。崔、宋二贤，诞性英伟，擢颖闾阎，闻名象魏，謇謇仪形，邈邈风气，达而不矜，素而能贵。潘符檦尚，杜熙好和，清不洁流，浑不同波，绝悕龙津，止分常科，幽而逾显，损而逾多。张纲柔谦，叔术正直，道雅洽闻，弼为兼识，拔萃衡门，俱渐鸿翼，发愤忘飧，岂要斗食，率礼从仁，罔愆于式，失不系心，得不形色。郎苗始举，用均已试，智足周身，言足为志，性协于时，情敏于事，与今而同，与古而异。物以利移，人以酒昏，侯生洁己，唯义是敦，日纵醇醪，逾敬逾温，其在私室，如涉公门。季才之性，柔而执竞，届彼南秦，申威致命，诱之以权，矫之以正，帝道用光，边王内庆。

群贤遭世，显名有代。志竭其忠，才尽其慨。体袭朱裳，腰纫双佩，荣曜当时，风高千载，君臣相遇，理实难阶。昔因朝命，与之克谐，披衿散想，解带舒怀。此昕犹昨，存亡奄乖，静言思之，衷心九摧。挥毫颂德，潜尔增哀。

皇兴中，诏允兼太常至兖州祭孔子庙，谓允曰："此简德而行，勿有辞也。"后允从献文北伐，大捷而还，至武川镇，上《北伐颂》，帝览而善之。帝时有不豫，以孝文冲幼，欲立京兆王子推，集诸大臣，以次召问。允进跪上前，涕泣曰："臣不敢多言以劳神听。愿陛下上思宗庙托附之重，追念周公抱成王之事。"帝于是专位于孝文，赐允帛百疋，以标忠亮。

又迁中书监，加散骑常侍。虽久典史事，然不能专勤属述。时与校书郎刘模有所缉缀，大较依续崔浩故事，准《春秋》之体而时有刊正。自文成迄于献文，军国书檄，多允作也。末乃荐高闾以自代。以定议之勋，进爵咸阳公。

寻授怀州刺史。允秋月巡境，问人疾苦。至邵县，见邵公庙废毁不立，乃叹曰："邵公之德，阙而不祀，为善者何望！"乃表修葺之。允于时年将九十矣，劝人学业，风化颇行。然儒者优游，不以断决为事。后正光中，中书舍人河内常景追思允，率郡中故老，为允立祠于野王之南，树碑纪德焉。

太和二年,又以老乞还乡,章十余上,卒不听许,遂以疾告归。其年,诏以安车征允,敕州郡发遣。至都,复拜镇军大将军,领中秘书事。固辞,不许。扶引就内,改定皇诰。又被敕,论集往世酒之败德,以为《酒训》。孝文览而悦之,常置左右,诏允乘车上殿,朝贺不拜。明年,诏允议定律令。虽年渐期颐,而志识无损,犹心存旧职,披考史书。又诏曰:“允年涉危境,而家贫养薄,可令乐部丝竹十人,五日一诣允,以娱其志。”特赐允蜀牛一头、四望蜀车一乘、素几杖各一、蜀刀一口。又赐珍味,每春秋致之。寻诏朝晡给御膳,朔望致牛酒,衣服绵绢,每月送给。允皆分之亲故。是时贵臣之门,并罗列显官,而允子弟,皆无官爵,其廉退若此。迁尚书、散骑常侍。时延入,备几杖,询以政事。

十年,加光禄大夫,金章紫绶,朝之大议,皆谘访焉。其年四月,有事西郊,诏御马车迎允就郊所板殿观瞩。马忽惊奔,车覆,伤眉三处。孝文、文明太后遣医药护疗,存问相望。司驾将处重坐,允启陈无恙,乞免其罪。先是,命中黄门苏兴寿扶侍允,曾雪中遇犬惊倒,扶者大惧,允慰勉之,不令闻彻。兴寿称共允接事三年,不尝见其忿色。恂恂善诱,诲人不倦,昼夜手常执书,吟咏寻览。笃亲念故,虚己存纳,虽处贵重,志同贫素。性好音乐,每至伶人弦歌鼓舞,常击节称善。又雅信佛道,时设斋讲,好生恶杀。

魏初法严,朝士多见杖罚。允历事五帝,出入三省五十余年,初无谴咎。始真君中,以狱讼留滞,始令中书以经义断诸疑事。允据律评刑,三十余载,内外称平。允以狱者人命所系,常叹曰:“皋陶至德也,其后英、蓼先亡。刘、项之际,英布黥而王。经世虽久,犹有刑之余衅。况凡人能无咎乎?”性简至,不妄交游。献文之平青、齐,徙其族望于代。时诸士人,流移远至,率皆饥寒。徙人之中,多允姻媾,皆徒步造门,允散财竭产,以相赡振,慰问周至,无不感其仁厚。又随其才能,表奏申用。时议者皆以新附致异,允谓取材任能,无宜抑屈。

先是,允被召在方山作颂,志气犹不多损,谈说旧事,了无所遗。十一年正月卒，年九十八。初，允每谓人曰："吾在中书时有阴德，济救人命，若阳报不差，吾寿应享百年矣。"先卒旬外，微有不适，犹不寝卧，呼医请药，出入行止，吟咏如常。孝文、文明太后闻而遣医李修往脉视之，告以无恙。修入，密陈允荣卫有异，惧其不久。于是遣使备赐御膳珍馐，自酒米至于盐醢，百有余品，皆尽时味；及床帐衣服，茵被几杖，罗列于庭。王官往还，慰问相属。允喜形于色，语人曰："天恩以我笃老，大有所赉，得以赡客矣。"表谢而已，不有他虑。如是数日，夜中卒，家人莫觉。诏给绢一千疋、布二千疋、绵五百斤、锦五十匹、杂彩百匹、谷千斛，以周丧用。魏初以来，存亡蒙赉者莫及，朝廷荣之。将葬，赠侍中、司空公、冀州刺史，将军、公如故。谥曰文，赐命服一袭。

允所制诗赋咏颂箴论表赞诔、《左氏释》、《公羊释》、《毛诗拾遗》、《杂解》、《议何郑膏肓事》凡百余篇，别有集，行于世。允尤明算法，为《算术》三卷。

子忱，字士和，位长乐太守，为政宽惠，百姓安之。后例降爵为侯，卒，子贵宾袭。

忱弟怀，字士仁，恬淡退静，位太尉、东阳王丕谘议参军。

子绰，字僧裕。少孤，恭敏自立。身长八尺，腰带十围。沈雅有度量，博涉经史。稍迁洛阳令，为政强直，不避豪右，京邑惮之。延昌初，尚书右丞。后为御史中尉元匡奏高聪及绰朋附高肇，诏并原罪。历豫、并二州刺史，卒，谥文简。

允弟推，字仲让，早有名誉。太延中，以前后南使不称，妙简行人，游雅荐推应选。诏兼散骑常侍使宋，南人称其才辩。卒于建业，赠临邑子，谥曰恭。

推弟燮，字季和，亦有文才。太武每诏征，辞疾不应，恒笑允屈折久官，栖泊京邑，常从容于家。州辟主薄，卒。孙市宾，永熙中，开府从事中郎。

始神䴥中，允与从叔济、族兄毗及同郡李金俱被征。济位沧水太守、浮阳子。卒，赠冀州刺史，谥曰宣。子矫袭。

矫弟遵,字世礼。贱出,其兄矫等常欺侮之,及父亡,不令在丧位。遵遂驰赴平城,归允。允为作计,乃为遵父举哀,以遵为丧主,京邑无不吊集,朝贵咸识之。徐归奔赴。免丧后,为营宦路。遵感成益之恩,事允如诸父。涉历文史,颇有笔札。随都将长广公侯穷奇等平定三齐。以功赐爵高昌男,补安定王相。撰太和、安昌二殿画图。后与中书令高闾增改律令,进中书侍郎。假中书令,诣长安,刊燕宣王庙碑,进爵安昌子。使济、兖、徐三州,观风理讼。进中都令。及新制衣冠,孝文恭荐宗庙,遵形貌壮洁,音气雄畅,常兼太祝令,跪赞礼事,为俯仰之节,粗合仪矩,由是帝颇识待之。后与游明根、高闾、李冲等入议律令,亲对御坐,时有陈奏。出为齐州刺史。建节历本州,宗乡改观,而矫等弥妒毁之。

遵性不廉清。在中书时,每假归山东,必借备骡马,将从百余,屯逼人家,不得丝缣满意,则诟詈不去。旬月之间,缣布千数,郡邑苦之。既莅方岳,本意未弭,选召僚史,多所取纳。又其妻明氏,家在齐州,母弟舅甥,共相凭属,争取货利。严暴,非理杀害甚多。贪酷之响,帝颇闻之。及车驾幸邺,遵自州来朝。会有赦宥,遵临还州,请辞。帝于行宫引见诮让之。遵自陈无负。帝厉声曰:"若无迁都赦,必无高遵矣!又卿非唯贪婪,又虐于刑法"。谓:"何如济阴王,犹不免于法。卿何人,而为此行。自今宜自谨约。"还州,仍不悛革。齐州人孟僧振至洛讼遵,诏廷尉少卿邓述穷鞫,皆如所诉。先,沙门道登过遵。遵以道登荷眷于孝文,多奉以货,深托仗之。道登屡因言次,申启救遵,帝不省纳,遂诏述赐遵死。时遵子元荣诣洛讼冤,犹恃道登,不时还赴。道登知事决,方乃遣之。遵恨其妻,不与诀,别处沐浴,引椒而死。

元荣学尚有文才,长于几案。位兼尚书右丞,为西道行台,至高平镇,遇城翻,被害。

遵弟次文,虽无位宦,而赀产巨万。遵每责其财,又结憾于遵,吉凶不相往反。时论责之。

毗字子翼,乡邑称为长者,位征南从事中郎。

初,允所引刘模者,长乐信都人,颇涉经藉。允撰修国记,选为校书郎,与其缉著。常令模带持管龠,每日同入史阁,接膝对筵,属述时事。允年已九十,手目稍衰,多遣模执笔而占授裁断之,如此者五六岁。允所成篇卷,模预有功。

太和中,除南颍川太守。王肃之归阙,路经县瓠,羁旅穷悴,时人莫识。模独经给所须,吊待以礼,肃深感其意。及肃临豫州,模犹在郡,征报复之,由是为新蔡太守。在二郡积十年,宽猛相济,颇有声称。迁陈留太守。时年七十余矣,而饰老隐年,昧禁自效。遂家于南颍川,不复归其旧乡矣。

祐字子集,允之从祖弟也。本名禧,以与咸阳王同名,孝文赐名焉。祖展,慕容宝黄门郎。道武平中山,徙京师。卒于三都大官。父谠,从太武灭赫连昌,以功赐爵南皮子。与崔浩共参著作,位中书侍郎、给事中、冀青二州中正。假散骑常侍、蒋县侯,使高丽。卒,赠冀州刺史,假沧水公,谥曰康。祐兄祚袭爵,位东青州刺史。

祐博涉书史,好文字杂说,性通放,不拘小节。自中书学生再迁中书侍郎,赐爵建康子。文成末,兖州东郡吏获一异兽,送之京师,时无识者,诏以问祐。祐曰:"此是三吴所出,厥名鲮鲤。余域率无,今我获之,吴、楚之地,其有归国乎?"又有人于灵丘得玉印一以献,诏以示祐。祐曰:"印上有籀书二字,文曰'宋寿',寿者命也,我获其命,亦是归我征。"献文初,宋义阳王昶来奔,薛安都等以五州降附,时谓祐言有验。

孝文初,拜秘书令。后与丞李彪等奏曰:"《尚书》者,记言之体;《春秋》者,录事之辞。寻览前志,斯皆司勋之实录也。惟圣朝创制上古,开基《长发》,自始祖以后,至于文成,其间世数久远,是以史弗能传。臣等疏漏,忝当史职,披览国记,窃有志焉。愚谓自王业始基,庶事草创,皇始以降,光宅中土。宜依迁、固大体,令事类相从,纪传区别,表志殊贯,如此修缀,事可备书。著作郎已下,请取有才用者,参造国书。如得其人,三年有成矣。"帝从之。

孝文尝问祐:"比水旱不调,何以止灾而致丰稔?"祐曰:"尧汤之运,不能去阳九之会。陛下道同前圣,其如小旱何? 但当旌贤佐政,则灾消稼至矣。"又问止盗之方。祐曰:"苟训之有方,宁不易息? 当须宰守贞良,则盗贼止矣。"祐又上疏云:"今选举不采职政之优劣,专简年劳之多少,斯非尽才之谓。宜弃彼朽劳,唯才是举。又勋旧之臣,年勤可录而才非抚人者,则可加以爵赏,不宜委以方任。所谓王者可私人以财,不私人以官者也。"帝皆善之。加给事中、冀州大中正。时李彪专统著作,祐为令,时关豫而已。

出为西兖州刺史,假东光侯,镇滑台。祐以郡国虽有太学,县党宜有黉序,乃县立讲学,党立教学,村立小学。又令一家之中,自立一碓,五家之外,共造一井,以给行客,不听妇人寄春取水。又设禁贼之方,令五五相保,若盗发,则连其坐。初似烦碎,后风化大行,寇盗止息。

转宋王刘昶傅,以参定律令,赐帛粟马等。昶以其旧官年耆,雅相祗重。拜光禄大夫,傅如故。昶薨,征为宗正卿,而祐留连彭城,久不赴。仆射李冲奏祐无事稽命,处刑三岁,以赎论,免卿任。复为光禄,卒。太常谥曰炀侯。诏曰:"不遵上命曰灵,可谥为灵。"

子和璧,字僧寿,有学尚,位中书博士,早卒。

和璧子颢,字门贤,学涉有时誉。袭爵建康子,仕辅国将军、朝散大夫,赠沧州刺史,谥曰惠。子德正袭。

德正幼而敏慧,有风神仪表。初为齐文宣仪同开府参军,寻知管记事,甚相亲狎。累迁相府掾,神武委以腹心。徙给事黄门侍郎,方雅周慎,动见称述。文襄嗣业,如晋阳,文宣在邺居守,令德正参机密,弥见亲重。文襄之崩,勋将等以缵戎事重,劝文宣早赴晋阳。文宣不决,夜中召杨愔、杜弼、崔季舒及德正等,策始定。以愔从,令德正居守。以为相府司马,专知门下事。

德正与文宣旧昵爱,言无不尽。散骑常侍徐之才馆客宋景业,先为天文图谶学,又陈山提家客杨子术有所援引,并因德正劝文宣行禅代事。德正又固请。文宣恐惧不决。自请赴邺与愔言,乃定。

还，未而文宣便发晋阳。至平城都，召诸勋将入，告以禅让事，诸将莫敢答者。时杜弼为长史，密启文宣：恐关西因此自称义兵，挟天子而东向，将何以待？之才云：今若先受魏禅，关西自应息心。纵欲屈强，止当逐我称帝。弼无以答。文宣以众意未协，又先得太后旨云："汝父如龙，汝兄如猛兽，皆以帝王之重，不敢妄据，尚以人臣终。何欲行舜禹事？此正是高德正教汝。"又说者以为昔周武王再驾盟津，然始革命。于是乃旋晋阳。

自是居常不悦。徐之才、宋景业等每言卜筮杂占阴阳纬候，必宜以五月应天命。德正亦敦劝不已，仍白文宣追魏收。收至，令撰禅让诏册、九锡、建台及劝进文表。至五月初，文宣发晋阳。德正又录在邺诸事条进于文宣。文宣令陈山提驰驿赍事条并密书与杨愔。山提以五月至邺，杨愔即召太常卿邢邵、七兵尚书崔㥄、度支尚书陆操、太子詹事王昕、给事黄门侍郎阳休之、中书侍郎裴让之等议撰仪注。六日，要魏太傅咸阳王坦、录尚书事济阴王晖业等总集，引入北宫，留于东斋，受禅后乃放还宅。文宣发至前亭，所乘马忽倒，意甚恶之。至平城都，便不复肯进。德正与徐之才苦请曰："山提先去，恐其漏泄，不果。"即命司马子如、杜弼驰驿续入，观察物情。七日，子如等至邺，众人以事势已决，无敢异言。九日，文宣至城南顿所。时既未行诏敕，诸公文书唯云奉约束，德正及杨愔宣署而已。

受禅日，尧难宗染赤雀以献。帝寻知之，亦弗责也。是日，即除德正为侍中，又领宗正卿。寻迁吏部尚书，侍中如故，封蓝田县公。天保七年，迁尚书右仆射，兼侍中，食勃海郡干。德正与尚书令杨愔，纲纪朝政，多有弘益。

文宣末年，纵酒酗醉，德正屡进忠言，帝不悦。又谓左右云："高德正恒以精神陵逼人。"德正甚忧惧，乃移疾，屏居佛寺，兼学坐禅，为退身之计。帝谓杨愔曰："我大忧高德正，其疾何似？"愔知帝内忌之，由是答云："陛下若用作冀州刺史，病即自差。"帝从之，德正见除书而起。帝大怒，谓曰："闻尔病，我为尔计！"亲以刀子刺之，血流沾地。又使曳下，斩去其趾。刘桃枝捉刀不敢下，帝起临陛，切责桃枝,桃枝乃斩足之三指。帝怒不解,禁德正于门下省。其夜,开城门,以毡舆送还家。且日,德正妻出宝物满四床,欲以寄人。帝奄至其宅,见而怒曰:"我府藏犹无此物。"诘其所从得,皆诸元赂之也。遂曳出斩之,妻出拜谢,又斩之。并其子司徒东阁祭酒伯坚亦见害。

后文宣谓群臣曰:"高德正常言,宜用汉除鲜卑,此即合死。又教我诛诸元,我今杀之,为诸元报雠也。"帝后悔,赠太保、冀州刺史,谥曰康。嫡孙王臣,袭爵蓝田县公,给事中、通直散骑侍郎。德正次子仲武,京畿司马、平原郡守。

颢弟雅,字兴贤,有风度,位定州抚军府长史。天平中,追赠冀州刺史。子德范,早有令问,位任城太守,卒。

雅弟谅,字修贤,少好学,多识强记,居丧以孝闻。太和末,京兆王愉开府辟召,孝文妙简僚佐,谅与陇西李仲尚、赵郡李凤起等同时应选。正光中,加骁骑将军,为徐州行台。至彭城,属元法僧反,逼谅同之,不从见害。赠沧州刺史。又诏以谅临危授命,复赠使持节、平北将军、幽州刺史,优授一子出身,谥曰忠侯。谅造《亲表谱录》四十余卷,自五世以下,内外曲尽,览者服其博记。

祐从父弟翼,字次同,豪侠有风神。孝昌末,葛荣作乱,朝廷以翼山东豪右,即家拜勃海太守。翼率合境,徙居河、济间,魏朝因置东冀州,以翼为刺史,封乐城县侯。俄除定州刺史,以贼乱不行。及尔朱兆弑庄帝,翼保境自守,卒。中兴初,赠使持节、侍中、太保、录尚书、六州诸军事、冀州刺史,谥曰文宣。子乾。

乾字乾邕。性明悟俊伟,有智略,美音容,进止都雅。少时轻侠,长而修改,轻财重义,多所交结。起家拜员外散骑侍郎,稍迁员外散骑常侍。魏孝庄之居藩也,乾潜相托附。及尔朱荣入洛,乾东奔于翼。乾兄弟本有从横志,见荣杀害人士,谓天下遂乱,乃率河北流人反于河、济间,受葛荣官爵。庄帝遣右仆射元罗巡抚三齐,乾兄弟相率出降。朝廷以乾为给事黄门侍郎,兼武卫将军。尔朱荣以乾前罪,不应复居近要,庄帝听乾解官归乡里。于是招纳骁勇,以射猎自娱。

及荣死,乃驰赴洛阳。庄帝见之大喜,以乾兼侍中,加抚军将军、金紫光禄大夫，镇河北。又以弟昂为通直散骑常侍、平北将军。令俱归，招集乡闾，为表裹形援。帝亲送于河桥上，举酒指水曰："卿兄弟冀部豪杰，能令士卒致死。京城倘有变，可为朕河上一扬尘。"乾垂涕受诏，昂援剑起舞，誓以死继之。

及尔朱氏既弑害，遣其监军孙白鸡率百余骑至冀州。托言括马，其实欲因乾兄弟送马收之。乾既宿有报复之心，而白鸡忽至，知欲见图。将先发，以告前河内太守封隆之。隆之父先为尔朱荣所杀，闻之喜曰："国耻家怨，痛入骨髓，乘机而发，今正其时。谨闻命矣。"二月，乾与昂潜勒壮士，夜袭州城，执刺史元嶷，射白鸡杀之。于葛荣殿为庄帝举哀，素服，乾升坛誓众，词气激扬，涕泗交集，将士莫不感愤。欲奉次同为主。次同曰："和乡里，我不及封皮。"乃推隆之为大都督，行州事。隆之欲逃，昂勃然作色，拔刃将斫隆之，隆之惧，乃受命。北受幽州刺史刘灵助节度，俄而灵助被尔朱氏禽。

属齐神武出山东，扬声以讨乾为辞，众情惶惧。乾谓之曰："高晋州雄材盖世，不居人下。且尔朱弑主肆虐，正是英雄效节之时，今者之来，必有深计。勿忧，吾将诸君见之。"乃间行，与封隆之子子缯，俱迎于滏阳。因说神武曰："尔朱氏酷逆，痛结人神，凡厥生灵，莫不思奋。明公威德素著，天下倾心，若兵以忠亡，则屈强之徒不足为明公敌矣。鄗州虽小，户口不减十万，谷秸之税，足济军资。愿公熟详其计。"神武大笑曰："吾事谐矣！"遂与乾同帐而寝，呼乾为叔父。乾旦日受命而去。

时神武虽内有远图，而外迹未见。尔朱羽生为殷州刺史，神武密遣李元忠于封龙山举兵逼其城，令乾率众伪往救之。乾遂轻骑入见羽生，伪为之计。羽生出劳军，彭乐侧从马上禽斩之，遂平殷州。又共定策，推立中兴主。拜侍中、司空公。是时，军国草创，乾父丧，不得终制。及孝武立，天下初定，乾乃表请解职，行三年之礼。诏听解侍中，司空如故，封长乐郡公。

乾虽求退，不谓便见从许，既去内侍，朝政空关，居常快快。孝武将贰于神武，欲乘此抚之，于华林园宴罢，独留乾，谓曰："司空弈世忠良，今日复建殊效。相与虽则君臣，实义同兄弟，宜共立盟约。"
勒逼之。乾曰："臣以身许国，何敢有二？"乾虽有此对，然非其本心，
事出仓卒，又不谓孝武便有异志，遂不固辞，亦不启神武。帝以乾为
诚己。

时禁园养部曲稍至千人，骤令元士弼、王思政诣贺拔岳计，又
以岳兄胜为荆州刺史。乾谓所亲曰："难将作矣，祸必及吾。"乃密以
启神武。神武召乾问之，乾因劝神武受禅。神武以袖掩其口曰："勿
复言。今启叔复为侍中，门下之事，一以仰委。"及频请而帝不答，乾
惧变，启神武，求为徐州。乃以乾为开府仪同三司、徐州刺史。将行，
帝闻其与神武言，怒，使谓神武曰："高乾与朕私盟，今复反覆。"神
武闻其与帝盟，亦恶之，乃封其前后密启以闻。帝对神武使诘乾。乾
曰："臣以身奉国，义尽忠贞。陛下既有异图，更言臣反覆。以匹夫
加诸，尚或难免，况人主推恶，何以逃命？所谓欲加之罪，其无辞乎！
功大身危，自昔然也。若死而有知，差无负庄帝。"诏遂赐死于门下
省，年三十七。临死时，武卫将军元整监刑，谓曰："颇有书及家人
乎？"乾曰："吾诸弟分张，各在异处，今日之事，想无全者。儿子既
小，未有所识，亦恐巢倾卵破，夫欲何言！"

后神武讨斛斯椿等，谓高昂曰："若早用司空策，岂有今日之
举？"天平初，赠太师、录尚书事、冀州刺史，谥曰文昭。以长子继叔
袭祖次同乐城县侯，令第二子吕儿袭乾爵。

乾弟慎，字仲密，颇涉文史，与兄弟志尚不同，偏为父所爱。历
位沧州刺史、东南道行台尚书、光州刺史，加骠骑大将军、仪同三
司。时天下初定，听慎以本乡部曲数千自随，为政严酷，又纵左右，
吏人苦之。乾死，仲密弃州，将归神武。武帝敕青州断其归路，慎间
行至晋阳。神武以为大行台左丞，转尚书，当官无所回避。累迁御
史中尉，先用御史，多其亲戚乡闾，不称朝望，文襄奏令改选焉。

慎前妻，吏部郎中崔暹妹，为慎弃。暹时为文襄委任，乃为暹高
嫁其妹，礼夕，亲临之。慎后妻赵郡李徽伯女也，艳且慧，兼善书记，
工骑乘。慎之为沧州，甚重沙门显公，夜常语，久不寝。李氏患之，

构之于慎，遂被拉杀。文襄闻其美，挑之，不从，衣尽破裂。李以告慎，慎由是积憾，且谓逼构己，遂罕所纠劾，多行纵舍。神武嫌责之，弥不自安。出为北豫州刺史，遂据武牢降西魏。

慎先入关，周文率众东出，败于芒山，慎妻子尽见禽。神武以其家勋，启慎一房配没而已。仲密妻逆口行中，文襄盛服见之，乃从焉。西魏以慎为侍中、司徒，迁太尉。慎弟昂。

昂字敖曹。其母张氏，始生一男二岁，令婢为汤，将浴之。婢置而去，养猿系解，以儿投鼎中，焰而死。张使积薪于村外，缚婢及猿焚杀之，扬其灰于漳水，然后哭之。

昂性似其母，幼时便有壮气。及长，俶傥，胆力过人，龙犀豹颈，姿体雄异。其父为求严师，令加捶挞。昂不遵师训，专事驰骋，每言："男儿当横行天下，自取富贵，谁能端坐读书，作老博士也？"其父曰："此儿不灭吾族，当大吾门。"以其昂藏敖曹，故以名字之。

少与兄乾数为劫掠，乡闾畏之，无敢违忤。兄乾求博陵崔圣念女为婚，崔氏不许。昂与兄往劫之，置女村外，谓兄曰："何不行礼？"于是野合而归。乾及昂等并劫掠，父次同常系狱中，唯遇赦乃出。次同语人曰："吾四子皆五眼，我死后岂有人与我一锹土邪？"及次同死，昂大起冢。对之曰："老公！子生平畏不得一锹土，今被压，竟知为人不？"

昂以建义初，兄弟共举兵，既而奉魏庄帝旨散众。仍除通直散骑侍郎，封武城县伯。与兄乾俱为尔朱荣所黜，免归乡里。阴养壮士，又行抄掠。荣闻恶之，密令刺史元仲宗诱执昂，即送晋阳。及入洛，将昂自随，禁于驼牛署。既而荣死，庄帝即引见劳勉之。时尔朱世隆逼宫阙，帝亲临大夏门指麾处分。昂既免缧绁，被甲横戈，与其从子长命，推锋径进，所向披靡。帝及观者，莫不壮之，即除直阁将军，赐帛千疋。昂以寇难尚繁，乃请还本乡招集部曲，仍除通直散骑常侍，加平北将军。

及闻庄帝见害，京师不守，遂与父兄据信都起兵。尔朱世隆从叔殷州刺史羽生，率五千人掩至龙尾坂。昂将十余骑，不擐甲而驰之。乾城守，绳下五百人追救，未及而昂已交兵，羽生败走。昂马槊绝世，左右无不一当百，时人比之项籍。神武至信都，开门奉迎。昂时在外略地，闻之，以乾为妇人，遗以布裙。神武使世子澄以子孙礼见之，昂乃与俱来。后废帝立，除冀州刺史，以终其身。

仍为大都督，率众从神武破尔朱兆于广阿。又讨四胡于韩陵。昂自领乡人部曲王桃汤、东方老等三千人，神武将割鲜卑兵千余人共相参合。对曰："敖曹所将部曲，练习已久，不烦更配。"神武从之。及战，神武军小却，兆等方乘之。昂与蔡俊以千骑自栗园出，横击，兆军大败。是日，微昂等，神武几殆。

太昌初，始之冀州。寻加侍中、开府，进爵为侯。及兄乾被杀，乃将十余骑奔晋阳。神武向洛阳，令昂为前驱。武帝入关中，昂率五百骑倍道兼行，至崤、陕，不及而还。寻行豫州刺史。天平初，除侍中、司空公。昂以兄乾薨此位，固辞不拜，转司徒公。好著小帽，世因称司徒帽。

神武以昂为西南道大都督，径趣商、洛。昂度河祭河伯曰："河伯，水中之神；高敖曹，地上之虎。行经君所，故相决醉。"时山道峻阻，巴寇守险，昂转斗而进，莫有当锋。遂克上洛，获西魏洛州刺史泉仚并将数十人，欲入蓝田关。会窦泰失利，神武召昂。昂不忍弃众，力战全军而还。时昂为流矢所中，创甚，顾左右曰："吾死无恨，恨不见季式作刺史耳！"神武闻之，驰驿启季式为济州刺史。

昂还，复为军司、大都督，统七十六都督，与行台侯景练兵于武牢。御史中尉刘贵时亦率众在焉。昂与北豫州刺史郑严祖握槊，贵召严祖，昂不时遣，枷其使。使者曰："枷时易，脱时难。"昂使以刀就枷刎之，曰："何难之有？"贵不敢校。明日，贵与昂坐，外白河役夫多溺死。贵曰："头钱价汉，随之死。"昂怒，拔刀斫贵。贵走出还营，昂便鸣鼓会兵攻之。侯景与冀州刺史万俟受洛解之乃止。时鲜卑共轻中华朝士，唯惮昂。神武每申令三军，常为鲜卑言；昂若在列时，则为华言。昂尝诣相府，欲直入，门者不听，昂怒，引弓射之。神武知而不责。性好为诗，言甚陋鄙，神武每容之。

元年，进封京兆郡公，与侯景等同攻独孤信于金墉。与周文帝战，败于芒阴，死之。

是役也，昂使奴京兆候西军。京兆于傅婢强取昂佩刀以行，昂执杀之。京兆曰："三度救公大急，何忍以小事赐杀？"其夜，梦京兆以血涂己。寤而怒，使折其二胫。时刘桃棒在勃海，亦梦京兆言诉得理，将公付贼。桃棒知昂必死，遽奔焉。昂心轻敌，建旗盖以陵阵，西人尽锐攻之，一军皆没。昂轻骑东走河阳城，太守高永洛先与昂隙，闭门不受。昂仰呼求绳，又不得，拔刀穿阓，未彻，而追兵至。伏于桥下，追者见其从奴持金带，问昂所在，奴示之。昂奋头曰："来，与尔开国公！"追者斩之以去。先是，昂梦为此奴所杀，以告卢武，将杀之，武谏乃止，果及难。时年四十八。桃棒会丧于路。神武闻之，如丧肝胆，杖永洛二百。西魏赏斩昂首者布绢万段，岁岁稍与之，周亡犹未充。赠太师、大司马、太尉公、录尚书事、冀州刺史，谥曰忠武。

西魏寻归敖曹首，犹可识。先是，有鹊巢于庭中地上，家人怪之，及其首函至，置正当巢处。葬后，其妻张氏常见敖曹夜来旦去，有若生平。傍人莫见，唯犬随而吠之，岁余乃绝。其故吏东方老为南兖州刺史，追慕其恩，为立祠庙。灵像既成，头上坼裂，改而更作，裂如初，见者咸称神异。

子突骑嗣，早卒。文襄复亲简昂诸子，以第三子道额嗣。皇建初，追封昂永昌王，以道额袭。武平末，开府仪同三司。入周，为仪同大将军。隋开皇中，卒于黄州刺史。

昂弟季式，字子通，亦有胆气。太昌初，累迁尚食典御，寻加骠骑大将军。天平中，为济州刺史。季式兄弟贵盛，并有勋于时，自领部曲千余人，马八百疋，衣甲器仗皆备，故能追督境内贼盗，多致克捷。时濮阳人杜灵椿等，又阳平路叔文徒党各为乱，季式并讨平之。有客尝谓季式曰："濮阳、阳平乃是畿内，何忽遣私军远战？"季式曰："我与国家同安危，岂有见贼不讨之理？若以此获罪，吾亦无恨。”

芒山之败,所亲部曲请季式奔梁。季式曰:“吾兄弟受国厚恩,与高王共定天下,一旦倾危而亡之,不义。”是役也,兄昂殁焉。兴和中,行晋州事。解州,仍镇永安。季式兄慎以武牢叛,遣信报季式。季式奔告神武,神武待之如初。武定中,除侍中,寻加冀州大中正、都督。以前后功,加仪同三司。

天保初,封乘氏县子。寻迁太常卿。仍为都督,随司徒潘乐征江、淮间。为私使乐人于边境交易,还京,坐被禁止。寻赦之。四年夏,发疽卒。赠侍中、开府仪同三司、冀州刺史,谥曰恭穆。

季式豪率好酒,又恃举家勋功,不拘检节。与光州刺史李元忠生平游款,在济州夜饮,忆元忠,开城门,令左右乘驿马持一壶酒往光州劝之。朝廷知而容之。兄慎叛后,少时解职。黄门郎司马消难,左仆射子如之子,又是神武婿,势盛当时。因退食暇,寻季式,醋歌留宿。旦日,重门并关,消难固请去。季式曰:“君以地势胁我邪?”消难拜谢请出,终不见许。酒至,不肯饮。季式索车轮括消难颈,又更索一车轮自括颈,引满相劝。消难不得已,笑而从之。方俱脱车轮,更留一宿。及消难出,方具言之。文襄辅政,白魏帝,赐消难美酒数石,珍馐十舆,并令朝士与季式亲狎者,就季式宅宴集。其被优遇如此。

自昂起兵,为羽翼者,有呼延族、刘贵珍、刘长秋、东方老、刘士荣、成五彪、韩愿生、刘桃棒;随其建义者,有李希光、刘叔宗、刘孟和等。名显可知者,列之后云。

东方老,安德蓧人,与昂为部曲。文宣受禅,封阳平县伯,位南兖州刺史。后与萧轨等度江,没。

李希光,勃海蓧人,初随高乾起兵,后位仪同三司、扬州刺史。文宣责陈武帝废萧明,命仪同萧轨率希光、东方老、裴英起、王敬宝步骑数万,以天保七年三月度江,袭克石头城。五将名位相俟,英起以侍中为军司,萧轨与希光并为都督。军中抗礼,动必乖张。顿军丹杨城下,遇霖雨五十余日,故致败。将帅俱死,军士得还者十二三。

刘叔宗名纂,乐陵平昌人,归昂,位车骑将军、左光禄大夫。

刘孟和名协,浮阳饶安人,聚众附昂兄弟,位终大丞相司马,坐事死。其余并不知所终云。

神武初起兵,范阳卢曹亦以勇力称,为尔朱氏守,据蓟。神武厚礼召之,以昂相拟,曰:“宜来,与从叔为二曹。”曹愠田将曰:“舍儿比国士。”遂率其徒自蓟入海岛。得长人骨,以髑髅为马皂;胫长丈六尺,以为二椠。送其一于神武,诸将莫能用,唯彭乐强举之。未几,曹遇疾,恫声闻于外。巫言海神为祟,遂卒。其徒五百人皆服斩衰,葬毕潜散。

曹身长九尺,鬓面甚雄,臂毛逆如猪鬣,力能拔树。性弘毅方重,常从容雅服,北州敬仰之。尝卧疾,犹申足以举二人。蠕蠕寇范阳,曹登城射之,矢出三百步,投弓与外,群虏莫能弯,乃去之。时有沙门昙赞,号为神力,唯曹与之角焉。昙赞闻叫声则胜。

论曰:高允践危祸之机,抗雷电之气,处死夷然,忘身济难,卒悟明主,保己全名。自非体邻知命,鉴昭穷达,亦何能若此。宜光宠四世,终享百龄。有魏以来,斯人而已。僧裕艺用有闻,聿修之义。世礼贪而无道,能无及乎?子集学业优道,知名前世,儒俊之风,门旧不殒。德正受终之际,契叶乱臣,虽钟淫虐,而名亦茂矣!乾邕兄弟,不阶尺土之资,奋臂河朔,自致勤王之举,神武因之,以成霸业。但以非颍川元从,异丰沛故人,腹心之寄,有所未允。露其启疏,假手天诛,枉滥之极,莫或过此。昂之胆力,气冠万夫,韩陵之下,风飞电击。然则齐氏元功,一门而已。其余托而义唱,亦足称云。

北史卷三二
列传第二〇

崔鉴　崔辩　崔挺

崔鉴字神具，博陵安平人也。六世祖赞，魏尚书仆射。五世祖洪，晋吏部尚书。曾祖懿，字世茂，仕燕，位秘书监。祖遭，字景遇，位钜鹿令。父绰，少孤，学行修明，有名于世。与范阳卢玄、勃海高允、赵郡李灵等俱被征，寻以母老固辞。后为郡功曹，卒。

鉴颇有文学，自中书博士转侍郎，赐爵桐庐县子。出为东徐州刺史。鉴欲安新附，人有年老者，表求假以守令，诏从之。又于州内铜冶为农具，兵人获利。卒，赠青州刺史、安平侯，谥曰康。

子合，字贵和，少有时誉，袭爵桐庐子，位终常山太守。

合弟康，少有志气，阳平王顺之为定州，康为卫军府录事，带毋极令。时甄琛为长史，曾因公事，言竞之间，以拳击琛坠床。琛以本县长，笑而不论。其豪率若此。彭城王勰行寿春，康从行，招致壮侠，以为部下。勰目之，谓左右曰：“吾尝寄胆气于此人。”累迁广平内史，大纳财货，为清论所鄙。后为燕州刺史，为杜洛周攻围，坚守历年。朝廷遣都督元谭赴救，谭败，康奔定州，坐免官。太昌中，除骠骑大将军、仪同三司。频以老病求解，永熙三年，去职。薨，赠尚书令、司徒公，谥曰靖穆。

长子忻，字伯悦，有世干。以郑俨之甥，累迁兼尚书左丞。庄帝初，遇害河阴。追赠殿中尚书、冀州刺史。

忻弟仲哲，早丧所生，为祖母宋氏所养。六岁，宋亡，啼慕不止，见者悲之。性恢达，常以将略自许。以军功赐爵安平县男。及父康于燕被围，泣诉朝廷，遂除别将，与都督元谭赴援，战殁。

子长瑜，位至开府中兵参军。

长瑜子子枢，学涉好文词，强辩有才干。仕齐，位考功郎中，参议五礼，待诏文林馆。兼散骑常侍，聘周。使还，除通直散骑常侍，兼知度支。子枢明解世务，所居称职。因度支有受纳风闻，为御史劾，遇赦免。仕周，位至上士。预尉迟迥事，被诛。

子枢次弟子端，亦有才干，而文艺为优。历殿中侍御史，卒于通直散骑侍郎。

子端弟子博，武平末，为河阳道行台郎。隋开皇末，卒于泗州刺史。

子博弟子发，有文才，武平末，秘书郎，修起居注。仕隋为秦王文学，卒于国子博士。

长瑜弟叔瓒，颇有学识，性好直言。其妻即齐昭信皇后姊也，文宣擢为魏尹丞。属蝗虫为灾，帝以问叔瓒。对曰：“案《汉书·五行志》：‘土功不时，蝗虫作厉。’当今外筑长城，内兴三台，故致此灾。”帝大怒，令左右殴之，又擢其发，以溷汁沃其头，曳以出，由是废顿久之。后卒于阳平太守，赠本州刺史。

仲弟叔彦，位抚军。

叔彦弟季通，位司农少卿。季通子德立，好学，爱属文，预撰《御览》，位济州别驾。

季通弟季良，风望闲雅，位太学博士，以征讨功，赐爵蒲阴县子，累迁太尉长史。及康东还乡，季良亦去职归养。后位中军将军、光禄大夫，先康卒于家，赠尚书右仆射，谥曰简。

康弟习，字贵礼，有世用，卒于河东太守，赠并州刺史。

鉴兄櫼，字洛祖，行博陵太守。櫼子文业，中书郎、钜鹿太守。文业子伯谦。

伯谦字士逊，贫居养母。齐神武召补相府兼功曹，称之曰：“崔伯谦清直奉公，真良佐也。”转七兵、殿中、左户三曹郎中。弟仲让为北豫州司马,与高慎同叛。坐免官。后历瀛州别驾、京畿司马。文襄将之晋阳,劳之曰:"卿聘足瀛部,已著康歌。督府务总,是用相授。"临别,又马上执手曰:"执子之手,与子偕老,卿宜深体此情。"族弟暹当时宠要,伯谦与之旧僚同门,非吉凶未尝造请,以雅道自居。

天保初,除济北太守,恩信大行,富者禁其奢侈,贫者劝课周给。县公田多沃壤,伯谦咸易之以给人。又改鞭,用熟皮为之,不忍见血,示耻而已。朝贵行过郡境,问人太守政何似?对曰:"府君恩化,古者所无。"诵人为歌曰:"崔府君,能临政。退田易鞭布威德,人无争。"客曰:"既称恩化,何因复威?"对曰:"长吏惮其威严,人庶蒙其恩惠,故兼言之。"以相府旧僚,例有加授,征赴邺。百姓号泣遮道,数日不得前。

以弟仲让在关中,不复居内任,除南钜鹿太守。下车导以礼让,豪族皆改心整肃。事无巨细,必自亲览。在县有贫弱未理者,皆曰"我自告白须公,不虑不决"。在郡七年,狱无停囚。每有大使巡察,恒处上第。征拜银青光禄大夫。

伯谦少时读经、史,晚年好《老》、《庄》,容止俨然无愠色,亲宾至,则置酒相娱,清言不及俗事,士大夫以为仪表。卒,赠南充州刺史,谥曰懿。伯谦弟仲让,仕西魏,位至鸿胪少卿。

崔辩字神通,鉴之从祖弟也。祖琨,字景龙,行本郡太守。父经,赠兖州刺史。

辩学涉经史,风仪整峻,献文征拜中书博士、武邑太守。政事之余,专以劝学。卒,赠安南将军、定州刺史,谥曰恭。

长子景俊,鲠正有高风,好古博涉,以经明行修,征拜中书博士。历侍御史、主文中散。孝文赐名为逸。后为员外散骑侍郎,与著作郎韩兴宗参定朝仪。雅为孝文所知重,迁国子博士。每有公事,逸常被诏独进,博士特命自逸始。转通直散骑常侍、廷尉少卿,卒。

子巨伦,字孝宗,幼孤。及长,历涉经史,有文学武艺。叔楷为殷州，巨伦仍为长史、北道别将。在州陷贼，敛恤存亡，为贼所义。葛荣闻其才名，欲用为黄门郎，巨伦心恶之。至五月五日，会集官僚，令巨伦赠诗。巨伦乃曰："五月五日时，天气已大热，狗便呀欲死，牛复喘吐舌。"以此自晦，获免。结死士，夜中南走，逢贼，俱恐不济。巨伦曰："宁南死一寸，岂北死一尺！"便欺贼曰："吾受敕而行。"贼爇火观敕，火未然。巨伦手刃贼十余人，贼乃四溃，得马数匹。夜阴失道，唯看佛塔户而行。到洛阳，持节别将北讨。初，楷丧之始，巨伦收殡仓卒，事不周固；至是遂偷路改殡，并窃家口以归。寻授国子博士。

庄帝即位，除东濮阳太守。时河北纷梗，人避贼，多入郡界，岁俭饥乏，巨伦倾资赡恤，务相全济。时类高之。元景入洛，据郡不从，庄帝还宫，封渔阳县男。后除光禄大夫。卒，子子武袭。

初，巨伦有姊，明慧有才行，因患眇一目，内外亲族，莫有求者。其家议欲下嫁之。巨伦姑，赵国李叔胤之妻，闻而悲感曰："吾兄盛德，不幸早世，岂令此女，屈事卑族！"乃为子翼纳之。时人叹其义识。

逸弟模，字叔轨。身长八尺，围亦如之。出后其叔，雅有志度。萧宝夤讨关、陇，引为西征别将，屡有战功，封槐里县伯。后行岐州事，击贼，殁于阵。永熙中，赠骠骑大将军、仪同三司、都督、相州刺史。模弟楷。

楷字季则，为广平王怀文学。正始中，以王国官非其人，多被戮，唯楷与杨昱以数谏诤获免。后为太子中舍人、左中郎将。以党附高肇，为中尉所劾。事在《高聪传》。楷性严烈，能摧挫豪强，时人语曰："莫嚒儶，付崔楷。"时冀、定数州频遭水害，楷上疏导之便宜，事遂施行。

孝昌初，置殷州，以楷为刺史，加后将军。楷将之州，人咸劝单身述职。楷曰："单身赴任，朝廷谓吾有进退之计，将士又谁肯固志？"遂阖家赴州。贼势已逼，或劝减小弱以避之，乃遣第四女、第三男夜出。既而曰："一朝送兔儿女，将谓吾心不固。"遂命追还。及贼来攻，楷率力拒抗，莫不争奋，咸称崔公尚不惜百口，吾等何爱一身？力竭城陷，楷执节不屈，贼遂害之。楷兄弟父子并死王事，朝野伤叹焉。赠侍中、镇军将军、定州刺史。永熙中，又特赠骠骑大将军、仪同三司、都督、冀州刺史。

　　长子士元，沈雅有学尚，州陷，战没，赠平州刺史。子育王，少以器干称，仕齐至起部郎。子文豹，字蔚，少有文才，本州大中正。士元弟士谦。

　　士谦，孝昌初解褐著作佐郎。后贺拔胜出镇荆州，以士谦为行台左丞。孝武西迁，士谦劝胜倍道兼行，谒帝关右，胜不能用。州人郑诞引侯景军奄至，胜与战，败绩，遂奔梁，士谦与俱行。及至梁，每乞师赴援。梁武虽不为出军，而嘉胜等志节，并许其还国。乃令士谦先，且通邻好。周文素闻其名，甚礼之，赐爵千乘县男。及胜至，拜太师长史，以功进爵为子，拜尚书右丞。从周文解洛阳围，经河桥战，加定州大中正、瀛州刺史。又破柳仲礼于随郡，讨李迁哲于魏兴，并有功，进骠骑大将军、开府仪同三司、直州刺史，赐姓宇文氏。恭帝初，转利州刺史。士谦性明悟，深晓政术，吏人畏而爱之。

　　周保定二年，迁总管、安州刺史，加大将军，进爵武康郡公。天和中，授江陵总管、荆州刺史。州既统摄遐长，俗兼夷夏，又南接陈境，东邻齐寇。士谦外御强敌，内抚军人，风化大行，号称良牧。每年考绩，常为天下之最，屡有诏褒美焉。士谦随贺拔胜之在荆州也，虽被亲遇，而名位未显。及践其位，朝野以为荣。卒于州，阖境痛惜之，立祠堂，四时祭飨。子旷嗣。

　　士谦性至孝，与弟说特相友爱，虽复年位并高，资产皆无私焉。居家严肃，旷及说子弘度并奉其遗训云。旷少温雅，大业末，位开府仪同三司、大将军、淅州刺史。旷弟彭。

　　彭字子彭，少孤，事母以孝闻。性刚毅，有武略，工骑射，善《周官》、《尚书》，并略通大义。仕周，累迁门正上士。隋文帝为相，周陈王纯镇齐州，帝恐其为变，遣彭以两骑征纯入朝。彭未至齐州三十里，因诈病止传舍，遣人召纯。纯疑有变，多将从骑至彭所。彭请间，因顾骑士执而锁之。乃大言曰："陈王有罪,诏征入朝,左右不得辄动。"左右愕然而去。至,拜上仪同。

及践祚,迁监门郎将,兼领右卫长史,赐爵安阳县男。再迁骠骑将军,恒典宿卫。性谨密,在省闼二十余年,当上,在仗危坐终日,未尝有堕容。上每谓曰："卿当上日,我寝处自安。"又尝曰："卿弓马固以绝人,颇知学不?"彭曰:"臣少爱《周礼》、《尚书》,休沐之暇,不敢废也。"上曰:"试为我言之。"彭因说君臣戒慎之义,上称善。观者以为知言。后加上开府,迁备身将军。

上尝宴达头可汗使者于武德殿,有鸽鸣于梁上。命彭射之,中,上大悦,赐钱一万。及使者反,可汗复遣使请崔将军一与相见。上曰:"此必善射闻于虏庭。"遂遣之。及至,可汗召善射者数十人,因掷肉于野,以集飞鸢,遣其善射者射之,多不中。彭连发数矢,皆应弦而落。突厥莫不叹服。仁寿末,进爵安阳县公。

炀帝即位,迁左领军大将军。时汉王谅初平,令彭镇遏山东,复领慈州事。卒,赠大将军,谥曰肃。子宝德嗣。士谦弟说。

说本名士约。少有气概,旅力过人,尤工骑射。贺拔胜牧荆州,以为假节、冠军将军、防城都督。又随奔梁。复自梁归西魏。授武卫将军、都督,封安昌县子。从周文复弘农,战沙苑,皆有功,进爵为侯,除京兆郡守。累迁都官尚书、定州大中正,改封安固县侯,赐姓宇文,并赐名说焉。进骠骑大将军、开府仪同三司,加待中,进爵万年县公。再迁总管、凉州刺史。说苛政强毅,百姓畏之。后除使持节,能和中三州、崇德等十三防诸军事,加授大将军,改封安平县公。建德四年,卒,赠廓、延等五州刺史,谥曰壮。子弘度。

弘度字摩诃衍。旅力绝人,仪貌魁岸,须面甚伟,性严酷。年十七,周大冢宰宇文护引为亲信,累转大都督。时护子中山公训为蒲州刺史,令弘度从焉。曾与训登楼,至上层,去地四五丈,俯临之。训曰:"可畏也!"弘度曰:"此何足畏?"欻掷下,至地无所损,训大奇之。后以战功授仪同。从平齐,进上开府、邺县公。寻从汝南公宇文神举破卢昌期于范阳,郧公韦孝宽经略淮南。以前后勋进位上大将军。袭父爵安平县公。

及尉迟迥反，弘度以行军总管从韦孝宽讨之，所当无不披靡。弘度妹先适迥子为妻。及破邺城，迥窘迫升楼，弘度直上龙尾追之。迥将射弘度，弘度脱兜鍪谓曰："今日各图国事，不得顾私。事既如此，早为身计，何所待也？"迥掷弓于地，骂大丞相极口，自杀。弘度顾弟弘升，使取迥头。进位上柱国。时行军总管例封国公，以弘度不时杀迥，纵致恶言，由是降爵一等为武乡郡公。

开皇初，以行军总管拒突厥于原州。还，拜华州刺史。纳妹为秦孝王妃。寻迁襄州总管。弘度素贵，御下严急，所在令行禁止，盗贼屏迹。梁主萧琮来朝被止，以弘度为江陵总管，镇荆州。陈人惮之，不敢窥境。以行军总管从秦孝王平陈，赐物五千段。高智慧等作乱，复以行军总管隶杨素。弘度与素品同，而年长于素，素每屈下之，一旦隶素，意甚不平。素亦优容之。及还，以行军总管检校原州事，以备胡。无虏而还。上甚礼之，复以其弟弘升女为河南王妃。仁寿中，检校太府卿。

自以一门二妃，无所降下。每诫其僚吏曰："人当诚恕，无得欺诳。"皆曰："诺。"后尝食鳖，侍者八九人，弘度问之曰："鳖美乎？"人惧之，皆曰："美。"弘度大骂曰："庸奴！何敢诳我？汝初未食鳖，安知其美？"俱杖之八十。官属百工见之，莫不汗流，无敢欺隐。时有屈突盖为武候车骑，亦严刻。长安为之语曰："宁饮三斗醋，不见崔弘度；宁灸三斗艾，不逢屈突盖。"然弘度居家，子弟班白，动行捶楚，闺门整肃，为当世所称。

未几秦王妃以罪诛，河南王妃复被废，弘度忧恚，谢病于家。诸弟乃与之别居，弥不得志。炀帝即位，河南王为太子。帝将复立崔妃，遣中使就第宣旨。使者诣弘升家，弘度不之知。使者反，帝曰："弘度有何言？"使者曰："弘度称疾不起。"帝默然，其事竟寝。弘度忧愤，未几卒。

弘升字上客，在周为右侍上士。从平尉迟迥，以功拜仪同。寻加上开府，封黄台县侯。隋文受禅，进爵为公，授骠骑将军。历慈郑二州刺史、襄州总管。以戚属故，待遇隆重。及河南王妃罪废，弘升亦免官。炀帝即位，历冀州刺史、信都太守，位金紫光禄大夫，转涿郡太守。辽东之役，检校左武卫大将军事，指平壤。与宇文述等同败，奔还，发病卒。

崔挺字双根，辩之从父弟也。父郁，位濮阳太守。挺幼孤，居丧尽礼，少敦学。五代同居，后频年饥，家始分析。挺与弟振推让田宅旧资，惟守墓田而已。家徒壁立，兄弟怡然，手不释卷。乡人有赠遗，挺辞而后受，仍亦散之。举秀才，射策高第。拜中书博士，转侍郎。以工书，受敕于长安书文明太后父燕宣王碑，赐爵秦昌子。转登闻令。迁典属国下大夫。以参议律令，赐帛、谷、马、牛等。尚书李冲甚重之。孝文以挺女为嫔。宋王刘昶南镇彭城，诏挺为长史，以疾辞免，乃以王肃为长史，其被遇如此。

后拜昭武将军、光州刺史，风化大行。及车驾幸兖州，召挺赴行在所，问以临边之略，因及文章。帝甚悦，谓曰："别卿以来，倏焉二载。吾所缀文，以成一集，今当给卿副本。"顾谓侍臣曰："拥旄者皆如此，何忧哉！"复还州。及散骑常侍张彝巡行风俗，谓曰："彝受使巡方，采察谣讼，入境观政，实愧清使之名。"州旧掖城西北数里，有斧山，峰岭高峻，北临沧海，南望岱岳。挺于顶上欲营观宇，故老曰："此岭上，秋夏之际，常有暴雨。相传云是龙道，恐此观不可久立。"挺曰："人龙相去，何远之有？虬龙倏忽，岂一路乎？"遂营之。数年间，果无风雨之异。挺既代，即为风雨所毁，遂莫能立。众以为善化所感。时以犯罪配边者多有逃越，遂立重制，一人犯罪逋亡，阖门充役。挺上书，以为《周书》父子罪不相及，以一人犯罪，延及阖门，岂不哀哉！辞甚雅切，帝纳之。

先是州内少铁，器用皆求之他境，挺表复铁官，公私有赖。孝文将辨天下氏族，仍亦访定，乃遥授挺本州大中正。掖县有人年逾九十，板舆造州。自称少曾充使林邑，得一美玉，方尺四寸，甚有光采，藏之海岛，垂六十岁，忻逢明政，今愿奉之。挺曰："吾虽德谢古人，未能以玉为宝。"遣船随取,光润果然,迄不肯受,乃表送都。景明初,见代,老幼泣涕追随,缣帛送赠,悉不纳。

　　散骑常侍赵修得幸宣武,挺虽同州壤,未尝诣门。北海王详为司徒、录尚书事,以挺为司马,固辞不免。世人皆叹其屈,而挺处之夷然。详摄选,众人竞称考第,以求迁叙,挺终无言。详曰:"崔光州考级并未加授,宜投一牒,当为申请。蘧伯玉耻独为君子,亦何故嘿然?"挺曰:"阶级是圣朝大例,考课亦国之恒典,至于自炫求进,窃以羞之。"详大相称叹。其为司马,详未曾呼名,常称州号,以示优礼。卒,赠辅国将军、幽州刺史,谥曰景。光州故吏闻凶问,莫不悲感,共铸八尺铜像,于城东广固寺赴八关斋,追奉冥福。

　　初,崔光贫贱,挺赡遗衣食,常亲敬焉。又识邢峦、宋弁于童幼,世称其知人。历官三十余年,家资不益,食不重味,室无绮罗,闺门之内,雍雍如也。欲诸子恭敬谦让,因以孝为字。及葬,亲故多有赠赗,诸子推挺素志,一无所受。有子六人,长子孝芬。

　　孝芬字恭梓。早有才识,博学好文章。孝文召见,甚嗟赏之。李彪谓挺曰:"比见贤子谒帝,旨喻殊优,今当为绝群耳。"挺曰:"卿自欲善处人父子之间,然斯言吾不敢闻也。"后袭父爵,累迁司空属、定州大中正。长于剖判,甚有能名,府主任城王澄雅重之。澄奏地制八条,孝芬所参定也。迁廷尉少卿。

　　孝昌初,梁将裴邃等寇淮南,诏行台郦道元、都督河间王琛讨之,敕孝芬持节催令赴接,贼退而还。迁荆州刺史,兼尚书、南道行台,领军司,率诸将以援神俊,因代焉。孝芬遂从恒农道南入,敌便奔散,人还安堵。明帝嘉劳之。后以元乂之党,与卢同、李奖等并除名,征还。又除孝芬为廷尉。章武王融以赃货被劾,孝芬案以重法。及融为都督,北讨鲜于修礼,时孝芬弟孝演率宗从在博陵,为贼攻陷,遇害。融密启云孝演入贼为逆,遂见收捕。全家投梁,遇赦乃还。

　　后梁将成景俊逼彭城,孝芬兼尚书右丞,为徐州行台。孝芬将发,入辞。灵太后谓曰:"卿女今事我儿,与卿是亲。曾何相负,而内头元乂车内,称此妪须了却!"孝芬曰:"臣蒙国厚恩,义无斯语,假有斯语,谁能得闻?若有此闻,即此人于元叉亲密,过臣远矣。乞对之,足辨虚实。"太后乃有愧色。孝芬既至,景俊等力屈退走。以孝芬兼尚书,为徐、兖二州行台。

建义初,太山太守羊侃据郡反,引南贼围兖州行台。除孝芬散骑常侍、镇东将军、金紫光禄大夫,仍兼尚书、东道行台,与大都督刁宣往救援。与行台于侃时相接。至便围之,侃突围奔梁。永安中,授西兖州刺史,孝芬倦外役,固辞不行,仍为太常卿。太昌初,兼殿中尚书,后加仪同三司,兼吏部尚书。

孝武帝入关,齐神武至洛,与尚书辛雄、刘廞等并被诛。没其家口,天平中,乃免之。孝芬博闻口辩,善谈论,爱好后进,终日忻然。商榷古今,间以嘲谑,听者忘疲。文笔数十篇。有子八人。

长子勉,字宣祖,颇涉史传。普泰中,兼尚书右丞。勉善附会,世论以浮竞讥之。为尚书令尔朱世隆所亲待,而尚书郎魏季景尤为世隆所知,勉与季景内颇不睦。季景于世隆求右丞,夺勉所兼,世隆启用季景,勉遂怅怏自失。太昌初,除散骑常侍、征东将军、金紫光禄大夫、定州大中正,敕左右厢出入。其家被收之际,逃免。后见齐神武,劳抚之。天平初,遣勉送勋贵妻子赴定州,因得还。属母李氏丧亡,勉哀号过性,遇病卒。无子,弟宣度以子龙子为后。勉弟猷。

猷字宣猷。少好学,风度闲雅。性鲠正,有军国筹略。普泰初,累迁司徒从事中郎。既遭家难,遂间行入关。及谒魏孝武,哀动左右。帝为之改容。目送曰:"忠孝之道,萃此一门。"即以本官奏门下事。

大统初,兼给事黄门郎、平原县伯。二年,正黄门。行军禽窦泰,复弘农,破沙苑,猷常以本官从军典文翰。五年,除司徒左长史,加骠骑将军。时太庙初成,四时祭祀犹设俳优角抵之戏;其郊庙祭官,多有假兼。猷上疏谏,书奏,并纳焉。迁京兆尹。时婚姻礼嫁聚会之辰,多举音乐。又廛里富室,衣服奢淫,乃有织成文绣者。猷请禁断,事并施行。与卢辩等创修六官。十二年,除浙州刺史。

十四年,侯景据河南归款,遣行台王思政赴之。周文与思政书

曰：“崔宣猷智略明赡，有应变之才，若有所疑，宜与量其可不。”思
政初顿兵襄城，后于颍川为行台，并致书于猷。猷书曰：“襄城控带
京洛，实当今之要地，如有动静，易相应接。颍川既邻寇境，又无山
川之固，贼若潜来，径至城下。莫若顿兵襄城，为行台所。颍川置州，
遣郭贤守。则表里胶固，人心易安，纵有不虞，岂能为患。”使人见周
文，具以启闻。周文令依猷策。思政重启，求与朝廷立约，贼若水攻，
乞一周为断；陆攻，请三岁为期。限内有事，不烦赴援。过此以往，
惟朝廷所裁。乃许之。及颍川没，周文深追悔焉。以疾去职，属大
军东征，周文赐以马，随军与之筹略。十七年，进侍中、骠骑大将军、
开府仪同三司、本州大中正，赐姓宇文氏。

　　恭帝元年，周文欲开梁、汉旧路，乃命猷督仪同刘道通等五人
开通车路，凿山堙谷五百余里，至于梁州。即以猷为都督、梁州刺
史。及周文崩，始、利、涉、兴等诸州阻兵为逆，信、合、开、楚四州亦
叛，唯梁州境内，人无二心。利州刺史崔士谦请援，猷遣兵六千赴
之；信州粮尽，猷为送米四千斛。于是二镇获全。猷第二女，帝养为
己女，封富平公主。

　　周明帝即位，征拜御正中大夫。时依《周礼》称天王，又不建年
号。猷以为世有浇淳，故帝王因以沿革。今天子称王，不足以威天
下。请遵秦汉，称皇帝，建年号。朝议从之。除司会中大夫，御正如
故。明帝崩，遗诏立武帝。晋公护谓猷曰：“今奉遵遗旨，君以为何
如？”对曰：“殷道尊尊，周道亲亲，今朝廷既遵《周礼》，无容辄违此
义。”虽不行，时称其守正。

　　及陈将华皎来附，晋公护议欲南伐，公卿莫敢言。猷独进曰：
“前岁东征，死伤过半，比虽加抚循，而创痍未复。近者长星为灾，乃
上玄所以垂鉴诚也，岂可穷兵极武，而重其谴负哉？”议不从。后水
军果败，而裨将元定等遂没江南。

　　建德六年，拜少司徒，加上开府仪同大将军。隋文帝受禅，以猷
前代旧齿，授大将军，进爵汲郡公。开皇四年，卒，谥曰明。子仲方
嗣。

仲方字不齐。少好读书,有文武才略。年十五,周文帝见而异之,令与诸子同就学。隋文帝亦在其中,由是与帝少相款密。后以明经为晋公宇文护参军,转记室,迁司正大夫,与斛斯征、柳敏等同修礼律。后以军功授平东将军、银青光禄大夫,赐爵石城县男。时武帝阴有灭齐志,仲方献二十策,帝大奇之。复与少内史赵芬删定格式。寻从帝攻下晋州,又令仲方说下翼城等四城,授仪同,进爵范阳县侯。后以行军长史从郯国公王轨禽陈将吴明彻于吕梁,仲方策居多。

宣帝嗣位,为少内史。会帝崩,隋文帝为丞相,与仲方相见,握手极欢,仲方亦归心焉。其夜上便宜十八事,帝并嘉纳之。又观帝应天受命,从之。及受禅,上召仲方与高颎议正朔服色事。仲方曰:“晋为金行,后魏为水,周为木,皇家以火承木德之统。又圣躬载诞之初,有赤光之瑞。车服旗牲,并宜用赤。”又劝上除六官,依汉魏之旧。并从之。进位上开府,授司农少卿,进爵固安县公。令发丁三万于朔方、灵武筑长城,东至黄河,西拒绥州,南至勃出岭,绵历七百里。明年,复令仲方发丁十万于朔方已东,缘边险要,筑数十城,以遏胡寇。

丁父艰,去职。未期,起为虢州刺史。上书论取陈之策曰:

臣谨案:晋太康元年,岁在庚子,晋武帝平吴。至今开皇六年,岁次景午,合三百七载。春秋宝乾图云:“王者三百年一蠲法。”今三百之期,可谓至矣。陈氏草窃,起于景子,至今景午,又子午为冲,险阳之忌。昔史赵有言曰:“陈,颛顼之族,为水,故岁在鹑火以灭。”又云:“周武王克商,封胡公满于陈。”至鲁昭九年,陈灾,裨灶曰:“岁五及鹑火而后陈亡,楚克之。”楚,祝融后也,为火正,故复灭陈。陈承舜后,舜承颛顼。太岁左行,岁星右转,鹑火之岁,陈族再亡,戊午之年,妫虞运尽。语迹虽殊,考事无别。皇朝五运相承感火德。而国号为隋,隋与楚同分,楚是火正。午为鹑火,未为鹑首,申为实沈,酉为大梁。既当周、秦、晋、赵之分,若当此分发兵,将得岁之助。以今量古,陈灭不疑。臣谓午、未、申、酉并其数极。盖闻天时不如地利，地利不如人和。况主圣臣良，兵强国富，陈既主昏于上，人蘦于下，险无百二之固，众非九国之师，独此岛夷，而稽天讨！

伏度朝廷，自有宏谟，刍荛所见，冀申萤爝。今唯须武昌以下，蕲、和、徐、方、吴、海等州，更帖精兵，密营渡计。益、信、襄、荆、基、郢等州，速造舟楫，多张形势，为水战之具。蜀、汉二江，是其上流，水路冲要，必争之所。贼虽于流头、荆门、延洲、公安、巴陵、隐矶、夏口、盆城置船，然终聚汉口、峡口，以水战火决。若贼必以上流有军，令精兵赴援者，下流诸将，即须择便横度。如拥众自卫，上江水军，鼓行以前。虽恃九江五湖之险，非德无以为固。徒有三吴百越之兵，无恩不能自立。

上览，大悦。转基州刺史，征入朝。仲方因陈经略，上善之，赐以御袍绔并罗杂彩五百段，进位开府。及大举伐陈，以仲方为行军总管，与秦王会。及陈平，坐事免。未几，复位。

后数载，授会州总管。时诸羌犹未宾附，诏仲方击之，与贼三十余战，紫祖、四邻、望方、涉题、干碉、小铁围山、白男、弱水等赭都诸贼悉平。赐奴婢一百二十口、黄金三十斤。迁代州总管。后被征入朝。

会文帝崩，汉王余党据吕州不下。炀帝遣周罗睺攻之，中流矢卒。及令仲方代总其众，拔之，进位大将军。历户部、礼部尚书，坐事免。寻为国子祭酒，转太常卿。朝廷以其衰老，出拜上郡太守。以母忧去职，岁余起为信都太守。后乞骸骨，优诏许之，卒于家。子焘，位定陶令。宣猷弟宣度，位齐王开府司马、恒农太守。宣度弟宣轨，颇有才学，位尚书考功郎中，与弟宣质、宣静、宣略并早卒。

孝芬弟孝伟，赵郡太守。郡经葛荣离乱后，人皆卖鬻儿女，夏椹大熟，孝伟劝户人多收之，郡内乃安。教其人种殖，招抚遗散，先恩后威，一周之后，流户大至。兴立学校，亲加劝厉，百姓赖之。卒郡，赠瀛州刺史，谥曰简。朝议谓为未申，复赠安北将军、定州刺史。一子昂。

昂字怀远,七岁而孤,事母以孝闻。祖父吏部尚书孝芬尝谓亲友曰:"此儿终当远至,是吾家千里驹也。"昂性端直。颇综文词。

天平二年,文襄引为记室参军,委以腹心之任。及辅国政,召为开府长史,并摄京畿长史事。时勋将亲族宾客,多行不轨,孙腾、司马子如之门尤剧。昂受文襄密旨,以法绳之,未几间,内外齐肃。寻迁司徒右长史。时左府有阳平人吴宾为妄认继嗣事,披诉经久。长史王昕、郎中郑凭、掾卢斐、属王敬宝等穷其狱,始末积年,鞫掠不获实。司徒娄昭付昂推问,即日诘根绪,获其真状。昭叹曰:"左府都官数人,不如右府一长史。"昕、凭甚以为愧。

武定中,文襄普令内外极言得失。昂上书曰:"屯田之设,其来尚矣。曹魏破蜀,业以兴师;马晋平吴,兵因取给。朝廷顷以怀、洛两邑,邻接边境,薄屯丰稔,粮储已赡。准此而论,龟镜非远。其幽、安二州,控带奚贼、蠕蠕、徐、扬、兖、豫,连接吴越强邻。实藉转输之资,常劳私籴之费。诸道别遣使营之,每考其勤惰,则人加劝励,仓廪充实,供军济国,实谓在兹。其次,法狱之重,人命所悬。顷者官司纠察,多不审练,乃闻缘浅入深,未有雪大为小,咸以畏避嫌疑,共相残劾。至如钱绢粟麦,其状难分,径指为赃,罪从此定。乞勒群司,务存获实。如此则有息将来,必无枉滥。"文襄纳之。

后除尚书左丞,其年兼度支尚书。左丞之兼尚书,近代未有,朝野荣之。度支水漕陆运,昂设转输相入之差,付给新陈之法,有利于人,遂为常式。右仆射崔暹奏请海沂煮盐,有利军国。文襄以问昂,昂曰:"亦既官煮,须断人灶,官力虽多,不及人广。请准关市,薄为灶税,私馆官给,彼此有宜。"朝廷从之。

武定六年,甘露降宫阙,文武同贺。魏帝问右仆射崔暹、尚书杨愔、崔悛、邢邵、散骑常侍魏收、御史中丞陆操、国子祭酒李泽曰:"可各言德绩感致所由。"次至昂,昂曰:"吉凶两门,不由符瑞,故桑雉之戒,实启中兴。小鸟孕大,未闻福感。所愿陛下,虽休勿休,允答天意。"帝为敛容。后摄都官尚书,上劝田事七条。寻兼太府卿。

齐受禅,改散骑常侍,兼大司农卿。二寺所掌,世号繁剧,昂校理有术,下无奸伪。又奏上横市妄费事三十四条。其年,与太子少师邢邵议定国初礼式,仍封华阳县男。又诏删定律令,损益礼乐,令尚书右仆射琇等四十三人在领军府议定。帝寻幸晋阳,将发,敕递相遵率。不者,命昂以闻。昂部分科条,校正今古,手所增损,十有七八。

转廷尉卿。昂号深文,世论不以平恕相许。又与尚书卢斐,别典京畿诏狱,并有残刻之声。至于推绳大事,理可明言是非,不至冤酷。有濮阳子沈子遐,赍侯景铁券,告徐州都督府长史毕义绪期举兵应景。又卫尉卿杜弼门生郝子宽,告弼诽谤,并与元子雄谋逆。帝盛怒,付昂穷鞫。昂皆执正雪免,告者引安获罪。天保三年,除度支尚书。时有肴藏小吏,因内臣投书告事,又别有飞书告事者,并付昂穷检。昂言笑间,咸得情,告者辞穷,并引嫌状。于是飞书遂绝。转都官尚书,仍兼都官事,食济州北郡干。

文宣幸东山,谓曰:"旧人多出为州,当用卿为令仆,勿望刺史。卿六十外,当与卿本州。中间,州不可得也。"后九卿以上陪集东宫,帝指昂及尉瑾、司马子瑞谓皇太子曰:"此是国家名臣,汝宜记之。"未几,复侍宴金凤台,历数诸人,咸有罪负,至昂,曰:"崔昂直臣,魏收才士,妇兄妹夫,俱省罪过。"十年,除兼右仆射,数日,即拜为真,未几,还为兼。杨愔少时与昂不平,文宣崩后,遂免昂右仆射,除仪同三司、光禄勋。皇建元年,转太常卿。河清元年,兼御史中丞,太常如故。

昂从甥李公统坐高归彦事诛。依律,妇人年六十以上免配宫。时公统母年始五十余而称六十,公统舅宣宝求吏以免其姊。昂弗知,录尚书、彭城王浟发其事,竟坐除名。三年,复为五兵尚书,迁祠部。天统元年,卒,赠赵州刺史。

昂有风调才识,旧立坚正刚直之名。然好揣上情,感激时主,或陈便宜蠲省,或列阴私罪失;深为文宣所知赏。朝之大事,多以委之。情尚严猛,每行鞭挞,虽苦楚万端,对之自若。前则崔暹、季舒为之亲援,后乃高德正是其中表,常有侠恃,意色矜高。以此不为名流归服。有五子。第三子液，字君洽，颇习文藻，有学涉，风仪器局为时论所许。以奉朝请待诏文林馆。隋开皇中，为中书侍郎。

孝伟弟孝演，字则伯，出继伯父。性通率，美须髯，姿貌魁杰，少无宦情，沉浮乡里。位瀛州安西府外兵参军，因罢归。及鲜于修礼起逆，遇害。无子，弟孝直以子士游为后。

孝直字叔广，身长八尺，眉目疏朗，早有志尚。稍迁直阁将军，通直散骑常侍。尔朱兆入洛，孝直以天下未宁，去职归乡里。太昌中，除卫将军、右光禄大夫，辞不赴。卒于家，诫诸子曰："吾才疏效薄，于国无功。若朝廷复加赠谥，宜循吾意，不得祗受。若致干求，则非吾意。"子士顺，位太府卿。

孝直弟孝政，字季让。十岁挺亡，号哭不绝。见者为之悲惨。志尚贞立，博学经史，雅好辞赋。衷纪特所留情。衣服制度，手能执造。位太尉汝南王悦行参军。

孝芬兄弟孝义慈厚，弟孝演、孝政先亡，孝芬等哭泣哀恸，绝肉蔬食，容貌毁瘠，见者伤之。孝伟等奉孝芬尽恭顺之礼，坐食进退，孝芬不命则不敢也。鸡鸣而起，且温颜色，一钱尺帛，不入私房，吉凶有须，聚对分给。诸妇亦相亲爱，有无共之。始挺兄弟同居，孝芬叔振既亡后，孝芬等承奉叔母李氏，若事所生。旦夕温清，出入启觐，家事巨细，一以咨决，每兄弟出行，有获财物，尺寸以上，皆入李之库，四时分赉，李氏自裁之，如此二十余岁。抚从弟宣伯、子朗，如同气焉。挺弟振。

振字延根。少有学行，居家孝，为宗族所称。为秘书中散，在内谨敕，为孝文所知。孝文南讨，自高阳内史征兼尚书左丞，留京。振既才干被擢，当世以为荣。迁太子庶子。

景明初，除长兼廷尉少卿。振有公断，以明察称。河内太守陆琇与咸阳王禧同谋为逆，禧败事发，振穷案之。时琇内外亲党及当朝贵要咸为言之，振研核切至，终无纵缓，遂弊之于狱。其奉法如此。除肆州刺史，在任有政绩。卒于河东太守，赠南兖州刺史，谥曰定。

　　振历官四十余载，考课恒为称职，议者善之。子子朗，美容貌，涉猎经史，少温厚，有风尚。位侍御史，加平东将军，卒。

　　挺从父子瑜，字仲琏，少孤，有学业，位鸿胪少卿，封高邑男，赠瀛州刺史。

　　子孟舒，字长才，袭父爵，位广平太守，卒，赠殷州刺史、镇东将军，谥曰康。

　　孟舒弟仲舒，位邺县令。仲舒弟季舒，最知名。

　　季舒字叔正。少孤，性明敏，涉猎经史，长于尺牍，有当世才具。年十七，为州主簿。为大将军、赵郡公琛所器重，言之齐神武。神武亲简丞郎，补季舒大行台都官郎中。

　　文襄辅政，转大将军中兵参军，甚见亲宠。以魏帝左右，须置腹心，擢拜中书侍郎。文襄为中书监，移门下机事，总归中书。又季舒善音乐，故内伎亦回隶焉。内伎属中书，自季舒始也。文襄每进书魏帝，有所谏请，或文词繁杂，季舒辄修饰通之，得申劝戒而已。静帝报答霸朝，恒与季舒论之，云崔中书是我你母，转给事黄门侍郎，领主衣都统。虽迹在魏朝，而归心霸府，密谋大计，皆得预闻。于是宾客辐凑，倾身接礼，甚得名誉，势倾崔暹。暹当于朝堂屏人拜之曰："暹若得仆射，皆叔父之恩。"其权重如此。

　　时勋贵多不法，文襄无所纵舍，外议以季舒及崔暹等所为，甚被怨嫉。及文襄遇难，文宣将赴晋阳，黄门郎阳休之劝季舒从，曰："一日不朝，其间容刀。"季舒性爱声色，心在闲放，遂不请行，欲恣其行乐。司马子如缘宿憾，及尚食典御陈山提等列其过状。由是季舒及暹各鞭二百，徙北边。

　　天保初，文宣知其无罪，追为将作大匠。再迁侍中，俄兼尚书左仆射、仪同三司，大被恩遇。

　　乾明初，杨愔以文宣遗旨，停其仆射。遭母丧解任。起服，除光禄勋，兼中兵尚书。出为齐州刺史。坐遣人度淮平市，亦有赃贿事，为御史所劾，会赦不问。武成居藩，曾病，文宣令季舒疗病，备尽心力。大宁初，追还，引入慰勉。累迁度支尚书、开府仪同三司。营昭阳殿,敕令监造,以判事式。为胡长仁密言其短,出为西兖州刺史。为进典签于吏部,被责免官。又以诣广宁王宅,决韦鞭数十。及武成崩,不得预于哭泣。久之,除胶州刺史,迁侍中、开府,食新安、河阴二郡干。加左光禄大夫,待诏文林馆,监撰《御览》。加特进,监国史。

季舒素好图籍,暮年转更精勤,兼推荐人士,奖劝文学,议声翕然,远近称美。祖珽受委,奏季舒总监内作。珽被出,韩长鸾以为珽党,亦欲出之。属车驾将适晋阳,季舒与张雕议,以为寿春被围,大军出拒,言使往还,须禀节度。兼道路小人,或相惊恐,云大驾向并州,畏避南寇,若不启谏,必动人情。遂与从驾文官,连名进谏。时贵臣赵彦深、唐邕、段孝言等初亦同心,临时疑贰,季舒与争,未决。长鸾遂奏云:"汉儿文官,连名总署,声云谏止向并州,其实未必不反,宜加诛戮。"帝即召已署表官人集含章殿,以季舒、张雕、刘逖、封孝琰、裴泽、郭遵等为首,并斩之殿庭。长鸾令弃其尸于漳水。自外同署,将加鞭挞,赵彦深执谏获免。季舒等家属男女徙北边,妻女及子妇配奚官,小男下蚕室,没入赀产。

季舒本好医术,天保中于徙所无事,更锐意研精,遂为名手,多所全济。虽位望转高,未曾懈息,纵贫贱厮养,亦为之疗护。

庶子长君,尚书右外兵郎中。次镜玄,著作佐郎。并流于长城。未几,季舒等六人妻,以年老放出。后南安王思好更称朝廷罪恶,以季舒等见害为词,悉召六人兄弟子侄随军趣晋阳。事败,长君等并从戮。六人之妻,又追入官。

周武帝灭齐,诏斛律光与季舒等六人同被优赠,季舒赠开府仪同大将军、定州刺史。

挺从祖弟敬邕,性长者,为左中郎将,以军功赐爵临淄男,位营州刺史。库莫奚国有马数日疋,因风入境,敬邕悉令送还,于是夷人感附。卒于太中大夫,赠济州刺史,谥曰恭。

敬邕从弟接,字愿宾。容貌魁伟,放迈自高,不拘检。为中书博士、乐陵内史。雅为任城王澄所礼待,及澄为本部,接了无人王敬,王忻然容下之。后为乐陵太守,还乡卒。

挺族子纂,字叔则。博学有文才,既不为时知,乃著《无谈子论》。寻为廷尉正,每有大狱,多所据明,有当官之誉。时太原王静自廷尉监迁少卿,纂耻居其下,乃与静书,辞气抑扬,无上下礼。入启求解位。后为洛阳令,卒,赠司徒左长史。

纂兄穆,字子和,雅有度量,州辟主簿,卒。穆子逞。逞字季伦,少为书生,避地渤海,依高乾,以妹妻其弟慎。慎后临沧、光二州,启逞为长史,委以职事。赵郡公琛镇定州,辟为开府谘议,随琛往晋阳。神武与语,悦之,以兼丞相长史。神武举兵将入洛,留逞佐琛,凡百后事,一以属逞,握手殷勤,至于三四。琛后以罪被责,逞亦黜免。尉景为并州,起逞为别驾。

文襄代景,转逞为开府谘议,仍行别驾事。从文襄镇抚邺都,加散骑常侍,迁左丞、吏部郎,领定州大中正,主议《麟趾格》。逞亲遇日隆,好荐人士,言邢邵宜亲重。言论之际,邵遂毁逞。文襄不悦,谓逞曰:“卿说子才长,子才专言卿短,此痴人也。”逞曰:“子才言逞短,逞说子才长,皆是实事,不为痴也。”高慎之叛,伪与逞隙,神武后知之,欲发其事而杀逞,文襄苦救得止。

迁御史中尉,选毕义云、卢潜、宋钦道、李愔、崔赡、杜蕤、嵇□、郦伯伟、崔子武、李广皆为御史,世称其知人。文襄欲假逞威势,诸公在坐,朝令逞后通名,因待以殊礼。逞乃高视徐步,两人擎裾而入,文襄分庭对揖。逞不让席而坐,觞再行,便辞退。文襄曰:“下官薄有蔬食,公少留。”逞曰:“适受敕,在台检校。”遂不待食而去,文襄降送之。旬日后,文襄与诸公出之东山,遇逞在道,前驱为赤棒所击,文襄回马避之。

逞前后表弹尚书令司马子如,及尚书元羡、殷州刺史慕容献,又弹太师司州牧咸阳王恒、并州刺史可朱浑道元、冀州刺史韩轨,罪与邺下诸贵,极言褒美,且诫属之,先是僧尼猥滥,逞奏设科条篇,沙门法上为昭玄都以检约之。神武如邺,群官迎于紫陌,神武握逞手劳之曰:“小儿任重才轻,非中尉何有今日?荣华富贵,直是中尉自取,高欢父子无以相报。"赐暹马,使骑之以从,且行且语。暹下拜,马惊走,神武亲为拥之而受辔。魏帝宴华林园,谓神武曰:"自顷所在百司,多有贪暴。朝廷中有用心公平,直言弹劾,不避亲戚者,王可劝酒。"神武降阶跪言:"唯御史中尉崔暹一人,谨奉明旨,敢以酒劝,并臣所射赐物千段,乞以回赐。"帝又褒美之。于是文襄亦催暹酒,神武亲为之抃。文襄退谓暹曰:"我尚畏羡,何况余人。"神武将还晋阳,又以所乘马加彩物赐暹。由是威名日盛,内外莫不畏服。

神武崩,未发丧,文襄以暹为度支尚书,监国史、兼右仆射,委以心腹之寄,仍为魏帝侍读。暹忧国如家,以天下为己任。文襄盛宠王昭仪,欲立为正室,暹谏曰:"天命未改,魏室尚存,公主无罪,不容弃辱。"文襄意不悦,苦请乃从之。文襄车服过度,诛戮变常,言谈进止,或有亏失,暹每厉色极言,文襄亦为之止。临淮王孝友被文襄狎爱,数歌舞戏谑于前,顾见暹,辄敛容而止。有狱囚数百,文襄尽欲诛之,每催文帐,暹故缓之,不以时进,文襄意释,竟免。司州别驾司马仲粲、中从事陆士佩并被文襄殴击,付狱将饿杀,暹送食药,为致言而释之。

自出身从官,常日晏乃归。侵晓则与兄弟跪问母之起居,暮则尝食视寝,然后至外斋,对亲宾论事,或与沙门辩玄理,夜久乃还寝。一生不问家产,魏、梁通和,要贵皆遣人随聘使交易,暹唯寄求佛经。梁武帝闻之,缮写,以幡花宝盖赞呗送至馆焉。

然好大言,调戏无节。尝密令沙门明藏著《佛性论》而署己名,传诸江表。子达拏,年十三,令儒者权会教其解《周易》两字,乃集朝贵名流,命达拏高坐开讲。同郡眭仲让阳屈服之,暹用仲让为司徒中郎。邺下为之语曰:"讲义两行得中郎。"仲让官至右丞。此皆暹之短也。

文宣初嗣霸业,司马子如、韩轨等挟旧怨,言暹罪重。高隆之亦言宜宽政纲,去纠察法官,黜崔暹,则得远近人意,文宣从之。及践阼,谮毁者犹不息,帝令都督陈山提、舍人独孤永业搜暹家。甚贫匮,得神武、文襄与暹书千余纸,多论军国大事,帝嗟赏之。仍不免众口,流遏于马城,昼则负土供役,夜则置诸地牢。岁余,奴告遏谋反,锁赴晋阳,穷验无实。

先是,文襄疑文宣佯愚,虑其有后变,将阴图之,以问遏。遏曰:"尝与二郎俱在行位,试以手板拍其背而不瞋,乃将犀手板换遏竹者,自揩拭而玩视之,以是知其实癙。不足虑也。"帝既锁遏,责其往昔打背。遏自陈所对文襄之言,明己功以赎死。帝悟曰:"我免祸,乃遏之力。"释而劳之,使行太原郡事,迁太常卿。谓群臣曰:"崔遏清正,天下无双,卿等不及也。"初,文襄欲以最小妹嫁与遏子达拏,会崩,遂寝。至是,谳于宣光殿,群臣多在焉,文宣谓遏曰:"贤子达拏甚有才学,亡兄长女乐安公主,魏帝外甥,胜朕诸妹,思成大兄宿志,故欲作婚姻。"乃以主降达拏。

遏寻迁中书监,兼并省右仆射。是时法网已严,官司难于剖决,系狱者千余人。遏初上省,但大录囚,旬月间,断雪略尽。文襄时欲封遏,神武亦欲封之,遏并固辞。文宣数出游,多至遏宅,以遏女为皇太子妃,李后不可,乃止。天保八年,迁尚书右仆射、仪同三司。时调绢以七丈为匹,遏言之,乃依旧焉。帝谓左右曰:"崔遏谏我饮酒过多,然我饮酒何所废?"常山王私谓遏曰:"至尊威严多醉,太后尚不能致言,吾兄弟杜口,仆射独犯颜,内外深相感愧。"十年,卒,帝抚灵哭之。赠开府仪同三司、尚书左仆射、定州刺史,谥曰贞节。

达拏温良廉谨,有识学。位仪同三司、司农卿,周御府大夫。大象中使邺,属尉迟迥起兵,以为总管司马,迥平,伏诛。初,文宣尝问乐安公主:"达拏于汝何似?"答云:"甚相敬,唯阿家憎儿。"文宣令宫人召达拏母入而杀之,投漳水。齐灭,达拏杀主以复雠。

遏兄谋开。

纂从祖弟游,字延叔,少有风概。为东郡太守。郡有盐户,常供州郡为兵,子孙见丁从役。矜其劳苦,乃为表闻,请听更代,郡内感之。太学旧在城内,游移置城南闲敞处,亲自说经,当时学者莫不劝勉,号为良守。正光中,除南秦州刺史。先是,州人杨松柏、洛德兄弟数为反叛,游深加招慰,兄弟俱至。松柏既郡之豪帅,感恩奖喻,郡贼咸来归款,且以过在前政,不复自疑,游乃因宴会,一时俱斩。于是外人以其不信,合境皆反。正光五年,秦州城人杀刺史李彦为逆。数日后,游知必不安,谋欲出外,寻为城人韩祖香等所攻。游事窘登楼,慷慨悲叹,乃推下小女而杀之,义不为群小所辱。为祖香等害。永安中,赠散骑常侍、镇北将军、定州刺史。子伏护。

论曰:崔鉴以文业应利用之秋,世家有业,余庆不已,人位继轨,亦为盛哉!辩器业著闻,位不远到。逸德优官薄,仍世恨之。模雄壮之烈,楷忠贞之操,杀身成义,临难如归,非大丈夫亦何能若此矣!士谦昆弟非唯武毅见重,忠公之称,亦足嘉云。挺兄弟风操高亮,怀文抱质,历事著闻,见重朝野,继世承家,门族并著,市朝可变,人焉不绝。至若宣猷之立朝赞务,则嘉谋屡陈,出抚宣条,则威恩具举。仲方之兼资文武,雅长谋算,伐陈之策,信为深远。弈世载德,夫岂徒然?昂智足立功,能足干事,霸朝委遇,良有以焉。而谢彼仁心,安兹苛政,晚途遭踬,理其宜也。季舒蹈龙逢之节,季伦受分庭之遇,虽遭逢异日,得丧不同,考其遗迹,而荣名一也,盖所谓彼有人焉。

北史卷三三
列传第二一

李灵　李顺　李孝伯　李裔
李义深

　　李灵字武符,赵郡平棘人也。父勰,字小同,恬静好学,有声赵、魏间。道武平中原,闻其已亡。哀惜之,赠宣威将军、兰陵太守。

　　神䴥中,太武征天下才俊,灵至,拜中书博士。再迁淮阳太守。以学优,选授文成皇帝经,加中散、内博士,赐爵高邑子。文成践阼,卒于洛州刺史,赠定州刺史、钜鹿公,谥曰简。

　　子恢袭,以师傅子,拜长安镇副将,进爵为侯,假钜鹿公。后东平王道符谋反,遇害,赠定州刺史、钜鹿公,谥曰贞。恢弟综,事见于后。

　　长子悦祖,袭爵高邑侯,例降为伯,卒。

　　悦祖子瑾,字伯琼,袭位大司农卿。瑾淳谨好学,老而不倦。卒,赠司空。

　　悦祖弟显甫,豪侠知名,集诸李数千家于殷州西山,开李鱼川方五六十里居之,显甫为其宗主。以军功赐爵平棘子,位河南太守,赠安州刺史,谥曰安。

　　子元忠,少厉志操,粗览书史及阴阳术数,有巧思,居丧以孝闻。袭爵平棘子。魏清河王怿为营明堂大都督,引为主簿。遭母忧去任,归李鱼川。尝亡二马,既获盗,即以与之。在母丧,哭泣哀动旁人,而饮酒骑射不废,曰:“礼岂为我?”初元忠以母多患,专心医药,遂善方技,性仁恕,无贵贱皆为救疗。家素富,在乡多有出贷求利,元忠焚契免责,乡人甚敬之。

孝庄时,盗贼蜂起,清河有五百人西戍,还经南赵郡,以路梗,共投元忠,奉绢千余匹。元忠唯受一匹,杀五牛以食之,遣奴为导,曰:"若逢贼,但道李元忠遣。"如言,贼皆舍避。及葛荣起,元忠率宗党作垒以自保,坐于大槲树下,前后斩违命者几三百人。贼至,元忠辄却之。葛荣曰:"我自中山至此,连为赵李所破,则何以能成大事?"乃悉众攻围,执元忠以随军,贼平,就拜南赵郡太守。好酒,无政绩。

及庄帝幽崩,元忠弃官,潜图义举。会齐神武东出,元忠便乘露车载素筝浊酒以奉迎。神武闻其酒客,未即见之。元忠下车独坐,酌酒擘脯食之,谓门者曰:"本言公招延俊杰,今闻国士到门,不能吐哺辍洗,其人可知。还吾刺,勿复通也。"门者以告,神武遽见之。引入,觞再行,元忠车上取筝鼓之,长歌慷慨。歌阕,谓神武曰:"天下形势可见,明公犹欲事尔朱乎?"神武曰:"富贵皆由佗,安敢不尽节。"元忠曰:"非英雄也。高乾邕兄弟曾来未?"是时,高乾邕已见,神武因绐曰:"从叔辈粗,何肯来?"元忠曰:"虽粗,并解事。"神武曰:"赵郡醉!"使人扶出,元忠不肯起,孙腾进曰:"此君天遣来,不可违也。"神武乃复留与言,元忠慷慨流涕,神武亦悲不自胜。元忠进纵横之策,深见嘉纳。又谓神武曰:"殷州小,无粮仗,不足以济大事。冀州大藩,若向冀州,高乾邕兄弟必为明公主人。殷州便以赐委。冀、殷合,沧、瀛、幽、定自然弭从。唯刘诞黠胡,或当乖拒,然非明公之敌。"神武急握元忠手而谢焉。

时殷州刺史尔朱羽生阻兵据州,元忠聚众与大军禽斩之。神武即令行殷州事。累迁太常卿、殷州大中正。后以从兄瑾年长,以中正让之。

魏孝武帝纳神武女为后,诏元忠致娉于晋阳。每宴席论旧事,元忠曰:"昔日建义,轰轰大乐,比来寂寥无人问,更欲觅建义处。"神武抚掌笑曰:"此人逼我起兵。"赐白马一匹。元忠戏曰:"若不与侍中，当更觅建义处。”神武曰：“建义不虑无，止畏如此老翁不可遇耳。”元忠曰：“止为此翁难遇，所以不去。”因捋神武须大笑。神武悉其雅意，深重之。后神武奉送皇后，仍田于晋泽，元忠马倒，良久乃苏。神武亲自抚视，封晋阳县伯。后为光州刺史，时州境灾俭，人皆菜色，元忠表求赈贷，被报听用万石。元忠以为少，遂出十五万石赈之。事讫，表陈，朝廷嘉而不责。征拜侍中。

元忠虽处要任，初不以物务干怀，唯以声酒自娱，大率常醉。家事大小，了不关心。园庭罗种果药，亲朋寻诣，必留连宴赏。每挟弹携壶，游邀里闬，每言宁无食，不可使我无酒，阮步兵吾师也，孔少府岂欺我哉。后自中书令复求为太常卿，以其有音乐而多美酒故。神武欲用为仆射，文襄言其放达常醉，不可委以台阁。其子搔闻之，请节酒。元忠曰：“我言作仆射不胜饮酒乐；尔爱仆射时，宜勿饮酒。”

每言于执事，云年渐迟暮，乞在闲冗，以养余年，乃除骠骑大将军、仪同三司。曾贡文襄王蒲桃一盘，文襄报以百缣，其见赏重如此，孙腾、司马子如尝诣元忠，逢其方坐树下，葛巾拥被，对壶独酌，庭室芜旷，使婢卷两褥以质酒肉，呼妻出，衣不曳地。二公相视，叹息而去，大饷米绢，受而散之。俄复以本官领卫尉卿。卒，有米三石，酒数斛，书籍药物，充满箧架，未及赙至，金蝉质绢，乃得敛焉。赠司徒，谥曰敬惠。

初，元忠将仕，梦手执炬入其父墓，中夜惊起，甚恶之。旦告其受业师，占云：“大吉，可谓光照先人也。”竟如其占。

性甚工弹，弹桐叶常出一孔，掷枣粟而弹之，十中七八。尝从文襄入谒魏帝，有枭鸣殿上，文襄命元忠弹之，问得几丸而落，对曰：“一丸奉至尊威灵，一丸承大将军意气，两丸足矣。”如其言而落之。子搔嗣。

搔字德沈，少聪敏，有才艺。曾采诸声，别造一器，号曰八弦，时人称有思理。武定末，自丞相记室除河内太守。居数载，流人尽复。代至，将还都，父老号泣，追送二百余里，生为立碑。终于仪曹郎。

搔妹曰法行,幼好道,截指自誓不嫁,遂为尼。所居去邺三百里,往来恒步,在路或不得食,饮水而已。逢屠牵牛,脱衣求赎,泣而随之。雉兔驯狎,入其山居房室。齐亡后,遭时大俭,施糜粥于路。异母弟宗侃与族人孝衡争地相毁,尼曰:"我有地,二家欲得者,任来取之,何为轻致忿讼?"宗侃等惭,遂让为闲田。

浑字季初,灵之曾孙也。祖综,行河间郡,早卒。父遵,字良轨,有业尚,为魏冀州征东府司马。京兆王愉冀州起逆,遇害。赠幽州刺史,谥曰简。

浑以父死王事,除给事中。后以四方多难,求为青州征东司马,与河间邢邵、北海王昕俱奉老母携妻子,同赴青、齐。未几而尔朱荣入洛,衣冠歼尽,物论以为知几。时河北流移人聚青土,众逾二十万,共劫河间邢杲为主,起自北海,袭东阳。青州刺史元世俊欲谋诛之,府人遂猜贰,浑乃与长吏崔光韶具陈祸福,由是歃血而盟,上下还睦。普泰中,崔社客反于海岱,攻围青州,诏浑为都官尚书、东北道行台,赴援。社客诸城各自固保,浑以社客贼之根本,乌合易离,若衔枚夜袭,便可禽殄。如社客就禽,诸近可传檄而定。诸将尚迟疑,浑乃决行,果禽社客,斩首送洛阳,海隅清定。

天平初,丁母忧,行丧冢侧,殆将灭性。武定初,兼散骑常侍,聘梁使主。梁武谓曰:"伯阳之后,久而弥盛,赵李人物,今实居多。"使还,为东郡太守。以赃贿征还。齐文襄王使武士提以入,置诸庭。浑抗言曰:"将军今日犹自礼贤邪?"文襄笑而舍之。

齐天保初,除太子少保。时太常邢邵为少师,吏部尚书杨愔为少傅,论者荣之。以参禅代仪注,赐爵泾阳县男。文宣以魏《麟趾格》未精,诏浑与邢邵、崔㥄、魏收、王昕、李伯伦等修撰。尝谓魏收曰:"雕虫小技,我不如卿。国典朝章,卿不如我。"

寻除海州刺史。后土人共围州城,城中多石无井,常食海水,贼绝其路。城内先有一池,夏旱涸竭,浑斋戒朝服而祈焉,一朝天雨,泉流涌溢。贼以为神,应时骇散。浑捕斩渠帅,传首邺都,浑妾郭,在州干政纳货,坐免,卒于邺。

子湛,字处元,涉猎文史,有家风。兼通直散骑常侍、聘陈使副,袭爵泾阳男。浑与弟绘、纬俱为聘使主,湛又为使副,是以赵郡人士,目为四使。

绘字敬文。六岁便求入学,家人以偶年俗忌,不许,遂窃其姊笔牍用之,未逾晦朔,遂通《急就章》,内外以为非常儿。及长,仪貌端伟,神情朗俊。第五舅河间邢晏每与言,叹其高远,曰:"若披烟雾,如对珠玉,宅相之寄,良在此甥。"后敕撰五礼,绘与太原王乂同掌军礼。魏静帝于显阳殿讲《孝经》、《礼记》,绘与从弟骞、裴伯茂、魏收、卢元明等俱为录议,简举可观。历中书侍郎、丞相司马。每霸朝文武总集,对扬王庭,常令绘先发言端,为群僚之首。音词辩正,风仪都雅,听者悚然,文襄益加敬异。又掌仪注。

武定初,兼散骑常侍,为聘梁使主。梁武问高相今在何处? 黑獭若为形容? 高相作何经略? 绘敷对明辩,梁武称佳。与梁人泛言氏族,袁狎曰:"未若我本出自黄帝,姓在十四之限。"绘曰:"兄所出虽远,当共车千秋分一字耳。"一坐皆笑。前后行人皆通启求市,绘独守清尚,梁人重其廉洁。

使还,拜高阳内史。郡境旧有三猛兽,人常患之,绘欲修槛,因斗俱死于郡西。咸以为化感所致,皆劝申上。绘曰:"猛兽因斗而毙,自是偶然,贪此为功,人将窥我。"竟不听。高阳旧多陂淀,绘至后,淀水皆涸,乃置农正,专主劝课,垦田倍增,家给人足,瀛州三郡人俱诣州,请为绘立碑于郡街。神武东巡郡国,在瀛州城西驻马久立,使郎中陈元康喻慰之。

河间太守崔谌,恃其弟暹势,从绘乞麏角鸽羽。绘答书曰:"鸽有六翮,飞则冲天。麏有四足,走便入海。下官肤体疏懒,手足迟钝,不能近追飞走,远事佞人。"时文襄使暹选司徒左长史,暹荐绘,既而不果,咸谓由此书。

及文襄嗣业,普代山东诸郡,其特降书征者,唯绘与清河太守辛术二人而已。至,补大将军从事中郎,迁司马。文襄以前司徒侯景进贤冠赐绘曰:"卿但直心事孤,当用卿为三公,莫学侯景叛也。"

及文宣嗣事,仍为丞相司马。天保初,除司徒右长史。绘质性方重,未尝趣事权门,以此久而沈屈。卒,赠南青州刺史,谥曰景。子君道,有父风。

绘弟纬,字乾经,少聪慧,有才学。与舅子河间邢昕少相伦辈,晚不逮之,位中散大夫。梁使主,侍中李神俊举纬尚书南主客郎。纬前后接对凡十八人,颇为称职。邺下为之语曰:"学则浑、绘、纬,口则绘、纬、浑。"齐文襄摄选,以纬为司徒咨议参军,谓曰:"自郎署至此,所谓不次,以卿人才,故有此举耳。"梁谢蔺来聘,劳之,蔺安平诸崔,纬曰:"子玉以还,雕龙绝矣。"崔逞闻之怒,纬诣门谢之,逞上马不顾。纬语人曰:"虽失要人意,聘梁使不得舍我。"武定五年,兼散骑常侍,使梁。纬常逸游放达,自号"隐君",萧然有绝尘之意。使还,除太子家令,卒。齐初,赠北徐州刺史,谥曰文。

璨字世显,灵弟赵郡太守均之子也。身长八尺五寸,容貌魁伟,受学于梁祚,位中书郎,雅为高允所知。初,宋徐二州刺史薛安都举彭城降,诏镇南大将军博陵公尉元,镇东将军城阳公孔伯恭等迎之,献文复以璨参二府军事。安都率文武出迎,元不加礼接,安都还城,遂不降。宋将张永、沈攸之等先屯下磄,元令璨与中书郎高闾入彭城说安都,即与俱载赴军。元等入城,收管龠。其夜,永攻南门,不克退还。璨劝元乘永,永失据,攻永米船,大破之,于是遂定淮北。加璨宁朔将军,与张说对为兖州刺史,安帖初附,以参定徐州功,赐爵始丰侯,卒,谥曰懿。子元茂袭爵。

元茂以宽雅著称,位司徒司马、彭城镇副将,人吏安之。卒,赠显武将军、徐州刺史,谥曰顺。

子秀之,字凤起,袭爵,位尚书都官郎。秀之弟子云,字凤升。子云弟子羽,字凤降。子羽弟子岳,字凤峙。秀之等并早孤,事母孝谨,兄弟容貌并魁伟,风度审正,而皆早卒。凤升子道宗,位直阁将军。道宗弟德林,司徒中兵参军。

元茂弟宣茂,太和初,拜中书博士,后兼定州大中正,受乡人财货,为御史所劾,除名。正始初,除大中大夫,迁光禄勋。与游肇往

复,肇善之。卒于幽州刺史,遗令薄葬,赠齐州刺史,谥曰惠。子籍
之,字修远,性谨正,粗涉书史。位司徒谘议参军,大中大夫。著《忠
诰》一篇,文多不载。卒,赠定州刺史。

子彻,仕齐,位尚书丞。

彻子纯,隋开皇中为介州长史。

纯子德饶,字世文。少聪敏好学,有至性。弱冠仕隋为校书郎,
仍直内史省,参掌文翰。转监察御史,纠正不避权贵。大业三年,迁
司隶从事,每巡四方,理冤枉,褒孝悌。虽位秩未通,德行为当时所
重,凡与交结,皆海内髦彦。

性至孝,父母寝疾,辄终日不食,十旬不解衣。及丁忧,水浆不
入口五日,哀恸,欧血数升。及送葬,会仲冬积雪,行四十余里,单缞
徒跣,号踊几绝。会葬者千余人,莫不为之流涕。后甘露降于庭树,
有鸠巢其庐,纳言扬达巡省河北,诣庐吊慰之,因改所居村名为孝
敬村,里为和顺里。

后为金河县长,未之官,属群盗蜂起,贼帅格谦、孙宣雅等十余
头聚众于勃海,有敕许其归首。等惧,不敢降,以德饶信行有闻,遣
奏曰:"若德饶来者,即相率归首。"帝遣德饶往勃海慰诸贼。至冠
氏,会佗贼攻陷县城,见害。

其弟德饶,性重然诺。大业末,为离石郡司法书佐,太守杨子崇
特礼之。及义兵起,子崇遇害,弃尸城下。德饶赴哭尽哀,收瘗之。
至介休,诣义师请葬子崇。见许,因赠子崇官,令德饶为使者,往离
石礼葬子崇。

彻弟公绪。公绪字穆叔,性聪敏,博通经传。魏末,为冀州司马,
属疾去官,绝迹赞皇山。齐天保初,以侍御史征,不就。公绪沈冥乐
道,又不闲时务,故誓心不仕。尤明天文,善图纬之学,尝谓子弟曰:
"吾观齐之分野,福德不多,国家祚终四七。"及齐亡岁,距天保之元
二十八年矣。公绪雅好著书,撰《典言》十卷、《礼质疑》五卷、《丧服
章句》一卷、《古今略记》二十卷、《玄子》五卷、《赵记》八卷、《赵语》
十二卷,并行于世。公绪既善阴阳之术,有秘记,传之子孙而不好

焉，临终取以投火。子少通，有学行。

公绪弟概，字季节，少好学。然性倨傲，每对诸兄弟，露髻披服，略无少长之礼。为齐文襄大将军府行参军，进侧集，题云："富春公主撰。"闲缓不任事，每被讥诃。除殿中侍御史，修国史。后为太子舍人，为副使聘于江南。江南多以僧寺停客，出入常袒露。还，坐事解。后卒于并州功曹参军。撰《战国春秋》及《音谱》，并行于世。

又自简诗赋二十四首，谓之《达生丈人集》。其序曰："达生丈人者，生于战国之世，爵里姓名无闻焉尔，时人揆其行己，疆为之号。颇好属文，成辄弃藁。常持论文云：古人有言，性情生于欲。又曰：人之性静，欲实汩之。然则性也者，所受于天，神识是也。故为形骸之主。情也者，所受于性，嗜欲是也，故为形骸之役。由此言之，情性之辩，断焉殊异。故其身泰，则均齐死生，尘垢名利，纵酒恣色，所以养情，否，则屏除爱著，摈落枝体，收视反听，所以养识。是以遇荣乐而无染，遭厄穷而不闷，或出人间，或栖物表，逍遥寄托，莫知所终。"

李顺字德正，钜鹿公灵之从父弟也。父系，慕容垂散骑侍郎、东武城令。道武定中原，以为平棘令。卒，赠赵郡太守、平棘男。

顺博涉经史，有计策。神瑞中，拜中书博士，转中书侍郎。从征蠕蠕，以筹略，赐爵平棘子。太武将讨赫连昌，谓崔浩曰："朕前北征，李顺献策数事，实合经略大谋。今欲使总前驱之事，何如？"浩曰："顺智足周务，实如圣旨。但臣与之昏姻，深知其行，然性果于去就，不可专委。"帝乃止。初，浩弟娶顺女，又以弟子娶顺女，虽昏媾，而浩颇轻顺，顺又不伏，由是潜相猜忌，故浩毁之。至统万，大破昌军，顺谋功居多。后征统万，昌出逆战，顺破其左军。及克统万，帝赐诸将珍宝杂物，顺固辞，唯取书数千卷，帝善之。迁给事黄门侍郎。又从击赫连定于平凉。三秦平，进爵为侯，迁四部尚书，甚见宠待。

沮渠蒙逊以河西内附，帝欲简行人，崔浩曰："宜令清德重臣，奉诏褒慰,尚书顺即其人也。"帝曰:"顺纳言大臣,不宜方为此使,若蒙逊身执玉帛而朝于朕,复何以加之?"浩曰:"邢贞使吴,亦魏之太常,苟事是宜,无嫌于重。"帝从之,以顺为太常,策拜蒙逊为太傅、凉王。使还,拜使持节、都督四州诸军事、长安镇都大将、宁西将军、开府,进爵高平公。未几,征为四部尚书,加散骑常侍。

延和初,使凉。蒙逊辞疾,箕坐隐几,无起动状。顺正色大言曰:"不谓此叟无礼,乃至于是!"握节而出。蒙逊使中兵校郎杨定归追顺曰:"太常云朝廷赐不拜之诏,是以敢自安耳。若曰尔拜尔跽,而不承命,乃小臣之罪矣。"顺曰:"齐桓公九合诸侯,一匡天下,周公赐胙,命曰伯舅无拜,而桓公降而拜受。今朝廷未有不拜之诏,而便偃蹇自取,此乃速祸之道。"蒙逊拜伏尽礼。

顺还,帝问与蒙逊往复辞,及其政教得失。顺曰:"蒙逊专威河右,三十许年,经涉艰难,粗识机变,虽不能贻厥孙谋,犹足以终其一世。但前岁表许十月送昙无忏,及臣往迎,便乖本意,不臣不信,于是而甚。以臣观之,不复顺矣。"帝曰:"若如卿言,则效在无远,袭世之后,早晚当灭。"对曰:"臣略见其子,并非才俊。如闻敦煌太守牧犍,器性粗立,若继蒙逊,必此人也。然比之于父,金云不逮,殆天所用资圣明也。"帝曰:"朕方事于东,未暇营西,如卿所言,三五年间,不足为晚。"及蒙逊死问至,太武谓顺曰:"卿言蒙逊死,验矣。又言牧犍立,何其妙哉!朕克凉州,亦当不远。"于是赐绢千匹,厩马一乘,宠待弥厚,政无巨细,无所不参。崔浩恶之。

顺凡使凉州十二回,太武称其能。而蒙逊数与顺游宴,颇有悖言,恐顺泄之,以金宝纳顺怀中,故蒙逊罪衅得不闻。又西域沙门昙无忏有方术,在凉州,诏追之,顺受蒙逊金,听杀之。浩并知之,密言于帝。帝未之信。太延三年,顺复使凉州,及还,帝问以将平河右计,顺以人劳既久,不可频动,帝从之。五年,议征凉州,顺以凉州乏水草,不宜远征。崔浩固以为宜征,帝从浩议。及至姑臧,甚丰水草,帝与景穆书,颇嫌顺。后谓浩曰:"卿昔所言,今果验矣。"克凉州后,闻受蒙逊金而听其杀昙无忏,益嫌之。犹以宠旧,未加其罪,尚诏顺差次群臣,赐以爵位。顺颇受纳,品第不平。凉州人徐杰发其事,浩又毁之。帝大怒,刑顺于城西。

顺死后数年,其从父弟孝伯为太武知重,居中用事。及浩诛,帝怒甚,谓孝伯曰:"卿从兄往虽误国,朕意亦未至此。由浩,遂杀卿从兄。"皇兴初,顺子敷等贵宠,献文追赠顺侍中、镇西大将军、太尉公、高平王,谥曰宣王。妻邢氏曰孝妃。顺四子。

长子敷,字景文,真君二年,选入中书教学,以忠谨给侍东宫,又为中散。与李欣、卢遐、度世等并以聪敏内参机密。敷性谦恭,加有文学,文成宠遇之。迁秘书下大夫,赐爵平棘子。后兼录南部,迁散骑常侍、南部尚书、中书监,领内外秘书,袭爵高平公。朝政大议,事无不关。及宋徐州刺史薛安都、司州刺史常珍奇等以彭城、悬瓠降,于时朝议谓未必可信,敷乃固执必然。乃遣师接援,淮海宁辑。敷既见待二世,兄弟亲戚在朝者十余人。弟弈又有宠于文明太后。李欣列其隐罪二十余条,献文大怒,皇兴四年,诛敷兄弟,削顺位号为庶人。敷从弟显德,妹夫广平宋叔珍等皆坐关乱公私,同时伏法。敷兄弟敦崇孝义,家门有礼,至于居丧法度,吉凶书记,皆合典则,为北州所称羡。既致斯祸,时人叹惜之。

敷弟式,字景则,学业知名。位西兖州刺史,濮阳侯,式自以家据权要,心虑危祸,常敕津吏,台有使者,必先启然后度之。既而使人卒至,始云南过,既济,突入执式赴都,与兄俱死。

子宪,字仲轨,清粹善风仪,好学有器度。太和初,袭爵,又降为伯。拜秘书中散,雅为孝文知赏。后拜赵郡太守。赵修与其州里,修归葬父母也,牧守以下畏之累迹,宪不为屈,时人高之。后以党附高肇,为御史所劾。正光五年,行雍州刺史,寻除七兵尚书。孝昌中,除征东将军、扬州刺史、淮南大都督。及梁平北大将军元树等来寇,宪力屈而降。因求还国。既至,敕付廷尉。宪女婿安乐王监据相州反,灵太后谓监心怀劫胁,遂诏赐宪死。永熙中,赠仪同三司、尚书令、定州刺史,谥曰文靖。

子希远,字景冲,早卒。希远子祖悛,袭祖爵。

希远弟希宗，字景玄。性宽和，仪貌雅丽，有才学。位金紫光禄大夫。齐神武擢为中外府长史。文宣帝纳其第二女为皇后。位上党太守，卒。赠司空公、殷州刺史，谥曰文简。

希宗长子祖升，仪容瑰丽，垂手过膝，文学足以自通。位齐州刺史，淫于从兵妻，见杀。

祖升弟祖勋，位给事黄门侍郎。齐文宣以其女为济南王妃。除侍中，封丹杨郡王，寻改封公。济南即位，除赵州刺史。济南废，还除金紫光禄大夫。太宁中，昭信后有宠于武成，除齐州刺史。赃贿狼籍，坐免官。复起为光州刺史。祖勋性贪慢，兼其妻崔氏骄豪干政，时论鄙之。女侍中陆媪母元氏，即祖勋妻姨，为此除会，又除西兖州刺史、殿中尚书。祖勋无才干，自少及长，居官无可称述。卒，赠尚书右仆射，武平中，将封后兄君璧等为王，还复祖勋王爵。其弟祖钦封竟陵王，位光禄卿。

祖勋第三弟祖纳，兄弟中最有识尚，以经史被知，卒于散骑常侍。

希宗弟希仁，字景山，有学识。卒于侍中、太子詹事。子公统，仕齐，位员外郎。高归彦之反，公统为之谋主。归彦败，伏法。其母崔氏当没官，其弟宣宝行赇，改籍注老。事发，武成帝棒杀之，肝脑涂地。

希仁弟骞，字希义，博涉经史，文藻富赡。位散骑常侍、殷州大中正、尚书左丞。以本官兼散骑常侍使梁。后坐事免，论者以为非罪。骞尝赠亲友卢元明、魏收诗云："监河爱升水，苏子惜余明，益州达友趣，廷尉辩交情。"盖失职之志云。后除给事黄门侍郎，卒。其文笔别有集录。齐受禅，赠仪同三司，谥曰文惠。

骞弟希礼，字景节，性敦厚，容止枢机，动遵礼度。起家著作佐郎，修起居注。历位太常少卿，兼廷尉少卿，行魏尹事，豫州刺史。仍居议曹，与邢邵等议定礼律。卒于信州刺史。

子孝贞，字元操，好学善属文。仕齐，释褐司徒府参军事。与弟孝基同见吏部郎中陆昂。昂戏之曰："弟名孝基，兄其替矣！"孝贞对曰："礼虽不肖，请附子臧。"昂握手曰："士固不妄有名，吾贤必当远至。"简静，不妄通接宾客。射策甲科，拜给事中。稍迁兼通直散骑常侍，副李鶱使陈。

孝贞从姊则昭信皇后，从兄祖勋女为废帝济南王妃，祖钦女一为后主娥英，一为琅邪王俨妃，祖勋叔骞女为安德王延宗妃。诸房子女，多有才貌，又因昭信后，所以与帝室姻媾重叠。兄弟并以文学自达，耻为外戚家。于时黄门侍郎高乾和亲要用事，求昏于孝贞，孝贞拒之。由是有隙，阴潜之，出为太尉府外兵参军。后历中书舍人。

武平中，出为博陵太守，不得志。寻为司州别驾。后复兼散骑常侍，聘周使副。还，除给事黄门侍郎，待诏文林馆，假仪同三司。以美于词令，敕与中书侍郎李若、李德林别掌宣传诏敕。周武帝平齐，授仪同三司、小典祀下大夫。宣帝即位，转史部下大夫。隋文帝为丞相，孝贞从韦孝宽讨尉迟迥，以功授上仪同三司。

开皇初，拜冯翊太守。为犯庙讳，于是称字元操。后数岁，迁蒙州刺史，吏人安之。自此不复留意文笔。人问其故，慨然叹曰："五十之年，倏焉已过，鬓垂素发，筋力已衰，宦意文情，一时尽矣，悲夫！"然每暇日，辄引宾客，弦歌对酒，终日为欢。后征拜内史侍郎，与内史令李德林参典文翰。元操无干剧之用，颇称不理。上谴怒之，敕御史劾其事。由是出为金州刺史，卒官。所著文集三十卷行于世，子元玉。

元操弟孝基，亦有才学，风词甚美。以卫尉丞待诏文林馆，位仪曹郎中。孝其弟孝俊，太子洗马。孝俊弟孝威，字季重，涉学有器干，兄弟之中，最为敦笃。位太尉外兵参军，修起居注。仕隋，礼部侍郎、大理少卿。

式弟弈，字景世，美容貌，有才艺。位都官尚书、安平侯，与兄敷同死。太和初，文明太后追念弈兄弟，及诛李欣，存问宪等一二家，岁时赐以布帛。

弈弟冏，字道度，少为中散，逃避得免。后历位度支尚书。太和二十一年，孝文幸长安，冏以咸阳山河崄固，秦、汉旧都，劝帝去洛

阳都之。后孝文引见冏，笑谓曰："昔娄敬一说，汉祖即日西驾。尚
书今以西京说朕，使朕不废东辕。当是献可理殊，所以今古相反
耳。"冏曰："昔汉祖起于布衣，欲籍嶮以自固，娄敬之言，符于本旨。
今陛下德洽四海，事同隆周，是以愚臣献说，不能上动。"帝大悦。冏
性鲠烈，敢直言，常面折孝文，弹驳公卿，无所回避，百寮皆惮之。孝
文常加优礼，每车驾巡幸，恒兼尚书右仆射，虽才学不及诸兄，然公
强当世，堪济过之。卒。

　　子祐，字长禧，笃穆友于，见称于世。历位给事中，累迁博陵太
守，所在亦以清干著。

　　顺弟修基，陈留太守，卒。子探幽，高平太守。探幽兄子洪鸾，
河间太守。

　　李孝伯，高平公顺从父弟也。父曾，少以郑氏《礼》、《左氏春
秋》教授为业。郡三辟功曹，并不就，曰："功曹之职，虽曰乡选高第，
犹是郡吏耳，北面事人，亦何容易。"州辟主簿，到官月余，乃叹曰：
"梁敬叔云'州郡之职，徒劳人耳。'道之不行，身之忧也。"遂还家讲
授。道武时，为赵郡太守，令行禁止。并州丁零数为山东害，知曾能
得百姓死力，惮不入境，贼于常山界得一死鹿，贼长谓赵郡地也，责
之，还令送鹿故处。郡谣曰："诈作赵郡鹿，犹胜常山粟。"其见惮如
此。卒，赠荆州刺史、柏仁子，谥曰懿。

　　孝伯少传父业，博综群言，美风仪，动有法度。从兄顺言之太
武，征为中散，谓曰："真卿家千里驹也。"迁秘书，奏事中散，转散骑
侍郎，光禄大夫，赐爵魏昌子。以军国机密，甚见亲宠，谋谟切秘，时
人莫能知。迁北部尚书。以频从征伐规略之功，进爵寿光侯。

　　真君末，宋文帝闻车驾南伐，遣其弟太尉、江夏王义恭率众赴
彭城。太武至彭城，登亚父冢以望城内，遣送其俘虏应至小市门，宣
诏劳问。义恭等问应士马数，曰："将军四十余万。"宋徐州刺史、武
陵王骏遣人献酒二器、甘蔗百挺，并请骆驼。

　　帝明旦复登亚父冢，遣孝伯至小市门，骏亦使其长史张畅对。

孝伯曰："主上有诏诏太尉、安北可暂出门，欲与相见。今遣赐骆驼及貂裘杂物。"畅曰："有诏之言，何得称之于此？"孝伯曰："卿家太尉、安北是人臣不？纵为邻国之君，何为不称诏于邻国之臣？又何至杜门绝桥？"畅曰："二王以魏帝营垒未立，此精甲十万，恐轻相陵践，故且闭城。待彼休息兵士，然后共修战场，克日交战。"孝伯曰："令行禁止，主将常事，何用废桥杜门？复何以十万夸大？我亦有良马百万，复可以此相矜。"既开门，畅屏人却仗，出受赐物。孝伯曰："诏以貂裘赐太尉，骆驼骡马赐安北。"义恭献皮绔褶一具，骏奉酒二器、甘蔗百挺。帝又遣赐义恭、骏等毡各一领，盐各九种，并胡豉。孝伯曰："有后诏：凡此诸盐，各有所宜。白盐食盐，主上自所食；黑盐疗腹胀气满，末之六铢，以酒而服；胡盐疗目痛；戎盐疗诸疮；赤盐、驳盐、臭盐、马齿盐四种，并非食盐。太尉、安北，何不遣人来至朕间，见朕小大，知朕老少，观朕为人？"畅曰："魏帝为人，久为往来所具，故不复遣信。"义恭献蜡烛十挺，骏献锦一匹。

　　孝伯风容闲雅，应答如流，畅及左右甚相嗟叹。帝大喜，进爵宣城公。为使持节、散骑常侍、秦州刺史，卒。赠征南大将军、定州刺史，谥曰文昭公。

　　孝伯体度恢雅，明达政事，朝野贵贱，咸推重之。景穆曾启太武，广征俊秀，帝曰："朕有一孝伯，足理天下，何用多为？假复求访，此人辈亦何可得？"其见贵如此。性方慎忠厚，每朝廷事有所不足，必手自书表，切言陈谏，或不从者，至于再三，削灭藁草，家人不见。公廷论议，常引纲纪。或有言事者，孝伯恣其所陈，假有是非，终不抑折。及见帝，言其所长，初不隐人姓名，以为己善。故衣冠之士，服其雅正。自崔浩诛，后军国谋谟，咸出孝伯。太武宠眷，有亚于浩，亦以宰辅遇之。献替补阙，其迹不见，时人莫得而知。卒之日，远近哀伤焉。孝伯美名，闻于遐迩，李彪使江南，齐武帝谓曰："北有李孝伯，于卿远近？"其为远人所知若此。

　　其妻崔赜女，高明妇人，生一子元显。崔氏卒后纳翟氏，不以为妻，憎忌元显。后遇劫，元显见害，世云翟氏所为也。元显志气甚高，为时人所伤惜。翟氏二子,安人、安上,并有风度。安人袭爵寿光侯,司徒司马。无子,爵除。安上钜鹿太守,亦早卒。安人弟豹子后追理先封,卒不得袭。

孝伯兄祥,字元善,学传家业,乡党宗之。位中书博士。时尚书韩元兴率众出青州,以祥为军司。略地至陈、汝,淮北之人诣军降者七千余户,迁之兖、豫之南,置淮阳郡以抚之。拜祥太守,流人归者万余家,百姓安业。迁河间太守,有威恩之称。征拜中书侍郎,人有千余上书,乞留数年,朝廷不许。卒官,追赠定州刺史、平棘子,谥曰宪。

子安世,幼聪悟。兴安二年,文成帝引见侍郎、博士子、简其秀俊,欲以为中书学生。安世年十一,帝见其尚小,引问之。安世陈说父祖,甚有次第,即以为生。帝每幸国学,恒独被引问。诏曰:“汝但守此至大,不虑不富贵。”天安初,拜中散,以谨慎,帝亲爱之。

累迁主客令。齐使刘缵朝贡,安世奉诏劳之。安世美容貌,善举止。缵等自相谓曰:“不有君子,其能国乎?”缵等呼安世为典客。安世曰:“何以亡秦之官,称于上国?”缵曰:“世异之号,凡有几也?”安世曰:“周谓掌客,秦改典客,汉名鸿胪,今曰主客。君等不欲影响文、武,而殷勤亡秦。”缵又指方山曰:“此山去燕然远近?”安世曰:“亦石头之与番禺耳。”时每有江南使至,多出藏内珍物,令都下富室好容服者货之,令使任情交易。使至金玉肆问价,缵曰:“北方金玉大贱,当是山川所出?”安世曰:“圣朝不贵金玉,所以同于瓦砾。又皇上德通神明,山不爱宝,故川无金,山无玉。”缵初将大市,得安世言,惭而罢。迁主客给事中。

时人困饥流散,豪右多有占夺,安世乃上疏陈均量之制,孝文深纳之。后均田之制,起于此矣。出为相州刺史,假赵郡公。敦农桑,断淫祀。西门豹、史起有功于人者,为之修饰庙堂。表荐广平宋翻、阳平路恃庆,皆为朝廷善士。初,广平人李波宗族强盛,残掠不已,前刺史薛道㧑亲往讨之,大为波败,遂为逋逃之薮,公私成患。百姓语曰:“李波小妹字雍容,褰裙逐马如卷蓬。左射右射必叠双,妇女尚如此，男子那可逢！"安世设方略，诱波及诸子侄三十余人，斩于邺市，州内肃然，病卒于家。

安世妻博陵崔氏，生一子玚。崔氏以妒悍见出，又尚沧水公主，生二子，谧、郁。

玚字琚罗，涉历史传，颇有文才，气尚豪爽，公强当世。太师、高阳王雍表荐玚为友。时人多绝户为沙门。玚上言："三千之罪，莫大于不孝，不孝之大，无过于绝祀。安得轻纵背礼之情，而肆其向法之意；缺当世之礼，而求将来之益；弃堂堂之政，而从鬼教乎？"沙门都统僧暹等忿玚鬼教之言，以玚为谤毁佛法，泣诉灵太后。责之，玚自理曰："鬼神之名皆是通灵达称。佛非天非地，本出于人，名之为鬼，愚谓非谤。"灵太后虽以玚言为允，然不免暹等意，犹罚玚金一两。

转尚书郎，随萧赞西征，以玚为统军。玚德洽乡间，招募雄勇，其乐从者数百骑。玚倾家赈恤，率之西讨。宝夤见玚至，拊其肩曰："子远来，吾事辩矣。"故其下每有战功，军中号曰李公骑。宝夤启玚为左丞，仍为别将，军机戎政，皆与参决。宝夤又启为中书侍郎。还朝，除歧州刺史，坐辞不赴任，免官。建义初，河阴遇害。初赠尚书右仆射、殷州刺史，后又赠散骑常侍、骠骑大将军、仪同三司、冀州刺史。

玚俶傥有大志，好饮酒，笃于亲知。每谓弟郁曰："士大夫学问，稽博古今而罢，何用专经为老博士也。"与弟谧特相友爱。谧在乡物故，玚恸哭绝气，久而方苏，不食数日，期年形骸毁悴，人伦哀叹之。

谧字永和，少好学，周览百氏。初师事小学博士孔璠，数年后，璠还就谧请业。同门生为之语曰："青成蓝，蓝谢青，师何常，在明经。"谧以公子征拜著作佐郎，辞以授弟郁，诏许之。州再举秀才，公府二辟，并不就。唯以琴书为业，有绝世之心。览《考工记》《大戴礼盛德篇》，以明堂之制不同，遂著《明常制度论》曰：

> 余谓论事辩物，当取正于经典之真文，援证定疑，必有验于周、孔之遗训，然后可以称准的矣。今礼文残缺，圣言靡存，明堂之制，谁使正之？是以后人纷纠，竞兴异论，五九之说，各

信其习，是非无准，得失相半，故历代纷纭，靡所取正。乃使裴顾云："今群儒纷纠，互相掎摭，就令其象可得而图，其所以居用之礼莫能通也，为设虚器耳。况汉氏所作，四维之个，复不能令各处其辰。愚以为尊祖配天，其义明著，庙宇之制，理据未分，直可为殿屋以崇严父之祀。其余杂碎，一皆除之。"斯岂不以群儒舛互，并乖其实，据义求衷，莫适可从哉？但恨典文残灭，求之靡据而已矣，乃复遂去室牖诸制，施之于教，未知其所隆政，求之于情，未可喻其所以必须，惜哉言乎！仲尼有言曰："赐也，尔爱其羊，我爱其礼。"余以为隆政必须其礼，岂彼一羊哉？推此而论，则圣人之于礼，殷勤而重之。裴頠之于礼，任意而忽之。是则頠贤于仲尼矣！以斯观之，裴氏子以不达失礼之旨也。

余窃不自量，颇有鄙意，据理寻义，以求其真，贵合雅衷，不苟偏信。乃藉之以《礼传》，考之以训注，博采先贤之言，广搜通儒之说，量其当否，参其同异，弃其所短，收其所长，推义察图，以折厥衷，岂敢必善、聊亦合其方志矣。

凡论明堂之制者虽众，然校其大略，则二途而已。言五室者，则据《周礼考工》之记以为本，是康成之徒所执。言九室者则案《大戴盛德》之篇以为源，是伯喈之伦所持。此二书虽非圣言，然是先贤之中博见洽通者也。但各记所闻，未能全正，可谓既尽美矣，未尽善也。而先儒不能考其当否，便各是所习，卒相非毁，岂达士之确论哉？小戴氏传礼事四十九篇，号曰《礼记》，虽未能全当，然多得其衷，方之前贤，亦无愧矣。而《月令》、《玉藻》、《明堂》三篇，颇有明堂之义，余故采掇二家，参之《月令》。以为明堂五室，古今通则。其室居中者，谓之太。太室之东者，谓之青阳。当太室之南者，谓之明堂。太室之西者，谓之总章。当太室之北者，谓之玄堂。四面之室，各有夹房，谓之左右个，三十六户七十二牖矣。室个之形，今之殿前是其遗像耳。个者，即寝之房也。但明堂与寝，施用既殊，故房个之名，亦随事而迁耳。今粗书其像，以见鄙意，案图察义，略可验矣。故检之五室，则义明于《考工》。校之户牖，则数协于《盛德》。考之施用，则事著于《月令》。求之闰也，合《周礼》与《玉藻》。既同夏、殷，又符周、秦，虽乖众儒，傥或在斯矣。

《考工记》曰："周人明堂，度以九尺之筵，东西九筵，南北七筵，堂崇一筵。五室，凡室二筵。室中度以几，堂上度以筵。"余谓《记》得之于五室，而谬于堂之修广。何者？当以理推之，令惬古之情也。夫明堂者，盖所以告月朔，布时令，宗文王，祀五帝者也。然营构之范，自当因宜创制耳。故五室者，合于五帝各居一室之义。且四时之祀，皆据其方正，又听朔布令，咸得其月之辰，可谓施政及俱二三但允。求之古义，窃为当矣。郑康成汉末之通儒，后学所取正。释五室之位，谓土居中，木火金水各四维。然四维之室既乖其正，施令听朔各失厥衷，左右之个弃而不顾。乃反文之以美说，饰之以巧辞，言水木用事交于东北，木火用事交于东南，火土用事交于西南，金水用事交于西北。既依五行，当从其用事之交，出何经典？可谓工于异端，言非而博，疑误后学，非所望于先儒也。《礼记玉藻》曰："天子听朔于南门之外，闰月则阖门左扉，立于其中。"郑玄注曰："天子之庙及路寝皆如明堂制。明堂在国之阳，每月就其时之堂而听朔焉。卒事反宿路寝，亦如之。闰月非常月，听其朔于明堂门下，还处路寝门，终月也。"而《考工记》"周人明堂"，玄注曰："或举王寝，或举明堂，互言之以明其制同也。"其同制之言，皆出郑注，然则明堂与寝，不得异矣。而《尚书顾命篇》曰："迎子钊南门之外，延入翼室。"此之翼室，即路寝矣。其下曰："大贝贲鼓在西房，垂之竹矢在东房。"此则路寝有左右房，见于经史者也。《礼记丧服大记》曰："君夫人卒于路寝。小敛，妇人髽，带麻于房中。"郑玄注曰："此盖诸侯礼。带麻于房中，则西南天子诸侯。"左右房，见于注者也。论路寝则明其左右，言明堂则阙其左右个，同制之说还相矛盾，通儒之注，何其能乎？使九室之徒奋笔而争锋者，岂不由处室之不当哉？

《记》云：东西九筵，南北七筵。五室，凡室二筵。置五室于斯堂，虽使班、倕构思，王尔营度，则不能令三室不居其南北也。然则三室之间，便居六筵之地，而室壁之外，裁有四尺五寸之堂焉。岂有天子布政施令之所，宗祀文王以配上帝之堂，周公负扆以朝诸侯之处，而室户之外，仅余四尺而已哉？假在俭约，为陋过矣。论其堂宇，则偏而非制，求之道理，则惬人情，其不然也。余恐为郑学者，苟求必胜，竞生异端，以相訾抑，云二筵者乃室之东西耳，南北则狭焉。余故备论之曰：若东西二筵，则室户之外为丈三尺五寸矣。南北户外复如此，则三室之中南北裁各丈二耳。《记》云："四旁两夹窗。"若为三尺之户，二尺窗，窗户之间，裁盈一尺，绳枢瓮牖之室，荜门圭窬之堂，尚不然矣。假令复欲小广之，则四面之外，阔狭不齐，东西既深，南北更浅，屋宇之制，不为通矣。验之众涂，略无算焉。且凡室二筵，丈八地耳，然则户牖之间，不逾二尺也。《礼记明堂》："天子负斧扆南向而立。"郑玄注曰："设斧扆于户牖之间。"而郑氏《礼图》说扆制曰："从广八尺，尽斧文于其上，今之屏风也。"以八尺扆置二尺之间，此之巨通，不待智者，较然可见矣。且若二筵之室为四尺之户，则户之两颊裁各七尺耳，全以置之，犹自不容，刘复户牖之间哉？其不然二也。又复以世代验之，即虞、夏尚朴，殷、周稍文，制造之差，每加崇饰。而夏后世室，堂修二七，周人之制，反更促狭，岂是夏禹卑宫之意，周监郁郁之美哉？以斯察之，其不然三也。又云"堂崇一筵"，便基高九尺，而壁户之外裁四尺五寸，于营制之法自不相称，其不然四也。又云"室中度以几，堂上度以筵"，而复云"凡室二筵"，而不以几，还自相违，其不然五也。以此验之，《记》者之谬，抑可见矣。

《盛德篇》云：明堂凡九室、三十六户、七十二牖，上员下方，东西九仞，南北十筵，堂高三尺也。余谓《盛德篇》得之于户牖，失之于九室。何者？五室之制，傍有夹房，面各有户，户有两庑,此乃因事立则,非拘异术,户庑之数,固自然矣。九室者,论之五帝,事既不合,施之时令,又失其辰,左右之个,重置一隅,两辰同处,参差出入,斯乃义无所据,未足称也。且又堂之修广,裁六十三尺耳,假使四尺五寸为外之基,其中五十四尺便是五室之地,计其一室之中,仅可一丈,置其户庑,则于何容之哉? 若必小而为之,以容其数,则令帝王侧身出入,斯为怪矣! 此匪直不合典制,抑亦可哂之甚也。余谓其九室之言,诚亦有由。然窃以为戴氏闻三十六户七十二庑。弗见其制,靡知所置,便谓一室有四户之窗,计其户庑之数,即以为九室耳,或未之思也,蔡伯喈,汉末之时学士,而见重于当时,即识其修广之不当,而必未思其九室之为谬。更修而广之,假其法象。可谓因伪饰辞,顺非而泽,谅可叹矣。

余今省彼众家,委心从善,庶探其衷,不为苟异。但是古非今,俗间之常情。爱远恶近,世中之恒事。而千载之下,独论古制,惊俗之谈,固延多诮,脱有深赏君子者,览而揣之,傥或存焉。

谧不饮酒,好音律,爱乐山水,高尚之情,长而弥固,一遇其赏,悠尔忘归,乃作《神士赋》。延昌四年卒,年三十二,遐迩悼惜之,其年,四门小学博士孔璠等学官四十五人上书曰:“窃见故处士赵郡李谧,十岁丧父,哀号罢邻人之相。幼事兄瑒,恭顺尽友于之诚。十三通《孝经》、《论语》、《毛诗》、《尚书》,历数之术,尤尽其长,州闾乡党,有神童之号。年十八,诣学受业,时博士即孔璠也。览始要终,论端究绪,授者无不欣其言矣。于是鸠集诸经,广校同异,比《三传》事例,名《春秋丛林》十有二卷。为璠等判析隐伏,垂盈百条。滞无常滞,纤豪必举。通不长通,有枉斯屈。不苟言以违经,弗饰辞而背理,辞气磊落,观者忘疲,每曰:“丈夫拥书万卷,何假南面百城。”遂绝迹下帷。杜门却扫,弃产营书,手自删削,卷无重复者四千有余矣。犹括次专家,搜比党议。隆冬达曙,盛暑通宵。虽仲舒不窥园,君伯之闭户,高氏之遗漂,张生之志食,方之斯人,未足为喻。

　　谧尝诣故太常卿刘芳，推问音义，语及中代兴废之由。芳乃叹曰：‘君若遇高祖，侍中、太常非仆有也。’前河南尹、黄门侍郎甄琛，内赞近机，朝野倾目，于时亲识有求官者，答云：‘赵郡李谧，耽学守道，不闷于时，常欲致言，但未有次耳。诸君何为轻自媒炫。’谓其子曰：‘昔郑玄、卢植不远数千里诣扶风马融，今汝明师甚迩，何不就业也？’又谓朝士曰：‘甄琛行不愧时，但未荐李谧，以此负朝廷耳。’又结宇依岩，凭崖凿室，方欲训彼青衿，宣扬坟典，冀西河之教重兴，北海之风不坠，而祐善空闻，暴疾而卒。邦国衔殄悴之哀，儒生结摧梁之慕，况璠等或议下风，或亲承音旨，师儒之义，其可默乎？事奏，诏曰：“谧屡辞征辟，志守冲素，儒隐之操，深可嘉美。可远傍惠、康，近准玄晏，谧曰：贞静处士，并表其门闾，以旌高节。”于是表其门曰文德，里曰孝义云。

　　郁字永穆，好学沈靖，博通经史。为广平王怀友，深见礼遇。时学士徐遵明教授山东，生徒甚盛，怀征遵明在馆，令郁问其《五经》义例十余条，遵明所答数条而已。稍迁国子博士。自国学之建，诸博士卒不讲说，其朝夕教授，唯郁而已。谦虚宽雅，甚有儒者之风。再迁通直散骑常侍。建义中，以兄玚卒，遂抚育孤侄，归于乡里。永熙初，除散骑常侍、卫大将军、左光禄大夫、兼都官尚书，寻领给事黄门侍郎。三年，于显阳殿讲《礼记》，诏郁执经。郁解说不穷，群难锋起，无废谈笑。孝武及诸王凡预听者，莫不嗟善。寻病卒，赠散骑常侍、骠骑大将军、尚书左仆射、仪同三司、都督、定州刺史。

　　谧子士谦，字子约，一名容郎，髫龀丧父，事母以孝闻。母曾欧吐，疑中毒，因跪尝之。伯父玚深所嗟尚，每称："此儿吾家颜子也。"年十二，魏广平王赞辟开府参军事。后丁母忧，居丧骨立。有姊适宋氏，不胜哀而死。士谦服阕，舍宅为伽蓝。脱身而出，诣学请业，研精不倦，遂博览群籍，善天文术数。齐吏部尚书辛术召署员外郎，赵郡王睿举德行，皆称疾不就。和士开亦重其名，将讽朝廷，擢为国子祭酒，固辞得免。刺史高元海以礼再致之，称为菩萨。隋有天下，毕志不仕。自以少孤，未尝饮酒食肉，口无杀害之言。亲宾至，辄陈樽俎,对之危坐,终日不倦。

李氏宗党豪盛,每春秋二社,必高会极宴,无不沈醉喧乱。尝集士谦所,盛馔盈前,而先为设黍。谓群从曰:"孔子称黍为五谷之长,荀卿亦云食先黍稷,古人所尚,宁可违乎!"少长肃然,无敢弛惰,退而相谓曰:"既见君子,方觉吾徒之不德也。"士谦闻而自责曰:"何乃为人疏,顿至于此。"家富于财,躬处节俭,每以振施为务。州里有丧事,不均,至相阋讼。士谦闻而出财补其少者,令与多者相埒。兄弟愧惧,更相推让,卒为善士。有牛犯其田者,士谦牵置凉处,饲之过于本主。望见盗刈黍者,默而避之。其家僮尝执盗粟者,士谦慰喻之曰:"穷困所致,义无相责。"遽令放之。其奴尝与乡人董震因醉角力,震扼其喉,毙于手下。震惧请罪,士谦谓曰:"卿本无杀心,何为相谢?然可速去,无为吏拘。"性宽厚皆此类也。后出粟万石以贷乡人,属年谷不登,责家无以偿,皆来致谢。士谦曰:"吾家余粟,本图赈赡,岂求利哉!"于是悉召责家,为设酒食,对之燔契,曰:"责了矣,幸勿为念也。"各令罢去。明年大熟,责家争来偿,士谦拒之,一无所受。他年饥,多有死者,士谦罄家资为之糜粥,赖以全活者万计。收埋骸骨,所见无遗。至春,又出田粮种子,分给贫乏。赵郡农人德之,抚其子孙曰:"此李参军遗惠也。"仁心感物,群犬生子,交共相乳。凶年散谷至万余石,合诸药以救疾疠,如此积三十年。或谓士谦:"子多阴德"。士谦曰:"夫言阴德,其犹耳鸣,己独知之,人无知者。今吾所作,吾子皆知,何阴德之有?"士谦善谈玄理,尝有客坐,不信佛家应报义。士谦喻之曰:"积善余庆,积恶余殃,岂非休咎邪?佛经云:'转轮五道,无复穷已,'此则贾谊所言'千变万化,未始有极,忽然为人'之谓也。佛道未来,而贤者已知其然矣。至若鲧为黄熊,杜宇为鶗鴂,褒君为龙,牛哀为猛兽,君子为鹄,小人为猿,彭生为豕,如意为犬,黄母为鼋,宣武为鳖,邓艾为牛,徐伯为鱼,铃下为鸟,书生为蛇,羊祜前身李氏之子,此非佛家变受异形之谓邪?"客曰:"邢子才云'岂有松柏后身,化为樗栎,'仆以为然。"士谦曰:"此不类之谈也,变化皆由心作,木岂有心乎?"客又问三教优劣,士谦曰:"佛,日也。道,月也。儒,五星也。"客亦不能难而止。

士谦平生时时为咏怀诗,辄毁其本,不示人。又尝论刑罚,遗文不具。其略曰:"帝王制法,沿革不同,自可损益,无为顿改。今之赃重者死,是酷而不惩也。语曰:'人不畏死,不可以死恐之。'愚谓此罪,宜从肉刑,刖其一趾。再犯者,断其左腕,流刑刖去右手三指。又犯者,下其腕。小盗宜黥。又犯,刖落其所用三指。又不悛,则下其腕。无不止也。无赖之人,窜之边裔,职为乱阶,适所以召戎矣。非求安之道也。博弈淫游,盗之萌也,禁而不止,黥之则可。"有识者颇以为得政体。

隋开皇八年,终于家。赵州士女闻之,莫不流泪曰:"我曹不死而令李参军死乎!"会葬者万余人。李景伯等以士谦道著丘园,条其行状,诣尚书省请先生之谥,事寝不行,遂相与树碑于墓。其妻范阳卢氏,亦有妇德。及夫终,所有赗赠,一无所受。谓州里父老曰:"参军平生好施,今虽殒殁,安可夺其志哉!"乃散粟五百石以赈穷乏,免奴婢六十人。

案赵郡李氏,出自赵将武安君牧。当楚、汉之际,广武君左车则其先也。左车十四世孙恢,字仲兴,汉桓、灵间,高尚不仕,号有道大夫。恢生定,字文义,仕魏,位渔阳太守。有子四人,并仕晋。平字伯括,为乐平太守。机字仲括,位国子博士。隐字叔括,保字季括。位并尚书郎。兄弟皆以儒素著名,时谓之四括。

机子楷,字雄方,位书侍御史,家于平棘南。有男子五人,辑、晃、茉、劲、睿。辑字护宗,晃字仲黄,茉字季黄,劲字少黄,睿字幼黄,并以友悌著美,为当世所宗,时所谓四黄者也。辑位高密郡守,二子,慎、敦。晃位镇南府长史,一子,义。劲位书侍御史,四子,盛、敏、隆、喜。睿位高平太守,二子,勔、充。其后,慎、敦居柏仁,子孙甚微。义南徙故垒,世谓之南祖。勔兄弟居巷东,盛兄弟居巷西,世人指其所居,因以为目,盖自此也。义字敬仲,位司空长史。生东宫舍人吉,字彦同。古生尚书郎聪,字小时。聪生真,字义深,事列于后。勔字景贤,位顿丘太守。勔生赵郡太守颐,字彦祖。颐生勰、系、曾,各有令子,事并列于前。盛位中书郎。三子,缵、袭、阁,缵字纬业,位太尉祭酒。生四子,诞、休、重、苞。诞字绍元,假赵郡太守。生四子,建、追、碓、龟、龟字神龟,位州主簿。生二子,凤林、秀林。

李裔字伯徽伯。父秀林,小名楷,性温直。太和中,中书博士,为顿丘相,豪右畏之。景明初,试守博陵郡,抑强扶弱,政以严威为名。以母忧去职。后为司徒司马、定州大中正、大中大夫。卒,赠齐州刺史。

裔出后伯父凤林。孝昌中为定州镇军长史,带博陵太守。于时逆贼杜洛周侵乱州界,裔潜引洛周,州遂陷没。洛周特无纲纪,至于市令、驿帅咸以为王,呼曰市王、驿王,乃封裔定州王。洛周寻为葛荣所灭,裔仍事荣。尔朱荣禽葛荣,遂絷裔及高昂、薛修义、李无为等于晋阳。从荣至洛,荣死乃免。

天平初,以齐神武大丞相谘议参军,参定策功,封固安县伯,为候卫大将军、陕州刺史。及周文帝攻克州城,见害。东魏赠尚书令、司徒、定州刺史。

子子旦袭。子旦弟子雄。

子雄少慷慨有大志,陕州破,因随周军入长安。家世并以学业自通,子雄独习骑射。其兄子旦让之曰:"弃文尚武,非士大夫素业。"子雄曰:"自古诚臣贵仕,文武不备而能济功业者鲜矣。既文且武,兄何病焉。"子旦无以应。

仕周,累迁小宾部。后从达奚武与齐人战于芒山,诸军大破,子雄所领独全。累迁凉州总管长史,从滕王逌破吐谷浑于青海,以功加上仪同。宣帝即位,行军总管韦孝宽略定淮南,拜亳州刺史。隋文帝总百揆,征为司会中大夫,以淮南功,加位上开府。及受禅,拜鸿胪卿,进爵高都郡公。

及晋王广出镇并州,以子雄为河北行台兵部尚书。上谓曰:"吾儿既少,卿兼文武之才,今者推诚相委,吾无北顾忧矣。"子雄顿首流涕,誓以效命。子雄当官正直,侃然有不可犯色,王甚敬惮,吏人称焉。岁余，卒官。子公挺嗣。

裔从祖诳字令世，诞弟休之子也。休字绍则，散骑常侍。诳与族兄灵、族弟熙等俱被征，事在高允《征士颂》。诳位中书侍郎、京兆太守。

诳从祖弟善见，位赵郡太守。

善见子显进，位州主薄、濮阳太守。

显进子暎，子晖道，位相州中从事、步兵校尉，赠殷州刺史。

暎子普济，学涉有名，性和韵，位济北太守，时人语曰："入粗入细李普济。"武定中，位北海太守。

暎弟育，字仲远，位相州防城别将，以拒葛荣之勋，赐爵赵郡公。后除金紫光禄大夫。卒，赠都官尚书，谥曰贞。

子愔袭，与从父兄普济并应秀才举，时人谓其所居为秀才村。愔位太子舍人。

愔族叔肃，字彦邕，位员外常侍，初谄附侍中元晖。后以左道事侍中穆绍。常裸身被发，画腹衔刀，于隐屏处为绍求福。故绍爱之，荐为黄门郎。性酒狂，从灵太后幸江阳王继第，侍饮颇醉，言辞不逊，抗辱太傅、清河王怿。为有司弹劾，太后恕之。卒于夏州刺史。

肃从弟皦，字景林，有学识，位廷尉少卿，赠齐州刺史，谥曰宣。子慎，武定中，位东平太守。

皦从弟仲旋，司徒左长史、恒农太守。先是，宫、牛二姓阻险为害，仲旋示以威惠，即并归伏。累迁左光禄大夫。天平初，迁都于邺，以仲旋为营构将，进号卫大将军。出为兖州刺史，迁除将作大匠，所历并箸声绩。卒，赠骠骑大将军、仪同三司、青州刺史。子希良，侍御史。

焕字仲文，小字丑瑰，中书侍郎盛弟隆之后也。隆字太彝，位阜城令。隆生幕县令谋。谋生始平太守景，名犯太祖元皇帝讳。景生东郡太守伯应。伯应生焕。

焕有干用，与郦道元俱为李彪所知。恒州刺史穆泰据代都谋反，焕以书侍御史与任城王澄推究之。焕先驱至州，宣旨晓喻，乃执

泰等。景明初，齐豫州刺史裴叔业以寿春归附，焕以司空从事中郎
为军司马，与杨大眼、奚康生等迎接，仍行扬州事，赐爵容城伯。及
荆蛮扰动，敕焕兼通直散骑常侍慰劳之，降者万余家。除梁州刺史。
时武兴氏杨集起举兵作逆，敕假焕平西将军，督别将大破集起军。
又破秦州贼吕苟儿，及斩氏王杨定。还朝，遇患卒，赠幽州刺史，谥
曰昭。

子密，字希邕，少有节操。母患积年，名医疗之不愈，乃精习经
方，洞闲针药，母疾得除。由是以医术知名。属尔朱兆弑逆，与勃海
高昂为报复计。后从神武，封容城县侯，位襄州刺史。

李义深，赵郡高邑人也。祖真，字令才，位中书侍郎。父绍，字
嗣宗，殷州别驾。

义深有当出才用，而心胸险峭，时人语曰："剑戟森森李义深。"
初以殷州别驾归齐神武，再迁鸿胪少卿。见尔朱兆兵盛，叛归之。兆
平，神武恕其罪。迁齐州刺史。好利，多所受纳。转行梁州刺史，为
阳夏太守段业告其在州聚敛，被禁止。卒于禁所。

子骚骖，有才辩，位兼通直散骑常侍，聘陈。陈人称之，后为寿
阳道行台左丞，与王琳同陷陈。周末逃归。隋开皇中，为永安郡太
守、绛州长史，卒。

子政藻，明敏有才干。骚骖没陈，政藻时为开府行参军，判集书
省事，便谢病解职，居处若在丧礼，人士称之。开皇中，历尚书工部
员外郎，卒于宜州长史。

骚骖弟文师，历中书舍人，齐郡太守。

义深弟同轨，体貌魁岸，腰带十围，学综诸经，兼该释氏，又好
医术。年二十，举秀才，再迁著作郎，典仪注，修国子博士。兴和中、
兼通直散骑常侍，使梁。梁武深耽释学，遂集名僧于其爱敬、同泰二
寺，讲《涅槃大品经》，引同轨豫席，兼遣其朝士义共观听，同轨论难
久之。道俗咸以为善。

卢景裕卒，齐神武引同轨在馆教诸公子，甚嘉礼之。每旦入授，

日暮始归,缉素请业者,同轨夜为解说,四时恒尔,不以为倦。卒,时人伤惜之,神武亦嗟悼之。赠瀛州刺史,谥曰康

同轨弟幼举,安德太守,以贪污弃市。

幼举弟之良,有干用,位金部郎中。

之良弟幼廉,少寡欲,为儿童时,初不从人家有所求请,尝故以金宝授之,终不取,强付,辄掷之地。州牧以其蒙幼而廉,故以名焉。性聪敏,累迁齐文襄骠骑府长史。文襄荐为济州仪同府长史,又迁瀛州长史。齐神武行经冀部,总合河北六州文籍,商榷户口增损,亲自部分,多在马上征责文簿,指影取备,事非一绪。幼廉应机立成,恒先期会,为诸州准的。神武深加慰勉,仍责诸人曰:“碎卿等诸人,作得李长史一脚指不!”是时,诸人并谢罪,幼廉独前拜恩,观者咸叹美之。神武还并州,以告文襄,文襄喜,谓人曰:“吾是知人矣!”文襄嗣事,除霸州掾。时以并州王政所基,求好长史,举者多不见纳。后因大集,谓陈元康曰:“我教你好长史处,李幼廉即其人也。”遂命为并州长史。常在文襄第内,与陇西辛术等六人,号为馆客。天保初,除太原郡太守。文宣尝与语及杨愔,误称为杨公,以应对失宜,除济阴郡守。累迁太仆大司农二卿、赵州大中正、大理卿,所在称职。

后主时,和士开权重,百寮尽倾,幼廉高揖而已,由是出为南青州刺史。主簿徐乾富而暴横,历政不能禁。幼廉初至,因其有犯,收系之。乾密通疏,奉黄金百锭、妓婢二十人,幼廉不受,遂杀之。罢还邺。祖孝征执政,求紫石英于幼廉,以其南青州所出。幼廉辞无好者,固请,乃与二两。孝征有不平之言,或以告幼廉。幼廉抗声曰:“李幼廉结发从宦,誓不曲意求人。天生德于予,孝征其如予何?假欲挫顿,不过遣向并州耳。”时已授并省都官尚书,辞而未报,遂发敕遣之。齐末官至三品已上,悉加仪同,独不沾此例,语人曰:“我不作仪同,更觉为荣。”卒,赠吏部尚书。

义深族弟神威,幼有风裁,家业《礼》学,又善音乐,撰集乐书近百卷,卒于尚书左丞。

　　又有李翥,字彦鸿,世居柏仁,弱冠以文章知,仕齐,位东平太守。后待诏文林馆,除通直散骑常侍,聘于梁。晚节颇以贪酒为累。贫无居宅,寄止佛寺中。尝著巾帔,终日对酒,招致宾客,风调详雅。

　　翥从兄子朗,才辞翥之亚,兼有吏能,位中书舍人。

　　论曰:古人云"燕赵多奇士",观夫李灵兄弟,并有焉。灵则首应弓旌,道光师傅。顺器标栋干,一时推重。孝伯风范鉴略,盖亦过人。各能克广门业,道风不殒,余庆之美,岂非此之谓乎。至如元忠之倜傥从横,功名自卒,季初之家风素业,昆季兼举。有齐之日,雅道方振。宪之子弟,特盛衣缨,岂唯戚里是凭,固亦文雅所得。安世识具通雅,时干之良。炀以豪俊达,郁则儒博显,谧之高逸,固可谓世有人焉。义深弟兄,人位兼美,子雄才官,不替门绪,茂矣。

北史卷三四
列传第二二

游雅　　高闾　　赵逸　　胡叟
胡方回　　张湛　　段承根
阚骃　　刘延明　　赵柔　　索敞
宋繇　　江式

　　游雅字伯度,小名黄头,广平任人也。太武时,与勃海高允等俱知名,征拜中书博士。后使宋,授散骑侍郎,赐爵广平子。稍迁太子少傅,领禁兵,进爵为侯。受诏与中书侍朗胡方回等改定律制。出为东雍州刺史,假梁郡公。在任廉白,甚有惠政。征为秘书监,委以国史之任,竟无所成。

　　雅性刚赣,好自矜诞,凌猎人物。高允重雅文学,而雅轻允才,允性柔宽,不以为恨。允将婚于邢氏,雅劝允娶其族,允不从。雅曰:“人贵河间邢,不胜广平游,人自弃伯度,我自敬黄头。”其贵己贱人,皆此类也。允著《征士颂》,殊重雅。雅因议论长短,忿儒者陈奇,遂陷奇至族。议者深责之。卒,赠相州刺史,谥曰宣侯。

　　明根字志远,雅从祖弟也。祖鳣,慕容熙乐浪太守。父幼,冯跋假广平太守。

　　明根幼年遭乱,为栎阳王氏奴。主使牧羊,明根以浆壶倩人书字路边,书地学之。长安镇将窦瑾见之,呼问,知其姓名,乃告游雅。

雅使人赎之，教书。年十六，辞雅归乡里，于白渠坎为窟，读书积岁。雅称荐之，太武擢为中书学生。性寡欲，综习经史。

文成践阼，为都曹主书。帝以其敬慎，每嗟美之。假员外散骑常侍、安乐侯，使宋。宋孝武称其长者，迎送礼加常使。献文时，累迁东兖州刺史，封新泰侯，为政清平。孝文时为仪曹长，清约恭谨，号为称职。历仪曹尚书，加散骑常侍。迁大鸿胪卿、河南王干师，尚书如故，随例降侯为伯。又参定律令，屡进谠言。

明根以年逾七十，表求致仕，优诏许之。引入陈谢，悲不自胜，帝言别殷勤，仍为流涕，赐青纱单衣、委貌冠、被褥、锦袍等物。其年，以司徒尉元为三老，明根为五更，行礼辟雍，赐步挽一乘，给上卿禄，供食之味，太官就第月送。以定律令，赐布帛等。归本郡，又赐安车、两马、幄帐、被褥。车驾幸邺，明根朝于行宫，优诏赐以谷帛，敕太官备送珍羞，为造甲第。国有大事，恒玺书访之。旧疾发动，手诏问疾，太医送药。卒于家，宣武吊祭赠赗甚厚，赠光禄大夫，金章紫绶，谥靖侯。

明根历官内外五十余年，处身以仁和，接物以礼让，时论贵之。孝文初，明根与高闾以儒老学业，特被礼遇，公私出入，每相追随，而闾以才笔，时侮明根。世号高、游焉。

子肇袭，字伯始，孝文赐名焉。博综经史。孝文初，为内秘书侍御中散，稍迁典命中大夫。车驾南伐，肇表谏，不纳。寻迁太子中庶子。肇谦素敦重，文雅见任。以父老，求解官扶侍。孝文欲令禄养，出为本州南安王祯镇北府长史，带魏郡太守。王薨，复为高阳王雍镇北府长史，太守如故。为政清简，加以匡赞，历佐二王，甚有声绩，以父忧解任。复授黄门侍郎，兼侍中，为畿内大使，黜陟善恶，赏罚分明。历太府、廷尉卿，兼御史中尉，黄门如故。肇儒者，动存名教，直绳所举，莫非伤风败俗。持法仁平，断狱务于矜恕。尚书令高肇，宣武之舅，百寮慑惮，以肇名与己同，欲令改易。肇以孝文所赐，执志不许，高肇甚衔之，宣武嘉其刚梗。

卢昶之在朐山也，肇谏曰："朐山蕞尔，僻在海滨，于我非急，于贼为利。如闻贼将娄以宿豫求易朐山，持此无用之地，复彼旧有之强，兵役时解，其利为大。”帝将从之，寻而昶败。迁侍中。梁军主徐玄明斩其青、冀二州刺史张稷首，以郁州内附。朝议遣兵赴援，肇表以为不宜劳师争海岛之地，帝不纳。及大将军高肇伐蜀，肇又陈愿俟后图，又不纳。

明帝即位，迁中书令、相州刺史，有惠政。再迁尚书右仆射。肇于吏事断决不速，主者谘呈反覆，至于再三，必穷其理，然后下笔。虽宠势干请，终无回挠，方正之操，时人服之。及元叉废灵太后，将害太傅、清河王怿，乃集公卿会议其事。于时，群官莫不失色顺旨，肇独抗言，以为不可，终不下署。卒，谥文贞公。

肇外宽柔，内刚直，耽好经传，手不释书。善《周易》、《毛诗》，尤精《三礼》。为《易集解》，撰《冠婚仪》、《白珪论》，诗赋表启凡七十五篇。

谦廉不竞，曾撰《儒棊》，以表其志。清贫寡欲，资仰俸禄而已。为廷尉时，宣武尝敕肇有所降恕，执而不从曰：“陛下自能恕之，岂可令臣曲笔也。”其执意如此。及明帝初，近侍群官预在奉迎者，自侍中崔光以下并加封，封肇文安县侯。肇独曰：“子袭父位，今古之常，因此获封，何以自处？”固辞不应。论者高之。

子祥，字宗良，颇有才学，袭爵新泰伯，位国子博士，领尚书郎中。明帝以肇昔辞文安之封，复欲封祥，祥守其父志，卒不受。又追论肇前议清河，守正不屈，乃封祥高邑县侯。卒，赠给事黄门侍郎、幽州刺史，谥曰文。

高闾字阎士，渔阳雍奴人也。五世祖原，晋安北将军、上谷太守、关中侯，有碑在蓟中。祖雅，少有令名，位州别驾。父洪，字季愿，位陈留王从事中郎。闾贵，乃赠幽州刺史、固安贞子。

闾早孤，少好学，博综经史，下笔成章。少为车子，送租至平城，修刺诣崔浩。浩与语，奇之，使为谢中书监表。明日，浩历租车过，驻马呼闾，诸车子皆惊。闾本名驴，浩乃改为闾，而字焉，由是知名。

和平末,为中书侍郎。文成崩,乙浑擅权,内外危惧,文明太后临朝诛浑,引闾与中书令高允入禁中参决大政,赐爵安乐子。与镇南大将军尉元南赴徐州,以功进爵为侯。献文即位,徙崇光宫,闾表上《至德颂》。高允以闾文章富逸,举以自代,遂为献文所知,参论政事。

永明初,为中书令、给事中,委以机密。文明太后甚重闾,诏令书檄碑铭赞颂皆其文也。太和三年,出师讨淮北,闾表谏,陈四疑,请时速返旆。文明太后曰:"六军电发,有若摧朽,何虑四难也。"迁尚书、中书监,淮南王他奏求依旧断禄,闾表以为若不班禄,则贪者肆其奸情,清者不能自保,诏从闾议。

孝文又引见王公以下于皇信堂,令辩忠佞。闾曰:"佞者饰知以行事,忠者发心以附道,譬如玉石,皦然可知。"帝曰:"玉石同体而异名,忠佞异名而同理。求之于同,则得其所以异;寻之于异,则失其所以同。出处同异之间,交换忠佞之境,岂是皦然易明哉?或有托佞以成忠,或有假忠以饰佞,如楚之子綦,后事虽忠,初非佞也。"闾曰:"子綦谏楚,初虽随述,终致忠言,此适欲几谏,非为佞也。子綦若不设初权,后忠无由得显。"帝善闾对。

后上表曰:

臣闻为国之道,其要有五:一曰文德,二曰武功,三曰法度,四曰防固,五曰刑赏。故远人不服,则修文德以来之,荒狁放命,则播武功以威之。人未知战,则制法度以齐之。暴敌轻侵,则设防固以御之。临事制胜,则明赏罚以劝之。用以辟国宁方,征伐四克。北狄悍愚,同于禽兽,所长者野战,所短者攻城,若以狄之所短,夺其所长,则虽众不能成患,虽来不能内逼。又狄散居野泽,随逐水草,战则与室家并至,奔则与畜牧俱逃。是以古人伐北方,攘其侵掠而已。历代为边患者,良以倏忽无常故也。六镇势分,倍众不斗,互相围逼,难以制之。昔周命南仲,城彼朔方,赵灵、秦始,长城是筑,汉之孝武,踵其前事。此四代之君,皆帝王之雄杰,所以同此役者,非智术之不长，兵众之不足，乃防狄之要事，理宜然也。

今故宜于六镇之北筑长城，以御北虏，虽有暂劳之勤，乃有永逸之益，即于要害，往往开门，造小城于其侧，因施却敌，多置弓弩。狄来，有城可守，有兵可捍。既不攻城，野掠无获，草尽则走，终始必惩。又宜发近州武勇四万人，及京师二万人，合六万人，为武士，于苑内立征北大将军府，选忠勇有志干者以充其选。下置官属，分为三军：二万人专习弓射。二万人专习刀盾，二万人专习骑槊。修立战场，十日一习。采诸葛亮八阵之法，为平地御敌之方，使其解兵革之宜，识旌旗之节。兵器精坚，必堪御寇。使将有定兵，兵有常主，上下相信，昼夜如一。七月，发六郡兵万人，各备戎作之具，敕台北诸屯仓库，随近往来，俱送北镇。至八月，征北部率所镇，与六镇之兵，直至碛南，扬威漠北。狄若来拒，与决战，若其不来，然后散分其地，以筑长城。计六镇，东西不过千里，若一夫一月之功当二步之地，三百人三里，三千人三十里，三万人三百里，则千里之地，强弱相兼，计十万人一月必就，军粮一月，不足为多，人怀永逸，劳而无怨。

计筑长城，其利有五：罢游防之苦，其利一也。北部放牧，无抄掠之患，其利二也。发城观敌，以逸待劳，其利三也。省境防之虞，息无时之备，其利四也。岁常游运，永得不遣，其利五也。

孝文诏曰："比当与卿面论。"

又诏间为书问蠕蠕。时蠕蠕国有丧而书不叙凶事。帝曰："卿职典文辞，不论彼之凶事，若知而不作，罪在灼然，若情思不至，应谢所任。"对曰："昔蠕蠕主敦崇和亲，其子屡犯边境，如臣愚见，谓不宜吊。"帝曰："敬其父则子悦，敬其君则臣悦，卿云不合吊慰，是何言欤？"间遂免冠谢罪。帝曰："蠕蠕使牟提，小心恭慎，同行疾其敦厚，恐其还北，必被谤诬。昔刘准使殷灵诞，每禁下人不为非礼事，及还，果被谮诉，以致极刑。今书可明牟提忠于其国，使蠕蠕主知之。"

是年冬至,大飨群官,孝文亲舞于太后前,群臣皆舞。帝乃长歌,仍率群臣再拜上寿。闾进曰:"臣闻大夫行孝,行合一家。诸侯行孝,声著一国。天子行孝,德被四海。今陛下敦行孝道,臣等不胜庆踊,谨上千万岁寿。"帝大悦。又议政于皇信堂,闾曰:"伏思太皇太后十八条之令,及仰寻圣朝所行,事周于百揆,愿终成其事。"帝曰:"刑法者,王道所用。何者为法?何者为刑?施行之日,何先何后?"对曰:"刑制之会,轨物齐众,谓之法。犯违制约,致之于宪,谓之刑。然则法必先施,刑必后著。"帝曰:"《论语》称冉子退朝,孔子曰:'何晏也?'曰:'有政'。子曰:'其事也,如其有政,虽不吾以,吾其与闻之。'何者为政?何者为事?"对曰:"政者,上之所行。事者,下之所综。"

后诏闾与太常采雅乐以营金石。又领广陵王师,出除镇南将军、相州刺史。以参定律令之勤,赐布帛粟牛马等。迁都洛阳,闾表谏,言迁有十损,必不获已,请迁于邺。帝颇嫌之。

雍州刺史曹武据襄阳请降,车驾亲幸悬瓠,闾表谏:"洛阳草创,武既不遣质任,必非诚心。"帝不纳。武果虚诈,诸将皆无功而还。车驾还幸石济,闾朝于行宫。帝谓曰:"朕往年之意,不欲决征。但兵士已集,恐为幽王之失,不容中止,遂至淮南。而被诸将并列州镇,至无所获,实由晚一月日故耳。"闾曰:"古攻战法,倍则攻之,十则围之,圣驾亲征,诚应大捷,所以无大获,良由兵少故也。今京邑甫尔,庶事造创,愿陛下当从容伊、瀍,使德被四海。"帝曰:"愿从容伊、瀍,实亦不少,但未获耳。"闾曰:"司马相如临终,恨不封禅。今虽江介不宾,然中州地略以尽平,岂可圣明之辰,而阙盛礼?"帝曰:"荆杨未一,岂得如卿言也。"闾以江南非中国,且三代之境,亦不能远。帝曰:"淮海惟扬州,荆及衡阳惟荆州,此非近中国乎?"

及车驾至邺,孝文频幸其州馆,下诏扬褒扬之。闾每请本州以自效,诏曰:"闾以悬车之年,方求衣锦,知进亡退,有尘谦德,可降号平北将军。朝之老成,宜遂情愿,徙授幽州刺史,令存劝兼行,恩法并举。"间以诸州罢从事,依府置参军,于政体不便,表宜复旧。帝不悦。岁余,表求致仕,优答不许。征为太常卿,频表陈逊,不听。又车驾南讨汉阳,间上表谏求回师,帝不纳。汉阳平,赐间玺书,间上表陈谢。

宣武践阼,间累表逊位,优诏授光禄大夫,金章紫绶,使吏部尚书邢峦就家拜授。及辞,引见东堂,赐以肴羞,访之大政。以其先朝儒旧,告老求归,帝为之流涕,优诏赐安车、几杖、舆马、缯采、衣服、布帛,事从丰厚。百僚饯之,犹群公之祖二疏也。间进陟北芒,上《望阙表》以示恋慕之诚。卒于家,谥文贞。

间好为文章,集四十卷。其文亦高允之流,后称二高,为当时所服。间强果敢直谏,其在私室,言裁闻耳。及于朝廷广众之中,则谈论锋起,人莫能敌。孝文以其文雅之美,每优礼之。然贪褊矜慢。初在中书,好詈辱诸博士。学生百余人,有所干求者,无不受其贿。又老为二州,乃更廉俭自谨,有良牧之誉。

子元昌袭爵,位辽西、博陵二郡太守。

间弟悦,笃志好学,有美于间,早卒。

赵逸字思群,天水人也。父昌,石勒黄门郎。逸好学夙成,仕姚兴,历中书侍郎。后为赫连屈丐所虏,拜著作郎。太武平统万,见逸所著曰:"此竖无道,安得为此言乎! 作者谁也? 速推之。"司徒崔浩进曰:"彼之谬述,亦子云《美新》,固宜容之。"帝乃止。历中书侍郎、赤城镇将,频表乞免,久乃见许。性好坟典,白首弥勤,年逾七十,手不释卷,凡所著述,诗赋铭颂五十余篇。

逸兄温,字思恭,博学有高名,为姚泓天水太守。刘裕灭泓,遂殁于氏。氏王杨难当称藩,太武以温为难当府司马,卒于仇池令。

温子琰,字叔起。初,苻氏乱,琰为乳母携奔寿春,年十四乃归。孝心色养,饪熟之节,必亲调之。皇兴中,京师俭,婢简粟粜之,琰遇见,切责,敕留轻秕。常送子应冀州娉室,从者于路遇得一羊,行三十里而琰知之,令送于本处。又过路旁,主人设羊羹,琰访知盗杀。

卒辞不食。遣人买粗刃,得剩六粗,即命送还刃主。刃主高之,义而不受,琰命委之而去。

初为兖州司马,转团城镇副将。还京,为淮南王他府长史。时禁制甚严,不听越关葬于旧兆,琰积四十余年不得葬二亲。及蒸尝拜献,未曾不婴慕卒事。每于时节,不受子孙庆贺。年余耳顺,而孝思弥笃,慨岁月推移,迁窆无冀,乃绝盐粟,断诸肴味,食麦而已。年八十卒。迁都洛阳,子应等乃还乡葬焉。

应弟煦,字宾育,好音律,以善歌闻于世,位秦州刺史。

胡叟字伦许,安定临泾人也。世为西夏著姓。叟少聪慧,年十三,辩疑释理,鲜有屈焉。学不师受,披读群籍,再阅于目,皆诵焉。好属文,既善典雅之词,又工鄙俗之句。

以姚氏将衰,遂入长安观风化。隐匿名行,惧人见如。时京兆韦祖思少阅典坟,多蔑时彦,待叟不足。叟拂衣而出,祖思固留之曰:“当与君论天人之际,何遽返乎?”叟曰:“论天人者其亡久矣,与君相知,何夸言若是。”遂归主人,赋韦、杜二族,一宿而成。时年十八矣。其述前载,无违旧美。叙中世,有协时事。而末及鄙黩。人皆奇其才,畏其笔。

叟孤飘坎壈,未有仕路,遂入汉中。宋梁、秦二州刺史冯翊吉翰颇相礼接。授叟末佐,不称其怀。未几,翰迁益州,叟随入蜀。时蜀沙门法成率僧数千人铸丈六金像,宋文帝恶其聚众,将加大辟,叟闻之,即赴丹杨,启申其美,遂免。复还蜀,法成遗其珍物,价直千余匹,叟一无所受。

后入沮渠牧犍,牧犍遇之不重,叟乃为诗示所知广平程伯达。其略曰:“群犬吠新客,佞暗排疏宾,直途既已塞,曲路非所遵。望卫惋祝鮀,眄楚悼灵均。何用宣忧怀,托翰寄辅仁。”伯达见诗,谓曰:“凉州虽地居戎域,然自张氏以来,号有华风。今则宪章无亏,何祝鮀之有?”叟曰:“贵主奉正朔而弗淳,慕仁义而未允。吾之择木,夙在大魏,与子暂违,非久阔也。”岁余,牧犍破降。

叟既先归魏，朝廷以其识机，赐爵始复男。家于密云，蓬室草
筵，唯以酒自适。谓友人金城宗舒曰：“我此生活，以胜焦先，志意所
栖，谢其高矣。”文成时，召叟及舒，并使作檄，檄宋、蠕蠕。舒文劣于
叟，寻归家，不事产业，常苦饥贫，然不以为耻。养子字螟蛉，以自给
养，每至贵胜门，恒秉一牸牛，弊韦绔褶而已。作布囊，容三四斛，饮
啖醉饱，盛余肉饼以付螟蛉。见车马荣华者，视之蔑如也。尚书李
敷尝遗以财，都无所取。初，叟一见高允曰：“吴郑之交以纻缟为美
谈，吾之于子，以弦韦为幽贽，以此言之，彼可无愧也。”于允馆见中
书侍郎赵郡李璨，被服华靡，叟贫老衣褐，璨颇忽之。叟谓曰：“李
子，今若相脱体上绔褶衣帽，君欲作何许也。”讥其惟假盛服。璨惕
然失色。

叟少孤，每言及父母，则泪下若孺子号。春秋当祭之前，则先求
旨酒美膳，将其所知广宁常顺阳、冯翊田文宗、上谷侯法隽，提壶执
俎，至郭外空静处，设坐奠拜，尽孝思之敬。时敦煌氾潜家善酿酒，
每节送一壶与叟。著作佐郎博陵许赤武、河东裴定宗等谓潜曰：“再
三之惠，以为过厚，子惠于叟，何其恒也？”潜曰：“我恒给祭者，以其
恒于孝思也。”论者以潜为君子矣。顺阳等数子，禀叟奖示，颇涉文
流。

高闾曾造其家，遇叟短褐曳柴，从田归舍，为闾设浊酒蔬食，皆
手自办。然案其馆宇卑陋，园畴褊局，而饭菜精洁，醯酱调美。见其
二妾，并年衰跛眇，衣布穿弊。闾见其贫，以衣物直十余匹赠之，亦
无辞免。闾作《宣命赋》，叟为之序。密云左右皆祇仰其德，岁时奉
以布麻谷麦，叟随分散之，家无余财。卒，无子，无家人营主凶事。胡
始昌迎殡之于家，葬于墓次。即令弟继之，袭其爵复始男、武威将
军。叟与始昌虽宗室，性气殊诡，不相附，其存，往来乃简。及亡，而
收恤至厚。议者以为非必敦哀疏宗，或缘求利品秩也。

胡方回，安定临泾人也。父义周，姚泓黄门侍郎。方回仕赫连
屈丐为中书侍郎。涉猎史籍，辞彩可观，为屈丐《统万城铭》、《蛇祠

碑》诸文,颇行于世。太武破赫连昌,方回入魏,未为时知。后为北镇司马,为镇修表,有所称荐,帝览之嗟美,问知方回,召为中书博士,赐爵临泾子。迁侍郎,与太子少傅游雅等改定律制。司徒崔浩及当时朝贤,并爱重之。清贫守道,以寿终。

张湛字子然,一字仲玄,敦煌深泉人也。魏执金吾恭九叶孙,为河西著姓。祖质,仕凉,位金城太守。父显,有远量,武昭王据有西夏,引为功曹,甚器异之。尝称曰:"吾之臧子原也。"位酒泉太守。

湛弱冠知名凉土,好学能属文,冲素有大志。仕沮渠蒙逊,位兵部尚书。凉州平,拜宁远将军,赐爵南浦男。司徒崔浩识而礼之。浩注《易》,叙曰:"敦煌张湛、金城宗钦、武威段承根三人皆儒者,并有俊才,见称西州。每与余论《易》余以《左氏传》卦解之,遂相劝为解注,故为之解。"其见称如此。湛至京师,家贫不立,操尚无亏。浩常给其衣食,荐为中书侍郎,湛知浩必败,固辞。每赠浩诗颂,多箴规之言。浩亦钦敬其志,每常报答,极推崇之美。浩诛,湛惧,悉烧之,闭门却扫,庆吊皆绝,以寿终。

兄铣,字怀义,闲粹有才干,仕沮渠蒙逊,位建昌令。性至孝,母忧,哀毁过人,服制虽除,而蔬粝弗改。崔浩礼之与湛等。卒于征西参军。

怀义孙通,字彦绰,博通经史,沈冥不预时事。顿丘李彪钦其学行,与之游款。及彪用事,言于中书令李冲,冲召见,甚器重之。太和中,征中书博士、中书侍郎,永平中,又征汾州刺史,皆不赴,终于家。

通四子,彻、麟、俭、凤,皆传家业,知名于世。彻字方明,位侍中、卫尉卿,封西平县公。子敢之袭,位太中大夫、乐陵郡守。麟字嘉应,位广平太守。俭字元慎,位凉州刺史。凤字孔鸾,位国子博士、散骑常侍,著《五经异同评》十卷,为儒者所称。

段承根,武威姑臧人,自云汉太尉颎九世孙也。父晖,字长祚,身八尺余,师事欧阳汤,汤甚器爱之。有一童子与晖同志,后二年,童子辞归,从晖请马。晖戏作木马与童子。甚悦,谢晖曰:"吾太山府君子,奉敕游学,今将归,损子厚赠,无以报德。子后至常伯封侯,非报也,且以为好。"言终,秉马腾虚而去。晖乃自知必将贵。仕乞伏炽盘为辅国大将军、凉州刺史、御史大夫、西海侯。炽盘子慕未袭位,政乱,晖父子奔吐谷浑。慕容瑣内附,晖与承根归魏。太武至长安,人告晖欲南奔,云置金于马鞯中。帝密遣视之,果如告者言,斩之于市,暴尸数日。时有儒生京兆林白奴,钦晖德音,夜窃其尸,置之枯井。女为敦煌张氏妇,闻之,乃向长安收葬。

承根好学机辩,有文思,而性行疏薄,有始无终。司徒崔浩见而奇之,与同郡阴仲达俱被浩引,以为俱凉土文华,才堪注述,言之太武,并请为著作郎,引与同事。世咸重承根文而薄其行。其为敦煌分李宝所敬待。浩诛,承根与宗钦等俱死。

宗钦字景若,金城人。少好学,有儒者风。仕沮渠蒙逊为中书郎、世子洗马,上《东宫侍臣箴》。太武平凉州,入魏,赐爵卧树男,拜著作郎。与高允书,赠诗,允答书并诗,甚相褒美。在河西撰《蒙逊记》十卷,无足可称。

阚骃字玄阴,敦煌人也。祖倞,父玖,并有名于西土,玖位会稽令。骃博通经传,聪敏过人,三史群言,经日则诵,时人谓之宿读。注王朗《易传》,撰《十三州志》。沮渠蒙逊甚重之,常待左右,访以政事损益,拜秘书、考课郎中,给文吏三十人,典校经籍,刊定诸子三千余卷。牧犍待之弥重,拜大行台,迁尚书。及姑臧平,乐安王丕镇凉州,引为从事中郎。王薨,迁京师。家甚贫,不免饥寒,性能多食,一饭至三升乃饱。卒,无后。

刘延明,敦煌人也。父宝,字子玉,以儒学称。延明年十四,就博士郭瑀。瑀弟子五百余人,通经业者八十余人。瑀有女始笄,妙选良偶,有心于延明。遂别设一席,谓弟子曰:"吾有一女,欲觅一快女婿,谁坐此席者,吾当婚焉。"延明遂奋衣坐,神志湛然曰:"延明其人也。"瑀遂以女妻之。延明后隐居酒泉,不应州郡命,弟子受业者五百余人。

凉武昭王征为儒林祭酒、从事中郎。昭王好尚文典,书史穿落者,亲自补葺。延明时侍侧,请代其事。王曰:"躬自执者,欲人重此典籍。吾与卿相遇,何异孔明之会玄德。"迁抚夷获军,虽有政务,手不释卷。昭王曰:"卿注记篇籍,以烛继昼,白日且然,夜可休息。"延明曰:"朝闻道,夕死可矣,不知老之将至,孔圣称焉。延明何人斯,敢不如此。"延明以三史文繁,著《略记》百三十篇、八十四卷、《敦煌实录》二十卷,《方言》三卷,《靖恭堂铭》一卷,注《周易》、《韩子》、《人物志》、《黄石公三略》行于世。

蒙逊平酒泉,拜秘书郎,专管注记。筑陆沈观于西苑,躬往礼焉,号玄处先生。学徒数百,月致羊酒。牧犍尊为国师,亲自致拜,命官属以下,皆北面受业。时同郡索敞、阴兴为助教,并以文学见称,每巾衣而入。

太武平凉州,士庶东迁,凤闻其名,拜乐平王从事中郎。太武诏诸年七十已上,听留本乡,一子扶养。

延明时老矣,在姑臧岁余,思乡而返,至凉州西四百里韭谷窟,疾卒。

太和十四年,尚书李冲奏:"延明河右硕儒,今子孙沈屈,未有禄润,贤者子孙,宜蒙显异。"于是除其一子为郢州云阳令。正光三年,太保崔光奏曰:"故乐平王从事中郎敦煌刘延明,著业凉城,遗文在兹。如或愍峥,当蒙数世之宥,况乃维祖逮孙,相去未远,而令久沦皂隶,不获收异,儒学之士,所为窃叹。乞敕尚书,推检所属,甄免碎役,敦化厉俗,于是乎在。"诏曰:"太保启陈,深合劝善,其孙等三家,特可听免。"河西人以为荣。

赵柔字元顺,金城人也,少以德行才学,知名河右。沮渠牧犍时,为金部郎。太武平凉州,内徙京师,历著作郎、河内太守,甚著信惠。柔尝在路,得人所遗金珠一贯,价直数百缣,柔呼主还之。后有人遗柔铧数百枚者,柔与子善明鬻之市。有人从柔买,柔索绢二十疋。有商人知其贱,与柔三十匹,善明欲取之。柔曰:"与人交易,一言便定,岂可以利动心?"遂与之。搢绅之流,闻而敬服。陇西王源贺采佛经幽旨作《祇洹精舍图偈》六卷,柔为之注解,为当时俊僧所钦味。又凭立铭赞,颇行于世。子默,字冲明,武威太守。

索敞字巨振,敦煌人也。为刘延明助教,专心经籍,尽能传延明业。凉州平,人魏,以儒学为中书博士。京师贵游之子,皆敬惮威严,多所成益,前后显达位至尚书、牧、守者数十人,皆受业于敞。敞以丧服散在众篇,遂撰比为《丧服要记》。出补扶风太守,在位清贫,卒官。时旧同学生等为请谥,诏赠凉州刺史,谥曰献。

初,敞之在凉州,与乡人阴世隆,文才相友。世隆至京师,被罪,徙和龙,届上谷,困不前达,士人徐能抑掠为奴。敞因行至上谷,遇见世隆,对泣而别。敞为诉理,得免。世隆子孟贵,性至孝,每向田云耨,早朝拜父,来亦如之,乡人钦焉。

宋繇字体业,敦煌人也,世仕张氏。父僚,张玄靓武兴太守。繇生而僚为张邕所诛。五岁丧母,事伯母张氏以孝闻。八岁而张氏卒,居丧过礼。喟然谓妹夫张彦曰:"门户倾覆,贫荷在繇,不衔胆自厉,何以继承先业。"遂随彦至酒泉,追师就学,闭室读书,昼夜不倦,博通经史。吕光时,举秀才,除郎中。后奔段业,为中散骑常侍。以业无远略,西奔凉武昭王。历位通显,家无余财,虽兵革间,讲诵不废。每闻儒士在门,常倒屣出迎,引谈经籍。尤明断决,时事亦无滞也。

沮渠蒙逊平酒泉,于繇室得书数千卷,盐米数十斛而已。蒙逊叹曰:"孤不喜克李氏,欣得宋繇耳。"拜尚书吏部郎中,委以铨衡。蒙逊将死,以子牧犍托之。牧犍以为左丞,送其妹兴平公主于京师。太武拜繇河西王右丞相,锡爵清水公。及平凉州,从牧犍至京师。卒,谥恭公。

长子岩袭爵,改为西平侯。岩子荫,中书议郎、乐安王范从事中郎。卒,赠咸阳太守。荫子季预,性清严,居家如官,位勃海太守。子游道。

游道弱冠随父在郡,父亡,吏人赠遗无所受,事母以孝闻。与叔父别居,叔父为奴诬以构逆,游道诱令返,雪而杀之。魏广阳王深北伐,请为铠曹,及为定州刺史,又以为府佐。广阳为葛荣所杀,元徽诬其降贼,收录妻子,游道为诉得释,与广阳子迎丧返葬。中尉郦善长嘉其气节,引为殿中侍御史。台中语曰:"见恶能讨,宋游道。"孝庄即位,除左兵中军。为尚书令临淮王彧谴责,游道乃执版长楫曰:"下官谢王瞋,不谢王理。"即日诣阙上书曰:"徐州刺史元孚频有表,云伪梁广发士卒,图彭城,乞增羽林二千。以孚宗室重臣,告请应实,所以量奏给武官千人。孚今代下,以路阻自防,遂纳在防羽林八百人,辞云疆境无事,乞将还家。臣忝局司,深知不可。尚书令临淮王彧,即孚之兄子,遣省事谢远,三日之中,八度逼迫,云宜依判许。臣不敢附下罔上,孤负圣明,但孚身在任,乞师相继。及其代下,便请放还。进退为身,无忧国之意。所请不合,其罪不科。彧乃召臣于尚书都堂云:'卿一小郎,忧国之心,岂厚于我?'丑骂溢口,不顾朝章。右仆射臣世隆、吏部郎中臣薛琡已下百余人,并皆闻见。臣实献直言云:'忠臣奉国,事在其心,亦复何简贵贱?比自北海入洛。王不能致身死难,方清宫以迎篡贼。郑先护立义广州,王复建旗往讨。趣恶如流,伐善何速?今得冠冕百寮,乃欲为私害政。'为臣此言,彧赐怒更甚。臣既不佞,千犯贵臣,乞解郎中。"帝召见游道,嘉劳之。彧亦奏言:"臣忝冠百寮,遂使一郎攘袂高声,肆言顿挫,乞解尚书令。"帝乃下敕,听解台郎。

后除司州中从事。时将还邺,会霖雨,行旅拥于河桥。游道于幕下朝夕宴歌。行者曰:"何时节作此声也?固大痴。"游道应曰:"何时节而不作此声也?亦大痴。"后齐神武自太原来朝,见之曰:"此人是游道邪?常闻其名,今日始识其面。"迁游道别驾,后日,神武之司州,飨朝士,举觞属游道曰:"饮高欢手中酒者大丈夫,卿之为人，合饮此酒。”

及还晋阳，百官辞于紫陌，神武执游道手曰：“甚知朝贵中有憎忌卿者。但用心，莫怀畏虑，当使卿位与之相似。”于是启以游道为中尉。文襄执请，乃以吏部郎中崔暹为御史中尉，以游道为尚书左丞。文襄谓暹、游道曰：“卿一人处南台，一人处北省，当使天下肃然。”游道入省，劾太师咸阳王但、太保孙腾、司徒高隆之、司空侯景、录尚书元弼、尚书令司马子如官贷金银，催征酬价。虽非指事赃贿，终是不避权豪。又奏驳尚书违失数百条。省中豪吏王儒之徒，并鞭斥之。始依故事于尚书省立门名，以记出入早晚。令仆已下皆侧目。

魏安平王坐事亡，章武二王及诸王妃、太妃是其近亲者，皆被征责。都官郎中毕义云主其事，有奏而禁，有不奏辄禁者。游道判下廷尉科罪。高隆之不同，于是反诬游道厉色挫辱己，遂枉栲群令史证成之。与左仆射襄城王旭、尚书郑述祖等上言曰：

> 饰伪乱真，国法所必去。附下罔上，王政所不容。谨案：尚书左丞宋游道，名望本阙，功绩何纪？属永安之始，朝士亡散，乏人之际，叨窃台郎。躁行诡言，肆其奸诈，空识名义，不顾典文。人鄙其心，众畏其口。出州入省，历忝清资，而长恶不悛，曾无忌讳，毁誉由己，憎恶任情。比因安平王事，遂肆其褊心，因公报隙，与郎中毕义云递相纠举。

> 又左外兵郎中魏叔道牒云：“局内降人左泽等为京畿送省，令取保放出。”大将军在省日，判听。游道发怒曰：“往日官府成何物官府？将此为例。”又云：“乘前旨格，成何物旨格？”依事请问，游道并皆承引。案律：“对捍诏使，无人臣之礼大不敬者死。”对捍使者尚得死坐，况游道吐不臣之言，犯慢之上罪？口称夷、齐，心怀盗跖，欺公卖法，受纳苞苴，产随官厚，财与位积。虽赃污未露，而奸诈如是，举此一隅，余诈可验。今依礼据律，处游道死罪。

是时朝士皆忿为游道不济，而文襄闻其与隆之相抗之言，谓杨遵彦曰："此真是鲠直大刚恶人。"遵彦曰："譬之畜狗，本取其吠，今以数吠杀之，恐将来无复吠狗。"诏付廷尉，游道坐除名。

文襄使元景康谓曰："卿早逐我向并州他经略，不忍杀卿。"游道从至晋阳，以为大行台吏部，又以为太原公开府谘议。及平阳公为中尉，游道以谘议领书侍御史。寻以本官兼司徒左长史。

及文襄疑黄门郎温子升知元瑾之谋，系诸狱而饿之，食弊襦而死，弃尸路隅，游道收而葬之。文襄谓曰："吾近书与京师诸贵，论及朝士，云卿僻于朋党，将为一病。今卿真是重旧节义人，此情不可夺。子升吾本不杀之，卿葬之何所惮？天下代卿怖者，是不知吾心也。"寻除御史中尉。东莱王道习参御史选，限外投状，道习与游道有旧，使令史受之。文襄怒，收游道，辩而判之曰："游道禀性犷悍，是非肆已，吹毛洗垢，创疵人物。往与郎中兰景云忿竞，列事十条，及加推穷，便是虚妄。方共道习，陵侮朝典。法官而犯，特是难原，宜付省科。"游道被禁，狱吏欲为脱枷，游道不肯曰："此令公命所著，不可辄脱。"文襄闻而免之。游道抗志不改。

天保元年，以游道兼太府卿，乃于少府覆检主司盗截，得钜万计。奸吏反诬奏之，下狱。寻得出，不归家，径之府理事。卒，遗令薄葬，不立碑表，不求赠谥。赠瓜州刺史。武平中，以子士素久典机密，重赠仪同三司，谥曰贞惠。

游道刚直，疾恶如仇，见人犯罪，皆欲致之极法。弹纠见事，又好察阴私，问狱察情，捶挞严酷。兖州刺史李子贞在州贪暴，游道案之。文襄以子贞预建义勋，意将含忍，游道疑陈元康为其内助。密启云："子贞、元康交游，恐其别有请属。"文襄怒，于尚书都堂集百寮，扑杀子贞。又兖州人为游道生立祠堂。像题曰"忠清君。"游道别劾吉宁等五人同死，有欣悦色，朝士甚鄙之。

然重交游，存然诺之分，历官严整，而时大纳贿，分及亲故之艰匮者，其男女孤弱，为嫁娶之，临丧必哀，躬亲营视。为司州纲纪，与牧乐昌、西河二王乖忤，及二王薨，每事经恤之。与顿丘李奖，一面便定死交。奖曰："我年位已高，会用弟为佐史，令弟北面于我足矣。”游道曰：“不能。”既而奖为河南尹，辟游道为中正，使者相属，以衣帕待之，握手欢谑。元颢入洛，奖受其命，出使徐州，都督元孚与城人赵绍兵杀之。游道为奖讼冤，得雪。又表为请赠，回已考一泛阶以益之。又与刘厥结交，托厥弟粹于徐州杀赵绍。后刘厥伏法于洛阳，粹以徐州叛，官军讨平之，枭粹首于邺市。孙腾使客告市司，得五百匹后，听收。游道时为司州中从事，令家人作刘粹所亲，于州陈诉，依律判许，而奏之。敕至，市司犹不许，游道杖市司，勒使速付。腾闻大怒，游道立理以抗之。既收粹尸，厚加赠遗。李奖二子构、训居贫，游道后令其求三富人死事判免之，凡得钱百五十万，尽以入构、训。其使气党侠如此。时人语曰：“游道猕猴面，陆操科斗形，意识不可见，何谓丑者必无情。”

构尝因游道会客，因戏之曰：“贤从在门外，大好人，宜自迎接。”为通名，称族弟游山。游道出见之，乃猕猴而衣帽也。将与构绝，构谢之。豁然如旧。游道死后，构为定州长史，游道第三子士逊为墨曹、博陵王管记，与典签共诬奏构。构于禁所祭游道而诉焉。士逊昼卧如梦者，见游道怒己曰：“我与构恩义，汝岂不知？何共小人谋陷清直之士！”士逊惊跪曰：“不敢！不敢！”旬日而卒。

游道每戒其子士素、士约、士慎等曰：“吾执法大刚，数遭屯蹇，性自如此，子孙不足以师之。”诸子奉父言，柔和谦逊。

士素沉密少言，有才识，稍迁中书舍人。赵彦深引入内省，参典机密。历中书、黄门侍郎，迁仪同三司、散骑常侍，恒领黄门侍郎。自处机要，近二十年，周慎温恭，甚为彦深所重，初，祖珽知朝政，出彦深为刺史。珽奏以士素为东郡守，中书侍郎李德林白珽留之，由是还除黄门侍郎，共典机密。

士约亦重善士，官尚书左丞。

江式字法安，陈留济阳人也。六世祖琼，字孟琚，晋冯翊太守，善虫篆诂训。永嘉大乱，琼弃官投张轨，子孙因居凉土，世传家业。祖强，字文威，凉州平，内徙代京。上书三十余法，各有体例，又献经史诸子千余卷，由是拜中书博士。卒，赠敦煌太守。父绍兴，高允奏为秘书郎，掌国史二十余年，以谨厚称。卒于赵郡太守。

式少专家学，数年中，常梦两人时相教授，及寤，每有记识。初拜司徒长史兼行参军，检校御史，寻除符节令。以书文昭太后尊号谥册，除奉朝请，仍符节令。篆体尤工，洛京宫殿诸门板题，皆式书也。延昌三年三月，式表曰：

臣闻伏羲氏作而八卦形其画，轩辕氏兴而灵龟彰其彩。古史仓颉览二象之爻，观鸟兽之迹，别创文字，以代结绳，用书契以维事。宣之王迹，则百工以叙。载之方册，则万品以明，迄于三代，厥体颇异，虽依类取制，未能殊苍氏矣。故《周礼》：八岁入小学，保氏教国子以六书：一曰指事，二曰象形，三曰形声，四曰会意，五曰转注，六曰假借。盖是史颉之遗法。及宣王太史史籀著《大篆》十五篇，与古文或同或异，时人即谓之籀书。孔子修《六经》，左丘明述《春秋》皆以古文，厥意可得而言。

其后七国殊轨，文字乖别。暨秦兼天下，丞相李斯乃奏蠲罢不合秦文者。斯作《仓颉篇》，车府令赵高作《爰历篇》，太史令胡母敬作《博学篇》，皆取史籀式，颇有省改，所谓小篆者也。于是秦烧经书，涤除旧典，官狱繁多，以趣约易，始用隶书，古文由此息矣。隶书者，始皇使下杜人程邈附于小篆所作也。世人以邈徒隶，即谓之隶书。故秦有八体：一曰大篆，二曰小篆，三曰符书，四曰虫书，五曰摹印，六曰署书，七曰殳书，八曰隶书。

汉兴，有尉律学，复教以籀书，又习八体，试之课最，以为尚书史。书省字不正，辄举劾焉。又有草书，莫知谁始，其形书虽无厥谊，亦是一时之变通也。孝宣时，召通《苍颉》读者，独张敞从受之。凉州刺史杜业、沛人爰礼讲学，大夫秦近亦能言之。孝平时，征礼等百余人说文字于未央宫中，以礼为小学元士。黄门侍郎杨雄采以作《训纂篇》，及亡新居摄，自以运应制作，大司马甄丰校文字之部，颇改定古文。时有六书：一曰古文，孔子壁中书也；二曰奇字，即古文而异者；三曰篆书，云小篆也；四曰佐书，秦隶书也；五曰缪篆，所以摹印也；六曰鸟虫，所以幡信也。壁中书者，鲁恭王坏孔子宅而得《尚书》、《春秋》、《论语》、《孝经》也。又北平侯张仓献《春秋左氏传》，书体与孔氏相类，即前代之古文矣。

后汉郎中扶风曹喜号曰工篆，小异斯法，而甚精巧，自是后学，皆其法也。又诏侍中贾逵修理旧文，殊艺异术，王教一端，苟有可以加于国者，靡不悉集。逵即汝南许慎古学之师也。后慎嗟时人之好奇，叹俗儒之穿凿，故撰《说文解字》十五篇，首一终亥，各有部属，可谓类聚群分，杂而不越，文质彬彬，最可得而论也。左中即将陈留蔡邕采李斯、曹喜之法，为古今杂形，诏于太学立石碑，刊载《五经》题书楷法，多是邕书也。后开鸿都，书画奇能，莫不云集。时诸方献篆，无出邕者。

魏初，博士清河张揖著《埤仓》、《广雅》、《古今字诂》。究诸《埤》、《广》，缀拾遗漏，增长事类，抑亦于文为益者。然其《字诂》，方之许篇，古今体用，或得或失。陈留邯郸淳亦与揖同，博开古艺，特善《仓》、《雅》，许氏字指、八体、六书，精究闲理，有名于揖，以书教诸皇子。又建《三字石经》于汉碑西，具文蔚焕，三体复宣。校之《说文》，篆、隶大同，而古字少异。又有京兆韦诞、河东卫觊二家，并号能篆。当时台观榜题，宝器之铭，悉是诞书。咸传之子孙，世称其妙。

晋世义阳王典祠令任城吕忱表上《字林》六卷，寻其况趣，附托许慎《说文》，而按偶章句，隐别古籀奇惑之字，文得正隶，不差篆意也。忱第静别放故左校令李登《声类》之法，作《韵集》五卷，使宫、商、角、徵、羽各为一篇，而文字与兄便是鲁、卫，音读楚、夏，时有不同。

皇魏承百王之季，绍五运之绪。世易风移，文字改变，篆形谬错，隶体失真。俗学鄙习，复加虚造，巧谈辩士，以意为疑，炫惑于时，难以厘改。乃曰：追来为归，巧言为辩，小兔为麰，神虫为蚕。如斯甚众,皆不合孔氏古书、史籀《大篆》、许氏《说文》、《石经》三字也。凡所关古,莫不惆怅焉。嗟夫!文字者,六籍之宗,王教之始,前人所以垂今,今人所以识古。

臣六世祖琼,家世陈留,往晋之初,与从父兄俱受学于卫觊,古篆之法,《仓》、《雅》《方言》、《说文》之谊,当时并收善誉。而祖遇洛阳之乱,避地河西,数世传习,斯业所以不坠也。世祖太延中,牧犍内附,臣亡祖文威杖策归国,奉献五世传掌之书,古篆八体之法。时蒙褒录,叙刻全儒林,官班文省,家号世业。

暨臣暗短,识学庸薄,渐渍家风,有忝无显。是藉六世之资,奉遵祖考之训,窃慕古人之轨,企践儒门之辙。求撰集古来文字,以许慎《说文》为主,及孔氏《尚书》、《五经音注》、《籀篇》、《尔雅》、《三仓》、《凡将》、《方言》、《通俗文》祖文宗、《埤仓》、《广雅》、《古今字诂》、《三字石经》、《字林》、《韵集》、诸赋文字有六书之谊者,以类编联,文无复重,统为一部。其古籀、奇惑、俗隶诸体,咸使班于篆下,各有区别。诂训假借之谊,竝随文而解。音读楚、夏之声,并逐字而注。其所不知者,则阙如也。脱蒙遂许,冀省百氏之观,而同文字之域。典书秘书所须之书,乞垂敕给。并学士五人尝习文字者,助臣披览。书生各五人,专令抄写。侍中、黄门、国子祭酒一月一监,诬议疑隐,庶无纰缪。所撰名目,伏听明旨。

诏曰:"可如所请,并就太常,冀兼教八书史也。其有所须,依请给之。名目待书成重闻。"式于是撰集字书,号曰"《古今文字》,凡四十卷,大体依许氏《说文》,为本上篆下隶。正光中,兼著作郎。卒官,赠巴州刺史。其书竟未能成。

式兄子征虏将军顺和,亦工篆书。

先是,太和中,兖州人沈法会能隶书,宣武之在东宫,敕法会侍书。后以隶迹见知于闾里者甚众,宋有如崔浩之妙。

论曰:游雅才业,亦高允之亚,至于陷族陈奇,斯所以绝世而莫祀。明根雅道儒风，终受非常之遇，以太和之盛，有乞言之重，抑乃旷世一时。肇既聿修，克隆堂构，正清梗概，颠沛不渝，辞爵主幼之年，抗节臣权之日，顾视群公，其风固已远矣。高闾发言有章句，下笔富文词，故能受遇累朝，见重明主，挂冠谢事，礼备悬舆。美矣！赵逸文雅自业，琛加之孝义，可谓世有人焉。胡叟显晦之间，优游无闷，亦一代之异人欤。胡方回、张湛、段承根、阚骃、刘延明、赵柔、索敞皆通涉经史，才志不群，价重西州，有闻东国，故流播之中，自拔泥滓。人之不可以无能，信也，宋繇处屈能申，终致显达。游道刚直自立，任使为累。江式能世其业，亦足称云。

北史卷三五
列传第二三

王慧龙　郑羲

　　王慧龙，太原晋阳人，晋尚书仆射愉之孙，散骑常侍郎缉之子也。幼聪慧，愉以为诸孙之龙，故名焉。初，宋武微时，愉不为之礼，及得志，愉合家见诛。慧龙年十四，为沙门僧彬所匿，因将过江。津人见其行意匆匆，疑为王氏子孙。彬称为受业者，乃免。既济，遂西上江陵，依叔祖忱故吏荆州前中从事习辟强。时刺史魏咏之卒，辟强与江陵令罗修、前别驾刘期公、土人王腾等谋举兵，推慧龙为盟主，克日袭州城。而宋武闻咏之卒，亦惧江陵有变，遣其弟道规为荆州，众遂不果。罗修等将慧龙又与僧彬北诣襄阳。晋雍州刺史鲁宗之资给慧龙，送渡江，逐奔姚兴。自言也如此。

　　姚泓灭，慧龙归魏。明元引见与言，慧龙请效力南讨，言终，俯而流涕，天子为之动容。谓曰："朕方混一车书，席卷吴会，卿情计如此，岂不能相资以众乎？"然亦未之用。后拜洛城镇将，镇金墉。会明元崩，太武初即位，咸谓南人不宜委以师旅之任，遂停前授。

　　初崔浩弟恬闻慧龙王氏子，以女妻之。浩既昏姻，及见慧龙，曰："信王家儿也。"王氏世齇鼻，江东谓之"齇王"。慧龙鼻渐大，浩曰："真贵种矣。"数向诸公称其美。司徒长孙嵩闻之不悦，言于太武，以其嗟服南人，则有讪鄙国化之意。太武怒，召浩责之。浩免冠陈谢得释。慧龙由是不调。久之，除乐安王范傅传，领并、荆、杨三州大中正。慧龙抗表，愿得南垂自效，崔浩固言之，乃授南蛮校尉、安南大将军左长史。

及宋荆州刺史谢晦起兵江陵，引慧龙为援。慧龙督司马灵寿等一万人，拔其思陵戍，进围项城。晦败乃班师。后宋将王玄谟寇滑台，诏假慧龙楚兵将军，与安颉等同讨之。相持五十余日，诸将以贼盛，莫敢先，慧龙设奇兵大破之。太武赐以剑马钱帛，授龙骧将军，赐爵长社侯，拜荥阳太守，仍领长史。在任十年，农战并修，大著声绩，招携边远，归附者万余家，号为善政。

其后宋将到彦之、檀道济频顿淮、颍，大侵掠，慧龙力战，屡摧其锋。彦之与友人萧斌书曰：“鲁轨顽钝，马楚粗狂，亡人之中，唯王慧龙及韩延之可为深惮。不意儒生懦夫，乃令老子讶之。”宋文纵反间，云慧龙自以功高而位不至，欲引寇入边，因执安南大将军司马楚之以叛。太武闻曰：“此必不然，是齐人忌乐毅耳。”乃赐慧龙玺书曰：“义隆畏将军如虎，欲相中害，朕自知之。风尘之言，想不足介意也。”宋文计既不行，复遣刺客吕玄伯购慧龙首二百户男、绢一千匹。玄伯为反间来，屏人有所论。慧龙疑之，使人探其怀有尺刀。玄伯叩头请死。慧龙曰：“各为其主也，吾不忍害此人。”左右皆言义隆贼心未已，不杀玄伯，无以创将来。慧龙曰：“死生有命，彼亦安能害我。且吾方以仁义为干卤，又何忧乎刺客。”遂舍之。时人服其宽恕。

慧龙自以遭难流离，常怀忧悴，乃作《祭伍子胥文》以寄意焉。生一男一女，遂绝房室，布衣蔬食，不参吉事，举动必以礼。太子少傅游雅言于朝曰：“慧龙，古之遗孝也。”撰帝王制度十八篇，号曰《国典》。真君元年，拜使持节、宁南将军、武牢镇都副将，未至镇而卒。

临没，谓功曹郑晔曰：“吾羁旅南人，恩非旧结，蒙圣朝殊特之慈，得在疆场效命，誓愿鞭尸吴市，戮坟江阴。不谓婴此重疾，有心莫遂，非唯仰愧国灵，宝亦俯惭后土。修短命也，夫复何言，身殁后，乞葬河内州县之东乡，依古墓而不坟，足藏发齿而已。庶其魂而有知，犹希结草之报。”时制，南人入国者，皆葬桑乾。晔等申遗意，诏许之。赠安南将军、荆州刺史，谥穆侯。吏人及将士共于墓所起佛寺，图慧龙及僧彬像而赞之。吕玄伯感全宥之恩，留守墓侧，终身不去。子宝兴袭爵。

宝兴少孤，事母至孝。尚书卢遐妻，崔浩女也。初，宝兴母及遐妻俱孕，浩谓曰："汝等将来所生，皆我之自出，可指腹为亲。"及昏，浩为撰仪，躬自监视，谓诸客曰："此家礼事，宜尽其美。"及浩被诛，卢遐后妻宝兴从母也，缘坐没官。宝兴亦逃避，未几得出。卢遐妻时官赐度斤镇高车滑骨，宝兴尽卖货产。自出塞赎之以归。州辟中从事、别驾，举秀才，皆不就。闭门不交人事。袭爵封长社侯、龙骧将军。卒，子琼袭爵。

琼字世珍，孝文赐名焉。太和九年，为典寺令。十六年，降侯为伯。帝纳其长女为嫔，拜前将军、并州大中正。正始中，为光州刺史，有受纳响，为中尉王显所劾，终得雪免。神龟中，除左将军、兖州刺史。去州归京，多年沈滞。所居在司空刘腾宅西，腾虽势倾朝野，初不候之。腾既权重，吞并邻宅，增广旧居，唯琼终不肯与，以此久见屈抑。

琼女适范阳卢道亮，不听归其夫家。女卒，哀恸无已，琼仍葬之别所，冢不即塞，常于圹内哭泣。久之乃掩，当时深怪之。加以聋疾，每见道俗，乞丐无已，造次见之，令人笑愕。道逢太保、广平王怀，据鞍抗礼，自言马瘦，怀即以诞马并乘具与之。尝诣尚书令李崇，骑马至其黄阁，见崇子世哲，直问继伯在否，崇趋出，琼乃下。崇俭而好以纸帖衣领，琼哂而掣去之。崇小子青肫尝盛服。宠势亦不足恨。领军元叉使奴遗琼马，琼并留奴。王诵闻之笑曰："东海之风，于兹坠矣。"

孝昌三年，除镇东将军、金紫光禄大夫、中书令。时琼子遵业为黄门郎，故有此授。卒，赠征北将军、中书监、并州刺史。自慧龙入国，三世一身，至琼始有四子。

长子遵业，风仪清秀，涉历经史。位著作佐郎，与司徒左长史崔鸿同撰起居注。迁右军将军、兼散骑常侍，慰劳蠕蠕。乃诣代京，采拾遗文，以补起居所阙，与崔光、安丰王延明等参定服章。及光为孝明讲《孝经》，遵业预讲，延业录义，并应诏作《释奠侍宴诗》。时人语曰："英英济济，王家兄弟。"转司徒左长史、黄门郎，监典仪注。

遵定业有誉当时，与中书令陈郡袁翻、尚书琅邪王诵并领黄门郎，号曰三哲。时政归门下，世谓侍中、黄门为小宰相，而遵业从容恬素，若处丘园。尝著穿角履，好事者多毁新履以学之。以胡太后临朝，天下方乱，谋避地，自求徐州。太后曰："王诵罢幽州始作黄门，卿何乃欲徐州也？更待一二年，当有好处分。"遵业兄弟并交游时俊，乃为当时所美。及尔朱荣入洛，兄弟在父丧中，以于庄帝有从姨兄弟之亲，相率奉迎，俱见害河阴。议者惜其人才，而讥其躁竞。赠并州刺史。著《三晋记》十卷。

子松年，少知名，齐文襄临并州，辟为主簿。累迁通直散骑常侍，副李纬使梁。使还，历位尚书郎中。魏收撰《魏书》成，松年有谤言，文宣怒，禁止之，仍加杖罚。岁余得免，除临漳令。迁司马、别驾、本州大中正。孝昭擢拜给事黄门侍郎。帝每赐坐，与论政事，甚善之。

孝昭崩，松年驰驿至邺都宣遗诏，发言涕泗，迄于宣罢，容色无改，辞吐谐韵，宣讫号恸，自绝于地，百官莫不感恸。还晋阳，兼侍中，护梓宫还邺。诸旧臣避形迹，无敢尽哀，唯松年哭必流涕，朝士咸恐。武成虽忿松年恋旧情切，亦雅重之。以本官加散骑常侍，食高邑县干。参定律令，前后大狱多委焉。兼御史中丞。发晋阳之邺，在道遇疾卒。赠吏部尚书、并州刺史，谥曰平。第二子劢，最知名。

劢字君懋，少沈默，好读书。仕齐，累迁太子舍人，待诏文林馆。时祖孝征、魏收、阳休之等尝论古事，有所遗忘，讨阅不能得。问劢，劢具论所出。取书验之，一无舛误。自是大为时人所许，称其博物。后迁中书舍人。齐灭入周，不得调。隋文帝受禅，授著作佐郎，以母忧去职。在家著《齐书》，时制禁私撰史，为内史侍郎李元操所奏。上怒，遣收其书，览而悦之，于是起为员外散骑侍郎，修起居注。

劢以上古有钻燧改火之义，近代废绝，于是上表请变火曰："臣谨案《周官》：'四时变火，以救时疾。'明火不数变，时疾必兴。圣人作法，岂徒然也？在晋时，有人以洛阳火度江者，世世事之。相续不灭，火色变青，昔师旷食饭，云是劳薪所爨，晋平公使视之，果然车辋。今温酒及炙肉，用石炭、木炭火、竹火、草火、麻荄火，气味各不同。以此推之，新火旧火，理应有异。伏愿远遵先圣，于五时取五木以变火。用功甚少，救益方大。纵使百姓习久，未能顿同，尚食内厨及东宫诸王食厨，不可不依古法。"上从之。

劭又言上有龙颜戴干之表，指示群臣。上大悦，赐物数百段，拜著作郎。上表言符命曰：

昔周保定二年，岁在壬午，五月五日，青州黄河变清，十里镜澈。齐氏以为己瑞，改元，年曰河清。是月，至尊以大兴公始作随州刺史。历年二十，隋果大兴。臣谨案《易坤灵图》曰："圣人受命，瑞必先见于河。"河者取浊，未能清也。窃以灵贶休祥，理无虚发，河清启圣，实属大隋。午为鹑火，以明火德。仲夏火王，亦明火德。月五日五，合天地数，既得受命之辰，允当先见之兆。

开皇初，邵州人杨令悊近河得青石图一、紫石图一、皆隐起成文，有至尊名，下云"八方天心"。永州又得石图，剖为两段，有杨树之形，黄根青叶。汝水得神龟，腹下有文曰："天卜杨兴。"安邑掘地得古铁板，文曰："皇始天年，赍杨铁券，王兴。"同州得石龟，文曰"天子延千年，大吉。"臣以前之三石，不异《龙图》。何以用石？石体久固，义与上名符合。龟腹七字何久著龟？龟亦久固，兼是神灵之物。孔子叹河不出图，洛不出书。今于大隋圣世，图书屡出。

建德六年，亳州大周村有龙斗，白者胜，黑者死。大象元年夏，荥阳汴水北有龙斗。初见白气属天，自东方历阳武而来，及至，白龙也，长十许丈。有黑龙乘云而至，云雨相薄，乍合乍离，自午至申，白龙升天，黑龙坠地。谨案：龙，君象也。前斗于亳州周村者，盖象至尊以龙斗之岁为亳州总管，遂代周有天下。后斗于荥阳者，荥字三火，明火德之之盛也。白龙从东方来，历阳武者,盖象至尊将登帝位,从东第入自崇阳门也。西北升天者,当乾位天门。

《坤灵图》曰:"圣人杀龙,龙不可得而杀,皆感气也。"又曰:"泰,姓商名宫,黄色,长八尺,六十世,河龙以正月辰见,白龙与五黑龙斗,白龙陵,故泰人有命。"谨案此言,皆为大隋而发也。"圣人杀龙"者,前后龙死是也。"姓商"者,皇家于五姓为商也。"名宫"者,武元皇帝讳于五声为宫。"黄色"者,隋色尚黄。"长八尺"者,武元皇帝身长八尺。"河龙以正月辰见"者,泰,正月卦,龙见之所于京师为辰地。"白龙与黑龙斗"者,亳州茨阳龙斗是也。胜龙所以白者,杨姓纳音为商,至尊又辛酉岁生,位皆在西方,西方白色也。死龙所以黑者,周色黑。所以称五者,周闵、明、武、宣、靖凡五帝。赵、陈、代、越滕五王一时伏法,亦当五数。"白龙陵"者,陵犹胜也。郑玄说"陵"当为"除",凡斗能去敌曰除。臣以"泰人有命"者,泰之为言,通也,大也,明其人道通德大,有天命也。《乾凿度》曰:"泰表戴干。"郑玄注云:"表者,人形体之彰识也。干,盾也。泰人之表,戴干。"臣伏见至尊有戴干之表,益知泰人之表,不爽毫厘。《坤灵图》所云,字字皆验。纬书又称汉四百年,终如其言,则知六十世亦必然矣。昔宗周卜世三十,今则倍之。

《稽览图》曰:"太平时,阴阳和合,风雨会同,海内不偏。地有阻险,故风有迟疾。虽太平之政犹有不能均,惟平均乃不鸣条,故欲风于亳。亳者,陈留也。"谨案此言,盖明至尊昔为陈留公世子,亳州总管,遂受天命,海内均同,不偏不党,以成太平之风化也。在大统十六年,武元皇帝改封陈留公。是时,齐国有秘记云"天王陈留入并州",齐主高洋为是诛陈留王彭乐。其后,武元皇帝果将兵入并州。周武帝时,望气者云"亳州有天子气",于是杀亳州刺史纥豆陵恭。至尊代为之。又陈留老子祠有枯柏,世传云老子将度世,云"待枯柏生东南枝,回指,当有圣人出,吾道复行。"至齐,枯柏从下生枝,东南上指,夜有三童

子相与歌曰：“老子庙前古枯树，东南枝如伞，圣主从此去。”及
至尊牧亳州，亲至祠树之下，自是柏枝回抱，其枯枝渐指西北，
道教果行。考校众事，太平主出于亳州陈留之地，皆如所言。
《稽览图》又云：“政道得，则阴物变为阳物。”郑玄注云：“葱变
为韭，亦是。”谨案自六年以来，远近山石多变为玉。石为阴，玉
为阳。又左卫园中，葱皆变为韭。

上览之大悦，赐物五百段，未几，劭复上书曰：

　　《易乾凿度》曰：“随，上六，拘系之，乃从维之，王用亨于西
山。随者，二月卦。阳德施行，蕃决难解，万物随阳而出，故上
六欲九五拘系之，维持之。明被阳化而欲阴随从之也。”《易稽
览图》：“坤，六月，有子女任政，一年传为复。五月，贫之从东北
来立，大起土邑，西北地动星坠，阳卫。屯十一月，神人从中山
出，赵地动，北方三十日，千里马数至。”谨案凡此《易纬》所言，
皆是大隋符命。随者，二月之卦，明大隋以二月即皇帝位也。
“阳德施行”者，明杨氏之德教施行于天下也。“蕃决难解”者，
明当时蕃彰皆通决，险难皆解散也。“万物随阳而出”者，明天
地间万物尽随杨氏而出见也。“上六欲九五拘系之”者，五为
王，六为宗庙，明宗庙神灵欲命登九五之位，帝王拘人以礼，系
人以义也。“拘人以礼，系人以义”，此二句，亦是《乾凿度》之
言。“维持之”者，明能以纲维持正天下也。“被阳化而欲阴随
从之”者，明诸阴类被服杨氏之风化，莫不随从。阴，谓臣下也。
“王用亨于西山”者，盖明至尊常以岁二月幸西山仁寿宫也。凡
四称“随”。三称“阳”，欲美随杨，丁宁之至也。“坤六月”者，坤
位在未，六月建未，言至尊以六月生也。“有子女任政”者，言乐
平公主是皇帝子女，而为周后，任理内政也。“一年传为复”者，
《复》是《坤》之一世卦，阳气初起，言周宣帝崩后一年，传位与
杨氏也。“五月，贫之从东北来立”，“贫之”当为“真人”，字之误
也，言周宣帝以五月崩，真人革命，当在此时。至尊谦让而逆天
意，故逾年乃立，昔为定州总管，在京师东北，本而言之，故曰：

"真人从东北来立。""大起土邑"者,大起,即大兴城邑也。"西北地动星坠"者,盖天意去周授隋,故变动也。"阳卫"者,言杨氏得天卫助也。"《屯》十一月,神人从中山出"者,此卦动而大亨作,故至尊以十一月被授亳州总管,将从中山而出也。"赵地动"者,中山为赵地,以神人将去,故变动也。"北方三十日"者,盖至尊从北方将往亳州之时,停留三十日也。"千里马"者,盖至尊旧所乘骊骝马也。《屯》卦,震下坎上,震于马为作足,坎于马为美脊,是故骊马脊有肉鞍,行则先作弄四足也。"数至"者,言历数至也。

《河图帝通纪》曰:"形瑞出,变矩衡,赤应随,叶灵皇。"《河图皇参持》曰:"皇辟出,承元讫,道无为,安率,被遂矩,戏作术,开皇色,握神日,投辅提,象不绝,立皇后,翼不格,道终始,德优劣,帝任政,河典出,叶辅嬉,烂可述。"谨案:凡此《河图》所言,亦是大隋符命。"形瑞出,变矩衡"者,矩,法也。衡,北斗星名,所谓璇玑玉衡者也。大隋受命,形兆之瑞始出,天象则为之变动。北斗主天之法度,故曰矩衡。《易纬》:"伏戏矩衡神。"郑玄注,以为法玉衡之神。与此《河图》矩衡义同。"赤应随"者,言赤帝降精,感应而生隋也。故隋以火德为赤帝天子。"叶灵皇"者,叶,合也,言大隋德合上灵天皇大帝也。又年号开皇,与《灵宝经》之开皇年相合,故曰叶灵皇。"皇辟出"者,皇,大也,辟,君也,大君出,盖谓至尊受命出为天子也。"承元讫"者,言承周天元终讫之运也。"道无为,安率"者,"安"下脱一字,言大道无为,安定,天下率从。"被遂矩,戏作术"者,矩,法也。昔遂皇握机矩,伏戏作八卦之术,言大隋被服彼二皇之法术也。"遂皇机矩",语见《易纬》"开皇色"者,言开皇年易服色也。"握神日"者,言握持群神,明照如日也。又开皇以来日渐长,亦其义也。"投辅提"者,言投授政事于辅佐,使之提挈也。"象不绝"者,法象不废绝之。"立皇后,翼不格"者,格,至也,言本立太子以为皇家后嗣,而其辅翼之人不能至于善也。"道终始,德优

劣"者，言前东宫道终而德劣，今皇太子道始而德优也。"帝任
政，河典出"者，言皇帝亲任政事，而邵州河滨得石图也。"叶辅
嬉，烂可述"者，叶，合也。嬉，兴也。言群臣合心辅佐，以兴政
教，烂然可纪述也。所以于《皇参持》《帝通纪》二篇，大陈符命
者，明皇道帝德尽在于隋也。

上大悦，以劭至诚，宠锡日隆。

时有人于黄凤泉浴，得二白石，颇有文理。遂附其文以为字，复
言有诸物象，而上奏曰："其大玉有日月、星辰、八卦、五岳及二麟、
双凤、青龙、朱雀、驺虞、玄武，各当其方位。又有五行、十日、十二辰
之名，凡二十七字。又有'天门、地户、人门、鬼门闭'九字。又有却
非及二鸟。其鸟皆人面，则《抱朴子》所谓千秋万岁者也。其小玉亦
有五岳、却非、虬、犀之象。二玉俱有仙人玉女乘云控鹤之象。别有
异状诸神，不可尽识，盖是风伯、雨师、山精、海若之类。又有天皇大
帝、皇帝及四帝坐，钩陈、北斗、三公、天将军、土司空、老人、天仓、
南河、北河、五星、二十八宿凡四十五官。诸字本无行伍，皆往往偶
对。于大玉则有皇帝日名，并临南面，与日字正鼎足，复有老人星，
盖明南面象月，而长寿也。皇后二字在西，上有月形，盖明象月也。
于次玉，则皇帝名与九千字次比，两杨字与万年字次比，隋与吉字
正并，盖明长久吉庆也。"劭复回互其字，作诗二百八十篇奏之。上
以为诚，赐帛千匹。

劭于是采人间歌谣，引图书谶纬，依约符命，捃摭佛经，撰为
《皇隋灵感志》合三十卷，奏之。上令宣示天下。劭集诸州朝集使，
洗手焚香，闭目读之，曲折其声，有如歌咏，经涉旬朔，遍而后罢。上
益喜，赏赐优洽。

及文献皇后崩，劭复上言："佛经说人应生天上及上品上生无
量寿国之时，天佛放大光明，以香花妓乐来迎之。如来以明星出时
入涅盘。伏惟大行皇后，圣德仁慈，福善祯符，备诸秘记，皆云是妙
善菩萨。臣谨案：八月二十二日，仁寿宫内再雨金银之花。二十三
日，大宝殿后，夜有神光。二十四日卯时，永安宫北，有自然种种音

乐，震满虚空。至五更中，奄然如寐，便即升退。与经文所说，事皆符验。臣又以愚意思之，皇后迁化不在仁寿大兴宫者，盖避至尊常居正处也。在永安宫者，象京师永安门，平生所出入也。后升退后二日，苑内夜有钟声二百余处，此则生天之应，显然也。”上览之，且悲且喜。

时蜀王秀以罪废，上谓劭曰：“嗟乎！吾有五子，三子不才。”劭进曰：“自古圣帝明王，皆不能移不肖之子。黄帝二十五子，同姓者二，余各异德。尧十子，舜九子，皆不肖。夏有五观，周有三监。”上然其言。后上梦欲上高山而不能得，崔彭捧脚，李盛扶肘，乃得上。因谓彭曰：“死生当与尔俱。”劭曰：“此梦大吉。上高山者，明高崇大安，永如山也。彭犹彭祖，李犹李老，二人扶侍，实为长寿之征。”上闻之，喜见容色。其年，上崩，未几，崔彭亦卒。

炀帝嗣位，汉王谅作乱，帝不忍诛。劭上书曰：“臣闻黄帝灭炎，盖云母弟。周公诛管，信亦天伦。叔向戮叔鱼，仲尼谓之遗直。石蜡杀石厚，丘明以为大义。此皆经籍明文，帝王常法。今陛下置此逆贼，度越前圣。谨案：贼谅毒被生灵者也。古者同德则同姓，德不同则异姓。故黄帝有二十五子，其得姓者十有四人，唯青阳、夷鼓与黄帝同为姬姓。谅既自绝，请改其氏。”劭以此求媚，帝依违不从。后迁秘书少监，卒于官。

劭在著作，将二十年，专典国史，撰《隋书》八十卷，多录口敕。又采迁怪不经之语，及委巷之言，以类相从，为其题目。词义繁杂，无足称者，遂使隋代文武名臣善恶之迹，埋灭无闻。初撰《齐志》为编年体二十卷，复为《齐书》纪传一百卷，及《平贼记》三卷，或文词鄙野，或不轨不物，骇人视听，大为有识嗤鄙。然其指摘经史谬误，为《读书记》三十卷，时人服其精博。爰自志学，暨于暮齿，笃好经史，遗略世事。用思既专，性颇恍忽，每至对食，闭目凝思，盘中之肉，辄为仆从所啖。劭弗之觉，唯责肉少，数罚厨人。厨人以情白劭，劭依前闭目，伺而获之。厨人方免答辱。其专固如此。

遵业弟广业，性沈雅，涉历书传，位太尉祭酒，迁属。卒于太中大夫，赠徐州刺史。子乂，有仪望，以干用见称，卒于南钜鹿太守。

广业弟延业，博学多闻，颇有才藻，位中书郎。河阴之役，遂亡骸骨。乂无子，赠齐州刺史。

延业弟季和，位书侍御史、并州大中正，赠华州刺史。

郑羲字幼麟，荥阳开封人，魏将作大匠浑之八世孙也。曾祖豁，慕容垂太常卿。父晔，不仕。娶长乐潘氏，生六子，粗有志气，而羲第六，文学为优。弱冠举秀才，尚书李孝伯以女妻之。文成末，拜中书博士。

天安初，宋司州刺史常珍奇据汝南来降，献文诏殿中尚书元石为都将赴之，遣羲参石军事。到上蔡，珍奇率文武三百人来迎，既相见，议欲顿军汝北，未即入城。羲谓石曰："机事尚速，今珍奇虽来，意未可量。不如直入其城，夺其营龠，据有府库。虽出珍奇非意，要以全制为胜。"石从羲言，遂策马径入其城。城中尚有珍奇亲兵数百人，在珍奇宅内。石既克城，意益骄怠，置酒嬉戏，无警防之虞。羲劝严兵设备，以待非常。其夜，珍奇果使人烧府，欲因救火作难，以石有备，乃止。明旦，羲赍白武幡安慰郭邑，众心乃定。

明年，又引军东讨汝阴。宋汝阴太守张超城守不下，石攻之不克，议欲还军长社，待秋击之。羲曰："今超驱市人，命不延月，宜安心守之。超食已尽，不降当走。而欲弃还长社，超必修城深堑，多积薪谷，将来恐难图矣。"石不纳，遂旋师长社。至冬，复往攻超，超果设备，无功而还。历年，超死，杨文长代戍，食尽城溃，乃克之，竟如羲策。淮北平，迁中书侍郎。

延兴初，阳武人田智度年十五，妖惑动众，扰乱京索。以羲河南人望，为州郡所信，遣乘传慰喻。羲到，宣宗祸福，众皆散，智度寻见禽斩。以功赐爵泰昌男。

孝文初，兼员外散骑常侍、宁朔将军、阳武子，使于宋。中山王睿宠幸当世，并置王官，羲为其傅。是后历年不转，资产亦乏，因请假归，遂盘桓不返。及李冲贵宠，与羲昏姻，乃就家征为中书令。文明太后为父燕宣王立庙于长安,初成,以羲兼太常卿,假荥阳侯,具官属,诣长安拜庙,建碑于庙门。还,以使功,仍赐侯爵。

出为西兖州刺史,假南阳公。羲多所受纳,政以贿成。性又啬吝,人有礼饷者,不与杯酒脔肉,而西门受羊酒,东门沽卖之。以李冲之亲,法官不之纠也。酸枣令郑伯孙、鄄城令董腾、别驾贾怀德、中从事申灵度并在任廉贞,勤恤百姓,羲皆申表称荐,时论多之。文明太后为孝文纳其女为嫔,征为秘书监。

太和十六年卒,尚书奏谥曰宣。诏曰:“盖棺定谥,先典成式。激扬清浊。政道明范。羲虽宿有文业,而政阙廉清。尚书何乃情遗至公,愆违明典?依谥法,博闻多见曰文,不勤成名曰灵,可赠以本官,加谥文灵。

长子懿,字景伯,涉历经史。位太子中庶子,袭爵荥阳伯。懿闲雅有政事才,为孝文所器遇,拜长兼给事黄门侍郎、司徒左长史。宣武初,以从弟思和同咸阳王禧逆,与弟通直常侍道昭俱坐缌亲出禁。拜太常太卿,出为齐州刺史。懿好劝课,善断决,虽不清洁,义然后取,百姓犹思之。卒,赠兖州刺史,谥曰穆。

子恭业袭爵,武定三年,坐与房子远谋害齐神武,伏诛。

懿弟道昭,字僖伯,少好学,综览群言。兼中书侍郎,从征沔北。孝文飨侍臣于县瓠方丈竹堂,道昭与兄懿俱侍坐。乐作酒酣,孝文歌曰:“白日光天兮无不曜,江左一隅独未照。”彭城王勰续曰:“愿从圣明兮登衡、会,万国驰诚混日外。”郑懿歌曰:“云雷大振兮天门辟,率土来宾一正历。”邢峦歌曰:“舜舞干戚兮天下归,文德远被莫不思。”道昭歌曰:“皇风一鼓兮九地匝,戴日依天清六合。”孝文又歌曰:“遵彼汝坟兮昔化贞,未若今日道风明。”宋弁歌曰:“文王政教兮晖江沼,宁如大化光四表。”孝文谓道昭曰:“自北迁豫虽猥,与诸才俊不废咏缀,未若今日。”遂命邢峦总集叙记。当尔之年,卿频丁艰私,每眷文席,常用慨然。

寻正除中书郎,累迁国子祭酒。广平王怀为司州牧,以道昭与宗正卿元匡为州都督。道昭上表曰:“臣闻唐虞启运,以文德为本,殷周创业,以道艺为先。然则礼乐者,为国之基,不可斯须废也。伏惟大魏,定鼎伊、瀍,惟新宝历。九服感至德之和,四垠怀击壤之庆。而蠢尔闽吴,阻化江湫,先帝爰震武怒,戎车不息。而停銮驻跸,留心典坟,命故御史中尉臣李彪,与吏部尚书任城王臣澄等,妙选英儒,以崇学敩。澄等依旨,置四门博士四十人。其国子博士、太学博士及国子助教,宿已简置。伏寻先旨,意在速就,但军国多事,未遑营立。自尔迄今,垂将一纪,学官凋落,四术寝废。遂使硕儒耆德;卷经而不谈。俗学后生,遗本而逐末。进竞之风,实由于此矣。伏惟陛下,钦明文思,玄鉴洞远,垂心经素,优柔坟籍。屡发中旨,敦营学馆,房宇既修,生徒未立。臣往年删定律令,谬预议筵。谨依准前修,寻访旧事,参定学令,事讫封呈。请早敕施行,使选授有依,生徒可准。”诏褒美之,而尚未允遂。道昭又表曰:“臣自往年以来,频请学令,并置生员,前后累上,未蒙一报。当以臣识浅滥官,无能有所感悟者也。馆宇既修,生房粗构,博士见员,足可讲习。虽新令未班,请依旧权置国子学生,渐开训业,使播教有章,儒风不坠。至若孔庙既成,释奠告始,揖让之容,请俟令出。”不报。

迁秘书监,荥阳邑中正,出历光、青二州刺史,复入为秘书监。卒,谥曰文恭。道昭好为诗赋,凡数十篇。其在二州,政务宽厚,不任威刑,为吏人所爱。

子严祖,颇有风仪,粗观文史,轻躁薄行,不修士业。孝武时,御史中尉綦俊劾严祖与宋氏从姊奸通,人士咸耻言之,而严祖聊无愧色。孝静初,除骠骑将军、左光禄大夫、鸿胪卿,出为北豫州刺史,还除鸿胪卿。卒,赠司空公。

庶子仲礼,少轻险,有膂力。齐神武嬖宠其姊火车,以亲戚被昵,擢为帐内都督。掌神武弓矢,出入随从。与任胄俱好酒,不忧公事,神武责之。胄惧,潜通西魏,为人纠告,惧,遂谋逆。事发,火车欲乞哀,神武避不见。赖武明皇后及文襄争为言,故仲礼死而不及其家。

严祖更无子,弟敬祖以子绍元嗣,绍元小字安都,位太尉咨议、赵郡太守,卒。

子子翻,字灵雀。少有器识,学涉,好文章。齐武平末,位司徒记室参军。寻遇齐亡,历周、隋,遂不仕,隐居荥阳三窟山。傲诞不自羁束,或有所之造,乘驴衣韢,破弊而往。远近钦其高名,皆谓有异状,观者如堵。及见,形乃短陋,不副所闻。然风神俊发,无贵贱并敬服之。纳言杨素闻其名,因使过荥阳,迎与相见,言谈弥日,深加礼重。及归,言之朝廷,累征不至。终于家。

子翻二弟子腾、天寿,俱仕隋。子腾位蒋州司马,天寿开府参军,并以雅素称。

严祖弟敬祖,起家著作郎。郑俨之败也,为乡人所害。

子元礼,字文规,少好学,爱文藻,有名望。齐文襄引为馆客,历兼中书舍人,南主客郎中、太尉谘议参军、长广乐陵二郡守,待诏文林馆,太子中舍人。崔昂后妻,元礼姊也,魏收又昂之妹夫。昂尝持元礼数篇诗示卢思道,乃曰:“看元礼比来诗咏,亦曾不减魏收。”思道答云:“未觉元礼贤于魏收,且知妹夫疏于妇弟。”元礼,大象中卒于始州别驾。

敬祖弟述祖,字恭文。少聪敏,好属文,有风检,为先达所称誉。历位司徒左长史、尚书、侍中、太常卿、丞相右长史。齐天保中,历太子少保、左光禄大夫、仪同三司、兖州刺史。时穆子容为巡省使,叹曰:“古人有言,闻伯夷之风,贪夫廉,懦夫有立志,今于郑兖州见之矣。”

迁光州刺史。初,述祖父为兖州,于郑城南小山起斋亭,刻石为记。述祖时年九岁,及为刺史,往寻旧迹,得一破石,有铭云:“中岳先生郑道昭之白云堂。”述祖对之呜咽,悲动群寮。有人入市盗布,其父怒曰:“何负吾君?”执之以归首。述祖特原之,自是境内无盗。百姓歌曰:“大郑公,小郑公,相去五十载,风教犹尚同。”

述祖能鼓琴,自造《龙吟十弄》,云尝梦人弹琴,寤而写得。当时以为绝妙。所在好为山池,松竹交植,盛肴馔以待宾客,将迎不倦。少时在乡,单马出行,忽有骑者数百,见述祖皆下马曰:“公在此。”

行列而拜。述祖顾问从人,皆有见,心甚异之。未几被征,终历显位。及病笃,乃自言之。且曰:"吾老矣,一生富贵足矣,以清白之名遗子孙,死无所恨。"

前后行瀛、殷、冀、沧、赵、定六州事,正除怀、兖、光三州刺史,又重行殷、怀、赵三州刺史,所在皆有惠政。天统元年卒,年八十一,赠开府、中书监、北豫州刺史,谥曰平简公。

述祖女为赵郡王睿妃,述祖常坐受王拜,命坐,王乃坐。妃薨后,王更娶郑道荫女,王坐受道荫拜,王命坐,乃敢坐。王谓道荫曰:"郑尚书风德如此,又贵重宿旧,君不得并之。"

述祖子元德,多艺术,官琅邪太守。

述祖弟遵祖,秘书郎,赠光州刺史。

遵祖弟顺祖,卒于太常丞。

自灵太后豫政,淫风稍行,及元叉擅权,公为奸秽,自此素族名家,遂多乱杂。法官不加纠正,昏宦无贬,于时有识,咸以叹息矣。

羲长兄白骥,次小白,次洞林,次叔夜,次连山,并恃豪门,多行无礼,乡党之内,疾之苦仇。

小白位中书博士。子胤伯,有当世器干,孝文纳其女为嫔,位东徐州刺史,卒于鸿胪少卿,谥曰简。子希俊,未官而卒。子道育,武定中,开封太守。

希俊弟幼儒,好学修谨,丞相、高阳王雍以女妻之。位司州别驾,有当官称。卒,赠散骑常侍、兖州刺史,谥曰肃。幼儒亡后,妻淫荡凶悖,肆行无礼。幼儒时望甚优,其从兄伯猷每谓所亲曰:"从弟人才,足为令德,不幸得如此妇。今死复重死,可为悲叹。"

幼儒子敬道、敬德,俱仕西魏。敬道位巴、开、新三州刺史。敬道子正则仕周,复州刺史。

胤伯弟平城,广陵王羽纳其女为妃,位东平原太守。性猜狂使酒,为政贪残。卒,赠南青州刺史。

长子伯猷,博学有文才,早知名。举司州秀才,历太学博士,领殿中御史。与当时名胜,咸申游款。明帝释奠,诏伯猷录义。后为尚书外兵郎中,典起居注,以军功赐爵阳武子。节闵帝初,以舅氏超授征东将军、金紫光禄大夫,领国子祭酒。转护军将军,赐爵武城子。

元象初,以本官兼散骑常侍使梁。前后使人,梁武令其候王于马射之日宴对申礼。伯猷之行,梁武令其领军将军臧盾与之接。议者以此贬之。使还,除南青州刺史。在官贪咨,妻安丰王元延明女,专为聚敛,贷贿公行,润及亲戚。户口逃散,邑落空虚。乃诬陷良善,云欲反叛,籍其资财,尽以入己,诛其丈夫,妇女配没。百姓冤苦,声闻四方。为御史纠劾,死罪数十条,遇赦免,因以顿废。齐文襄作相,每诫厉朝士,常以伯猷及崔叔仁为喻。武定七年,除太常卿。卒,赠骠骑大将军、中书监、兖州刺史。子蕴,太子舍人、阳夏太守。

伯猷弟仲衡,武定中仪同开府中郎。仲衡弟辑之,司徒谘议。齐大宁中,以军功赐爵成皋男,位金紫光禄大夫,东济北太守、肥城戍主。卒,赠度支尚书、北豫州刺史。辑之弟怀孝,司徒谘议。齐大宁中,仁州刺史。

洞林子敬叔,荥阳邑中正、濮阳太守,坐贪秽除名。子籍,字承宗,徐州平东府长史。籍弟琼,字祖珍,有强干称,位范阳太守,颇有声,卒。孝昌中,弟俨宠要,重赠青州刺史。琼兄弟雍睦,其诸娣姒亦咸相亲爱,闺门之内,有无相通,为时人所称美。子道邕。

道邕字孝穆,幼谨厚,以清约自居,年未弱冠,涉历经史。父叔四人并早殁,昆季之中,道邕居长,抚训诸弟,有如同生,闺庭之中,怡怡如也。魏孝昌初,解褐太尉行参军,累以战功进至左光禄大夫、太师咸阳王长史。反孝武西迁,从入关,除司徒左长史,领临洮王友,赐爵永宁县侯。

大统中,行岐州刺史,在任未几,有能名。王罴时为雍州刺史,钦其善政,贻书盛相称述。先是,所部百姓,久遭离乱,逃散殆尽。道邕下车之日,户止三千,留情绥抚,远近咸至,数年之内,有四万家。岁考绩为天下最,周文帝赐书叹美之。征拜京兆尹。及梁岳阳王萧詧称藩,乃假道邕散骑常侍,持节拜詧为梁王。使还,称旨,进仪同三司,加散骑常侍。

时周文东讨,除大丞相府右长史,封金乡县男。军次潼关,命道邕与左长史孙俭、司马杨宽、尚书苏亮、谘议刘孟良等分掌众务。仍令道邕引接关东归附人士,并品藻才行而任用之,抚纳铨叙,咸得其宜。后拜中书令,赐姓宇文氏,寻以疾免。

周孝闵帝践阼,加骠骑大将军、开府仪同三司,进爵为子。历御伯中大夫、御正、宜华虞陕四州刺史。频历数州,皆有政绩。入为少司空,卒。赠本官,加郑、梁、北豫三州刺史,谥曰贞。

子诩嗣,历位纳言,为聘陈使。后至开府仪同大将军、邵州刺史。诩弟译于隋文帝有翊赞功,开皇初,又追赠道邕大将军、徐兖等六州刺史,改谥曰文。

译字正义,幼聪敏,涉猎群书,工骑射,尤善音乐,有名于世。译从祖文宽,尚周文帝元后妹魏平阳公主,无子,周文命译后之。由是译少为周文所亲,恒令与诸子游集。年十余岁,尝诣府司录李长宗,长宗于众中戏之,译敛容谓曰:“明公位望不轻,瞻仰斯属,辄相玩狎,无乃丧德也。”长宗甚异之。文宽后诞二子,译复归本生。

周明帝时,诏令事辅城公,是为武帝。及帝即位,为左侍上士,与仪同刘昉,恒侍帝侧。译时丧妻,帝令译尚梁安固公主。及帝亲总万机,以为御正下大夫,颇被顾遇。

东宫建,转太子宫尹下大夫,特被太子亲待。时太子多失德,内史中大夫乌丸轨每劝帝废太子立秦王,由是太子恒不自安。建德二年,为聘齐使副。后诏太子西征吐谷浑,太子阴谓译曰:“秦王,上爱子也,乌丸轨,上信臣也,今吾此行,得无扶苏之事乎?”译曰:“愿殿下勉著仁孝,无失子道而已。”太子然之。既破贼,译以功最,赐爵开国子。后坐亵狎皇太子,乌丸轨、宇文孝伯等以闻。帝大怒,除译名。宫臣亲幸者咸被谴。太子复召译,戏狎如初。因曰:“殿下何时可得据天下?”太子悦而益昵之。例复官,仍拜吏部下大夫。

及武帝崩,宣帝嗣位,超拜开府仪同大将军、内史中大夫,封归昌县公。既以恩旧,任遇甚重,委以朝政。迁内史上大夫,进封沛国公。上大夫之官，自译始也。以其子善愿为归昌公，元琮为永安县男。又监国史。译颇专权，时帝幸东京，译擅取官材，自营私第，坐除名。刘昉数言于帝，帝复召之，顾待如初，诏领内史事。

初，隋文帝与译有同学之旧，译又素知隋文相表有奇，倾心相结。至是，隋文为宣帝所忌，情不自安，尝在永巷，私于译曰："久愿出蕃，公所悉也，敢布心腹，少留意焉。"译曰："以公德望，天下归心，欲求多福，岂敢忘也？谨即言之"。时将遣译南征。译曰："若定江东，自非懿戚重臣，无以镇抚。可令隋公行，且为寿阳总管，以督军事。"帝从之，乃下诏，以隋文为扬州总管，译发兵俱会寿阳以伐陈。行有日矣，帝不念，译遂与御正下大夫刘昉谋，引隋文入受顾托。既而译宣昭，文武百官，皆受隋文节度。时御正中大夫颜之仪与宦者谋，引大将军宇文仲辅政。仲已至御坐，译知之，遽率开府杨惠及刘昉、皇甫绩、柳裘俱入。仲与之仪见译等，愕然，逡巡欲出。隋文因执之。于是矫诏，复以译为内史上大夫。明日，隋文为丞相，拜译柱国、府长史，行内史上大夫事。

及隋文为大冢宰、总百揆，以译兼领天官都府司会，总六府事。出入卧内，言无不从，赏赐玉帛，不可胜计，每出入以甲士从。拜其子元玮为仪同。时尉迟迥、王谦、司马消难等作乱，隋文逾加亲礼，进上柱国，恕以十死。

译性轻险，不亲职务，而赃货狼籍。隋文阴敕之，然以其有定册功，不忍废放，阴敕官属不得白事于译。译犹坐听事，无所关预，惧顿首求解职。隋文宽喻之，接以恩礼。及帝受禅，译以上柱国归第。赏赐丰厚，进子元玮成皋郡公，元珣永安男，追赠其父及亡兄二人并为刺史。

译自以被疏，阴呼道士章醮，以祈福助。其婢奏译厌蛊左道。帝谓译曰："我不负公，此何意也？"译无以对。译又与母别居，为宪司所劾，由是除名。下诏云："译嘉谋良策，寂尔无闻，鬻狱卖官，沸腾盈耳。若留之于世，在人为不道之臣。戮之于朝，入地为不孝之鬼。有累幽显，无以置之，宜赐以《孝经》，令其熟读，仍遣与母共居。"

未几，诏译参撰律令。复授开府、隆州刺史。请还疗疾，有诏征之，见于醴泉宫，赐宴甚欢。因谓译曰："贬退已久，情相矜愍"。于是顾谓侍臣曰："郑译与朕同生共死，间关危难，兴言念此，何日忘之。"译因奉觞上寿。帝令内史李德林立作诏书，复爵沛国公，位上柱国。高颎戏谓译曰："笔干"。答曰："出为方岳，杖策言归，不得一钱，何以润笔。"上大笑。

未几，诏译参议乐事。译以周代七声废缺，自大隋受命，礼乐之宜新。更修七始之义，名曰《乐府声调》，凡八篇，奏之。帝嘉美焉。俄拜岐州刺史。岁余，复奉诏定乐于太常。帝劳译曰："律令，则公定之。音乐，则公正之。礼、乐、律、令，公居其三，良足美也。"寻还岐州。开皇十一年卒，年五十二，谥曰达。子元琦嗣。炀帝初立，五等悉除，以译佐命元功，诏追改封译莘公，以元琦袭。元琦历位右光禄大夫、右卫将军。大业末，为文城太守，以城归国。

琼弟俨。俨字季然，容貌壮丽。初为司徒胡国珍行参军，因为灵太后所幸，时人未知之。后太后废，萧宝夤西征，以俨为友。及太后反政，俨请使还朝，复见宠待。拜谏议大夫、中书舍人，领尚食典御，昼夜禁中，宠爱尤甚。俨每休沐，太后常遣阉童随侍，俨见其妻，唯得言家事而已。

与徐纥俱为舍人，俨以纥有智数，仗为谋主。纥以俨宠幸既盛，倾身承接。共相表里，势倾内外。城阳王徽亦与之合，当时政令，归于俨等。迁散骑常侍、车骑将军，舍人、常侍如故。明帝崩，事出仓卒，天下咸言俨计。尔朱荣举兵向洛阳，以俨、纥为辞。荣逼京师，俨走归乡里。俨从兄仲明欲据郡起众，寻为其部下所杀，与仲明俱传首洛阳。子文宽从武帝入关西。

敬叔弟子恭，燕郡太守。孝昌中，因俨势，除卫尉少卿，迁卫将军、左光禄大夫。卒后，赠尚书右仆射，谥曰贞。

叔夜子伯夏，位东莱太守。卒，赠青州刺史。伯夏弟谨，字仲恭，琅邪太守。

连山性严暴，挝挞僮仆，酷过人理。父子一时为奴所害，断首投

马槽下,乘马北逃。其第二子思明,骁勇善骑射,被发率村义驰追
之。及河,奴乘马投水。思明止将从,自射之,一发而中,落马堕流,
禽至家,脔杀之。

思明、弟思和,并以武力自效。思明位直阁将军,坐弟思和同元
禧逆,徙边。会赦,免。卒后,赠济州刺史。

子先护,少有武干。庄帝居藩也,先护得自结托。及尔朱荣称
兵向洛,灵太后令先护与郑季明等守河梁。先护闻庄帝即位于河
北,遂开门纳荣。以功封平昌县侯,广州刺史。元颢入洛,庄帝北巡,
先护据州志义兵,不受命。庄帝还京,进爵郡公。历东雍、豫二州刺
史,兼尚书右仆射。及尔朱荣死,徐州刺史尔朱仲远拥兵向洛。诏
先护与都督贺拔胜、行台杨昱同讨之。闻京师不守,先护部众逃散,
因奔梁。寻归,为仲远所害。孝武初,赠使持节、都督、四州刺史。子
伟。

伟字子直,少倜傥有大志,每以功名自许,善骑射,胆力过人。
尔朱氏灭后,自梁归魏。及武帝西迁,伟亦归乡里,不求仕进。

大统三年,河内公独孤信既复洛阳,伟乃与宗人荣业,纠合州
里举兵于陈留,信宿间,众有万人。遂拔梁州,禽东魏刺史鹿永,及
镇城守将令狐德,并获陈留郡守赵季和。乃率众西附。因是,梁、陈
间相次降款。伟驰入关西,周文帝与语,叹美之,拜北徐州刺史,封
武阳县伯。从战河桥及解玉壁围,伟常先锋陷阵。侯景归款,周文
命伟率所部应接。及景叛,伟亦全军而还。除荥阳郡守,进爵襄城
郡公,侍中、骠骑大将军、开府仪同三司。

魏恭帝二年,进位大将军、江陵防主、都督十五州诸军事。伟性
粗犷,不遵法度,睢眦之间,便行杀戮。朝廷以其有立义之效,每优
容之。及在江陵,乃专戮副防主杞宾王,坐除名。保定元年,诏复官
爵。天和六年,为华州刺史。伟前后莅职,皆以威猛为政,吏人莫敢
犯禁,盗贼亦为之休止,虽非仁政,然颇以此见称。卒于州,赠本官,
加少傅、都督、司州刺史,谥曰肃。

伟性吃,少时尝逐鹿于野,失之,遇牧时间,问焉。牧竖答之,其

言亦吃。伟怒，谓其效已，遂射杀之。其忍暴如此。子大士嗣。

　　述祖族子雒，有识尚，操行清整，仕至胶州刺史。初，齐文宣为皇太子纳其女为良娣，雒时为尚书郎，赵郡李祖升兄弟微相敬惮。杨愔奏授雒赵郡太守，祖升兄弟具服至雒门，投刺拜谒。文宣闻之喜，笑曰："足得杀李家儿矣。"

　　论曰：王慧龙拔难自归，间关夷崄，抚人督众，见惮严敌。世珍实有令子，克播家声，松年之送终恋旧，有古人风矣。劬爱自幼童，迄于白首，好学不倦，究极群书，搢绅洽闻之士，无不推其博物。雅好著述，久在史官，既撰《齐书》，兼修隋典，好诡怪之说，尚委曲之谈，文词鄙秽，体统烦杂，直愧南、董，才无迁、固，徒烦翰墨，不足观采。经营符瑞，杂以妖讹，为河朔清流而干没荣利，得不以道而颓其家声。惜矣！

　　郑羲机识明悟，为时所许。懿兄弟风尚，俱有可观，故能并当荣遇，共济其美。述祖德业，足嗣家声。严祖、仲礼，大亏门素。幼儒令问促年，伯猷以贿败德。道邕抚宁离散，仁惠克举。译实受顾托，适足为败。及帝迁明德，义非简在，盐梅之寄，固有攸归。言追昔款，内怀觖望，耻居吴、耿之末，羞与绛、灌为伍。事君尽礼，既阙于凤心。不爱其亲，遂彰于物议。格之名教，君子所深尤也。俨名编《恩幸》，取辱前载。伟翻然豹变，盖知机之士乎。

北史卷三六
列传第二四

薛辩　薛寘　薛憕

　　薛辩字允白,河东汾阴人也。曾祖兴,晋尚书右仆射、冀州刺史、安邑公,谥曰庄。祖涛袭爵,位梁州刺史,谥曰忠惠。京都倾覆,皆以义烈著闻。

　　父强,字威明,幼有大志,怀军国筹略。与北海王猛,同志友善。及桓温入关中,猛以巾褐谒之。温曰:“江东无卿比也,秦国定多奇士,如生辈尚有几人? 吾欲与之俱南。”猛曰:“公求可与拨乱济时者,友人薛威明其人也。”温曰:“闻之久矣。”方致朝命。强闻之,自商山来竭,与猛皆署军谋祭酒。强察温有大志而无成功,乃劝猛止。俄而温败。及符坚立,猛见委任。其平阳公融为书,将以车马聘强,猛以为不可屈,及止。及坚如河东伐张平,自与数百骑驰至强垒下,求与相见。强使主簿责之,因慷慨宣言,曰:“此城终无生降之臣,但有死节之将耳。”坚诸将请攻之,坚曰:“须吾平晋,自当面缚。舍之以劝事君者。”后坚伐晋,军败,强遂总宗室强兵,威振河辅,破慕容永于陈川。姚兴闻而惮之,遣使重加礼命,征拜右光禄大夫、七兵尚书,封冯翊郡公,转左户尚书。年九十八,卒。赠辅国大将军、司徒公,谥曰宣。

　　辩幼而俊爽,倜傥多大略,由是豪杰多归慕之。强卒,复袭统其营。仕姚兴,历太子中庶子、河北太守。辩知姚氏运衰,遂弃归家保乡邑。及晋将刘裕平姚泓,即署相国掾。寻除平阳太守,委以北道镇捍。及长安失守，辩遂归魏。仍立功于河际，位平西将军、东雍州刺史，赐爵汾阴侯。其年诣阙，明元深加器重，明年方得旋镇。帝谓之曰："朕委卿西蕃，志在关右，卿宜克终良算，与朕为长安主人。"辩既还任，务农教战，桓以数千之众，摧抗赫连氏。帝甚褒奖之，又除并州刺史，征授大羽真。太常七年，卒于官。帝以所图未遂，深悼惜之，赠并、雍二州刺史。

子谨，字法顺。容貌魁伟，高才博学。随刘裕度江，位府记室参军。辩将归魏，密报谨，谨遂亦来奔。授河东太守，后袭爵汾阴侯。始光三年，与宜都王奚斤共讨赫连昌，禽其东平公乙兜，克蒲坂。遂以新旧百姓并为一郡，除平西将军，复为太守。神䴥三年，除使持节、秦州刺史。山胡白龙凭险作逆，太武诏南阳公奚眷与谨并为都将，讨平之，封涪陵郡公。太延初，征吐没骨，平之。谨自郡迁州，威恩兼被，风化大行。时兵荒之后，儒雅道息，谨命立庠序，教以诗书，三农之暇，悉令受业，躬巡邑里，亲加考试，河汾之地，儒道更兴。

真君元年，征授内都坐大官，辅政。深见赏重，每访以政道，车驾临幸者前后数四。后从驾北讨，与中山王辰等后期，见杀。寻赠镇西将军、秦雍二州刺史，谥曰元公。

长子初古拔，一曰车毂拔，本名洪祚，太武赐名焉。沈毅有器识，弱冠，司徒崔浩见而奇之。真君中，盖吴扰动关右，薛永宗屯据河侧，太武亲讨之。诏拔纠合宗乡，壁于河际，断二寇往来之路。事平，除中散，赐爵永康侯。太武南讨，以拔为都将，从驾临江而还。又共陆真讨反氐仇辱檀、强免生，平之。

皇兴三年，除散骑常侍，尚文成女西河长公主，拜驸马都尉。其年，拔族叔徐州刺史安都据城归顺，敕拔诣彭城劳迎，除南豫州刺史。延兴二年，除镇西大将军、开府仪同，进爵平阳公。三年，拔与南兖州刺史游明根、南平太守许含等，以善政征诣京师。献文亲自劳勉，复令还州。太和六年，改爵河东公。卒，赠左光禄大夫，谥曰康。

长子胤，字宁宗。少有父风。弱冠，拜中散。袭爵镇西大将军、河东公,除悬瓠镇将。寻授持节、义阳道都将。后除立忠将军、河北太守。郡带山河,俗多盗贼。有韩、马两姓各二千余家,恃强凭险,最为狡害,劫掠道路,侵暴乡闾。胤至郡,即收其奸魁二十余人,一时戮之。于是群盗慑气,郡中清肃。卒于郡,谥曰敬。

子裔,字豫孙,袭爵。性豪爽,盛营园宅,宾客声伎,以恣嬉游。卒于洛州刺史。子孝绅袭爵,位太中大夫。孝绅立行险薄,坐事为河南尹元世俊所劾,死。后赠华州刺史。

拔弟洪隆,字菩提,位河东太守。

长子骐驎,好读书,举秀才,除中书博士。齐使至,诏骐驎兼主客郎以接之。卒,赠河东太守,谥曰宣。始拔尚西河主,有赐田在冯翊,骐驎徙居之,遂家于冯翊之夏阳。

长子庆之,字庆集。颇有学业,闲解几案,位廷尉丞。廷尉寺邻北城,曾夏日寺傍得一狐,庆之与廷尉正博陵崔纂,或以城狐狡害,宜速杀之。或以长育之月,宜待秋分。二卿裴延俊、袁翻,互有同异。虽曰戏谑,词义可观,事传于世。后兼左丞,为并、肆行台,赐爵龙丘子,行沧州刺史。为葛荣攻围,城陷,寻患,卒,赠华州刺史。

庆之弟英集,性通率。随舅李崇在扬州,以军功累至书侍御史、通直散骑常侍,卒。英集子端。

端字仁直,本名沙陀。有志操,遭父忧,居丧合礼。与弟裕励精笃学,不交人事。年十七,司空高乾邕辟为参军,赐爵平阴男。端以天下扰乱,遂弃官归乡里。

魏孝武西迁,周文令大都督薛崇礼据龙门,引端同行。崇礼寻失守,降东魏。东魏遣行台薛修义督乙干贵西度,据杨氏壁。与宗亲及家僮等先在壁中,修义乃令其兵逼端等东度。方欲济河,会日暮,端密与宗室及宗僮等叛之。修义亦遣骑追,端且战且驰,遂入石城栅,得免,栅中先有百家,端与并力固守。贵等数来慰喻,知端无降意,遂拔还河东。东魏又遣其将贺兰懿、南汾州刺史薛琰达守杨氏壁。端率其属,并招喻村人,多设奇兵以临之,懿等疑有大军,便东遁,赴船溺死者数千人。端收其器械,复还杨氏壁。周文遣南汾州刺史苏景恕镇之。降书劳问,征端赴阙,以为大丞相府户曹参军。

从禽窦泰,复弘农,战沙苑,并有功,进爵为伯。后改封交城县伯,累迁吏部郎中。端性强直,每有奏请,不避权贵。周文嘉之,故赐名端,欲令名质相副。自居选曹,先尽贤能,虽贵游子弟,才劣行薄者,未尝升擢之。每启周文云:"设官分职,本康时务,苟非其人,不如旷职。"周文深然之。大统十六年,军东讨,柱国李弼为别道元帅,妙简英寮,数日不定。周文谓弼曰:"为公思得一长史,无过薛端。"弼对曰:"真才也。"乃遣之。转尚书右丞,仍掌选事。"

梁主萧詧曾献马瑙钟,周文帝执之顾丞郎曰:"能掷樗蒲头得卢者,便与钟。"已经数人不得。顷至端,乃执樗蒲头而言曰:"非为此钟可贵,但思露其诚耳。"便掷之,五子皆黑。文帝大悦,即以赐之。

魏帝废,近臣有劝文帝践极,文帝召端告之。端以为三方未一,遽正名号,示天下以不广,请待氛鲕僭伪,然后俯顺乐推。文帝抚端背曰:"成我者卿也。卿心既与我同,身岂与我异。"遂脱所著冠带袍裤并以赐之。进授吏部尚书,赐姓宇文氏,端久处选曹,雅有人伦之鉴,其所擢用,咸得其才。六官建,拜军司马,加侍中、骠骑大将军、开府仪同三司,进爵为侯。

周孝闵帝践阼,再迁户部中大夫,进爵为公。晋公护将废帝,召群臣议之,端颇具同异,护不悦,出为蔡州刺史。为政宽惠,人吏爱之。转基州刺史。基州地接梁、陈,事藉镇抚,总管史宁遣司马梁荣催令赴任。蔡州父老诉荣,请留端者千余人。至基州未几,卒。遗诫薄葬,府州赠遗,勿有所受。赠本官,加大将军,进封文城郡公,谥曰质。子胄嗣。

胄子绍玄,少聪明,每览异书,便晓其义。常叹训注者不会圣人深旨,辄以意辩之,诸儒莫不称善。性慷慨,志立功名。周明帝时,袭爵文城郡公。累迁上仪同,寻拜司金大夫,后加开府。

隋文帝受禅,三迁为兖州刺史。到官,系囚数百,胄剖断旬日便了,囹圄空虚。有陈州人向道力伪作高平郡守,将之官,胄遇诸涂,

察其有异，将留诘之。司马王君馥固谏，乃听诣郡。既而悔之，即遣
主簿追道力。有部人徐俱罗尝任海陵郡守，先是已为道力伪代之。
比至秩满，公私不悟。俱罗遂语君馥曰：“向道力经赐代为郡，使君
岂容疑之。”君馥以俱罗所陈，又固请胄。胄呵，君馥乃止。遂收之，
道力惧而引伪。其发奸擿伏，皆此类也。时人谓为神明。先是，兖
州城东沂、泗二水合而南流，泛滥大泽中。胄遂积石堰之，决令西
注，陂泽尽为良田，又通转运，利尽淮海，百姓赖之，号为薛公丰兖
渠。

胄以天下太平，遂遣博士登太山观古迹，撰封禅图及仪上之。
帝谦让不许。转郢州刺史，有惠政。征拜卫尉卿，转大理卿，持法宽
平，名为称职。迁刑部尚书。时左仆射高颎稍被疏忌，及王世积诛，
颎事与相连，上因此欲成颎罪。胄明雪之，正议其狱。由是忤旨，械
系之，久而得免。检校相州事，甚有能名。

汉王谅作乱并州，遣其将綦良东略地，攻逼慈州。刺史上官政
请援于胄，胄畏谅兵锋，不敢拒。良又引兵攻胄，胄欲以计却之，遣
亲人鲁世范说良曰：“天下事未可知。胄为人臣，去就须得其所，何
遽相攻也？”良及释去，进围黎阳。及良为史祥所攻，弃军归胄。朝
廷以胄怀贰心，锁诣大理。相州吏人素怀其恩，诣阙理胄者百余人。
胄竟坐除名，配防岭南，道卒。子筠、献知名。

端弟裕，字仁友。少以孝悌闻于州里。弱冠，丞相参军事。时
京兆韦复志安放逸，不干世务。裕慕其恬静，数载酒肴候之，谈宴终
日，复遂以从孙女妻之。裕尝谓亲友曰：“大丈夫当圣明之运，而无
灼然文武之用为世所知，虽复栖遑徒为劳苦耳。至如韦居士，退不
丘壑，进不市朝，怡然守道，荣辱弗及，何其乐也。”

裕曾宿宴于复之庐，后庭有井，裕夜出户，若有人欲牵其手，裕
便却行，遂落井。同坐共出之，因劝裕酒曰：“向虑卿不测忧，幸得
他，宜尽此爵。”裕曰：“坠井盖小小耳，方当逾于此也。”人问其故，
裕曰：“近梦，恐有两楹之忧。”寻卒，文章之士诔之者数人。周文伤
惜之，追赠洛州刺史。

胄从祖弟浚,字道赜。父琰,周渭南太原守。浚少孤,养母以孝闻。幼好学,有志行。周天和中,袭爵虞城侯,位新丰令。隋开皇中,历尚书虞部、考功侍郎。帝闻浚事母孝,以其母老,赐舆服几杖、四时珍味,当世荣之。后其母疾病,浚貌甚忧瘁,亲故弗之识。暨丁母艰,诏鸿胪监护丧事,归葬夏阳。时隆冬极寒,浚衰绖徒跣,冒犯霜雪,自京及乡,五百余里,足冻堕指,创血流离,朝野为之伤痛。州里赒助,一无所受。寻起令视事,上见其毁瘠过甚,为之改容,顾群臣曰:“吾见薛浚哀毁,不觉悲伤怀。”嗟异久之。

浚竟不胜丧,病且卒。其弟谟时为晋王府兵曹参军事,在扬州。浚遗书于谟曰:

　　吾以不造,幼丁艰酷,穷游约处,屡绝箪瓢。晚生早孤,不闻《诗》、《礼》。赖奉先人贻厥之训,获禀母氏圣善之规。负笈裹粮,不惮艰远,从师就业,欲罢不能。砥行砺心,困而弥笃,服膺教义,爰至长成。自释褐登朝,于兹二十三年矣。虽官非闻达,而禄喜逮亲,庶保期颐,得终色养。何图精诚无感,祸酷荐臻。兄弟俱被夺情,苫庐靡申哀诉,是用叩心泣血,霣气摧魂者也。既而创钜衅深,不胜荼毒,启手启足,幸及全归。使夫死而有知,得从先人于地下矣,岂非至愿哉?但念尔伶俜孤宦,远在边服,顾此悢悢,如何可言。适已有书,冀得与汝面诀,忍死待汝,已历一旬。汝既未来,便成今古,缅然永别,为恨何言。勉之哉!勉之哉!

书成而绝。有司以闻,文帝为之屑涕,降使赍册书吊祭。浚性清俭,死日家无遗财。

浚初为儿时,与宗中儿戏涧滨,见一黄蛇,有角及足。召群童共视,了无见者。以为不祥,归大忧悴。母问之,以实对。时有胡僧诣宅乞食,母以告之。僧曰:“此儿之吉应。且此儿早有名位,然寿不过六七耳。”言终而出,忽然不见。后终于四十二,六七之言验矣。子乾福,武安郡司仓书佐。

洪隆弟湖,字破胡。少有节操,笃志于学,专精讲习,不干时务,与物无竞,好以德义服人,或有兄弟忿阋,邻里争讼者,恐湖闻之,皆内自改悔。乡闾化其风教,咸以敬让为先。三召州都,再辟主簿,州将倾心致礼,并不获已而应之。为本州中从事、别驾,除河东太守。兄弟并为本郡,当世荣之。复受诏为仇池都将。后罢郡,终于家。有八子,长子聪知名。

聪字延智。方正有理识,善自标致,不妄游处。虽在暗室,终日矜庄,见者莫不懔然加敬。博览坟籍,精力过人,至于前言往行,多所究悉。词辩占对,尤是所长。遭父忧,庐于墓侧,哭泣之声,酸感行路。友于笃睦,而家教甚严,诸弟虽昏宦,恒不免杖罚,对之肃如也。未弱冠,州辟主簿。

太和十五年,释褐著作佐郎。于时,孝文留心氏族,正定官品,士大夫解巾,优者不过奉朝请,聪起家便佐著作,时论美之。后迁书侍御史,凡所弹劾,不避强御,孝文或欲宽贷者,聪辄争之。帝每云:"朕见薛聪,不能不惮,何况诸人也。"自是贵戚敛手。累迁直阁将军,兼给事黄门侍郎、散骑常侍,直阁如故。

聪深为孝文所知,外以德器遇之,内以心膂为寄。亲卫禁兵,委总管领,故终太和之世,恒带直阁将军。群臣罢朝之后,聪恒陪侍帷幄,言兼昼夜,时政得失,预以谋谟,动辄匡谏,事多听允,而重厚沈密,外莫窥其际。帝欲进以名位,辄苦让不受。帝亦雅相体悉,谓之曰:"卿天爵自高,固非人爵之所荣也。"又除羽林监。

帝曾与朝臣论海内姓地人物,戏谓聪曰:"世人谓卿诸薛是蜀人,定是蜀人不?"聪对曰:"臣远祖广德,世仕汉朝,时人呼为汉。臣九世祖永,随刘备入蜀,时人呼为蜀。臣今事陛下,是虏非蜀也。"帝抚掌笑曰:"卿幸可自明非蜀,何乃遂复苦朕。"聪因投戟而出。帝曰:"薛监醉耳。"其见知如此。

二十三年,从驾南征,兼御史中尉。及宣武即位,除都督、齐州刺史,政存简静。卒于州,吏人追思,留其所坐榻以存遗爱。赠征虏将军、华州刺史。谥曰简懿侯。魏前二年,重赠车骑大将军、仪同三司、延州刺史。子孝通最知名。

孝通字士达。博学有俊才,萧宝夤征关中,引参骠骑大将军府事,礼遇甚隆。及宝夤将有异志,孝通悟其萌,托以拜扫求归,乃见许。同寮咸怪,止之,但笑而不答,遂还乡里。宝夤后果逆命。

北海王元颢入洛,宗人薛永宗、修义等文聚徒作乱,欲以应之。孝通与所亲计曰:"北海乘虚远入,吴兵不能久住,事必无成。今若与永宗等同举,灭族道也。"乃率其近亲,与河东太守元袭婴城固守。及宝夤平定,元颢退走,预其事者咸罹祸,唯同孝通者皆免。事宁,入洛,除员外散骑侍郎。尔朱天光镇关右,表为关西大行台郎中,深见任遇,关中平定,预有其力,以功赐爵汾阴侯。

庄帝既幽崩,元晔地又疏远,更议主社稷,孝通以广陵王恭,高祖犹子,又在茂亲,夙有令望。不言多载,理必阳暗。奉以为主,天人允叶。世隆等并以为疑。孝通密赞天光察之。广陵王曰:"天何言哉?"于是定册,即节闵帝也。以首创大议,拜银青光禄大夫、散骑常侍,兼中书舍人,封蓝田县子。孝通求以官赠亡兄景懋,又言已有侯爵,请转授兄息子舒。节闵览启伤感,以侯爵既重,不容转授,乃下诏褒美。特赠景懋抚军、北雍州刺史。

孝通寻迁中书郎,深为节闵所知重。普泰二年正月乙酉,中书舍人元翙献酒肴,帝因与元翌及孝通等宴,兼奏弦管,命翙吹笛,帝亦亲以和之。因使元翌等嘲,以酒为韵。孝通曰:"既逢尧舜君。愿上万年寿。"帝曰:"平生好玄默,惭为万国首。"帝曰:"卿所谓寿,岂容徒然!"便命酌酒赐孝通,仍命更嘲,不得中绝。孝通即竖忠为韵。帝曰:"卿不忘忠臣之心。"翙曰:"圣主临万机,享世永无穷。"孝通曰:"岂唯被草木,方亦及昆虫。"翌曰:"朝贤既济济,野苗又芃芃。"帝曰:"君臣体鱼水,书轨一华戎。"孝通曰:"微臣信庆渥,何以答华嵩?"于时,孝通内典机密,外参朝政,军国动静,预以谋谟。加以汲引人物,知名之士,多见推荐。

外兄裴伯茂性俊,多所轻忽,唯钦赏孝通,每有著述,共参同异。孝通以裴宏放过甚,每谓之曰:"兄以阮籍、嵇康何如管仲、乐毅?"盖自许经纶,抑裴傲也。裴笑而不答,宏放自若。

属齐神武起兵河朔,攻陷相州刺史刘诞。尔朱天光自关中讨之。孝通以关中险固,泰、汉旧都,须预谋镇遏,以为后计。纵河北失利,犹足据之。节闵深以为然,问谁可任者。孝通与贺拔岳同事天光,又与周文帝有旧,二人并先在关右,因并推荐之。乃超授岳岐、华、秦、雍诸军事,关西大行台,雍州牧。周文帝为左丞,孝通为右丞。赍诏书驰驿入关授岳等,同镇长安。岳深相器重,待以师友之礼。与周文帝结为兄弟,情寄特隆。后天光败于韩陵,节闵遂不得入关,为齐神武幽废。

孝武帝即位后,神武方得志,征贺拔岳为冀州刺史。岳惧,欲单马入朝。孝通乃谓岳曰:"高王以数千鲜卑破尔朱百万之众,其锋诚亦难敌。然公两兄太师、领军,宿在其上。侯深、樊子鹄、贾知、斛斯椿、大野胡也杖、吒吕延庆之徒,于尔朱之世,皆其夷等。韩陵之役,此辈前后降附,皆由事势危逼,非其本心。在于高王,曹操之孔融,马懿之葛诞。今或在京师,或据州镇,除之又失人望,留之腹心之疾。虽令孙腾在阙下,娄昭处钩陈,必不能如建安之时,明矣。以今观之,隙难未已。吐万仁虽复退逸,犹在并州,高王之计,先须平殄。今方绥抚群雄,安置内外,何能去其巢穴,与公事关中地也?且六郡良家之子,三辅礼义之人,逾幽、并之骁骑,胜汝、颍之奇士,皆系仰于公,效其智力。据华山以为城雉,因黄河而为池堑,退守不失封泥,进兵同于建水。乃欲束手受制于人,不亦鄙乎?"言未卒,岳执孝通手曰:"君言是也。"乃逊辞为启,而不就征。

太昌元年,孝通因使入朝,仍被留京师,重除中书侍郎。永熙三年三月,出为常山太守,仍以经节闵任遇故也。及孝武西迁,或称孝通与周文友密,及树置贺拔岳镇关中之计,遂见拘执,将赴晋阳。及引见,咸为之忧。孝通神气从容,辞理切正,齐神武更相钦叹,即日原免。然犹致疑忌,不加位秩,但引为坐客,时访文典大事而已。齐神武让剑履上殿表,犹使为文。曾与诸人同诣晋祠,皆屈膝尽礼,孝通独捧手不拜,顾而言曰:"此乃诸侯之国,去吾何远,恭而非礼,将为神笑。"拜者惭焉。

兴和二年,卒于邺,魏前二年,周文帝追轸旧好,奏赠车骑将军、仪同三司、青州刺史。齐神武武平初,又赠郑州刺史。文集八十卷,行于时。

子道衡,字玄卿。六岁而孤,专精好学。年十岁,讲《左传》,见子产相郑之功,作《国侨赞》,颇有词致,见者奇之。其后才名益著。齐司州牧、彭城王浟引为兵曹从事。尚书左仆射杨愔见而嗟赏。授奉朝请。吏部尚书陇西辛术与语,叹曰:"郑公业不亡矣!"河东裴谳目之曰:"鼎迁河朔,吾谓'关西孔子',罕遇其人,今复遇薛君矣。"武成即位,兼散骑常侍,接对周、陈二使。武平初,诏与诸儒修定五礼,除尚书左外兵郎。陈使傅绛聘齐,以道衡兼主客郎接对之。绛赠诗五十韵,道衡和之,南北称美。魏收曰:"傅绛所谓以蚓投鱼耳。"待诏文林馆,与范阳卢思道、安平李德林齐名友善。复以本官直中书省,寻拜中书侍郎,仍参太子侍读。齐后主之世,渐见亲用,与侍中斛律孝卿参预政事。道衡具陈备周之策,孝卿不能用。

及齐亡,周武帝引为御史二命士。后归乡里,自州主簿入为司禄上士。隋文作相,从元帅梁睿击王谦,摄陵州刺史。大定中,授仪同,守邛州刺史。

文帝受禅,坐事除名。河间王弘北征突厥,召典军书。还,除内史舍人。其年,兼散骑常侍,聘陈使主。道衡因奏曰:"陛下比隆三代,平一九州,岂容区区之陈,久在天网之外?臣今奉使,请责以称蕃。"帝曰:"朕且含养,致之度外,勿以言辞相折。"江东雅好篇什,陈主尤爱雕虫,道衡每有所作,南人无不吟诵焉。

及八年伐陈,拜淮南道行台尚书吏部郎,兼掌文翰。王师临江,高颎夜坐幕中,谓曰:"今段定克江东以不?君试言之。"道衡答曰:"凡论大事成败,先须以至理断之。《禹贡》所载九州,本是王者封域。郭璞有云'江东偏王三百年,还与中国合。'今数将满矣。以运数而言,其必克一也。有德者昌,无德者亡,自古兴灭,皆由此道。主上躬履恭俭,忧劳庶政。叔宝峻宇雕墙,酣酒荒色。其必克二也。为国之体,在于任寄。彼之公卿,备员而已。拔小人施文庆,委以政事,尚书令江总唯事诗酒,本非经略之才,萧摩诃、任蛮奴是其大将,一夫之用耳。其必克三也。我有道而大,彼而德而小。量其甲士,不过十万,西自巫峡,东极沧海,分之则势悬而力弱,聚之则守此而失彼。其必克四也。席卷之势,其在不疑。"颎忻然曰:"君言成败,理甚分明。本以才学相期,不意筹略乃耳。"还除吏部侍郎。

后坐抽擢人物,有言其党苏威,任人有意故,除名,配防岭表。晋王广时在扬州,阴令人讽道衡,遣从扬州路,将奏留之。道衡不乐王府,用汉王谅之计,遂出江陵道而去。寻诏征还,直内史省。晋王由是衔之。然爱其才,犹颇见礼。

后数岁,授内史侍郎,加上仪同三司。道衡每构文,必隐坐空斋,蹋壁而卧,闻户外有人便怒,其沈思如此。帝每曰:"道衡作文书称我意。"然诚之以迂诞。后帝谓杨素、牛弘曰:"道衡老矣,驱使勤劳,宜使朱门陈戟。"于是进上开府,赐物百段。道衡辞以无功。帝曰:"尔久劳阶陛,国家大事,皆尔宣行,岂非尔功也?"道衡久当枢要,才名益显。太子、诸王争与交好,高颎、杨素雅相推重,声名籍甚,无竞一时。仁寿中,杨素专掌朝政。道衡既与素善,上不欲道衡久知机密,因出检校襄州总管。道衡一旦见出,不胜悲恋,言之哽咽。帝怆然改容曰:"尔光阴晚暮,侍奉诚劳,朕欲令尔将摄。今尔之去,朕如断一臂。"于是赍物三百段,九环金带并时服一袭,马十匹,慰勉遣之。在任清简,吏人怀其惠。

炀帝嗣位,转潘州刺史。岁余,上表求致仕。帝谓内史侍郎虞世基曰:"道衡将至,当以秘书监待之。"道衡既至,上《高祖文皇帝颂》。帝览之不悦,顾谓苏威曰:"道衡致美先朝,此鱼藻之义也。"于是拜司隶大夫,将置之罪。道衡不悟,司隶刺史房彦谦素与相善,知必及祸,劝之杜绝宾客,卑辞下气,而道衡不能用。会议新令,久不能决,道衡谓朝士曰:"向使高颎不死,令当久行。"有人奏之。帝怒曰:"汝忆颎乎?"付执法者推之。道衡自以非大过,促宪司早解。奏日,冀帝赦之,敕家人具馔以备客来候者。及奏,帝令自尽。道衡殊不意,末能引诀。宪司重奏,缢而杀之,妻子徙且末。时年七十,天下冤之。有集七十卷，行于世。

有子五人，收最知名，出后族父孺。

孺清贞孤介，不交流俗。涉历经史，有才思，虽不为大文，所有诗咏，大致清远。开皇中，为侍御史、扬州总管司功参军。每以方直自处，府寮多不便之。卒于襄城郡掾。所莅官皆有能名。道衡偏相友爱，收初生，即与孺为后。养于孺宅，至于成长，殆不识本生。太常丞胡仲操曾在朝堂就孺借刀子割爪甲。孺以仲操非雅士，竟不与之。其不肯妄交，清介独行，皆此类也。

道衡兄温，字尼卿。沈敏有器局，博览坟典，尤善隶书。仕周为上黄郡守。周平齐，徙燕郡太守，以简惠称。宣政元年，赐爵齐安县子。卒于郡。子迈嗣。

迈字弘仁。性寡言，长于词辩。开皇初，袭爵齐安子，改封钟山。历位太子舍人。大业中，为刑部、选部二侍郎。

道衡从父弟道实，位礼部侍郎、离石郡太守，知名于世。

从子德音，有俊才，起家游骑尉。佐魏澹修《魏史》。史成，迁著作佐郎。及越王侗称制东都，王世充之僭号，军书羽檄，皆出其手。世充平，以罪诛。其文笔多行于世。聪弟和，南青州刺史。和子善。

善字仲良。少为司空府参军，再迁监池都将。孝武西迁，魏改河东为秦州，以善为别驾。善家素富，僮仆数百人。兄元信，仗气豪侈，每食方丈，坐客恒满，弦歌不绝。而善独恭己率素，爱乐闲静。

大统三年，齐神武败于沙苑，留善族兄崇礼，守河东。周文帝遣李弼围之，崇礼固守不下。善密说崇礼，犹持疑不决。会善从弟馥妹夫高子信为防城都督，守城南面，遣馥来诣善，云："意欲应接西军，但恐力所不制。"善即令弟济将门生数十人，与信、馥等斩关引弼军入。时预谋者并赏五等爵。善以背逆归顺，臣子常情，岂容阖门大小俱叨封邑，遂与弟慎并固辞不受。周文嘉之，以善为汾阴令。善干用强明，一郡称最。太守王罴美之，令善兼督六县事。寻为行台郎中。

时欲广置屯田以供军费，乃除司农少卿，领同州夏阳县二十屯监。又于夏阳诸山置铁冶,复令善为监,每月役八千人,营造军器。善自督课,兼加慰抚,甲兵精利而皆忘其苦焉。迁大丞相府从事中郎。追论屯田功,赐爵龙门县子。迁黄门侍郎,除河东郡守,进骠骑大将军、开府仪同三司,赐姓宇文氏。六官建,拜工部中大夫,进爵博平县公。再迁户部中大夫。

时晋公护执政,仪同齐轨语善云:"兵马万机,须归天子,何因犹在权门。"善白之,护乃杀轨。以善忠于己,引为中外府司马,迁司会中大夫,副总六府事。加授京兆尹,仍行司会。出为隆州刺史,兼益州总管府长史。征拜武威少府。卒,赠三州刺史。帝以善告齐轨事,谥曰缪公。子褒嗣,官至高阳郡守。

善弟慎,字伯护。好学,能属文,善草书。与同郡裴叔逸、裴诹之、柳虬、范阳卢柔、陇西李璨并友善。起家丞相府墨曹参军。周文于行台省置学,取丞郎及府佐德行明敏者充生。悉令旦理公务,晚就讲习,先《六经》,后子史。又于诸生中简德行淳懿者侍读书。慎与李璨及陇西李伯良、辛韶、武功苏衡、谯郡夏侯裕、安定梁旷、梁礼、河南长孙璋、河东裴举、薛同、荥阳郑朝等十二人,并应其选。又以慎为学师,以知诸生课业。周文雅好谈论,并简名僧深识玄宗者一百人,于第内讲说,又命慎等十二人兼学佛义,使内外俱通。由是四方竞为大乘学。在学数年,复以慎为宜都公侍读。累迁礼部郎中。六官建,拜膳部下大夫。慎兄善又任工部,并居清显,时人荣之。

周孝闵帝践阼,除御正下大夫,封淮南县子。历师氏、御伯中大夫。保定初,出为湖州刺史。界既杂蛮夷,恒以劫掠为务。慎乃集诸豪帅,具宣朝旨,仍食首领每月一参,或须言事者,不限时节。慎每见,必殷勤劝诫,及赐酒食。一年之间,翕然从化。诸蛮乃相谓曰:"今日始知刺史真人父母也。"莫不欣悦。自是襁负而至者千余户。蛮俗:昏娶之后,父母虽在,即与别居。慎谓守令曰:"牧守令长是化人者也,岂有其子娶妻,便与父母离析?非唯萌俗之失,亦是牧守之罪。"慎乃亲自诱导,示以孝慈,并遣守令,各喻所部,有数户蛮,别居数年,遂还侍养,及行得果膳,归奉父母。慎以其从善之速,具以状闻，有诏蠲其赋役。于是风化大行，有同华俗。寻为蕃部中大夫。以疾去职，卒于家。有文集，颇为世所传。

薛寘，河东汾阴人也。祖遵颜，魏河东郡守、安邑侯。父义，清河、广平二郡守。

寘幼览篇籍，好属文，起家奉朝请。从魏孝武西迁，封郃阳县子。废帝元年，领著作佐郎，修国史。寻拜中书侍郎，修起居注。迁中书令。燕公于谨征江陵，以寘为司录，军中谋略，寘并参之。江陵平，进爵为伯。朝廷方改物创制，欲行《周礼》，乃令寘与小宗伯卢辩斟酌古今，共详定之。六官建，授内史下大夫。

周孝闵帝践阼，进爵为侯，转御正中大夫。时前中书监卢柔，学业优深，文藻华赡，而寘与之方驾，故世号曰卢、薛焉。久之，进位骠骑大将军、开府仪同三司，出为浙州刺史。卒于位，吏人哀惜之。赠虞州刺史，谥曰理。

所著文笔二千余卷，行于世。又撰《西京记》三卷，引据该洽，世称其博闻焉。寘性至孝，虽年齿已衰，职务繁广，至于温清之礼，朝夕无违。当时以此称之。子明嗣，大象末，仪同大将军、清水郡守。

薛憕字景猷，河东汾阴人也。曾祖弘敞，逢赫连之乱，率宗人避地襄阳。

憕早丧父，家贫，躬耕以养祖母，有暇则览文籍。疏宕不拘，时人未之奇也。江表取人，多以世族，憕世无贵仕，解褐不过侍郎。既羁旅，不被擢用。常叹曰："岂能五十年戴帻，死一校尉，低头倾首，俯仰而向人也。"常郁郁不得志，每在人间，辄陵架胜达，负才使气，未尝趋世禄之门。左中郎将京兆韦潜度谓曰："君门地非下，身材不劣，何不袭裾数参吏部？"憕曰："'世冑蹑高位，英俊沈下寮。'古人以为叹息，窃所未能也。"潜度告人曰："此年少实慷慨，但不遭时耳。"孝昌中，杖策还洛阳。先是憕从祖真度与族祖安都拥徐、兖归魏，其子怀俊见憕，甚相亲善。属尔朱荣废立，憕遂还河东，止怀俊家。不交人物,终日读书,手自抄略,将二百卷。唯郡守元袭时相要屈,与之抗礼。怀俊每谓曰:"汝还乡里,不营产业,不肯取妻,岂复欲南乎?"憕亦不介意。普泰中,拜给事中,加伏波将军。

及齐神武起兵,憕乃东游陈、梁间,谓族人孝通曰:"高欢阻兵陵上,丧乱方始。关中形胜之地,必有霸王据之。"乃与孝通俱游长安。侯莫陈悦闻之,召为行台郎,除镇远将军、步兵校尉。及悦害贺拔岳,军人咸相庆慰。憕独谓所亲曰:"悦才略本寡,辄害良将,败亡之事,其则不远。吾属今即为人所虏,何庆之有乎?"长高以憕言为然,并有忧色。寻而周文平悦,引憕为记室参军。武帝西迁,授征虏将军、中散大夫,封夏阳县男。文帝即位,拜中书侍郎,加安东将军,进爵为子。

大统四年,宣光、清徽殿初成,憕为之颂,文帝又造二欹器:一为二仙人共持一钵,同处一盘,钵盖有山,山有香气,一仙人又持金瓶以临器上,倾水灌山,而注乎器,烟气通发山中,谓之仙人欹器;一为二荷同处一盘,相去盈尺,中有莲,下垂器上,以水注荷,则出于莲而盈乎器,为凫雁蟾以饰之,谓之水芝欹器。二盘各处一床,钵圆而床方,中有人,三才之象也。皆置清徽殿前。形似觥而方,满而平,溢则倾。憕各为颂。

大统初,仪制多阙,周文令憕与卢辩、檀翥等参定之。以流离世故,不听音乐,虽幽室独处,常有戚容。后坐事死。子舒嗣,官至礼部下大夫、仪同大将军、聘陈使副。

论曰:薛辩有魏之初,功业早树,门膺人爵,无替荣名。端以谦直见知。胄以公平自命。浚之孝悌,素绪之所得也。道衡雅道弈叶,世擅文宗,令望攸归,岂徒然矣,而运逢季叔,卒蹈诛戮,痛乎!仲良任惟繁剧,弘益流誉,而陷齐谄护,以要权宠,易名为缪,斯岂虚哉!寘憕并学称该博,文擅雕龙,或挥翰凤池,或著书麟阁,咸居禄位,各逞琳琅。拟彼徐、陈惭后生之可畏。论其任遇,实当时之良选也。

北史卷三七
列传第二五

韩茂　皮豹子　封敕文
吕罗汉　孔伯恭　田益宗
孟表　奚康生　杨大眼
崔延伯　李叔仁

　　韩茂字元兴，安定安武人也。父耆字黄耇，永兴中自赫连屈丐来降，位常山太守，假安武侯，仍居常山之九门。卒，赠泾州刺史，谥曰成。

　　茂年十七，膂力过人，尤善骑射。明元曾亲征丁零翟猛，茂为中军执幢，时大风，诸军旌旗皆偃仆，茂于马上持幢，初不倾倒。帝异而问之，谓左右曰："记之。"寻征诣行在所，以为武贲郎将。

　　后从太武讨赫连昌，大破之；以功赐爵蒲阴子，迁侍辇郎。又从破统万，平平凉，当茂所冲，莫不应弦而殪。拜内侍长，进爵九门侯。后从征蠕蠕，频战大捷。与乐平王丕等伐和龙，茂为前锋都将，战功居多。迁司卫监，录前后功，拜散骑常侍、殿中尚书，进爵安定公。从破薛永宗、盖吴，转都官尚书。从车驾南征，拜徐州刺史。还，拜侍中、尚书左仆射。

　　文成践阼，拜尚书令、加侍中、征南大将军。茂沈毅笃实，虽无文学，每议论合理，为将善于抚众，勇冠当世，为朝廷所称。太安二年，领太子少师。卒，赠泾州刺史，安定王，谥曰桓。

长子备，字延德，赐爵行唐侯，历太子庶子、宁西将军，典游猎曹，加散骑常侍。袭爵安定公、征南大将军。卒，赠雍州刺史，谥曰简。

备弟均，字天德，少善射，有将略。初为中散，赐爵范阳子，迁金部尚书，加散骑常侍。兄备卒，无子，均袭爵安定公、征南大将军，历定、青、冀三州刺史，甚有誉。

广阿泽在定、冀、相三州界，土旷人稀，多有寇盗，乃置镇以静之。以均在冀州，劫盗止息，除大将军、广阿镇大将，加都督三州诸军事。均清身率下，禁断奸邪，于是赵郡屠各、西山丁零聚党山泽以劫害为业者，均皆诱慰追捕，远近震踢。先是，河外未宾，人多去就，故权立东青州，为招怀之本。新附人咸受优复，然旧人奸逃者，多往投焉。均表陈非便，朝议罢之。

后均所统，劫盗颇起，献文诏书让之。又以五州人户殷多，编籍不实，诏均检括，出十余万户。复授定州刺史，百姓安之。卒，谥康公。

皮豹子，渔阳人也。少有武略。太常中，为中散。太武时，为散骑常侍，赐爵新安侯，又拜选部尚书。后除开府仪同三司，进爵淮阳公，镇长安，坐盗官财，徙于统万。

真君三年，宋将裴方明等侵南秦王杨难当，遂陷仇池。太武征豹子，复其爵位，寻拜使持节、仇池镇将，督关中诸军与建兴公古弼等分命诸将，十道并进。四年正月，豹子进击乐乡，大破之。宋使其秦州刺史胡崇之镇仇池，至汉中，闻官军已西，惧不敢进。豹子与司马楚之至浊水，击禽崇之，尽虏其众。仇池平。

未几，诸氏复推杨文德为主以围仇池，古弼讨平之。时豹子次下辩，闻围解，欲还。弼使谓豹子曰："贼耻其负败，必求报复，不如陈兵以待之。"豹子以为然。寻除都督秦、雍、荆、梁、益五州诸军事，进号征西大将军、开府、仇池镇将、持节、公如故。宋复遣杨文德、姜道盛寇浊水，别遣将青阳显伯守斧山，以拒豹子。浊水城兵射杀道盛。豹子至斧山，斩显伯，悉俘其众。初，南秦王杨难当归命，诏送杨氏子弟诣京师，文德以行赂得留，出奔汉中。宋以文德为武都王，守葭芦城，招诱氐羌。于是武都阴平五部氐人叛应文德，诏豹子讨之。文德阻兵固险，以拒豹子。文德将杨高来降，文德弃城南走，收其妻子寮属及故武都王保宗妻公主送京师。宋白水太守郭启玄率众救文德，豹子大破之，启玄、文德走还汉中。

兴安二年，宋遣萧道成等入汉中，别令杨文德、杨头等率氐、羌围武都。豹子分兵将救之，闻宋人增兵益将，表状求助。诏高平镇将苟莫干率突骑二千以赴之，道成等乃退。征豹子为尚书，出为内都大官。宋遣其将殷孝祖修两当城于清东，以逼南境，天水公封敕文击之，不克。诏豹子与给事中周丘等助击之。宋瑕丘镇遣步卒五千助戍两当，豹子大破之，追至城下，其免者千余人而已。既而班师。先是河西诸胡亡匿避命，豹子讨之，不捷而还，又坐免官。寻以前后战功复擢为内都大官。卒，文成追惜之，赠淮阳王，谥曰襄。子道明袭。

道明第八弟怀喜，文成以其名臣子，擢为侍御史散，迁侍御长。孝文初，吐谷浑拾寅部落饥窘，侵掠浇河，诏假平西将军、广川公，与上党王长孙观讨拾寅。又以其父豹子昔镇仇池，有威信，拜使持节、侍中、都督秦雍荆梁益五州诸军事、本将军、开府、仇池镇将，假公如故。怀喜至，申布恩惠，夷人大悦，酋帅率户归附，置广业、固道二郡以居之。征为南部尚书，赐爵南康侯。

大和元年，宋葭芦戍生杨文度遣弟鼠据仇池，诏怀喜讨鼠，鼠弃城南走。进次浊水，遂军于覆津。文度将强大黑固守津道，怀喜部分将士，击大黑走之。追奔，攻拔葭芦城，斩文度，传首京师。诏慰勉之。又诏于骆谷筑城，怀喜表求待来年筑城。诏责之曰："若不时筑，筑而不成。成而不固，以军法绳之。"南天水人柳旃据崄不顺，怀喜讨灭之。后为豫州刺史，诏让其在州宽急，以饮酒废事，威不禁下，遣使就州，决以杖罚。卒，谥曰恭公。子承宗袭。

封敕文,代人也,本姓是贲。祖豆,位开府、冀青二州刺史、关内侯。父涅,侍御长,赠定州刺史、章武侯,谥曰隐。

敕文始光初为中散,稍迁西部尚书,出为使持节、开府、领护西夷校尉、秦益二州刺史,赐爵天水公,镇上邽。诏敕文征吐谷浑慕利延兄子拾归于枹罕,众少不制,诏广川公乙乌头等二军与敕文会陇右。军次武始,拾归夜遁,敕文引军入枹罕,虏拾归妻子及其人户,分徙千家于上邽,留乌头守枹罕。

金城边冏,天水梁会谋反,据上邽东城南城,攻逼西城。敕文先已设备,贼乃退。冏、会复攻城,氐、羌一万屯南岭,休官、屠各及杂户二万余人屯北岭,为冏等形援。敕文设奇兵大破之,斩穷。众复推梁会为主。安丰公闾根率军助敕文,敕文又表求助,未及报。梁会欲谋逃遁。先是,敕文掘重堑于东城之外,几断贼走路。夜半,会乃飞梯腾堑而走。敕文先严兵于堑外,拒斗,从夜至旦。敕文谋于众曰:“困兽犹斗,而况于人。”乃以白武幡宣告贼众,若能归降,原其生命,应时降者六百余人,会知人心沮坏,于是分遁。敕文纵骑腾蹑,死者太半。

略阳王元达因梁会之乱,聚党攻城,招引休官、屠各之众,推天水休官王官兴为秦地王。敕文与临淮公莫真讨破之。

天安元年卒,长子万护让爵于弟翰。于时让者唯万护及元氏侯赵辟恶子元伯让其弟次兴,朝廷义而许之。

吕罗汉,本东平寿张人也,其先石勒时徙居幽州。

祖显,字子明,少好学,性廉直,乡人有忿争者皆就质焉。慕容垂以为河间太守。皇始初,以郡降,道武赐爵魏昌男。拜钜鹿太守。清身奉公,妻子不免饥寒,百姓颂之曰:“时惟府君,克清克明,缉我荒土,人胥乐生,愿寿无疆,以享长龄。”卒官。

父温,字晞阳,善书,好施,有文武才略。位上党太守,有能名。卒,赠豫州刺史、野王侯,谥曰敬。

罗汉仁厚笃慎，弱冠以武干知名。父温之为秦州司马，罗汉随侍。陇右氐杨难当寇上邽，镇将元意头知罗汉善射，共登西城楼令射，难当队将及兵二十三人应弦而殪。贼众转盛，罗汉曰："今不出战，示敌以弱。"意头善之，即简千余人，令罗汉出战，众皆披靡。难当大惊，会太武赐难当玺书，责其跋扈，难当还仇池。意头具以状闻，征为羽林郎。

上邽休官吕丰、屠各王飞鹿等据嵬为逆，诏罗汉讨禽之。后从征县瓠，以功迁羽林中郎、幢将，赐爵乌程子。及南安王余立，罗汉犹典宿卫，文成之立，罗汉有力焉。加龙骧将军，仍幢将，进爵野王侯，拜司卫监。迁散骑常侍、殿中尚书，进爵山阳公。

后为镇西将军、秦益二州刺史。时仇池氐、羌反，逼骆谷，镇将吴保元走登百顷，请援于罗汉。罗汉帅步骑随长孙观，掩击氐、羌，大破之，贼众退散。诏书慰勉之。泾州人张羌郎聚众千人，州军讨之，不能制，罗汉击禽之。仇池氐、羌叛逆，其贼帅蛮廉、苻忻等皆受宋官爵铁券。略阳公伏阿奴为都将，与罗汉赴讨，所在破之，禽廉、忻等。

秦、益阻远，南连仇池，西接赤水，诸羌恃险，数为叛逆，自罗汉莅州，抚以威惠，西戎怀德，土境怗然。孝文下诏褒美之，征拜内都大官，听察多得其情。卒官，谥庄公。长子兴祖袭爵山阳公，后例降为侯。

孔伯恭，魏郡邺人也。父昭，位侍中、幽州刺史、鲁郡公。卒，谥曰康。

伯恭以父任拜给事中，后赐爵济阳男，进彭城公。献文初，宋徐州刺史薛安都以彭城内附，宋遣将张永、沈攸之等击安都。安都请援，献文进伯恭号镇东将军，副尚书尉元救之。永与攸之弃船而走。伯恭以书喻下邳、宿豫城内。时攸之、吴喜公等率众来援下邳，屯军焦墟曲，去下邳五十余里。伯恭密造火车攻其营，水陆俱进。攸之等既闻将战，引军退保樊阶城。宋宁朔将军陈显达领众溯清而上，以迎攸之，屯于睢、清合口。伯恭率众度水，大破显达。攸之闻显达军败，顺流退下，伯恭从清西与攸之合战，大破之，吴喜公轻骑遁走。乘胜追奔八十余里，军资器械虏获万计。进攻宿豫，宋戍将鲁僧遵弃城夜遁。又遣将孔大恒等南讨淮阳，宋太守崔武仲焚城南走，遂据淮阳。

皇兴二年，以伯恭为散骑常侍、彭城镇将、都督徐南北兖州诸军事，假东海公。卒，赠镇东大将军、东海王，谥曰桓。

伯恭弟伯逊，袭父爵鲁郡公，位东莱镇将、东徐州刺史。坐事免官，卒于家。

田益宗，光城蛮也。身长八尺，雄果有将略，貌状举止，有异常蛮。世为四山蛮帅，受制于齐。太和十七年，遣使张超奉表归魏。十九年，拜员外散骑常侍、都督、南司州刺史、光城县伯，食蛮邑一千户，所统守宰，任其铨置。后以益宗既度淮北，不可仍为司州，乃于新蔡立东豫州，以益宗为刺史。寻改封安昌县伯。

景明初，梁师寇三关，益宗遣光城太守杨兴之进至阴山关，南据长风城，逆击大破之。二十二年，梁建宁太守黄天赐筑城赤亭，复遣其将黄公赏屯于漴城，与长风相持。益宗命安蛮太守梅景秀与兴之掎角击讨。破之，获其二城。上表陈攻取之术，宣武纳之，遣镇南将军元英攻义阳。益宗遣其息鲁生断梁人粮运，破梁戍主赵文兴，仓米运舟，焚烧荡尽。时乐口已南，郢、豫二州诸县皆没于梁，唯有义阳而已。梁招益宗以车骑大将军、开府仪同三司、五千户郡公，当时安危在益宗去就，而益宗守节不移，郢、豫克平，益宗力也。

益宗年稍衰老，聚敛无厌，兵人患其侵扰，诸子及孙，竞规贿货，部内苦之，咸言欲叛。宣武深亦虑焉，乃遣中书舍人刘桃符宣旨慰喻，庶以安之。桃符还，启益宗侵掠之状。诏之曰："闻卿息鲁生在淮南贪暴，横杀梅伏生，为尔不已，损卿诚效，可令鲁生与使赴阙，当加任使。"鲁生久未至。延昌中，诏以益宗为使持节、镇东将军、济州刺史，常侍如故。帝虑其不受代，遣后将军李世哲与桃符率众袭之，奄入广陵。益宗子鲁生、鲁贤等奔于关南，招引梁兵，光城已南，皆为梁所保。世哲击破之，复置郡戍，以益宗还。授征南将军、金紫光禄大夫，加散骑常侍，改封曲阳县伯。

益宗生长边地，不愿内荣，虽位秩崇重，犹以为恨，表陈桃符谗毁之状。诏曰："既经大宥，不容更为为狱。"熙平初，益宗又表乞东豫，以招二子。灵太后令答不许。卒，赠征东大将军、郢州刺史，谥曰庄，少子纂袭，位中散大夫，卒，赠东豫州刺史。益宗长子随兴，位弋阳、东汝南二郡太守。益宗兄兴祖，位江州刺史。

孟表字武达，济北蛇丘人也，自云本属北地，号索里诸孟。青、徐内属后，表因事南度，仕齐为马头太守。

太和十八年，表据郡归魏，除南兖州刺史。领马头太守，赐爵谯县侯，镇涡阳。后齐遣其豫州刺史裴叔业攻围六十余日，城中食尽，唯以朽革及草木皮叶为粮。表抚循将士，戮力固守。会镇南将军王肃救之，叔业乃退。初，有一南人，自云姓边字叔珍，携妻息从寿春投表，未及送阙，会叔业围城。表后察叔珍言色颇有异，即推核，乃是叔业姑儿，规为内应，所携妻子，并亦假妾，于北门外斩之，人情乃安。孝文嘉其诚，封汶阳县伯，历济州刺史、散骑常侍、光禄大夫、齐州刺史。卒，赠兖州刺史，谥曰恭。

奚康生，河南阳翟人也。本姓达奚，其先居代，世为部落大人。祖真，柔玄镇将、内外三都大官，赐爵长进侯，卒，赠幽州刺史，谥曰简。

康生少骁武，弯弓十石，矢异常箭，为当时所服。太和初，蠕蠕频寇，康生为前驱军主，壮气有闻，由是为宗子队主。从驾征钟离，驾旋济淮，五将未度，齐将据渚断津路。孝文募破中渚贼者，以为直阁将军。康生应募，缚筏积柴，因风放火，烧其船舰，依烟直过，飞刀乱斫，投河溺死者甚众，乃假康生直阁将军。后以勋除太子三校、西台直后。

吐京胡反，自号辛支王。康生为军主，从章武王彬讨之。分为
五军，四军俱败，康生军独全。率精骑一千追胡至车突谷，诈为坠
马，胡皆谓死，争欲取之。康生腾骑奋矛，杀伤数十人，射杀辛支。

齐置义阳，招诱边人，康生复为统军，从王肃讨之。齐将张伏护
自升城楼，言辞不逊。肃令康生射之，望楼射窗，扉开即入，应箭而
毙。彼人见箭，皆以为狂弩。齐将裴叔业率众围涡阳，欲解义阳之
急，诏遣高聪、元衍等援之，并败退。帝乃遣康生驰往，一战大破之。
及寿春来降，遣康生领羽林千人，给龙厩马两匹，驰赴之。破走其将
桓和、陈伯之。以功除征虏将军，封安武县男。

出为南青州刺史。后梁郁州遣军主徐济寇边，康生破禽之。时
梁闻康生能引强弓，故特作大弓两张，长八尺，把中围尺有二寸，箭
粗殆如今之长笛，送与康生。康生便集文武，用之平射，犹有余力。
观者以为绝伦。弓即表送，置之武库。后梁遣都督临川王萧宏勒甲
十万规寇徐州，诏授康生武卫将军，一战败之。还京，召见宴会，赏
帛千匹，赐骅骝御胡马一匹。出为华州刺史，颇有声绩。转泾州刺
史，以辄用官炭瓦，为御史所劾，削除官爵。寻复之。梁直阁将军徐
玄明戍郁州，杀其刺史张稷，以城内附，诏康生迎接，赐细御银缠槊
一张，并枣奈果。面敕曰："果者果如朕心，枣者早遂朕意。"未发间，
郁州刺史复叛。及子举征蜀，假康生安西将军，邪趣绵竹。至陇右，
宣武崩，班师。

后除相州刺史，在州，以天旱令人鞭石季龙画像，复就西门豹
祠祈雨，不获，令吏取豹舌。未几，二儿暴丧，身亦遇疾，巫以为季
龙、豹之祟。

征拜光禄勋，领右卫将军，与元叉同谋废灵太后。迁河南尹，仍
右卫、领左右。与子难娶左卫将军侯刚女，即元叉妹夫也。又以其
通姻，深相委托，三人多宿禁内，或送出入。又以康生子难为千牛备
身。

康生性粗武，言气高下，叉稍惮之，见于颜色，康生亦微惧不
安。正光二年二月，明帝朝灵太后于西林园，文武侍坐，酒酣迭舞。

次至康生,乃为力士舞,及于折旋,每顾视太后,举手蹈足,嗔目颔首,为杀缚之势。太后解其意而不敢言。日暮,太后欲携帝宿宣光殿。侯刚曰:"至尊已朝讫,嫔御在南,何劳留宿?"康生曰:"至尊陛下儿,随陛下将东西,更复访问谁?"群臣莫敢应。灵太后自起援帝臂,下堂而去,康生大呼唱万岁于后,近侍皆唱万岁,明帝引前入阁,左右竞相排,阁不得闭。康生夺其子难千牛刀,斫直后元思辅,乃得定。

明帝既上殿,康生时有酒势,将出处分,遂为叉所执,锁于门下。至晓,叉不出,令侍中、黄门、仆射、尚书等十余人就康生所,讯其事,处康生斩刑,难处绞刑。叉与刚并在内矫诏决之,康生如奏,难恕死从流。难哭拜辞父,康生忻子免死,慷慨了不悲泣。语其子云:"我不反,死,汝何为哭也?"有司驱逼,奔走赴市,时已昏暗,行刑人注刀数下,不死,于地刻截,咸言禀义意旨,过至苦痛。尝食典御奚混与康生同执刀入内,亦就市绞刑。

康生久为将,及临州,多所杀戮。而乃信向佛道,每舍居宅立寺塔,凡历四州,皆有建置。死时年五十四,子难年十八,以侯刚婿,得停百日,竟徙安州。后尚书卢同为行台,又令杀之。康生于南山立佛图三层,先死,忽梦崩坏,沙门有为解云:"檀越当不吉利,无人供养佛图,故崩耳。"康生称然,竟及于祸。

灵太后反政,赠都督冀瀛沧三州诸军事、骠骑大将军、司空、冀州刺史,谥曰武贞,又追封寿张县侯。子刚袭。

杨大眼,武都氐难当之孙也。少骁捷,跳走如飞。然庶孽,不为宗亲顾待,不免饥寒。太和中,起家奉朝请。时将南伐,尚书李冲典选征官,大眼往求焉,冲弗许。大眼曰:"尚书不见知,听下官出一技。"便出长绳三丈许,系髻而走,绳直如矢,马驰不及。见者无不惊叹。冲因曰:"千载以来,未有逸材若此者也。"遂用为军主。大眼顾谓同寮曰:"吾之今日,所谓蛟龙得水之秋,自此一举,不复与诸君齐列矣。"未几,迁统军,从车驾征宛、叶、穰、邓、九江、钟离之间,所经战阵,莫不勇冠六军。

宣武初,裴叔业以寿春内附,大眼与奚康生等率众先入,以功封安成县子。除直阁将军,出为东荆州刺史。时蛮酋樊秀安等反,诏大眼为别将,隶都督李崇讨平之,大眼功尤多。妻潘氏,善骑射,自诣军省大眼,至攻战游猎之际,潘亦戎装,齐镳并驱。及至还营,同坐幕下,对诸寮佐,言笑自得。大眼时指谓诸人曰:"此潘将军也。"

梁武遣其将张惠绍总率众军,窃据宿豫。又假大眼平东将军为别将,与都督邢峦讨破之。遂与中山王英同围钟离。大眼军城东,守淮桥东西道。属水泛长,大眼所绾统军刘神符、公孙祉两军夜中争桥奔退,大眼不能禁,相寻而走。坐徙营州为兵。

永平中,追其前勋,起为试守中山内史。时高肇征蜀,宣武虑梁人侵轶,乃征大眼为太尉长史、持节、假平南将军、东征别将,隶都督元遥,遏御淮、肥。大眼至京师,时人思其雄勇,喜于更用,台省门巷,观者如市。后梁将康绚于浮山遏淮,规浸寿春,明帝加大眼光禄大夫,率诸军镇荆山,复其封邑。后与萧宝夤俱征淮堰,不能克,遂于堰上流凿渠决水而还。加平东将军。

大眼抚循士卒,呼为儿子,及见伤痍,为之流泣。自为将帅,恒身先兵士,当其锋者,莫不摧拉。南贼所遣督将,皆怀畏惧。时传言淮、泗、荆、沔之间童儿啼者,恐之云"杨大眼至",无不即止。王肃弟康之初归国也,谓大眼曰:"在南闻君之名,以为眼如车轮。及见,乃不异于人。"大眼曰:"旗鼓相望,瞋眸奋发,足使君目不能视,何必大如车轮。"当世推其骁果,以为关、张弗之过也。然征淮堰之役,喜怒无常,捶挞过度,军士颇憾焉。识者以为性移所致。

又为荆州刺史,常缚蒭为人,衣以青布而射之。召诸蛮渠,指示之曰:"卿等若作贼,吾政如此相杀也。"又北淯郡尝有虎害,大眼搏而获之,斩其头县于穰市。自是荆蛮相谓曰:"杨公恶人,常作我蛮形以射之。又深山之虎,尚所不免。"遂不敢复为寇盗。在州二年,卒。

　　大眼虽不学,恒遣人读书而坐听之,悉皆记识。令作露布,皆口授之,而竟不多识字也。

　　有三子,长甄生,次领军,次征南,皆潘氏所生,咸有父风。初,大眼徙营州,潘在洛阳,颇有失行。及为中山,大眼侧生女夫赵延宝告之于大眼,大眼怒,幽潘而杀之。后娶继室元氏。大眼之死也。甄生等问印绶所在。时元始怀孕,自指其腹谓甄生等曰:"开国当我儿袭之,汝等婢子,勿有所望。"甄生等深以为恨。及大眼丧将还京,出于城东七里,营车而宿。夜二更,甄生等开大眼棺,延宝怪而问焉,征南射杀之。元怖,走入水,征南又弯弓将射之。甄生曰:"天下岂有害母之人。"乃止。遂取大眼尸,令人马上抱之,左右扶挟以叛。荆人畏甄生等骁武,不敢苦追,遂奔梁。

　　崔延伯,博陵人也。祖寿,于彭城陷入江南。延伯少以武壮闻,仕齐为缘淮游军,带濠口戍主。太和中入魏。常为统帅,胆气绝人,兼有谋略,积劳稍进,除征虏将军、荆州刺史,赐爵定陵男。荆州土险,蛮左为寇,每有聚结,延伯辄自讨之,莫不摧殄。由是穰土怗然,无敢为患。永平中,转幽州刺史。

　　梁遣左游击将军赵祖悦率众偷据硖石,诏延伯为别将,与都督崔亮讨之。亮令延伯守下蔡。延伯与别将伊瓮生挟淮为营。延伯遂取车轮,去辋,削锐其辐,两两接对,揉竹为绠,贯连相属,并十余道,横水为桥,两头施大鹿卢,出没任情,不可烧斫,既断祖悦走路,又令舟舸不通。由是梁军不能赴救,祖悦合军咸见俘虏。于军拜征南将军、光禄大夫。

　　延伯与杨大眼等至自淮阳,灵太后幸西林园引见,谓曰:"卿等志尚雄猛,皆国之名将。比平硖石,公私庆快,此乃卿等之功也。但淮堰仍在,宜须预谋,故引卿等,亲共量算,各出一图,以为后计。"大眼对曰:"臣辄谓水陆二道一时俱下,往无不克。"延伯曰:"既对圣颜,答旨宜实。水南水北,各有沟渎,陆地之计,如何可前。愚臣短见,愿圣心思水兵之勤,若给复一年,专习水战,脱有不虞,召便

可用。”灵太后曰：“卿之所言，深是宜要，当敕如请。”二年，除并州
刺史，在州贪污，闻于远近。还为金紫光禄大夫，出为镇南将军，行
岐州刺史，假征西将军，赐骅骝马一匹。

正光五年秋，以往在杨州，建淮桥之勋，封当利县男，改封新丰
子。时莫折念生兄天生下陇东寇，征西将军元志为天生所禽，贼众
甚盛，进屯黑水。诏延伯为使持节、征西将军、西道都督。行台萧宝
夤与延伯结垒马嵬，南北相去百余步。延伯曰：“今当仰为明公参贼
勇怯。”延伯选精兵数千，下度黑水，列阵而进，以向贼营。宝夤率骑
于水东寻原西北，以示后继。于时贼众大盛，水西一里，营营连接。
延伯径至贼垒，扬威胁之，徐而还退。贼以延伯众少，开营竞追，众
过十倍，临水逼蹙。宝夤亲观之，惧有顾损。延伯不与其战，身自殿
后，抽众东度，转运如神，须臾济尽，徐乃自度。贼徒夺气，相率还
营。宝夤大悦，谓宫属曰：“崔公，古之关、张也，今年何患不制贼。”
延伯驰见宝夤曰：“此贼非老奴敌，公但坐看。”后日，延伯勒众而
出，宝夤为后拒。天生悉众来战，延伯身先士卒，陷其前锋。于是骁
锐竞进，大破之，俘斩十余万，追奔及于小陇。秦贼劲强，诸将所惮，
初议遣将，咸云非延伯无以定之，果能克敌。诏授左卫将军，余如
故。

于时万俟丑奴、宿勤明达等寇掠泾州。先是卢祖迁、伊瓫生数
将，皆以元志前行之始，同时发雍，从六陌道将取高平。志败，仍停
泾部。延伯既破秦贼，乃与宝夤率众会于安定，甲卒十二万，铁马八
千匹，军威甚盛。时丑奴置营泾州西北七十里当原城，时或轻骑暂
来挑战，大兵未交，便示奔北。延伯矜功负胜，遂唱议先驱。伐木别
造大排，内为锁柱，教习强兵，负而趋走，号为排城，战士在外，辎重
居中，自泾州缘原北上。众军将出讨贼，未战之间，有贼数百骑诈持
文书，云是降簿，乞缓师。宝夤、延伯谓其事实，逡巡未斗。俄而宿
勤明达率众自东北而至，乞降之贼从西竞下，诸军前后受敌。延伯
上马突阵，贼势摧挫，便尔逐北，径造其营。贼本轻骑，延伯军兼步
卒，兵力疲怠，贼乃乘间得入排城。延伯军大败，死伤者将有二万。

宝夤敛军退保泾州。延伯修缮器械,购募骁勇,复从泾州西进,去贼彭坑谷栅七里结营。延伯耻前挫辱,不报宝夤,独出袭贼,大破之,俄顷间平其数栅。贼皆逃进,见兵人采掠,散乱不整,还来冲突,遂大奔败。延伯中流矢,为贼所害,士卒死者万余人。

延伯善将抚,能得众心,与康生、大眼为诸将之冠。延伯末路,功名尤重。时大寇未平而延伯死,朝野叹惧焉。赠使持节、车骑大将军、仪同三司、定州刺史,谥曰武烈。

李叔仁,陇西人也。骁健有武力,前后数从征讨,以功赐爵获城乡男。梁豫州刺史王超宗内侵,叔仁时为兼统军。隶杨州刺史薛真度。真度遣叔仁讨超宗,大破之。以功累迁洛州刺史,假抚军将军。后以军功封陈郡公,又除光禄大夫、朔州刺史。齐州广川人刘执清河太守邵怀,聚众反,自署大行台。诏叔仁为都督,讨平之。除镇西将军、金紫光禄大夫,转车骑大将军、仪同三司。邢果反于青州,叔仁为大都督,出讨于淮,失利而还。永安三年,坐事除名,寻复官爵。节闵帝初,加散骑常侍、开府。后除凉州刺史,遣使密通款于东魏,事觉见杀。叔仁所用之槊,长大异于常槊,时人壮之。

论曰:韩茂、皮豹子、封敕文、吕罗汉、孔伯恭之为将也,皆以沈勇笃实、仁厚抚众,功成事立,不徒然矣。与夫苟要一战之利,侥幸暂胜之名,岂同年而语也。田益宗蛮夷荒帅,翻然效款,终于怀金曳紫,不其美欤。孟表之致名位,不徒然也。夫人主闻鼙鼓之响,则思将帅之臣,何则? 夷难平暴,折冲御侮,为国之所系也,奚康生等俱以熊武之姿,奋征伐之气,亦一时之骁猛,壮士之功名乎。

北史卷三八
列传第二六

裴骏　裴延俊　裴佗　裴果
裴宽　裴侠　裴文举
裴仁基

裴骏字神驹,小名皮,河东闻喜人也。父双硕,位恒农太守、安邑子,赠东雍州刺史、闻喜侯。

骏幼而聪慧,亲表称为神驹,因以为字。弱冠,通涉经史,方检有礼度,乡里宗敬焉。盖吴作乱于关中,汾阴人薛永宗聚众应之,来袭闻喜,邑令忧惶,计无所出。骏在家闻之,便率厉乡豪奔赴之。贼退,刺史以状闻。会太武亲讨盖吴,引见骏。骏陈叙事宜,帝大悦,谓崔浩曰:"裴骏有当世才,其忠义可嘉。"补中书博士。浩亦深器骏,目为三河领袖。转中书侍郎。宋使明僧皓来聘,以骏有才学,假给事中、散骑常侍,于境上劳接。卒,赠秦州刺史、闻喜侯,谥曰康。

子修,字元寄,清辩好学,历位秘书中散、主客令。累迁中大夫,兼祠部曹事,职主礼乐,每有疑议,修斟酌故实,咸有条贯。卒,谥曰恭伯,宣武时追赠东秦州刺史。修早孤,居丧以孝闻。二弟三妹,并在幼弱,抚养训诲,甚有义方。次弟务早丧,修哀伤之,感于行路。爱育孤侄,同于己子,及将异居,奴婢田宅悉推与之,时人以此称焉。

子询,字敬叔,美仪貌,多艺能,音律博弈,咸所闲解。位平昌太守。时太原长公主寡居,与询私奸,明帝仍诏询尚焉。寻以主婿,特除散骑常侍。时本邑中正阙，司徒召询为之，询族叔景，自陈情愿此官，询遂让焉。时论善之。寻监起居事，迁秘书监，出为郢州刺史。询以凡司戍主蛮酋田朴特，地居要崄，众逾数万，足为边捍，遂表朴特为西郢州刺史。朝议许之。梁将李国兴寇边，朴特与部曲为表里声援，郢州获全，朴特颇有力焉。征为七兵尚书。武泰中，以本官兼侍中为关中大使，未及发，于河阴遇害。赠司空公，谥曰贞烈，无子。

修弟宣，字叔令，通辩博物，早有声誉，少孤，事母兄以孝友称。司空李冲有人伦鉴，见而重之。孝文初，征为尚书主客郎，累迁太尉长史。宣上言：自迁都以来，凡战阵之处及军罢兵还之道，所有骸骼无人覆藏者，请悉令州郡戍逻检行埋掩。并符出兵之乡，其家有死于戎役者，皆使招魂复魄，祔祭先灵，复其年租调。身被伤痍者，免其兵役。朝廷从之，出为益州刺史，宣至州绥抚，甚得戎羌之心。后晋寿更置益州，改宣所莅为南秦州。

宣家世以儒学为业，常慕廉退，每叹曰："以贾谊之才，汉文之世，而不历公卿，将非运也。"乃谓亲宾曰："吾本无当世之志，直随牒至此，禄厚养亲，效不光国，可以言归矣。"因奉表求解，宣武不许，乃作《怀田赋》以叙心焉。宣素明阴阳之书，自始患便克亡日，果如其言。赠豫州刺史，谥曰定，寻改为穆，子敬宪嗣。

敬宪字孝虞，少有志行，学博才清，抚训诸弟，专以读诵为业。澹于荣利，风气俊远。郡征功曹不就。诸府辟命，先进其弟，世人叹美之。司州牧、高阳王雍举秀才，射策高第，除大学博士。性和雅，未尝失色于人，工隶草，解音律，五言之作，独擅于时，名声甚重，后进咸共宗慕之。中山将之部，朝贤送于河梁，赋诗言别，皆以敬宪为最。其文不能赡逸，而有清丽之美。少有气病，年三十三卒，人物甚悼之。

敬宪有仁义于乡里，孝昌中，蜀贼陈双炽所过残暴，至敬宪宅，辄相约束，不得焚烧，为物所伏如此。永兴三年，赠中书侍郎，谥曰文。

敬宪弟庄伯，字孝夏，亦有文才，器度闲雅，喜愠不形于色，博识多闻，善以约言辩物。司空、任城王澄辟为行参军，甚加知赏。年二十一，上《神龟颂》，时人异之。文笔与敬宪相亚。临淮王彧北讨，引为记室参军，委以章奏之事。及闻敬宪寝疾，求假不许，遂径自还，亦矜而不问。扶侍兄病，昼夜不离于侧，形容憔悴。因葬敬宪于乡，遇病卒，年二十八。兄弟才学知名，同年俱丧，世共嗟惜之。永安三年，赠通直散骑侍郎，谥曰献。兄弟并无子，所著词藻，莫为集录。

庄伯弟献伯，廷尉卿、济州刺史，少以学尚风流，有名京洛。为政严酷，不得吏人之和，但以清白流誉。卒于殿中尚书。

骏从弟安祖，少聪慧，年八九岁，就师讲《诗》，至《鹿鸣篇》，语诸兄云："鹿得食相呼，而况人乎。"自此未曾独食。弱冠，州辟主簿。人有兄弟争财，诣州相讼，安祖召其兄弟，以礼义责让之，此人兄弟，明日相率谢罪。州内钦服之。后有人劝其仕进，安祖曰："高尚之事，非敢庶几，但京师辽远，实惮于栖屑耳。"于是闲居养志，不出城邑。曾天热，舍于树下。有鸷鸟逐雉雉，急投之，遂触树而死。安祖愍之，乃取置阴地，徐徐护视，良久得苏，喜而放之。后夜忽梦一丈夫，衣冠甚伟，著绣衣曲领，向安祖再拜。安祖怪问之，此人云："感君前日见放，故来谢德。"闻者异焉。

后孝文幸长安，至河东，存访故老，安祖朝于蒲坂。帝与语甚悦，仍拜安邑令，以老病固辞，诏给一时俸以供汤药焉。年八十三，卒于家。

裴延俊字平子，河东闻喜人也，魏冀州刺史徽之八世孙也。曾祖畴，咨议参军，并州别驾。祖双虎，河东太守，赠雍州刺史，谥曰顺。父山松，州主簿，行平阳郡事，以平蜀贼丁虫功，赠东雍州刺史。

延俊少孤，事后母以孝闻，涉猎坟史，颇有才笔。举秀才，射策高第，除著作佐郎，累迁太子洗马，又领本邑中正。及太子恂废，以宫官例免。宣武即位，为中书侍郎。时帝专心释典，不事坟籍，延俊上疏致谏。后除司州别驾。及诏立明堂，群官博议，延俊独著一堂之论。太傅、清河王怿时典众议，读而笑曰："子故欲远符仆射也。"

明帝时，累迁幽州刺史。范阳郡有旧督亢渠，径五十里。渔阳、燕郡有故戾陵诸堨，广袤三十里，皆废毁多时，莫能修复。时水旱不调，延俊乃表求营造，遂躬自履行，相度形势，随力分督，未几而就，溉田百万余亩，为利十倍，百姓赖之。又命主簿郦恽修起学校，礼教大行，人歌谣之。在州五年，考绩为天下最。拜太常卿，历七兵殿中二尚书、散骑常侍、中书令、御史中尉，又以本官兼侍中、吏部尚书。延俊在台阁，守职而已。不能有所裁断直绳也。

庄帝初，于河阴遇害，赠仪同三司、都督、雍州刺史。子元直敬猷，并有学尚，与父同时遇害。元直赠光州刺史。敬猷妻丞相、高阳王雍外孙，超赠尚书仆射。

延俊从叔爱丑、桃弓并见称于乡里。

子夙，字买兴，沈雅有器识，仪望甚伟，孝文见而异之。吏部尚书、任城王澄有知人鉴，每叹美夙，以远大许之。位河北太守，以忠恕接下，百姓感而怀之。卒于郡。三子，范、升之、鉴。

鉴字道徽，性强正，有学涉，卒于廷尉卿。鉴居官清苦，时论称之。赠东雍州刺史。

子泽，颇有文学。齐孝昭初，为齐帅，奏舍人。孝昭崩，魏收议为恭烈皇帝，泽正色抗论曰："魏收死后，亦不肯为恭烈之谥，何容以拟人行。且比皇太后不豫，先帝飧寝失常，圣躬贬损，今者易名，必须加孝。"遂改为孝昭。因此忤旨，出为广州司马。寻历位中书侍郎，兼给事黄门侍郎，以漏泄免。后为散骑侍郎，寻为诽毁大臣赵彦深等，兼咏石榴诗，微以托意，有人以奏武成，武成决杖六十，髡头除名。后主即位，为清河郡守。与祖珽有旧，珽奏除尚书左丞，又引为兼黄门。执政疾其祖珽之党，与崔季舒等同见诛。

泽本劲直，无所回避，及被出追还，折节和光，然好戏笑，无规检，故频败。妻钜鹿魏氏，恩好甚隆，不能暂相离，泽每从驾，其妻不宿。亦至性强立，时人以为健妇夫半。

延俊从祖弟良，字元宾，稍迁尚书考功郎中。时汾州吐京胡薛

羽等作逆,以良兼尚书左丞,为西北道行台。时有五城郡山胡冯宜
都、贺悦回成等,以妖妄惑众,假称帝号,服素衣,持白伞白幡,率诸
逆众,于云台郊抗王师。良大破之。又山胡刘蠡升,自云圣术,胡人
信之,咸相影附,旬日之间,逆徒还振。以良为汾州刺史,加辅国将
军,行台如故。良以城人饥窘,夜率众奔西河。汾州之居西河,自良
始也。

孝静初,为卫大将军、大府卿,卒于官。赠吏部尚书,谥曰贞,又
重赠侍中、尚书仆射。子叔祉,粗涉文学,居官甚著声绩,位终司空
右长史。

良从父兄子庆孙,字绍远,少孤,性倜傥,重然诺。正光末,汾州
吐京群胡薛悉公,马牒腾并自立为王,众至数万。诏庆孙为募人别
将,招率乡豪以讨之。庆孙每摧其锋,进军深入,至云台郊,大战郊
西,贼众大溃。征赴都,除直后。于是贼复鸠集,北连蠡升,南通绛
蜀,凶徒转盛。以庆孙为别将,从轵关入讨,深入二百余里,至阳胡
城。朝廷以此地被山带河,衿要之所,明帝末,遂立邵郡,因以庆孙
为太守。庆孙务安缉之,咸来归业,尔朱荣之死也,世隆拥众北度,
诏庆孙为大都督,与行台源子恭率众追击。庆孙与世隆密通,事泄,
追还河内斩之。

庆孙任侠有气,乡曲壮士及好事者多相依附,抚养咸有恩纪。
在郡日,逢岁饥凶,四方游客恒有百余,庆孙自以家粮赡之。性虽粗
武,爱好文流,与诸才学之士咸相交结,轻财重义,坐客恒满,是以
为时所称。

延俊从祖弟仲规,少好经史,颇有志节。咸阳王禧为司州牧,辟
为主簿,仍表行建兴郡事。车驾自代还洛,次于郡境,仲规备供帐,
朝于路侧。诏仲规曰:“畿郡望重,卿何能自致此也?”仲规曰:“陛下
弃彼玄壤,来宅紫县,臣方跃马吴、会,冀功铭帝籍,岂一郡而已。”
孝文笑曰:“冀卿必副此言。”驾还,见咸阳王曰:“昨得汝主簿为南
道主人,六军丰赡。元弟之寄,殊副所望。”除司徒主簿。

仲规父在乡疾病,弃官奔赴,以违制免。久之,中山王英征义

阳,引为统军,奏复本资。于阵战没。赠河东太守,谥曰贞。无子,弟叔义以第二子伯茂后之。

伯茂少有风望,学涉群书,文藻富赡,释褐奉朝请。大将、京兆王继西讨,引为铠曹参军。南征绛蜀陈双炽,为行台长孙承业行台郎中。承业还京师,留伯茂仍知行台事。以平薛凤贤等,赏平阳伯。再迁散骑常侍,典起居注。太昌初,为中书侍郎。永熙中,孝武帝兄子广平王赞盛选宾寮,以伯茂为文学。后加中军大将军。

伯茂好饮酒,颇涉疏傲。久不徙官,曾为《豁情赋》。天平初迁邺,又为《迁都赋》。二年,因内宴,伯茂侮慢殿中尚书、章武王景哲。景哲遂申启,称伯茂弃其本列,与监同行,以梨击案,傍污冠服,禁庭之内,令人挈衣。诏付所司,后竟无坐。

伯茂既出后其伯,伯茂与兄景融别居,景融贫窭,伯茂了无赈恤,殆同行路,世以此贬薄之。卒,三十九,知旧叹惜焉。

伯茂末年,剧饮不已,乃至伤性,多有愆失。未亡前数日,忽云吾得密信,将被收掩,乃与妇乘车西逃避。后因顾指壁中,言有官人追逐,其妻方知其病。卒后,殡于家园。友人常景、李浑、王元景、卢元明、魏季景、李骞等十许人于墓傍置酒设祭,哀哭涕泣,一饮一酹曰:“裴中书魂而有灵,知吾曹也。”乃各赋诗一篇。李骞以魏收亦与之友,寄以示收。收时在晋阳,乃同其作,论叙伯茂,其十字云:“临风想玄度,对酒思公荣。”时人以伯茂性侮傲,谓收诗颇得事实。赠散骑常侍、卫将军、度支尚书、雍州刺史,重赠吏部尚书,谥曰文。伯茂曾撰《晋书》,竟未能成。

无子,兄景融以第二子孝才继。齐武平末,位中书舍人。

叔义亦有学行,累迁太山太守,为政清静,吏人安之。迁司徒从事中郎。卒,赠东秦州刺史,谥曰宣。

子景融,字孔明,笃学好属文。举秀才,射策高第,除太学博士,稍迁谏议大夫,岭著作。元象中,仪同高岳以为录事参军。弟景龙、景颜被劾廷尉狱,景融入选,吏部拟郡,为御史中尉崔遏所弹,云其贪荣昧进,遂坐免官。病卒,景融卑退廉谨,无竞于时,虽才不称学,而缉缀无倦，文词泛滥，理会处寡。所作文章，别有集录。

景颜颇有学尚，孝静初，为司空长史，在官贪秽，为中尉崔暹所劾，遇病死狱中。

延俊族兄聿，字外兴，以操尚贞立，被孝文所知。为北中府长史。时帝以聿与中书侍郎崔亮清贫，欲以干禄优之，乃以亮带野王县事，聿带温县，时人荣之。卒于平秦郡太守，赠洛州刺史。子子袖入关西。

延俊族人瑗，字珍宝，太和中析属河北郡。少孤贫，清苦自立。为汝南王悦郎中令。孝静初，卒于雍州刺史。

延俊从父兄宣明，位华州刺史，有惠政，谥曰简。二子景鸾、景鸿，并有逸才，河东呼景鸾为骥子，景鸿为龙文。

景鸾位华州刺史。子文端，齐行台郎。四子，愿、安志、弘、振。

景鸿，齐和夷郡守。子叔卿，博涉有孝行，时人号曰"裴曾子。"隋贝丘令。子神举、神符，而神举最知名。

裴佗字元化，河东闻喜人也。六世祖诜，仕晋位太常卿。因晋乱，避地凉州。苻坚平河西，东归，因居解县。世以文学显，五举秀才，再举孝廉，时人美之。父景惠，州别驾。

佗容貌魁伟，颓然有器望。举秀才，以高第除中书博士。累迁赵郡太守，为政有方，威惠甚著，狡吏奸人，莫不改贯，所得俸禄，分恤贫穷。转前将军、荆州刺史，郡人恋仰，倾境钱送。蛮酋田盘石、田敬宗等部落万余家，恃众阻险，不宾王命，前后牧守，未能降款，佗至州，单使宣慰，示以祸福，敬宗闻风归附，于是合境清晏，缁负至者千余家。后加中军将军，以老乞还。卒，遗令不听请赠，不受赗襚，诸子皆遵行之。

佗性刚直，不好与俗人交游，其投分者必当时名胜。清白任真，不事家产，宅不过三十步，又无田园，暑不张盖，寒不衣裘，其贞俭若此。子让之。

让之字士礼，年十六丧父，殆不胜哀。其母辛氏泣抚之曰："弃我灭性,得为孝子乎!”由是自勉。辛氏高明妇人,又闲礼度,夫丧,诸子多幼弱,广延师友,或亲自教授,内外亲属有吉凶礼制,多取则焉。

让之少好学,有文情,清明俊辩,早得声誉。魏天平中,举秀才,对策高第。累迁屯田、主客郎中,省中语曰:“能赋诗,裴让之”,为太原公开府记室。与杨愔友善,相遇则清谈竟日。愔每云:“此人风流警拔,裴文季为不亡矣。”梁使至,常令让之摄主客郎。

第二弟诹之奔关右,兄弟五人皆拘系。齐神武问云:“诹之何在?”答曰:“昔吴、蜀二国,诸葛兄弟各得尽心,况让之老母在此,君臣分定,失忠与孝,愚夫不为。伏愿明公以诚信待物。若以不信处物,物亦安能自信?以此定霸,犹却行而求道耳。”神武善其言,兄弟俱释。

历文襄大将军主簿,兼中书舍人。后兼散骑常侍聘梁。文襄尝入朝,让之导引,容仪酝籍,文襄目之曰:“士礼,佳舍人也。”迁长兼中书侍郎,领舍人。齐受禅,静帝逊居别宫,与诸臣别,让之流涕歔欷。以参掌仪注,封宁都县男。帝欲以为黄门侍郎,或言其体重不堪趋侍,乃除清河太守。至郡未几,杨愔谓让之诸弟曰:“我与贤兄交款,企闻善政,适有人从清河来,云奸吏敛迹,盗贼清靖。期月之期,翻更非速。”

清河有二豪吏田转贵、孙舍兴,久吏奸猾,多有侵削,因事遂胁人取财,计赃依律不至死,让之以其乱法,杀之。时清河王岳为司州牧,遣部从事案之。侍中高德政旧与让之不协,密奏言:“当陛下受禅之时,让之眷恋魏朝,呜咽流涕,比为内官,情非所愿。”既而杨愔请救之,云罪不合死。文宣大怒,谓愔曰:“欲得与裴让之同冢邪!”于是无敢言者,事奏,竟赐死于家。

让之次弟诹之,字士正,少好儒学,释褐太学博士。尝从常景借书百卷,十许日便返。景疑其不能读,每卷策问,应答无遗。景叹曰:“应奉五行俱下,祢衡一览便记,今复见之于裴生矣。”杨愔阖门改葬,托诹之顿作十余墓志,文皆可观。让之、诹之及皇甫和、和弟亮,并知名于洛下。时人语曰："谳胜于让,和不如亮。"司空高乾致书曰："相屈为户曹参军。"谳之复书不受署。沛王开大司马府,辟为记室。迁邺后,谳之留在河南。西魏领军独孤信入据金墉,以谳之为开府属,号曰"洛阳遗彦。"信败,谳之居南山,洛州刺史王元轨召为中从事,西师忽至,寻退,遂随西师入关。周文帝以为大行台仓曹郎中。卒,赠徐州刺史。

次谳之,字士平,七岁便勤学,早知名。累迁司徒主簿。杨愔每称叹曰："河东士族,京官不少,唯此家兄弟,全无乡音。"谳之虽年少,不妄交游,唯与陇西门辛术、赵郡李绘、顿丘李构、清河崔赡为忘年友。昭帝梓宫将还邺,转仪曹郎,尤悉历代故事,仪注丧礼皆能裁正。为许昌太守,客旅过郡,皆出私财供给,人间无所预。代下日,为吏人所怀。仕周,卒伊川太守。

次谋之,字士令,少有风格,邢邵每云"我裴四。"武成为开府,辟为参军,掌书记。

次讷之,字士言,纯谨有局量。弱冠为平原公开府墨曹,掌书记,从至并州。其母在邺,忽得心痛,讷之是日不胜思慕,心亦惊痛,乃请急而还。当时以为孝感。文宣践阼,幸晋阳,皇太子监国,留讷之与杜台卿并为齐帅,领东宫管记。转太子舍人,奏中书舍人事。卫尉杜弼被其家客诬云"有怨言,诽讪时政。"并称讷之与弼交好,亦知之。坐免官。卒,天统中追赠平州刺史。长子曰樊,出后让之。次子矩,最知名。

矩字弘大,缧褓而孤,及长,好学,颇爱文藻,有智数。世父让之谓曰："观汝神识,足成才士,欲求宦达,当资干世之务。"矩由是始留情世事。仕齐,为高平王文学。齐亡,不得调。隋文帝为定州总管,补记室,甚亲敬之,以母忧去职。及帝作相,遣使驰召之,参相府记室事。受禅,迁给事郎,奏舍人事。伐陈之役,领元帅记室。既破丹阳,晋王广令矩与高颎收陈图籍。

明年,奉诏巡抚岭南,未行而高智慧、汪文进等作乱,吴、越道闭。上难遣矩行,矩请速进,上许之。行至南康,得兵数千人。时俚帅王仲宣逼广州，遣其部将周师举围东衡州，矩与大将军鹿愿赴之。贼立九栅，屯大庾岭，共为声援，矩进击破之。贼惧，释东衡州，据原长岭，又击败之，遂斩师举，进军自南海拔广州，仲宣惧而溃散。矩所绥集者二十余州，又承制署渠师为刺史县令。及还，上大悦，命升殿劳苦之，谓高颎、杨素曰："韦洸将二万兵，不能早度岭，每患其兵少。裴矩以三千弊卒径至南海，有臣若此，朕亦何忧。"以功拜开府，赐爵闻喜县公，赍物二千段。除户部侍郎，迁内史侍郎。

时突厥强盛，都蓝可汗妻大义公主即宇文氏女，由是数为边患。后因公主与从胡私通，长孙晟先发其事，矩请出使说都蓝，显戮宇文。上从之，竟如其言。公主见杀后，都蓝与突利可汗构难，屡犯亭鄣。诏太平公史万岁为行军总管，出定襄道，以矩为行军长史，破达头可汗于塞外。万岁被诛，功竟不录。上以启人可汗初附，令矩抚慰之。还，为尚书左丞。

其年，文献皇后崩，太常旧无仪注，矩与牛弘、李百药等据齐礼参定。转吏部侍郎，名为称职。炀帝即位，营建东都，矩职修府省，九旬功就。

时西域诸蕃多至张掖与中国交市，帝令矩掌其事。矩知帝方勤远略，诸胡至者，矩诱令言其国俗山川险易，撰《西域图记》三卷，入朝奏之。其序曰：

臣闻禹定九州，导河不逾积石。秦兼六国，设防止于临洮。故知西胡杂种，僻居遐裔，礼教之所不及，书典之所罕传。自汉氏兴基，开拓河右，始称名号者有四十六国。其后分立，乃五十五王，仍置校尉、都护，以存招抚。然叛服不恒，屡经征战，后汉之出，频废此官，虽大宛以来，略知户数，而诸国山川，未有名目。至如姓氏、风土、服章、物产，全无纂录，世所弗闻。复以春秋递谢，年代久远，兼并诛讨，互有兴亡，或地是故邦，改从今号，或人非旧类，同袭昔名。兼复部人交错，封疆移改，戎狄音殊，事难穷验。于阗之北，葱岭以东，考于前史，三十余国。其后更相屠灭，仅有十存，自余沦没，埒地俱尽，空有丘墟，不可记识。

皇上应天育物，无隔华夷，率土黔黎，莫不慕化，风行所及，日入以来，职贡皆通，无远不至，臣既因抚纳，监知关市，寻讨书籍，访采胡人，或有所疑，即详众口，依其本国服饰仪形，王及庶人各显容止，即丹青摸写为《西域图记》，共成三卷，合四十五国。仍别造地图，穷其要害，从西顷以去，北海之南，纵横所亘，将二万里。谅由富商大贾，周游经涉，故诸国之事，罔不遍知。复有幽荒远地，卒访难晓，不可凭虚，是以致缺。而二汉相踵，西域为传，户人数十，即称国王，徒有名号，有乖其实，今者所编，皆余千户，利尽西海，多产珍异。见山居之属，非有国名及部落小者，多亦不载。

发自敦煌，至于西海，凡为三道，各有襟带。北道从伊吾经蒲类海、铁勒部、突厥可汗庭，度北流河水，至拂菻国，达于西海。其中道从高昌、焉耆、龟兹、疏勒，度葱岭，又经钹汗、苏勒沙那国、康国、曹国、何国、大小安国、穆国，至波斯，达于西海。其南道从鄯善、于阗、朱俱波、喝盘陀，度葱岭，又经护密、吐火罗、挹怛、忛延、漕国，至北婆罗门，达于西海。其三道诸国，亦各自有路，南北交通。其东安国、南婆罗门国等，并随其所往，诸处得达。故知伊吾、东安国、南婆罗门国等，并随其所往，诸处得达。故知伊吾、高昌、鄯善并西域之门户也，总凑敦煌，是其咽喉之地。

以国家威德，将士骁雄，泛濛汜而扬旌，越昆仑而跃马，易如反掌，何往不至。但突厥、吐谷浑分领羌胡之国，为其拥遏，故朝贡不通。今并因商人，密送诚款，引领翘首，愿为臣妾。圣情含养，泽及普天，服而抚之，务在安辑。故皇华遣使，弗动兵车。诸蕃既从，突厥可灭。混一戎夏，其在兹乎。不有所记，无以表威化之远也。

帝大悦，赐物五百段，每日引矩至御坐，亲问西方之事。矩盛言胡中多诸宝物，吐谷浑易可并吞。帝由是甘心，将通西域，西夷经略，咸以委之。

后迁黄门侍郎，复令往张掖，引致西蕃，至者十余国。大业三年，帝有事于恒岳，咸来助祭。帝将巡河右，复令矩往敦煌，矩遣使说高昌王麴伯雅及伊吾吐屯设等，啖以厚利，导之使入朝。及帝西巡，次燕支山，高昌王、伊吾设等及西蕃胡二十七国谒于道左，皆令佩金玉，被锦罽，焚香奏乐，歌舞喧噪，复令张掖、武威士女盛饰纵观，填咽周亘数十里，以示中国之盛。帝见而大悦。竟破吐谷浑，拓地数千里，并遣兵戍之，每岁委输巨意万计。诸蕃惧慑，朝贡相续。帝谓矩有绥怀略，进位银青光禄大夫。

其年冬，帝至东都。矩以蛮夷朝贡者多，讽帝令都下大戏，征四方奇伎异艺陈于端门街，衣锦绮、珥金翠者以十万数。又勒百官及百姓士女列坐棚阁而纵观焉，皆被服鲜丽，终月而罢。又令交市店肆皆设帷帐，盛酒食，遣掌蕃率蛮夷与人贸易，所至处悉令邀延就坐，醉饱而散。蛮夷嗟叹，谓中国为神仙。帝称矩至诚，谓宇文述、牛弘曰："裴矩凡所陈奏，旨朕之成算，朕未发，矩辄以闻。自非奉国，孰能若是。"

帝遣将军薛世雄城伊吾，令矩共往经略。矩讽谕西城诸国曰："天子为蕃人交易县远，所以城耳。"咸以为然，不复来竞。及还，赐钱四十万。矩又白状，令反间射匮，潜攻处罗。后处罗为射匮所迫，竟随使者入朝。帝大悦，赐矩貂裘及西域珍器。

从帝巡塞北，幸启人帐。时高丽遣使先通于突厥，启人不敢隐，引之见帝。矩因奏曰："高丽地本孤竹国，周代以之封箕子，汉世分为三郡，晋氏亦统辽东。今乃不臣，列为外域，故先帝欲征之久矣。但以杨谅不肖，师出无功。当陛下时，安得不事，使此冠带之境仍为蛮貊之乡乎？今其使朝于突厥，亲见启人合国从化，必惧皇灵之远畅，虑后服之先亡，胁令入朝，当可致也。"帝曰："如何。"矩曰："请面诏其使，放还本国，遣语其王，令速朝觐。不然者，当率突厥，即日诛之。"帝纳焉。高元不用命，始建征辽之策。

王师临辽，以本官领武贲郎将。明年，复从至辽东。兵部侍郎斛斯政亡入高丽,帝令矩兼掌兵事。以前后度辽功,进位右光禄大夫。

时皇纲不振,人皆变节,左翊卫大将军宇文述、内史侍郎虞世基等用事,文武多以贿闻。唯矩守常,无赃秽之响,以是为世所称。后以杨玄感初平,帝令矩安集陇右,因之会宁,存问曷萨那部落,遣阙达度设寇吐谷浑,频有虏获,部落致富。还而奏状,帝大赏之。后从至怀远镇,诏护北番军事。

矩以始毕可汗部众渐盛,献策分其势,将以宗女嫁其弟叱吉设,拜为南面可汗。叱吉不敢受,始毕闻而渐怨,矩又曰:"突厥本淳,易可离间,由其内多有群胡,尽皆桀黠,教导之耳。臣闻史蜀胡悉尤多奸计,幸于始毕,请诱杀之。"帝曰:"善。"矩因遣人告胡悉曰:"天子大出珍物,今在马邑,欲共蕃内多作交关,若前来者,即得好物。"胡悉信之,不告始毕,率其部落,尽驱六畜争进,冀先互市。矩伏兵马邑,诱而斩之。诏报始毕曰:"史蜀胡悉忽领部落,走来至此,云背可汗,请我容纳。今已斩之,故令往报。"始毕亦知其状,由是不朝。

十一年,帝北巡狩,始毕率骑数十万围帝于雁门,诏矩与虞世基宿朝堂,以待顾问。及围解,从至东都。属射匮可汗遣其犹子率西蕃诸胡朝贡,诏矩宴接之。

寻从幸江都宫。时四方盗贼蜂起,郡县上奏者不可胜计。矩言之,帝怒,遣矩诣京师接蕃客。以疾不行。及义兵入关,帝遣虞世基就宅问矩方略。矩曰:"太原有变,京畿不静,遥为处分,恐失事机,唯愿銮舆早还。"俄而骁卫大将军屈突通败问至,矩以闻,帝失色。矩素勤谨,未尝忤物,又见天下方乱,恐为身祸,其待遇人,多过所望,故虽厮役,皆得其欢心。时从驾骁果数有逃散,帝忧之,以问矩。矩曰:"今车驾留此,已经二年。骁果之徒,尽无家口,人无匹合,则不能久安。臣请听兵士于此纳室。"帝大喜曰:"公定多智,此奇计也。"因令矩检校为将士等娶妻。矩召江都境内寡妇及未嫁女皆集宫监,又召诸将帅及兵等恣其所取。因听自首,先有奸通妇女及尼、女官等，并即配之，由是骁果等悦，咸相谓曰："裴公之惠也。"

宇文化及反，矩晨起将朝，至坊门，遇逆党数人，控矩马诣孟景所。贼皆曰："不关裴黄门。"既而化及从百余骑至，矩迎拜，化及慰谕之，令矩参定仪注，推秦王子浩为帝。以矩为侍内，随化及至河北。化及僭帝号，以矩为尚书右仆射，加光禄大夫，封蔡国公，为河北道宣抚大使。

及宇文氏败，为窦建德所获，以矩随代旧臣，遇之甚厚，复以为吏部尚书，转尚书右仆射。建德起自群盗，未有节文，矩为之制定朝仪，旬月之间，宪章颇拟于王者。建德大悦。

及建德败时，矩与其将曹旦等于洺州留守。旦长史李公淹及大唐使人魏徵等说旦及齐善行，令矩归顺，旦等从之，乃令矩与徵、公淹领旦及八玺，举山东之地归降。授左庶子，转詹事、户部尚书，卒。

让之第六弟谒之，字士敬，少有志节，好直言。文宣末年昏纵，朝臣罕有言者，谒之上书正谏，言甚切直。文宣将杀之，白刃临颈，谒之辞色不变。帝曰："痴汉何敢如此！"杨愔曰："望陛下放以取后世名。"帝投刀叹曰："小子望我杀尔以取后世名，我终不成尔名。"遣人送出。齐亡，卒于壶关令。

皇甫和者，字长谐，安定朝那人。其先因官，寓居汉中，祖澄南齐秦、梁二州刺史。父徽，字子玄，梁安定、略阳二郡守。魏正始二年，随其妻父夏侯道迁入魏。道迁别上勋书，欲以徽为元谋。徽曰："创谋之始，本不关预，虽贪荣赏，内愧于心。"遂拒而不许。梁州刺史羊灵祐重其敦实，表为征虏府司马，卒。

和十一而孤，母夏侯氏才明有礼则，亲授以经书。及长，深沈有雅量，尤明礼仪，宗亲吉凶，多相咨访。卒于济阴太守。子聿道，以干局知名，位广平令。隋大业初，比部郎。

和弟亮，字君翼，九岁丧父，哀毁有若成人。齐神武起义，为大行台郎中。亮率性任真，不乐剧职，除司徒东阁祭酒，思还乡里，启乞梁州襃中，即本郡也。后降梁，以母兄在北，求还，梁武不夺也。至邺，无复宦情，遂入白鹿山，恣泉石之赏，纵酒赋诗，超然自乐。复为尚书殿中郎，摄仪曹事。以参撰禅代仪注，封榆中男。亮疏慢自任，无干务才，每有礼仪大事，常令余司摄焉。

性质朴纯厚，终无片言矫饰。属有敕下司，各列勤惰。亮三日不上省，文宣亲诘其故。亮曰："一日雨，一日醉，一日病酒。"文宣以其恕实，优容之，杖胫三十而已。所居宅洿下，标牓卖之，将买者或问其故，亮每答云："为宅中水淹不泄，雨即流入床下。"由此宅终不售。其淳实如此。以兼散骑常侍，聘陈使主，以不称免官。后除任城太守，病不之官，卒于邺。赠骠骑大将军、安州刺史。

裴果字戎昭，河东闻喜人也。祖思贤，魏青州刺史。父遵，齐州刺史。

果少慷慨有志略。魏太昌中，为阳平郡丞。周文帝曾使并州，与果遇，果知非常人，密托附焉。永安末，盗贼蜂起，果从军征讨，乘黄骢马，衣青袍，每先登陷阵。时人号为"黄骢年少。"永熙中，授河北郡守。

及齐神武败于少沙苑，果乃率其宗党归阙。周文嘉之，赐田宅奴婢牛马什物等。从战河桥，解玉壁围，摧锋奋击，所向披靡。大统九年，又从战芒山，于周文前挺身陷阵，禽东魏都督贺娄焉逻兰，勇冠当时，众人莫不叹服。以此周文愈亲待之。补帐内都督，迁帅都督、平东将军。后从开府杨忠平随、安陆，以功加大都督，除正平郡守。正平，果本郡也，以威猛为政，百姓畏之，盗贼亦为之屏息。迁司农卿。又从大将军尉迟迥伐蜀，果率所部为前军，开剑阁，破季庆堡，降杨乾运，皆有功。废帝三年，授龙州刺史，封冠军县侯。俄而州人张遁、李拓驱率百姓，围逼州城，时粮仗皆阙，兵士又寡，果设方略以拒之，贼便退走。于是出兵追击，累战破之，旬日之间，州境清晏。转陵州刺史。

周孝闵帝践阼，除隆州刺史，加持节、骠骑大将军、开府仪同三司，进爵为公。历眉、复二州刺史。果性严猛能断决，抑挫豪右，申理屈滞，历牧数州，号为称职。卒于位。赠本官，加绛、晋、建州刺史，谥曰质。子孝仁嗣。

　　孝仁幼聪敏，涉猎经史，有誉于时，起家舍人上士，累迁长宁镇将，捍御齐人，甚有威边之略。历建、谯、亳三州刺史。

　　裴宽字长宽，河东闻喜人也。祖德欢，魏中书侍郎、河内郡守。父静虑，银青光禄大夫，赠汾州刺史。

　　宽仪貌瑰伟，博涉群书，弱冠为州里所称。亲殁，抚诸弟以笃友闻，荥阳郑孝穆尝谓其从弟文直曰："裴长宽兄弟，天伦笃睦，人之师表，吾爱之重之，汝可与之游处。"年十三，以选为魏孝明帝挽郎，释褐员外散骑侍郎。

　　及孝武西迁，宽谓其诸弟曰："君臣逆顺，大义昭然，今天子西幸，理无东面以亏臣节。"乃将家属避难于大石岭。独孤信镇洛阳，始出见焉。时汾州刺史韦子粲降于东魏，子粲兄弟在关中者咸已从坐。其季弟子爽先在洛，窘急乃投宽，宽开怀纳之。遇有大赦，或传子爽合免，因尔遂出，子爽卒以伏法。独孤信知而责之，宽曰："穷来见归，义无执送，今日获罪，是所甘心。"以经赦宥，遂得不坐。

　　大统五年，授都督、同轨防长史，加征虏将军。十三年，从防主韦法保向颍川，解侯景围。景密谋南叛，伪亲狎于法保。宽谓法保曰："侯景狡猾，必不肯入关，虽托款于公，恐未可信，若伏兵以斩之，亦一时之功也。如曰不然，便须深加严警，不得信其诳诱，自贻后悔。"法保纳之，然不能图景，但自固而已。

　　十四年，与魏将彭乐、乐恂战于新城，因伤被禽。至河阴，见齐文襄。宽举止详雅，善于占对，文襄甚赏异之，解锁付馆，厚加礼遇。宽乃裁所卧毡，夜缒而出，因得遁还，见于周文帝。帝顾谓诸公曰："被坚执锐，或有其人，疾风劲草，岁寒方验。裴长宽为高澄如此厚遇，乃能冒死归我，虽古之竹帛所载，何以加之。"乃手书署宽名下，授持节、帅都督，封夏阳县男，即除孔城城主。

　　十六年，迁河南郡守，仍镇孔城。废帝元年，进使持节、车骑大将军、仪同三司，散骑常侍。周孝闵帝践阼，进爵为子。宽在孔城十三年，与齐洛州刺史独孤永业相对。永业有计谋，多谲诈，或声言春发，秋乃出兵，或掩蔽消息，倏忽而至，宽每揣知其情，出兵邀击，无不克之。

天和三年，除温州刺史。初，陈氏与周通和，每修聘好，自华皎附后，乃图寇掠，沔州既接敌境，于是以宽为沔州刺史。陈将程灵洗攻之，力屈城陷，陈人乃执宽至杨州，寻被送岭外，经数载，复还建邺，遂卒于江左。子义宣后从御正杜果使于陈，始得将宽柩还。隋开皇元年，文帝诏赠襄、郢二州刺史。

义宣位司金二命士、合江令。

宽弟汉，字仲霄，操尚弘雅，聪敏好学，尝见人作百字诗，一览便诵。魏孝武初，解褐员外散骑侍郎。大统五年，除大丞相府士曹行参军，转墨曹。汉善尺牍，尤便簿领，理识明赡，断割如流，相府为之语曰：“日下粲烂有裴汉。”武成中，为司车路下大夫，与工部郭彦、大府高宾等参议格令，每较量时事，必有条理。天和五年，加车骑大将军、仪同三司。

汉少有宿疾，恒带虚羸，剧职烦官，非其好也。时晋公护擅权，搢绅等多谄附之，以图仕进。汉直道自守，故八年不徙职。性不饮酒，而雅好宾游，每良辰美景，必招引时彦，宴赏留连，间以篇什，当时人物，以此重之。自宽没后，遂断绝游从，不听琴瑟，岁时伏腊，哀恸而已。抚养兄弟子，情甚笃至。借人异书，必躬自录本，至于疾疹弥年，亦未尝释卷。卒，赠晋州刺史。

子镜人，少聪敏，涉猎经史。为大将军、谭公会记室参军，累迁春官府都上士。仕隋，位兵曹郎。

汉弟尼，字景尼，性弘雅，有器局，位御正下大夫。卒，赠随州刺史。子之隐，赵王招府记室参军。之隐弟师人，好学有识度，见称于时。起家秦王贽府记室参军，仍兼侍读。

宽族弟鸿，少恭谨，有干略。历官内外。周天和初，拜郢州刺史，转襄州总管府长史，赐爵高邑县侯从。卫公直南征，军败遂没，寻卒于陈。朝廷哀之，赠丰、资、遂三州刺史。

　　裴侠字嵩和,河东解人也。祖思齐,举秀才,拜议郎。父欣,西河郡守,赐晋州刺史。侠年七岁,犹不能言,后于洛城见群鸟蔽天从西来,举手指之而言,遂志识聪慧,有异常童。年十三,遭父忧,哀毁有若成人。将择葬地而行,空中有人曰:"童子何悲,葬于桑东,封公侯。"侠惧以告其母,母曰:"神也,吾闻鬼神福善,尔家未尝有恶,当以吉祥告汝耳。"时侠宅侧有大桑林,因葬焉。州辟主簿,举秀才。

　　魏正光中,解巾奉朝请,稍迁义阳郡守。元颢入洛,使执其使人,焚其赦书。孝庄嘉之,授东郡太守,带防城别将。及孝武与齐神武有隙,征兵,侠率所部赴洛阳。武卫将军王思政谓曰:"当今权臣擅命,王室日卑,若何?"侠曰:"宇文泰为三军所推,居百二之地,所谓已操戈矛,宁肯授人以柄,虽欲抚之,恐是'据于蒺藜'也。"思政曰:"奈何?"侠曰:"图欢有立至之忧,西巡有将来之虑。且至关右,日慎一日,徐思其宜耳。"思政然之,仍进侠于帝,授左中郎将。及帝西迁,侠将行而妻子犹在东郡。荥阳郑伟谓侠曰:"天下方乱,未知乌之所集,何如东就妻子,徐择木焉。"侠曰:"既食人禄,宁以妻子易图也?"遂从入关。赐爵清河县伯,除丞相府士曹参军。

　　大统三年,领乡兵从战沙苑,先锋陷阵。侠本名协,至是周文帝嘉其勇决,乃曰:"仁者必勇。"因命名侠焉。以功进爵为侯。王思政镇玉壁,以侠为长史。齐神武以书招思政,思政令侠草报书甚壮烈。周文善之曰:"虽鲁仲连无以加也。"

　　除河北郡守,侠躬履俭素,爱人如子,所食唯菽麦盐菜而已,吏人莫不怀之。此郡旧制,有渔猎夫三十人以供郡守,侠曰:"以口腹役人,吾所不为也。"乃悉罢之。又有丁三十人,供郡守役,侠亦不以入私,并收庸为市官马。岁时既积,马遂成群。去职之日,一无所取。人歌曰:"肥鲜不食,丁庸不取,裴公贞惠,为世规矩。"侠尝与诸牧守俱谒周文,周文命侠别立,谓诸牧守曰:"裴侠清慎奉公,为天下之最。"令众中有如侠者,可与之俱立。众皆默然,无敢应者。周文乃厚赐侠,朝野服焉,号为"独立使君"。

又撰九世伯祖《贞侯潜传》述裴氏清公，欲使后生奉而行之，宗室中知名者，咸付一通。从弟伯凤、世彦时并为丞相府佐，笑曰："人生仕进，须身名并裕，清苦若此，竟欲何为？"侠曰："夫清者莅职之本，俭者持身之基，况我大宗，世济其美，故能存见称于朝廷，没流芳于典策。今吾幸以凡庸，滥蒙殊遇，固其穷困，非慕名也，志在自修，惧辱先也，翻被嗤笑，知复何言。"伯凤等惭而退。

再迁郢州刺史，加仪同三司。梁竟陵守孙暠、酂城守张建并以郡来附。侠见之，密谓人曰："暠目动言肆，轻于去就者也。建神情审定，当无异心。"乃驰启其状。周文曰："裴侠有鉴，深得之矣。"遣大都督苻贵镇竟陵，而酂城竟不遣监统。及柳仲礼军至，暠还以郢叛，卒如侠言。寻转大将军、拓州刺史，征拜雍州别驾。

周孝闵帝践阼，除司邑下大夫，加骠骑大将军、开府仪同三司，进爵为公。迁户部中大夫。时有奸吏主守仓储，积年隐没至千万者，及侠在官，励精发擿，数旬之内，奸盗略尽。转工部中大夫。有大司空掌钱物典李贵乃于府中悲泣，或问其故，对曰："所掌官物，多有费用，裴公清严有名，惧遭罪责，所以泣耳。"侠闻之，许其自首。贵自言隐费钱五百万。

侠尝遇疾沈顿，士友忧之，忽闻五鼓，便即惊起，顾左右曰："可向府耶。"所苦因此而瘳。晋公护闻之曰："裴侠危笃若此而不废忧公，因闻鼓声，疾病遂愈，此岂非天祐其勤恪也？"又司空许国公宇文贵、小司空北海公申徽并来候侠疾，所居第屋，不免霜露，贵等还，言之于帝。帝矜其贫苦，乃为起宅，并赐良田十顷，奴隶耕耒粮粟莫不备足。搢绅咸以为荣。卒于位，赠太子少师、蒲州刺史，谥曰贞。河北郡前功曹张回及吏人等感侠遗爱，乃作颂纪其清德焉。子祥，性忠谨，有理剧才。少为城都令，清不及侠，断决过之。后除长安令，为权贵所惮。迁司仓下大夫。侠之终也，以毁卒。祥弟肃。

肃字神封，贞亮有才艺，少与安定梁毗同志友善。天和中，举秀才，累迁御正下大夫，以行军长史从韦孝宽征淮南。属隋文帝为丞相，肃闻而叹曰："武帝以雄才定六合，坟土未干而一朝迁革，岂天道欤!"文帝闻之,甚不悦,由是废于家。开皇五年,授膳部侍郎。历朔州总管长史、贝州长史,俱有能名。

仁寿中,肃见皇太子勇、蜀王秀、左仆射高颎俱废黜,遣使上书言:"高颎天挺良才,元勋佐命,愿录其大功,忘其小过。二庶人得罪已久,宁无革心,愿各封小国,观其所为,若得迁善,渐更增益,如或不悛,贬削非晚。"书奏,上谓杨素曰:"肃忧我家事如此,亦至诚也。"于是征肃入朝。皇太子闻之,谓左庶子张衡曰:"使勇自新,欲何为也?"衡曰:"观肃意欲令如吴太伯、汉东海王耳。"太子甚不悦,肃至京,见上于含章殿。上谓曰:"贵为天子,富有四海,后宫宠幸,不过数人,自勇以下,并皆同母,非为爱憎,轻事废立。"立言勇不可复收之意。既已,罢遣之。未几,上崩,炀帝嗣位,不得调者久之,肃亦杜门不出。

后执政自以岭表遐远,希旨授肃永平郡丞,甚得夷人心。岁余卒,夷獠思之,为立庙于郫江之浦。有子尚贤。

裴文举字道裕,河东闻喜人也。祖秀业,魏天水郡守,赠平州刺史。父邃,性方严,为州里所推挹。大统三年,东魏来寇,邃乃纠合乡人,分据险要以自固。及李弼略地东境,邃为之乡导,多所降下。周文帝嘉之,特赏衣物,封澄城县子。卒于正平郡守,赠仪同三司、定州刺史。

文举少忠谨,涉猎经史。大统十年,起家奉朝请。时周文帝诸子年幼,盛简宾友,文举以选与诸公子游,雅相钦敬,未尝戏狎。迁著作郎、中外府参军。恭帝二年,赐姓贺兰氏。周孝闵帝践阼,袭爵澄城县子。

齐公宪初开幕府,以文举为司录,及宪出镇剑南,复以文举为总管府中郎。武成二年,就加使持节、车骑大将军、仪同三司。蜀土沃饶,商贩百倍,或有劝文举以利者,文举答之曰:"利之为贵,莫若安身,身安则道隆,非货之谓,是以不为,非恶财也。"宪矜其贫窭,每欲资给之,文举恒自谦逊,辞多受少。

保定三年,迁绛州刺史。邃之任正平也,以廉约自守,每行春省俗,单车而已。及文举临州,一遵其法,百姓美而化之。总管韦孝宽特相钦重,每与谈论,不觉膝前于席。天和初,进骠骑大将军、开府仪同三司,寻为孝宽柱国府司马。六年,入为司宪中大夫,进爵为伯,转军司马。

文举少丧父,其兄又在山东,唯与弟玑幼相训养,友爱甚笃。玑又早亡,文举抚视遗孤,逾于己子,时人以此称之。初,文举叔父季和为曲沃令,终于闻喜川,而叔母韦氏卒于正平县,属东西分隔,韦氏坟陇,遂在齐境。及文举在本州,每加赏募。齐人感其孝义,潜相要结,以韦枢西归,竟得合葬。六年,除南青州刺史。宣政元年,卒于位。子胄嗣,位至大都督。子神,安邑通守。有子知礼。

裴仁基字德本,河东人也,祖伯凤,周汾州刺史。父定,上仪同。仁基少骁武,便弓马。平陈之役,以亲卫从征,先登陷阵,拜仪同,赐物千段,以本官领汉王谅府亲信。谅反,仁基苦谏见囚。谅败,超拜护军。后改授武贲郎将,从将军李景讨叛蛮向思多于黔安,以功进银青光禄大夫。击破吐谷浑,加授金紫光录大夫。斩获寇掠鞍鞯,拜左光禄大夫。从征高丽,进位光禄大夫。

李密据洛口,帝令仁基为河南道讨捕大使,据武牢拒密。仁基见强寇在前,士卒劳弊,所得军资,即用分赏。监军御史萧怀静止之,众咸怒怀静。怀静又阴持仁基长短,欲有奏劾。仁基惧,杀怀静,以其众归密。密以为河东郡公。其子行俨,骁勇善战,密复以为绛郡公,甚相委昵。

王世充以东都食尽,悉众诣偃师,求决战。密与诸将计。仁基曰:"世充尽锐而至,洛下必虚,可分兵守其要路,令不得东,简精兵三万,傍河西出,以逼东都。世充却还,我且按甲;世充重出,我又逼之。如此,则我有余力,彼劳奔命。兵法所谓彼出我归,彼归我出,数战以疲之,多方以误之者也。"密曰:"公知其一,不知其二。东都兵马有三不可当,器械精一也。决计而来二也。食尽求斗三也。我按兵蓄力以观其弊,彼求斗不得,欲走无路,不过十日,世充之首可悬于麾下。"单雄信等诸将轻世充,皆请战。仁基苦争不得。密难违诸将言,战遂大败。仁基为世充所虏。

世充以仁基父子并骁勇,深礼之,以兄女妻行俨,及僭尊号,署仁基为礼部尚书,行俨为左辅大将军。行俨每战,所当皆披靡,号万人敌。世充惮其威名,颇加猜防。仁基知之,甚不自安,遂与世充所署尚书左丞宇文儒童、尚食直长陈谦、秘书丞崔德本等谋,令陈谦于上食之际,持匕首劫世充,行俨以兵应之,事定,然后辅越王侗。事临发,将军张童儿告之,俱为世充所杀。

论曰:裴骏雅业有资,器行仍世,所以布于列位,不替其美。延俊器能位望,有可称乎。伯茂才名,亦时之良也。元化以文学传业,而又修史著美。让之弟兄,修身厉行,观夫出处之迹,良足称乎。矩学涉经史,颇有干局,至于恪勤匪懈,夙夜在公,求之古人,殆未之有。与闻政事,多历岁年,虽处危乱之中,未亏廉谨之节。然与时消息,承望风旨,使高昌入朝,伊吾献地,聚粮且末,师出玉门,关右骚然,颇亦矩之由矣。果及长宽,早知去就,而宽沦迹异域,盖乃命乎。嵩和廉约居身,忠勤奉上,人怀其惠,吏畏其威,虽古之良吏,何以加此。肃历官周、隋,志存鲠正,竟而忠诚慷慨,犯忤龙鳞,固知嫠妇忧宗周之亡,处女悲太子之少,非徒语也。文举之在绛州,世载清德,辞多受少,有廉让之风焉。仁基以武略见知,自升显级,竟而蹈履非所,身名隳坏,时也。

北史卷三九
列传第二七

薛安都　刘休宾　房法寿
毕众敬　羊祉

薛安都字休达,河东汾阴人也。父广,晋上党太守。安都少骁勇,善骑射,颇结轻侠,诸兄患之。安都乃求以一身分出,不取片资,兄许之,居于别厩。远近交游者争有送遗,马牛衣服什物充满其庭。真君五年,与东雍州刺史沮渠康谋逆,事发,奔宋。

在南以武力见叙,遇宋孝武起江州,遂以为将。和平六年,宋湘东王杀其主子业而自立,是为明帝。群情不协,共立子业弟晋安王子勋。安都与沈文秀、崔道固、常珍奇等举兵应之,宋明帝遣将张永讨安都,安都遣使降魏,请兵救援,遣第四子道次为质。献文乃遣镇东大将军尉元等赴之,拜安都镇南大将军、徐州刺史,赐爵河东公。元等既入彭城,安都中悔,谋图元等。元知之,遂不果发,安都因重货元等,委罪于女婿裴祖隆。元乃杀祖隆而隐安都谋。

皇兴二年,与毕众敬朝于京师,甚见礼重。子侄群从并处上客,皆封侯,至于门生。无不收叙。又为起第宅,馆宇崇丽,资给甚厚。卒,赠假黄钺、秦州刺史、河东王,谥曰康。

子道檦袭爵,位平州刺史,政有声称,历相、秦二州刺史,卒。道檦弟道异,亦以勋为第一客。早卒,赠秦州刺史、安邑侯。道异弟道次,既质京师,赐爵安邑侯,位秦州刺史,进河南公。

安都从祖弟真度,初亦与安都南奔,及从安都来降,为上客。太和初,赐爵河北侯,出为平州刺史,假阳平公,后降为伯,历荆州、东荆州刺史。初迁洛后,真度每献计劝先取樊、邓,后攻南阳,故大为帝所赏。改封临晋县伯,转豫州刺史。景明初,豫州大饥,真度表辄日别出仓米五十斛为粥,救其甚者。诏曰:"真度所表,甚有忧济百姓之意,宜在拯恤。"历华、荆二州刺史,入为大司农卿。正始初,除杨州刺史。还朝,除金紫光禄大夫,加散骑常侍,改封敷西。卒,赠左光禄大夫,谥曰庄。有子十二人,嫡子怀彻袭封。

初,真度有女妓数十人,每集宾客,辄命之系竹歌舞,不辍于前,尽声色之适。庶长子怀吉,居丧过周,以父妓十余人并乐器献之。宣武纳焉。

怀吉好勇,有膂力,虽不善书学,亦解达时事,卒于汾州刺史。怀吉本不厉清节,及为汾州,偏有聚纳之响。自以支庶,饵诱胜己,共为婚姻。多携亲戚,悉令同行,兼为之弥缝,恣其取受。而将劳宾客,曲尽物情,送去迎来,不避寒热。性少言,每有接对,但嘿然而返。既指授先期明人马之数,左右密已记录。俄而酒馔相寻,刍粟继至,逮于将别,赠以钱缣,下及厮庸,咸过本望。

真度诸子既多,其母非一,同产相朋,因有憎爱。兴和中,遂致诉列,云以毒药相害,显在公府,发扬疵衅,时人耻焉。

刘休宾字处干,本平原人也。祖昶,从慕容南度河,家于北海都昌县。父奉伯,宋北海太守。

休宾少好学,有文才,仕宋为兖州刺史。娶崔邪利女,生子文晔。崔氏先归宁在鲁郡,邪利之降,文晔母子与俱入魏。及慕容白曜军至,休宾不降。白曜请崔氏与文晔至,以报休宾,又执休宾兄延和妻子巡视城下。休宾答白曜,许待历城降,当即归顺。密遣主簿尹文达向历城,观魏军形势。文达诣白曜,诈祗候。白曜令文达往升城,见其妻子。文晔哭泣,以爪发为信。文达回,复经白曜,誓约而还,见休宾。休宾抚爪发泣,复遣文达与白曜期。白曜喜,以酒灌地,启告山河,誓不负休宾。文达还谓休宾,可早决计。休宾于是告兄子闻慰，闻慰固执不可，遂差本契。白曜寻遣著作佐郎许赤彪夜至梁邹南门，告城上人曰："休宾遣文达频造仆射许降，何得无信"！于是城内遂相维持，欲降不得。历城降，休宾乃出请命。及立平齐郡，乃以梁邹人为怀宁县，以休宾为令。延兴二年，卒。

文晔有志尚，综览群书，轻财重义。太和中，坐从兄闻慰南叛，被徙北边，孝文特听还代。帝曾幸方山，文晔大言求见，申父功厚赏屈。于是赐爵都昌子，深见待遇，拜协律中郎。卒于高阳太守，赠兖州刺史，谥曰贞。

休宾叔父旋之，其妻许氏生二子法凤、法武，而旋之早卒。东阳平，许氏携二子入魏，孤贫不自立，母子并出家为尼僧。既而反俗，俱奔江南。法武后改名峻，字孝标，《南史》有传。

房法寿，小名乌头，清河东武城人也。曾祖谌，仁燕位太尉掾，随慕容氏迁于齐，子孙因家之，遂为东清河绎幕人焉。

法寿幼孤，少好射猎，轻率勇果，结诸群小为劫盗，宗族患之。弱冠，州迎主簿。后以母老，不复应州郡命，常盗杀猪羊以供母。招集壮士，恒有数百，仕宋为魏郡太守。法寿从祖弟崇吉，母妻为慕容白曜所获，托法寿为计，法寿与崇吉归款于白曜。诏以法寿为平远将军，与韩骐驎对为冀州刺史。

及历城、梁邹降，法寿、崇吉等与崔道固、刘休宾俱至京师，以法寿为上客，崇吉为次客，崔、刘为下客。法寿供给亚于薛安都等，以功赐爵壮武侯，给以田宅奴婢。性爱酒，好施，亲旧宾客率同饥饱，坎壈常不丰足。毕众敬等皆尚其通爱。卒，赠青州刺史，谥敬侯。

子伯祖袭，例降为伯，历齐郡内史。伯祖暗弱，委事于功曹张僧皓，大有受纳，伯祖衣食不充。后卒于幽州辅国府长史，免官，卒。

子翼，大城戍主，带宗安太守，袭爵壮武侯。

翼子豹，字仲干。体貌魁岸，美音仪。年十七，州辟主簿。王思政入据颍川，慕容绍宗出讨，豹为绍宗开府主簿兼行台郎中。绍宗自云有水厄，遂于战舰中浴，并自投于水，冀以厌当之。豹白绍宗曰:"夫命也在天,岂人理所能延保。公若实有水厄,非禳辟所能却;若其实无,何禳之有。今三军之事,在于明公,唯应达命任理,以保元吉。方乃乘船入水,云以防灾,岂如岸上指麾,以保万全也。"绍宗笑曰:"不能免俗,为复尔耳。"未几而绍宗遇溺,时论以为知微。

清河中,除谒者仆射,拜西河太守。地接周境,俗杂稽胡,豹政贵清静,甚著声绩。迁博陵太守,亦有能名。又迁乐陵太守,风教修理,称为美政。郡濒海,水味多咸苦,豹命凿一井,遂得甘泉,遐迩以为政化所致。豹罢归后,井味复咸。齐灭,遂还本乡,丘园自养,频被征命,固辞以疾。每牧守初临,必遣致礼,官佐邑宰皆投刺申敬。终于家,无子,以兄熊子彦诩嗣。

彦诩明辩有学识,位殿中侍御史,千乘、益都二县令,有惠政。

熊字子威,性至孝,聪朗有节概。州辟主簿,行清河、广川二郡事。七子。长子彦询最知名,以魏勋门嫡孙,赐爵永始县子,特为叔豹所爱重。病卒,豹取急,亲送柩还乡,悲痛伤惜,以为丧当家之宝。初,彦询少时为监馆,尝接陈使江总。及陈灭,总入关,见彦询弟彦谦曰:"公是监馆弟邪?"因惨然曰:"昔因将命,得申言款。"彦询所赠总诗,今见载《总集》。

彦谦早孤,不识父,为母兄鞠养。长兄彦询,雅有清鉴,以彦谦天性颖悟,每奇之,亲教读书。年七岁,诵数万言,为宗党所异。十五出后叔父子贞,事所继有逾本生。子贞哀之,抚养甚厚。后丁继母忧,勺饮不入口者五日。事伯父豹,竭尽心力,每四时珍果,弗敢先尝。遇期功之戚,必蔬食终礼,宗从取则焉。其后受学于博士尹琳,手不释卷,遂通涉《五经》。解属文,雅有词辩,风概高人。

年十八,属齐广宁王孝珩为齐州刺史,辟为主簿,时禁网疏阔,州郡之职,尤多纵弛。及彦谦在职,清简守法,州境肃然,莫不敬惮。及周师入邺,齐主东奔,以彦谦为齐州中从事。彦谦痛本朝倾覆,将纠率忠义,潜谋匡辅,事不果而止。齐亡,归于家。周武帝遣柱国辛遵为齐州刺史,为贼帅辅带剑所执。彦谦以书喻之,带剑惭惧,送遵还州,诸贼并各归首。及隋文受禅之后,遂优游乡曲,誓无仕心。开皇七年,刺史韦艺固荐之,不得已而应命。吏部尚书卢恺一见重之,擢授承奉郎,俄迁监察御史。后属陈平,奉诏安抚泉、括等十州。以衔命称旨,赐物百段、米百石、衣一袭,奴婢七口。

迁秦州总管录事参军。因朝集时,左仆射高颎定考课。彦谦谓颎曰:"《书》称三载考绩,黜陟幽明。唐、虞以降,代有其法,黜陟合理,褒贬无亏,便是进必得贤,退皆不肖。如或舛谬,法乃虚设。比见诸州考校,执见不同,进退多少,参差不类。况复爱憎肆意,致乖平坦。清介孤直,未必高第。卑谄巧官,翻居上等。真伪混淆,是非瞀乱。宰贵既不精练,斟酌取舍,曾经驱使者,多以蒙识获成;未历台省者,皆为不知被退。又四方悬远,难可详悉,唯准量人数,半破半成,徒计官员之少多,莫顾善恶之众寡。欲求允当,其道无由。明公鉴达幽微,平心遇物,今所考校,必无阿枉,脱有前件数事,未审何以裁之?唯愿远布耳目,精加采访,褒秋毫之善,贬纤介之恶,非直有光至道,亦足标奖贤能。"词气侃然,观者属目。颎为之动容,深见嗟赏。因历问河西、陇右官人景行,彦谦对之如响。颎谓诸州总管、刺史曰:"与公言,不如独共秦州考使语。"后数日,颎言于帝,帝弗能用。

以秩满,迁长葛县令,甚有惠化,百姓号为慈父。仁寿中,帝令持节使者巡行州县,察长吏能不,以彦谦为天下第一,超授郱州司马。吏人号哭相谓曰:"房明府今去,吾属何用生为!"其后百姓思之,立碑颂德。郱州久无刺史,州务皆归彦谦,名有异政。内史侍郎薛道衡,一代文宗,位望清显,所与交结,皆海内名贤。重彦谦为人,深加友敬。及为襄州总管,辞翰往来,交错道路。炀帝嗣位,道衡转牧番州,路经彦谦所,留连数日,屑涕而别。

黄门侍郎张衡亦与彦谦相善。于时帝营东都,穷极侈丽,天下失望。又汉王构逆,罹罪者多。彦谦见衡当涂而不能匡救,书喻之曰:

　　窃闻赏者所以劝善,刑者所以惩恶。故疏贱之人,有善必赏。尊贤之戚,犯恶必刑。未有罚则避亲,赏则遗贱者也。今国家祗承灵命,作人父母,刑赏曲直,升闻于天,夤畏照临,亦宜谨肃。故文王云:"我其夙夜畏天之威。"以此而论,虽州、国有殊,高下悬邈,忧人慎法,其理一也。

至如并州衅逆,须有甄明,若杨谅实以诏命不通,虑宗社危逼,征兵聚众,非为干纪,则当原其本情,议其刑罚,上副圣主友于之意,下晓愚人疑惑之心。若审知外内无虞,嗣后纂统,而好乱乐祸,妄有觊觎,则管、蔡之诛,当在于谅。同恶相济,无所逃罪,枭县孥戮,国有常刑。遂使籍没流移,恐为冤滥。恢恢天网,岂其然乎!罪疑从轻,斯义安在!昔叔向寘鬻狱之死,晋国所嘉。释之断犯跸之刑,汉文称善。羊舌宁不爱弟,廷尉非苟违君,俱以执法无私,不容轻重。

且圣人大宝,是曰神器,苟非天命,不可妄得。故蚩尤、项籍之骁勇,伊尹、霍光之权势,李老、孔丘之才智,吕望、孙武之兵术,吴、楚连盘石之据,产、禄承母弟之基,不应历运之兆,终无帝主之位。况乎蕞尔一隅,蜂扇蚁聚,杨谅之愚鄙,群小之凶愍,而欲凭陵畿甸,觊幸非望者哉。

开辟以降,书契云及,帝皇之迹,可得而详。自非积德累仁,丰功厚利,孰能道洽幽显,义感灵祇?是以古之哲王,昧旦不显,履冰在念,御朽兢怀。逮叔世骄荒,曾无戒惧,肆于人上,骋嗜奔欲,不可具载,请略陈之。

曩者,齐、陈、二国,并居大位,自谓与天地合德,日月齐明,罔念忧虞,不恤刑政。近臣怀宠,称善而隐恶。史官曲笔,掩瑕而录美。是以人庶呼嗟,终闲塞于视听。公卿虚誉,日敷陈于左右。法网严密,刑辟日多,赋役烦兴,老幼疲苦。昔郑有子产,齐有晏婴,楚有叔敖,晋有士会,凡此小国,尚足名臣,齐、陈之强,岂无良佐?但以执政壅蔽,怀私殉躯,忘国忧家,外同内忌。设有正直之士,才堪干时,于己非宜,即加摈弃。傥遇谄佞之辈,行多秽愍,于我有益,遽蒙荐举。以此求贤,何从而至。夫贤材者,非尚膂力,岂系文华,唯须正身负戴,确乎不动,

譬栋之处屋,如骨之在身,所谓栋梁骨鲠之材也。齐、陈不任骨
鲠,信近谗谀,天高听卑,监其淫僻,故总收神器,归我大隋。向
使二国祗敬上玄,惠恤鳏寡,委任方直,斥远浮华,卑菲为心,
恻隐是务,河朔强富,江湖险隔,各保其业,人不思乱,泰山之
固,弗可动也,然而寝卧积薪,宴安鸩毒,遂使禾黍生庙,雾露
沾衣,吊影抚心,何嗟及矣!故《诗》云:'殷之未丧师,克配上
帝,宜鉴于殷,骏命不易。'万机之事,何者不须熟虑哉。

伏惟皇帝望云就日,仁孝夙彰,锡社分珪,大成规矩。及总
统淮海,盛德日新,当璧之符,遐迩金属。缵历甫尔,宽仁已布,
率土苍生,翘足而喜。并州之乱,变起仓卒,职由杨谅诡惑,违
误吏人,非有构怨本朝,弃德从贼者也。而有司将帅,称其愿
反,非止诬陷良善,亦恐大玷皇猷。

足下宿当重寄,早预心膂,粤自藩邸,柱石见知,方当书名
竹帛,传芳万古,稷、契、伊、吕,彼独何人。既属明时,须存謇
谔,立当世之大诚,作将来之宪范,岂容曲顺人主,以爱亏刑,
又使胁从之徒,横贻罪谴。忝蒙眷遇,辄写微诚,野人愚瞽,不
知忌讳。

衡得书,叹息而不敢奏闻。

彦谦知王纲不振,遂去官,隐居不仕,将结构蒙山之下,以求其
志。会置司隶官,盛选天下知名之士。朝廷以彦谦公方宿著,时望
所归,征授司隶刺史。彦谦亦慨然有澄清天下之志,凡所荐举,皆人
伦表式。其有弹射,当之者曾无怨言。司隶别驾刘炻陵上侮下,评
以为直,刺史惮之,皆为之拜。唯彦谦执志不挠,抗礼长揖。有识嘉
之,炻亦不恨。

大业九年,从驾度辽,监扶余道军事。其后隋政渐乱,莫不变
节,彦谦直道守常,颇为执政者所嫉,出为泾阳令,终于官。

彦谦居家,每子侄定省,常为讲说督勉之,亹亹不倦。家有旧
业,资产素殷,又前后居官所得俸禄,皆以周恤亲友,家无余财,车
服器用,务存素俭。自少及长,一言一行,未尝涉私,虽致屡空,怡然

自得。尝从容独笑，顾谓其子玄龄曰："人皆因禄富，我独以官贫，所遗子孙，在于清白耳。"所有文笔，恢廓闲雅，有古人之深致。又善草隶，人有得其尺牍者，皆宝玩之。太原王邵、北海高构、蓨县李纲、中山郎茂、郎颖、河东柳彧、薛孺，皆一时知名雅澹之士，彦谦并与为友。虽冠盖成列，而门无杂宾。体资文雅，深达政务，有识者咸以远大许之。

初，开皇中平陈之后，天下一统，论者咸云将致太平。彦谦私谓所亲赵郡李少通曰："主上性多忌克，不纳谏诤。太子卑弱，诸王擅威。在朝惟行苛酷之政，未弘远大之体，天下虽安，方忧危乱。"少通初谓不然。及仁寿、大业之际，其言皆验。贞观初，以子玄龄著勋庸，赠徐州都督、临淄县公，谥曰定。

伯祖弟幼愍，安丰、新蔡二郡太守，坐事夺官。居家，忽闻门有客声，出无所见，还至庭中，为家群犬所噬，卒。

景伯字良晖，法寿族子也。祖元庆，仕宋，历七郡太守，后为沈文秀青州建威府司马。宋明帝之杀废帝子业，子业弟子勋起兵。文秀后归子勋，元庆不同，为文秀所害。父爱亲，献文时，三齐平，随例内徙，为平齐人。以父非命，疏服终身。

景伯生于桑乾，少丧父，以孝闻。家贫，庸书自给，养母甚谨。尚书卢阳乌称之于李冲，冲时典选，拔为奉朝请。累迁齐州辅国长史，会刺史亡，敕行州事。政存宽简，百姓安之。后除清河太守。郡人刘简武曾失礼于景伯，闻其临郡，阖家逃亡。景伯督切属县，追捕禽之，即署其子为西曹掾，令喻山贼。贼以景伯不念旧恶，一时俱下。论者称之。旧制，守令六年为限。限满将代，郡人韩灵和等三百余人表诉乞留，复加二载。后为司空长史，以母疾去官。

景伯性复淳和，涉猎经史，诸弟宗之，如事严亲。及弟亡，疏食终丧，期不内御，忧毁之容，有如居重。其次弟景先亡，其幼弟景远期年哭临，亦不内寝。乡里为之语曰："有义有礼，房家兄弟。"廷尉卿崔光韶好标榜人物，无所推尚，每云景伯有士大夫之行业。及母亡，景伯居丧，不食盐菜，因此遂为水病，积年不愈。卒于家，赠左将军、齐州刺史。

景伯子文烈,位司徒左长史,与从父弟逸祐并有名。文烈性温柔,未尝嗔怒。为吏部郎时,经霖雨绝粮,遣婢籴米,因尔逃窜,三四日方还。文烈徐谓曰:"举家无食,汝何处来?"竟无捶挞。子山基,仕隋,历户部、考功侍郎,并著能名,见称于时。

景先字光胄,幼孤贫,无资从师,其母自授《毛诗》、《曲礼》。年十二,请其母曰:"岂可使兄庸赁以供景先也? 请自求衣,然后就学。"母哀其小,不许,苦请乃从之。遂得一羊裘,忻然自足。昼则樵苏,夜诵经史,遂大通赡。

太和中,例得还乡,解褐太学博士。时太常刘芳、侍中崔光当世儒宗,叹其精博,奏兼著作佐郎,修国史。侍中穆绍又启景先撰《宣武起居注》。累迁步兵校尉,领尚书郎、齐州中正,所历皆有当官称。景先沈敏方正,事兄恭谨,出告反面,晨昏参省,侧立移时,兄亦危坐,相敬如宾。兄曾寝疾,景先侍汤药,衣冠不解,形容毁瘁,亲友见者,莫不哀之。卒,特赠洛州刺史,谥曰文。

景先作《五经疑问》百余篇,其语典诣。符玺郎王神贵益之,名为《辩疑》,合成十卷,亦有可观。节闵帝时,奏上之。帝亲自执卷,与神贵往复,嘉其用心。

子延祐,武定末太子家令,后隶魏收修史。

景远字叔遐,重然诺,好施与,频岁凶俭,分赡宗亲,又于通衢以饲饿者,存济甚众。平原刘郁行经齐、兖之境,忽遇劫贼;已杀十余人。次至郁,呼曰:"与君乡近,何忍见杀。"贼曰:"若言乡里,亲亲是谁?"郁曰:"齐州主簿房阳是我姨兄。"阳是景远小字。贼曰:"我食其粥得活,何得杀其亲。"遂还衣物,蒙活者二十余人。景远好史传,不为章句。天性小急,不类家风,然事二兄至谨。抚养兄孤,恩训甚笃。益州刺史傅竖眼慕其名义,启为昭武府功曹参军,以母老不应,竖眼颇怅之。卒于家。子敬道,永熙中开府参军。

毕众敬,小名奈,东平须昌人也。少好弓马射猎,交结轻果,常于疆境盗掠为业。仕宋,位太山太守。湘东王彧杀其主子业而自立,是为明帝,遣众敬诣兖州募人。到彭城,刺史薛安都召与密谋,云:"晋安有上流之名,且孝武第三子,当共卿西从晋安。"众敬从之。东平太守申纂据无盐城,不与之同。及宋明平子勋,授纂兖州刺史。会有人发众敬父墓,令其母骸首散落。众敬发丧行服,疑纂所为。弟众爱,为薛安都长史,亦遣人密至济阴,掘纂父墓,以相报答。

及安都以城入魏,众敬不同其谋。子元宾以母并百口悉在彭城,恐交致祸,日夜啼泣,遣请众敬,众敬犹未从之。众敬先已遣表谢宋,宋明授众敬兖州刺史,而以元宾有佗罪,独不舍之。众敬拔刀破柱曰:"皓首之年,唯有此人,今不原贷,何用独全!"及尉元至,乃以城降。元遣将入城,事定,众敬悔恚,数日不食。皇兴初,就拜散骑常侍、兖州刺史,赐爵东平公,与中书侍郎李璨对为刺史。慕容白曜攻克无盐,获申纂,无杀纂意,而城中火起,纂为所烧死。众敬闻克无盐,惧不杀纂,乃与白曜书,并表朝廷,云家酷由纂。闻纂死,乃悦。二年,与薛安都朝京师,赐甲第一区。后复为兖州刺史,征还京师。

众敬善自奉养,食膳丰华,必致佗方远味。年巳七十,发须皓曰,而气力未衰,跨鞍驰骋,有若少壮。笃于姻类,深有国士之风。张谠之亡,躬往营视,有若至亲。太和中,孝文宾礼旧老,众敬与高允引至方山,虽文武奢俭,好尚不同,然亦与允甚相爱敬,接膝谈款,有若平生。后以笃老,乞还桑梓,朝廷许之。众敬临还,献真珠珰四具、银装剑一口、刺彪矛一枚、仙人文绫一百疋。文明太后与帝引见于皇信堂,赐以酒馔车马绢等,劳遣之。卒于兖州。

子元宾,少豪侠有武干,涉猎书史。与父同建勋诚,至京师,俱为上宾,赐爵须昌侯。后拜兖州刺史,假彭城公。父子相代为本州,当世荣之。时众敬以老还乡,常呼元宾为使君。每元宾听政时,乘板舆出至元宾所,先遣左右敕不听起,观其断决,忻忻然喜见颜色。众敬善持家业,犹能督课田产,大致储积。元宾为政清平,善抚人物,百姓爱乐之。以父忧解任,丧中,遥授长兼殿中尚书。卒,赠卫尉卿,谥曰平。

元宾入魏,初娶东平刘氏,有四子,祖朽、祖髦、祖归、祖旋。赐妻元氏,生二子,祖荣。祖晖。祖朽最长,祖晖次祖髦。故事,前妻虽先有子,后赐之妻子皆承嫡。所以刘氏先亡,祖晖不服重。元氏后卒,祖朽等三年终礼。

祖荣早卒,子义允袭祖爵东平公,例降为侯。卒,子僧安袭。

祖朽身长八尺,腰带十围,涉猎经史,好为文咏,善与人交。袭父爵须昌侯,例降为伯。以本州中正为统军,隶邢峦讨梁师,以功封南城县男。历散骑侍郎、中书侍郎。神龟末,除东豫州刺史。祖朽善抚边,清平有信,百姓称之。后为瀛州刺史,卒。赠吏部尚书、兖州刺史。无子,以弟祖归子义赐为后,袭爵。

义畅倾巧无士业,善通时要,位中书侍郎、兖州大中正。后除散骑常侍,坐事伏法。

祖髦以兄祖朽别封南城,以须昌伯回授之,位东平太守,卒于本州别驾。

祖晖早有事干,为幽州刺史,以全守勋,封新昌县子。逢萧宝夤退败,祖晖拔城,东趣华阴,坐免官爵。寻行幽州事。建义中,诏复州、爵。后为贼宿勤明达所攻没,长子义飖袭爵,齐受禅,例降。义飖弟义云。

义云小字陀儿。少粗侠,家在兖州北境,常劫掠行旅,州里患之。晚方折节从官,累迁尚书都官郎中。性严酷,事多干了。齐文襄作相,以为称职,令普勾伪官,专以车辐考掠,所获甚多,然大起怨谤,曾为司州吏所讼,云其有所减截,并改换文书。文襄以其推伪,众人怨望,并无所问。乃拘吏,数而斩之。因此锐情讯鞫,威名日盛。

文宣受禅,除书侍御史,弹射不避勋亲。累迁御史中丞,绳劾更切。然豪横不平,频被怨讼。前为汲郡太守翟嵩启列:义云从父兄僧明负官债,先任京畿长史,不受其属,立限切征,由此挟嫌,数遣御史过郡访察,欲相推绳。又坐私藏工匠,家有十余机织锦,并造金银器物，乃被禁止。寻见释，以为司徒左长史。

尚书左丞司马子瑞奏弹义云，称："天保元年四月，窦氏皇姨祖载日，内外百官赴第吊省，义云唯遣御史投名，身遂不赴。又义云启云：'丧妇孤贫。后娶李世安女为妻。世安身虽父服未终；其女为祖已就平吉，特乞暗迎，不敢备礼。'及义云成昏之夕，众礼备设，克日拜阁，鸣驺清路，盛列羽仪，兼差台吏二十人，责其鲜服，侍从车后。直是苟求成昏，诬罔干上。义云资产宅宇，足称豪室，忽通孤贫，亦为矫诈。又驾幸晋阳，都坐判：'拜起居表，四品以下五品以上，令预前一日赴南都署表。三品以上，临日署讫。'义云乃乖例，署表之日，索表就家先署，临日遂称私忌不来。"于是诏付廷尉科罪。寻敕免推。子瑞又奏弹义云事十余条，多烦碎，罪止罚金，不至除免。

子瑞从兄消难为北豫州刺史，义云遣御史张子阶诣州采风闻，先禁其典签家客等。消难危惧，遂叛入周。时论归罪义云，云其规报子瑞。事亦上闻。尔前宴赏，义云常预，从此后集见稍疏，声望大损。乾明初，子瑞迁御史中丞。郑子默正被任用，义云之姑即子默祖母，遂除度支尚书，摄左丞。子默诛后，左丞便解。

孝昭赴晋阳，高元海留邺，义云深相依附。知其信向释氏，常随之听讲，为此款密，无所不至。及孝昭大渐，顾命武成。高归彦至都，武成犹致疑惑。元海遣犊车迎义云入北宫参审，遂与元海等劝进。仍从幸晋阳，参预时政。寻徐兖州刺史，给后部鼓吹，即本州也。轩昂自得，意望铨衡之举，见诸人自陈，逆许引接。又言离别暂时，非久在州。先有铙吹，至于按部行游，两部并用。犹作书与元海，论叙时事。元海入内，不觉遣落，给事中李孝贞得而奏之。为此，元海渐疏，孝贞因是兼中书舍人。又高归彦起逆，义云在州私集人马，并聚甲仗，将以自防，实无佗意，为人密启。及归彦被擒，又列其朋党专擅，为此追还。武成犹录其往诚，竟不加罪，除兼七兵尚书。

义性豪纵，颇以施惠为心，累世本州刺史，家富于财，士之匮乏者，多有拯济。及贵，恣情骄侈，营造第宅宏壮，未几而成。闺门秽杂，声遍朝野。为郎时，与左丞宋游道因公事忿竞。游道廷辱之，云：

"《雄狐》之诗,千载为汝。"义云一无所答。然酷暴残忍,非人理所及。为家尤甚,子姓仆隶,恒疮痍遍体。

有孽子善昭,性至凶顽,与义云侍婢奸通。搒掠无数,为其著笼头,系之庭树,食以刍秣,十余日乃释之。夜中,义云被贼害,即善昭所佩刀也。遗之于善昭庭中。善昭闻难奔哭,家人得佩刀,善昭怖,便走出,投平恩墅舍。旦日,武成令舍人是兰子畅就宅推之。尔前,义云新纳少室范阳卢氏,有色貌。子畅疑卢奸人所为,将加拷掠。卢具列善昭云尔。乃收捕,系临漳狱,将斩之。邢邵上言,此乃大逆,义云又是朝贵,不可发,乃斩之于狱,弃尸漳水。

祖归位建宁太守。子义远,位平原太守。义远弟义显、义携,性并豪率。天平以后,梁使人还往,经历兖城。前后州将以义携兄弟善营鲑膳,器物鲜华,常兼长史,接宴宾客。祖旋,太尉行参军。卒,赠都官尚书、齐兖二州刺史。

众敬弟众爱,随兄归魏,以勋为第一客,赐爵钜平侯。卒,赠徐州刺史,谥曰康。子闻慰,字子安。有器干,袭爵,例降为伯。延昌初,累迁清河内史,固以疾辞。后试守广平内史。正光初,相州刺史中山王熙起兵,谋诛元叉,闻慰斩其使,发兵拒之。又以为忠于己,迁沧州刺史,甚有政绩。后除散骑常侍、东道行台,寻为郡督、安乐王鉴军司马,攻元法僧,败,奔还京师,被劾,遇赦免。卒,赠散骑常侍、兖州刺史,伯如故,谥曰恭。

子祖彦,字修贤。涉猎书传,风度闲雅,为时所知。以侍御史为元法僧监军,法僧反,被逼南入。后还,历中书侍郎,袭爵钜平伯。卒,赠尚书右仆射、兖州刺史。祖彦弟祖哲,秘书郎。诸毕当朝,不乏荣贵,但帏薄不修,为时所鄙。

申纂者,本魏郡人,申钟曾孙也。皇始初,道武平中山,纂举室南奔,家于济阴。及在无盐,仕宋为兖州刺史。既败,子景义入魏。

羊祉字灵祐,太山钜平人,晋大仆卿琇之六世孙也。父规之,宋任城令。太武南讨,至邹山,规之与鲁郡太守崔邪利及其属县徐逊、爱猛之等俱降，赐爵钜平子，拜雁门太守。

祉性刚愎，好刑名。为司空令、辅国长史，袭爵钜平子。侵盗公资，私营居宅，有司按之，抵死，孝文特恕远徙。后还。景明初，为将作都将，加左军将军。四年，持节为梁州军司，讨叛氐。正始二年，王师伐蜀，以祉假节龙骧将军、益州刺史，出剑阁而还。又以本将军为秦、梁二州刺史，加征虏将军。天性酷忍，又不清洁，坐掠人为奴婢，为御史中尉王显所弹，免。高肇执政，祉复被起为光禄大夫，假平南将军、持节，领步骑三万，先驱趣涪。未至，宣武崩，班师。夜中引军，山有二径，军人迷而失路，祉便斩队副杨明达，枭首路侧。为中尉元昭所劾，会赦免。后加平北将军，未拜而卒，赠安东将军、兖州刺史。

太常少卿元端、博士刘台龙议谥曰："祉志存埋轮，不避强御。及赞戎律，熊武斯裁。仗节抚藩，边夷识德，化沾殊类，缅负怀仁。谨依谥法，布德行刚曰景，宜谥为景。"侍中侯刚、给事黄门侍郎元纂等驳曰："目闻唯名与器，弗可妄假。定谥准行，必当其迹，按祉志性急酷，所在过威，布德罕闻，暴声屡发，而礼官虚述，谥之为景，非直失于一人，实毁朝则。请还付外，准行更量虚实。"灵太后令曰："依驳更议。"元端、台龙上言："窃惟谥者行之迹，状者迹之称。然尚书铨衡是司，厘品庶物，若状与迹乖，应抑而不受，录其实状，然后下寺，依谥法准状科上。岂有舍其行迹，外有所求，去状去称，将何所准。检祉以母老辞藩，乃降手诏云：'卿绥抚有年，声实兼著，安边宁境，实称朝望。'及其没也，又加显赠，言祉诚著累朝，效彰出内，作牧岷区，字萌之绩骤闻。诏册褒美，无替伦望。然君子使人，器之，义无求备。德有数德，优劣不同，刚而能克，亦为德焉。谨依谥法，布德行刚曰景，谓前议为允。"司徒右长史张烈、主簿李玚剌称："按祉历官累朝，当官允称，委捍西南，边峤靖遏，准行易名，奖诚攸在，窃谓无亏体例。"尚书李诏又述奏以府寺为允，灵太后可其奏。

祉自当官，不惮强御，朝廷以为刚断，时有检覆，每令出使。然好慕刑名，颇为深文，所经之处，人号天狗下。及出将临州，并无恩润,兵人患其严虐。子深。

深字文泉,早有风尚,学涉经史,兼长几案。少与陇西李神俊同志相友。自司空记室参军,再迁尚书驾部郎中。于时沙汰郎官,务精才实,深以才堪见留。在公明断,尚书仆射崔亮、吏部尚书甄琛咸敬重之。明帝行释奠之礼,讲《孝经》,深侪辈中独蒙引听,时论美之。

正光末,北地人车金雀等率羌胡反叛,高平贼宿勤明达寇幽、夏诸州,北海王颢为都督、行台讨之,以深为行台右丞、军司,仍领郎中。颢败,还京。顷之,迁尚书左丞。萧宝夤反,攻围华州,王平薛凤贤等作逆。敕深兼给事黄门侍郎,与大行台、仆射长孙承业共会潼关,规模进止。事平,以功赐爵新泰男。灵太后曾幸芒山,集僧尼斋会,公卿尽在坐,太后引见深,欣然劳问之。顾谓左右曰:"羊深真忠臣也。"举坐倾心。

庄帝践阼,除太府卿,又为二兖行台。深处分军国,捐益随机,亦有时誉。初,尔朱荣杀害朝士,深第七弟侃为太山太守,性粗武,遂率乡人外招梁寇,深在彭城,忽得侃书,招深同逆。深慨然流涕,斩使人,并书表闻。庄帝乃下诏褒其忠烈,令还朝受敕,乃归京师,除名。久之,除金紫光禄大夫。元颢入洛,以深兼黄门侍郎。颢平,免官。

普泰初,为散骑常侍、卫将军、右光禄大夫,监起居注。自天下多事,东西二省,官员委积节,闵帝敕深与常侍卢道虔、元晏、元法寿选人补定,自奉朝请以上,各有沙汰,寻兼侍中。节闵帝甚亲待之。时胶序废替,名教陵迟,深乃上疏,请修立国学,广延胄子,帝善之。

孝武初,除中书令。永熙三年,以深兼御史中尉、东道军司。及帝入关,深与樊子鹄不从齐神武,起兵于兖州,子鹄署深为齐州刺史。天平二年正月,东魏军讨破之,斩于阵。

深子肃、武定末仪同、开府、东阁祭酒,以学尚知名。乾明初,为冀州中从事。赵郡王为巡省大使,肃以迟缓不任职解。朝议以肃无罪，寻复之。武平中，入文林馆撰书。寻为武德郡守。

祉弟灵引，好法律。李彪为中丞，以为书侍御史，固辞，彪颇衔之。及为三公郎，坐兄祉事知而不纠，彪劾奏免官。甚为尚书令高肇所昵。京兆王愉与肇深相嫌忌，及愉出镇冀州，肇与灵引为愉长史，以相间伺。灵引私恃肇势，每折于愉。及愉作逆，先斩灵引于门。时论云："非直愉自不臣，抑亦由肇及灵引所致。"事平，赠平东将军、兖州刺史，谥曰威。

子敦，字元礼，性尚闲素，学涉书史。以父死王事，除给事中。出为本州别驾，公平正直，见非法，终不判署。后为卫将军、广平太守，甚有能名，奸吏踟蹰，秋毫无犯。雅性清俭，属岁饥，家馈未至，使人外寻陂泽，采藕根食之，遇有疾苦，家人解衣质米以供之。然政尚威严，朝廷以其清白，赐谷一千斛，绢一百匹。卒官，吏人奔哭，莫不悲恸。赠卫大将军、吏部尚书、兖州刺史，谥曰贞。武定初，齐神武以敦及中山太守苏淑在官奉法，清约自居，宜见追褒，乃上言请加旌录。诏各赏帛一百匹，粟五百斛，下郡国，咸使闻知。

灵引弟莹，字灵珍，兖州别驾从事。子烈。

烈字信卿，少通敏，颇自修立，有成人风。好读书，能言名理，以玄学知名。魏孝昌末，烈从兄侃为太山太守。据郡起兵外叛，烈潜知其谋，深惧家祸，与从兄广平太守敦驰赴洛阳告难。朝廷将加厚赏，烈告人云："譬如斩手全躯，所存者大故尔，岂有幸从兄之败，以为己利乎。"卒无所受。

天保中，累迁尚书祠部、左右户郎中，在官咸为称职。除阳平太守，有能名。时频有灾蝗，犬牙不入阳平境，敕书褒美焉。迁光禄少卿、兖州大中正。天平初，除义州刺史，以老还乡，卒于家。

烈家传素业，闺门修饬，为世所称。一门女不再醮。魏太和中，于兖州造一尼寺，女寡居无子者，并出家为尼，咸存戒行。烈天统中与尚书毕义云争兖州大中正。义云盛称门阀累世，本州刺史，卿世为我家故史。烈云："自毕轨被诛以还，寂无人物。近日刺史，皆疆场之上，彼此而得，何足为言。岂若我之汉河南尹、晋朝太傅，名德学行,百世传美。且男清女贞,足以相冠,自外多可称也。"盖讥义云之帷薄焉。烈弟修,有才干,卒于尚书左丞。子玄正,武平末,将作丞。隋开皇中,户部侍郎。卒于陇西郡赞务。

论曰:薛安都一武夫耳,虽轻于去就,实启东南。事窘图变,而竟保宠禄,优矣。休宾穷而委质。孝标名重东南。法寿拓落不羁,克昌厥后。景伯兄弟儒素,良可称乎。众敬举地纳诚,荣曜朝国,人位并列,无乏于时。羊祉刚酷之风,得死为幸。深以才干从事,声迹可称。敦、烈持己所遵,殆时彦也。

北史卷四〇
列传第二八

韩麒麟　　程骏　　李彪
高道悦　　甄琛　　高聪

韩麒麟,昌黎棘城人,自云汉大司马增之后也。父瑚,秀容、平原二郡太守。

麒麟幼而好学,美咨容,善骑射。景穆监国,为东曹主书。文成即位,赐爵渔阳男。父亡,在丧有礼。后参征南慕容白曜军事。进攻升城,师人多伤,及城溃,白曜将坑之。麒麟谏曰:"今方图进趣,宜示宽厚,勍敌在前,而便坑其众,恐三齐未易图也。"白曜从之,皆令复业,齐人大悦。后白曜表麒麟与房法寿对为冀州刺史。白曜攻东阳,麒麟上义租六十万斛,并攻战器械,于是军须无乏。及白曜被诛,麒麟停滞多年。

孝文时,拜齐州刺史,假魏昌侯。在官寡于刑罚,从事刘普庆说麒麟曰:"明公杖节方夏,无所斩戮何以示威?"麒麟曰:"人不犯法,何所戮乎?若必须斩断以立威名,当以卿应之。"普庆惭惧而退。麒麟以新附之人,未阶台官,士人沈抑,乃表请守宰有阙,宜推用豪望,增置吏员,广延贤哲,则华族蒙荣,良才获叙,怀德安土,庶或在兹。朝议从之。

太和十一年,京都大饥,麒麟表陈时务曰:

古先哲王,经国立政,积储九稔,谓之太平。故躬藉千亩,以率百姓,用能衣食滋茂,礼教兴行。逮于中代,亦崇斯业,入粟者与斩敌同爵,力田者与孝悌均赏。实百王之常轨,为政之所先。今京师人庶,不田者多,游食之口,三分居二。盖一夫不耕,或受其饥,况于今者,动以万计?故顷年山东遭水,而人有喂终,今秋京都遇旱,谷价踊贵,实由农人不劝,素无储积故也。

伏惟陛下天纵钦明,道高三五,上垂覆载之泽,下有冻馁之人,皆由有司不为其制,长吏不恤其本。自承平日久,丰穰积年,竞相矜夸,浸成侈俗。故令耕者日少,田者日荒,谷帛罄于府库,宝货盈于市里,衣食匮于室,丽服溢于路,饥寒之本,实在于斯。愚谓凡珍玩之物,皆宜禁断。吉凶之礼,备为格式,令贵贱有别,人归朴素。制天下男女,计口受田,宰司田时巡行,台使岁一案检,勤相劝课,严加赏罚。数年之中,必有盈赡,虽遇凶灾,免于流亡矣。

往年校比户贯,租赋轻少。臣所统齐州,租粟才可给俸,略无入仓。虽于人为利,而不可长久。脱有戎役,或遭天灾,恐供给之方,无所取济,请减绢布,增益谷租,年丰多积,岁俭出振。所谓私人之谷,寄积于官,官有宿积,则人无荒年矣。"卒官,遗敕其子,殡以素棺,事从俭约。

麒麟立性恭慎,恒置律令于坐傍。临终之日,唯有俸绢数十疋,其清贫如此。赠散骑常侍、燕郡公,谥曰康。

长子兴宗,字茂先。好学有文才,位秘书中散。卒赠渔阳太守。子子熙,字元雍。少自修整,颇有学识,为清河王怿郎中令。初,子熙父以爵让弟显宗,不受,子熙成父素怀,卒亦不袭。及显宗卒,子熙别蒙赐爵,乃以先爵让弟仲穆。兄弟友爱如此。母亡,居丧有礼。子熙为怿所眷遇,遂阙位,待其毕丧后,复引用。及元叉害怿,久不得葬。子熙为之忧悴,屏居田野,每言王若不得复封,以礼迁葬,誓以终身不仕。后灵太后反政,以叉为尚书令,解其领军。子熙与怿中大夫刘定兴、学官令傅灵檦、宾客张子慎伏阙上书,理怿之冤,极言元叉、刘腾诬罔。书奏,灵太后义之,乃引子熙为中书舍人。后遂剖腾棺，赐又死。寻修国史。建义初，兼黄门，寻为正。

子熙清白自守，不交人事。又少孤，为叔显宗所抚养。及显宗卒，显宗子伯华又幼，子熙爱友等于同生，长犹共居，车马资财，随其费用，未尝见于言色。又上书求析阶与伯华，于是除伯华东太原太守。及伯华在郡，为刺史元弼所辱，子熙乃泣诉朝廷，明帝诏遣案检，弼遂大见诘让。

尔朱荣之禽葛荣，送至京师。庄帝欲面数之，子熙以为荣既元凶，自知必死，恐或不逊，无宜见之。尔朱荣闻而大怒，请罪子熙。庄帝恕而不责。及邢杲起逆，诏子熙慰劳，杲诈降，子熙信之。还至乐陵，杲复反。子熙还，坐付廷尉，论以大辟，恕死免官。孝武初，领著作，以奉册勋，封历城县子。

天平初，为侍读，除国子祭酒。子熙俭素安贫，常好退静。迁邺之始，百司并给兵刀，时以祭酒闲务，止给二人。或有令其陈请者，子熙曰："朝廷自不与祭酒兵，何关韩子熙事。"论者高之。元象中，加卫大将军。

先是，子熙与弟娉王氏为妻，姑之女也，生二子。子熙尚未婚，后遂与寡妪李氏奸合而生三子。王、李不穆，迭相告言，子熙因此惭恨，遂以发疾。卒，遗戒不求赠谥，其子不能遵奉，遂至干谒。武定初，赠骠骑大将军、仪同三司、幽州刺史。

兴宗弟显宗，字茂亲，刚直，能面折廷诤，亦有才学。沙门法抚，三齐称其聪悟，尝与显宗校试，抄百余人名，各读一偏，随即覆呼，法抚犹有一二舛谬，显宗了无误错。法抚叹曰："贫道生平以来，唯服郎耳。"

太和初，举秀才，对策甲科，除著作佐郎。后兼中书侍郎。既定迁都，显宗上书：

> 一曰：窃闻舆驾今夏若不巡三齐，当幸中山，窃以为非计也。何者？当今徭役宜早息，洛京宜速成，省费则徭役可简，并功则洛京易就。愿早还北京，以省诸州供帐之费，则南州免杂徭之烦，北都息分析之叹，洛京可以时就，迁者金尔如归。

二曰：自古圣帝必以俭约为美，乱主必以奢侈贻患。仰惟先朝，皆卑宫室而致力于经略，故能基宇开广，业祚隆泰。今洛阳基趾，魏明所营，取讥前代。伏惟陛下损之又损之。顷来北都富室，竞以第宅相尚，今因迁徙，宜申禁约，令贵贱有检，无得逾制。端广衢路，通利沟洫，使寺署有别，士庶异居，永垂百世不刊之范。

三曰：窃闻舆驾还洛阳，轻将数千骑，臣甚为陛下不取也。夫千金之子，犹坐不垂堂，况万乘之尊，富有四海乎。清道而行，尚恐衔橛之失，况履涉山河而不加三思哉。

四曰：窃惟陛下耳听法音，目玩坟典，口对百辟，心虑万机，晷昃而食，夜分而寝，加以孝思之至，与时而深，文章之业，日成篇卷。虽睿明所用，未足为烦，然非所以啬神养性，熙无疆之祚。庄周有言："形有待而智无崖，以有待之形，役无崖之智，殆矣，"此愚臣所不安也。

孝文颇纳之。显宗又上言：

前代取士，必先正名，故有贤良方正之称，今州郡贡察，徒有秀、孝之名，而无秀、孝之实。而朝廷但检其门望，不复弹坐。如此则可令别贡门望以叙士人，何假冒秀孝之名也？夫门望者，是其父祖之遗烈，亦何益于皇家。益于时者，贤才而已。苟有其才，虽屠钓奴虏之贱，圣皇不耻以为臣。苟非其才，虽三后之胤，自坠于皂隶矣。议者或云：今世等无奇才，不若取士于门。此亦失矣。岂可以世无周、邵，便废宰相而置哉。但当校其有寸长铢重者，即先叙之，则贤才无遗矣。

又曰：夫帝皇所以居尊以御下者，威也。兆庶所以徙恶以从善者，法也。是以有国有家，必以刑法为政，生人之命，于是而在。有罪必罚，罚必当辜，则虽以捶挞薄刑，而人莫敢犯。有制不行，人得侥幸，则虽参夷之诛，不足以肃。自太和以来，未多坐盗弃市，而远近肃清。由此言之，止奸在于防检，不在严刑。今州郡牧守，邀当时之名，行一切之法。台阁百官，亦咸以深酷为无私,以仁恕为容盗。迭相敦厉,遂成风俗。陛下居九重之内,视人如赤子。百司分万务之要,遇下如仇雠。是则尧、舜止一人,而桀、纣以千百,和气不至,盖由于此。宜敕示百官,以惠元元之命。

又曰:昔周王为犬戎所逐,东迁河洛,镐京犹称宗周,以存本也。光武虽曰中兴,实自草创,西京尚置京尹,亦不废旧。今陛下光隆先业,迁宅中土,稽古复礼,于斯为盛。按《春秋》之义,有宗庙谓之都,无谓之邑,此不刊之典也。况北代,宗庙在焉,山陵托焉,王业所基,圣躬所载,其为神乡福地,实亦远矣。今便同之郡国,臣窃不安。愚谓代京宜建畿置尹,一如故事。崇本重旧,以光万叶。

又曰:伏见洛京之制,居人以官位相从,不依族类。然官位非常,有朝荣而夕悴,则衣冠沦于厮竖之邑,臧获显于膏腴之里,物之颠倒,或至于斯。古之圣王,必令四人异居者,欲其业定而志专。业定则不伪,志专则不淫,故耳目所习,不督而就,父兄之教,不肃而成。仰惟太祖道武皇帝,创基拨乱,日不暇给,然犹分别士庶,不令杂居,伎作屠沽,各有攸处。但不设科禁,买卖任情,贩贵易贱,错居浑杂。假令一处弹筝吹笛,缓舞长歌,一处严师苦训,诵《诗》讲《礼》,宣令童龀,任意所从,其走赴舞堂者万数,往就学馆者无一。此则伎作不可杂居,士人不宜异处之明验也。故孔父云里仁之美,孟母弘三徙之训,贤圣明诲,若此之重。今令伎作之家习士人风礼,则百年难成。令士人儿童效伎作容态,则一朝可得。以士人同处,则礼教易兴。伎作杂居,则风俗难改。朝廷每选举人士,则校其一婚一官,以为升降,何其密也。至于伎作官途,得与膏梁华望接闬连甍,何其略也。今稽古建极,光宅中区,凡所徙居,皆是公地,分别伎作,在于一言,有何为疑,而亏盛美?

又曰:自南伪相承,窃有淮北,欲擅中华之称,且以招诱边人,故侨置中州郡县。自皇风南被,仍而不改,凡有重名,其数

甚众，非所以疆域物土，必也正名之谓也。愚以为可依地理旧
名，一皆厘革，小者并合，大者分置。及中州郡县，昔以户少并
省，今人口既多，亦可复旧。君人者，以天下为家，不得有所私
也。故仓库储贮，以俟水旱之灾，供军国之用，至于功德者，然
后加赐。爰及末代，乃宠之所隆，赐赍无限。自北以来，亦为太
过。在朝诸贵，受禄不轻，土木被绮罗，仆妾厌粱肉，而复厚赍
屡加，动以千计。若分赐鳏寡，赡济实多。如不悛革，岂‘周急
不继富’之谓也？

又曰：诸宿卫内直者，宜令武官习弓矢，文官讽书传。无令
缮其蒲博之具，以成褒狎之容，徒损朝仪，无益事实。如此之
类，一宜禁止。

帝善之。

孝文曾谓显宗及程灵虬曰：“著作之任，国书是司。卿等之文，
朕自委悉，中省之品，卿等所闻。若欲取况古人，班、马之徒，固自辽
阔。若求之当世，文学之能，卿等应推崔孝伯。”又谓显宗曰：“校卿
才能，可居中第。”谓程灵虬曰：“卿与显宗，复有差降，可居下上。”
显宗曰：“臣才第短浅，比于崔光，实为隆渥。然目窃谓陛下贵古而
贱今。昔杨雄著《太玄经》，当时不免覆甕之谭，二百年外，则越诸
子。今臣所撰，虽未足光述帝载，然万祀之后，仰观祖宗巍巍之功，
上睹陛下明明之德，亦何谢钦明于《唐典》，慎徽于《虞书》”。帝曰：
“假使朕无愧于虞舜，卿复何如尧臣？”显宗曰：“陛下齐踪尧、舜，公
卿宁非二八之俦。”帝曰：“卿为著作，仅名奉职，未是良史也。”显宗
曰：“臣仰遭明时，直笔无惧，又不受金，安眠美食，此优于迁、固
也。”帝哂之。后与员外郎崔逸等参定朝仪。

帝曾诏诸官曰：“近代已来，高卑出身，恒不常分。朕意所为可，
复以为不可，宜校量之。”李冲曰：“未审上古已来，置官列位，为欲
为膏粱儿弟，为欲益政赞时？”帝曰：“俱然为人。”冲曰：“若欲为人，
陛下今日何为专崇门品，不有拔才之诏？”帝曰：“苟有殊人之技，不
患不知。然君子之门，假使无当世之用者，要自德行纯笃，朕是以为

用之。"冲曰："傅岩、吕望，岂可以门见举？"帝曰："如此济世者希，旷代有一两耳。"冲谓诸卿士曰："适欲请救诸贤。"秘书令李彪曰："师旅寡少，未足为援，意有所怀，敢不尽言于圣日。陛下若专以地望，不审鲁之三卿，孰若四科？"帝曰："犹如向解。"显宗进曰："陛下光宅洛邑，百礼惟新，国之兴否，指此一选。且以国事论之，不审中秘监、令之子，必为秘书郎，顷来为监、令者，子皆可为不？"帝曰："卿何不论当世膏腴为监、令者？"显宗曰："陛下以物不可类，不应以贵承贵，以贱袭贱。"帝曰："若有高明卓尔，才具俊出者，朕亦不拘此例。"后为本州中正。

二十一年，车驾南征，以显宗为右军府长史、统军。次赭阳，齐戍主成公期遣其军主胡松，"高法援等并引蛮贼，来击军营。显宗拒战，斩法援首。显宗至新野，帝曰："何不作露布也？"显宗曰："臣顷见镇南将军王肃获贼二三，驴马数匹，皆为露布。臣在东观，私每哂之。近虽仰凭威灵，得摧丑虏，兵寡力弱，禽斩不多。脱复高曳长缣，虚张功捷，尤而效之，其罪弥甚。所以敛毫卷帛，解上而已。"帝笑曰："如卿此勋，诚合茅社，须赭阳平定，检审相酬。"新野平，以显宗为镇南广阳王嘉谘议参军。显宗上表，颇自矜伐，诉前征勋。诏曰："显宗进退无检，亏我清风，付尚书推列以闻。"兼尚书张彝奏免显宗官。诏以白衣守谘议，展其后效。

显宗既失意，遇信向洛，乃为五言诗赠御史中尉李彪，以申愤结。二十三年卒。显宗撰冯氏《燕志》、《孝友传》各十卷。景明初，追赭阳勋，赐爵章武男。子伯华袭。

程骏字骊驹。本广平曲安人也。六世祖良，晋都水使者，坐事流凉州。祖父肇，吕光人部尚书。

骏少孤贫，居丧以孝称。师事刘延明，性机敏好学，昼夜无倦。延明谓门人曰："举一隅而三隅反者，此子亚之也。"骏白延明曰："今名教之儒，咸谓老庄其言虚诞，不切实要，不可以经世。骏为不然。夫老子著抱一之言，庄生申性本之旨，若斯者，可谓至顺矣。人若乖一，则烦伪生。爽性，则冲真丧。"延明白："卿年尚幼，言若老成，美哉。"由是声誉益播。沮渠牧犍擢为东宫侍讲。

太延五年，凉州平，迁于京师。为司徒崔浩所知。文成践阼，为著作郎。皇兴中，除高密太守。尚书李敷奏骏实史才，方申直笔，请留之。书奏，从之。献文屡引骏与论《易》《老》义，顾谓群臣曰："朕与此人言，意甚开畅。"问骏年，对曰："六十一。"帝曰："昔太公老而遭文王，卿今遇朕，岂非早也。"骏曰："臣虽才谢吕望，陛下尊过西伯。觊天假余年，竭《六韬》之效。"

延兴末，高丽王琏求纳女于掖庭，假骏散骑常侍，赐爵安丰男，持节如高丽迎女。骏至平壤城。或劝琏曰："魏昔或与燕婚，既而伐之，由行人具其夷险故也。今若送女，恐不异于冯氏。"琏遂谬言女丧。骏与琏往复经年，责琏以义方。琏不胜其忿，遂断骏从者酒食，欲逼辱之，惮而不敢害。会献文崩，乃还。拜秘书令。

初，迁神主于太庙，有司奏：旧事，庙中执事官例皆赐爵，今宜依旧。诏百寮评议，群臣咸以为宜依旧事。骏独以为不可，表曰："臣闻名器为帝王所贵，山河为区夏之重，是以汉祖有约，非功不侯。未见预事于宗庙，而获赏于疆土。虽复帝王制作，弗相沿袭，然一时恩泽，岂足为长世之轨乎。"书奏，从之。文明太后谓群臣曰："言事，固当正直而准古典。安可依附暂时旧事乎。"赐骏衣一袭，帛二百匹。又诏曰："骏历官清慎，言事每惬。门无挟货之宾，室有怀道之士。可赐帛六百匹，旌其俭德。"骏悉散之亲旧。

性介直，不竞时荣。太和九年正月病笃，遗命曰："吾存尚俭薄，岂可没为奢厚哉。昔王孙裸葬，有感而然。士安篷籨，颇亦矫厉。可敛以时服，明器从古。"初骏病甚，孝文、文明太后遣使者更问其疾，敕侍御师徐謇诊视，赐以汤药。临终，诏以小子公称为中散，从子灵虬为著作佐郎。及卒，孝文、文明太后伤惜之。赐东园秘器、朝服一称、帛三百匹，赠兖州刺史、曲安侯，谥曰宪。所作文章，自有集录。

李彪字道固，顿丘卫国人也，孝文赐名焉。家寒微，少孤贫，有大志,好学不倦。初受业于长乐监伯阳,伯阳称美之。晚与渔阳高悦、北平阳尼等将隐名山,不果而罢。悦兄闾博学高才,家富典籍,彪遂于悦家手抄口诵,不暇寝食。既而还乡里。平原王陆睿年将弱冠,雅有志业。娶东除州刺史博陵崔鉴女,路由冀、相,闻彪名而诣之,修师友之礼,称之州郡,遂举孝廉,至京师,馆而受业焉。高闾称之朝贵,李冲礼之甚厚,彪深宗州附之。

孝文初,为中书教学博士。后假散骑常侍、卫国子,使于齐。迁秘书丞,奏著作事。自成帝已来,至于太和,崔浩、高允著述国书,编年序录为《春秋》体,遗落时事。彪与秘书令高祐始奏从迁、固体,创为记、传、表、志之目焉。

彪又表上封事七条曰:

古先哲王之为制也,自天子以至公卿,下及抱关击柝,其宫室车服,各有差品,小不得僭大,贱不得逾贵。夫然,故上下序而人志定。今时浮华相竞,情无常守,太为消功之物,巨制费力之事,岂不谬哉。夫消功者,锦绣凋文是也。费力者,广宅高宇,壮制丽饰是也。其妨男业害女工者,可胜言哉。汉文时,贾谊上疏,云今之王政可为长太息者六,此即是其一也。

夫上之所好,下必从之。故越王好勇而士多轻死,楚王好瘠而国有饥人。今二圣躬行俭素,诏令殷勤,而百姓之奢犹未革者,岂楚、越之人易变如彼,大魏之士难化如此?此盖朝制不宣,人未见德,使之然耳。臣愚以为第宅车服,自百官以下至于庶人,宜为其等制。使贵不逼贱,卑不僭高,不可以称其侈意,用违经典。

其二曰:

《易》称“主器者莫若长子。”《传》曰:“太子奉冢嫡之粢盛。”然则祭无主则宗庙无所飨,冢嫡废则神器无所传。圣贤知其如此,故垂诰以为长世之法。昔姬王得斯道也,故恢崇儒术以训世嫡,世嫡于是乎习成懿德,用大协于黎蒸。是以世统黎元,载祀八百。逮嬴氏之君于秦也,弗以义方教厥冢子,冢子于是习成凶德,肆虐以临黔首。是以飨年不永,二世而亡。亡之与兴道,在于师传。故《礼》云:“冢子生,因举以礼,使士负之,有司齐肃端冕,见于南郊。”明冢嫡之重,见乎天也。“过阙则下,过庙则趋”,明孝敬之道也。然古之太子,自为赤子而教固以行矣。此则远世之镜也。高宗文成皇帝慨少时师不勤教,尝谓群臣曰:“朕始学之日,年尚幼冲,情未能专。既临万机,不遑温习。今而思之,岂非唯予之咎,抑亦师傅之不勤。”尚书李欣免冠而谢。此则近日之可鉴也。

伏惟太皇太后翼赞高宗,训成显祖,使巍巍之功,邈乎前王。陛下幼蒙鞠海,圣敬日跻,及储宫诞育,复亲抚诰,日省月课,实劳神虑。今诚宜准古立师傅,以诏导太子。诏导正则太子正,太子正则皇家庆,皇家庆则人事幸甚矣。

其三曰:

《记》云:国无三年之储,谓国非其国。光武以一亩不实,罪及牧守。圣人之忧世重谷,殷勤如彼。明君之恤人劝农,相切若此。顷年山东饥,去岁京师俭,内外人庶,出入就丰,既废营产,疲困乃加,又于国体,实有虚损。若先多积谷,安而给之,岂有驱督老弱,糊口千里之外。以今况古,诚可惧也。

臣以为宜析州郡常调九分之二,京都度支岁用之余,各立官司。年丰籴积于仓,时俭则加私之二,粜之于人。如此,人必事田以买官绢,又务贮财以取官粟。年登则常积,岁凶则直给。又别立农官,取州郡户十分之一以为屯人。相水陆之宜,料顷亩之数,以赃赎杂物余财市牛科给,令其肆力。一夫之田,岁责六十斛,甄其正课并征戍杂役。行此二事,数年之中,则谷积而人足,虽灾不害。

臣又闻前代明王皆务怀远人,礼贤引滞。故汉高过赵,求乐毅之胄。晋武廓定,旌吴、蜀之彦。臣谓宜于河表七州人中,擢其门才,引令赴阙,依中州官比,随能序之。一可以广圣朝均新旧之义。二可以怀江汉归有道之情。

其四曰：

汉制，旧断狱报重尽季冬，至孝章时改尽十月，以育三微。后岁旱，论者以不十月断狱，阴气微，阳气泄，以故致旱。事下公卿。尚书陈宠曰："冬至阳气始萌，故十一月有射干芸荔之应，周以为春。十二月阳气上通，雉雊鸡乳，殷以为春。十三月阳气已至，蛰虫皆震，夏以为春。三微成著，以通三统，三统之月断狱流血，是不稽天意也。"章帝善其言，卒以十月断。

今京都及四方断狱报重，常竟季冬，不推三正以育三微。宽宥之情，每过于昔，遵之典宪，犹或阙然。今岂所谓助阳发生，垂奉微之仁也？诚宜远稽周典，近采汉制，天下断狱起自初秋，尽于孟冬。不于三统之春，行斩绞之刑。如此则道协幽显，仁垂后昆矣。

其五曰：

古者大臣有坐不廉而废者，不谓之不廉，乃曰簠簋不饰。此君之所以礼贵臣，不明言其过也。臣有大谴，则白冠牦缨盘水加剑，造室而请死，此臣之所以知罪而不敢逃刑也。圣朝宾遇大臣，礼崇古典，自太和降，有负罪当陷大辟者，多得归第自尽。遣之日，深垂隐恻，言发凄泪，百官莫不见，四海莫不闻，诚足以感将死之心，慰戚属之情。然恩发于衷，未著永制，此愚臣所以敢陈末见。

昔汉文时，人有告丞相勃谋反者，逮击长安狱，顿辱之与皂隶同。贾谊乃上书，极陈君臣之义，不宜如是。夫贵臣者，天子为其改容而体貌之，吏人为其俯伏而敬贵之。其有罪过，废之可见也。赐之死可也。若束缚之，输之司寇搒笞之，小吏詈骂之，殆非所以令众庶见也。及将刑也，臣则北面再拜，跪而自裁，天子曰：子大夫自有过耳，吾遇子有礼矣。上不使人抑而刑之也。孝文深纳其言。是后大臣有罪，皆自杀不受刑。至孝武时，稍复下狱。良由孝文行之当时，不为永制故耳。今天下有道，庶人不议之时，安可陈瞽言于朝？且恐万世之后，继体之主有若汉武之事。焉得行恩当时，不著长世之制乎。

其六曰：

《孝经》称父子之道天性，盖明一体而同气，可共而不可离
者也。及其有罪不相及者，乃君上之厚恩也。而无情之人，父
兄系狱，子弟无惨惕之容。子弟即刑，父兄无愧恶之色。宴安
荣位，游从自若，车马仍华，衣冠犹饰。宁是同体共气，分忧均
戚之理也？臣愚以为父兄有犯，宜令子弟素服肉袒，诣阙请罪。
子弟有坐，宜令父兄露板引咎，乞解所司。若职任必要，不宜许
者，慰勉留之。如此，足以敦厉凡薄，使人知有所耻矣。

其七曰：

《礼》云：臣有大丧，君三年不呼其门。此圣人缘情制礼，以
终孝子之情也。周季陵夷，丧礼稍亡，是以要绖即戎，素冠作
刺。逮乎虐秦，殆皆泯矣。汉初，军旅屡兴，未能遵古。至宣帝
时，人当从军屯者，遭大父母、父母死，未满三月，皆弗徭役。其
朝臣丧制，未有定闻。至后汉元初中，大臣有重忧，始得去官终
服。暨魏武、孙、刘之世，日寻干戈，前世礼制，复废不行。晋时
鸿胪郑默丧亲，固请终服，武帝感其孝诚，遂著令以为常。

圣魏之初，拨乱反正，未遑建终丧之制。今四方无虞，百姓
安逸，诚是孝慈道洽，礼教兴行之日也。然愚臣所怀，窃有未
尽。伏见朝臣丁大忧者，假满赴职，衣锦乘轩，从郊庙之祀。鸣
玉垂绶，同节庆之宴。伤人子之道，亏天地之经。愚谓如有遭
父母丧者，皆得终服。若无其人有旷官者，则优旨慰喻，起令视
事。但综理所司，出纳敷奏而已，国之吉庆，一令无预。其军戎
之警，墨缞从役，虽愆于礼，事所宜行也。

帝览而善之，寻皆施行。

彪稍见礼遇。诏曰："彪虽宿非清第，代阙华资，然识性严聪，学
博坟籍，刚辩之才，颇堪时用。兼优吏职，载宣朝美，若不赏庸叙绩，
将何以劝奖勤能。特迁秘书令。"以参议律令之勤，赐帛五百匹，马
一匹、牛二头。

　　其年,加员外散骑常侍,使于齐。齐遣其主客郎刘绘接对,并设宴乐。彪辞乐。及坐,彪曰:"向辞乐者,卿或未相体。我皇孝性自天,追慕罔极,故有今者器除之议。去三月晦,朝臣始除缞裳,犹以素服从事。裴谢在此,固应具此。今辞乐,想卿无怪。"绘答言:"请问魏朝器礼竟何所依?"彪曰:"高宗三年,孝文逾月。今圣上追鞠育之深恩,感慈训之厚德,报于殷、汉之间,可谓得礼之变。"绘复问:"若欲遵古,何不终三年?"彪曰:"万机不可久旷,故割至慕,俯从群议。服变不异三年,而限同一期,可谓失礼?"绘言:"汰哉叔氏,专以礼许人。"彪曰:"圣朝自为旷代之制,何关许人。"绘言:"百官总己听于冢宰,万机何虑于旷?"彪曰:"五帝之臣,臣不若君,故君亲揽其事。三王君臣智等,故共理机务。主上亲揽,盖远轨轩、唐。"

　　彪将还,齐主亲谓彪曰:"卿前使还日,赋阮诗云:'但愿长闲暇,后岁复来游。'果如今日。卿此还也,复有来理否?"彪答:"请重赋阮诗曰:'宴衍清都中,一去永矣哉。'"齐主惘然曰:"清都可尔,一去何事。观卿此言,似成长阔。朕当以殊礼相送。"遂亲至琅邪城,登山临水,命群臣赋诗以送别。其见重如此。彪前后六度衔命,南人奇其謇博。

　　后为御史中尉,领著作郎。彪既为孝文所宠,性又刚直,遂多劾纠,远近畏之,豪右屏气。帝常呼为李生,从容谓群臣曰:"吾之有李生,犹汉之有汲黯。"后除散骑常侍,领御史中尉,解著作事。帝宴群臣于流化池,谓仆射李冲曰:"崔光之博,李彪之直,是我国得贤之基。"

　　车驾南伐,彪兼度支尚书,与仆射李冲、任城王澄等参理留台事。彪素性刚豪,与冲等意议乖异,遂形于声色,殊无降下之心。冲积其前后罪过,乃于尚书省禁止彪,上表曰:"案臣彪昔于凡品,特以才拔,等望清华,司文东观,绸缪恩眷,绳直宪台,加金珰,右珥蝉冕。东省。宜感恩厉节,忠以报德。而窃名忝职,身为违傲,矜势高亢,公行僭逸。坐与禁省,冒取官材,辄驾乘黄,无所惮惧。肆志傲然,愚聋视听。此而可忍,谁不可怀。臣今请以见事免彪所居职,付廷尉狱。"冲又表曰：

> 臣与彪相识以来，垂二十载，彪始南使之时，见其色厉辞辩，臣之愚识，谓是拔萃之一人。及彪官位升达，参与言宴，闻彪平章古今，商略人物，兴言于侍筵之次，启论于众英之中，赏忠识正，发言恳恻，惟直是语，辞无隐避。臣虽下愚，辄亦钦其正直。及其始居司直，执志径行，其所弹劾，应弦而倒。赫赫之威，振于下国，肃肃之称，著自京师，天下改目，贪暴检手。然时有私于臣云其威暴者，臣以直绳之官，人所忌疾，风谤之际，易生音谣，心不承信。

> 往年以河阳事，曾与彪在领军府共太尉、司空及领军诸卿等集阅廷尉所问囚徒。时有人诉枉者，二公及臣少欲听采。语理未尽，彪便振怒，东坐攘袂挥赫，口称贼奴，叱吒左右，高声大呼曰："南台中取我木手去，搭奴肋折！"虽有此言，终竟不取。即言："南台所问，唯恐枉活，终无枉死。"时诸人以所枉至重，有首实者多，又心难彪，遂各嘿尔。因缘此事，臣遂心疑有滥。知其威虐。犹谓益多损少，故不以申彻，实失为臣知无不闻之义。

> 及去年大驾南行以来，彪兼尚书，日夕共事，始乃知其言与行舛，是已非人，专恣无忌，尊身忽物。臣与任城卑躬曲已，其所欲者无不屈从。依事求实，悉有成验。如臣列得实，宜亟投彪于有北，以除奸矫之乱政。如臣列无证，宜放臣于四裔，以息青蝇之白黑。

帝在悬瓠，览表叹愕曰："何意留京如此也。"有司处彪大辟，帝恕之，除名而已。

彪寻归本乡。帝北幸邺，彪野服称草茅臣，拜迎邺南。帝曰："朕以卿为已死。"彪对曰："子在，回何敢死。"帝悦，因谓曰："朕期卿每以贞松为志，岁寒为心，卿应报国，尽心为用，近见弹文，殊乖所以。卿罹此谴，为朕与卿？为宰事？为卿自取？"彪曰："臣愆由已至，罪自身招，实非陛下横与臣罪，又非宰事无辜滥臣。臣罪既如此,宜伏东皋之下,不应远点属车之清尘。但伏承圣躬不豫,臣肝胆涂地,是以敢至,非谢罪而来。"帝曰:"朕欲用卿,忆李仆射不得。"帝寻纳宋弁之言,将复采用。会留台表至,言彪与御史贾尚往穷庶人恂事,理有诬抑,奏请收彪。彪自言事枉,帝明彪无此,遣左右慰勉之,听以牛车散载,送之洛阳。会赦得免。

宣武践阼,彪自托于王肃,又与郭祚、崔光、刘芳、甄琛、邢峦等诗书往来,迭相称重。因论求复旧职,修史官之事,肃等许为左右。彪乃表曰:

惟我皇魏之奄有中华也,岁越百龄,年几十纪,史官叙录,未充其盛。加以东观中圮,册勋有阙,美随日落,善因月稀。故谚曰:"一日不书,百事荒芜。"至于太和之十一年,先帝、先后召名儒博达之士,以充麟阁之选。于时忘臣众短,采臣片志,令臣出纳,授臣丞职,猥属斯事,无所与让。高祖时诏臣曰:"平尔雅志,正尔笔端,书而不法,后世何观。"臣奉以周旋,不敢失坠。

伏惟孝文皇帝承天地之宝,崇祖宗之业,景功未就,奄焉崩殂,凡百黎萌,若无天地。赖遇陛下体明睿之真,应保合之量,恢大明以烛物,履静恭以和邦,天清其气,地乐其静,可谓重明叠圣,元首康哉。《记》曰:"善迹者欲人继其行,善歌者欲人继其声。"故《传》曰:"文王基之,周公成之。"然先皇之茂勋圣达,今王之懿美洞鉴,准之前代,其德靡悔也。时哉时哉,可不光昭哉,合德二仪者,先皇之陶钧也;齐明日月者,先皇之洞照也;虑周四时者,先皇之茂功也;合契鬼神者,先皇之玄烛也,迁都改邑者,先皇之达也;变是协和者,先皇之鉴也;思同书轨者,先皇之远也;守在四夷者,先皇之略也;海外有截者,先皇之威也;礼由岐阳者,先皇之义也;张乐岱郊者,先皇之仁也;銮幸幽漠者,先皇之智也;燮伐南荆者,先皇之礼也;升中告成者,先皇之肃也;亲度宗社者,先皇之敬也;衮实无阙者,先皇之德也;开物成务者,先皇之贞也;观乎人文者,先皇之蕴也;革弊创新者,先皇之志也;孝慈道洽者,先皇之衷也。先皇有大功二十,加以谦尊而光,为而弗有者,可谓四三皇而六五帝矣。诚宜功书于竹素,声播于金石。

臣窃谓史官之达者,大则与日月齐其明,小则与四时并其茂,故能声流无穷,义昭来裔。是以金石可灭,而风流不泯者,其唯载籍乎。谚曰:“相门有相,将门有将。”斯不唯其性,盖言习之所得也。窃谓天文之官,太史之职,如有其人,宜其世矣。是以谈、迁世事而功立,彪、固世事而名成,此乃前鉴之轨辙,后镜之著龟也。然前代史官之不终业者,皆陵迟之世,不能容善。是以平子去史而成赋,伯喈违阁而就志。近僭晋之世,有佐郎王隐,为著作虞预所毁,亡官在家,昼则樵薪供爨,夜则观文属缀,集成《晋书》,存一代之事。司马绍敕尚书唯给笔札而已。国之大籍,成于私家,末世之弊,乃至如此。此史官之不遇时也。

今大魏之史,职则身贵,禄则亲荣,优哉游哉,式谷令尔休矣。而典谟弗恢者,其有以也。而故著作渔阳傅毗、北平阳尼、河间邢产、广平宋弁、昌黎韩显宗并以文才见举,注述是同,并登年不永,弗终茂绩。前著作程灵虬同时应举,共掌此务,今徙他职,官非所司。唯著作崔光一人。虽不移任,然侍官两兼,故载述致阙。

臣闻载籍之兴,由于大业,雅颂垂荐,起于德美。昔史谈诫其子迁曰:“当世有美而不书,汝之罪也。”是以久而见美。孔明在蜀,不以史官留意,是以久而受讥。《书》称“无旷庶官”,《诗》有“职思其忧,”臣虽今非所司,然昔忝斯任,故不以草茅自疏,敢言及于此,语曰:“患为之者不必知,知之者不得为。”臣诚不知,强欲为知耳。窃寻先朝赐臣名彪者,远则拟《汉史》之叔皮,近则准《晋史》之绍统,推名求义,欲罢不能。今求都下乞一静处,综理国籍,以终前志,官给事力,以充所须。虽不能光启大录,庶不为饱食终日耳。近则期月可就,远则三年有成,正本蕴之麟阁,副贰藏之名山。

时司空北海王详、尚书令王肃许之,肃以其无禄,颇相赈饷。遂在秘书省,同王隐故事,白衣修史。

宣武亲政,崔光表曰:"臣昔为彪所致,与之同业积年,其志力贞强,考述无倦。顷来契阔,多所废离,近蒙收起,还综厥事。老而弥厉,史才日新。若克复旧职,专功不殆,必能昭明《春秋》,阐成皇籍。既先帝厚委,宿历高班,纤负微愆,应从涤洗。愚谓宜申以常伯,正缉著作。"宣武不许。诏彪兼通直散骑常侍、行汾州事,非彪好也,固请不行。卒于洛阳。

始彪为中尉,号为严酷,以奸款难得,乃为木手击其胁腋,气绝而复属者时有焉。又慰喻汾州叛胡,得其凶渠,皆鞭面杀之。及彪病,体上往往创溃,痛毒备极。赠汾州刺史,谥曰刚宪。彪在秘书岁余,史业竟未及就,然区分书体,皆彪之功。述《春秋三传》,合成十卷。其余著诗颂赋诔章表别有集。

彪虽与宋弁结管、鲍交,弁为大中正,与孝文私议,犹以寒地处之,殊不欲微相优假。彪亦知之,不以为恨。弁卒,彪痛之无已,为之哀诔,备尽辛酸。郭祚为吏部,彪为子志求官,祚仍以旧第处之。彪以位经常伯,又兼尚书,谓祚应以贵游拔之,深用忿怨,形于言色。时论以此非祚。祚每曰:"尔与义和至友,岂能饶尔而怨我乎。"任城王澄与彪先亦不穆,乃为雍州,彪诣澄,为志求其府僚。澄释然为启,得为列曹行参军,时称澄之美。

志字鸿道,博学有才干,年十余,便能属文。彪奇之,谓崔鸿曰:"子宜与鸿道为二鸿于洛阳。"鸿遂与交款往来。

彪有女,幼而聪令,彪每奇之,教之书学,读诵经传。尝窃谓所亲曰:"此当兴我家,卿曹容得其力。"彪亡后,宣武闻其名,召为婕妤。在宫常教帝妹书,诵授经史。始彪奇志及婕妤,特加器爱,公私坐集,必自称咏,由是孝文所贵。及彪亡后,婕妤果入掖廷,后宫咸师宗之。宣武崩后,为比丘尼,通习经义,法讲说,诸僧叹重之。

志历官所在著绩。桓叔兴外叛,南荆荒毁,领军元乂举其才任

抚导,擢为南荆州刺史。建义初,叛入梁。志弟游,有才行。随兄志
在南荆州,属尔朱之乱,与志俱奔江左。子昶。

昶小名那。性峻急,不杂交游。幼年已解属文,有声洛下。时
洛阳初置明堂,昶年十数岁,为《明堂赋》,虽优洽未足,才制可观。
见者咸曰有家风也。初谒周文,周文深奇之,厚加资给,令入太学。
周文每见学生,必问才行于昶。昶神情清悟,应对明辩,周文每称叹
之。绥德公陆通盛选僚寀,请以昶为司马,周文许之。昶虽年少,通
特加接待,公私之事,咸取决焉。又兼二千石郎中,典仪注。累迁都
官郎中、相州大中正。昶虽处郎官,周文恒欲以书记委之,于是以为
丞相府记室参军、著作郎、修国史,转大行台郎中、中书侍郎,又转
黄门侍郎,封临黄县伯。尝谓曰:"卿祖昔在中朝,为御史中尉,卿操
尚贞固,理应不坠家风。但孤以中尉弹劾之官,爱憎所在,故未即授
卿耳。然此职久旷,无以易卿。"乃奏昶为御史中尉,赐姓宇文氏。

六官建,拜内史下大夫,进爵为侯。明帝初,行御伯中大夫。武
成元年,除中外府司录。保定初,进骠骑大将军、开府仪同三司,转
御正中大夫。时以近侍清要,盛选国华,乃以昶及安昌公元则、中都
公陆逞、临淄公唐瑾等并为纳言。寻进爵为公。五年,出为昌州刺
史,在州遇疾,求入朝,诏许之。未至京,卒,赠相、瀛二州刺史。

昶,周文世已当枢要,兵马处分,专以委之,诏册文笔,皆昶所
作也。及晋公护执政,委任如旧。昶常曰:"文章之事,不足流于后
世,经邦致化,庶及古人。"故所作文笔,了无蒿草,唯留心政事而
已。又以父在江南,身寓关右,自少及终,不饮酒听乐,时论以此称
焉。子丹嗣。

高道悦字文欣,辽东新昌人也。曾祖策,冯跋散骑常侍、新昌
侯。祖育,冯弘建德令,太武东讨,率部归命,授建忠将军、齐郡建德
二郡太守,赐爵肥如子。父玄起,武邑太守,遂居勃海蓚县。

道悦少为中书学生、侍御主文中散。后为谏议大夫,正色当官,
不惮强御。车驾南征,征兵秦、雍,大期秋季阅集洛阳。道悦以使者

书侍御史薛聪、侍御史主文中散元志等稽违期会,奏举其罪,又奏兼左仆射、吏部尚书、任城王澄,位总朝右,任属戎机,兵使会否,曾不检奏。尚书左丞公孙良职绾枢辖,蒙冒莫举。请以见事免澄、良等所居官。时道悦兄观为外兵郎中,澄奏道悦有党兄之负,孝文诏责。然以事经恩宥,遂寝而不论。诏曰:“道悦资性忠笃,禀操贞亮,居法树平肃之规,处谏著必犯之节,王公惮其风鲠,朕实嘉其一至,謇谔之诚,何愧黯、鲍也。其以为王爵下大夫,谏议如故。”

车驾幸邺,又兼御史中尉,留守洛京。时宫阙初基,庙库未构,车驾将水路幸邺,已招都水回营构之材,以造舟楫。道悦表谏,以为阙居宇之功,作游嬉之用,损耗殊倍。又深薄之危,古今共慎。于是帝遂从陆路。转道悦太子中庶子,正色立朝,俨然难犯,宫官上下,咸畏惮之。

太和二十年秋,车驾幸中岳,诏太子恂入居金墉。而恂潜谋还代,忿道悦前后规谏,遂于禁中杀之。帝甚加悲惜,赠散骑常侍、营州刺史,并遣王人慰其妻子,又诏使者监护丧事。葬于旧茔,谥曰贞侯。宣武又追录忠概,拜长子显族给事中。

显族亦以忠厚见称,卒于右军将军。

显族弟敬猷,有风度。萧宝夤西征,引为骠骑司马。及宝夤谋逆,敬猷与行台郎中封伟伯等潜图义举,谋泄见杀。赠沧州刺史,听一子出身。

道悦长兄嵩,字昆仑,魏郡太守。

嵩弟双,清河太守,坐赇货,将刑于市,遇赦免。时北海王详为录尚书事,双多纳金宝,除司空长史。后为凉州刺史,专肆贪暴,以罪免。后货高肇,复起为幽州刺史。以贪秽被劾,罪未判,遇赦复任。未几而卒。

双弟观,尚书左外兵郎中、城阳王鸾司马,南征赭阳,先驱而殁,谥曰闵。

甄琛字思伯,中山毋极人,汉太保邯之后也。父凝。州主簿。

琛少敏悟，闺门之内，兄弟戏狎，不以礼法自居。学览经史，称有刀笔。而形貌短陋，鲜风仪。举秀才，入都积岁，颇以奕棋弃日，至乃通夜不止。手下仓头，常令执烛，或时睡顿，大加其杖，如此非一。奴后不胜楚痛，乃曰："郎君辞父母仕官，若为读书执烛，不敢辞罪，乃以围棋，日夜不息，岂是向京之意，而赐加杖罚，不亦非理。"琛怅然惭感，遂从许赤彪假书研习，闻见日优。太和初，拜中书博士，迁谏议大夫，时有所陈，亦为孝文知赏。

宣武践阼，以琛为中散大夫，兼御史中尉。琛表曰：

《月令》称山林薮泽，有能取蔬食禽兽者，皆野虞教导之，其迭相侵夺者，罪之无赦。此明导人而弗禁，通有无以相济也。《周礼》虽有川泽之禁，正所以防其残尽，必令取之有时。斯所谓鄣护在公，更所以为人守之耳。今者天为黔首生盐，国为黔首鄣护。假获其利，犹是富专口断，不及四体也。且天下夫妇，岁贡粟帛，四海之有，备奉一人，军国之资，取给百姓，天子亦何患乎贫，而苟禁一池？臣每观上古爱人之迹，时读中叶骤税之书，未尝不叹彼远大，惜此近狭。令伪弊相承，仍崇闗廛之税。大魏宏博，唯受谷帛之输。是使远方闻者，莫不歌德。语称出内之吝，有司之福。施惠之难，人君之祸，夫以府藏之物，犹以不施而为灾，况府外之利，而可吝之于黔首？愿弛盐禁，使沛然远及。依《周礼》置川衡之法，使之监导而已。

诏付八坐议可否以闻。彭城王勰、兼尚书邢峦等奏：

琛之所列，但恐坐谈则理高，行之则事阙，是用迟回，未谓为可。窃惟大道既往，恩惠生焉，下奉上施，卑高理睦。恒恐财不赒国，泽不厚人，故多方以达其情，立法以行其志。至乃取货山泽，轻在人之贡。立税关市，裨十一之储。收此与彼，非利己也。回彼就此，非为身也。所集天地之产，惠天地之人，藉造物之富，赈造物之贫。禁此泉池，不专太官之御。敛此匹帛，岂为后宫之资。既润不在己，彼我理一，积而散之，将焉所吝。然自行以来，典司多忽，出入之间，事不如法。此乃用之者无方，非兴之者有谬。至使朝廷识者，听营其间。今而罢之，惧失前旨。宜依前式。

诏曰："司盐之税，乃自古通典，然兴制利人，亦世或不同。甄琛之表，实所谓助政毗俗者也。可从其前计，尚书严为禁豪强之制也。"

诏琛参八坐议事，寻正中尉。迁侍中，领中尉。琛俯眉畏避，不能绳纠贵游，凡所劾者，率多下吏。于时赵修宠贵，琛倾身事之。琛父凝为中散大夫，弟僧林为本州别驾，皆托修申达。至修奸诈事露，明当收考，今日乃举其罪。及监决修鞭，犹相隐恻，然告人曰："赵修小人，背如土牛，殊耐鞭杖。"有识以此非之。修死之明日，琛与黄门郎李凭以朋党被召诣尚书。兼尚书元英、邢峦穷其阿附之状。琛曾拜官，诸宾悉集，峦乃晚至。琛谓峦："何处放蛆来，今晚始顾？"虽以言戏，峦变色衔忿。及此，大相推穷。司徒、录尚书事、北海王详等奏曰：

> 谨案侍中、领御史中尉甄琛，身居直法，纠擿是司。风邪响黩，犹宜劾纠，况赵修侵公害私，朝野切齿？而琛尝不陈奏，方更往来，中外影响，致其谈誉。令布衣之父，超登正四之官。七品之弟，越陟三阶之禄。亏先皇之选典，尘圣明之官人。又与黄门郎李凭，相为表里。凭史叨封，知而不言。及修衅彰，方加弹奏。生则附其形势，死则就地排之。窃天之功，以为己力，仰欺朝廷，俯罔百司，其为鄙诈，于兹甚矣。谨依律科从，请以职除。其父中散，实为叨越，虽皇族帝孙，未有此例，既得不以伦，请下收夺。李凭朋附赵修，是亲是仗，缁点皇风，尘鄙正化，此而不纠，将何以肃整阿谀，奖厉忠概？请免所居官以肃风轨。

奏可。琛遂免归本郡。左右相连死黜者二十余人。

始以父母老，常求解官扶侍，故孝文授以本州长史。及贵达，不复请归，至是乃还。供养数年，遭母忧。母钜鹿曹氏，有孝性，夫氏去家，路逾百里，每得鱼肉菜果珍美口实者，必令僮仆走奉其母，乃后食焉。琛母服未阕，复丧父。琛于茔兆内手种松柏，隆冬负掘水土，乡老哀之，咸助加力。十余年中，坟成木茂。与弟僧林誓以同居没齿,专事产业,躬亲农圃,时以鹰犬驰逐自娱。朝廷有大事,犹上表陈情。

久之,复除散骑常侍,领给事黄门侍郎、定州大中正,大见亲宠,委以门下庶事,出参尚书,入厕帷幄。孝文时,琛兼主客郎,迎送齐使彭城刘缵。琛钦其器貌,常叹咏之。缵子昕为朐山戍主。昕死,家属入洛,有女年未二十,琛乃纳昕女为妻。婚日,诏给厨费。琛所好悦,宣武时调戏之。

迁河南尹,黄门、中正如故。琛表曰:

国家居代,患多盗窃。世祖太武皇帝亲自发愤,广置主司,里宰皆以下代令长及五等散男有经略者乃得为之。又多置吏士,为其羽翼。崇而重之,始得禁止。今迁都已来,天下转广,四远赴会,事过代都。寇盗公行,劫害不绝。此由诸坊混杂,厘比不精,主司暗弱,不堪检察故也。今择尹既非南金,里尉铅刀而割,欲望清肃都邑,不可得也。里正乃流外四品,职轻任碎,多是下才,人怀苟且,不能督察,故使盗得容奸,百赋失理。边外小县,所领不过百户,而令长皆以将军居之。京邑诸坊,大者或千户、五百户,其中皆王公卿尹,贵势姻戚,豪猾仆隶,荫养奸徒,高门邃宇,不可干问。比之边县,难易不同。今难彼易此,实为未惬。

王者立法,随时从宜,先朝立品,不必即定,施而观之,不便则改。今闲官静任,犹听长兼。况烦剧要务,不得简能下领。请取武官中八品将军以下干用贞济者,以本官俸恤领里尉之任,各食其禄。高者领六部尉,中者领经途尉,下者领里正。不尔,请少高里尉之品,选下品中应迁者,进而为之,则督责有所,辇毂可清。

诏曰:"里正可进至勋品、经途从九品、六部尉正九品诸职中简取,何必须武人也。"琛又奏以羽林为游军,于诸坊巷司察盗贼。于是京邑清静,后皆踵焉。

转太子少保,黄门如故。及高肇死,琛以党不宜复参朝政,出为营州刺史,迁凉州刺史。犹以高氏之昵,不欲处之于内。久之,为吏部尚书。未几,除定州刺史。固辞曰:"陛下在东宫,崔光少傅,臣为少保,今光为车骑大将军、仪同三司、开国公。故仆射游肇时为侍中,与臣官阶相似,肇在省为仆射,死赠车骑将军、仪同三司、冀州刺史。臣今适为征北将军、定州刺史。生师保不如死游肇。"诏书慰遣之。琛既至乡,衣锦昼游,大为称满,政体严细,甚无声誉。

崔光辞司徒之授也,琛与光书,外相抑扬,内实附会。光亦揣其意,复书以悦之。征为车骑将军、特进,又拜侍中。以其衰老,诏赐御府杖,朝直杖以出入。卒,诏给东园秘器,赠司徒公、尚书左仆射,加后部鼓吹。

太常议谥文穆。吏部郎袁翻奏曰:

案礼,谥者行之迹也;号者功之表也;车服者位之章也。是以大行受大名,细行受细名。行生于己,名生于人。故阖棺然后定谥,皆累其生时美恶,所以为将来劝戒,身虽死,使名常存也。凡薨亡者,属所即言大鸿胪,移本郡大中正,条其行迹功过,丞中正移,言公府,下太常部博士评议,为谥列上。谥不应法者,博士坐如选举不以实论。若行状失实,中正坐如博士。自古帝王,莫不殷勤重慎,以为褒贬之实也。

今之行状,皆出自其家,任其臣子自言君父之行,无复是非之事。臣子之欲光扬君父,但苦迹之不高,行之不美,是以极辞肆意,无复限量。观其状也,则周、孔联镳、伊、颜接衽,论其谥也,虽穷文尽武,无或加焉。然今之博士与古不同,唯知依其行状,又先问其家人之意,臣子所求,便为议上。都不复斟酌与夺,商量是非。致号谥之加,与泛阶莫异,专以极美为称,无复贬降之名。礼官之失,一至于此。案甄司徒行状,至德与圣人齐踪,鸿名共大贤比迹,文穆之谥,何足加焉。但北来赠谥。于例普重,如甄之流,无不复谥。谓宜依谥法,慈惠爱人曰孝,宜谥曰孝穆公。

自今以后,明勒太常、司徒,有行状如此,言辞流宕,无复

节限者,悉请裁量,不听为受。仍踵前来之失者,皆付法司科
罪。

诏从之。琛祖载,明帝亲送,降车就舆,吊服哭之,遣舍人慰其诸子。

琛性轻简,好嘲谑,故少风望。然明解有干具,在官清白。自孝
文、宣武,咸相知待。明帝以师傅之义而加礼焉。所著文章,鄙碎无
大体,时有理诣。《磔四声》、《姓族废兴》、《会通缊素三论》及《家
诲》二十篇,《笃学文》一卷,颇行于世。

琛长子侃,字道正,位秘书郎。性险薄,多与盗劫交通。随琛在
京,以酒色夜宿洛水亭舍,殴击主人,为司州所劾,淹在州狱。琛大
以惭慨。广平王怀为牧,与琛先不协,欲具案穷推。琛托左右以闻,
宣武敕怀宽放。怀固执之,久乃特旨出侃。自此沈废,卒家。

侃弟楷,字德方,粗有文学,颇更吏事。琛启除秘书郎。宣武崩,
未葬,楷与河南尹丞张普惠等饮戏,免官。后稍迁尚书仪曹郎,有当
官之称。明帝末,丁忧在乡,定州刺史广阳王深召楷兼长史,委以州
任。寻属鲜于修礼、毛普贤等率北镇流入反于州西北之左人城,屠
村掠野,引向州城。州城内先有燕、恒、云三州避难户,修礼等声云,
欲将此辈共为举动。楷见人情不安,虑有变起,乃走收三州人中粗
暴者杀之,以威外贼贼。及刺史元囧、大都督扬津等至,楷乃还家。
后修礼等忿楷屠害北人,遂掘其父墓,载棺巡城,示相报复。孝庄
时,征为中书侍郎。后齐文襄取为仪同府谘议参军。卒,赠骠骑将
军、秘书监、沧州刺史。

琛从父弟密,字叔雍,清谨少嗜欲,颇涉书史。疾世俗贪竞,干
没荣宠,曾为《风赋》以见意。后参中山王英军事。英钟离败退,乡
人苏良没于贼中,密尽私财以赎之。良归,倾资报密。密一皆不受
曰:"济君之日,本不求货,岂相赎之意。"及葛荣侵扰河北,诏密为
相州行台,援守邺城。庄帝以密全邺勋,赏安市县子。孝静初,为卫
尉卿,在官有平直之誉。出为北徐州刺史,卒官,赠骠骑将军、仪同
三司、瀛州刺史。谥曰靖。

琛同郡张纂,字伯业。祖珍,字文表,慕容宝度支尚书。道武平

中山，入魏，卒于凉州刺史，谥曰穆，纂颇涉经史，雅有气尚，交结胜流。为乐陵太守，在郡多所受纳。闻御史至，弃郡逃走，于是除名，乃卒。天平初，赠定州刺史。

纂叔感，字崇仁，有器业，不应州郡之命。

子宣轨，少孤，事母以孝闻。累迁相州抚军府司马。宣轨性通率，轻财好施。属葛荣围城，与刺史李神有固守效，以功赐爵中山公。后坐事死邺。

纂从弟元宾，位奉朝请。及外生高昂贵达，启赠瀛州刺史。

高聪字僧智，本勃海人也。曾祖轨，随慕容德徙青州，因居北海之剧县。父法昂，少随其舅宋车骑将军王玄谟征伐，以功至员外郎，早卒。

聪生而丧母，祖母王抚育之。大军攻克东阳，聪徙平城，与蒋少游为云中兵户，窘困无所不为。族祖允视之若孙，大加赒给。聪涉猎经史，颇有文才。允嘉之，数称其美，言之朝廷，由是与少游同拜中书博士。转侍郎，为高阳王雍傅，稍为孝文知赏。

太和十七年，兼员外散骑常侍，使于齐。后兼太子左率。聪微习弓马，乃以将略自许。孝文锐意南讨，专访王肃以军事。聪托肃，愿以偏裨自效。肃言之于帝，故假聪辅国将军，受肃节度，同援涡阳。聪躁怯少威重，及与贼交，望风退败。孝文恕死，徙平州。行届瀛州，刺史王质获白兔，将献，托聪为表。帝见表，顾王肃曰："在下那得有此才，令朕不知。"肃曰："比高聪北徙，或其所制。"帝悟曰："必应然也。"

宣武初，聪复窃还京师，说高肇废六辅。宣武亲政，除给事黄门侍郎，后加散骑常侍。及幸邺还，于河内怀界，帝射矢一里五十余步。侍中高显等奏，盛事奇迹必宜表述，请勒铭射宫，永彰圣艺。遂刊铭射所，聪为之词。赵修嬖幸，聪深朋附。及诏追赠修父，聪为碑文，出入同载，观视碑石。聪每见修，迎送尽礼。聪又为修作表，陈当时便宜，教其自安之术，由是迭相亲狎。修死，甄琛、李凭皆被黜落，聪深用危虑，而先以疏宗之情，曲事高肇，竟获自免，肇之力也。修之任势，聪倾身事之，及死，言必毁恶。茹皓之宠，聪又媚附，每相招命，称皓才识非修之俦。乃因皓启请田宅，皆被遂许。及皓见罪戮，聪以为死之晚也。其薄于情义皆如此。

侍中高显为护军，聪代兼其任。显与兄肇疑聪间构而求之。聪居兼十余旬，出入机要，言即真，无远虑，藉贵因权，耽于声色，贿纳之音，闻于遐迩。中尉崔亮知肇微恨，遂面陈聪罪，出为并州刺史。聪善于去就，知肇嫌之，侧身承奉，肇遂待之如旧。聪在并州数岁，多不率法，又与太原太守王椿有隙，再为大使御史举奏。肇每以宗私相援，事得寝缓。宣武末，拜散骑常侍、平北将军。

明帝践阼，以其素附高肇，出为幽州刺史。寻以高肇之党，与王世义、高绰、李宪、崔楷、兰氛之为中尉元匡所弹，灵太后并特原之。聪遂废于家，断绝人事，唯修营园果，世称高聪梨，以为珍异。又唯以声色自娱。后拜光禄大夫，卒。灵太后闻其亡，嗟惋良久。赠青州刺史，谥曰献。

聪有妓十余人，有子无子皆注籍为妾，以悦其情。及病，欲不适他人，并令烧指吞炭，出家为尼。聪所作文笔二十卷。长子云，字彦鸿，位辅国将军、中散大夫。河阴遇害，赠兖州刺史。

论曰：韩麒麟由才器识用，遂见纪于齐士。显宗以文学自立，而时务屡陈，至于实录之功，未之闻也。子熙清尚自守，荣过其器。程骏才业见知，盖当时之长策。李彪生自微族，见擢明世，轺轩骤指，声骇江南，执笔立言，遂为良史。逮于直绳在手，厉气明目，持坚无术，末路蹉跎。行百里者半于九十，彪之谓也。高道悦謇直之风，见惮于世，丑正贻祸，有可悲乎。甄琛以学尚刀笔，早树声名，受遇三朝，终至崇重。高聪才尚见知，名位显著。而异轨同奔，咸经于危覆之辙，惜乎！

北史卷四一
列传第二九

杨播　杨敷

杨播字延庆，弘农华阴人也。高祖结，仕慕容氏，位中山相。曾祖珍，道武时归国，位上谷太守。祖真，河内、清河二郡太守。父懿，延兴末为广平太守，有称绩。孝文南巡，吏人颂之，征为选部给事中，有公平誉。除安南将军、洛州刺史，未之任，卒，赠本官，加弘农公，谥曰简。

播本字元休，孝文赐改焉。母王氏，文明太后之外姑。播少修饬，奉养尽礼。擢为中散，累迁卫尉少卿。与阳平王迹等出漠北击蠕蠕，大致克获。迁武卫将军，复征蠕蠕，至居然山而还。

及车驾南讨，假前将军，从至钟离。师回，诏播为圆阵御之。相拒再宿，军人食尽，贼围更急。播乃领精骑三百，历其船大呼曰："我今欲度，能战者出。"遂拥而济，贼莫敢动。赐爵华阴子。复从驾讨破崔慧景、萧衍于邓城，进号平东将军。时车驾耀威城沔水，上巳设宴，帝与中军彭城王勰赌射，左卫元遥在勰朋内，而播居帝曹。遥射侯正中，筹限已满。帝曰："左卫筹足，右卫不得不解。"对曰："仰恃圣恩，庶几心争"，于是箭中正。帝笑曰："虽养由之妙，何复过是。"遂举卮赐播曰："古人酒以养病，朕今赏卿之能，可谓古今殊也。"除太府卿，进爵为伯。

后为华州刺史。至州，借人田，为御史王基所劾，除官爵，卒于家。子侃等停枢不葬，披诉积年。至熙平中，乃赠镇西将军、雍州刺史,并复其爵,谥曰壮。

侃字士业,颇爱琴书,尤好计画。时播一门,贵满朝廷,子侄早通,而侃独不交游,公卿罕有识者。亲朋劝其出仕,侃曰:"苟有良田,何忧晚岁,但恨无才具耳。"年三十一,袭爵华阴伯。

扬州刺史长孙承业请为录事参军。梁豫州刺史裴邃规相掩袭,密购寿春人李瓜花、袁建等令为内应。邃已纂勒兵士,虑寿春疑觉,遂谬移云:"魏始于马头置戍,如闻复欲修白捺旧城。若耳,便稍相侵逼。此亦须营欧阳,设交境之备。今板卒已集,唯听信还。"佐寮咸欲以实答之,云无修白捺意。而侃曰:"白捺小城,本非形胜,邃集兵遣移,虚构是言,得无有别图也?"承业乃云:"录事可造移报。"移曰:"彼之纂兵,想别有意,何为妄构白捺? 他人有心,子忖度之,勿谓秦无人也。"邃得移,谓已觉,便散兵。瓜花等以期契不会,便相告发,伏辜者十数家。邃后竟袭寿春,入罗城而退,遂列营于黎浆、梁城,日夕钞掠。承业乃奏侃为统军。

后雍州刺史萧宝夤据州反,承业讨之,除侃为承业行台左丞。军次恒农,侃白承业曰:"今贼守潼关,全据形胜。须北取蒲坂,飞棹西岸,置兵死地,人有斗心,华州之围,可不战而解,潼关之贼,必望风溃散。诸处既平,长安自克。愚计可录,请为明公前驱。"承业从之,令其子子产等领骑与侃于恒农北度,便据石锥壁。乃班告曰:"今且停军于此,以待步卒,兼观人情向背。若送降名者,各自还村,候台军举三烽火,各亦应之,以明降款。其无应烽,即是不降之村,理须殄戮。"人遂传相告报。实未降者,亦诈举烽,一宿之间,火光遍数百里内。围城之寇,不测所以,各自散归。长安平,侃颇有力焉。

建义初,除岐州刺史。属元颢内逼,诏行北中郎将。孝庄徙河北,执侃手曰:"朕停卿蕃寄,移任此者,正为今日。但卿尊卑百口,若随朕行,所累处大。卿可还洛,寄之后图。"侃曰:"宁可以臣微族,顿废君臣之义。"固求陪从。除度支尚书,兼给事黄门侍郎,敷西县公。及车驾南还,颢令梁将陈庆之守北中城,自据南岸。有夏州义士为颢守河中渚,乃密信通款,求破桥立效。尔朱荣赴之。及桥破,应接不果，皆为颢屠。荣将为还计，欲更图后举。侃曰："若今即还，人情失望，未若召发人材，唯多缚筏，间以舟楫，沿河广布，令数百里中，皆为度势，颢知防何处？一旦得度，必立大功。"荣大笑从之。于是尔朱兆等于马渚诸杨南度，颢便南走。车驾入都，侃解尚书，正黄门。以济河功，进爵济北郡公，复除其长子师仲为秘书郎。

时所用钱，人多私铸，稍就薄小，乃至风飘水浮，米斗几直一千。侃奏听人与官铸并五铢，使人乐为，而俗弊得改。庄帝从之。后除侍中，加卫将军、右光禄大夫。

庄帝将图尔朱荣，侃与内弟李晞、城阳王徽、侍中李彧等咸预其谋。尔朱兆入洛，侃时休沐，遂窜归华阴。普泰初，天光在关西，遣侃子妇父韦义远招慰之，立盟许恕其罪。侃从兄昱恐为家祸，令侃出应，假其食言，不过一人身没，冀全百口。侃赴之，为天光所害。太昌初，赠车骑将军、仪同三司、幽州刺史。子纯阤袭。播弟椿。

椿字延寿，本好仲考，孝文赐改焉。性宽谨，为内给事，与兄播并侍禁闱。后为中部法曹，折讼公正，孝文嘉之。及文明太后崩，孝文五日不食。椿谏曰："圣人之礼，毁不灭性，纵陛下欲自贤于万代，其若宗庙何！"帝感其言，乃一进粥。转授宫舆曹少卿，加给事中，出为豫州刺史，再迁梁州刺史。

初，武兴王杨集始降于齐，自汉中而北，规复旧土。椿贻书集始，开以利害。集始执书对使者曰："杨使君此书，除我心腹疾。"遂来降，寻以母老解还。后兼太仆卿。

秦州羌吕苟儿、泾州屠各陈瞻等反，诏椿为别将，隶安西将军元丽讨之。贼守峡自固。或谋伏兵断其出入，待粮尽攻之。或云斩山木，纵火焚之。椿曰："并非计也。贼深窜，正避死耳。今宜勒三军勿更侵掠，贼必谓见险不前，必轻我军，然后掩其不备，可一举而平。"乃缓师。贼果出掠，仍以军中驴马饵之，衔枚夜袭，斩瞻传首。入正太仆卿。

初，献文世有蠕蠕万余户降附，居于高平、薄骨律二镇。太和末叛走，唯有一千余家。太中大夫王通、高平镇将郎育等求徙置淮北，防其后叛。诏椿徙焉。椿上书，以为裔不谋夏，夷不乱华，是以先朝居之荒服之间，正欲悦近来远。今新附者众，若旧者见徙，新者必不安。愚谓不可。时八坐不从，遂于济州缘河居之。及冀州元愉之难，果悉浮河赴贼，所在钞掠，如椿所策。

后除朔州刺史，在州为廷尉奏椿前为太仆卿，招引百姓，盗种牧田三百四十顷，依律处刑五岁。尚书邢峦据正始别格，奏罪应除名，注籍盗门，同籍合门不仕。宣武以新律既班，不宜杂用旧制，诏依断，以赎论。

后除定州刺史，自道武平中山，多置军府，以相威摄。凡有八军，军各配兵五千，食禄主帅军各四十六人。自中原稍定，八军之兵渐割南戍，一军兵才千余，然主帅如故，费禄不少。椿表罢四军，减其主帅百八十四人。椿在州，因修黑山道余功，伐木私造佛寺，役兵，为御史所劾，除名。

后累迁为雍州刺史，进号车骑大将军，仪同三司。寻以本官加侍中，兼尚书右仆射，为行台，节度关西诸将。遇暴疾，频启乞解，诏许之，以萧宝夤代为刺史、行台。椿还乡里，遇子昱将还京师，使陈宝夤赏罚云为，不依常宪，恐有异志。昱还，面启明帝及灵太后，并不纳。及宝夤邀害御史中尉郦道元，犹上表自理，称为椿父子所谤。

建义元年，为司徒。永安初，进位太保，加侍中，给后部鼓吹。元颢入洛，椿子昱为颢禽，又椿弟顺，顺子仲宣、兄子保、弟子遁并从驾河内，为颢嫌疑。以椿家世显重，恐失人望，未及加罪。时人助其忧，或劝椿携家避祸。椿曰："吾内外百口，何处逃窜？正当坐任运耳。"庄帝还宫，椿上书频请归老，诏听服侍中服，赐朝服一袭，八尺床帐、几、杖，不朝，乘安车，驾驷马，给扶，传诏二人，仰所在郡县四时以礼存问安否。椿奉辞于华林园，帝下御坐，执手流泪曰："公先帝旧臣，实为元老，但高尚其志，决意不留，既难相违，深用凄切。"椿亦嘘欷，欲拜，帝亲执不听。赐以绢布，给羽林卫送。群公百寮饯于城西张方桥，行路观者莫不称叹。椿临行，诫子孙曰：

我家入魏之始，即为上客。自尔至今，二千石方伯绝，禄恤甚多。于亲姻知故吉凶之际，必厚加赠襚，来往宾僚，必以酒肉饮食，故六姻朋友无憾焉。国家初，丈夫好服彩色。吾虽不记上谷翁时事，然记清河翁时服饰。恒见翁著布衣韦带，常自约敕诸父曰："汝等后世若富贵于今日者，慎勿积金一斤，采帛百匹已上，用为富也。"不听兴生求利，又不听与势家作昏姻。至吾兄弟，不能遵奉。今汝等服乘渐华好，吾是以知恭俭之德，渐不如上也。又吾兄弟，若在家，必同盘而食。若有近行，不至，必待其还。亦有过中不食，忍饥相待。吾兄弟八人，今存者有三，是故不忍别食也。又愿毕吾兄弟，不异居异财。汝等眼见，非为虚假。如闻汝等兄弟，时有别斋独食者。此又不如吾等一世也。吾今日不为贫贱，然居住舍宅，不作壮丽华饰者，正虑汝等后世不贤，不能保守之，将为势家所夺。

北都时，朝法严急。太和初，吾兄弟三人并居内职，兄在高祖左右，吾与津在文明太后左右。于时口敕，责诸内官，十日仰密得一事，不列便大嗔嫌。诸人多有依敕密列者，亦有太后、高祖中间传言构间者。吾兄弟自相诫曰："今忝二圣近臣，居母子间难，宜深慎之。又列人事，亦何容易，纵被嗔责，勿轻言。"十余年中，不尝言一人罪过。时大被嫌责，答曰："臣等非不闻人语，正恐不审，仰误圣听，以是不敢言。"于后终不以言。蒙贵及二圣间言语，终不敢辄尔传通。太和二十一年，吾从济州来朝，在清徽堂豫宴。高祖谓诸贵曰："北京之日，太后严明，吾每得杖。左右因此有是非言。和朕母子者，唯杨播兄弟。"遂举爵赐兄及我酒。汝等脱若万一蒙明主知遇，宜深慎言语，不可轻论人恶也。

吾自惟文武才艺、门望姻援不胜他人，一旦位登侍中、尚书，四历九卿，十为刺史，光禄大夫、仪同、开府、司徒、太保，津今复为司空者，正由忠谨慎口，不尝论人之过，无贵无贱，待之以礼，以是故至此耳。闻汝等学时俗人，乃有坐待客者，有驱驰势门者，有轻论人恶者，及见贵胜则敬重之，见贫贱则慢易之，此人行之大失,立身之大病也。汝家仕皇魏以来,高祖以下乃有七郡太守、三十二州刺史,内外显职,时流少比。汝等若能存礼节,不为奢淫侨慢,假不胜人,足免尤诮,足成名家。吾今年始七十五,自惟气力,尚堪朝觐天子,所以孜孜求退者,正欲使汝等知天下满足之义,为一门法耳,非是苟求千载之名。汝等能记吾言,吾百年后终无恨矣。

椿还华阴,逾年,为尔朱天光所害。时人莫不怨痛之。太昌初,赠太师、丞相、都督、冀州刺史。子昱。

昱字元略,起家广平王怀左常侍。怀好武事,数游猎,昱每规谏。正始中,以京兆、广平二王国臣多纵恣,诏御史中尉崔亮穷案之,伏法都市者三十余人,不死者悉除名,唯昱与博陵崔楷以忠谏免。后除太学博士、员外散骑侍郎。

初,尚书令王肃除杨州刺史,出顿洛阳东亭。酤后,广阳王嘉、北海王详等与播论议竟理,播不为屈。北海王顾昱曰:"尊伯性刚不伏理,大不如尊使君也。"昱对曰:"昱父道隆则从其隆,道洿则从其洿。伯父刚则不吐,柔亦不茹。"一坐叹其能言。肃曰:"非此郎,何得申二父之美。"

延昌三年,以本官带詹事丞。时明帝在怀抱中,至于出入,左右、乳母而已,不令宫僚闻知。昱谏曰:"陛下不以臣等凡浅,备位宫臣,太子动止,宜令翼从。自比以来,轻尔出入,进无二傅导引之美,退阙群僚陪侍之式。非所谓示人轨仪,著君臣之义。陛下若召太子,必降手敕,令臣下咸知,为后世法。"于是诏自今若非手敕,勿令儿辄出,宫臣在直者,从至万岁门。转太尉掾,兼中书舍人。

灵太后尝谓昱曰:"亲姻在外,不称人心,卿有所闻,慎勿讳陷。"昱奏杨州刺史李崇五车载货,恒州刺史杨钧造银食器十具,并饷领军元叉。灵太后令召叉夫妻,泣而责之。叉深恨昱。昱第六叔舒妻,武昌王和之妹,和即叉之从祖父。舒早丧,有一男六女,及终丧,元氏请别居。昱父椿集亲姻泣谓曰:"我弟不幸早终,今男未婚,女未嫁,何便求别居?"不听。遂怀憾。神龟二年,瀛州人刘宣明谋反,事觉逃窜。又使和及元氏诬告昱藏宣明,云昱父椿、叔津并送甲仗三百具,谋图不逞。叉又构成其事。乃遣夜围昱宅收之,并无所获。太后问状,昱具对元氏构衅之端,言至哀切。太后乃解昱缚,和及元氏并处死刑。而叉相左右,和直免官,元氏卒亦不坐。及叉之废太后也,乃出昱为济阴内史。中山王熙起兵于邺,叉遣黄门卢同诣邺刑熙,并穷党与。同希叉旨,就郡锁昱赴邺,囚讯百日乃还任。

孝昌初,除中书侍郎,迁给事黄门侍郎。后贼围幽州,诏昱兼侍中,持节催西北道大都督、北海王颢,仍随军监察。幽州围解。雍州蜀贼张映龙、姜神达知州内虚,谋欲攻掩。刺史元修义惧而请援,一日一夜,书移九通。都督李叔仁迟疑不赴。昱曰:“若长安不守,大军自然瓦散,此军虽往,有何益也。”遂与叔仁等俱进,于阵斩神达,诸贼迸散。诏以昱受旨催督,而颢军稽缓,遂免昱官。寻除泾州刺史。未几,昱父椿为雍州,征昱除吏部郎中。及萧宝夤等败于关中,以昱兼七兵尚书、持节、假抚军、都督,防守雍州。昱遇贼,失利而返。后除镇东将军、假车骑将军、东南道都督,又加散骑常侍。于后太山守羊侃据郡南叛,侃兄深时为徐州行台,府州咸欲禁深。昱曰:“昔叔向不以鲋也见废,奈何以侃罪深,宜听朝旨。”不许群议。

还朝未几,元颢侵逼大梁,除昱南道大都督,镇荥阳。颢禽济阴王晖业,乘虚径进,城陷。昱与弟息五人在门楼上,颢至,执昱下,责曰:“卿今死甘心不?”答曰:“分不望生,向所以不下楼,正虑乱兵耳。但恨八十老父无人供养,乞小弟一命,便是死不朽也。”颢将陈庆之、胡光等伏颢帐前曰:“陛下度江三千里,无遗镞费。昨日杀伤五百余人,求乞杨昱以快意。”颢曰:“我在江东闻梁主言,初下都,袁昂为吴郡下降,称其忠节。奈何杀昱。”于是斩昱下统帅三十七人,皆令蜀兵刳腹取心之。

孝庄还,复前官。尔朱荣之死,昱为东道行台拒尔朱仲远。会尔朱兆入洛,昱还京师。后归乡里,亦为天光所害。太昌初,赠司空公、定州刺史。

子孝邕,员外郎,奔免,匿蛮中,潜结渠率,谋报尔朱氏。微服入洛,为尔朱世降所杀。

椿弟颖,字惠哲,本州别驾。

颖弟顺,字延和,宽裕谨厚。豫立庄帝功,封三门县伯,位冀州刺史。罢州还,遇害。太昌初,赠太尉公、录尚书事、相州刺史。

子辩,字僧达,位东雍州刺史。

辩弟仲宣,有风度才学。位正平太守,爵恒农伯,在郡有能名。还京,兄弟与父同遇害。太昌初,辩赠仪同三司、恒州刺史,仲宣赠尚书右仆射、青州刺史。

仲宣子玄就,幼而俊拔。收捕时,年九岁,牵挽兵人曰:"欲害诸尊,乞先就死。"兵以刀斫断其臂,犹请死不止,遂先杀之。永熙初,赐汝阴太守。顺弟津。

津字罗汉,本字延祚,孝文赐改焉。少端谨,以器度见称。年十一,除侍御中散。时孝文幼冲,文明太后临朝,津曾入侍左右,忽欸逆失声,遂吐血数升,藏之衣袖。太后闻声,阅而不见,问其故,具以实言,遂以敬慎见知。赠缣百匹,迁符玺郎中。津以身在禁密,不外交游,至宗族姻表罕相参候。司徒冯诞与津少结交友,而津见其贵宠,每恒退避,及相招命,多辞疾不往。诞以为恨,而津逾远焉。人或谓之曰:"司徒,君之少旧,何自外也?"津曰:"为势家所厚,复何容易。但全吾今日,亦足矣。"转振威将军,领监曹奏事令。孝文南征,以津为都督、征南府长史。后迁长水校尉,仍直阁。

景明中,宣武游于北芒,津时陪从。太尉、咸阳王禧谋反,帝驰入华林。时直阁中有同禧谋,皆在从限。及禧平,帝顾谓朝臣曰:"直阁半为逆党,非至忠者安能不豫此谋。"因拜津左右中郎将,迁骁骑将军,仍直阁。

出除岐州刺史,津巨细躬亲,孜孜不倦。有武功人赍绢三匹,去城十里,为贼所劫。时有使者驰驿而至,被劫人因以告之。使者到州,以状白津。津乃下教,云有人著某色衣,乘某色马,在城东十里被杀。不知姓名。若有家人,可速收视。有一老母行哭而出,云是己子。于是遣骑追收,并绢俱获。自是阖境畏服。至于守令寮佐有浊货者,未曾公言其罪,常以私书切责之。于是官属感厉,莫有犯法者。以母忧去职。

延昌末,起为华州刺史,与兄播前后牧本州,当世荣之。先是,受调绢度尺特长,在事因缘,共相进退,百姓苦之。津乃令依公尺度其输物,尤好者赐以杯酒而出。其所输少劣者,为受之,但无酒以示其耻。于是竞相劝厉,官调更胜。

孝昌中,北镇扰乱,侵逼旧京,乃加津安北将军,北道大都督,寻转左卫,加抚军将军,津始受命,出据灵丘,而贼帅鲜于修礼起于博陵,定州危急,遂回师南赴。始至城下,营垒未立,而州军新败。津以贼既乘胜,士众劳疲,栅垒未安,不可拟敌,欲移军入城,更图后举。刺史元固称贼既逼城,不可示弱,乃闭门不内。津挥刃欲斩门者,军乃得入。贼果夜至,见栅空而去。其后,贼攻州城东面,已入罗城。刺史闭小城东门,城中骚扰。津开门出战,贼退,人心少安。

寻除定州刺史,又兼吏部尚书、北道行台。初,津兄椿得罪北州,由钜鹿人赵略投书所致。及津至,略举家逃走。津乃下教慰喻,令其还业。于是阖州愧服,远近称之。时贼帅鲜于修礼、杜洛周残掠州境,孤城独立,在两寇之间。津修理战具,更营雉堞。又于城中去城十步,掘地至泉,广作地道,潜兵涌出,置炉铸铁,持以灌贼。贼遂相告曰:"不畏利槊坚城,唯畏杨公铁星。"津与贼帅元洪业等书喻之,并授铁券,许之爵位,令图贼帅毛普贤。洪业等感寤,复书云欲杀普贤,又云:"贼欲围城,正为取北人,城中所有北人,必须尽杀。"津以城内北人,虽是恶党,然掌握中物,未忍便杀,但收内子城,防禁而已。将吏无不感其仁恕。朝廷初送铁券二十枚,委津分给,津随贼中首领,间行送之,修礼、普贤颇亦由此而死。

既而杜洛周围州城,津尽力捍守。诏加卫将军,将士有功者任津科赏,兵人给复八年。葛荣以司徒说津,津大怒,斩其使以绝之。自受攻围,经历三稔,朝廷不能拯赴。乃遣长子遁突围出,诣蠕蠕主阿那瓌,令其讨贼。遁日夜泣诉,阿那瓌遣其从祖吐豆发率精骑南出。前锋已达广昌,贼防塞隘口,蠕蠕遂还。津长史李裔引贼入,津

苦战不敌,遂见拘执。洛周脱津衣服,置地牢下数日,将烹之。诸贼
还相谏止,遂得免害。津曾与裔相见,对诸贼帅以大义责之,辞泪俱
发,裔大惭。典守者以告洛周,弗之责。及葛荣并洛周,复为荣所拘。
荣破,始得还洛。

　　永安二年,兼吏部尚书。元颢内逼,庄帝将亲出讨,以津为中军
大都督,兼领军将军。未行,颢入。及颢败,津乃入宿殿中,埽洒宫
掖,遣第二子逸封闭府库,各令防守。及帝入也,津迎于北芒,流涕
谢罪。帝深嘉慰之。寻以津为司空,加侍中。尔朱荣死,使津以本
官为兼尚书令、北道大行台、都督、并州刺史,委以讨胡经略。津驰
至邺,将从滏口而入。遇尔朱兆等已克洛,相州刺史李神等议欲与
津举城通款,津不从。以子逸既为光州刺史,兄子昱时为东道行台,
鸠率部曲,在于梁、沛,津规欲东转,更为方略。乃率轻骑望于济州
度河。而尔朱仲远已陷东郡,所图不果,遂还京师。普泰元年,亦遇
害于洛。太昌初,赠大将军、太傅、都督、雍州刺史,谥曰孝穆。将葬
本乡,诏大鸿胪持节监护丧事。长子遁。

　　遁字山才。其家贵显,诸子弱冠,咸縻王爵,而遁性静退,年近
三十,方为镇西府主簿。累迁尚书左丞、金紫光禄大夫,亦被害于
洛。太昌初,赠车骑大将军、仪同三司、幽州刺史,谥曰恭定。

　　遁弟逸,字遵道,有当世才。起家员外散骑侍郎,以功赐爵华阴
男。建义初,庄帝犹在河阳,逸独往谒,帝特除给事黄门侍郎,领中
书舍人。及朝士滥祸,帝益忧怖,诏逸昼夜陪侍,常寝御床前。帝曾
夜中谓逸曰:"昨来,举目唯见异人,赖卿差以自慰。"再迁南泰州刺
史,加散骑常侍,时年二十九,时方伯之少,未有先之者。仍以路阻
不行,改光州刺史。

　　时灾俭连岁,逸欲以仓粟振给,而所司惧罪不敢。逸曰:"国以
人为本,人以食为命,假令以此获戾,吾所甘心。"遂出粟,然后申
表。右仆射元罗以下,谓公储难阙,并执不许。尚书令、临淮王彧以
为宜贷二万,诏听贷五万。逸既出粟之后,其老小残疾不能自存活
者,又于州门造粥饲之,将死而得济者以万数。帝闻而善之。逸为

政爱人，尤憎豪猾，广设耳目，善恶毕闻。其兵出使下邑，皆自持粮，人或为设食者，虽在暗室，终不敢进，咸言杨使君有千里眼，那可欺之。在州政绩尤美。

及其家祸，尔朱仲远遣使于州害之。吏人如丧亲戚，城邑村落营斋供，一月之中，所在不绝。太昌初，赠都督、豫郢二州刺史，谥曰贞。

逸弟谧，字遵和，历员外散骑常侍，以功赐爵恒农伯，镇军将军、金紫光禄大夫、卫将军。在晋阳，为尔朱兆所害。太昌初，赠骠骑将军、兖州刺史。谧弟愔，事列于后。

津弟昕，字延季，弘厚，颇有文学。位武卫将军，加散骑常侍、安南将军。庄帝初，遇害河阴，赠仪同三司、雍州刺史。

播家世纯厚，并敦义让，昆季相事，有如父子。播性刚毅，椿、津恭谦，兄弟旦则聚于厅堂，终日相对，未曾入内。有一美味，不集不食。厅堂间，往往帏幔隔障，为寝息之所，时就休偃，还共谈笑。椿年老，曾佗处醉归，津扶侍还室，仍假寝阁前，承候安否。椿、津年过六十，并登台鼎，而津常旦暮参问，子侄罗列阶下，椿不命坐，津不敢坐。椿亲授匙箸，味皆先尝，椿命食，然后食。津为司空，于时府主皆自引寮佐，人有就津求官者，津曰："此事须家兄裁之，何为见问。"初津为肆州，椿在京宅，每有四时嘉味，辄因使次附之，若或未寄，不先入口。椿每得所寄，辄对之下泣。兄弟并皆有孙，唯椿有曾孙，年十五六矣，椿常欲为之早娶，望见玄孙。自昱已下，率多学尚，时人莫不钦焉。一家之内，男女百口，缌服同爨，庭无间言。魏世以来，唯有卢阳乌兄弟及播昆季，当世莫逮焉。

尔朱世隆等将害椿家，诬其为逆，奏请收之。节闵不许，世隆复苦执，不得已，乃下诏。世隆遂遣步骑夜围其宅，天光亦同日收椿于华阴，东西两处，无少长皆遇祸，籍没其家。节闵悁怅久之。

愔字遵彦，小名秦王。儿童时，口若不能言，而风度深敏，出入门闱，未尝戏弄。六岁学史书，十一受《诗》、《易》，好《左氏春秋》。幼丧母，曾诣舅源子恭，子恭与之饮，问读何书。曰："诵《诗》。"子恭曰:"诵至《渭阳》未邪?"愔便号泣感噎。子恭亦对之嘘欷,遂为之罢酒。子恭后谓津曰:"常谓秦王不甚察慧,从今已后,更欲刮目视之。"愔一门四世同居,家甚隆盛,昆季就学者三十余人。学庭前有奈树,实落地,群儿咸争之,愔颓然独坐。其季父晔适入学馆,见之,大用嗟异。顾谓宾客曰:"此儿恬裕,有我家风。"宅内有茂竹,遂为愔于林边别葺一室,命独处其中,常铜盘具盛馔以饭之。因以督厉诸子曰:"汝辈但如遵彦谨慎,自得竹林别室、铜盘重肉之食。"愔从父兄黄门侍郎昱特相器重,曾谓人曰:"此儿驹齿未落,已是我家龙文,更十岁后,当求之千里外。"昱尝与十余人赋诗,愔一览便诵,无所遗失。及长,能清言,美音制,风神俊悟,容止可观,人士见之,莫不敬异,有识者多以远大许之。

正光中,随父之并州,性既恬默,又好山水,遂入晋阳西县瓮山读书。孝昌初,津为定州刺史,愔亦随父之职。以军功除羽林监,赐爵魏昌男,不拜。及中山为杜洛周陷,全家被囚絷。未几,洛周灭,又没葛荣。荣欲以女妻之,又逼以伪职,愔乃托疾,密含牛血数合,于众中吐之,仍阳喑不语。荣以为信然,乃止。

永安初,还洛,拜通直散骑侍郎,年十八。元颢入洛时,愔从父兄侃为北中郎将,镇河梁。愔适至侃处,便属乘舆失守,夜至河,侃虽奉迎车驾北度,而潜南奔,愔固谏止之,遂相与扈从达建州。除通直散骑常侍。愔以世故未夷,志在潜退,乃谢病,与友人中直侍郎河间邢邵隐于嵩山。

及庄帝诛尔朱荣,其从兄侃参赞帷幄,朝廷以其父津为并州刺史、北道大行台,愔随之任。有邯郸人杨宽者,求义从出藩,愔请津纳之。俄而孝庄幽崩,愔时适欲还都,行达邯郸,过杨宽家,为宽所执。至相州,见刺史刘诞,以愔名家盛德,甚相哀念,付长史慕容白泽禁止焉。遣队主巩荣贵防禁送都,至安阳亭,愔谓荣贵曰:"仆百世忠臣,输诚魏室,家亡国破,一至于此。虽曰囚虏,复何面目见君父之雠!得自缢于一绳,传首而去,君之惠也。"荣贵深相矜感,遂与俱逃。愔乃投高昂兄弟。

既潜窜累载，属齐神武至信都，遂投刺辕门，便蒙引见，赞扬兴运，陈诉家祸，言辞哀壮，涕泗横集。神武为之改容，即署行台郎中。南攻邺，历杨宽村，宽于马前叩头请罪。愔谓曰："人不识恩义，盖亦常理。我不恨卿，无假惊怖。"时邺未下，神武命愔作祭天文，燎毕而城陷。由是转大行台右丞。于时霸图草创，军国务广，文檄教令皆自愔及崔㥄出。

遭罹家难，常以丧礼自居，所食唯盐米而已，哀毁骨立。神武愍之，常相开慰。及韩陵之战，愔每阵先登。朋僚咸共怪叹曰："杨氏儒生，今遂为武士，仁者必勇，定非虚论。"顷之，表请解职还葬，一门之内，赠太师、太傅、丞相、大将军者二人，太尉、录尚书及尚书令者三人，仆射、尚书者五人，刺史、太守者二十余人，追荣之盛，古今未之有也。及丧枢进发，吉凶仪卫亘三十余里，会葬者将万人。是日，隆冬盛寒，风雪严厚，愔跣步号哭，见者无不哀之。寻征赴晋阳，仍居本职。

愔从兄幼卿为岐州刺史，以直言忤旨见诛。愔闻之悲惧，因哀感发疾，后取急就雁门温汤疗疾。郭季素害其能，因致书恐之曰，高王欲送卿于帝所，仍劝其逃亡。愔遂弃衣冠于水滨，若见沈者。变易名姓，自称刘士安，入嵩山，与沙门昙谟征等屏居削迹。又潜之光州，因东入田横岛，以讲诵为业，海隅之士谓之刘先生。太守王元景阴祐之。

神武知愔存，遣愔从兄宝猗赍书慰喻，仍遣光州刺史奚思业令搜访，以礼发遣。神武见之悦，除太原公开府司马，转长史，复授大行台右丞，封华阴县侯，迁给事黄门侍郎，妻以庶女。又兼散骑常侍，为聘梁使主。至碻磝，州内有愔家旧佛寺。精庐礼拜，见太傅容像，悲感恸哭，欧血数升，遂发病不成行，舆疾还邺。久之，以本官兼尚书吏部郎中。武定末，以望实之美，超拜吏部尚书，加侍中、卫将军，侍学典选如故。

天保初，以本官领太子少傅，别封阳夏县男。又诏监太史，迁尚书右仆射。尚太原长公主，即魏孝静后也。会有雉集其舍，又拜开府仪同三司、尚书右仆射,改封华山郡公。九年,徙尚书令,又拜特进、骠骑大将军。十年,封开封王。文宣之崩,百寮莫有下泪,愔悲不自胜。

济南嗣业,任遇益隆,朝章国命,一人而已。推诚体道,时无异议。乾明元年二月,为孝昭帝所诛,时年五十。天统末,追赠司空公。

愔贵公子,早著声誉,风表鉴裁,为朝野所称。家门遇祸,唯有二弟一妹及兄孙女数人,抚养孤幼,慈旨温颜,咸出仁厚。重分义,轻货财,前后赐与,多散之亲族。群从弟侄十数人,并待而举火。频遭迍厄,冒履艰危,一餐之惠,酬答必重,性命之雠,舍而不问。

典选二十余年,奖擢人伦,以为己任。然取士多以言貌,时致谤言,以为愔之用人,似贫士市瓜,取其大者。愔闻,不以为意。其聪记强识,半面不忘,每有所召,或单称姓,或单称名,无有误者。后有选人鲁漫汉,自言猥贱,独不见识。愔曰:“卿前在元子思坊骑秃尾草驴,经见我不下,以方麴部面,我何不识卿?”漫汉惊服。又调之曰:“名以定体,漫汉果自不虚。”又令吏唱人名,误以卢士琛为士深。士琛自言,愔曰:“卢郎润朗,所以比玉。”

自尚公主后,衣紫罗袍、金镂大带,遇李庶,颇以为耻,谓曰:“我此衣服,都是内裁,既见子将,不能无愧。”

及居端揆,经综机衡,千端万绪,神无滞用。自天保五年已后,一人丧德,维持匡救,实有赖焉。每天子临轩,公卿拜授,施号发令,宣扬诏册,愔辞气温辩,神仪秀发,百寮观听,莫不悚动。自居大位,门绝私交,轻货财,重仁义,前后赏赐,积累巨万,散之九族,架箧之中,唯有书数千卷。太保、平原王隆之与愔邻宅,尝见其门外有富胡数人,谓左右曰:“我们前幸无此物。”性周密畏慎,恒若不足,每闻后命,愀然变色。

文宣大渐,以常山、长广二王位地亲逼,深以后事为念。愔与尚书左仆射平秦王归彦、侍中燕子献、黄门侍郎郑子默受遗诏辅政,并以二王威望先重,咸有猜忌之心。初在晋阳,以大行在殡,天子谅闇,议令常山王在东馆,欲奏之事皆先谘决,二旬而止。仍欲以常山王随梓宫之邺,留长广镇晋阳。执政复生疑贰,两王又俱从至于邺。子献立计,欲处太皇太后于北宫,政归皇太后。又自天保八年已来,爵赏多滥,至是,愔先自表解其开封王,诸叨窃荣恩者皆从黜免。由是嬖宠失职之徒尽归心二叔。高归彦初虽同德,后寻反动,以疏忌之迹,尽告两王。可朱浑天和又每云:"若不诛二王,少主无自安之理。"宋钦道面奏帝,称二叔威权既重,宜速去之。帝不许曰:"可与令公共详其事。"愔等议出二王为刺史,以帝仁慈,恐不可所奏,乃通启皇太后,具述安危。有宫人尔昌仪者,北豫州刺史高仲密之妻,坐仲密事入宫。太后与昌仪宗情,甚相昵爱。太后以启示之,昌仪密白太皇太后。愔等又议不可令二王俱出,乃奏以长广王为大司马、并州刺史,常山王为太师、录尚书事。

及二王拜职,于尚书省大会百寮,愔等并将同赴。子默止之云:"事不可量,不可轻脱。"愔云:"吾等至诚体国,岂有常山拜职,有不赴之理?何为忽有此虑?"长广且伏家僮数十人于录尚书后室,仍与席上勋贵数人相知,并与诸勋胄约,行酒至愔等,我各劝双杯,彼必致辞,我一曰"捉酒"二曰"捉酒"三曰"何不捉",尔辈即捉。及宴如之。愔大言曰:"诸王反逆,欲杀忠良邪!尊天子,削诸侯,赤心奉国,未应及此。"常山王欲缓之,长广王曰:"不可"。于是愔及天和、钦道皆被拳杖乱殴击,头面血流,各十人持之。使薛孤延、康买执子默于尚药局。子默曰:"不用智者言,以至于此,岂非命也。"

二叔率高归彦、贺拔仁、斛律金拥愔等唐突入云龙门。见都督叱利骚,招之不进,使骑杀之。开府成休宁拒门,归彦喻之,乃得入。送愔等于御前。长广王及归彦在朱华门外。太皇太后临昭阳殿。太后及帝侧立。常山王以砖叩头,进而言曰:"臣与陛下骨肉相连。杨遵彦等欲擅朝权,威福自己,自王公以还,皆重足屏气,共相唇齿,以成乱阶,若不早图,必为宗社之害。臣与湛等为国事重,贺拔仁、斛律金等惜献皇帝业,共执遵彦等,领入宫,未敢刑戮。专辄之失,罪合万死。"

帝时嘿然,领军刘桃枝之徒陛卫,叩刀仰视,帝不睨之。太皇太后令却仗,不肯,又厉声曰:"奴辈即今头落!"乃却。因问杨郎何在,贺拔仁曰:"一目已出。"太皇太后怆然曰:"杨郎何所能,留使不好邪?"乃让帝曰:"此等怀逆,欲杀我二儿,次及我耳。何纵之?"帝犹不能言。太皇太后怒且悲,王公皆泣。太皇太后曰:"岂可使我母子受汉老妪斟酌。"太后拜谢。常山王叩头不止。太皇太后谓帝:"何不安慰尔叔?"帝乃曰:"天子亦不敢与叔惜,岂敢惜此汉辈。但愿乞儿性命,儿自下殿去,此等任叔父处分。"遂皆斩之。长广王以子默昔谮己,作诏书,故先拔其舌,截其手。

太皇太后临愔丧,哭曰:"杨郎忠而获罪。"以御金为之一眼,亲内之,曰:"以表我意。"常山王亦悔杀之。

先是童谣曰:"白羊头翟秃,羖𤫩头生角。"又曰::羊羊吃野草,不吃野草远我道,不远打尔脑。"又曰:"阿麼姑,祸也。道人姑夫,死也。"羊为愔也,"角"文为用刀,"道人"谓废帝小名,太原公主尝作尼,故曰:"阿麼姑",愔、子献、天和皆尚帝姑,故曰"道人姑夫"云。

于是乃以天子之命,下诏罪之,罪止一身,家口不问。寻复簿录五家,王晞固谏,乃各没一房,孩幼尽死,兄弟皆除名。

遵彦死,仍以中书令赵彦深代总机务。鸿胪少卿阳休之私谓人曰:"将涉千里,杀骐骥而荣蹇驴,可悲之甚。"愔所著诗赋表奏书论甚多,诛后散失,门生鸠集所得者万余言。

燕子献字季则,广汉下洛人。少时相者谓曰:"使役在朝大,富贵在齐赵。"后遇周文于关中创业,用为典签,将命使于蠕蠕。子献欲验相者之言,来归。神武见之大悦。神武旧养韩长鸾姑为女,是为阳翟公主,遂以嫁之,甚被待遇。文宣时,官至侍中,济南即位,委任弥重,除尚书右仆射。子献素多力,头少发,当狼狈之际,排众走出省门,斛律光逐而禽之。子献叹曰:"丈夫为计迟,遂至此!"天统五年,追赠司空。天和事见兄元傅。

郑颐字子默,彭城人。高祖据,魏彭城太守,自荥阳徙焉。颐聪敏,颇涉文义,而邪险不良。初为太原公东阁祭酒。天保世,稍迁中书侍郎。与宋钦道特相友爱,钦道每师事之。杨愔始轻宋、郑,不为之礼。俄而自结人主,稍不可制。钦道旧与济南款狎,共相引致,无所不言。乾明初,拜散骑常侍,兼中书侍郎。二人权将杨愔相埒。愔见害之时,邢子才流涕曰:"杨令君虽其人,死日恨不得一佳伴。"颐后与愔同诏追赠殿中尚书、广州刺史。颐弟抗,字子信,颇有文学。武平末,兼左右郎中,待诏文林馆。

杨敷字文衍,播族孙也。高祖晖,洛州刺史,赠恒农公,谥曰简。曾祖恩,河间太守。祖钧,博学强识,颇有干用,位七兵尚书、北道行台、恒州刺史、怀朔镇将,赠侍中、司空公,进封临贞县伯,谥曰恭。父暄,字宣和,性通朗,强识有学。位谏议大夫,以别将从广阳王深征葛荣,遇害,赠殿中尚书、华州刺史。

敷少有志操,重然诺,人景慕之。魏建义初,袭祖钧爵临贞县伯。稍迁廷尉少卿,断狱以平允称。周孝闵践阼,进爵为侯。天和中,为汾州刺史,进爵为公。齐将段孝先率众来寇,城陷见禽。齐人方任用之,敷不为屈,遂以忧愤卒于邺。子素。

素字处道,少落拓有大志,不拘小节。世人多未之知,唯从祖宽深异之,每谓子孙曰:"处道逸群绝伦,非常之器,非汝曹所逮。"后与安定牛弘同志好学,研精不倦,多所通涉。善属文,工草隶书,颇留意风角。美须髯,有英杰之表。

周大冢宰宇文护引为中外记室,转礼曹,加大都督。周武帝亲总万机,素以其父守节陷齐,未蒙朝命,上表申理,至于再三。帝大怒,命左右斩之。素又言曰:"臣事无道天子,死其分也。"帝晤其言,赠敷使持节、大将军、谯广复三州刺史,谥曰忠壮。拜素车骑大将军、仪同三司,渐见礼遇。常令为诏,下笔立成,词义兼美。帝嘉之,谓曰:"善相自勉,勿忧不富贵。"素应声曰:"臣但恐富贵来逼臣,臣无心图富贵。"

及平齐之役,素请率麾下先驱,帝从之,赐以竹策曰:"朕方欲大相驱策,故用此物赐卿。"从齐王宪与齐人战于河阴,以功封清河县子,授司城大夫。复从宪拔晋州,屯兵鸡栖原。齐主以大军至,宪惧，宵遁，为齐兵蹑，众多败散。素与骁将十余人尽力苦战，宪仅而获免。齐平，加上开府，改封成安县公。

寻从王轨破陈将吴明彻于吕梁，行东楚州事。封弟慎为义安侯。陈将樊毅筑城泗口，素击走之，夷毅所筑城。宣帝即位，袭父爵临贞县公，以弟约为安成公。寻从韦孝宽徇谯南。

及隋文帝为丞相，素深自结纳，帝甚器之，以为汴州刺史。至洛阳，会尉迟迥作乱，荥州刺史宇文胄据武牢应迥，素不得进。帝拜素大将军，击胄破之。迁徐州总管，位柱国，封清河郡公，以弟岳为临贞公。及隋受禅，加上柱国，拜御史大夫。其妻郑氏性妒悍，素忿之曰："我若作天子，卿定不堪为皇后。"郑氏奏之，由是坐免。

上方图江表。先是，素数进取陈计，未几，拜信州总管，赐钱百万、锦千段、马二百匹遣之。素居永安，造大舰，名曰五牙，上起楼五层，高百余尺，左右前后置六拍竿，并高百五十尺，容战士八百人，旗帜加于上。次曰黄龙，置兵百余人，自余平乘、舴艋等各有差。及大举伐陈，以素为行军元帅，引舟师趣三硖。至流头滩，陈将戚欣以青龙百余艘屯兵守狼尾滩，以遏军路。其地险峭，诸将患之。素曰："负胜在此一举，若昼日下船，彼则见我，滩流迅激，制不由人，则吾失其便。"乃夜掩之。素亲率黄龙十艘，衔枚而下。遣开府王长袭从南岸击欣别栅。令大将军刘仁恩趣白沙北岸。比明而至，击之，欣败。虏其众，劳而遣之，秋豪不犯，陈人大悦。素率水军东下，舟舰被江，旌甲曜日。素坐平乘大船，容貌雄伟，陈人望之，惧曰："清河公即江神也。"

陈南康内史吕仲肃屯岐亭，正据江峡，于北岸缆岩缀铁锁三条，横截上流，以遏战船。素与仁恩登陆俱发，先攻其栅，仲肃军夜溃，素徐去其锁。仲肃复据荆州之延州，素遣巴蛮卒数千，乘五牙四艘，以拍竿碎贼十余舰，遂大破之，仲肃仅以身免。陈主遣其信州刺史顾觉镇安蜀城，荆州刺史陈纪镇公安，皆惧而走。巴陵以东，无敢守者。湘州刺史岳阳王孙叔慎请降。素下至汉口，与秦孝王会，乃还。拜荆州总管，进爵郢国公，真食长寿县千户。以其子玄感为仪同三司,玄奖为清河郡公。赐物万段,粟万石,加之金宝。又赐陈主妹、女妓十四人。素言于上曰:"里名胜母,曾子不入,逆人王谊前封郢,臣不愿与同。"于是改封越国公。寻拜纳言,转内史令。

俄而江南人李稜等为乱,以素为行军总管讨之。帝命平定日,男子悉斩,女妇赏征人,在阵免者从贱。贼朱莫问自称南徐州刺史,以盛兵据京口。素舟师入自杨子津,进击破之。晋陵顾世兴自称太守,与其都督鲍迁等复来拒战,素逆击破之,执迁,虏三千余人。进击无锡贼帅叶皓,又平。吴郡沈玄忄会、沈杰等以兵围苏州,刺史皇甫绩频战不利,素率众援之。玄忄会势迫,走投南沙贼帅陆孟孙。素击孟孙于松江,大破之,禽孟孙、玄忄会。黟、歙贼帅沈雪、沈能据栅自固,又攻拔之。

江浙贼高智慧自号东扬州刺史,吴州总管五原公元契镇会稽,以其兵盛而降之。智慧尽屠其众,契自杀。智慧有船舰千余艘,屯据要害,兵甚劲。素击之,自旦至申,苦战破之。智慧逃入海。蹑之,从余姚泛海趣永嘉。智慧来拒战,素击走。贼帅汪文进自称天子,据东阳,署其徒蔡道人为司空,守乐安。素进讨,悉平之。又破永嘉贼帅沈孝彻。于是步道向天台,指临海郡,逐捕遗逸,前后百余战,智慧遁守闽越。上以素久劳于外,诏令驰传入朝,加子玄感上开府,赐彩八千段。素以余寇未殄,恐为后患,又自请行。诏以素为元帅,复乘传至会稽。

先是,泉州人王国庆,南安豪族也,杀刺史刘弘,据州为乱。自以海路艰阻,非北人所习,不设备伍。素泛海奄至,国庆遑遽,弃州走。素分遣诸将,水陆追捕。时南海先有五六百家,居水为亡命,号曰游艇子,智慧、国庆欲往依之。素乃密令人说国庆,令斩智慧以自效。国庆乃斩智慧于泉州。自余支党悉降,江南大定。上遣左领军将军独孤陀至浚仪迎劳,比到京师,问者日至。拜素子玄奖仪同,赐黄金四十斤,加银瓶,实以金钱,缣三千段、马二百匹、羊三千口、田百顷、宅一区。

代苏威为尚书右仆射,与高颎专掌朝政。素性疏而辩,高下在心,朝贵之内,颇推高颎,敬牛弘,厚接薛道衡,视苏威蔑如也。自余朝臣,多被陵轹。其才艺风调,优于高颎。至于推诚体国。处物平当,有宰相识度,不如颎远矣。

寻令素监营仁寿宫,素遂夷山堙谷,督役严急,作者多死,宫侧时闻鬼哭。及宫成,上令高颎前视,奏称颇伤绮丽,大损人丁。帝不悦。素惧,即于北门启独孤皇后曰:"帝王法有离宫别馆,今天下太平,造一宫何足损费。"后以此理谕上,上乃解。于是赐钱百万、绵绢三千段。

开皇十八年,突厥达头可汗犯塞,以素为灵州道行军总管,出塞讨之,赐物二千段、黄金百斤。先是诸将与虏战,每虑胡骑奔突,皆戎车步骑相参,与鹿角为方阵,骑在内。素曰:"此乃自固之道。"于是悉除旧法,令诸军为骑阵。达头闻之,大喜,以为天赐,下马仰天而拜,率精骑十余万至。素奋击,大破,达头被重创而遁,众号哭而去。优诏赐缣二万匹及万钉宝带,加子玄感位大将军,玄奖、玄纵、积善并上仪同。

素多权略,乘机赴敌,应变无方,然大抵驭戎严整,有犯令者,立斩无所宽贷。每将临寇,辄求人过失而斩之,多者百余人,少不下数十,流血盈前,言笑自若。及对阵,先令一二百人赴敌,陷阵则已,如不能陷而还,无问多少,悉斩之。又令二百人复进,还如向法。将士股栗,有必死心,由是战无不胜,称为名将。素时贵幸,言无不从,其从素征伐者,微功必录。至于佗将,虽大功,多为文吏所谴却。故素虽严忍,士亦以此愿从。

二十年,晋王广为灵、朔道行车元帅,素为长史,王卑躬交素。及为太子,素之谋也。

仁寿初,代高颎为尚书左仆射,赐良马十匹、牝马二百匹、奴婢百口。其年,以素为行军元帅,出云中击突厥,连破之。突厥走,追至夜及之。将复战,恐贼越逸。令其骑稍后,于是亲将两骑并降突厥二人与虏并行,不之觉也。候其顿舍未定,趣后骑掩击,大破之。自是突厥远遁,碛南无复虏庭。以功进子玄感位柱国,玄纵为淮南郡公,赏物二万段。

及献皇后崩,山陵制度多出于素。上善之,下诏曰:"君为元首,臣则股肱,共理百姓,义同一体。上柱国、尚书左仆射、仁寿宫大监、越国公素,志度恢弘,机鉴明远,怀佐时之略,包经国之才。王业初基,霸图肇建,策名委质,受脤出师,禽翦凶魁,克平虢、郑。频承庙算,杨旌江表。每禀戎律,长驱塞垣。南指而吴越肃清,北临而獯猃摧服。自居端揆,参赞机衡,当朝正色,直言无隐,论文则词藻从横,语武则权奇间出,既文且武,唯朕所命。任使之处,夙夜无怠。献皇后奄离六宫,远日云及,茔兆安厝,委素经纪。然葬事依礼,唯卜泉石,至如吉凶,不由于素义存奉上,情深体国,欲使幽明俱泰,永保无穷。以为阴阳之书,圣人所作,祸福之理,特须审慎。乃遍历川原,亲自占择,志图元吉,孜孜不已。遂得神皋福壤,营建山陵。论素此心,事极诚孝,岂与平戎定寇,比其功业,若不加褒赏,何以申兹劝励。可别封一子义康郡公、邑万户,子子孙孙承袭不绝,余如故。"并赐田三十顷、绢万匹、米万石。金钵一,实以金。银钵一,实以珠,并绫锦五百段。

时素贵宠日隆,其弟约,从父文思弟纪及族父异并尚书、列卿,诸子无汗马劳,位柱国刺史。家僮数千,后庭妓妾曳绮罗者以千数,第宅华侈,制拟宫禁。有鲍亨者善属文,殷胄者工草隶,并江南士人,因高智慧没为奴。亲戚故吏,布列清显。其盛近古未闻。炀帝初为太子,忌蜀王秀,与素谋之,构成其罪,后竟废黜。朝臣有违忤者,虽至诚体国如贺若弼、史万岁、李纲、柳彧等,素皆阴中之。若有附会及亲戚,虽无才用,必加进擢。朝廷靡然,莫不畏附,唯兵部尚书柳述,以帝婿之重,数于上前面折素。大理卿梁毗,抗表言素作威作福。上渐疏忌之,后因出敕曰:"仆射,国之宰辅,不可躬亲细务,但三五日一度向省评论大事。"外示优崇,实夺之权,终仁寿之末,不复通判省事。上赐王公已下射,素箭为第一,上手以外国所献金精盘价直巨万以赐之。四年,从幸仁寿宫,宴赐重叠。

及上不豫,素与兵部尚书柳述、黄门侍郎元岩等入侍疾。时皇太子入居大宝殿,虑上有不讳,须豫防拟,乃手自为书,封出问素。素条录事状,以报太子。宫人潜送于上,上览而大恚。所宠陈贵人又言太子无礼。上遂发怒,欲召庶人勇。太子谋之素,素矫诏追东宫兵士帖上台宿卫,门禁出入,并取宇文述、郭衍节度。又令张衡侍疾。上以此日崩,由是颇有异论。

会汉王谅反,遣茹茹天保往东蒲州,烧断河桥,又遣王躬子并力拒守。素将轻骑五千袭之,潜于渭口宵济,比明击之,天保败,躬子惧,以城降。有诏征还。初素将行,计日破贼,皆如所量。帝于是以素为并州道行军总管、河北道安抚大使,讨谅。时晋、绛、吕三州并为谅城守,素各以二千人縻之而去。谅遣赵子开拥众十余万,筑绝径路,屯据高壁,布阵五十里。素令诸将以兵临之,自以奇兵深入霍山,缘崖谷而进,直指其营,一战破之。谅所署介州刺史梁修罗屯介休,闻素至,惧,弃城而走。进至清源,去并州三十里,谅率其将王世宗、赵子开、萧摩诃等来拒战,又击破之,禽萧摩诃。退保并州,素进兵围之,谅穷而降,余党悉平。帝遣素弟修武公约赍手诏劳素,素上表陈谢。其月,还京师。从驾幸洛阳,以素领营东京大监,以平谅功,拜其子万石、仁行、侄玄挺皆仪同三司,赍物五万段、罗绮千匹、谅之妓妾二十人。

大业元年,迁尚书令,赐东京甲第一区、物二千段,寻拜太师,余官如故。前后赏锡不可胜计。明年,拜司徒,改封楚公,真食二千五百户。其年病薨,谥曰景武,赠光禄大夫、太尉公、弘农河东绛郡临汾文城河内汲郡长平上党西河十郡太守,给辒辌车、班剑三十人、前后部羽葆鼓吹、粟麦五千石、物五千段,鸿胪监护丧事。帝又下诏立碑,以彰盛美。素尝以五言诗七百字赠番州刺史薛道衡,词气颖拔,风韵秀上,为一时盛作。未几而卒。道衡叹曰:“人之将死,其言也善,若是乎。”《集》十卷。

素虽有建立策及平杨谅功,然特为帝猜忌,外示殊礼,内情甚薄。太史言楚分野有大丧,因改封素于楚。寝疾之日,帝每令名医诊候,赐以上药,然密问医人,恒恐不死。素又自知名位已极,不肯服药，亦不将慎，每语弟约曰："我岂须更活邪？"

素贪财货，营求产业，东西京居宅侈丽，朝毁夕复，营缮无已，爰及诸方都会之处，邸店水硙田宅以千百数。时议以此鄙之。子玄感。

玄感少时晚成，人多谓之痴，唯素每谓所亲曰："此儿不痴也。"及长，美须髯，仪貌雄俊，好读书，便骑射。弱冠，以父军功位柱国，与其父俱为第二品，朝会则齐列。后文帝命玄感降一等，玄感拜谢曰："不意陛下宠臣之甚，许以公庭获展私敬。"初拜郢州刺史，到官潜布耳目，察长史能不，纤介必知，吏人敬服，皆称其能。后转宋州刺史，父忧去职。岁余，拜鸿胪卿，袭爵楚公，迁礼部尚书。性虽骄倨，而爱重文学，四海知名之士多趋其门。

后见朝纲渐紊，帝又猜忌日甚，内不自安，遂与诸弟潜谋废帝立秦王浩。及从征吐谷浑，还至达升拔谷，时从官狼狈，玄感欲袭击行宫。其叔慎曰："士心尚一，国未有衅，不可图也。"玄感乃止。时帝好征伐，玄感欲立威名，阴求将领，以告兵部尚书段文振。振以白帝，帝嘉之，谓群臣曰："将门有将，故不虚也。"于是赉物千段，礼遇益隆，颇预朝政。

帝征辽东，令玄感于黎阳督运，遂与武贲郎将王仲伯、汲郡赞治赵怀义等谋，不时进发。帝遣使者逼促，玄感扬言曰："水路多盗，不可前后而发。"其弟武贲郎将玄纵、鹰扬郎将万石并从幸辽东，玄感潜遣人召之。时来护儿以舟师自东莱，将入海趣平壤城，军未发。玄感无以动众，乃遣家奴伪为使，从东方来，谬称护儿失军期而反。玄感遂入黎阳县，闭城大募男夫，于是取骊布为牟甲，署置官属皆准开皇之旧。移书傍郡以讨护为名，令发兵会于仓所。以东光县尉元务本为黎州刺史，赵怀义为卫州刺史，河内郡主簿唐祎为怀州刺史，有众且一万，将袭洛阳。唐祎至河内，驰往东都告之。越王侗、户部尚书樊子盖等勒兵备御。修武县人相率守临清关，玄感不得济，遂于汲郡南度河。从乱如市，数日，屯兵上春门，众至十余万。子盖令河南赞务裴弘策拒之，弘策战败，父老竞致牛酒。

　　玄感屯兵尚书省,每有誓众曰:"我身为上柱国,家累巨万金,至富贵,无所求也。今者不顾破家灭族者,为天下解倒县之急,救黎元之命耳。"众皆悦,诣辕门请自效者日数千。及与樊子盖书曰:

　　夫建忠立义,事有多途,见机而作,盖非一揆。昔伊尹放太甲于桐宫,霍光废刘贺于昌邑,此并公度内,不能一二披陈。高祖文皇帝诞膺天命,造兹区宇,在璇玑以齐七政,握金镜以驭六龙,无为而至化流,垂拱而天下乂。今上篡承宝历,宜固洪基,乃自绝于天,殄人败德。频年肆眚,盗贼于是滋多。所在修营,人力为之凋尽。荒淫酒色,子女必被其侵。躭玩鹰犬,禽兽皆离其毒。朋党相扇,货贿公行,纳邪佞之言,杜正直之口。加以转输不息,徭役无期,士卒填沟壑,骸骨蔽原野,黄河之北则千里无烟,淮、江之间则鞠为茂草。

　　玄感世荷国恩,位居上将。先公奉遗诏曰:"好子孙为我辅弼之,恶子孙为我屏黜之。"所以上禀先旨,下顺人心,废此淫昏,更立明哲。今四海同心,九有咸应,士卒用命,如赴私雠,人庶相趋,义形公道。天意人事,较然可知。公独守孤城,势何支久?愿以黔黎在念,杜稷为心,勿拘小礼,自贻伊戚。谁谓国家,一旦至此。执笔潸然,言无所具。

遂进逼东都城。

　　刑部尚书卫玄率众自关中来援东都,以步骑二万度瀍、涧挑战。玄感伪北,玄逐之,伏兵发,前军尽没。后数日,玄复与玄感战。兵始合,玄感诈令人大呼曰:"官军已得玄感矣。"玄军稍怠,玄感与数千骑乘之,大溃,拥八千人而去。玄感骁勇多力,每战,亲运长矛,身先士卒,暗鸣叱咤,所当莫不震慑,论者方之项羽。又善抚驭,士乐致死。由是战无不捷。玄军日蹙,粮又尽,乃悉众决战,阵于北邙,一日间战十余合。玄感弟玄挺中流矢而毙。玄感稍却。樊子盖复遣兵攻尚书省,又杀数百人。

　　帝遣武贲郎将陈稜攻元务本于黎阳,武卫将军屈突通屯河阳,左翊卫大将军宇文述发兵继进,右骁卫大将军来护儿复来赴援。玄感与前户部尚书李子雄计曰："屈突通晓兵事,若度河则胜负难决,不如分兵拒之。不能济,则樊、卫失援。"玄感然之,将拒通。子盖知其谋,数击其营,玄感不果进。通遂济河,军于破陵。玄感为两军,西拒卫玄,东拒屈突通。子盖复出兵大战,玄感军频北。复与子雄计,子雄劝之直入关中,开永丰仓振贫乏,三辅可指麾而定。据有府库,东面争天下,此亦霸王之业。

会华阴诸杨请为向导,玄感遂释洛阳,西图关中。宣言已破东都,取关西。宇文述等诸军蹑之。至弘农宫,父老遮说玄感曰："宫城空虚,又多积粟,攻之易下。进以绝敌人之食,退可割宜阳之地。"玄感以为然,留攻三日,城不下,追兵遂至。玄感西至阌乡,上盘豆,布阵亘五十里,与官军且战且行,一日三败。复阵于董杜原,诸军大败之。玄感独与十余骑窜林木间,将奔上洛。追骑至,玄感叱之,皆惧而返走。至葭芦戍,窘迫,独与弟积善步行,谓积善曰："或败矣,我不能受人戮辱,汝可杀我。"积善杀之,因自刺不死,为追兵所执,与玄感首俱送行在所,磔其尸于东都市,三日,复脔而焚之。余党悉平。

其弟玄奖为义阳太守,将归玄感,为郡丞周旋玉所杀。玄纵弟万石,自帝所逃归,至高阳,止传舍,监事许华与郡兵执之,斩于涿郡。万石弟仁行,官至朝议大夫,斩于长安。并具枭磔。公卿请改玄感姓为枭氏,诏可之。

玄感之乱,有赵元淑者预谋,诛。又有刘元进,亦举兵应之。

元淑,博陵人。父世模,初从高宝,后以众归周,授上开府,寓居兆之云阳。隋文帝践阼,恒典宿卫。后从晋王伐陈,力战而死。朝廷以其身死王事,以元淑袭父本官,赐物三千段。

元淑性疏诞,不事产业,家徒壁立。后授骠骑将军,将之官,无以自给。时长安富人宗连家累千金,仕周为三原令,有季女,慧而有色。连每求贤夫,闻元淑,请与相见。连有风仪,美谈笑,元淑亦慕之。及至其家,服玩居处,拟于将相,酒醑,奏女乐,元淑所未见也。及出,连又致殷勤。元淑再三来,宴乐更侈于前。因问所须,尽买与之,元淑致谢,连复拜求以女妻之。元淑感而纳焉,遂为富人。

从杨素平杨谅,以功进位柱国,历德州刺史,颍川太守,并有威惠。入为司农卿。玄感有异志,遂与结交。辽东之役,领将军、典宿卫,加光禄大夫,封葛国公。明年,帝复征高丽,以元淑镇临渝。及玄感作乱,其弟玄纵自驾所逃归,路经临渝。元淑出其小妻魏氏见玄纵,对宴极欢,因与通谋,并受玄纵赂遗。及玄感败,人有告其事者,帝以属吏,元淑及魏氏俱斩于汲郡,籍没其家。

元进,余杭人,少好任侠,为州里所宗,两手各长尺余,臂垂过膝。属辽东之役,百姓骚动,元进自以相表非常,遂聚亡命。会玄感起于黎阳,元进应之。旬月,众至数万,将度江而玄感败,吴郡朱燮、晋陵管崇亦举兵,有众七万,共迎元进,奉以为主,据吴郡,称为天子,以燮、崇俱仆射,署百官。帝令将军吐万绪、光禄大夫鱼俱罗讨焉。为绪所败,朱燮战死。俄而绪、俱罗并得罪。江都郡丞王世充发兵击之。有大流星坠于江都,未及地而南逝,磨拂竹木皆有声,至吴郡而落于地。元进恶之,令掘地入二丈,得一石,径丈余。数日,失石所在。世充度江,元进遣兵人各持茅,因风纵火。世充大惧,将弃营。遇反风火转,元进众惧烧而退,世充大破之。元进及崇俱为世充所杀。世充坑其众于黄亭涧,死者三万人。其后董道冲、沈法兴、李子通等并乘此而起。素母弟约。

约字惠伯。童儿时尝登树,坠地为查伤,由是竟为宦者。性如沈静,内多谲诈,好学强记。素友爱之,凡有所为,先筹于约而行。在周末,以素军功赐爵安成县公,拜上仪同三司。文帝受禅,历位长秋卿、鄜州刺史、宗正、大理二少卿。

时皇太子无宠,晋王广规夺宗,以素幸于上而雅信约,乃用张衡计,遣宇文述大以金宝赂约,因通王意,说之曰:"夫守正履道,固人臣之常致。反经合义,亦达者之令图。自古贤人君子,莫不与时消息,以避祸患。公兄弟功名盖世,用事有年,朝臣为足下家所屈辱者,可胜数哉? 又储宫以所欲不行,每切齿于执政。公虽自结于人主,而欲危公者亦多矣。主上一旦弃群臣,公亦何以取庇? 今皇太子爱于皇后,主上素有废黜之心,此公所知也。今若请立晋王,在贤兄之口耳。诚能因此时建大功,王必镇铭于骨髓,斯则去累卵之危,成太山之安也。"约然之,以白素。素本凶险,闻之大喜,乃抚掌曰:"吾智慧殊不及此,赖汝起余。"约知其计行,复谓素曰:"今皇后之言,上无不用,宜因机会,早自结托,则匪惟长保荣禄,传祚子孙。又晋王倾身礼士,声名日盛,躬履节俭,有主上之风,以约料之,必能安天下。兄若迟疑,一旦有变,令太子用事,恐祸至无日。"素遂行其策,太子果废。

及晋王入东宫,引约为左庶子,封修武公,进位大将军。及帝崩,遣约入京,易留守者,缢杀庶人勇,然后陈兵发凶问。炀帝闻之曰:"令兄之弟,果堪大任。"即位数月,拜内史令。约有学术,兼达时务,帝甚任之。后加右光禄大夫。

及帝在东都,令约诣京师享庙,行至华阴,见其先墓,遂枉道拜哭,为宪司所劾,坐免官。寻拜淅阳太守。其兄子玄感时为礼部尚书,与约恩义甚笃,既怆分离,形于颜色。帝谓曰:"公比忧瘁,得非为叔也?"玄感再拜流涕曰:"诚如圣旨。"帝亦思约废立功,由是征入朝。未几卒,以素子玄挺后之。

穆字绍叔,暄弟也。仕魏,华州加驾。孝武末,弟宽请以澄城县伯让穆,诏许之。终于并州刺史,赠开府仪同三司、华州刺史。

穆弟俭,字景则,伟容仪,有才行。位北雍州刺史,政尚宽慧,夷夏安之。后从破齐神武于沙苑,封夏阳县侯,位开府仪同三司、华州刺史。卒,谥静。

子异,字文珠,美风仪,有器局,髫龀就学,日诵千言,见者奇之。九岁丁父忧,哀毁过礼,殆将灭性。及免丧之后,绝庆吊,闭户读书,数年之间,博涉书记。周闵帝时,为宁都郡太守,甚有能名,赐爵乐昌县子,后数以军功进爵侯。隋文帝作相,行济州事,及践阼,拜宗正少卿,加上开府。蜀王秀之镇益州也,朝廷盛选纲纪,以异方直,拜益州总管长史,寻迁西南道行台兵部尚书。后历宗正卿、刑部尚书,出为吴州总管,甚有能名。时晋王广镇扬州,诏令异每岁一与王相见，评论得失，规谏疑阙。卒于官。子虔逊。

宽字蒙仁，俭弟也。少有大志，每与诸儿童游处，必择高大之物坐之，见者咸异焉。及长，颇解属文，尤尚武艺。弱冠，除奉朝请。父钧出镇恒州，请随从展效，乃授高阙戍主。既而蠕蠕乱，其主阿那瓌奔魏，魏帝诏钧卫送，宽亦从行。时北边贼起，攻围镇城，钧卒，城人等推宽守御。寻而城陷，宽乃北走蠕蠕，后讨六镇贼破，宽始得还朝。

广阳王深与宽素相昵，深犯法得罪，宽被逮捕，孝庄时为侍中，与宽有旧，藏之于宅，遇赦得免。除宗正丞。北海王颢少相器重，时为大行台北征葛荣，欲启宽为左丞。宽辞以孝庄厚恩未报，义不见利而动。颢未之许，颢妹婿李神轨谓颢曰：“匹夫犹不可夺志，况义士乎。”乃止。

孝庄践阼，累迁洛阳令，以都督从太宰、上党王元天穆讨平邢杲。师未迁，属元颢入洛，庄帝出居河内，天穆惧，集诸将谋之。宽劝天穆径取成皋，会兵伊、洛。天穆然之，乃趣成皋，令宽与尔朱兆为后拒。寻以众议不同，乃回赴石济。宽夜行失道，遂后期，诸将咸言宽少与北海周旋，今不来矣。天穆答曰：“杨宽非轻去就者也，吾当为诸君明之。”言讫，候骑白宽至。天穆抚髀而笑曰：“吾固知其必来。”遽出帐迎，握其手曰：“是所望也。”与天穆俱谒孝庄于大行。仍为都督，从平河内，进围北中。时梁陈庆之为颢勒兵守北门，天穆驻马围外，遣宽至城下说庆之，不答，久之乃曰：“贤兄抚军在，颇欲相见不？”宽答：“仆兄既力屈凶威，迹沦逆党，人臣之理，何烦相见。”天穆闻之，自此弥敬。

孝庄反正，除太府卿、华州大中正，封澄城县伯。尔朱荣被诛，其从弟世澄等出据河桥，还逼京师，进宽使持节、大都督，随机捍御。世隆谓宽曰：“岂忘太宰相知之深也？”宽答曰：“太宰见爱以礼，人臣之交耳，今日之事，事君之节。”及尔朱兆陷洛阳，囚执孝庄帝，宽还洛不可，遂自成皋奔梁。至建邺，闻庄帝弑崩，宽发丧尽礼，梁武义之。寻而礼送还。孝武初，除给事黄门侍郎。孝武与齐神武有隙,遂召募骁勇,广增宿卫,以宽为阁内大都督,专总禁旅。从孝武入关,兼吏部尚书,录从驾勋,进爵华山郡公。大统初,迁太子太傅。五年,除骠骑大将军、开府仪同三司、都督、东雍州刺史,即本州也。废帝初,为尚书左仆射、将作大监,坐事免。周明帝初,拜大将军,从贺兰祥讨吐谷浑,破之,别封宜阳县公。除小冢宰,转御正中大夫。武成二年,诏宽与麟趾殿学士参定经籍。

宽性通敏有器干,频牧数州,号称清简,历居台阁,有当官之誉。然与柳机不协,案成其罪,时论颇以此讥之。保定元年,除总管梁兴等十九州诸军事、梁州刺史,薨于州,赠华、陕、虞、上、潞五州刺史,谥曰元。子文恩。

文恩字温仁,在周,年十一,拜车骑大将军、仪同三司、散骑常侍。寻以父功,封新丰县子。天和初,行武都太守。十姓獠反,文恩讨平之。复行冀州事。党项羌叛,文恩又讨平之。进击资中、武康、隆山等生獠及东山獠,并破之。从陈王攻齐河阴城,又从武帝攻拔晋州,授上仪同三司,改封承宁县公。寿阳刘叔仁作乱,从清河公宇文神举讨之,战于砖井,在阵禽叔仁。又别从王谊破贼于鲤鱼栅。后累以军功迁果毅左旅下大夫。

隋文帝为丞相,从韦孝宽拒尉迟迥于武陟,与行军总管宇文述击走其将李俊,遂解怀州围。破尉迟惇,平邺城,皆有功。进授上大将军,改封洛川县公,寻拜隆州刺史。开皇元年,进爵正平郡公。后为魏州刺史,甚有慧政,及去职,吏人思之,为立碑颂德。转冀州刺史。

炀帝嗣位,征为户部尚书,转纳言,改授右光禄大夫。从幸江都宫,以足疾,不堪趋奏,复授户部尚书,位右光禄大夫。卒官,谥曰定。初文恩当袭父爵,自以非嫡,遂让弟纪,当世多之。

纪字温范,少刚正,有器局。在周,袭爵华山郡公。累迁安州总管长史,将兵迎陈降将王瑗于齐安,与陈将周法尚遇,击走之,以功进开府。入为虞部下大夫。文帝为丞相,改封汾阴县公。从梁睿讨王谦,以功进授上大将军。历资州刺史、宗正少卿,坐事除名。后寻复其爵位,拜熊州刺史,改封上明郡公。除宗正卿,兼给事黄门侍郎,判礼部尚书事。迁荆州总管。卒,谥曰恭。

论曰:杨播兄弟俱以忠毅谦谨,荷内外之任,公卿牧守,荣赫累朝,所谓门生故吏遍于天下。而言色恂恂,出于诚至,恭德慎行,为世师范,汉之陈纪,门法所不过焉。后魏以来,一门而已。诸子秀立,青紫盈庭,积善之庆,盖有凭也。及逆胡擅朝,淫刑肆毒,以斯族而遇斯祸,何报施之反哉。

愔雅道风流,早同标致,公望人物所推。夫处乱虐之世,当机衡之重,朝有善政,是也。及寄天下之命,托六尺之孤,旬朔未几,身亡君辱。进不能送往事居,观几卫王;退不能保身全名,辞宠招福。朝廷之衅,既已仗义断恩;猜忌之涂,无容推心受乱。是知变通之术,非所长也。

处道少而轻侠,俶傥不羁,兼文武之资,包英奇之略,志怀远大,以功名自许。属隋文帝将清六合,委以腹心之寄。扫袄氛于牛斗,江海恬波;摧骁猛于龙庭,匈奴远遁。若其夷凶静乱,功臣莫居其右;览其奇策高文,足为一时之杰。然以智诈自立,不由仁义之道,阿谀时主,高下其心。营构离宫,陷君于奢侈,谋废冢嫡,致国于倾危。终使宗庙丘墟,市朝霜露,究其祸败之源,实乃素之由也。

玄感宰相之子,荷恩二世,君之失德,当竭腹心。未议致身,先图问鼎,假称伊、霍之事,将肆莽、卓之心,人神同疾,败不旋踵。昆弟就菹醢之诛,先人受焚如之酷,不亦甚乎。

约外示温柔,内怀狡算,为蛇画足,终倾国本,俾无遗育,不亦宜哉。宽间关夷险,竟以功名自卒。文恩能以爵让,其殆仁乎。

北史卷四二
列传第三○

王肃　刘芳　常爽

　　王肃字恭懿，琅邪临沂人也。父奂，齐雍州刺史，《南史》有传。肃少聪辩，涉猎经史，颇有大志。仕齐，位秘书丞。父奂及兄弟并为齐武帝所杀。太和十七年，肃自建邺来奔。孝文时幸邺，闻其至，虚衿待之，引见问故。肃辞义敏切，辩而有礼，帝甚哀恻之。遂语及为国之道，肃所陈说，深会旨，帝促席移景，不觉坐之疲也。肃因言萧氏危亡之兆，可以乘机，帝于是图南之规转锐。器重礼遇，日有加焉，亲贵旧臣莫之间也，或屏左右，谈说至夜分不罢。肃亦尽忠输诚，无所隐避，自谓君臣之际，犹孔明之遇玄德也。寻除辅国、大将军长史，赐爵开阳伯。肃固辞伯爵，许之。

　　诏肃讨齐义阳，听招募壮勇以为爪牙，其募士有功，赏加等。其从肃行者。六品已下听先拟用，以后闻。若投化人，听五品已下先即优授。肃至义阳，频破贼军，除持节、都督、豫州刺史、扬州大中正。肃善抚接，甚有声称。寻征入朝，帝手诏曰：“不见君子，中心如醉，一日三岁，我劳如何。饰馆华林，拂席相待，卿欲以何日发汝坟也。”又诏曰：“肃丁荼蓼世，志等伍胥，穷逾再期，蔬缊不改。有司依礼喻之，为裁练禫之制。”

　　二十年七月，帝以久旱不雨辍膳，百寮诣阙。帝在崇虚楼，遣舍人问肃。对曰：“伏承陛下辍膳，已经三旦，群臣不敢自宁。臣闻尧水汤旱，自然之数，须圣人以济世，不由圣以致灾，是以国储九年，以御九年之变。昨四郊之外已蒙滂澍，唯京城之内微为少泽。蒸庶未阙一飧，陛下辍膳三日，臣庶惶惶，无复情地。"帝遣答曰："虽不食数朝，犹自无惑，朕诚心未至之所致也。朕志确然，死而后已。"是夜，澍雨大降。

以破齐将裴叔业功，进号镇南将军，加都督四州诸军事，封汝阳县子。肃频表固让，不许，诏加鼓吹一部。

初，齐之收肃父奂也，奂司马黄瑶起攻奂杀之。二十二年平汉阳，瑶起为辅国将军，特诏以付肃，使纾泄哀情。

孝文崩，遗诏以肃为尚书令，与咸阳王禧等同为宰辅，征会驾鲁阳。肃至，遂与禧参同谋谟。自鲁阳至京洛，行途丧纪，委肃参量，忧勤经综，有过旧戚。禧兄弟并敬昵之，上下称为和辑。唯任城王澄以其起自羁远，一旦在己之上，每谓人曰："朝廷以王肃加我上，尚可。从叔广陵，宗室尊宿，历任内外，云何一朝令肃居其右也？"肃闻，恒降避之。寻为澄所奏劾，称肃谋叛，事寻申释。诏肃尚陈留长公主，本刘昶子妇彭城公主也，赐钱二十万、帛三千疋。

肃奏："考以显能，陟由绩著，升明退暗，于是乎在。自百寮旷察，四稔于兹，请依旧例，考检能否。"从之。

裴叔业以寿春内附，拜肃使持节、都督江西诸军事，与彭城王勰率步骑十万以赴之。齐豫州刺史萧懿屯小岘，交州刺史李叔献屯合肥，将图寿春。肃进师讨击，大破之，禽叔献，走萧懿。还京师，宣武临东堂，引见劳之，进位开府仪同三司，封昌国县侯。寻为散骑常侍、都督淮南诸军事、扬州刺史。肃频在边，悉心抚接，远近归怀，附者若市，咸得其心。清身好施，简绝声色，终始廉约，家无余财。然性微轻桃，颇以功名自许，护疵称伐，少所推下，孝文每以此为言。

景明二年，薨于寿春，年三十八。宣武为举哀，给东园秘器、朝服一袭、钱三十万、帛一千疋、布五百疋、蜡三百斤，并问其卜迁远近，专遣侍御史十人监护丧事。又诏曰："杜预之殁，窆于首阳，司空李冲，覆舟是托，顾瞻斯所，亦二代之九原也。故扬州刺史肃，忠义结于二世，英惠符于李、杜，平生本意，愿终京陵，既有宿心，宜遂先志。其令葬于冲、预两坟之间,使之神游相得也。"赠侍中、司空公。有司奏以贞心大度,宜谥匡公,诏谥宣简。明帝初,诏为肃建碑铭。

自晋氏丧乱,礼乐崩亡,孝文虽厘革制度,变更风俗,其间朴略,未能淳也。肃明练旧事,虚心受委,朝仪国典,咸自肃出。子绍袭。

绍字三归,位中书侍郎。卒,赠徐州刺史。子迁袭,齐受禅,爵随例降。

绍弟理,孝静初得还朝,位著作佐郎。绍,肃前妻谢生也。肃临薨,谢始携女及绍至寿春。宣武纳其女为夫人,明帝又纳绍女为嫔。

肃弟康,字文政,涉猎书史,微有兄风。宣武初,携兄子诵、翊、衍等入魏,拜中书侍郎。卒幽州刺史,赠征虏将军、徐州刺史。

诵字国章,肃长兄融之子。学涉有文才,神气清俊,风流甚美。历位散骑常侍、光禄大夫、右将军、幽州刺史、长兼秘书监、给事黄门侍郎。明帝崩,灵太后之立幼主也,于时大赦。诵宣读诏书,言制抑扬,风神竦秀,百寮仰属,莫不叹美。孝庄初,于河阴遇害,赠尚书左仆射、司空公,谥曰文宣。

子孝康,尚书郎中,孝康弟俊,性清雅,颇有文才,齐文襄王中外府祭酒。

诵弟衍,字文舒,名行器艺亚于诵。位光禄大夫、廷尉卿、扬州刺史、大中正、度支七兵二尚书、太常卿。出为散骑常侍、西兖州刺史,为尔朱仲远所禽,以其名望,不害,令骑牛从军,久乃见释,还洛。孝静初,位侍中。卒,敕给东园秘器,赠尚书令、司徒公,谥曰文献。衍笃于交旧,有故人竺嶷,于西兖州为仲远所害,其妻子饥寒,衍置于家,累年赡恤,世人称其敦厚。

翊字士游,肃次兄深子也。风神秀立,好学有文才,位中书侍郎。颇锐于荣利,结婚于元叉。为济州刺史,清静有政绩。入为散骑常侍、金紫光禄大夫,领国子祭酒。卒,赠司空公、徐州刺史。子深,武定中,仪同开府记室参军。

　　刘芳字伯支,彭城丛亭里人,汉楚元王交之后也。六世祖讷,晋司隶校尉。祖该,宋青、徐二州刺史。父邕,宋兖州长史。

　　芳出后宋东平太守逊之。邕同刘义宣之事,身死彭城,芳随伯母房逃窜青州,会赦免。舅元庆,为宋青州刺史沈文秀建威府司马,为文秀所杀。芳母子入梁邹城。慕容白曜南讨青、齐,梁邹降,芳北徙为平齐人,时年十六。

　　南部尚书李敷妻,司徒崔浩之弟女。芳祖母,浩之姑也。芳至京师,诣敷门,崔耻芳流播,拒不见之。芳虽处穷窘之中,而业尚贞固。聪敏过人,笃志坟典,昼则庸书以自资给,夜则诵经不寝,至有易衣并日之弊,而澹然自守,不急急于荣利,不戚戚于贫贱,乃著《穷通论》以自慰。常为诸僧庸写经论,笔迹称善,卷直一缣,岁中能入百余疋,如此数年,赖以颇振。由是与德学大僧多有还往。

　　时有南方沙门慧度以事被责,未几暴亡,芳因缘闻知,文明太后召入禁中,鞭之一百。时中官李丰主其始末,知芳笃学有志行,言之于太后,微愧于心。会齐使刘缵至,芳之始族兄也,擢芳兼主客郎,与缵相接。拜中书博士。后与崔光、宋弁、邢产等俱为中书侍郎。俄而诏芳与产入授皇太子经,迁太子庶子,兼员外散骑常侍。从驾洛阳,自在路及旋京师,恒侍坐讲读。芳才思深敏,特精经义,博闻强记,兼览《苍》、《雅》,尤长音训,辩析无疑。于是礼遇日隆,赏赉丰渥。俄兼通直常侍,从驾南巡,撰述行事,寻而除正。

　　王肃之来奔也,孝文雅相器重,朝野属目。芳未及相见。尝宴群臣于华林,肃语次云:“古者唯妇人有笄,男子则无笄。”芳曰:“推经《礼》正文,古者男子妇人俱有笄。”肃曰:“《丧服》称男子免而妇人髽,男子冠而妇人笄,如此则男子不应有笄。”芳曰:“此专谓凶事也。《礼》,初遭丧,男子免,时则妇人髽。男子冠,时则妇人笄。吉凶时变,男子妇人免髽、冠笄之不同也。又冠尊,故夺其笄,且互言也。非谓男子无笄。又《礼内则》称:‘子事父母,鸡初鸣,栉縰笄总。’以兹而言,男子有笄明矣。”高祖称善者久之。肃亦以芳言为然,曰:“此非刘石经也?”昔汉世造三子石经于太学,学者文字不正,多往质焉。芳音义明辩，疑者皆往询访，故时人号为刘石经。酒阑，芳与肃俱出。肃执芳手曰："吾少来留意《三礼》，在南诸儒，亟共讨论，皆谓此义，如吾向言。今闻往释，顿祛平生之惑。"芳理义精赡，类皆如是。

孝文迁洛，路由朝歌，见殷比干墓，怆然悼怀，为文以吊之。芳为注解，表上之。诏曰："览卿注，殊为富博。但文非屈、宋，理惭张、贾。既有雅致，便可付之集书。"诏以芳经学精洽，超迁国子祭酒，以母忧去官。

帝征宛、邓，起为辅国将军、太尉长史，从太尉、咸阳王禧攻南阳。齐将裴叔业入寇徐州，疆埸之人，颇怀去就。帝忧之，以芳为散骑常侍、国子祭酒、徐州大中正，行徐州事。后兼侍中，从征马圈。孝文崩于行宫，及宣武即位，芳手加衮冕。孝文袭殓，暨乎启祖、山陵、练祭，始末丧事，皆芳撰定。咸阳王禧等奉申遗旨，令芳入授宣武经。及南徐州刺史沈凌外叛，徐州大水，遣芳抚慰振恤之。

寻正侍中，祭酒、中正并如故。芳表曰：

夫为国家者罔不崇儒尊道，学教为先。唐虞以往，典籍无据，隆周以降，任居武门。蔡氏《劝学篇》云："周之师氏居武门左。"今之祭酒则周师氏。《洛阳记》"国子学官与天子宫对。太学在开阳门外。"案《学记》云："古之王者，建国亲人，教学为先。"郑氏注："内则设师保以教，使国子学焉；外则有太学庠序之官。"由斯而言，国学在内，太学在外，明矣。臣谓今既徙县崧瀍，皇居伊洛，宫阙府寺，金复故趾，至于国学，岂宜舛错？校量旧事，应在宫门之左。至如太学，基所见存，仍旧营构。

又云太初太和二十年，发敕立四门博士，于四门置学。臣案：自周已上，学唯以二，或尚东，或尚西，或贵在国，或贵在郊。爰暨周室，学盖有六，师氏居内，太学在国，四小在郊。《礼记》云："周人养庶老于虞瀍，虞瀍在国之四郊。"《礼》又云："天子设四学，当入学而太子齿。"注云："四学，周四郊虞瀍也"。《大戴保傅篇》云："帝入东学，尚亲而贵仁，帝入南学，尚齿而

贵信;帝入西学,尚贤而贵德;帝入北学,尚贵而尊爵;帝入太
学,承师而问道。"周之五学,于此弥彰。案郑注《学记》周则六
学,所以然者,注云:"内则设师保以教,使国子学焉;外则有大
学庠序之官。"此其证也。汉、魏已降,无复西郊。谨寻先旨,宜
在四门。案王肃注云:"天子四郊有学,去都五十里。"考之郑
氏,不云远近。今太学故坊,基趾宽旷。四郊别置,相去辽阔,
检督难周。计太学坊并作四门,犹为太旷,以臣愚量,同处无
嫌。且今时制置,多循中代,未审四学应从古不? 求集儒礼官
议其定所。

从之。迁中书令,祭酒如故。

出除青州刺史,为政儒缓,不能禁止奸盗;然廉清寡欲,无挠公
私。还朝,议定律令,芳斟酌古今,为大议之主,其中损益,多芳意
也。宣武以朝仪多阙,其一切诸议悉委芳修正,于是朝廷吉凶大事,
皆就谘访焉。

转太常卿,芳以所置五郊及明之位,去城里数于《礼》有违,又
灵星、周公之祀,不应隶太常。乃上疏曰:

臣闻国之大事,莫先郊祀,郊祀之本,实在审位。臣学谢全
经,业乖通古,岂可轻荐瞽言,妄陈管说。窃见所置坛祠,远近
之宜,考之典制,或未允衷,既曰职司,请陈肤浅。

《孟春令》云:"其数八。"又云:"迎春于东郊。"卢植云:"东
郊,八里郊也。"贾逵云:"东郊,木帝太昊,八里。"许慎云:"东
郊,八里郊也。"郑玄《孟春令》注云:"王居明堂。"《礼》曰:"王
出十五里迎岁。盖殷礼也。周礼,近郊五十里。"郑玄别注云:
"东郊去都城八里。"高诱云:"迎春气于东方,八里郊也。"王肃
云:"东郊八里,因木数也。"此皆同谓春郊八里之明据也。《孟
夏令》云:"其数七。"又云:"迎夏于南郊。"卢植云:"南郊七里
郊。"贾逵云:"南郊,火帝七里。"许慎云:"南郊七里郊也。"郑
玄云:"南郊,去都城七里。"高诱云:"南郊,七里之郊也。"王肃
云:"南郊七里,因火数也。"此又南郊七里之审据也。《中央

令》云:"其数五。"卢植云:"中郊,五里之郊也。"贾逵云:"中兆黄帝之位,并南郊之季,故云兆五帝于四郊也。"郑玄云:"中郊,西南未地,去都城五里。"此又中郊五里之审据也。《孟秋令》云:"其数九。"又云:"以迎秋于西郊。"卢植云:"西郊九里郊。"贾逵云:"西郊,金帝少昊,九里。"许慎云:"西郊,九里郊也。"郑玄云:"西郊去都城九里。"高诱云:"西郊,九里之郊也。"王肃云:"西郊九里,因金数也。"此又西郊九里之审据也。《孟冬令》云:"其数六。"又云:"迎冬于北郊。"卢植云:"北郊,六里郊也。"贾逵云:"北郊,水帝颛顼,六里。"许慎云:"北郊,六里郊也。"郑玄云:"北郊去都城六里"。高诱云:"北郊,六里之郊也。"王肃云:"北郊六里,因水数也。"此又北郊六里之审据也。宋氏《含文嘉》注云:"《周礼》王畿内千里,二十分其一,以为近郊。近郊五十里,倍之为远郊。迎王气盖于近郊。汉不设王畿,则以其方数为郊处,故东郊八里,南郊七里,西郊九里,北郊六里,中郊在内南未地五里。"《祭祀志》:"建武二年正月,初制郊兆于雒阳城南七里,依采元始中故事,北郊在雒阳城北四里。"此又汉世南、北郊之明据也。今地祇准此。至如三十里郊进乖郑玄所引殷、周二代之据,退违汉、魏所行故事。凡邑外曰郊。今计四郊各以郭门为限,里数依上。

　　《礼》,朝拜日月皆于东西门外,今日月之位,去城东西,路各三十,窃又未审。《礼》又云:"祭日于坛,祭月于坎。"今计造如上。《礼仪志》云:"立高禖祠于城南。"不云里数,故今仍旧。

　　灵星本非礼事,兆自汉初,专为祈田,恒隶郡县。《郊祀志》云:"高祖五年,制诏御史,其令天下立灵星祠,牲用大牢,县邑令、长侍祠。"晋《祠令》云:"郡、县、国祠杜稷、先农,县又祠灵星。"此灵星在天下诸县之明据也。周公庙所以别在洛阳者,盖缘姬旦创成洛邑,故传世洛阳,崇祠不绝,以彰厥庸。夷、齐庙者,亦世为洛阳界内神祠。今并移太常,恐乖其本。天下此类甚众,皆当部郡县修理,公私施之祷请。窃惟太常所司,郊庙神衹自有常限,无宜临时斟酌以意,若遂尔妄营,则不免淫祀。二祠在太常,在洛阳,于国一也,然贵在审本。

臣以庸蔽,谬忝今职,考括坟籍,博采群议,既无异端,谓粗可依据。今玄冬务隙,野罄人闲,迁易郊坛,二三为便。诏曰:"所上乃有明据,但先朝置立已久,且可从旧。"

先是,孝文于代都诏中书监高闾、太常少卿陆琇并公孙崇等十余人修理金石及八音之器,后崇为太乐令,乃上请尚书仆射高肇,更共营理。宣武诏芳共主之,芳表以礼乐事大,不容辄决,自非博延公卿,广集儒彦,讨论得失,研究是非,无以垂之万叶,为不朽之式。被报听许,数旬之间,频烦三议。于时朝士颇以崇专综既久,不应乖谬,各嘿然无发论者。芳乃探引经诰,搜括旧文,共相难质,皆有明据,以为盈缩有差,不合典式。崇虽示相酬答,而不会问意,卒无以自通。尚书依事述奏,仍诏委芳别更考制。于是学者弥归宗焉。

芳以社稷无树,又上疏曰:

依《合朔仪》注:日有变,以朱丝为绳,以绕系社树三匝。而今无树。又《周礼·大司徒》职云:"设其社稷之壝而树之田主,各以其社之所宜木。"郑玄注云:"所宜木,谓若松柏栗也。"此其一证也。又《小司徒封人》职云:"掌设王之社壝,为畿封而树之。"郑玄注云:"不言稷者,王主于社。稷,社之细也。"此其二证也。又《论语》曰:"哀公问社于宰我,宰我对曰:夏后氏以松,殷人以柏,周人以栗。"是乃土地之所宜也。此其三证也。又《白武通》:"社稷所以有树何也?尊而识之也,使人望见即敬之,又所以表功也。"案此正解所以有树之义,了不论有之与无也。此其四证也。此云:"社稷所以有树何",然则稷亦有树明矣。又《五经通仪》云:"天子太社、王社,诸侯国社、侯社,制度奈何?曰:社皆有垣无屋,树其中以木。有木者,土主生万物,万物莫善于木,故树木也。"此其五证也。此最其丁宁备解有树之意也。又《五经要义》云:"社必树之以木。《周礼司徒》职曰:班社而树之,各以土地所生。《尚书逸篇》曰:太社惟松,东社惟

柏,南社惟梓,西社惟栗,北社惟槐。"此其六证也。此又太社及
四方皆有树别之明据也。又见诸家《礼图》社稷图皆画为树,唯
诚社、诚稷无树。此其七证也。

虽辩有树之据,犹未正所殖之木。案《论语》称"夏后氏以
松,殷人以柏,周人以栗",便是世代不同。而《尚书逸篇》则云
"太社惟松",如此,便以一代之中而立社各异也。愚以为宜殖
以松。何以言之?《逸书》云:"太社惟松,"今者殖松,不虑失礼。
惟稷无成证。稷乃社之细,盖亦不离松也。

宣武从之。

芳沈雅方正,概尚书甚高,《经》、《传》多通,孝文尤器敬之,动
相顾访。太子恂之在东宫,孝文欲为纳芳女,芳辞以年貌非宜,帝叹
其谦慎。帝更敕芳举其宗女,芳乃称其族子长文之女,孝文乃为恂
娉之,与郑懿女对为左右孺子焉。

崔光于芳有中表之敬,每事询仰。芳撰郑玄所注《周官仪礼
音》、于宝所注《周官音》、王肃所注《尚书音》、何休所注《公羊音》、
范宁所注《穀梁音》、韦昭所注《国语音》于范晔《后汉书音》各一卷,
《辩类》三卷,《徐州人地录》二十卷,《急就篇续注音义证》三卷,《毛
诗笺音义证》十卷,《礼记义证》十卷,《周官仪礼义证》各五卷。崔光
表求以中书监让芳,宣武不许。卒,赠镇东将军、徐州刺史,谥文贞
侯。

长子怿,字祖欣,雅有父风,颇好文翰。历徐州别驾、兖州左军
府长史、司空谘议参军,屡为行台出使,所历皆有当官之称。转通直
散骑常侍、徐州大中正,行郢州事,寻迁安南将军、大司农卿。卒,赠
徐州刺史,谥曰简。无子,弟廞以第三子峻为后。

廞字景兴,好学强立。善事当世,高肇之盛及清河王怿为宰辅,
廞皆与其子侄交游。灵太后临朝,又与太后兄子往还相好。太后令
廞以诗赋授弟元吉。稍迁光禄大夫。孝武帝初,除散骑常侍,迁骠
骑大将军、国子祭酒。孝武于显阳殿讲《孝经》,廞为执经,虽酬答论
难未能精尽,而风采音制,足有可观。寻兼都官尚书,又兼殿中尚

书。及孝武入关，齐神武至洛，责庶诛之。

子鸷，字子升，少有风气，颇涉文史。位徐州开府从事中郎。父庶之死，鸷率勒乡部赴兖州，与刺史樊子鹄抗御王师，每战，流涕突阵。城陷，禽送晋阳，齐神武矜而赦之。文襄为仪同开府，以鸷为属，本州大中正，转中书舍人。时与梁和通，鸷前后受敕对其使一十六人。为司徒左长史，卒，赠南青州刺史。鸷弟馘，位金紫光禄大夫。馘子逖。

逖字子长，少聪敏，好弋猎骑射，以行乐为事，爱交游，善戏谑。齐文襄以为永安公浚开府行参军。逖远离家乡，倦于羁旅，发愤自励，专精读书。晋阳都会之所，霸朝人士攸集，咸务于宴集。逖在游宴之中，卷不离手，遇有文籍所未见者，则终日讽诵，或通夜不归。其好学如此。亦留心文藻，颇工诗咏。

齐天保初，行定陶县令，坐奸事免，十余年不得调。其姊为任氏妇，没入宫，敕以赐魏收，收所提携，后为开府参军，及文宣崩，文士并作挽歌，杨遵彦择之，员外郎卢思道用八首，逖用二首，余人多者不过三四。中书郎李愔戏逖曰：“卢八问讯刘二。”逖衔之。乾明元年，兼员外散骑常侍，使宋梁主萧庄。还，兼三公郎中。

武成时，和士开宠要，逖附之。正授中书侍郎，入典机密。时李愔献赋，言天保中被谗。逖摘其文，奏曰：“诽谤先朝，大不敬。”武成怒，大加鞭朴。逖喜复前憾曰：“高捶两下，执鞭一百，何如呼刘二时。”寻兼散骑常侍，聘陈使主。逖欲独擅文藻，不愿与文士同行。时黄门侍郎王松年妹夫卢士游，性沈密，逖求以为副。又逖姊魏家者，收时已放出，逖因次欲嫁之士游，不许。逖恐事露，亦不逼焉。迁给事黄门侍郎，修国史。加散骑常侍，除假仪同三司，聘周使副。二国始通，礼仪未定，逖与周朝议论往复，斟酌古今，事多合礼，兼文辞可观，甚得名誉。使还，拜仪同三司。

及武成崩，和士开欲改元，议者各异。逖请为“武平”，私谓士开曰：“武平反为明辅，逖作此以为公。”士开悦而从之。时士开为众口所排，娄定远同辅政，逖遂回附之，使得西货，悉以饷定远。定远外

任,逖不自安,又阴结斛律明月、胡长仁以自固。士开知之,未甚信,
忽于明月门巷逢之,弥以为实。初,逖名宦未达时,欲事祖珽。珽未
原,谓人曰:"我言彭城楚子,应有气侠,唯将崔季舒诗示人,殊乖气
望。"逖乃为弟娶珽女,遂成密好。珽之将诉赵彦深、和士开也,先与
逖谋,逖乃告二人,故二人得为之计。珽被黜,令弟出其妻。及是,
逖解士开所嫌。寻出为仁州刺史。珽乃要行台尚书卢潜陷逖,许潜
重迁。潜曰:"如此事,吾不为也。"更戒逖而护之。

后被征还,待诏文林馆,重除散骑常侍,奏门下事。未几,与崔
季舒等同戮,时年四十九。所制文笔三十卷。子逸人,开府行参军。
仕隋,终于洛阳令。芳从子懋。

懋字仲华,祖泰之,父承伯,仕宋并有名位。懋聪敏好学,博综
经史,善草隶书,识奇字。宣武初入朝,位尚书外兵郎中。芳甚重之,
凡所撰朝廷轨仪,皆与参量。尚书博议,懋与殿中郎袁翻常为议主。
达于从政,台中疑事,咸所访决。尚书李平与结莫逆交。迁步兵校
尉,领郎中,兼东宫中舍人。转员外常侍、镇远将军,领考功郎中,立
考课之科,明黜陟之法,甚有条贯。

孝昭初,大军攻硃石,懋为李平行台郎中,城拔,懋颇有功。太
傅、清河王怿爱其风雅,常目而送之曰:"刘生堂堂,搢绅领袖,若天
假之年,必为魏朝宰辅。"诏懋与诸才学之士撰成仪令。怿为宰相积
年,礼懋尤重。令诸子师之。迁太尉司马。熙平二年冬,暴病卒。家
甚清贫,亡之日,徒四壁而已。太傅怿及当时才俊莫不痛惜之。赠
持节、前将军、南泰州刺史,谥曰宣简。懋诗诔赋颂及文笔见称于
时,又撰诸器物造作之始十五卷,名曰《物祖》。

常爽字仕明,河内温人,魏大常卿林六世孙也。祖珍,苻坚南安
太守,因世乱,遂居凉州。父坦,乞伏世镇远将军、大夏镇将、显美
侯。

爽少而聪敏,严正有志概,虽家人僮隶未尝见其宽诞之容。笃
志好学,博闻强识,明习纬候、《五经》、百家,多所研综。州郡礼命,

皆不就。武成西征凉土，爽与兄士国归款军门。武成嘉之，赐士国爵五品，显美男。爽为六品，拜宣威将军。

是时，戎车屡驾，征伐为事，贵游子弟未遑学术。爽置馆温水之右，教授门徒七日余人，京师学业，翕然复兴。爽立训甚有勤罚之科，弟子之事，若严君焉。尚书左仆射元赞、平原太守司马真安、著作郎程灵虬皆是爽教所就。崔浩、高允并称爽之严教，奖励有方。允曰：“文翁柔胜，先生刚克，立教虽殊，成人一也。”其为通识叹服如此。

因教授之暇，述《六经略注》，以广制作，甚有条贯。其序曰：

《传》称立天之道，曰阴与阳；立地之道，曰柔与刚；立人之道，曰仁与义。然则仁义者，人之性也；经典者，身之文也。皆以陶铸神情，启悟耳目，未有不由学而能成其器，不由习而能利其业。是故季路勇士也，服道以成忠烈之概；宁越庸夫也，讲艺以全高尚之节。盖所由者习也，所因者本也，本立而道生，身文而德备焉。

昔者先王之训天下也，莫不导以《诗》、《书》，教以《礼》、《乐》，移其风俗，和其人民。故恭俭庄敬而不烦者，教深于《礼》也；广博易良而不奢者，教深于《乐》也；温柔敦厚而不愚者，教深于《诗》也；疏通知远而不诬者，教深于《书》也；洁静精微而不贼者，教深于《易》也；属辞比事而不乱者，教深于《春秋》也。夫《乐》以和神，《诗》以正言，《礼》以明体，《书》以广听，《春秋》以断事。五者，盖五常之道，相须而备。《易》为之源，故曰《易》不可见，则乾坤其几乎息矣。由是言之，《六经》者，先王之遗烈，圣人之盛事也，安可不游心寓目习性文身哉。顷因暇日，属意艺林，略撰所闻，讨论其本，名曰《六经略注》，以训门徒焉。

其略注行于世。

爽不事王侯，独守闲静，讲肄经典二十余年，时号为“儒林先生”，年六十三，卒于家。子文通，历官至镇西司马、南天水太守、西翼校尉。文通子景。

　　景字永昌，少聪敏，初读《论语》、《毛诗》，一受便览。及长，有才思，雅好文章。廷尉公孙良举为协律博士，孝文亲得其名，既而用之为门下录事。正始初，招尚书、门下于金墉中书外省考论律令，敕景参议。宣武季舅护军将军高显卒，其兄右仆射肇托景及尚书邢峦、并州刺史高聪，通直郎徐纥各作碑铭，并以呈御。帝悉付侍中崔光简之，光奏景名位乃处诸人之下，文出诸人之上，遂以景文刊石。

　　肇尚平阳公主，未几主薨，肇欲使公主家令居庐制服，已付学官议正施行。尚书又以访景，景以妇人无专国之理，家令不得有纯臣之义，乃执议曰：

　　　　丧纪之本，实称物以立情；轻重所因，亦缘情以制礼。虽理关盛衰，事经今古，而制作之本，降杀之宜，其实一焉。是故臣之为君，所以资敬而崇重；为君母妻，所以从服而制义。然而诸侯大夫之为君者，谓其有地土、有吏属，无服文者，言其非世爵也。今王姬降适，虽加爵命，事非君邑，理异列土。何者？诸王开国，备立臣吏，生有趋奉之勤，死尽致丧之礼。而公主家令，唯有一人，其丞已下，命之属官，既无接事之仪，实阙为臣之体。原夫公主之贵，所以立家令者，盖以主之内事，脱须关外，理无自达，必也因人。然则家令唯通内外之职及典主家之事耳，无关君臣之理，名义之分也。由是推之，家令不得为纯臣，公主不可为正君，明矣。

　　　　且女人之为君，男子之为臣，古礼所不载，先朝所未议。而四门博士裴道广、孙荣义等以公主为之君，以家令为之臣，制服以斩，乖缪弥甚。又张虚景、吾难羁等不推君臣之分，不寻致服之情，犹同其议，准母制齐，求之名实，理未为允。窃谓公主之爵，既非食菜之君；家令之官，又无纯臣之式。若附如母，则情义阒施；若准小君，则从服无据。案如经《礼》，事无成文，即之愚见，胃不应服。

　　朝廷从之。

景淹滞门下积岁，不至显官，以蜀司马相如、王褒、严君平、杨子云等四贤，皆有高才而无重位，乃托意以赞之。景在枢密十有余年，为侍中崔光、卢昶、游肇、元晖尤所知赏。累迁积射将军、给事中。延昌初，东宫建，兼太子屯骑校尉，录事皆如故。受敕撰门下诏书凡四十卷。尚书元苌出为安西将军、雍州刺史，请景为司马。以景阶次不及，除录事参军、襄威将军，带长安令，甚有惠政，人吏称之。

先是，太常刘芳与景等撰朝令，未及班行。别典仪注，多所草创，未成。芳卒，景纂成其事。及宣武崩，召景赴京，还修仪注。拜谒者仆射，加宁远将军，又以本官兼中书舍人。后授步兵校尉，仍舍人。又敕撰太和之后朝仪已施行者，凡五十余卷。时灵太后诏依汉世阴、邓二后故事，亲奉庙祀，与帝交献。景乃据正以定仪注，朝廷是之。

正光初，除龙骧将军、中散大夫，舍人如故。时明帝行讲学之礼于国子寺，司徒崔光执经，敕景与董绍、张彻、冯元兴、王延业、郑伯猷等俱为录义。事毕，又行释奠之礼，并诏百官作释奠诗，以景作为美。

是年九月，蠕蠕主阿那瓌归阙，朝廷疑其位次。高阳王雍访景。曰：“昔咸宁中，南单于来朝，晋世处之王公、特进之下。今日为班，宜在蕃王、仪同三司之间。”雍从之。朝廷典章，疑而不决，则时访景而行。

初，平齐之后，光禄大夫高聪徙于北京，中书监高允为之聘妻，给其资宅。聪后为允立碑，每云“吾以此文报德足矣。”豫州刺史常绰以未尽其美。景尚允才器，先为《遗德颂》，司徒崔光闻而观之，寻味良久，乃云：“高光禄平日每矜其文，自许报允之德，今见常生此颂，高氏不得独擅其美也。”侍中崔光、安丰王延明受诏议定服章，敕景参修其事。寻进号冠军将军。

阿那瓌之还国也，境上迁延，仍陈窘乏。遣尚书左丞元孚奉诏振恤，阿那瓌执孚过柔玄，奔于漠北。遣尚书令李崇、御史中尉兼右仆射元纂追讨不及。乃令景出塞，经溢山，临瀚海，宣敕勒众而返。景经涉山水，怅然怀古，乃拟刘琨《扶风歌》十二首，进号征虏将军。

孝昌初，给事黄门侍郎，寻除左将军、太府少卿，仍舍人。固辞少卿不拜，改授散骑常侍，将军如故。徐州刺史元法僧叛入梁，梁武遣其豫章王萧综入据彭城。时安丰王延明为大都督、大行台，率临淮王彧等众军讨之。既而萧综降附，徐州清复，遣景兼尚书，持节驰与行台都督观机部分。景经沘，乃作铭焉。是时尚书令萧宝夤、都督崔延伯、都督北海王颢、都督车骑将军元恒芝等并各出讨，诏景诣军宣旨劳问。还，以本将军徐州刺史。

杜洛周反于燕州，仍以景兼尚书为行台，与幽州都督、平北将军元谭以御之。景表求勒幽州诸县悉入古城，山路有通贼之处，权发兵夫，随宜置戍，以为防遏。又以顷来差兵，不尽强壮，今之三长，皆是豪门多丁为之，今求权发为兵。明帝皆从之。进号平北将军。别敕谭西至军都关，北从卢龙塞，据此二险，以杜贼出入之路。又诏景山中险路之处，悉令捍塞。景遣府录事参军裴智成发范阳三长之兵以守白岖，都督元谭据居庸下口。俄而安州石离、冗城，斛盐三戍兵反，结洛周，有众二万余落，自松岈赴贼。谭勒别将崔仲哲等截军都关以待之。仲哲战没，洛周又自外应之，腹背受敌，谭遂大败，诸军夜散。诏以景所部别将李琚为都督，代谭征下口，降景为后将军，解州任。仍诏景为幽、安、玄四州行台。

贼既南出，钞略蓟城，景命统军梁仲礼率兵士邀击，破之，获贼将御夷镇军主孙念恒。都督李琚为贼所攻蓟城之北，军败而死。率属城人御之，贼不敢逼。洛周还据上谷。授景平北将军、光禄大夫，行台如故。洛周遣其都督王曹纥真、马叱斤等率众蓟南，以掠人谷，乃遇连雨，贼众疲劳。景与都督干荣、刺史王延年置兵粟国，邀其走路，大败之，斩曹纥真。洛周率众南趋范阳，景与延年及荣破之，又遣别将重破之于州西彪眼泉，禽斩之及溺死者甚众。

后洛周南围范阳，城人翻降，执刺史延年及景，送于洛周。寻为葛荣所吞，景又入荣。荣破，景得还朝。

永安初，诏复本官，兼黄门侍郎，又摄著作，固辞不就。二年，除中军将，正黄门。先是参议正光壬子历，至是赐爵高阳子。元颢内逼，庄帝北巡，景与侍中、大司马、安丰王延明在营中召诸亲宾，乃安慰京师。颢入洛，景乃居本位。庄帝还宫，解黄门。普泰初，除车骑将军、右光禄大夫，秘书监。以预诏命之勤，封濮阳县子，后以例进。永熙二年，监议事。

景自少及老，恒居事任，清俭自守，不营产业，至于衣食，取济而已。耽好经史，爱玩文词，若遇新异之书，殷勤求访，或复质买，不问价之贵贱，必以得为期。友人刀整每谓曰："卿清德自居，不事家业，虽俭约可尚，将何以自济也？吾恐挚太常方喂于柏谷耳。"遂与卫将军羊深矜其所乏，乃率刀双、司马彦邕、李诣、毕祖彦、毕义显等各出钱千文而为买马焉。天平初迁邺，是时诏下三日，户四十万狼狈就道，收百官马，尚书丞、郎已下非陪从者，尽乘驴。齐神武以景清贫，特给车牛四乘，妻孥方得达邺。后除仪同三司，仍本将军。武定六年，以老疾去官，诏特给右光禄事力终其身。八年薨。

景善与人交，终始若一，其游处者皆服其深远之度，未曾见其矜吝之心。好饮酒，澹于荣利，自得怀抱，不事权门。性和厚恭慎。每读书见韦弦之事，深薄之危，乃图古昔可以鉴戒，指事为象，赞而述之曰：

《周雅》云："谓天盖高，不敢不跼，谓地盖厚，不敢不蹐。"有朝隐大夫鉴戒斯文，乃惕焉而惧曰：夫道丧则世倾，利重则身轻。是故乘和体逊，式铭方册，防微慎独，载象丹青。信哉辞人之赋，文晦而理明。仰瞻高天，听卑视谛，俯测厚地，岳峻川淳。谁其戴之，不私不畏。谁其践之，不陷不坠。故善恶是征，物罔同异。论亢匪久，人咸敬忌。嗟乎！唯地厚矣，尚亦兢兢。浩浩名位，孰识其亲。搏之弗得，聆之无闻。故有戒于显而急于微。好爵是冒，声奢是基。身陷于禄利，言溺于是非。或永欲而未厌，或知足而不辞。是故位高而势逾迫，正立而邪逾欺。安有位极而危不萃，邪荣而正不凋。故悔多于地厚。祸甚于天

高。夫悔未结,谁肯曲躬。夫祸未加,谁肯累足。固机发而后
思图,车履而后改躅。□之无及,故狡兔失穴,思之在后,故逆
鳞易触。

君子则不然,体舒则怀卷,视溺则思济。原夫人阙之度,邈
于无阶之天,势位之危,深于不测之地。饵厚而躬不竞,爵降而
心不系。守善于已成,惧愆于未败。虽盈而戒冲,通而虑滞。以
知命为遐龄,以乐天为大惠。以戢智而从时,以怀愚而游世。曲
躬焉,累足焉,苟行之昼已决矣,犹夜则思其计;诵之口亦明
矣,故心必赏其契。故能不同不诱,而弭谤于群小;无毁无誉,
而贻信于上帝。托身与金石俱固,立名与天壤相弊。嚣竞无侵,
优游独逝。夫如是,绮阁金门,可安其宅;锦衣玉食,可颐其形。
柳下三黜,不愠其色;子文三陟,不谞其情。

而惑者见居高可以持势,欲乘高以据荣。见直道可以修
已,欲专道以邀声。夫去声然后声可立,岂矜道之所宜。虑危
然后安可固,岂假道之所全。是以君子鉴恃道不可以流声,故
去声而怀道。鉴专道不可以守势,故去势以崇道。何者?复道
虽高,不得无亢;求声虽道,不得无悔。然则声奢敏则实俭凋,
功业进则身迹退。如此则精灵遂越,骄侈自亲,情与道绝,事与
势邻。方欲役思以持势,乘势以求津。故利欲诱其性,祸难婴
其身。利欲交则幽显以之变,祸难构则智术无所陈。若然者,
虽縻爵帝局,焉得而宁之? 虽结珮皇庭,焉得而荣之。故身道
未究,而崇邪之径已形。成功未立,而修正之术已生。福禄交
蹇于人事,屯难顿萃于时情。忠介剖心于白日,耿节沉骨于幽
灵。因斯愚智之所机,倚伏之所系,全亡之所依,其在逊顺而已
哉。呜呼鉴之,呜呼鉴之!"

景所著述数百篇见行于世。删正晋司空张华《博物志》及撰《儒林》、
《列女传》各数十篇云。

长子昶,少学识,有文才,早卒。昶弟彪之,永安中,司空行参
军。

　　论曰:古人云:才未半古,功已过之。王肃流寓之士,见知一面,荣任赫然,寄同旧列,虽器业自致,抑亦逢时之所致焉。刘芳矫然特立,沈深好古,博通洽识,为世儒宗。懋才流识学,见重于世,不虚然也。常爽以儒素著称,景以文义见宗,美乎。

北史卷四三
列传第三一

郭祚 张彝 邢峦 李崇

　　郭祚字季祐，太原晋阳人，魏车骑将军淮弟亮之后也。祖逸，本州别驾，前后以二女妻司徒崔浩，一女妻浩弟上党太守恬。太武时，浩亲宠用事，拜逸徐州刺史，假榆次侯，赠光禄大夫。父洪之，坐浩事诛。祚亡窜得免。少孤贫，姿貌不伟，乡人莫之识。有女巫相祚后当富贵。祚涉历经史，习崔浩之书，尺牍文章见称于世。弱冠为州主簿，刺史孙小委之书记。又太原太守王希彦，逸妻之侄也，共相赒恤，乃振。

　　孝文初，举秀才，对策上第，拜中书博士。转中书侍郎，迁尚书左丞，长兼给事黄门侍郎。祚清勤在公，夙夜匪懈，帝甚赏之。从南征，及还，正黄门。车驾幸长安，行经渭桥，过郭淮庙，问祚曰："是卿祖宗所承邪？"祚曰："是臣七世伯祖。"帝曰："先贤后哲，顿在一门。"祚对曰："昔臣先人以通儒英博，唯事魏文。微臣虚薄，遭奉圣明，自惟幸甚。"因敕以太牢祭淮庙，令祚自撰祭文。以赞迁洛之规，赐爵东光子。孝文曾幸华林园，因观故景阳山。祚曰："山以仁静，水以智流，愿陛下修之。"帝曰："魏明以奢失于前，朕何为袭之于后？"祚曰："高山仰止。"帝曰："得非景行之谓？"迁散骑常侍，仍领黄门。

　　是时，孝文锐意典礼，兼铨镜九流，又迁都草创，征讨不息，内外规略，号为多事。祚与黄门宋弁参谋帷幄，随其才用，各有委寄。

祚承稟注疏，行成勤剧。尝以立冯昭仪，百官夕饮清徽后园，孝文举筋赐祚及崔光曰："郭祚忧勤庶事，独不欺我。崔光温良博物，朝之儒秀。不劝此两人，当劝谁也。"其见知若此。初，孝文以李彪为散骑常侍，祚因入见，帝谓祚曰："朕昨误授一人官。"祚对曰："岂容圣诏一行，而有差异。"帝沈吟曰："此自应有让，因让，朕欲别授一官。"须臾，彪有启云："伯石辞卿，子产所恶，臣欲之已久，不敢辞让。"帝叹谓祚曰："卿之忠谏，李彪正辞，使朕迟回，不能复决。"遂不换李彪官也。

乘舆南讨，祚以兼侍中从，拜尚书，进爵为伯。孝文崩，咸阳王禧等奏祚兼吏部尚书。寻除长兼吏部尚书、并州大中正。宣武诏以奸吏逃刑，县配远戍，若永避不出，兄弟代之。祚奏曰："若以奸吏逃窜，徙其兄弟，罪人妻子，复应徙之，此则一人之罪，祸倾二室。愚谓罪人既逃，止徙妻子，走者之身，县名永配，于责不免，奸途自塞。"诏从之。寻正吏部。祚持身洁清，重惜官位，至于铨授，假令得人，必徘徊久之，然后下笔，下笔即云："此人便以贵矣。"由是事颇稽滞，当时每招怨讟。然所拔用者，皆量才称职，时又以此归之。

出为使持节、镇北将军、瀛州刺史。及太极殿成，祚朝于京师，转镇东将军、青州刺史。祚逢负不稔，阖境饥毙，矜伤爱下，多所振恤，虽断决淹留，号为烦缓，然士女怀其德泽。入为侍中，金紫光禄大夫、并州大中正。

迁尚书右仆射。时议定新令，诏祚与待中、黄门参议刊正。故事，令、仆、中丞驺唱而入宫门，至于马道。及祚为仆射，以为非尽敬之宜，言于帝，纳之。下诏御在太极，驺唱至止车门。御在朝堂，至司马门。驺唱不入宫，自此始也。诏祚本官领太子少师。祚曾从幸东宫，明帝幼弱，祚持一黄瓠出奉之。时应诏左右赵桃弓与御史中尉王显迭相唇齿，深为帝所信，祚私事之，时人谤祚者，号为桃弓仆射、黄瓠少师。

祚奏曰："谨案前后考格，虽班天下，如臣愚短，犹有未悟。今须定职人迁转由状，超越阶级者即须量折。景明初考格，五年者得一阶半。正始中,故尚书、中山王英奏考格,被旨:'但可正满三周为限,不得计残年之勤。'又去年中,以前二制不同,奏请裁决。旨云:'黜陟之体,自依旧来恒断。'今未审旧来之旨,为从景明之断?为从正始为限?景明考法,东西省文武闲官悉为三等,考同任事。而前尚书卢昶奏,上等之人三年转半阶。今之考格,复分为九等,前后不同,参差无准。"诏曰:"考在上中者,得泛以前,有六年以上迁一阶,三年以上迁半阶,残年悉除。考在上下者,得泛以前,六年以上迁半阶,不满者除。其得泛以后,考在上下者,三年迁一阶。散官从卢昶所奏。"

祚又奏言:"考察令:公清独著、德绩超伦而无负殿者为上上,一殿为上中,二殿为上下,累计八殿,品降至九。未审今诸曹府寺,凡考,在事公清,然才非独著;绩行称务,而德非超伦;干能粗可,而守平堪任;或人用小劣,处官济事并全无负殿之徒;为依何第?景明三年以来,至今十有一载,准限而判,三应升退。今既通考,未审为十年之中,通其殿最,积以为第?随前后年断,各自余其善恶而为升降?且负注之章,数成殿为差,此条以寡愆为最,多戾为殿。未审取何行是寡愆?何坐为多戾?结累品次,复有几等?诸文案失衷应杖十者为一负,罪依律次,过随负记。十年之中,三经肆眚,赦前之罪,不问轻重,皆蒙宥免。或为御史所弹,案验未周,遇赦复任者,未审记殿得除以不?"诏曰:"独著、超伦及才备、寡咎,皆谓文武兼上上之极言耳。自此以降,犹有八等,随才为次,令文已具。其积负累殿及守平得济,皆含在其中,何容别疑也?所云通考者,据总多年之言。至于黜陟之体,自依旧来年断,何足复请。其罚赎已记之殿,固非免限。遇赦免罪,准其殿者除之。"寻加散骑常侍。时诏营明堂、国学,祚奏曰:"今云罗西举,开纳岷、蜀。戎旗东指,镇靖淮、荆。汉、沔之间,复须防捍。征兵发众,所在殷广。边郊多垒,烽驿未息,不可于师旅之际,兴板筑之功。且献岁云暨,东作将始。臣愚量谓宜待丰靖之年,因子来之力,可不时而就。"从之。

宣武末年,每引祚入东宫,密受赏赉,多至百余万,杂以锦绣。

又特赐以剑杖,恩宠甚深,迁左仆射。先是,梁将康绚遏淮,将灌扬、徐。祚表曰:"萧衍狂狡,擅断川渎,役苦人劳,危亡已兆。宜敕扬州选一猛将,遣当州之兵,令赴浮山,表里夹攻。"朝议从之。除使持节、散骑常侍、都督、雍州刺史、征西将军。

太和以前,朝法尤峻,贵臣蹉跌,便致诛夷。李冲之用事也。钦祚识干,荐为左丞,又兼黄门,意便满足。每以孤门,往经崔氏之祸,常虑危亡,苦自陈挹,辞色恳然,发于诚至。冲谓之曰:"人生有运,非可避也。但当明白当官,何所顾畏。"自是积十数年,位秩隆重,而进趣之心,更复不息。又以东宫师傅之资,列辞尚书,志在封侯之赏,仪同之位。尚书令、任城王澄为之奏闻。及为征西、雍州,虽喜外抚,尚以府号不优,心望加大。执政者颇怪之。

于时领军于忠恃宠骄恣,崔光之徒,曲躬承接。祚心恶之,乃遣子太尉从事中郎景尚说高阳王雍,令出忠为州。忠闻而大怒,矫诏杀祚。祚达于政事,凡所经履,咸为称职,每有断决,多为故事,名器既重,时望亦深,一朝非罪见害,远近莫不惋惜。灵太后临朝,遣使吊慰,追复伯爵。正光中,赠使持节、车骑将军、仪同三司、雍州刺史,谥文贞公。初,孝文之置中正,从容谓祚曰:"并州中正,卿家故应推王琼也。"祚退谓寮友曰:"琼真伪今自未辩,我家何为减之?然主上直信李冲吹嘘之说耳。"祚死后三岁而于忠死,见祚为祟。

祚子景尚,字思和,涉历书传,晓星历占候,言事颇验。初为彭城王中军府参军,迁员外郎、司徒主簿、太尉从事中郎。公强当世,善事权宠,世号曰郭尖。位中书侍郎,未拜而卒。景尚弟庆礼,位通直郎。庆礼子元贞,武定末,定州骠骠府长史。

张彝字庆宾,清河东武城人也。曾祖幸,慕容超东牟太守,归魏,赐爵平陆侯,位青州刺史。祖准之袭,又为东青州刺史。父灵真,早卒。

彝性公强有风气,历览经史,袭祖侯爵。与卢阳乌、李安人等结为亲友,往来朝会,常相追随。阳乌为主客令,安人与彝并散令。彝少而豪放,出入殿庭,步眄高上,无所顾忌。文明太后雅尚恭谨,因会次见其如此,遂召集百寮督责之,令其修悔,而犹无悛改。善于督察,每有所巡检,彝常充其选,清慎严猛,所至人皆畏伏,侪类亦以此高之。迁主客令,例降侯为伯,转太中大夫,仍行主客曹事,寻为黄门。后从驾南征,母忧解任。彝居丧过礼,送葬自平城达家,千里步从,不乘车马,颜貌瘦瘠,当世称之。孝文幸冀州,遣使吊慰,诏以骁骑将军起之,还复本位。以参定迁都之勋,进爵为侯。转太常少卿,迁散骑常侍,兼侍中,持节巡察陕东河南十二州,甚有声称。使还,以从征之勤,迁尚书。坐举元昭为兼郎中,黜为守尚书。

宣武初,除正尚书,兼侍中,寻正侍中。宣武亲政,罢六辅。彝与兼尚书邢峦闻处分非常,惧,出京奔走,为御史中尉甄琛所弹,云"非武非咒,率彼旷野。"诏书切责之。寻除安西将军、秦州刺史。彝务尚典式,考访故事,及临陇右,弥弘制习,于是出入直卫,方伯羽仪,赫然可观。羌、夏畏伏,惮其威整,一方肃静,号为良牧。其年冬,太极初就,彝与郭祚等俱以勤旧被征。及还州,进号抚军将军。彝表解州任,诏不许。

彝敷政陇右,多所制立,宣布新风,革其旧俗,人庶爱仰之。为国造佛寺,名曰兴皇,诸有罪咎者,随其轻重,谪为土木之功,无复鞭杖之罚。时陈留公主寡居,彝意愿尚主,主亦许之。仆射高肇亦望尚主,主意不可。肇怒谮彝擅立刑法,劳役百姓。诏遣直后万贰兴驰驿检察。贰兴,肇所亲爱,必欲致彝深罪。彝清身奉法,求其愆过,遂无所得。见代还洛,犹停废数年。

因得偏风,手脚不便,然志性不移,善自将摄,稍能朝拜。久之,除光禄大夫,加金章紫绶。彝爱好知己,轻忽下流,非其意者,视之蔑尔。虽疹疾家庭,而志气弥高。上《历帝图》五卷,起元庖牺,终于晋末,凡十六代,一百二十八帝,历三千二百七十年,杂事五百八十九。宣武善之。

明帝初,侍中崔光表:"彝及李韶,朝列之中,唯此二人,出身官次,本在臣右,器能干世,又并为多。而近来参差,便成替后。计其

阶途，虽应迁陟，然恐班秩，犹未赐等。昔卫之公叔，引下同举。晋
之士丐，推长伯游。古人所高，当时见许。敢缘斯义，乞降臣位一阶，
授彼泛级。”诏加征西将军、冀州大中正。

虽年向六十，加之风疹，而自强人事，孜孜无怠。公私法集，衣
冠从事，延请道俗，修营斋讲。好善钦贤，爱奖人物，南北新旧，莫不
多之。大起第宅，微号华侈。颇侮其疏宗旧戚，不甚存纪。时有怨
憾焉。荣宦之间，未能止足，屡表在秦州豫有开援汉中之勋，希加赏
报，积年不已，朝廷患之。

第二子仲瑀上封事，求铨削选格，排抑武人，不使预在清品。由
是众中喧喧，谤讟盈路，立榜大巷，克期会集，屠害其家。彝殊无畏
避之意，父子安然。神龟二年二月，羽林武贲将几千人，相率至尚书
省诟骂，求其长子尚书郎始均不获，以瓦石击打公门。上下慑惧，莫
敢讨抑。遂持火攻掠道中薪蒿，以杖石为兵器，直造其第，曳彝堂
下，捶挞极意，唱呼焚其屋宇。始均、仲瑀当时逾北垣而走。始均回
救其父，拜伏群小，以请父命。羽林等就加殴击，生投之于烟火中，
及得尸骸，不复可识，唯以髻中小钗为验，仲瑀走免。彝仅有余命，
沙门寺与其比邻，舆致于寺。远近闻见，莫不惋骇。乃卒。官为收
掩羽林凶强者八人斩之。不能穷诛群竖，即为大赦，以安众心。有
识者知国纪之将坠矣。

丧还所焚宅，与始均东西分敛于小屋。仲瑀遂以创重，避居荥
阳，至五月得渐瘳，始奔父丧，诏赐以布帛。灵太后以其累朝大臣，
特垂矜恻，数月犹追言泣下，谓诸侍臣曰：“吾为张彝饮食不御，乃
至首发微有亏落。”悲痛之若北。

初，彝曾祖幸所招引河东人为州，裁千余家。后相依合，旋罢入
冀州，积三十年，析别有数万户。故孝文比校天下人户，最为大州。
彝为黄门，每侍坐，以为言。孝文谓之曰：“终当以卿为刺史，酬先世
诚效。”彝追孝文往旨，累乞本州，朝议未许。彝亡后，灵太后云：“彝
屡乞冀州，吾欲用之，有人违我此意。若从其请，或不至是，悔之无
及。”乃赠使持节、卫将军、冀州刺史，谥文侯。

　　始均字子衡,端洁好学,才干有美于父。改陈寿《魏书》为编年之体,广益异闻为三十卷。又著《冠带录》及诸诗赋数十篇,并亡失。初,大乘贼起于冀、瀛之间,遣都督元遥讨平之,多所杀戮,积尸数万。始均以郎中为行台,忿军士以首级为功,令检集人首数千,一时焚爇,至于灰烬,用息侥幸,见者莫不伤心。及始均之死也。始末在烟炭之间,有焦烂之痛,论者或亦推咎焉。赠乐陵太守,谥曰孝。子晷之,袭祖爵。武定中,开府主簿,齐受禅,爵例降。晷之弟晏之。

　　晏之字熙德,幼孤,有至性,为母郑氏教诲,动依礼典。从尔朱荣平元颢,赐爵武城子。累迁尚书二千石郎中。高岳征颍川,复以为都督中兵参军,兼记室。晏之文士,兼有武干,每与岳帷帐之谋,又尝以短兵接刃,亲获首级,深为岳所嗟赏。齐天保初,文宣为高阳王纳晏之女为妃,令赴晋阳成礼。晏之后园陪燕,坐客皆赋诗。晏子诗云:“天下有道,主明臣直,虽休勿休,承贻世则。”文宣笑曰:“得卿箴讽,深以慰怀。”后行北徐州事,寻即真,为吏人所爱。御史崔子武督察州郡,至北徐,无所案劾,唯得百姓所制《清德颂》数篇,乃叹曰:“本求罪状,遂闻颂声。”迁兖州刺史,未拜,卒。赠齐州刺史、太常卿。子乾威。

　　乾威字元敬。性聪敏,涉猎群书,其世父晷之谓人曰:“吾家千里驹也。”仕齐,位太常丞,仕周为宣纳中士。隋开皇中,累迁晋王属。王甚美其才,与河内张衡俱见礼重,晋邸称为二张焉。及王为太子,迁员外散骑侍郎、太子内舍人。炀帝即位,授内史舍人、仪同三司,又以藩邸之旧,加开府。寻拜谒者大夫,从幸江都,以本官摄江都赞务,称为干理,乾威尝在涂,见一遗囊,恐其主求失,因令左右负之而行。后数日,物主来认,悉以付之。淮南太守杨纵尝与十余人同来谒见,帝问乾威曰:“其首立者为谁?”乾威下殿就视而答曰:“淮南太首杨纵。”帝谓乾威曰:“卿为谒者大夫,而乃不识参见人何也?”乾威对曰:“臣非不识杨纵,但虑不审,所以不敢轻对。石建数马足,盖慎之至。”其廉慎皆此类也。帝甚嘉之。于时帝数巡幸,百姓疲弊,乾威因上封事以谏,帝不悦,自此见疏。未几卒官。有子爽,仕至兰陵令。

乾威弟乾雄,亦有才器。秦孝王俊为秦州总管,选为法曹参军。王尝亲案囚徒,乾雄误不持状,口对百余人,皆尽事情,同辈莫不叹服。后历寿春、阳城二县令,俱有政绩。

邢峦字洪宾,河间郑人,魏太常贞之后也。族五世祖嘏,石勒频征不至。嘏无子,峦高祖盖自旁宗入后。盖孙颖,字宗敬,以才学知名。太武时,与范阳卢玄等同征。后拜中书侍郎,改通直常侍、平城子使宋。还,以病归乡。久之,帝曰:“往忆邢颖长者,有学义,宜侍讲东宫,今安在?”司徒崔浩曰:“颖卧病在家。”帝遣太医驰驿就疗。卒,赠定州刺史,谥曰康。子修年,即峦父也,位州主簿。

峦少好学,负帙寻师,守贫厉节,遂博览书传,有文才干略。美须髯,姿貌甚伟。累迁兼员外散骑常侍,使齐。还再迁中书侍郎,甚见顾遇,尝参坐席。孝文因行药至司空府南,见峦宅,谓峦曰:“朝行药至此,见卿宅乃住,东望德馆,情有依然。”峦对曰:“陛下移构中京,方建无穷之业。臣意在与魏升降,宁容不务永年之宅。”帝谓司空穆亮,仆射李冲曰:“峦之此方,其意不小。”有司奏策秀、孝,诏曰:“秀、孝殊问,经、权异策,邢峦才清,可令策秀。”后兼黄门郎,从征汉北。峦在新野,后至。帝曰:“伯玉天迷其心,鬼惑其虑,守危邦,固逆主。至此以来,虽未禽灭,城隍已崩,想在不远。所以缓攻者,正待中书为露布耳。”寻除正黄门,兼御史中尉、瀛州大中正,迁散骑常侍,兼尚书。

宣武时,峦奏曰:“先皇深观古今,去诸奢侈,服御尚质,不贵雕镂,所珍在素,不务奇彩,至乃以纸绢为帐扆,铜铁为辔勒,训朝廷以节俭,示百姓以忧矜。逮景明之初,承升平之业,四疆清晏,远近来同。于是蕃贡继路,商估交入,诸所献贸,倍多于常。虽加以节约,犹岁损万计,珍货常有余,国用恒不足。若不裁其分限,便恐无以支岁。自今非为要须者,请皆不受。”帝从之。寻正尚书。

梁、秦二州行事夏侯道迁以汉中内附,诏加峦使持节、都督征梁汉诸军事,进退征摄,得以便宜从事。峦至汉中,遣兵讨之,贼皆款附,乘胜追奔至关城之下。诏拜峦使持节、梁秦二州刺史。于是开地定境,东西七百,南北千里,获郡十四,二部护军及诸县戍,遂逼涪城。

　　峦表曰:“扬州、成都,相去万里,陆途既绝,唯资水路。水军西上,非周年不达。外无军援,一可图也。益州顷经刘季连反叛,邓元起攻围,仓库空竭,无复固守之意,二要图也。萧深藻是裙屐少年,未洽政务,今之所任,并非宿将重名,皆是左右少年而已,三可图也。蜀之所恃,惟阻剑阁。今既克南安,已夺其险,据彼界内,三分已一。从南安向涪,方轨任意,前军累破,后众丧魂,四可图也。深藻是萧衍兄子,骨肉至亲,若其逃亡,当无死理。脱军走涪城,深藻何肯城中坐而受困?五可图也。臣闻乘机而动,武之善经,未有舍干戚而康时,不征伐而统一。臣以不才,属当戎寄,上凭国威,频有薄捷,瞻望涪、益,旦夕可屠,正以兵少粮匮,未宜前出。今若不取,后图便难。辄率愚管,必将殄克。如其无功,分受宪坐。若朝廷未欲经略,臣便为无事,乞归侍养,微展乌鸟。”

　　峦又表曰:“昔邓艾、钟会率十八万众,倾中国资给,裁得平蜀。所以然者,斗实力也。况臣才绝古人,何宜请二万之众而希平蜀?所以敢者,正以据得要险,士庶慕义,此往则易,彼来则难,任力而行,理有可克。今王足前进,已逼涪城。脱得涪城,则益州便是成禽之物。臣诚知征戎危事,未易可为,自军度剑阁以来,须发中白。所以勉强者,既到此地而自退不守,恐孤先皇之恩遇,负陛下之爵禄。是以孜孜,频有陈请。”宣武不从。又王足于涪城辄还,遂不定蜀。

　　峦既克巴西,遣军主李仲迁守之。仲迁得梁将张法养女,有美色,甚惑之,散费兵储,专心酒色,公事谘承,无能见者。峦忿之切齿。仲迁惧,谋叛,城人斩其首以降梁将谯希远,巴西遂没。武兴氐杨集起等反,峦遣统军傅竖眼讨平之。峦之初至汉中,从容风雅,接豪右以礼,抚众庶以惠。岁余之后,颇因其去就,诛灭百姓,籍为奴婢者二百余口,兼商贩聚敛,清论鄙之。征授度支尚书。

时梁人侵轶徐、兖,朝廷乃以峦为使持节、都督东讨诸军事、安东将军,尚书如故。宣武劳遣峦于东堂曰:"知将军旋京未久,膝下难违,然东南之寄,非将军莫可。自古忠臣亦非无孝也。"峦曰:"愿陛下勿以东南为虑。"帝曰:"汉祖有云'金吾击𬇙,吾无忧矣。'今将军董戎,朕何虑哉。"峦至,乃分遣将帅致讨,兖州悉平,进围宿豫,平之。帝赐峦玺书慰勉之。

及梁城贼走,中山王英乘胜攻钟离,又诏峦率众会。峦以为钟离大险,朝贵所具,若有内应,则所不知,如其无也,必无克状。且俗语云:"耕则问田奴,绢则问织婢,"臣既谓难,何容强遣。峦既累表求还,帝许之。英果败退,时人伏其识略。

初,侍中卢昶与峦不平,昶与元晖俱为宣武所宠,御史中尉崔亮,昶之党也,昶、晖令亮纠峦,事成,许言于宣武,以亮为侍中。亮奏峦在汉中掠良人为婢。峦惧,乃以汉中所得巴西太守庞景仁女化生等二十余口与晖。化生等数人,奇色也。晖大悦,乃背昶为峦言,云峦新有大功,已经赦宥,不宜方为此狱。帝纳之。高肇以峦有克敌效而为昶等所排,助峦申释,故得不坐。

豫州城人白早生杀刺史司马悦,以城南入梁,遣其将齐苟仁率众入据县瓠,诏峦持节率羽林精骑讨之。封平舒县伯,赏宿豫之功也。宣武临东堂劳遣峦曰:"早生走也？守也？何时平？"峦曰:"今王师若临,士人必翻然归顺,围之穷城,奔走路绝,不度此年,必传首京师。愿陛下不足为虑。"帝笑曰:"卿言何其壮哉！知卿亲老,频劳于外,然忠孝不俱,不得辞也。"于是峦率骑八百,倍道兼行,五日次于鲍口,击贼大将胡孝智,乘胜至县瓠,因即度汝。既而大兵继至,遂长围围之。诏峦使持节、假镇南将军,都督南讨诸军事。中山王英南讨三关,亦次县瓠,以后军未至,前寇称多,惮不败进,乃与峦分兵,将掎角攻之。梁将齐苟仁等二十一人开门出降,即斩早生等同恶数十人,豫州平。峦振旅还京师,宣武临东堂劳之。峦曰:"此陛下圣略威灵,英等将士之力,臣何功之有？"帝笑曰:"卿匪直一月三捷,所足称奇。乃存士伯,让功而弗处。"

峦自宿豫大捷及平县瓠，志行修正，不复以财贿为怀，戎资军实，丝毫无犯。迁殿中尚书，加抚军将军，卒于官。峦才兼文武，朝野瞻望，上下悼惜之。赠车骑大将军、瀛州刺史。初，帝欲赠冀州，黄门甄琛以峦前曾劾己，乃云："瀛州峦之本郡，人情所欲。"乃从之。及琛为诏，乃云优赠车骑将军、瀛州刺史，议者笑琛浅薄。谥曰文定。子逊。

逊字子言，貌难陋短，颇有风气。袭爵后，迁国子博士，本州中正。因谒灵太后，自陈功名之子，久抱沈屈。"臣父屡为大将，而臣身无军功阶级。臣父唯为忠臣，不为慈父。"灵太后慨然，以逊为长兼吏部郎中。后位大司农卿，与少卿元庆哲至相纠讼。逊锐于财利，议者鄙之。卒，赠光禄勋、幽州刺史。

子祖徵，开府祭酒。父丧未终，谋反，伏法。祖徵弟祖效，貌寝，有风尚。仕齐，卒于尚书郎。祖效弟祖俊，开府行参军。开皇中，位尚书都官郎中。

峦弟伟，尚书郎中。伟子昕。

昕字子明，幼孤见爱于祖母李氏。好学，早有才情，解褐荡寇将军，累迁太尉记室参军。吏部尚书李神俊奏昕修起居注。太昌初，除中书侍郎，加平东将军、光禄大夫。时言冒窃官级，为中尉所劾，免官，乃为《述躬赋》。未几，受诏与秘书监常景典仪注事。武帝行释奠礼，昕与校书郎裴伯茂等俱为录义。永熙末，昕入为侍读，与温子升、魏收参掌文诏。迁邺，乃归河间。

天平初，与侍中从叔子才、魏季景、魏收同征赴都，寻还乡里，既而复征。时梁使兼散骑常侍刘孝仪等来聘，诏昕兼正员郎，迎于境上。司徒孙腾引为中郎，寻除通直常侍，加中军将军。既有才藻，兼长几案。自孝昌之后，天下多务，世人竞以吏工取达，文学大衰，司州中从事宋游道以公断见知，时与昕嘲谑，昕谓之曰："世事同知文学外。"游道有惭色。兴和中，以本官副李象使于梁。昕好忤物，人谓之牛。是行也，谈者谓之牛象斗于江南。齐文襄王摄选，拟昕为司徒右长史，未奏，遇疾卒，士友悲之。赠车骑将军、都官尚书、冀州刺史，谥曰文。所著文章自有集录。

伟弟晏，字幼平，美风仪，博涉经史，善谈释老，雅好文咏。位沧州刺史，为政清静，吏人安之。卒，赠尚书左仆射、瀛州刺史，谥曰文贞。晏笃于义让，初为南兖州，例得一子解褐，乃启其孤弟子子慎为朝请。子慎年甫十二，而其子已弱冠矣。后为沧州，复启孤兄子昕为府主簿，而其子并未从宦，世人以此多之。

子亢，字子高，颇有文学。位兼通直散骑常侍，使于梁，时年二十八。后为中外府属，坐事死于晋阳。

峦叔祖祐，字宗祐，少有学尚，知名于时。假员外散骑常侍，使于宋。以将命之勤，除建威将军、平原太守、赐爵城平男。政清刑肃，百姓安之。卒于官。

子产，字神宝，好学善属文，少时作《孤蓬赋》，为时所称。举秀才，除著作佐郎。假常侍、郏县子，使于齐。产仍世将命，时人美之。历中书侍郎、太子中庶子，卒，朝廷嗟惜焉。赠平州刺史、乐城子，谥曰定。

祐从子虬，字神彪，著作郎敏之子也。少为《三礼》郑氏学，明经有文思。举秀才上第，为中书议郎、尚书殿中郎。孝文因公事与语，问朝觐宴飨礼，虬以经对，大合上旨。帝崩，尚书令王肃多用新仪，虬往往折以《五经》正礼。为尚书左丞，多所纠正，台阁肃然。时雁门人有害母者，八坐奏辕之而潴其室，宥其二子。虬驳奏云："君亲无将，将而必诛。谋逆者戮及期亲，害亲者令不及子，既逆甚枭镜，禽兽之不若，而使禋祀不绝，遗育承传，非所以劝忠之道，存三纲之义。若圣教含容，不加孥戮，使父子罪不相及，恶止于其身者，则宜投之四裔，敕所在不听配匹。盘庚言无令易种新邑，汉法五月食枭羹，皆欲绝其类也。"奏入，宣武从之。

后为光禄少卿，母在乡遇患，请假归。遇秋水暴长，河梁破绝，虬得一小船而度，船漏满不没，时人异之。母丧，哀毁过礼，为时所称。卒，赠幽州刺史，谥曰威。虬善与人交，清河崔亮、顿丘李平并与亲善。所作碑颂杂笔三十余篇。长子臧。

臧字子良,幼孤,早立操尚,博学有藻思。年二十一,神龟中举秀才,考上第,为太学博士。正光中,议立明堂,臧为裴颙一室之议,事虽不行,当时称其理博。出为本州中从事,雅为乡情所附,永安初,征为金部郎中,以疾不赴,转除东牟太守,时天下多事,在职少能廉白,臧独清慎奉法,吏人爱之。陇西李延寔,庄帝之舅,以太傅出除青州,启臧为属。领乐安内史,有惠政。后除濮阳太守,寻加安东将军。

臧和雅信厚,有长者之风,为时人所爱敬。为特进甄琛行状,世称其工。与裴敬宪、卢观兄弟并结友,曾共读《回文集》,臧独先通之。撰古来文章并叙作者氏族,号曰《文谱》,未就,病卒,时贤悼惜之。其文笔凡百余篇。赠镇北将军、定州刺史,谥曰文。

子恕,涉学有识悟。齐武平末,尚书屯田郎。隋开皇中,尚书侍郎。卒于沂州长史。

臧弟邵,字子才,小字吉,少时有避,遂不行名。年五岁,魏吏部郎清河崔亮见而奇之曰:“此子后当大成,位望通显。”十岁便能属文,雅有才思,聪明强记,日诵万余言。族兄峦有人伦鉴,谓子弟曰:“宗室中有此儿,非常人也。”少在洛阳,会天下无事,与时名胜,专以山水游宴为娱,不暇勤业。尝霖雨,乃读《汉书》,五日略能遍之。后因饮谴倦,方广寻经史,五行俱下,一览便无所遗。文章典丽,既赡且速。年未二十,名动衣冠。尝与右北平阳固、河东裴伯茂、从兄罘、河南陆道晖等至北海王昕舍宿饮,相与赋诗,凡数十首,皆在主人奴处。旦日奴行,诸人求诗不得,邵皆为诵之。诸人有不认诗者,奴还得本,不误一字。诸人方之王粲。吏部尚书陇西李神俊大相钦重,引为忘年之交。

释巾为魏宣武挽郎,除奉朝请,迁著作佐郎,深为领军元叉所礼。叉新除迁尚书令,神俊与陈郡袁翻在席,叉令邵作谢表,须臾便就,以示诸宾。神俊曰:“邢邵此表,足使袁公变色。”孝昌初,与黄门侍郎李琰之对典朝仪。

自孝明之后,文雅太盛,邵雕虫之美,独步当时,每一文初出,京师为之纸贵，读诵俄遍远近。于时袁翻与范阳祖莹位望通显，文笔之美，见称先达，以邵藻思华赡，深共嫉之。每洛中贵人拜职，多凭邵为谢章表。尝有一贵胜初授官，大事宾食，翻与邵俱在坐，翻意主人托其为让表。遂命邵作之，翻甚不悦。每告人云：“邢家小儿常客作章表，自买黄纸，写而送之。”邵恐为翻所害，乃辞以疾。属尚书令元罗出镇青州，启为府司马，遂在青土，终日酣赏，尽山泉之致。

永安初，累迁中书侍郎，所作诏文体宏丽。及尔朱兆入洛，京师扰乱，邵与弘农杨愔避地嵩高山。普泰中，兼给事黄门侍郎，寻为散骑常侍。太昌初，敕令恒直内省，给御史，令覆案尚书门下事，凡除大官，先问其可不，然后施行。除卫将军、国子祭酒。以亲老还乡，诏所在特给兵力五人，并令岁一入朝，以备顾问。丁母忧，哀毁过礼。后杨愔与魏元义及邵请置学，奏曰：

二黉两学，盛自虞、殷。所以宗配上帝，以著莫大之严。宣布十二，以彰则天之轨。养黄发以询哲言，育青衿而敷典教。用能享国长久，风徽万祀者也。爰暨亡秦，改革其道，坑儒灭学，以蔽黔黎。故九服分崩，祚终二代。炎汉勃兴，更修儒术。故西京有六学之义，东都有三本之盛。逮自魏、晋、拨乱相因，兵革之中，学校不绝。仰惟高祖孝文皇帝，禀圣自天，道镜今古，列教序于乡党，敦诗书于郡国。但经始事殷，戎轩屡驾，未遑多就，弓剑弗追。世宗统历，聿遵先绪，永平之中，大兴板筑。续以水旱，戎马生郊，虽逮为山，还停一篑。而明堂礼乐之本，乃郁荆棘之林，胶序德义之基，空盈牧竖之迹。城隍严固之重，阙砖石之工。墉构显望之要，少楼榭之饰。加以风雨稍侵，渐致亏坠，非所谓追隆堂构，仪刑万国者也。伏闻朝议以高祖大造区夏，道侔姬文，拟祀明堂，式配上帝。今若基宇不修，仍同立畎，即使高皇神享，阙于国阳，宗事之典，有声无实。此臣子所以匪宁，亿兆所以伫望也。

臣又闻官方授能，所以任事，既任事矣，酬之以禄，如此则上无旷官之讥，不绝尸素之谤。今国子虽有学官之名，而无教授之实，何异兔丝莺麦，南箕北斗哉。

昔刘向有言，王者宜兴辟雍、陈礼乐以风天下。夫礼乐所以养人，刑法所以杀人。而有司勤勤，请定刑法，至于礼乐，则曰未敢。是敢于杀人，不敢于养人也。臣以为当今四海清平，九服宁晏，经国要重，理应先营，脱复稽延，则刘向之言征矣。但事不两兴，须有进退，以臣愚量，宜罢尚方雕靡之作，颇省永宁土木之功，并减瑶光材瓦之力，兼分石窟镌琢之劳，及诸事役非世急者，三时农隙，修比数条。使辟雍之礼，蔚尔而复兴。讽诵之音，焕然而更作。美榭高墉，严壮于外。槐宫棘寺，显丽于中。更明古今，重遵乡饮，敦进郡学，精课经业。如此则元、凯可得之于上序，游、夏可致之于下国，岂不休欤。

灵太后令曰："配飨大礼，为国之本，比以戎马在郊，未遑修缮，今四表晏宁，当敕有司，别议经始。"累迁尚书令，加侍中。

于时与梁和，妙简聘使，邵与魏收及从子子明被征入朝。当时文人，皆邵之下，但以不持威仪，名高难副，朝廷不令出境。南人曾问宾司："邢子才故应是北间第一才士，何为不作聘使？"答云："子才文辞实无所愧，但官位已高，恐非复行限。"南人曰："郑伯猷，护军犹得将命，国子祭酒何为不可？"邵既不行，复请还故郡。

武帝在京辅政，征之，在第为宾客。除给事黄门侍郎，与温子升对为侍读。宣武富于春秋，初总朝政，崔逞每劝礼接名贤，询访得失，以邵宿有名望，故请征焉。宣武甚亲重之，多别引见。邵旧鄙崔逞无学术，言论之际，遂云逞无所知解。宣武还以邵言告逞，并道"此汉不可亲近。"逞颇衔之。邵奏魏帝，发敕用妻兄李伯伦为司徒祭酒，诏书已出，逞即启宣武，执其专擅，伯伦官事便寝。邵由是被疏。

其后除骠骑、西兖州刺史。在州有善政，枹鼓不鸣，吏人奸伏，守令长短，无不知之。定陶县去州五十里，县令妻日暮取人斗酒束脯，邵逼夜摄令，未明而去，责其取受，举州不识其所以。在任都不营生产，唯南兖籴粟，就济阳食之。邵缮修观宇，颇为壮丽，皆为之名题，有清风观、明月楼，而不扰公私，唯使兵力。吏民为立生祠，并勒碑颂德。及代，吏人父老及媪妪皆远相攀追，号泣不绝。至都，除中书令。

旧格制：生两男者，赏羊五口，不然则绢十匹。仆射崔暹奏绝之。邵云：“此格不宜辄断。句践以区区之越，赏法生三男者给乳母。况以天下之大而绝此条。舜藏金于山，不以为乏，今藏之于民，复何所损。”又准旧皆讯囚取占，然后送付廷尉。邵以为不可，乃立议曰：“设官分职，各有司存，丞相不问斗人，虞官弓招不进。岂使尸祝兼刀匕之役，家长侵鸡犬之功。”诏并从之。

自除太常卿兼中书监，摄国子祭酒。是时朝臣多守一职，带领二官甚少。邵顿居三职，并是文学之首，当世荣之。幸晋阳，路中频有甘露之瑞，朝臣皆作《甘露颂》，尚书符令邵为之序。及文宣崩，凶礼多见讯访，敕撰哀策。后授特进，卒。

邵率情简素，内行修谨，兄弟亲姻之间，称为雍睦。博览坟籍，无不通晓。晚年尤以《五经》章句为意，穷其指要，吉凶礼仪，公私诹禀，质疑去惑，为世指南。每公卿会议，事关典故，邵援笔立成，证引该洽。帝命朝章，取定俄顷，词致宏远，独步当时。与济阴温子升为文士之冠，世论谓之温、邢。钜鹿魏收虽天才艳发，而年事在二人之后，故子升死后，方称邢、魏焉。

虽望实兼重，不以才位傲物，脱略简易，不修威仪，车服器用，充事而已，有斋不居，坐卧恒在一小屋，果饵之属，或置之梁上，宾至，下而共啖。天姿质素，特安异同，士无贤愚，皆能倾接，对客或解衣觅虱，且与剧谈。有书甚多，而不甚雠校。见人校书，笑曰：“何愚之甚！天下书至死读不可遍，焉能始复校此。日思误书，更是一适。”妻弟李季节，才学之士，谓子才曰：“世间人多不聪明，思误书何由能得？”子才曰：“若思不能得，便不劳读书。”与妇甚疏，未尝内宿。自云尝昼入内阁，为狗所吠，言毕便抚掌大笑。性好谈赏，又不能闲独，公事归休，恒须宾客自伴。

事寡嫂甚谨,养孤子恕慈爱特深。在兖州,有都信云恕疾,便忧之废寝食,颜色贬损。及卒,人士为之伤心,痛悼虽甚,竟不再哭,宾客吊慰,抆泪而已。其高情达识,开遣滞累,东门吴以还,所未有也。有集三十卷,见行于世。邵世息大宝,有文情。摰子大德、大道,略不识字焉。

李崇字继长,小名继伯,顿丘人也。文成元皇后第二兄诞之子。年十四,召拜主文中散,袭爵陈留公,镇西大将军。孝文初,为荆州刺史,镇上洛,敕发秦、陕二州兵送崇至理。崇辞曰:“边人失和,本怨刺史,奉诏代之,但须一宣诏旨而已。不劳发兵自防,使人怀惧。”孝文从之。乃轻将数十骑驰到上洛,宣诏绥慰,人即帖然。边戍掠得齐人者,悉令还之。南人感德,仍送荆州口二百许人。两境交和,无复烽燧之警。在州四年,甚有称绩。召还京师,赏赐隆厚。

除兖州刺史。兖土旧多劫盗,崇乃村置一楼,楼悬一鼓,盗发之处,双槌乱击,四面诸村,闻鼓皆守要路。俄顷之间,声布百里,其中险要,悉有伏人,盗窃始发,便尔禽送。诸州置楼悬鼓,自崇始也。后例降为侯,改授安东将军。车驾南征,诏崇副骠骑大将军、咸阳王禧都督左翼诸军事。徐州降人郭陆聚党作逆,人多应之。崇遣高平卜冀州诈称犯罪,逃亡归陆,陆纳之,以为谋主。数月,冀州斩陆送之,贼徒溃散。入为河南尹。

后车驾南讨汉阳,崇行梁州刺史。氐杨灵珍遣弟婆罗与子双领步骑万余,袭破武兴,与齐相结。诏崇为使持节、都督陇右诸军事,率众讨之。崇槎山分进,出其不意,表里以袭,群氐皆弃灵珍散归,灵珍众减太半。崇进据赤土。灵珍又遣从弟建率五千人屯龙门,躬率精勇一万据鹫硖。龙门之北数十里中,伐树塞路。鹫硖之口,积大木,聚礌石,临崖下之,以拒官军。崇乃命统军慕容拒率众五千,从他路夜袭龙门,破之。崇自攻灵珍,灵珍连战败走,俘其妻子。崇多设疑兵,袭克武兴。齐梁州刺史阴广宗遣参军郑猷、王思考率众援灵珍。崇大破之,并斩婆罗首,杀千余人,俘获猷等。灵珍走奔汉

中。孝文在南阳,览表大悦曰:"使朕无西顾之忧者,李崇功也。"拜
梁州刺史,手诏曰:"便可善思经略,去其可除,安其可育,公私所
患,悉令芟夷。"及灵珍偷据白水,崇击破之,灵珍远遁。

宣武初,征为右卫将军,兼七兵尚书,转左卫将军、相州大中
正。鲁阳蛮柳北喜、鲁北燕等聚众反叛,诸蛮悉应之,围逼湖阳。游
击将军李晖光镇北城,尽力捍御。贼势甚盛,诏以崇为使持节、都督
征蛮诸军事以讨之。蛮众数万,屯据形要,以拒官军。崇累战破之,
斩北燕等,徙万余户于幽、并诸州。宣武追赏平氏之功,封魏昌县
伯。

东荆州蛮樊安聚众于龙山,僭称大号。梁武遣兵应之。诸将击
不利,乃以崇为镇南将军、都督征蛮诸军事,率步骑讨之。崇分遣诸
将,攻击贼垒,连战克捷,生禽樊安,进讨西荆,诸蛮悉降。寻兼侍
中、东道大使,黜陟能否,著赏罚之称。出除散骑常侍、征南将军、扬
州刺史。诏曰:"应敌制变,算非一涂,救左击右,疾雷均势。今朐山
蚁寇,久结未殄,贼衍狡诈,或生诡劫,宜遣锐兵,备其不意。崇可
都督淮南诸军事,坐敦威重,遥运声算。"

延昌初,加侍中、车骑将军、都督江西诸军事,先是寿春县人苟
泰有子三岁,遇贼亡失,数年不知所在,后见在同县赵奉伯家。泰以
状告,各言己子,并有邻证,郡县不能断。崇令二父与儿各在别处,
禁经数旬,然后告之曰:"君儿遇患,向已暴死,可出奔哀也。"苟泰
闻即号啡,悲不自胜。奉伯咨嗟而已,殊无痛意。崇察知之乃以儿
还泰,诘奉伯诈状。奉伯款引,云先亡一子,故妄认之。

又定州流人解庆宾兄弟,坐事俱徙杨州。弟思安背役亡归。庆
宾惧后役追责,规绝名贯,乃认城外死尸,诈称其弟为人所杀,迎归
殡葬。颇类思安,见者莫辨。又有女巫阳氏自云见鬼,说思安被害
之苦,饥渴之意。庆宾又诬疑同军兵苏显甫、李盖等所杀,经州讼
之。二人不胜楚毒,各自款引。狱将决竟,崇疑而停之。密遣二人
非州内所识者,伪从外来,诣庆宾告曰:"仆住在北州,比有一人见
过寄宿。夜中共语,疑其有异,便即诘问,乃云是流兵背役,姓解字

思安。时欲送官，苦见求及，称'有兄庆宾，今住扬州相国城内，嫂姓徐。君脱矜敏，为往告报，见申委曲，家兄闻此，必重相报。今但见质，若往不获，送官何晚？'是故相造，指申此意。君欲见雇几何？当放贤弟。若其不信，可见随看之。"庆宾怅然失色，求其少停。此人具以报崇，摄庆宾问之，伏引。更问盖等，乃云自诬。数日之间，思安亦为人缚送。崇召女巫视之，鞭笞一百。崇断狱精审，皆此类也。

时有泉水涌于八公山顶，寿春城中有鱼数从地涌出，野鸭群飞入城，与鹊争巢。五月，大霖雨十有三日，大水入城，屋宇皆没。崇与兵泊于城上，水增未已，乘船附于女墙，城不没二版而已。州府劝崇弃州保北山。崇曰："吾受国重恩，忝守蕃岳，淮南万里，系于吾身，一旦动脚，百姓瓦解，扬州之地，恐非国物。昔王尊慷慨，义感黄河，吾岂爱一躯，取愧千载。但怜兹士庶，无辜同死，可桴筏随高，人规自脱。吾必守死此城。"时州人裴绚等受梁假豫州刺史，因乘大水，谋欲为乱，崇皆击灭之。又以洪水为灾，请罪解任。诏曰："夏雨泛滥，斯非人力，何得以此辞解。今水涸路通，公私复业，便可缮甲积粮，修复城雉，劳恤士庶，务尽绥怀之略也。"崇又表解州，不听。是时，非崇则淮南不守矣。

崇沈深有将略，宽厚善御众。在州几十年，常养壮士数千人，寇贼侵边，所向摧破，号曰："卧彪。"贼甚惮之。梁武恶其久在淮南，屡设反间，无所不至。宣武雅相委重，梁无以措谋，乃授崇车骑大将军、开府仪同三司、万户郡公，诸子皆为县侯，欲以构崇。崇表言其状。宣武屡赐玺书慰勉之，赏赐珍异，岁至五三，亲待无与为比。梁武每叹息服宣武之能任崇也。

孝明践阼，褒赐衣马。及梁遣其游击将军赵祖悦袭据西硖石，更筑外城，逼徙缘淮之人于城内。又遣二将昌义之、王神念率水军溯淮而上，规取寿春，田道龙寇边城，路长平寇五门，胡兴茂寇开、霍。扬州诸戍，皆被寇逼。崇分遣诸将，与之相持，密装船舰二百余艘，教之水战，以待台军。梁霍州司马田休等寇建安，崇遣统军李神击走之。又命边城戍主邵申贤要其走路，破之于濡水，俘斩三千余

人。灵太后玺书劳勉,许昌县令兼纻麻戍主陈平王南引梁军,以戍
归之。崇自秋请援,表至十余,诏遣镇南将军崔亮救硖石,镇东将军
萧宝夤于梁堰上流决淮东注。朝廷以诸将不相赴,乃以尚书李平兼
右仆射持节节度之。崇遣李神乘斗舰百余艘,沿淮与李平、崔亮合
攻硖石。李神水军克其东北外城。祖悦力屈,乃降。朝廷嘉之,进
号骠骑将军、仪同三司,刺史、都督如故。

梁淮堰未破,水势日增。崇乃于硖石戍间编舟为桥。北更立船
楼十,各高三丈。十步置一篱,至两岸,蕃版装它,四箱解合,贼至举
用,不战解下。又于楼船之北,连覆大船,东西竟水,防贼火筏。又
于八公山之东南,更起一城,以备大水,州人号曰魏昌城。崇累表解
州,前后十余上,孝明乃以元志代之。寻除中书监、骠骑大将军,仪
同如故。出为使持节、侍中、都督四州诸军事、定州刺史。征拜尚书
左仆射,迁尚书令,加侍中。

崇在官和厚,明于决断,然性好财贿,贩肆聚敛。孝明,灵太后
尝幸左藏,王公嫔主从者百余人,皆令任力负布绢,即以赐之。多者
过二百匹,少者百余。唯长乐公两手持绢二十匹而出,示不异众而
已,世称其廉俭。崇与章武王融以所负多,颠仆于地,崇乃伤腰,融
至损脚。时人为之语曰:"陈留、章武,伤腰折股,贪人败类,秽我明
主。"

蠕蠕主阿那瓌犯塞,诏崇以本官都督北讨诸军事以讨之。崇辞
于显阳殿,戎服武饰,志气奋扬,时年六十九,干力如少。孝明目而
壮之,朝臣莫不称善。遂出塞三千余里,不及贼而还。崇请改六镇
为州,兵编户,太后不许。

后北镇人破落汗拔陵反,所在响应。征北将军、临淮王彧大败
于五原,安北将军李叔仁寻败于白道,贼众日甚。诏引丞相、令、仆、
尚书、侍中、黄门于显阳殿曰:"贼势侵淫,寇连恒、朔,金陵在彼,凤
夜忧惶。诸人宜陈良策。"吏部尚书元修义以为须得重贵,镇压恒
朔,总彼师旅,备卫金汤。诏曰:"去岁阿那瓌叛逆,遣李崇北征,崇
遂长驱塞北,返旆榆关,此一时之盛。朕以李崇国戚望重,器识英

断,意欲还遣崇行,总督三军,扬旌恒、朔,诸人谓可尔不?"仆射萧宝夤等曰:"陛下此遣,实合群望。"于是诏崇以本官加使持节、开府、北讨大都督,抚军将军崔遥、镇军将军广阳王深皆受崇节度。又诏崇子光禄大夫神轨假平北将军,随崇北讨。崇至五原,崔遥大败于白道之北,贼遂并力攻崇。崇与广阳王深力战,累破贼众。相持至冬,乃引还平城。深表崇长史祖莹诈增功级,盗没军资。崇坐免官爵,征还,以后事付深。

后徐州刺史元法僧以彭城南叛,时除安乐王鉴为徐州刺史以讨之,为法僧所败,单马奔归。乃诏复崇官爵,为徐州大都督、节度诸军事。会崇疾笃,乃以卫将军、安丰王延明代之。改除开府、相州刺史,侍中、将军、仪同并如故。

孝昌元年,薨于位,赠侍中、骠骑大将军、司徒公、雍州刺史,谥曰武康,后重赠太尉公,余如故。

长子世哲,性轻率,供奉豪侈。少经征伐,颇有将用,为三关别将,讨群蛮,大破之。还,拜鸿胪少卿。性倾巧,善事人,亦以货赂自达。高肇、刘腾之处势也,皆与亲善,故世号为李锥。为相州刺史,斥逐百姓,迁徙佛寺,逼买其地,部内患之。崇北征之后,征兼太常卿。御史高道穆毁发其宅,表其罪过。后除泾州刺史,赐爵卫国子。卒,赠吏部尚书、冀州刺史。

世哲弟神轨,小名青肫,受父爵陈留侯。累出征伐,颇有将领之气。孝昌中,灵太后淫纵,分遣腹心媪姬出外,阴求悦人。神轨为使者所荐,宠遇势倾朝野,时云见幸帷幄,与郑俨为双。频迁征东将军、武卫将军、给事黄门侍郎,常领中书舍人。时相州刺史、安乐王鉴据州反,诏神轨与都督源子邕等讨平之。后于河阴遇害。建义初,赠侍中、司空公、相州刺史,谥曰烈。崇从弟平。

平字云定,少有大度,及长,涉猎群书,好《礼》、《易》,颇有文才。太和初,拜通直散骑侍郎,孝文礼之甚重。频经大忧,居丧以孝称。后以例降,袭爵彭城公。累迁太子庶子。平请自效一郡,帝曰:"卿复欲以吏事自试也?"拜长乐太守,政务清静,吏人怀之。征行河南尹,豪右权戚惮之。宣武即位,除黄门郎,迁司徒左长史,行尹如故。寻正尹,长史如故。

车骑将幸邺,平上表谏,以为:"嵩都创构,洛邑俶营,虽年跨十稔,根基未就。代人至洛,始欲向尽,资产罄于迁移,牛畜毙于辇运,陵太行之险,越长津之难,辛勤备经,劣达京阙,富者犹损太半,贫者可以意知。兼历岁从戎,不遑启处。自景明以来,差得休息,事农者未积一年之储,筑室者裁有数间之屋,莫不肆力伊、瀍,人急其务。实宜安静新人,劝其稼穑,令国有九载之粮,家有水旱之备。若乘之以羁绁,则所废多矣。"不从。

诏以本官行相州事。帝至邺,亲幸平第,见其诸子。寻正刺史。平劝课农桑,修饰太学,简试通儒以充博士,选五郡聪敏者以教之。图孔子及七十二弟子于讲堂,亲为立赞。前来台使,颇好侵渔。平乃画"履武尾,践薄冰"于客馆,注颂其下,以示诚焉。征拜度支尚书,领御史中尉。

冀州刺史,京兆王愉反于信都,以平为持节、都督北讨诸军事、行冀州以讨之。宣武临式乾殿劳遣平,因曰:"何图今日,言及斯事。"歔欷流涕。平对曰:"愉天迷其心,构此枭勃。陛下不以臣不武,委以总督之任。如其稽颡军门,则送之大理。若不悛待戮,则鸣鼓衅钲,非陛下之事。"平进次经县,诸军大集。夜有蛮兵数千研平前垒,矢及平帐,平坚卧不动,俄而乃定。遂至冀州城南十六里,大破逆众,逐北至城门,遂围城。愉与百余骑突门走,平遣统军叔孙头追之,去信都八十里,禽愉。冀州平,以本官领相州大中正。

平先为尚书令高肇、侍御史王显所恨,后显代平为中尉,平加散骑常侍。显劾平在冀州隐截官口,肇又扶成其状,奏除平名。延昌初,诏复官爵,除定、冀二州刺史。前来良贱之讼,多有积年不决,平奏不问真伪,一以景明年前为限,于是诤讼止息。武川镇人饥,镇将任款请贷未许,擅开仓振恤,有司绳以费散之条,免其官爵。平奏款意在济人,心无不善,帝原之。迁中书令,尚书如故。

孝明初,转吏部尚书。平高明强济,所在有声,但以性急为累。

尚书令、任城王澄奏理平定冀之勋,灵太后乃封武邑郡公,赐缣二千五百匹。

先是,梁遣其将赵祖悦逼寿春,镇南崔亮攻之,未克,又与李崇乖贰。诏平以本官使持节、镇军大将军、兼尚书右仆射为行台,节度诸军,东西州将一以禀之,如有乖异,以军法从事。诏平长子奖以通直郎从。于是率步骑二千赴寿春,严勒崇、亮,令水陆兼备,克期齐举。崇、亮惮之,无敢乖互。频日交战,破贼军。安南将军崔延伯立桥于下蔡,以拒贼之援,贼将王神念、昌义之等不得进救。祖悦守死穷城,平乃部分攻之,斩祖悦,送首于洛。以功迁尚书右仆射,加散骑常侍。平还京师,灵太后见于宣光殿,赐以金装刀仗一口。

时南徐州表云:"梁堰淮水,日为患。"诏公卿议之,平以为不假兵力,终自毁坏。及淮堰破,太后大悦,引群臣入宴,敕平前,孝明手赐缣布百段。卒,遗令薄葬。诏给东园秘器、朝服一具、衣一袭、帛七百匹。灵太后为举哀于东堂。赠侍中、骠骑大将军、仪同三司、冀州刺史,谥文烈公。平自在度支,至于端副,夙夜在公,孜孜匪懈,凡处机密十有余年,有献替之称。所制文笔别有集录。长子奖袭。

奖字遵穆,容貌魁伟,有当世才度。位中书侍郎、吏部郎中。以本官兼尚书,出为相州刺史。初,元乂擅朝,奖为其亲待,频居显职。灵太后反政,削除官爵。孝庄初,为散骑常侍、河南尹。奖前后所历,皆以明济著称。元颢入洛,颢以奖兼尚书右仆射,慰劳徐州,羽林及城人不承颢旨,害奖,传首洛阳。孝武帝初,奖故吏宋游道上书理奖,诏赠冀州刺史。

子构袭,构字祖基,少以方正见称,袭爵武邑郡公。齐天保初,降爵为县侯,位终太府卿,赠吏部尚书。构早有名誉,历官清显,常以雅道自居,甚为名流所重。子丕,有父风,位尚书祠部郎中。丕弟克,通直散骑常侍。奖弟谐。

谐字虔和,幼有风采。赵郡李搔尝过元乂门下,见之,归谓其父元忠曰:"领军门下见一神人。"元忠曰:"必李谐也。"问之果然。袭父先爵彭城侯。文辩为时所称,历位中书侍郎。

天平末，魏欲与梁和好，朝议将以崔㥄为使主。㥄曰："文采与识，㥄不推李谐。口颊顾顾谐，乃大胜。"于是以谐兼常侍、卢元明兼吏部郎、李业兴兼通直常侍聘焉。梁武使朱异觇客，异言谐、元明之美。谐等见，及出，梁武目送之，谓左右曰："朕今日遇勍敌，卿辈常言北间都无人物，此等何处来？"谓异曰："过卿所谈。"是时邺下言风流者，以谐及陇西李神俊、范阳卢元明、北海王元景、弘农杨遵彦、清河崔赡为首。初通梁国，妙简行人，神俊位已高，故谐等五人继踵，而遵彦遇疾道还，竟不行。既南北通好，务以俊义相矜，衔命接客，必尽一时之选，无才地者不得与焉，梁使每入，邺下为之倾动，贵胜子弟盛饰聚观，礼赠优渥，馆门成市。宴日，齐文襄使左右觇之，宾司一言制胜，文襄为之拊掌。魏使至梁，亦如梁使至魏，梁武亲与谈说，甚相爱重。谐使还后迁秘书监，卒于大司农。

谐为人短小，六指，因瘿而举颐，因跛而缓步，因謇而徐言，人言李谐善用三短。文集十余卷。谐长子岳，字祖仁，官中散大夫。性纯至，居期惨，未曾听婢过前，追思二亲，言则流涕。

岳弟庶，方雅好学，甚有家风。历位尚书郎、司徒掾，以清辩知名。常摄宾司，接对梁客，梁客徐陵深叹美焉。庶生而天阉，崔谌调之曰："教弟种须，以锥偏刺作孔，插以马尾。"庶曰："先以此方回施贵族，艺眉有效，然后树须。"世传谌门有恶疾，以呼沱为墓田，故庶言及之。邢之才在傍大笑。除临漳令。

《魏书》之出，庶与卢斐、王松年等讼其不平。魏收书王慧龙自云太原人，又书王琼不善事。以卢同附《卢玄传》。李平为陈留人，云其家贫贱。故斐等谮讼，语杨愔云：魏收合诛。愔党助魏，故遂白齐文宣，庶等并髡头鞭杖二百，庶死于临漳狱中。庶兄岳痛之，终身不历临漳县门。

庶妻，元罗女也，庶亡后，岳使妻伴之寝宿。积五年，元氏更适赵起，尝梦庶谓己曰："我薄福，托刘氏为女，明旦当出，彼家甚贫，恐不能见养。夫妻旧恩，故来相见告，君宜乞取我。刘家在七帝坊十字街南，东入穷巷是也。"元氏不应，庶曰："君似惧赵公意，我自说这。"于是起亦梦焉。起寤问妻，言之符合。遂持钱帛躬往求刘氏，如所梦得之，养女长而嫁焉。

庶弟蔚，少清秀，有襟期伦理，涉观史传，兼属文词。昆季并尚风流，长裾广袖，从容甚美，然颇涉疏放，唯蔚能自持公干理，甚有时誉。坐兄庶事徙平州。后还，位尚书左中兵郎中，仍聘陈使副。江南以其父曾经将命，甚重焉。还，坐将人度江私市，除名。后卒于秘书丞，士友悼惜之。

蔚弟若，聪敏，颇传家业，风采词令，有声邺下。坐兄庶事徙临海。乾明初，追还，后兼散骑常侍，大被亲狎，加仪同三司。若性滑稽，善讽诵，数奉旨咏诗，并使说外间世事可笑乐者。凡所话谈，每多会旨。尝在省中，趋而前却，对答学奏事之象，和士开闻而奏之。帝每狎弄之。武成以斛律金旧老，每朝，赐羊车上殿。金曾使人奉启，若为舍人，误奏云在阙下，诏命出羊车。若重思，知金不至，窃言："羊车、鹿车何所迎？"帝闻，亦笑而不责。又帝于后园讲武，令若为吴将，皇后皆出，引若当前，观其进止俯仰。事罢，遣使谢之，厚加赏赐。韩长鸾等忌恶之，密构其短，坐免官。未几，诏复本官。隋开皇中，卒于秦王府谘议。

谐弟邕，字修穆，幼而俊爽，有逸才。位高阳王雍友。凡所交游，皆倍年俊秀。卒，赠洛州刺史，谥曰文。

论曰：郭祚才干敏实，有世务之长，孝文经纶之始，独在勤劳之地，居官任事，可称述焉。张彝风力謇謇，有王臣之气，衔命拥旄，风声克举。俱魏氏能臣乎。遭随有命，二子俱逢世乱，悲哉！晏之、乾威，可谓亡焉不绝，邢峦以文武才策，当军国之任，内参机揆，外寄折冲，其纬世之器欤。子才少有盛名，鼓动京洛，文宗学府，独秀当年，举必任真，情无饰智，疏通简易，罕见其人，足为一代之模楷也。及明崔悛之谤言，执侯景之奸使，昔人称孟轲为勇，于文简公见之。唯尝短崔逞，颇为累德。阮籍未尝器藻人物，斯亦良有以焉。李崇风质英重，毅然秀立，任当将相，望高朝野。平以高明干略，效智于时，出入当官，功名克著，赞务之材也。谐风流文辩，盖人望乎。

北史卷四四
列传第三二

崔光　崔亮

　　崔光，清河人，本名孝伯，字长仁，孝文赐名焉。祖旷，从慕容德南度河，居青州之时水。慕容氏灭，仕宋为乐陵太守。于河南立冀州，置郡县，即为东清河鄃人。县分易，更为南平原贝丘人也。父灵延，宋长广太守，与宋冀州刺史崔道固共拒魏军。慕容白曜之平三齐，光年十七，随父徙代。家贫好学，昼耕夜诵，佣书以养父母。

　　太和六年，拜中书博士、著作郎，与秘书丞李彪参撰国书，再迁给事黄门侍郎。甚为孝文所知待，常曰："孝伯才浩浩如黄河东注，固今日之文宗也。"以参赞迁都谋，赐爵朝阳子。拜散骑常侍，著作如故，兼太子少傅。又以本官兼侍中、使持节为陕西大使，巡方省察。所经述叙古事，因赋诗三十八篇。还，仍兼侍中。以谋谟之功，进爵为伯。光少有大度，喜怒不见于色，有毁恶之者，必善言以报，虽见诬谤，终不自申曲直。皇兴初，有同郡二人并被掠为奴婢，后诣光求哀，光乃以二口赎免。孝文闻而嘉之。虽处机近，未曾留心文案，唯从容论议，参赞大政而已。孝文每对群臣曰："以崔光之高才大量，若无意外咎谴，二十年后当作司空。"其见重如是。

　　宣武即位，正除侍中。初，光与李彪共撰图书，太和之末，彪解著作，专以史事任光。彪寻以罪废。宣武居谅闇，彪上表求成《魏书》，诏许之，彪遂以白衣于秘书省著述。光虽领史官，以彪意在专功，表解侍中、著作以让彪。宣武不许。迁太常卿，领齐州大中正。

正始元年夏，有典事史元显献四足四翼鸡，诏散骑侍郎赵邕以问光。光表曰：

　　臣谨案《汉书五行志》宣帝黄龙元年，未央殿路轮中雌鸡化为雄，毛变而不鸣不将无距。元帝初元中，丞相府史家雌鸡伏子，渐化为雄，冠距鸣将。永光中，有献雄鸡生角。刘向以为鸡者小畜，主司时起居，小臣执事为政之象也，言小臣将乘君之威，以害政事，犹石显也。竟宁元年，石显伏辜，此其效也。灵帝光和元年，南宫寺雌鸡欲化为雄，一身皆似雄，但头冠上未变，诏以问议郎蔡邕。邕对曰："貌之不恭，则有鸡祸。臣窃推之，头为元首，人君之象也。今鸡一身已变，未至于头，而上知之，是将有其事而不遂成之象也。若政无所改，头冠或成，为患滋大。"是后张角作乱，称黄巾贼，遂破坏四方，疲于赋役，人多叛者。上不改政，遂至天下大乱。今之鸡状不同，其应颇相类矣。向、邕并博达之士，考物验事，信而有证，诚可畏也。臣以邕言推之，翅足众多，亦群下相扇助之象。雏而未大，脚羽差小，亦其势尚微，易制御也。

　　臣闻灾异之见，皆所以示吉凶。明君睹之而惧，乃能招福，暗主视之弥慢，所用致祸。《诗》、《书》、《春秋》、秦汉之事多矣，此皆陛下所观者。今或有自贱而贵，关预政事，殆亦前代君房之匹。比者南境死亡千计，白骨横野，存有酷恨之痛，殁为死伤之魂。义阳屯师，盛夏未反。荆蛮狡猾，征人淹次。东州转输，多往无还，百姓困穷，绞缢以殒。北方霜降，蚕妇辍事。群生憔悴，莫甚于今。此亦贾谊哭叹，谷永切谏之时。司寇行戮，君为之不举，陛下为人父母，所宜矜恤。国重戎战，用兵犹火，内外怨弊，易以乱离。陛下纵欲忽天下，岂不仰念太祖取之艰难，先帝经营劬劳也？诚愿陛下留聪明之鉴，警天地之意，礼处左右，节其贵越。往者邓通、董贤之盛，爱之正所以害之。又躬飨如罕，宴宗或阙，时应亲享郊庙，延敬诸父。检访四方，务加休息，爰发慈旨，抚振贫瘼。简费山池，减撤声饮，昼存政道，夜以安身。博采刍荛，进贤黜佞，则兆庶幸甚，妖弭庆进，祯祥集矣。帝览之大悦。后数日而茹皓等并以罪失伏法，于是礼光逾重。

二年八月，光表曰："去二十八日有物出于太极之西序，敕以示臣。臣案其形，即《庄子》所谓'蒸成菌'者也。又云'朝菌不终晦朔。'雍门周所称'磨萧斧而伐朝菌'，指言蒸气郁长，非有根种柔脆之质，凋殒速易，不延旬月，无拟萧斧。又多生墟落秽湿之地，罕起殿堂高华之所，今极宇崇丽，坛筑工密，粪朽弗加，沾濡不及，而兹菌歘构，厥状扶疏，诚足异也。夫野木生朝，野鸟入庙，古人以为败亡之象。然惧灾修德，咸致休庆，所谓家利而怪先，国兴而妖豫。是故桑谷拱庭，太戊以昌。雊雉集鼎，武丁用熙。自比鸱鹊巢于庙殿，枭服鸣于宫寝，菌生宾阶轩坐之正，准诸往记，信可为诫。且东南未静，兵革不息，郊甸之内，大旱跨时，人劳物悴，莫此之甚。承天子育者所宜矜恤。伏愿陛下追殷二宗感变之意，侧躬耸诚，惟新圣道，节夜饮之忻，强朝御之膳，养方富之年，保金玉之性，则魏祚可以永隆，皇寿等于山岳。"

四年，除中书舍人。永平元年秋，将诛元愉妾李氏，群官无敢言者。敕光为诏，光逡巡不作，奏曰："伏闻当刑元愉妾李，加之屠割。妖惑扇乱，诚合此罪。但外人窃云，李今怀妊，例待分产。且臣寻诸旧典，兼推近事，戮至刳胎，谓之虐刑，桀、纣之主，乃行斯事。君举必书，义无隐讳，酷而乖法，何以示后？陛下春秋已长，未有储体，皇子福祚，至有夭失。臣之愚识，知无不言，乞停李狱，以俟育孕。"帝纳之。

延昌元年，迁中书监，侍中如故。二年，宣武幸东宫，召光与黄门甄琛、广阳王深等并赐坐，诏光曰："卿是朕西台大臣，当今为太子师傅。"光起拜固辞，诏不许。即令明帝出焉，从者十余人，敕以光为傅之意，令明帝拜光。光又拜辞，不当受太子拜，复不蒙许。明帝遂南面再拜。詹事王显启请从太子拜，于是宫臣毕拜。光北面立，不敢答拜，唯西面拜谢而出。于是赐光绣采二百匹，琛、深各有差。寻授太子少傅，迁右光禄大夫，侍中、监如故。

　　四年正月，宣武夜崩，光与侍中、领军将军于忠迎明帝于东宫，安抚内外，光有力焉。帝崩后二日，广平王怀扶疾入临，以母弟之亲，径至太极西庑，哀恸禁内，呼侍中、黄门、领军、二卫，云身欲上殿哭大行，又须入见主上。诸人皆愕然相视，无敢抗对者。光独攘衰振杖，引汉光武初崩，太尉赵喜横剑当阶，推下亲王故事，辞色甚厉。闻者莫不称善，壮光理义有据。怀声泪俱止，云："侍中以古事裁我，我不敢不服。"于是遂还，频遣左右致谢。

　　初，永平四年，以黄门郎孙惠蔚代光领著作。惠蔚首尾五岁，无所厝怀。至是，尚书令、任城王澄表光宜还史任，于是诏光还领著作。迁特进，以奉迎明帝功，封博平县公，领国子祭酒，诏乘步挽于龙门出入。寻迁车骑大将军、仪同三司。灵太后临朝后，光累表逊位。于忠擅权，光依附之，及忠稍被疏黜，光并送章绶冠服茅土，表至十余上，灵太后优答不许。有司奏追于忠及光封邑。熙平元年二月，太师、高阳王雍等奏举光授明帝经。初，光有德于灵太后，四月，更封光平恩县侯，以朝阳伯转授第二子劢，其月，敕赐羊车一乘。

　　时灵太后临朝，每于后园亲执弓矢，光乃表上中古妇人文章，因以致语。是秋，灵太后频幸王公第宅，光表谏曰："《礼记》云：诸侯非问疾吊丧，入诸臣之家，谓之君臣为谑。不言王后夫人，明无适臣家之义。夫人父母在，有时归宁。亲没，使卿大夫聘。《春秋》纪陈、宋、齐之女并为周王后，无适本国之事。是制深于士大夫。许嫁暗兄，又义不得，卫女思归，以礼自抑，《载驰》、《竹竿》所为作也。汉上官皇后将废昌邑，霍光外祖也，亲为宰辅，后犹御武帷以接群臣，示男女之别，国之大节。伯姬待姆，安就炎燎。樊姜侯命，忍赴洪流。《传》皆缀集，以垂来训。昨轩驾频出，幸冯翊君、任城王第。虽渐中秋，余热尚蒸，衡盖往还，圣躬烦倦。左右仆侍，众过千百，扶卫跋涉，袍钾在身。昔人称陛下甚乐，臣等至苦，或其事也。但帝族方衍，勋贵增迁，祗请遂多，将成彝式。陛下遵酌前王，贻厥后矩，天下为公，亿兆已任。专荐郊庙，止决大政，辅神养和，简息游幸，则率土属赖，含生仰悦矣。"

神龟元年，光表曰："寻石经之作，起自炎刘，昔来虽屡经戎乱，犹未大崩侵。如闻往者刺史临州，多构图寺，官私显隐，渐加剥撤，由是经石弥减，文字增缺。今求遣国子博士一人堪任干事者，专主周视，驱禁田牧，制其践秽，料阅碑牒所失次第，量厥补缀。"诏曰："此乃学者之根原，不朽之永格，便可一依公表。"光乃令国子博士李郁与助教韩神固、刘燮等勘校石经，其残缺，计料石功，并字多少，欲补修之。后灵太后废，遂寝。

二年八月，灵太后幸永宁寺，躬登九层佛图。光表谏曰："伏见亲升上极，仟跱表刹之下，祇心图构，诚为福善，圣躬玉趾，非所践陟，臣庶恇惶，窃谓未可。"九月，灵太后幸嵩山佛寺，光上表谏，不从。

正光元年冬，赐光几杖衣服。二年春，明帝亲释奠国学，光执经南面，百寮陪列。司徒、京兆王继频上表以位让光，四月，以光为司徒，侍中、国子祭酒、领著作如故。光表固辞，历年终不肯受。

八月，获秃鹙鸟于宫内，诏以示光。光表曰："此即《诗》所谓'有鹙在梁'，解云'秃鹙也。'贪恶之鸟，野泽所育，不应入于殿廷。昔魏氏黄初中，有鹈鹕集于灵芝池，文帝下诏，以曹恭公远君子，近小人，博求贤后，太尉华歆由此逊位而让管宁者也。臣闻野物入舍，古人以为不善。是以张臶恶鸲，贾谊忌䲹。鹈鹕暂集而去，前王犹为至诚，况今亲入宫禁，为人所获，方被畜养，晏然不以为惧。准诸往议，信有殊矣。饕餮之禽，必资鱼肉，菽麦稻粱，时或餐啄，一食之费，容过斤溢。今春夏阳旱，谷籴稍贵，穷窘之家，时有菜色。陛下为人父母，抚之如伤，岂可弃人养鸟，留意于丑形恶声哉！卫侯好鹤，曹伯爱雁，身死国灭，可为寒心。愿远师殷宗，近法魏祖，修德进贤，消灾集庆，放无用之物，委之川泽，取乐琴书，颐养神性。"明帝览表大悦，即弃之池泽。

冬，诏光与安丰王延明议定服章。三年六月，诏光乘步挽至东西上阁。九月，进位太保，光又固辞。光年耆多务，病疾稍增，而自强不已，常在著作，疾笃不归。四年十月，帝亲临光疾，诏断宾客，中使相望，为止声乐，罢诸游眺，拜长子劢为齐州刺史。十一月，疾甚，敕子侹等曰："吾荷先帝厚恩，位至于此，史功不成，殁有遗恨。汝等速可送还宅。"气力虽微，神明不乱，至第而薨，年七十三。明帝闻而悲泣，中使相寻，诏给东园温明秘器，朝服一具、衣一袭、钱六十万、布一千匹、蜡四百斤，大鸿胪监护丧事。车驾亲临，抚尸恸哭，御辇还宫，流涕于路，为减常膳，言则追伤，每至光坐讲读之处，未曾不改容凄悼。赠太傅，领尚书令、骠骑大将军、开府、冀州刺史，侍中如故。又敕加后部鼓吹、班剑，依太保广阳王故事，谥文宣。明帝祖丧建春门外，望辖哀感，儒者荣之。

初，光太和中依宫商角徵羽本音而为五韵诗，以赠李彪，彪为十二次诗以报光，光又为百三郡国诗以答之，国别为卷，为百三卷焉。

光宽和慈善，不忤于物，进退沈浮，自得而已。常慕胡广、黄琼为人，故为气概者所不重。始领军于忠，以光旧德，事之。元叉于光亦深宗敬。及郭祚、裴植见杀，清河王怿遇祸，光随时俯仰，竟不匡救，于是天下讥之。自从贵达，罕所申荐，曾启其女婿彭城刘敬徽，云敬徽为荆州五陇戍主，女随夫行，常虑寇抄，南北分张，乞为徐州长兼别驾，暂集京师。明帝许之。时人比之张禹。光初为黄门则让宋弁，为中书监让汝南王悦，为太常让刘芳，为少傅让元晖、穆绍、甄琛，为国子祭酒让清河王怿、任城王澄，为车骑、仪同让江阳王继，又让灵太后父国珍，皆顾望时情义者以为矫饰。

崇信佛法，礼拜读诵，老而逾甚。终日怡怡，未曾恚忿。曾于门下省昼坐读经，有鸽飞集膝前，遂入于怀，缘臂上肩，久之乃去。道俗赞咏诗颂者数十人。每为沙门、朝贵请讲《维摩》、《十地经》，听者常数百人。即为二经义疏三十余卷，识者知其疏略。凡所为诗赋铭赞诔颂表启数百篇，五十余卷，别有集。

光子劢，字彦德，器学才德，最有父风。举秀才，中军彭城王参军、秘书郎中，以父光为著作，固辞不拜。后除中书侍郎。领军将军元叉为明堂大将，以劢为长史。与从兄鸿俱有名于世。父光疾甚，拜征虏将军、齐州刺史。侍父疾，衣不解带，及薨，孝明每加存慰。光葬本乡，诏遣主书张文伯宣吊。孝昌元年，除太尉长史，袭父爵。建义初，遇害河阴。赠侍中、卫将军、青州刺史。励弟劼。

劼字彦玄，少清虚寡欲，好学有家风。魏末，累迁中书侍郎。兴和三年，兼通直散骑常侍，使于梁。天保初，以议禅代，除给事黄门侍郎，加国子祭酒，直内省，典机密。清俭勤慎，甚为齐文宣所知。拜南青州刺史，有政绩。入为秘书监、齐州大中正，迁并省度支尚书，俄授京省。寻转五兵尚书，监国史。台阁之中，见称简正。武成之将禅后主，先以问劼，劼谏以为不可，由是忤意，出为南兖州刺史。代还，重为度支尚书、仪同三司，食文登县干。寻除中书令，加开府，待诏文林馆，监修撰新书。卒，赠齐州刺史、尚书左仆射，谥文贞。

初，和士开擅朝，曲求物誉，诸公因此颇为子弟干禄。世门之胄，多处京官，而劼二子拱、挩并为外任。弟廓之从容谓劼曰："拱幸得不凡，何不在省府中清华之所，而并出外蕃？"劼曰："立身来，耻以言自达。今若进儿，与身何异。"卒无所求。闻者莫不叹服。劼常恨魏收书，欲更作编年纪，而才思竟不能就。

光弟敬友，本州从事。颇有受纳，御史案之，乃与守者俱逃。后除梁郡太守，会遭所生忧，不拜。敬友精心佛道，昼夜诵经，免丧之后，遂菜食终身。恭宽接下，修身厉节。自景明已降，频岁不登，饥寒请丐者，皆取足而去。又置逆旅于肃然山南大路之北，设食以供行者。卒于家。弟子鸿。

鸿字彦鸾，少好读书，博综经史，稍迁尚书都兵郎中。诏太师、彭城王勰以下公卿朝士儒学才明者三十人，议定律令于尚书上省，鸿与光俱在其中，时论荣之。后为三公郎中，加员外散骑常侍。

延昌二年，将大考百寮，鸿以考令于体例不通，乃建议曰："窃惟昔者为官求才，使人以器，黜陟幽明，扬清激浊。故绩效能官，才必称位者，朝升夕进，岂拘一阶半级者哉。二汉以降，太和以前，苟必官须此人，人称此职，或超腾升陟，数岁而至公卿，或长兼、试守称允当迁进者，披卷则人人而是，举目则朝贵皆然。故能时收多士

之誉，国号丰贤之美。窃见景明以来考格，三年成一考，一考转一
阶。贵贱内外，万有余人，自非犯罪，不问贤愚，莫不上中，才与不
肖，比肩同转。虽有善政如黄、龚，儒学如王、郑，才史如班、马，文章
如张、蔡，得一分一寸，必为常流所攀，选曹亦抑为一概，不曾甄别。
琴瑟不调，改而更张，虽明旨已行，犹宜消息。”武帝不从。

三年，鸿以父忧解任，甘露降其庐前树。十一月，宣武以本官征
鸿。四年，复有甘露降其京兆宅之庭树。后迁中散大夫，高阳王友，
仍领郎中。正光元年，加前将军，修《孝文宣武起居注》。光撰魏史，
徒有卷目，初未考正，阙略尤多，每云：“此史会非我世所成，但须记
录时事，以待后人。”临薨，言鸿于孝明。五年，诏鸿以本官修缉国
史。孝昌初，拜给事黄门侍郎，寻加散骑常侍、齐州大中正。鸿在史
甫尔，未有所就。寻卒，赠镇东将军、度支尚书、青州刺史。

鸿弱冠便有著述志。见晋、魏前史，皆成一家，无所措意。以刘
元海、石勒、慕容俊、苻健、慕容垂、姚苌、慕容德、赫连屈子、张轨、
李雄、吕光、乞伏国仁、秃发乌孤、李暠、沮渠蒙逊、冯跋等并因世
故，跨僭一方，各有国书，未有统一，鸿乃撰为《十六国春秋》，勒成
百卷，因其旧记，时有增损褒贬焉。鸿二世仕江左，故不录僭晋、刘、
萧之书，又恐识者责之，未敢出行于外。宣武闻其撰录，遣散骑常侍
赵邕诏鸿曰：“闻卿撰定诸史，甚有条贯，便可随成者送至，朕当于
机事之暇览之。”鸿以其书有与国初相涉，言多失体，且既讫，不奏
闻。鸿后典起居，乃妄载其表曰：

　　臣闻帝王之兴也，虽诞应图箓，然必有驱除，盖所以翦彼
厌政，成此乐推。故战国纷纭，年过十纪，而汉祖夷珍群豪，开
四百之业。历文、景之怀柔蛮夏，世宗之奋扬威武，始得凉、朔
同文，牂、越一轨。于是谈、迁感汉德之盛，痛诸史放绝，乃钤括
旧书，著成《太史》，所谓缉兹人事，光彼天时之义也。

　　昔晋惠不竞，华戎乱起，三帝受制于奸臣，二皇晏驾于非
所，五都萧条，鞠为煨烬，赵、燕既为长蛇，辽海缅成殊域，中原
无主，八十余年。遗晋僻远，势略孤微，人残兵革，靡所归控。皇

魏龙潜幽、代，内修德政，外抗诸伪，并、冀之人，怀宝之士，襁负而至者日月相寻。太祖道武皇帝以神武之姿，接金行之运，应天顺人，龙飞受命。太宗必世重光，业隆玄默。世祖雄才睿略，阐曜威灵，农战兼修，扫清氛积。岁垂四纪，而寰宇一同，百姓始得陶然苏息，欣于尧、舜之代。

自晋永宁以后，虽所在称兵，竞自尊树，而能建邦命氏，成为战国者，十有六家。善恶兴灭之形，用兵乖会之道，亦足以垂之将来，昭明劝戒。但诸史残缺，体例全亏，编录纷谬，繁略失所，宜审正同异，定为一书。诚知敏谢允南，才非承祚，然《国志》、《史考》之美，窃亦辄所庶几。始自景明之初，搜集诸国旧史，属迁京甫尔，率多分散，求诸公私，驱驰数岁。又臣家贫禄微，唯任孤力，至于书写所资，每不周接。暨正始元年，写乃向备。谨于吏案之暇，草构此书，区分时事，各系本录。稽以长历，考诸旧志，删正差谬，定为实录。商较大略，著《春秋》百篇。至三年之末，草成九十五卷。唯常琚所撰李雄父子据蜀时书，寻访不获，所以未及善成。辍笔私求，七载于今。此书本江南撰录，恐中国所无，非臣私力所能终得。其起兵僭号，事之始末，乃亦颇有，但不得此书，惧简略不成。久思陈奏，乞敕缘边求采，但愚贱无因，不敢轻辄。散骑常侍、太常少卿、荆州大中正赵邕忽宣明旨，敕臣送呈，不悟九皋微志，乃得上闻。奉敕欣惶，庆惧兼至。今谨以所讫者附臣邕呈奏。

臣又别作《序例》一卷、《年志》一卷，仰表皇朝统括大义，俯明愚臣著录微体。徒窃慕古人立言美意，文致疏鄙，无一可观，简御之日，伏深惭悸。

鸿意如此。自正光以前，不敢显行其书。自后以其伯光贵重当朝，知时人未能发明其事，乃颇传读。然鸿经综既广，多有违谬。至道武天兴二年，姚兴改号鸿始，而鸿以为改在元年，明元永兴二年，慕容超禽于广固，鸿又以为在元年；太常二年，姚泓败于长安，而鸿亦以为灭在元年。如此之失，多不考正。

子子元秘书郎。后永安中，乃奏其父书，称："臣亡考散骑常侍、黄门侍郎、前将军、齐州大中正鸿，正始之末，任属记言，撰缉余暇，乃刊著赵、燕、秦、夏、西凉、乞伏、西蜀等遗载，为之赞序，褒贬评论。先朝之日，草构悉了，唯有李雄蜀书，搜索未获，阙兹一国，迟留未成。去正光三年，购访始得，讨论适讫，而先臣弃世。凡十六国，名为《春秋》，一百二卷，近代之事，最为备悉，未曾奏上，弗敢宣流。今缮写一本，敢以仰呈，乞藏秘阁，以广异家。"

子元后谋反，事发逃窜，会赦免。寻为其叔鹍所杀。

光从祖弟长文，字景翰，少亦徙于代都，聪敏有学识，永安中，累迁平州刺史，以老还家，专读佛经，不关世事。卒，赠齐州刺史，谥曰贞。

子懋，字德林，徐州征东府长史。

长文从弟庠，字文序，有干用。为东郡太守，元颢寇逼郡界，庠拒不从命，弃郡走还乡里。孝庄还宫，赐爵平原伯，拜颖川太守，颇有政绩。永熙初，除东徐州刺史。二年，为城人王早、兰宝等所害。后赠骠骑将军、吏部尚书、齐州刺史。子罕袭爵，齐受禅，例降。

光族弟荣先，字隆祖，涉历经史，州辟主簿。子铎，有文才，位中散大夫。铎弟觐，羽林监。

崔亮字敬儒，清河东武城人，魏中尉琰之后也。高祖琼，为慕容垂车骑属。曾祖辑，南徙青州，因仕宋为太山太守。祖修之，清河太守。父元孙，尚书郎。青州刺史沈文秀之叛，宋明帝使元孙讨之，为文秀所害。

亮母房携亮依其叔祖冀州刺史道固于历城，及慕容白曜平三齐，内徙桑乾为平齐人。时年十岁，常依季父幼孙。居贫，佣书自业。

时陇西李冲当朝任事，亮族兄光往依之，谓亮曰："安能久事笔砚而不往托李氏也？彼家饶书，因可得学。"亮曰："弟妹饥寒，岂容独饱？自可观书于市，安能看人眉睫乎。"光言之于冲，冲召亮与语，因谓曰："比见卿先人《相命论》，使人胸中无复怵迫之念。今遂亡本,卿能记之不?"亮即为诵之,涕泪交零,声韵不异。冲甚奇之,迎为馆客。冲谓其兄子彦曰:"大崔生宽和笃雅,汝宜友之,小崔生峭整清彻,汝宜敬之,二人终将大至。"冲荐之为中书博士,转议郎,寻迁尚书二千石。

孝文在洛,欲创革旧制,选置百官,谓群臣曰:"与朕举一吏部郎,必使才望兼允者,给卿三日假。"又一日,孝文曰:"朕已得之,不烦卿辈也。"驿征亮兼吏部郎。俄为太子中舍人,迁中书侍郎,兼尚书左丞。亮虽历显任,其妻不免亲事舂簸,孝文闻之,嘉其清贫,诏带野王令。

孝明亲政,迁给事黄门侍郎,仍兼吏部郎,领青州大中正。亮自参选事,垂将十年,廉慎明决,为尚书郭祚所委,每云:"非崔郎中选事不办。"寻除散骑常侍,仍为黄门。迁度支尚书,领御史中尉。自迁都之后,经略四方,又营洛邑,费用甚广,亮在度支,别立条格,岁省亿计。又议修汴、蔡二渠以通边运,公私赖焉。

侍中、广平王怀以母弟之亲,左右不遵宪法,敕亮推究。孝明禁怀不通宾客者久之,后因宴集,怀恃亲使忿,欲陵突亮。亮乃正色责之,即起于孝明前脱冠请罪,遂拜辞欲出。孝明曰:"广平粗疏,向来又醉,卿之所悉,何乃如此也。"遂诏亮复坐,令怀谢焉。亮外虽方正,内亦承候时情。宣传左右郭神安颇被孝明识遇,以弟托亮,亮引为御史。及神安败后,因集禁中,孝明令兼侍中卢昶宣旨责亮曰:"在法官,何故受左右嘱请。"亮拜谢而已,无以上对。转都官尚书,又转七兵,领廷尉卿,加散骑常侍。徐州刺史元晫抚御失和,诏亮驰晫安抚。亮至,劾晫处以大辟,劳赉绥慰,百姓帖然。

除安西将军、雍州刺史。城北渭水浅不通船,行人艰阻。亮谓寮佐曰:"昔杜预乃造河梁,况此有异长河,且魏、晋之日,亦自有桥。吾今决欲营之。"咸曰:"水浅,不可为浮桥。泛长无恒,又不可施柱。恐难成立。"亮曰:"昔秦居咸阳,横桥度渭,以像阁道,此即以柱为桥,今唯虑长柱不可得耳。"会天大雨,山水暴至,浮出长木数百根,籍此为用,桥遂成立。百姓利之,至今犹名崔公桥。亮性公清,敏于断决,所在并号称职,三辅服其德政。孝明嘉之,诏赐衣马被褥。后纳其女为九嫔,征为太常卿,摄吏部事。

孝明初,出为定州刺史。梁左游击将军赵祖悦率众据硖石,诏亮假镇南将军,齐王萧宝夤镇东将军,章武王融安南将军,并使持节,督诸军以讨之。灵太后劳遣亮等,赐戎服杂物。亮至硖石,祖悦出城逆战,大破之。祖悦复于城外置二栅,欲拒军,亮焚击破之。亮与李崇为水陆之期,日日进攻,而崇不至。及李平至,崇乃进军,共平硖石。

灵太后赐亮玺书曰:“硖石既平,大势全举,淮堰孤危,自将奔遁。若仍敢游魂,此当易以立计。禽翦蚁徒,应在旦夕。将军推毂所冯,亲对其事,处分经略,宜共协齐,必令得扫荡之理。尽彼遗烬也。随便守御,及分度掠截,扼其咽喉,防塞走路,期之全获,无令漏逸。若畏威降首者,自加蠲宥,以仁为本,任之雅算。”以功进号镇北将军。

李平部分诸军,将水陆兼进,以讨堰贼。亮违平节度,以疾请还,随表而发。平表亮辄还京,失乘胜之机,阙水陆之会,今处亮死,上议。灵太后令曰:“亮去留自擅,违我经略,虽有小捷,岂免大咎。但吾摄御万机,庶兹恶杀,右特听以功补过。”及平至,亮与争功于禁中,形于声色。

寻除殿中尚书,迁吏部尚书。时羽林新害张彝之后,灵太后令武官得依资入选。官员既少,应选者多,前尚书李韶循常擢人,百姓大为怨。亮乃奏为格制,不问士之贤愚,专以停解日月为断,虽复官须此人,停日后者终于不得。庸才下品,年月久者灼然先用。沈滞者皆称其能。亮外甥司空咨议刘景安书规亮曰:“殷周以乡塾贡士,两汉由州郡荐才,魏、晋因循,又置中正。谛观在昔,莫不审举,虽未尽美,足应十收六七。而朝廷贡才,止求其文,不取其理。察孝廉唯论章句,不及治道。立中正不考人才行业,空辨氏姓高下。至于取士之途不溥,沙汰之理未精。而舅属当铨衡,宜须改张易调。如何反为停年格以限之,天下士子谁复修厉名行哉。”亮答书曰:

汝所言乃有深致。吾乘时侥幸，得为吏部尚书。当其壮也，尚不如人，况今朽老，而居帝难之任。常思同升举直，以报明主之恩，尽忠竭力，不为贻厥之累。昨为此格，有由而然。今已为汝所怪，千载之后，谁知我哉。可静念吾言，当为汝论之。

吾兼正六为吏部郎，三为尚书，铨衡所宜，颇知之矣。但古今不同，时宜须异。何者？昔有中正品其才第，上之尚书，尚书据状，量人授职，此乃与天下群贤共爵人也。吾谓当尔之时，无遗才，无滥举矣，而汝犹云十收六七。况今日之选，专归尚书，以一人之鉴，昭察天下，刘毅所云一吏部、两郎中而欲究镜人物，何异以管窥天而求其博哉！今勋人甚多，又羽林入选，武夫崛起，不解书计，唯可弽弩前驱，指踪捕噬而已。忽令垂组乘轩，求其烹鲜之效，未曾操刀，而使专割。又武人至多，官员至少，不可周溥。设令十人共一官，犹无官可授，况一人望一官，何由可不怨哉？吾近面执，不宜使武人入选，请赐其爵，厚其禄。既不见从，是以权立此格，限以停年耳。

昔子产铸刑书以救敝，叔向讥之以正法，何异汝以古礼难权宜哉？仲尼云：“德我者《春秋》”罪我者亦《春秋》。吾之此指，其由是也。但令当来君子，知吾意焉。

后甄琛、元修义、城阳王徽相继为吏部尚书，利其便己，踵而行之。自是贤愚同贯，泾、渭无别。魏之失才，从亮始也。

历侍中、太常卿、左光禄大夫、尚书右仆射。时刘腾擅权，亮托妻刘氏，倾身事之，故频年之中，名位隆赫。有识者讥之。转尚书仆射，加散骑常侍。疽发于背，明帝遣舍人问疾，亮上表乞解仆射，诏不许。寻卒，诏给东园秘器，赠车骑大将军、仪同三司，谥曰贞烈。

亮在雍州，读《杜预传》，见其为八磨，嘉其有济时用，遂教人为碾。及为仆射，奏于张方桥东堰谷水，造碾磨数十区，其利十倍，国用便之。亮有三子，士安、士和、士泰，并强干，善于当世。

士安历尚书比部郎，卒于谏议大夫，赠左将军、光州刺史。无子，弟士和以子乾亨继。乾亨，武定中，尚书都兵郎中。

士和初为司空主簿。萧宝夤之在关中,高选僚佐,以为都督府长史。时莫折念生遣使诈降,宝夤表士和兼度支尚书为陇右行台,令入秦抚慰,为念生所害。

士泰历给事中、司空从事中郎、谏议大夫、司空司马。明帝末,荆蛮侵斥,以士泰为龙骧将军、征蛮别将。事平,以功赐爵五等男。建义初,遇害于河阴,赠都督、青州刺史,谥曰文肃。子肇师袭爵。

肇师少时疏放,长遂变节,更成谨厚。涉猎经史,颇有文思。天平初,以通直散骑侍郎为慰劳青州使,至齐州界,为土贼崔迦叶等拘,欲逼与同事,肇师执志不动,喻以祸福,贼遂舍之。仍巡慰青部而还。肇师以从弟乾亨同居,事伯母甚谨。齐文襄尝言肇师合诛,左右问其故,曰:“崔鸿《十六国春秋》述诸僭伪而不及江东。”左右曰:“肇师与鸿别族。”乃止。天保初,以参定浑代礼仪,封襄城县男,仍兼中书侍郎,卒。始邺下有薛生者,能相人,言赵彦琛当大贵。肇师因问己,答曰:“公门望虽高,爵位不及赵。”终如其言。

亮弟敬猷,奉朝请,卒于征虏长史,赠南阳太守。子思韶,从亮征硖石,以军功赐爵武城子,为冀州别驾。

敬猷弟敬远,以其贱出,殊不经纪,论者讥焉。

光韶,亮从父弟也。父幼孙,太原太守。光韶事亲以孝悌。初除奉朝请,光韶与弟光伯孪生,操业相侔,特相友爱,遂经吏部尚书李冲,让官于光伯,辞色恳至。冲为奏闻,孝文嘉而许之。太和二十年,以光韶为司空行参军,复请让从叔和曰:“臣诚微贱,未登让品,属逢皇朝,耻无让德。”和亦谦退,辞而不当。孝文善之,遂以和为广陵王国常侍。

寻敕光韶秘书郎,掌校华林御书。累迁青州中从事。后为司空骑兵参军,又兼司徒户曹。出为济州辅国府司马,刺史高植甚知之,政事多委访焉。迁青州平东府长史。府解,敕知州事。光韶清直明断,吏人畏爱之。入为司空从事中郎,以母老解官归养,赋诗展意,朝士属和者数十人。久之,征为司徒谘议,固辞不拜。光韶性严,声韵抗烈,与人平谈,常若震厉。至于兄弟议论,外闻谓为忿怒,然孔怀雍睦,人少逮之。

孝庄初,河间邢杲率河北流人十余万众攻逼州郡,刺史元俊忧不自安,州人乞光韶为长史以镇之。时阳平路回寓居齐土,与杲潜相影响,引贼入郭,光韶临机处分,在难确然。贼退之后,刺史表光韶忠毅,朝廷嘉之,发使慰劳。寻为东道军司。及元颢入洛,自河以南,莫不风靡,刺史广陵王欣集文武以议所从,在坐之人,莫不失色。光韶独抗言曰:"元颢受制梁国,称兵本朝,乱臣贼子,旷代少畴。何但大王家事,所宜切齿。等荷朝眷,未敢仰从。"长史崔景茂、前瀛州刺史张烈、前郢州刺中房叔祖、征士张僧皓咸云:"军司议是。"欣乃斩颢使。

寻征辅国将军,再迁廷尉卿。秘书监祖莹以赃罪被劾,光韶必欲致之重法,太尉城阳王徽、尚书令临淮王彧、吏部尚书李神俊、侍中李彧并势望当时,皆为莹求宽。光韶正色曰:"朝贤执事,于舜之功,未闻其一,如何反为罪人言乎。"其执意不回如此。永安扰乱,遂还乡里。

光韶博学强辩,尤好理论,至于人伦名教,得失之间,榷而论之,不以一毫假物。家足于财,而性俭吝,衣马敝瘦,食味粗薄。始光韶在都,同里人王蔓于夜遇盗,害其二子。孝庄诏黄门高道穆,令加检捕,一坊之内,家别搜索。至光韶宅,绫绢钱布匮箧充积。议者讥其矫索。其家资产,皆光伯所营。光伯亡,悉焚其契。河间邢子才曾贷钱数万,后送还之。光韶曰:"此亡弟相贷,仆不知也。"竟不纳。

刺史元弼前妻,是光韶之继室兄女。弼贪婪不法,光韶以亲情亟相非责,弼衔之。时耿翔反于州界,弼诬光韶子通与贼连结,囚其合家,考掠非理。而光韶与之辨争,词色不屈。会樊子鹄为东道大使,知其见枉,理出之。时人劝令诣樊陈谢,光韶曰:"羊舌大夫已有成事,何劳往也。"子鹄亦叹尚之。后刺史侯深代下,疑惧,谋为不轨,夜劫光韶,以兵胁之,责以谋略。光韶曰:"凡起兵须有名义,使君今日举动,直是作贼耳。知复何计!"深虽恨之,敬而不敢害。寻除征东将军、金紫光禄大夫,不起。

光韶以世道屯邅,朝廷屡变,闭门却埽,吉凶断绝,诫子孙曰:"吾自谓立身无惭古烈,但以禄命有限,无容希世取进。在官以来,不冒一级,官虽不达,经为九卿。且吾平生素业,足以遗汝,官阀亦何足言也。吾既运薄,便经三娶,而汝之兄弟各不同生。合葬非古,吾百年之后,不须合也。然赠谥之及,出自君恩,岂容子孙自求之也?勿须求赠。若违吾志,如有神灵,不享汝祀。吾兄弟自幼及老,衣服饮食未尝一片不同,至于儿女官婚,荣利之事,未尝不先以推弟。弟顷横祸,权作松椽,亦可为吾作松棺,使吾见之。"卒,年七十一。孝静初,侍中贾思同申启,称述光韶,诏赠散骑常侍、骠骑将军、青州刺史。

光韶弟光伯。为青州别驾,后以族弟休临州,申牒求解。尚书奏:"案《礼》:始封之君,不臣诸父、昆弟;封君之子,臣昆弟,不臣诸父;封君之孙,得尽臣。计始封之君,即是世继之祖,尚不得臣,况今刺史既非世继,而得行臣吏之节,执笏称名者乎?检光伯请解,率礼不愆,谓宜许遂。"灵太后令从之。寻除北海太守,有司以其更满,依例奏代。明帝诏曰:"光伯自莅海沂,清风远著,兼其兄光韶复能辞荣侍养,兄弟忠孝,宜有甄录,可更申三年,以广风化。"后历太傅谘议参军。

节闵帝时,崔祖螭、张僧皓起逆,攻东阳,旬日间,众十余万。刺史、东莱王贵平欲令光伯出城慰劳。兄光韶争之曰:"以下官观之,非可慰喻止之。"贵平逼之,不得已,光伯遂出城。未及晓喻,为飞矢所中,卒,赠青州刺史。

子滔,武定末殷州别驾。修之弟道固。

道固字季坚,其母卑贱,嫡母兄攸之、目连等轻侮之。父辑谓攸之曰:"此儿姿识,或能兴人门户,汝等何以轻之?"攸之等遇之弥薄。辑乃资给道固,令其南仕。时宋孝武为徐、兖二州刺史,以道固为从事。道固美形貌,善举止,习武事,孝武嘉之。会青州刺史新除,过彭城,孝武谓曰:"崔道固人身如此,岂可为寒士?而世人以其偏

庶侮之,可为叹息。"刺史至州,辟为主簿。后为宋诸王参军,被遣青
州募人,长史以下并诣道固。道固诸兄等逼其所生自致酒炙于客
前。道固惊起接取,谓客曰:"家无人力,老亲自执勤劳。"诸客皆知
其兄所作,咸拜其母。母谓道固曰:"我贱,不足以报贵宾,汝宜答
拜。"诸客皆叹美道固母子,贱其诸兄。

　　后为冀州刺史,镇历城。宋明帝立,徐州刺史薛安都与道固等
立废帝子业弟子勋,败乃归魏。献文帝以为南冀州刺史、清河公。宋
明帝遣说道固,以为徐州刺史,复归宋。

　　皇兴初,献文诏征南大将军慕容白曜讨道固,道固面缚请罪。
白曜送赴都,诏恕其死。乃徙齐土望共道固守城者数百家于桑乾,
立平齐郡于平城西北北新城,以道固为太守,赐爵临淄子。寻徙居
京城西南二百余里旧除馆之西。延兴中卒,子景徽袭爵。

　　初,道固之在客邸,与薛安都、毕众敬邻馆,时以公集相见。本
既同由武达,颇结寮旧。时安都志已衰朽,于道固疏略,而众敬每尽
殷勤。道固谓刘休宾、房法寿曰:"古人云'非我族类,其心必异。'安
都视人,殊自萧索,毕固依依也。"

　　景徽字文睿,卒于平州刺史,谥曰定。子休纂袭爵。

　　道固兄目连子僧祐、僧深。坐兄僧祐与沙门法秀谋反,徙薄骨
律镇。后位南青州刺史。元妻房氏生子伯骥、伯骧。后薄房氏,纳
平原杜氏,与俱徙。生四子,伯凤、祖龙、祖螭、祖虬。僧深得还之后,
绝房氏,遂与杜氏及四子寓青州。伯骥、伯骧与母房居冀州,虽往来
父间,而心存母氏,孝慈之道,顿阻一门。僧深卒,伯骥奔赴,不敢入
家,寄哭寺门。祖龙刚躁,与兄伯骥讼嫡庶,并以刀剑自卫,苦怨雠
焉。祖螭小字社客,普泰初反,尔朱仲远讨斩之。祖虬,少好学,不
驰竞。

　　僧深从弟和,位平昌太守。家巨富而性吝,埋钱数百斛,其母李
春思堇,惜钱不买。子轨,字启则,盗钱百万,背和亡走。后至仪同、
开府铠曹参军,坐贪伪,赐死晋阳。

论曰：崔光风素虚远，学业深长，孝文归其才博，许其大至，明主固知臣也。历事二朝，师训少主，不出宫省，坐致台傅，斯亦近世之所希有。但顾怀大雅，托迹中庸，其于容身之讥，斯乃胡广所不免也。鸿博综古今，立言为事，亦才志之士乎。崔亮既明达从事，动有名迹，于断年之选，失之逾远，救弊未闻，终为国蠹，无苟而已，其若是乎。光韶居雅仗正，有国士之风矣。

北史卷四五
列传第三三

裴叔业　夏侯道迁　李元护
席法友　王世弼　江悦之
淳于诞　沈文秀　张谠
李苗　刘藻　傅永　傅竖眼
张烈　李叔彪　路恃庆
房亮　曹世表　潘永基
朱元旭

　　裴叔业,河东闻喜人,魏冀州刺史徽之后也。五世祖苞,晋秦州刺史。祖邕,自河东居于襄阳。父顺宗,兄叔宝,仕宋、齐,并有名位。

　　叔业少有气干,颇以将略自许。宋元徽末,历官为羽林监、齐高帝骠骑行参军。齐受命,累迁为宁蛮长史、广平太守。叔业早与齐明帝共事,明帝辅政,以为心腹,使领军奄袭诸蕃镇,尽心用命。及即位,以为给事黄门侍郎,封武昌县伯。

　　孝文南次钟离,拜叔业为徐州刺史,以水军入淮。帝令郎中裴聿往与之语,叔业盛饰左右服玩以夸之。聿曰:"伯父仪服诚为美丽，但恨不昼游耳。"

　　齐帝崩，废帝即位，诛大臣，都下屡有变发。叔业登寿春城，北望肥水，谓部下曰："卿等欲富贵乎，我言富贵亦可辨耳。"未几，见徙南兖州刺史。会陈显达围建邺，叔业遣司马李元护应之，及显达败而还。叔业虑内难未已，不愿为南兖州。齐废主嬖臣茹法珍、王咺之等疑其有异，去来者并云叔业北入。叔业兄子植、扬、瑜、粲等弃母奔寿阳。法珍等以其既在疆场，且欲羁縻之，白齐主，遣中书舍人裴穆慰诱之，许不须回换。叔业虽得停，而忧惧不已。时梁武帝为雍州刺史，叔业遣亲人马文范以自安之计访之梁武帝曰："雍州若能坚据襄阳，辄当戮力自保。若不尔，回面向北，不失河南公。"梁武报曰："唯应送家还都以安慰之，自然无患。若意外相逼，当勒马二百，直出横江，以断其后，则天下事一举可定。若欲北向，彼必遣人相代，以河北一地相处，河南公宁复可得？如此则南归望绝矣。"叔业沉疑未决，遣信诣豫州刺史薛真度，访入北之宜。真度答书，盛陈朝廷风化，叔业乃遣子芬之及兄女夫韦伯昕奉表内附。

　　景明元年正月，宣武诏授叔业使持节、散骑常侍、都督、豫州刺史、征南将军、封兰陵郡公，又赐叔业玺书，遣彭城王勰、尚书令王肃赴接。军未度淮，叔业病卒，李元护、席法友等推叔业兄子植监州事。诏赠叔业骠骑大将军、开府仪同三司，谥忠武公，给东园温明秘器。

　　子蒨之，字文德，仕齐，随郡王左常侍，先卒。

　　子谭绍封。谭粗险好杀，所乘牛马为小惊逸，手自杀之。然孝事诸叔，尽于子道，国禄岁入，每以分赡，世以此称之。位辅国将军、中散大夫。卒，赠南豫州刺史，谥曰敬。

　　子测，字伯源，袭。历通直散骑侍郎，天平中，走于关中。

　　蒨之弟芬之，字文馥，长者好施，笃爱诸弟。仕齐，位羽林监。入魏，以父勋封上蔡伯。为东秦州刺史，在州有清静称。后徙封山茌县，迁岐州刺史，为陇贼所围，城陷，贼以送上邽，为莫折念生所害，赠青州刺史。

芬之弟蔼之，字幼重，性轻率，好琴书，其内弟柳谐善鼓琴，蔼之师而微不及也。位汝阳太守。

叔业长兄子彦先，少有志尚。叔业以寿春入魏，彦先封雍丘县子，位勃海相。卒，谥曰惠恭。

彦先子约，字元俭，性颇刚鲠，后袭爵。冀州大乘贼起，敕为别将，行勃海郡事，城陷见害。

长子英起，武定末，洛州刺史。英起弟威起，卒于齐王府中兵参军，赠鸿胪少卿。

彦先弟绚，杨州中从事。时杨州霖雨，水入城，刺史李崇居城上，系船凭焉。绚率城南人数千家泛舟南走高原，谓崇还北，遂与别驾郑祖起等送子十四人于梁。崇勒水军讨之，众溃见获，投水而死。

植字文远，叔业兄叔宝子也。少而好学，览综经史，尤长释典，善谈理义。随叔业在寿春。叔业卒，席法友、柳玄达等共举植监州。秘叔业丧问，教命处分，皆出于植。于是开门纳魏军。诏以植为兖州刺史、崇义县侯，入为大鸿胪卿。后以长子昕南叛，有司处之大辟，诏特恕其罪，以表勋诚。寻除授杨州大中正，出为瀛州刺史，再迁度支尚书，加金紫光禄大夫。

植性非柱石，所为无恒。兖州之还也，表请解官，隐于嵩山，宣武不许，深以为怪。然公私集论，自言人门不后王肃，怪朝廷处之不高。及为尚书，志意颇满，欲以政事为己任，谓人曰：“非我须尚书，尚书亦须我。”辞气激扬，见于言色。及人参议论，时对众官，面有讥毁。又表毁征南将军田益宗，言华夷异类，不应在百世衣冠之上。率多侵侮，皆此类也。侍中于忠、黄门元昭览之切齿，寝而不奏。韦伯昕告植欲谋废黜。尚书又奏羊祉告植姑子皇甫仲达，云受植子旨，遂诈称被诏，率合部曲，欲图领军于忠。时忠专权，既构成其祸，又矫诏杀之，朝野称冤。临终，神志自若，遗令子弟，命尽之后，剪落须发，被以法服，以沙门礼葬于嵩高之阴。

初，植与仆射郭祚、都水使者韦俊等同时见害，后祚俊事雪加赠，而植追复封爵而已。植故吏勃海刁冲上疏讼之，于是赠尚书仆射、杨州刺史，乃改葬。

植母，夏侯道迁姊也。性甚刚峻，于诸子皆如严君。长成后，非衣韬不见，小有罪过，必束带伏门，经五三日乃引见之，督以严训。唯少子衍得以常服见之，且夕温清。植在瀛州也，其母年逾七十，以身为婢，自施三宝，布衣麻菲，手执箕帚于沙门寺扫洒。植弟瑜、粲、衍并亦奴仆之服，泣涕而从，有感道俗。诸子各以布帛数百赎免其母，于是出家为比丘，入嵩高积岁，乃还家。植既长嫡，母又年老，其在州数岁，以妻子自随。虽自州送禄奉母及赡诸弟，而各别资财，同居异爨，一门数灶，盖亦染江南之俗也。论者讥焉。

植弟扬，壮果有谋略。在齐，以军功位骁骑将军。入魏，南司州刺史，封义阳县伯，诏命未至，为贼所杀，进爵为侯。宣武以扬勋效未立而卒，其子炯不得袭封。明帝初，炯行货于执事，乃封城平县伯。

炯字休光，小字黄头，颇有文学，善事权门。领军元叉纳其金帛，除镇远将军、散骑常侍、杨州大中正，进爵为侯，改封高城。寻兼尚书右丞，出为东郡太守，为城人所害。赠散骑常侍、青州刺史，谥曰简。

扬弟瑜，字文琬，封下密县子，试守荥阳郡，坐虐暴杀人免官。后徙封灌津子，卒于勃海太守，赠豫州刺史，谥曰定。

瑜弟粲，字文亮，封舒县子。沉重善风仪，颇以骄豪为失。历正平、恒农二郡太守。高阳王雍曾以事属粲，粲不从，雍甚为恨。后因九日马射，敕畿内太守皆赴京师。雍时为州牧，粲修谒，雍含怒待之。粲神情闲迈，举止抑扬，雍目而不觉解。及坐定，谓粲曰："可更为一行。"粲便下席为行，从容而出。坐事免。后宣武闻粲善自标置，欲观其风度，令传诏就家急召之，须臾间，使者相属，合家惕惧，不测所以，粲更恬然，神色不变。帝叹异之。时仆射高肇以外戚之贵，势倾一时，朝士见者，咸望尘拜谒，粲候肇，唯长揖而已。及还，家人尤责之，粲曰："何可自同凡俗也。"又曾诣请河王怿，下车始进，便属暴雨，粲容步行舒雅，不以沾濡改节。怿乃令人持盖覆之，叹谓左右曰："何代无奇人。"性好释学,一亲升讲座,虽持义未精,而风韵可重。但不涉经史,终为知音所轻。

后为杨州大中正、中书令。明帝释奠,以为侍讲,转金紫光禄大夫。元颢入洛,以粲为西兖州刺史,寻为濮阳太守崔巨伦所遂,弃州入嵩高山。节闵帝初,复为中书令。后正月晦,帝出临洛滨,粲起御前再拜上寿酒。帝曰:"昔北海入朝,暂窃神器,尔日卿戒之以酒。今欲我饮,何异于往情?"粲曰:"北海志在沈湎,故谏其所失,陛下齐圣温克,臣敢献微诚。"帝曰:"甚愧来誉。"仍为命酌。

孝武初,出为骠骑大将军、胶州刺史。属时亢旱,土人劝令祷于海神。粲惮违众人,乃为祈请,直据胡床,举杯曰:"仆白君。"左右云:"前后例皆拜谒。"粲曰:"五岳视三公,四渎视诸侯,安有方伯致礼海神。"卒不肯拜。时青州叛贼耿翔寇乱三齐,粲唯高谭虚论,不事防御之术。翔乘其无备,掩袭州城,左右白言贼至,粲云:"岂有此理。"左右又言"已入州门"。粲乃徐云:"耿王可引上听事,自余部众,且付城人。"不达时变如此。寻为翔害,送首于梁。子含,字文若,员外散骑侍郎。

粲弟衍,字文舒,学识优于诸兄,才亦过人。事亲以孝闻,兼有将略。仕齐,位阴平太守。归魏,授通直郎,衍坚辞朝命,上表请隐嵩高,诏从之。宣武末,稍出山,干禄执事。后历建兴、河内二郡太守。历二郡,廉贞寡容,善抚百姓,人吏追思之。孝昌初,梁将曹敬宗寇荆州。诏衍为别将,与恒农太守王罴救荆州。衍大破之,荆州围解。除北道都督,镇邺西之武城,封安阳县子。时相州刺史安乐王鉴潜图叛逆。衍觉其有异,密表陈之。寻而鉴所部别将嵇宗驰驿告变,乃诏衍与都督源子邕、李神轨等讨鉴,平之。除相州刺史、北道大都督,进封临汝县公。诏衍与子邕北讨葛荣,军败见害。赠车骑大将军、司空、相州刺史。子嵩袭。

叔业之归魏,又有尹挺、柳玄达、韦伯昕、皇甫光、梁祐、崔高容、阎庆胤、柳僧习并预其功。

尹挺,天水冀人,仕齐,位陈郡太守。与叔业参谋归诚,历南司州刺史。

柳玄达，河东解人，颇涉经史，仕齐，诸王参军。与叔业姻娅周旋，叔业献款，玄达赞成其计。入魏，除司徒谘议参军，封南顿县子。卒，改封夏阳县，子绛袭。绛弟远，字季云，性粗放无拘检，时人或谓之柳癫。好弹琴耽酒，时有文咏。孝武初，除仪同、开府参军事，放情琴酒之间，每出行返，家人或问消息，答云："无所闻，纵闻亦不解。"后客游卒。

玄达弟玄瑜，位阴平太守，卒。子谐，颇有文学，善鼓琴，以新声手势，京师士子翕然从学。除著作佐郎，于河阴遇害。

韦伯昕，京兆杜陵人，学尚有壮气。自以才智优于裴植，常轻之，植嫉之如雠。即彦先之妹夫也。叔业以其有大志，故遣子芬之为质。入魏，封零陵县男，历南阳太守，坐事免。后拜员外散骑常侍，加中垒将军。告裴植谋为废黜，植坐死。后百余日，伯昕亦病卒。临亡，见植为祟口云："裴尚书死，不独见由，何以见怒？"

皇甫光，安定人，美须髯，善言笑。入魏，卒于勃海太守。兄椿龄，薛安都于彭城内附，除岐州刺史。椿龄子璋，乡郡相。璋弟场，位吏部郎。性贪婪，多所受纳，鬻卖吏官，皆有定价。后以丞相、高阳王雍之婿，为豫州刺史。为政残暴，百姓患之。卒于安南将军、光禄大夫，赠尚书左仆射。子长卿，太尉司马。

梁祐，北地人，叔业从姑子也。好学，便弓马，随叔业征伐，身被五十余创。景明初，赐爵山桑子。出为北地太守，清身率下，甚有声称。历太中大夫。从容风雅，好为谈咏，常与朝廷名贤，泛舟洛水，以诗酒自娱。迁光禄大夫，端然养志，不历权门，卒于京兆内史。

崔高容，清河人，博学善文辞，美风彩。景明初，位散骑侍郎，出为杨州开府掾，带陈留太守，卒官。

阎庆胤，天水人，博识洽闻，善于谈论，听其言说，不觉忘疲。卒于敷城太守。柳僧习，见其子虬传。

夏侯道迁，谯国人也。少有志操。年十七，父母为结婚韦氏，道迁云:"欲怀四方之志,不愿取妇。"家人咸谓戏言,及婚,求觅不知所在,访问,乃云逃入益州。

后随裴叔业于寿春,为南谯太守。二家虽为姻好,亲情不协,遂单骑归魏。拜骁骑将军,随王肃至寿春。肃薨,道迁弃戍南叛。

会梁以庄丘黑为征虏将军、梁秦二州刺史,镇南郑。黑请道迁为长史,带汉中郡。会黑死,而道迁阴图归顺。先是,仇池镇将阳灵珍反叛南奔,梁以灵珍为征虏将军,假武都王,助戍汉中。道迁乃击灵珍,斩其父子,送首于京师。江悦之等推道迁为梁、秦二州刺史。道迁遣表归阙,诏玺书慰勉,授持节、散骑常侍、平南将军、豫州刺史,封丰县侯,遣尚书邢峦指授节度。道迁表受平南、常侍,而辞豫州、丰县侯,引裴叔业公爵为例。宣武不许。

道迁自南郑来朝京师,引见于太极东堂,免冠徒跣谢曰:"比在寿春,遭韦缵之酷,申控无所,致此猖狂。是改之来,希酬昔遇。"宣武曰:"卿建为山之功,一篑之玷,何足谢也。"道迁以赏报为微,逡巡不拜,寻改封濮阳县侯。岁余,频表解州,宣武许之。除南兖州大中正,不拜。

道迁虽学不深洽,而历览书史,闲习尺牍。好言宴,务口实,京师珍羞,罔不毕有。于京城西水次市地,大起园池,殖列蔬果,延致秀彦,时往游适。妓妾十余,常自娱乐,国秩岁入三千余匹,专供酒馔,不营家产。每诵孔融语曰:"坐上客恒满,樽中酒不空,余非吾事也。"识者多之。

历华、瀛二州刺史,为政清严,善禁盗贼。卒,赠雍州刺史,谥明侯。初,道迁以拔汉中归诚本由王颖兴之计,求分邑户五百封之,宣武不许。灵太后临朝,道迁重求分封,太后大奇之,议欲更以三百户封颖兴,会卒,遂寝。道迁不聘正室,唯有子数人。

长子夬,字元廷,历镇远将军、南兖州大中正。夬性好酒,居丧戚,醇醪肥鲜,不离于口,沽买饮啖,多所费,用父时田园,贷卖略尽,人间债犹数千余匹。谷食至常不足,弟妹不免饥寒。

初,道迁知夬好酒,不欲传授国封。夬未亡前,忽梦见征虏将军房世宝至其家听事，与其父坐，屏人密言。夬心惊惧，谓人曰："世宝为官少间必击我也。"寻有人至，云"官呼郎"随召即去，遣左右杖之二百，不胜楚痛，大叫。良久乃悟，流汗彻于寝具。至明，前京城太守赵卓诣之，见其衣湿，谓夬曰："卿昨夜当大饮，溺衣如此。"夬乃具陈所梦。先是旬余，秘书监郑道昭暴病卒，夬闻，谓卓曰："人生何常，唯当纵饮。"于是昏酣遂甚。梦后，二日不能言，针之乃得语，而犹虚劣，俄而心闷而死。洗浴者视其尸体，大有杖处，青赤隐起，二百下许。赠钜鹿太守。

初，夬与南人辛谌、庾遵、江文遥等终日游聚。酣饮之际，恒相谓曰："人生局促，何殊朝露，坐上相看，先后间耳。脱有先亡者，于良辰美景，灵前饮宴，傥或有知，庶共歆飨。"及夬亡后，三月上巳，诸人相率至夬灵前，仍共酌饮。时日晚天阴，室中微暗，咸见夬在坐，衣服形容，不异平昔，时执杯酒，似若献酬，但无语耳。夬家客雍僧明心有畏恐，披帷欲出，便即僵仆，状若被殴。夬从兄欣宗云："今是节日，诸人忆弟畴昔之言，故来共饮。僧明何罪，而被嗔责？"僧明便悟。而欣宗鬼语如夬平生，并怒家人，皆得其罪，又发阴私窃盗，咸有次绪。

夬妻，裴植之女也，与道迁诸妾不睦，讼阅彻于公庭。子籍，年十余岁，袭祖封已数年，而夬弟慎等言其眇目痾疾，不任承继，自以与夬同庶，已应绍袭。尚书奏籍承封。

道迁兄子抱夬，位咸阳太守。

道迁之谋，又襄阳罗道珍、北海王安世、颍川辛谌、汉中姜永等皆参其勋末。道珍为齐州东平原相，有能名。安世，苻坚丞相王猛玄孙也。历涉书传，位北华州刺史。谌，魏卫尉辛毗后也。有文学，位濮阳、上党二郡太守。永善弹琴，有文学，位汉中太守。永弟漾，亦善士，姓至孝。

时颍川庾道者，亦与道迁俱入国，虽不参勋谋，亦为奇士。历览史传，善草隶书，轻财重义。仕梁，右中郎将。及至洛阳，环堵弊庐，多与俊秀交旧，积二十余岁，殊无官情。后为饶安县令。罢，卒。

李元护，辽东襄平人，晋司徒胤之八世孙也。胤子顺、璠及孙沉、志皆有名官。沉孙根，仕慕容宝为中书监。根子后智等随慕容德南渡河，居青州。数世无名，三齐豪门多轻之。

元护以魏平齐后随父怀庆南奔。身长八尺，美须髯，少有武力。仕齐，位马头太守，虽以将用自达，然亦颇览文史，习于简牍。后为裴叔业司马，带汝阴太守。叔业归顺，元护赞同其谋。叔业疾病，元护督率上下以俟援军。寿春克定，元护颇有力焉。

景明初，以元护为齐州刺史、广饶县伯。寻以州人聊世明图为不轨，元护诛戮所加，微为滥酷。州内饥俭，表请振贷，蠲其赋役。但多有部曲，时为侵扰，城邑苦之，故不得为良刺史也。三年卒。病前月余，京师无故传其凶问，又城外送客亭柱有人书曰："李齐州死，"纲佐饯别者见而拭之，后复如此。元护姿伎十余，声色自纵，情欲既甚，支骨稍消，须长二尺，一时落尽。赠青州刺史。元护为齐州，经拜旧墓，巡省故宅，飨赐村老，莫不欣畅。及将亡，谓左右曰："吾尝以方伯簿伍至青州，士女属目。若丧过东阳，不可不好设仪卫，哭泣尽哀，令观者改容也。"家人遵其诫。

子会袭，正始中降爵为子。会顽骏好酒，其妻南阳太守清河房伯玉女也，甚有姿色，会不答之。房乃通其弟机，因会醉，杀之。子景宣袭。机与房遂如夫妇，积十余年，房氏色衰，乃更婚娶。

元护弟静，性贪忍，兄亡未敛，便剥妓服玩及余物。历齐郡内史。

席法友，安定人也，祖、父南奔。法友仕齐，以膂力自效，任安丰新蔡二郡太守、建安戍主。后与裴叔业同谋归魏，拜豫州刺史、苞信县伯。叔业卒后，法友与裴植迫成业志，淮南克定，法友有力焉。历华、并二州刺史。后为别将出淮南，欲解朐山之围。法友始渡淮而朐山败没。遂停十年。恬静自安，不竞世利。宣武末，除济州刺史，廉和著称。又徙封乘氏。后卒于光禄大夫，赠秦州刺史。谥襄侯。

子景通袭,善事元叉,兼赂叉父继。为司空,引景通为掾。卒,赠卫尉少卿。子郾袭,走关西。

王世弼,京兆霸城人也。姚泓之灭,其祖、父南迁。世弼身长七尺八寸,魁岸有壮气,善草隶书,好爱坟典。仕齐,为军主,助戍寿春,遂与裴叔业同谋归诚。除南州刺史,封慎县伯。后除东秦州刺史,政任于刑,为人所怨,有受纳之响,为御史中尉李平所弹,会赦免。后为河北太守,有清称。再迁中山内史,加平北将军。直阁元罗,领军元叉弟也。曾过中山,谓曰:“二州刺史,翻复为郡,当恨恨耳。”世弼曰:“仪同之号,起自邓骘,平北为郡,始在下官。”卒,赠豫州刺史,谥曰康。

长子会,汝阳太守。次子由,字茂道,好学有文才,尤善草隶书,性方厚,有名士风,又工摹书,为时人所报。位东莱太守,罢郡寓居颍川。天平初,元洪威构逆,大军攻讨,为乱兵所害。名流悼惜之。

江悦之字彦和,济阳考城人也。七世祖统,晋散骑常侍,避刘、石之乱,南渡。祖兴之,父范之,并为宋武所诛。

悦之少孤,仕宋,历诸王参军。好兵书,有将略,善待士,有部曲数百人。仕齐,为后军将军,部曲称众,千有余人。梁初,以讨灭刘季连功,进号冠军将军。武兴氐攻破白马,进图南郑,悦之大破氐众,还复白马。梁、秦二州刺史庄丘黑死,夏侯道迁与悦之及庞树,军主季忻荣、张元亮、士孙天与等谋以梁州内附。梁华阳太守尹天宝率众向州城,遂围南郑。悦之昼夜督战,会武兴军至,天宝败。道迁克全勋款,悦之天宝有力焉。与道迁俱至洛阳。寻卒,赠梁州刺史,追封安平县子,谥曰庄。悦之二子,文遥、文远。

文遥少有大度,轻财好士,士多归之。道迁之图杨灵珍,文遥奋剑请行,遂手斩灵珍。袭父封,拜咸阳太守。勤于礼接,终日坐听事,至者见之,假以恩颜,屏人密问,于是人所疾苦,大盗姓名,奸猾吏长,无不知悉。郡中震肃,奸劫息止,政为雍州诸郡之最。后为安州刺史,善于绥纳,甚得物情。时杜洛周、葛荣等相继叛逆,幽、燕已南悉没,唯文遥介在群贼之外,孤城独守,鸠集荒余,且耕且战,百姓皆乐为用。卒官,长史许思祖等以文遥有遗爱,复推其子果行州事,既摄州事,乃遣使奉表。庄帝嘉之,除果通直散骑侍郎,行安州事。既而贼势转盛,救援不接,果乃携诸弟并率城人东奔高丽。天平中,诏高丽送果等。元象中,乃得还朝。文远善骑射,勇于攻战,以军功位中散大夫、龙骧将军。

淳于诞字灵远,其先太山博人也,后世居蜀汉,或家安国之桓陵县。父兴宗,齐南安太守。

诞年十二,随父向杨州。父于路为群盗所害,诞虽幼而哀感奋发,倾资结客,旬朔之内,遂得复雠。州里之间,无不称叹。

景明中,自汉归魏。陈伐蜀计,宣武嘉纳之。延昌末,王旅大举,除骠骑将军、都督、别部司马,领乡导统军。诞不愿先受荣爵,乃固让实官,止参戎号。及奉辞之日,诏若克成都,即以益州许之。师次晋寿,蜀人大震。属宣武宴驾,不果而还。后以客例,起家羽林监。

正光中,秦、陇反叛,诏诞为西南道军司马,与行台魏子建共参经略。时梁益州刺史萧深猷遣将樊文炽萧世澄等率众数万围小剑戍。子建遣诞勒兵驰赴,大败之,禽世澄等十一人,文炽先走获免。孝昌初,于运以诞行华阳郡,带白马戍。后卒于东梁州刺史,赠益州刺史,谥曰庄。

沈文秀字仲远,吴兴武康人也。父庆之,《南史》有传。

文秀仕宋,位青州刺史。和平六年,宋明帝杀其主子业,文秀与诸州推立子业弟子勋。子勋败,皇兴初,文秀与崔道固俱以州降魏。宋遣其弟文景来谕之,文秀复归宋,为刺史如故。后慕容白曜长驱至东阳,文秀始欲降,以军人虏掠,遂有悔心,乃婴城固守。白曜既下历城,乃并力攻讨,自夏至春始克。文秀取所持节,衣冠俨然,坐于斋内。乱兵入曰:"文秀何在"?文秀厉声曰:"身是,"执而裸送于

白曜。左右令拜,文秀曰:"各二国大臣,无相拜礼。"白曜忿之,因至
挝挞。后还其衣,为之设馔,与长史房天乐、司马沈嵩等锁送京师,
面缚数罪,宥死,待为下客,给以粗衣蔬食。

献文重其节义,稍亦嘉礼之,拜外都下大夫。太和三年,迁外都
大官。孝文嘉其忠于其国,赐绢彩二百匹。后为南征都将,临发,易
以戎服。除怀州刺史,假吴郡公。守清贫而政宽,不能禁止盗贼。大
兴水田,于公私颇有利益。卒官。

子保冲,后为徐州冠军长史,坐据连口退败,有司处之死刑。孝
文诏:"保冲,文秀之子,可特原命,配洛阳作部终身。"宣武时,卒于
下邳太守。

房天乐者,清河人,滑稽多智。文秀板为长史,督齐郡,州府事
一以委之。卒于京师。弟子嘉庆,渔阳太守。

张谠字处言,清河东武城人也。六世祖弘,晋长秋卿。父华,慕
容超左仆射。

谠仕宋,位东徐州刺史。及平徐、兖,谠乃归顺于尉元,亦表授
东徐州刺史。遣中书侍郎高闾与谠对为刺史。后至京师,礼遇亚于
薛、毕,赐爵平陆侯。谠性开通,笃于接恤,青、齐之士,虽疏族末姻,
咸相敬视。李敷、李欣等宠要势家,亦推怀陈款,无所顾避。毕众敬
等皆重之,高允之徒亦相器待。卒,赠青州刺史,谥康侯。

子敬伯,求致父丧出葬冀州清河旧墓,久不被许,停枢在家积
五六年,第四子敬叔,先在徐州,初闻父丧,不欲奔赴,而规南叛,为
徐州所勒送。至乃自理,后得袭父爵。敬伯自以随父归国功,赐爵
昌安侯,出为乐陵太守。敬叔,武邑太守。父丧得葬旧墓,还属清河。

初,谠兄弟十人,兄忠,字处顺,在南为合乡令。归降,赐爵新昌
侯。卒于新兴太守,赠冀州刺史。

谠妻皇甫氏被掠,赐中官为婢,皇甫遂诈痴,不能疏沐。后谠为
宋冀州长史,因货千余匹,购求皇甫。文武怪其纳财之多,引见之,
时皇甫年六十矣。文成曰:"南人奇好,能重室家之义。此老母复何

所任,乃能如此致费也。"皇甫氏归,说令诸妾境上奉迎。数年卒,后十年而说入魏。

说兄子安世,正始中,自梁汉同夏侯道迁归款,为客积年,出为东河间太守。卒。

李苗字子宣,梓潼涪人也。父膺,梁太仆卿。苗出后叔父畎。畎为梁州刺史,大著威名。王足之伐蜀,梁武命畎拒足于涪,许其益州。及足退,梁武遂改授畎。畎怒,将有异图,事发被害。

苗年十五,有报雪志,延昌中归魏,仍陈图蜀计。将军高肇西伐,诏假苗龙骧将军乡导。次晋寿,宣武晏驾,班师。后以客例,除员外散骑侍郎。苗有文武才干,以大功不就,家耻未雪,常怀慷慨,乃上书陈平定江南之计,其文理甚切于时。明帝幼冲,无远略之意,竟不能纳。

正光末,三秦反叛,侵及三辅。时承平既久,人不习战。苗以陇兵强悍,且群聚无资,乃上书以为:"食少兵精,利于速战。粮多卒众,事宜持久,今陇贼猖狂。非有素蓄,虽据两城,本无德义,其势在于疾攻,日有降纳,迟则人情离阻,坐受崩溃,夫飙至风起,逆者求万一之功。高壁深垒,王师有全制之策。今且宜勒大将,深沟高垒,坚守勿战。别命偏师,精卒数千出麦积崖以袭其后,则沂、岐之下,群妖自散。"于是诏苗为统军,与别将淳于诞出梁、益,隶行台魏子建。子建以苗为郎中,仍领统军,深见知待。

孝昌中,兼尚书左丞,为西北道行台,与大都督宗正珍孙讨汾、绛蜀贼平之。及杀尔朱荣,从弟世隆拥部曲还逼都邑。孝庄幸大夏门,集群臣博议,百寮计无所出。苗独奋衣起曰:"今朝廷有不测之危,正是忠臣烈士效节之时,请以一族之众,为陛下径断河梁。"庄帝壮而许焉。苗乃募人于马渚上流,以师夜下,去桥数里,放火烧舡,俄然桥绝,贼没水死者甚众。官军不至,贼乃涉水与苗死斗,众寡不敌,苗浮河而没。帝闻,哀伤久之。赠都督、梁州刺史、车骑大将军、仪同三司、河阳县侯,谥忠烈。

苗少有节操，志尚功名，每读《蜀书》，见魏延请出长安，诸葛不许，叹息谓亮无奇计。及览《周瑜传》，未曾不嗟咨绝倒。太保城阳王徽、司徒临淮王或并重之。二王颇或不穆，苗每谏责。徽宠势隆极，猜忌弥甚，苗谓人曰：“城阳蜂目，豺声今转彰矣。”解鼓琴，善属文咏，工尺牍之敏，当世罕及。死之日，朝野悲壮之。及帝幽崩，世隆入洛，主者追苗赠封，以白世隆。世隆曰：“吾尔时群议，更一二日便欲大纵兵士，烧燔都邑，任其采掠。赖苗，京师获全。天下之善一也，不宜追之。”子县袭爵。

刘藻字彦先，广平易阳人也。六世祖遐，从晋元帝南渡。父宗之，宋庐江太守。

藻涉猎群籍，美谈笑，善与人交，饮酒至一石不乱。大安中，与姊夫李嶷俱来归魏，赐爵易阳子。擢拜南部主书，号为称职。

时北地诸羌恃险作乱，前后宰守不能制。朝廷患之，以藻为北地太守。藻推诚布信，诸羌咸来归款，朝廷嘉之。雍州人王叔保等三百人表乞藻为骏奴戍主，诏曰：“选曹已用人，藻有惠政，自宜他叙。”在任八年，迁离城镇将。太和中，改镇为岐州，以藻为岐州刺史。转秦州刺史。秦人恃险，率多粗暴，或拒课输，或害吏长，自前守宰，皆遥领，不入郡县。藻开示恩信，诛戮豪横，羌、氐惮之，守宰于是始得居其旧所。遇车驾南伐，以藻为东道都督。秦人纷扰，诏藻还州，人情乃定。仍与安南元英征汉中，破贼军，长驱至南郑，垂平梁州，奉诏还军，乃不克果。

后车驾南伐，以藻为征虏将军，督统军高聪等四军为东道别将。辞于洛水之南，孝文曰：“与卿石头相见。”藻对曰：“臣虽才非古人，庶亦不留贼虏，而陛下辄当酾曲阿之酒以待而官。”帝大笑曰：“今未至曲阿，且以河东数石赐卿。”后与高聪等战败，俱徙平州。景明初，宣武追录旧功，拜藻为太尉司马。卒。

子绍珍，无他才用，善附会，好饮酒。结托刘腾，启为其国郎中令，袭子爵。永安中，历河北、黎阳二郡太守，所在无政绩。天平中，坐子洪业入于关中,率众侵扰,伏法。

　　傅永字修期,清河人也。幼随叔父洪仲与张幸自青州入魏,寻复南奔。有气干,拳勇过人,能手执鞍桥,倒立驰骋。年二十余,有友人与之书而不能答,请洪仲,洪仲深让之而不为报。永乃发愤读书,涉猎经史,兼有才干。为崔道固城局参军,与道固俱降,入为平齐百姓。父母并老,饥寒十数年,赖其强于人事,戮力庸丐,得以存立。晚为奉礼郎,诣长安拜文明太后父燕宣王庙,赐爵贝丘男,除中书博士。

　　王肃之为豫州,又以永为王肃平南长史。咸阳王禧虑肃难信,言于孝文,曰:“已选傅修期为其长史,虽威仪不足,而文武有余矣。”肃以永宿士,礼之甚厚。永亦以肃为帝眷遇,尽心事之。情义至穆。

　　齐将鲁康祖、赵公政侵豫州之太仓口,肃令永击之。永量吴、楚兵好以斫营为事,又贼若夜来,必于渡淮之所以火记其浅处。永既设伏,仍密令人以瓠盛火,渡南岸,当深处置之,教云:“若有火起,即亦然之。”其夜,康祖、公政等果亲率领来斫。东西二伏侠击之,康等奔趣淮水。火既竞起,不能记其本济,遂望永所置火争渡。水深溺死,斩者数千级,生禽公政。康祖人马坠淮,晓而获其尸,斩首并公政送京师。

　　时裴叔业率王茂先、李定等东侵楚王戍,肃复令永将伏兵击其后军破之,获叔业伞扇鼓幕申仗万余。两月之中,遂献再捷。帝嘉之,遣谒者就豫州策拜永安远将军,镇南府长史,汝南太守、贝立县男。帝每叹曰:“上马能击贼,下马作露布,唯傅修期耳。”

　　裴叔业又围涡阳,时帝在豫州,遣永为统军,与高聪、刘藻、成道益、任莫问等救之。永曰:“深沟固垒,然后图之。”聪等不从,一战而败,聪等弃甲奔悬瓠,永独收散卒徐还,贼追至,又设伏击之,挫其锐。藻徙边,永免官爵而已。不经旬,诏永为汝阴镇将,带汝阴太守。

景明初，裴叔业将以寿春归魏，密通于永。及将迎纳，诏永为统军，与杨大眼、奚康生等诸军俱入寿春。同日而永在后，故康生、大眼二人并赏列土，永唯清河男。

齐将陈伯之逼寿春，沿淮为寇。时司徒彭城王勰、广陵侯元衍同镇寿春，以九江初附，人情未洽，兼台援不至，深以为忧。诏遣永为统军，领汝阴三千人先援之。永至，勰令永引军入城。永曰："若如教旨，便共殿下同被围守，岂是救援之意？"遂孤军城外，与勰并势以击伯之，频有克捷。

中山王英之征义阳，永为宁朔将军、统军，当长围遏其南门。齐将马仙琕连营稍进，规解城围。永乃分兵付长史贾思祖，令守营垒，自将马步千人，南逆仙琕。贼俯射永，洞其左股，永出箭复入，遂大破之，仙琕烧营卷甲而遁。英曰："公伤矣！且还营。"永曰："昔汉祖扪足，不欲人知。下官虽国家一帅，奈何使房有伤将之名。"遂与诸军追之，极夜而返。时年七十余矣，三军莫不壮之。

义阳既平，英使司马陆希道为露布，意谓不可，令永改之。永亦不增文采，直与之改，陈列军仪，处置形要，而英深赏之。还京，除太中大夫。

后除恒农太守，非心所乐。时英东征钟离，表请永，求以为将，朝廷不听。永每言曰："马援、充国，意何人哉？吾独白首见拘此郡！"然于御人非其所长，故在任无多声称。后为南兖州刺史。年逾八十，犹能驰射，盘马奋矟，常讳言老，每自称六十九。还就，拜光禄大夫。卒，赠齐州刺史。

永尝登北芒，于平坦处奋矛跃马，盘旋瞻望，有终焉之志。远慕杜预，近好李冲、王肃，欲葬附墓，遂买左右地数顷，遣敕子叔伟："此吾之永宅也。"永妻贾氏留本乡，永至代都，娶妾冯氏，生叔伟及数女。贾后归平城，无男，唯一女。冯恃子，事贾无礼，叔伟亦奉贾不顺，贾不惚之。冯先永卒，叔伟称父命欲葬北芒，贾疑叔伟将以冯合葬，遂求归葬永于所封贝丘县。事经司徒，司徒胡国珍感其所慕，许叔伟葬焉。贾乃邀诉灵太后，太后从贾意，乃葬于东清河。又永昔营宅兆，葬父母于旧乡，贾于此强徙之，与永同处，永宗亲不能抑。葬已数十年矣，棺为桑枣根所绕束，去地尺余，甚为周固，以斧斫，出之于坎，时人咸怪。

叔伟膂力过人，弯弓三百斤，左右驰射，能立马上与人角骋，见者以为得永武而不得永文。

傅竖眼，本清河人也。七世祖伷。伷子遘，石季龙太常。祖父融，南徙度河，家于磐阳，为乡间所重。性豪侠，有三子，灵庆、灵根、灵越，并有才力。融以自负，谓足为一时之雄。尝谓人曰："吾昨夜梦：有一骏马，无堪乘者，人曰：'何由得人乘'，有一人曰：'唯傅灵庆堪乘此马。'又有弓一张，亦无人堪引，人曰'唯有傅灵根可弯此弓。'又有数纸文书，人皆读不能解，人曰：'唯有傅灵越能解此文。'"融谓其三子文武才干以驾驭当世，常从容谓乡人曰："汝闻之不？鬲虫之子有三灵，此图谶文也。"好事者然之，故豪勇士多相归附。

宋将萧斌、王玄谟寇碻磝，时融始死，玄谟强引灵庆为军主。将攻城，攻车为城内所烧，灵庆惧军法，诈云伤重，令左右舆还营，遂与壮士数十骑遁还。斌、玄谟命追之，左右谏曰："灵庆兄弟并有雄才，兼其部曲多是壮勇，如彭超、尸生之徒，皆一当数十人，援不虚发，不可逼也。"玄谟乃止。灵庆至家，遂与二弟匿山泽间。时灵庆从叔乾爱为斌法曹参军，斌遣乾爱诱呼之，以腰刀为信，密令壮健者随之。而乾爱不知斌之欲图灵庆。既至，斌所遣壮士执灵庆杀之。灵庆将死，与母崔氏诀，言："法曹杀人，不可忘也。"

灵根、灵越奔河北。灵越至京师因说齐人慕化，青州可平。文成大悦，拜灵越青州刺史、贝丘子，镇羊兰城，灵根为临齐副将，镇明潜垒。灵越北入之后，母崔氏遇赦免。宋恐灵越在边扰三齐，乃以灵越叔父琰为冀州中从事，乾爱为乐陵太守。乐陵与羊兰隔河相对，命琰遣其门生与灵越婢诈为夫妇投化以招之。灵越与母分离思积，遂与灵根南走。灵越与羊兰奋兵相击，乾爱出遣舡迎之，得免。

灵根差期，不得俱渡，临齐人知，剻斩杀之。乾爱出郡迎灵越，问灵根愆期状，灵越殊不应答。乾爱不以为恶，敕左右出匣中乌皮绔褶，令灵越代所常服。灵越言："不须。"乾爱云："汝可着体上衣服见垣公也?"时垣护之为刺史。灵越奋声言："垣公! 垣公! 着此当见南方国王，岂垣公也!"竟不肯着。及至丹杨，宋孝武见而礼之，拜兖州司马，而乾爱亦迁青、冀司马，带魏郡。后二人俱还建邺。灵越意恒欲为兄复雠，而乾爱初不疑防，知乾爱嗜鸡肉葵菜食，乃为作之，下以毒药，乾爱饭还而卒。

后数年，灵越为太原太守，升城。后举兵同孝武子子勋，子勋以灵越为前军将军。子勋败，灵越军众散亡，为明帝将王广之军人所擒，厉声曰："我傅灵越也，汝得贼何不即杀!"广之生送诣宋辅国司马刘勔，勔躬自慰劳。灵越曰："人生归于死，实无面求活。"勔壮其意，送诣建康。宋明帝欲加原宥，灵越辞对如一，乃杀之。

竖眼即灵越子也，沉毅杜烈，少有父风。入魏，镇南王肃见而异之，且奇其父节，倾身礼敬，表为参军。以军功累迁益州刺史。高肇伐蜀，假竖眼征虏将军、持节，领步兵三万，先讨巴北，所至克捷。竖眼性既清素，不营产业，衣食之外，俸禄粟帛皆以飨赐夷首，振恤士卒。抚蜀人以恩信为本，保境安人，不以小利侵窃。有掠蜀人入境者，皆移送还本。检勒部下，守宰肃然。远近杂夷相率款谒，仰其德化，思为魏人矣。宣武甚嘉之。

明帝初，屡请解州，乃以元法僧代之，益州人追随恋泣者数百里。梁将赵祖悦逼寿春，镇南将军崔亮讨之，以竖眼为持节、镇南军司。

法僧既至，大失人和。梁遣其衡州刺史张齐因人心怨入寇，进围州城。朝廷以西南为忧，乃驿征竖眼于淮南，以为益州刺史。寻加散骑常侍、西征都督，率步骑三千以讨齐。给铜印千余，须有假职者，听六品已下板之。竖眼既出梁州，梁军所在拒塞，竖眼三日中转战二百余里，甲不出身，频致九捷。蜀人闻竖眼复为刺史，人人喜悦，迎于路者日有百数。竖眼至州，白水已东，人皆宁业。张齐仍阻白水屯,寇葭萌,竖眼分遣诸将水陆讨之,大破其军。齐被重创,奔而退,小剑、大剑贼亦捐城西走,益州平。灵太后玺书慰劳,赐骅骝马一匹,宝剑一口。

后转岐州刺史,仍转梁州刺史。梁州人既得竖眼为牧,人咸自贺。而竖眼至州遇患,不堪综理,其子敬绍险暴不仁,聚货耽色,甚为人害,远近怨望。寻假镇南将军,都督梁、西益、巴三州诸军事。梁遣其北梁州长史锡休儒等十军率众三万人寇直城,竖眼遣敬绍总众赴击,大破之。敬绍颇览书传,微有胆力,而奢淫倜傥,轻为残害,又见天下多事,阴怀异图,欲杜绝四方,擅据南郑。令其妾兄唐昆仑扇搅于外,聚众围城,敬绍谋为内应。贼围既合,事泄,在城兵执敬绍,白竖眼而杀之。竖眼恚,发疾卒。永安中,赠吏部尚书、左齐州刺史,孝武帝初,赠司空公、相州刺史。

长子敬和,次敬仲,并好酒薄行,倾侧势家。敬和,孝庄时以其父有遗惠于益州,复为益州刺史。至州,聚敛无已,好酒嗜色,远近失望。仍为梁将樊文炽攻围,城降,送于江南。后以齐神武威德日广,令敬和还北,以申和通之意。除北徐州刺史,复以耽酒为土贼掩袭,弃城走。遂废弃,卒于家。

张烈字徽之,清河东武城人也,孝文帝赐名曰烈,仍以本名为字焉,高祖悕,为慕容俊尚书右仆射。曾祖恂,散骑常侍,随慕容德南度,因居齐郡之临淄县。

烈少孤贫,涉猎经史,有气概。时青州有崔徽伯、房徽叔、与烈并有令誉,时人号"三徽。"孝文时,入官代都,历侍御、主文中散,迁洛。为太子步兵校尉。

齐将陈显达谋将入寇,时顺阳太守王青石,世官江南,荆州刺史、广阳王禧虑其有异,表请代之。诏侍臣各举所知,互有申荐者。帝曰:"太子步兵张烈,每论军国事,时有会人意处,朕欲用之,如何?"彭城王勰称赞之,遂除顺阳太守。烈到郡二日,便为齐将崔慧景攻,围之七十余日,烈抚厉将士,甚得军人之和。会车驾南讨,慧景遁走,帝亲劳之曰:"卿果能不负所寄。"烈谢曰:"不遇銮舆亲驾,臣不免困于犬羊。自是陛下不负臣,非臣能不负陛下。"帝善其对。

宣武即位,追录先勋,封清河县子。寻以母老归养,积十余年。频遇凶俭,烈为粥以食饥人,蒙济者甚众,乡党以此称之。

明帝即位,为司空长史。先是元乂父江阳王继曾为青州刺史,及乂当权,烈托故义之怀,遂相诣附。历给事黄门侍郎、光禄大夫。灵太后反政,以乂党出为青州刺史。时议者以烈家产畜殖,家僮甚多,虑其有异,恐不宜出为本州,改瀛州刺史。为政清静,吏人安之。后因辞老还乡,兄弟同居怡然,为亲类所慕。卒于家。

烈先为家诫千余言,并自叙志行及所历之官。临终,敕子侄不听求赠,但勒家诫立碣而已。其子质奉行焉。

质博学有才艺,位谏议大夫。

烈弟僧皓,字山容,历涉群书,工于谈说,有名于当世。以谏议大夫、国子博士、散骑侍郎征,并不起,世号征君焉。好营产业,孜孜不已,藏镪巨万,他资称是。兄弟自供俭约,车马瘦弊,身服布裳,而婢妾纨绮。僧皓尤好蒲弈,戏不择人,是以获讥于世。节闵帝时,崔祖螭举兵攻东阳城,僧皓与同事,事败,死于狱中。

李叔彪,勃海蓨人也。从祖金,神麚中,与高允俱征,位征南从事中郎。叔彪好学博闻,有识度,为乡闾所称。太和中,拜中书博士,与清河崔亮、河间邢峦并相亲友,三迁国子博士、本国中正,摄乐陵中正。性清直,甚有公平之称。历中书侍郎。太尉、高阳王雍以其器操重之。寻除假节、行华州事,为吏人所称。卒,赠南青州刺史,谥曰穆。

叔彪子述,字道兴,有学识,州举秀才,拜太常博士。使诣长安册祭燕宣王庙。还除仪曹郎,赐爵蓨县男。稍迁兴平太守,卒。

子象,字孟则,清简有风概,博涉群书,初袭爵,稍迁中书侍郎、光禄大夫、兼散骑常侍,使梁。卒,赠骠骑大将军、仪同三司、冀州刺史。象从容风素,有名于时,丧妻无子,终竟不娶,论者非之。

　　路恃庆字伯瑞，阳平清泉人也。祖绰，阳平太守。恃庆有干用，与广平宋翻俱知名，为乡间所称。太和中，除奉朝请，恃庆以从兄文举有才望，同推让之，孝文遂并拜焉。累迁定州河间王深长史。深贪暴肆意，恃庆每进苦言。卒，赠左将军、安州刺史，谥曰襄。子祖壁，给事中。恃庆弟仲信、思令，并有令名官位。

　　房亮字景高，清河人也。父法延，谯郡太守。亮好学有节操，太和中，举秀才，为奉朝请。后兼员外常侍，使高丽。高丽王托疾不拜，以亮辱命，坐白衣守郎中。历济北、平原二郡太守，以清严称。后为东荆州刺史，亮留心抚纳，夷夏安之。时边州刺史例得一子出身，亮不言其子而启弟子起为奉朝请，议者称之。卒于光禄大夫，赠抚军将军、齐州刺史。弟诠、悦等，并历位清显。

　　曹世表字景升，魏大司马休九世孙也。祖谟、父庆，并有学问。世表性雅正，工尺牍，涉猎群书。为司徒记室，与武威贾思伯、范阳卢同、陇西辛雄并相友善。侍中崔光，乡里贵达，每称美之。延昌中，除清河太守，临官省约，百姓安之。孝昌中，为尚书左丞，出行东豫州刺史，迁东南道行台。卒，赠齐州刺史。

　　潘永基字绍业，长乐广宗人也。父灵乾，中书侍郎。永基性通率，轻财好施。为长乐太守。时葛荣攻信都，永基与刺史元孚同心防捍。力穷城陷，荣欲害孚，永基请以身代孚死。永安二年，除颍川太守，迁东徐州刺史。永熙中，为车骑将军、左光禄大夫，寻加卫大将军。复除东徐州刺史，前后在州，为吏人所爱。卒，赠尚书右仆射、司徒公、冀州刺史。子子义、子智，子义学涉有父风，仕隋，至尚书右丞。

　　朱元旭字君升，本乐陵人也。颇涉子史，开解几案。稍迁尚书

度支郎中。神龟末，以郎选不精，大加沙汰，元旭与陇西辛雄、范阳
祖莹、太山羊深、西平淳于恭并以才用见留。寻兼尚书右丞，仍郎
中，本州中正。时关西都督萧宝夤启云所统十万，食唯一月。明帝
大怒，诏问所由，录令已下皆推罪元旭。入见御坐前，屈指校计，宝
夤兵粮乃逾一年，事乃得释。后迁卫将军、左光禄大夫。天平中，复
拜尚书左丞。既无风操，俯仰随俗，性多机数，自容而已。于时朝廷
分汲郡河内二界扶风之地立义州，置关西归款户，除元旭义州刺
史，卒，官。

　　论曰：寿春形胜，南郑要险，乃建邺之肩髀，成都之喉嗌。裴叔
业、夏侯道迁体运知机，翻然鹊起，举地而来，功诚两茂，其以大启
茅赋，兼列旄旃，固其宜矣。植不恒其德，器小志大，斯所以颠覆也。
衍才行将略，不遂其终，惜哉！李、席、王、江虽复因人成事，亦为果
决之士。淳于诞好立功名，有志竟不遂也。文秀不回，有死节之气，
非直身蒙嘉礼，遂乃子免刑戮，在我欲其骂人，忠义可不勉也？张谠
观机委质，笃恤流离，亦仁智矣。李苗以文武干局，沉毅过人，临难
慨然，奋斯大节，蹈忠履义，没而后已，仁必有勇，其斯人之谓乎！刘
藻、傅永、竖眼文武器干，知名于时。竖眼加以抚边导俗，风化尤美，
方之二子，固已优乎，抑又魏世良牧。张烈早有气尚，名辈见知，趣
舍沉浮，俱至显达，雅道正路，其殆病诸。李、路器尚所及，俱可观
者。象风彩词涉，亦当年之俊乂。房亮、曹世表、潘永基、朱元旭拔
萃从官，咸享名器，各有由也。

北史卷四六
列传第三四

孙绍　张普惠　成淹　范绍
刘桃符　鹿悆　张耀
刘道斌　董绍　冯元兴

孙绍字世庆，昌黎人也。少好学，通涉经史。初为校书郎，稍迁给事中，后为门下录事，好言得失，与常景共修律令。延昌中，绍表曰：

臣闻建国有计，虽危必安；施化能和，虽寡必盛；政乖人理，虽合必离；作用失机，虽成必败。此乃古今同然，百王之定法也。今二虢京门，了无严防；南北二中，复阙固守。长安、邺城，股肱之寄，穰城、上党，腹背所冯。四军、五校之轨，领、护分事之式，征兵储粟之要，舟车水陆之资，山河要害之权，缓急去来之用，持平赴救之方，节用应时之法，特宜修置，以固堂堂之基。持盈之体，何得而忽？

且法开清浊，而清浊不平，申滞理望，而卑寒亦免，士庶同悲，兵徒怀怨。中正卖望于下里，主案舞笔于上台，真伪混淆，知而不纠，得者不欣，失者倍怨。使门齐身等而泾、渭奄殊，类应同役而苦乐县异。士人居职，不以为荣；兵士役苦，心不忘乱。故有竞弃本生，飘藏他土，或诡名托养，散没人间；或亡命山薮，渔猎为命；或投杖强豪，寄命衣食。又应迁之户，逐乐诸州;应留之徒,避寒归暖。职人子弟,随荣浮游,南北东西,卜居莫定。关禁不修,任意取适,如此之徒,不可胜数。爪牙不复为用,百工争弃其业。混一之计,事实阙如,考课之方,责辩无日。流浪之徒,决须精校。今强敌窥时,边黎伺隙,内人不平,久戍怀怨。战国之势,窃谓危矣。必造祸源者,北边镇戍之人也。

若夫一统之年,持平用之者,大道之计也;乱离之期,纵横作之者,行权之势也。故道不可久,须文质以换情;权不可恒,随洿隆以牧物。文质应世,道形自安,洿隆获衷,权势亦济。然则王者计法之趣,化物之规,圆方务得其境,人物不失其地。

又先帝时,律、令并议,律寻施行,令独不出,十余年矣。臣以令之为体,即帝王之身,分处百揆之仪,安置九服之节,乃是有为之枢机,世法之大本也。然修令之人,亦皆博古,依古撰置,大体可观,比之前令,精粗有在。但主议之家,大用古制。若令依古,高祖之法,复须升降,谁敢措意有是非哉?以是争故,久废不理。然律、令相须,不可偏用,今律班令止,于事甚滞。若令不班,是无典法,臣下执事,何依而行?臣等修律,非无勤止,署下之日,臣乃无名,是谓农夫尽力,他食其秋,功名之所,实怀于悒。

正光初,兼中书侍郎。绍性抗直,每上封事,常至恳切,不惮犯忤。但天性疏脱,言乍高下,时人轻之,不见采览。绍兄世元善弹筝,早卒,绍后闻筝声,便涕泗呜咽,舍人而去。后为太府少卿,曾因朝见,灵太后谓曰:"卿年稍老矣。"绍曰:"臣年虽老,臣卿乃少。"太后笑之。迁右将军、太中大夫。

绍曾与百寮赴朝,东掖未开,守门候旦。绍于众中引吏部郎中辛雄于众外,窃谓曰:"此中诸人,寻当死尽,唯吾与卿,犹享富贵。"未几,有河阴之难。绍善推禄命,事验甚多,知者异之。

永安中,拜太府卿,以前参议《正光壬子历》,赐爵新昌子。后卒于右光禄大夫,赠尚书左仆射,谥曰宣。子伯元袭爵。

张普惠字洪赈,常山九门人也。身长八尺,容貌魁伟,精于《三礼》,兼善《春秋》百家之说。太和十九年,为主书,带制局监,颇为孝文所知。转尚书都令史。任城王澄重其学业,为其声价。澄为雍州刺史,启普惠为府录事参军,寻行冯翊郡事。

澄功衰在身,欲七月七日集文武北园马射。普惠奏记于澄曰:

　　窃闻三杀九亲,别疏昵之叙;五服六术,等衰麻之心。皆因事饰情,不易之道者也。然则莫大之痛,深于终身之外,书策之哀,除于丧纪之内。外者不可无节,故断之以三年,内者不可遂除,故敦之以日月。况《礼》,大练之日,鼓素琴,盖推以即吉也;小功以上,非虞祔练除不沐浴,此拘之以制也。曾子问曰:“相识有丧服,可以与于祭乎?”孔子曰:“缌不祭,又何助于人。”祭既不与,疑无宴食之道。又曰:“废丧服,可以与于馈奠之事乎?”子曰:“脱衰与奠,非礼也。”注云:“谓其忘哀疾。”愚谓除丧之始,不与馈奠,小功之内,其可观射乎?《杂记》云:“大功以下,既葬适人,人食之。其党也食之,非其党不食。”食犹择人,于马射为或非宜。伏见明教,立射会之限,将以二七令辰,集城中文武肄武艺于北园,行揖让于中否。时非大阅之秋,景涉妨农之节,国家缟襌甫除,殿下功衰仍袭,释而为乐,以训百姓,便是易先王之典教,忘哀戚之情,恐非所以昭令德、视子孙者也。案射仪,射者以礼乐为本,忘而从事,不可谓礼;钟鼓弗设,不可谓乐。舍此二事,何用射为。

　　又七日之戏,令制无之,班劳所施,虑违事体,府库空虚,宜待新调。乞至九月,备饰尽行,然后奏《狸首》之章,宣矍相之命,声轩县,建云旌,神人忻畅于斯时也。

澄意纳其言,托辞自罢,乃答曰:“今虽非公制,而此州承前已有斯式。且纂文习武,人之常艺,岂可于常艺之间,要须令制乎?《礼》兄弟内除,明哀已杀,小功,客至主不绝乐,听乐则可,观武岂伤?直自事缘须罢,先以令停,方获此请,深具来意。”

澄转杨州,启普惠以羽林监领镇南大将军开府主簿。普惠既为澄知,历佐二藩,甚有声誉。还朝,仍羽林监。

澄遭太妃忧,臣寮为立碑颂,题碑欲云:“康王元妃之碑。”澄访于普惠,普惠答曰:“谨寻朝典,但有王妃,而无元字。鲁夫人孟子称元妃者,欲下与继室声子相对。今烈懿太妃作配先王,更无声子、仲子之嫌,窃谓不假元字以别名位。且以氏配姓,愚以为在生之称,故《春秋》’夫人姜氏至自齐’;既葬,以谥配姓,故经书‘葬我小君文姜’,又曰‘来归夫人成风之襚’,皆以谥配姓。古者妇人从夫谥,今烈懿太妃德冠一世,故特蒙褒锡,乃万代之高事,岂容于定名之重,而不称‘烈懿’乎?”澄从之。

后为步兵校尉,以本官领河南尹丞。宣武崩,坐与甄楷等饮酒游从,免官。故事,免官者,三载之后,降一阶而叙,若才优擢授,不拘此限。熙平中,吏部尚书李韶奏普惠有文学,依才优之例,敕除宁远将军、司空仓曹参军。朝议以不降阶为荣。时任城王澄为司空,表议书记多出普惠。

广陵王恭、北海王颢疑为所生祖母服期与三年,诏群寮会议。普惠议曰:

　　谨案:二王祖母皆受命先朝,为二国太妃,可谓受命于天子,为绍封之母矣。《丧服》“慈母如母”在三年章,《传》曰:“贵父命也。”郑注云:“大夫之妾子,父在为母为大功,则士之妾子为母期。父卒,则皆得伸。”此大夫命其妾子,以为母所慈,犹曰贵父命,为之三年,况天子命其子为列国王,命其所生母为国太妃,反自同公子为母练冠之与大功乎。《传》曰:“始封之君,不臣诸父昆弟。”则当服其亲服。若鲁、卫列国,相为服期,判无疑矣。何以明之?《丧服》“君为姑姊妹女子子嫁于国君者。”《传》曰:“何以大功?尊同也。尊同,则得服其亲服。诸侯之子称公子,公子不得祢先君。”然则兄弟一体,位列诸侯,自以尊同,得相为服,不可还准公子,远厌天王。故降有四品,君、大夫以尊降,公子、大夫之子厌降,名例不同,何可乱也。《礼》大夫之妾子,以父命慈己,申其三年。太妃既受命先帝,光昭一国,二王胙土茅社,显锡大邦,舍尊同之高据,附不祢之公子,虽许、蔡失位,亦不是过。《服问》曰:"有从轻而重,公子之妻,为其皇姑。"公子虽厌,妻尚获申,况广陵、北海,论封君则封君之子,语妃则命妃之孙,承妃纂重,远别先皇,更以先后之正统,厌其所生之祖嫡,方之皇姑,不以遥乎?今既许其申服,而复限之以期,比之慈母,不亦爽欤?《经》曰:"为君之祖父母、父母、妻、长子。"《传》曰:"何以期?父母长子君服斩。妻则小君。父卒,然后为祖后者,服斩。"今祖乃献文皇帝,诸侯不得祖之。母为太妃,盖二王三年之证。议者近背正经,以附非类,差之毫毛,所失或远。且天子尊则配天,莫非臣妾,何为命之为国母,而不听子服其亲乎?《记》曰:"从服者,所从亡则已。"又曰:"不为君母之党服,则为其母之党服。"今所从既亡,不以亲服服其所生,则属从之服,于何所施?若以诸王入为公卿,便同大夫者,则当今之议皆不须以国为言也。今之诸王,自同列国,虽不之国,别置臣寮,王食一方,得不以诸侯言之?敢据《周礼》,辄同三年。

当时议者,亦有同异。国子博士李郁于议罢之后,书难普惠,普惠据《礼》还答,郑重三反,郁议遂屈。

转谏议大夫,澄谓普惠曰:"不喜君得谏议,唯喜谏议得君。"时灵太后父司徒胡国珍薨,赠相国、太上秦公。普惠以前世后父无太上之号,诣阙上疏,陈其不可,左右畏惧,莫敢为通。会闻胡家穿圹下坎有盘石。乃密表曰:"窃见故侍中、司徒胡公,怀道含灵,实诞圣后,近枢克惟允之寄,居槐体论道之明。故以功余九锡,褒假鸾蠙,深圣上之加隆,极慈后之至爱,宪章天下,不亦可乎!而太上之号,窃谓未衷。何者?《礼记》曰:'天无二日,土无二王,尝禘郊社,尊无二上。'窃谓高祖受禅于献文皇帝,故仰尊为太上皇,此因上上而生名也。皇太后称令以系敕下,盖取三从之道,远同文母,列于十乱,则司徒为太上,恐乖系敕之意。《易》曰:'困于上者,必反于下。'比克吉定兆,而以浅改卜,群尽悲惋,亦或天地神灵所以垂至戒,启圣情。伏愿停司徒逼同之号，从卑下不逾之称，则天下幸甚。”

太后览表，亲至国珍宅，召集五品已上博议其事，任城王澄、太傅清河王怿、侍中崔光、御史中尉元匡、尚书崔亮并同有难，普惠并以理正之，无所屈。廷尉少卿袁翻曰：“《周官》上公九命，上大夫四命，命数虽殊，同名为上，何必上者皆是极尊。”普惠厉声呵翻曰：“礼有下卿、上士，何止大夫与公。但今所行，以太加上，二名双举，不得非极。雕虫小艺，微或相许，至于此处，岂卿所及！”翻甚有惭色，默不复言。议者咸以太后当朝，志相党顺，遂奏曰：“张普惠辞虽不屈，然非臣等所同。涣汗已流，请依前诏。”太后复遣元叉、贾璨宣令谓普惠曰：“朕之所行，孝子之志。卿之所陈，忠臣之道。群公已有成议，卿不得苦夺朕怀。后有所见，勿得难言。”

初，普惠被召，传诏驰骓骝马。来甚迅速，伫立催去。普惠诸子忧怖涕泗。普惠谓曰：“我当休明之朝，掌谏议之任，若不言所难言，谏所难谏，便是唯唯，旷官尸禄。人生有死，死得其所，夫复何恨。然朝廷有道，汝辈勿忧。”及议罢，旨劳还宅，亲故贺其幸甚。

时中山杜弼遗书普惠曰：“明侯深儒硕学，身负大才，执此公方，来居谏职，謇謇如也，谔谔如也，一昨承在胡司徒第，当庭面净，虽问难锋至，而应对响出。宋城之带始萦，鲁门之柝裁警，终使群后逡巡，庶寮拱嘿，虽不见用于一时，固已传美于百代。闻风快然，敬裁此白。”普惠美其此书，每为口实。

普惠以天下人调，幅度长广，尚书计奏，复征绵麻，恐人不堪命。上疏曰：“伏闻尚书奏复绵麻之调，遵先皇之轨。凤宵惟度，欣战交集。仰惟高祖废大斗，去长尺，改重秤，所以爱万姓，从薄赋。知军国须绵麻之用，故云幅度之间，亿兆应有绵麻之利，故绢上税绵八两，布上税麻十五斤。万姓得废大斗，去长尺，改重秤，荷轻赋之饶，不适于绵麻而已。故歌舞以供其赋，奔走以役其勤。夫信行于上，则亿兆乐输于下。自兹已降，渐长阔，百姓嗟怨，闻于朝野。伏惟皇太后未临朝之前，陛下成谅闇之日，宰辅不寻其本，知天下之怨绵麻，不察其幅广、度长、称重、斗大，革其所弊，存其可存，而特放绵麻之调,以悦天下之心。此谓悦之不以道,愚臣所以未悦者也。"

普惠又表乞朝直之日,时听奉见。自此之后,月一陛见。又以孝明不亲视朝,过崇佛法,郊庙之事,多委有司,上疏曰:"伏惟陛下重晖纂统,钦明文思,天地属心,百神伫望。伏愿躬致郊庙之虔,亲纡朔望之泽,释奠成均,竭心千亩,明发不寐,洁诚禋祼,孝弟可以通神明,德教可以光四海。然后精进三宝,信心如来。道由化深,故诸漏可尽;法随礼积,故彼岸可登。量撤僧寺不急之华,还复百官久折之秩。已兴之构,务从简成;将来之造,权令停息。但仍旧贯,亦何必改作。庶节用爱人,法俗俱赖。"寻别敕付外,议释奠之礼。

时史官克日蚀,豫敕罢朝。普惠以逆废非礼,上疏陈之。又表论时政得失:一曰审法度,平斗尺,租调务轻,赋役务省。二曰听舆言,察怨讼,先皇旧事有不便于政者,请悉追改。三曰进忠謇,退不肖,任贤勿贰,去邪勿疑。四曰兴灭国,继绝世,勋亲之胤,所宜收叙。

书奏,孝明、灵太后引普惠于宣光殿,随事难诘。廷对移时,太后曰:"小小细务,一一翻动,更成烦扰。"普惠曰:"圣上之养庶物,若慈母之养赤子,今赤子几临危壑,将赴水火,以烦劳而不救,岂赤子所望于慈母",太后曰:"天下苍生,宁有如此苦事?"普惠曰:"天下之亲懿,莫重于太师彭城王,然遂不免枉死。微细之苦,何可得无?"太后曰:"彭城之苦,吾已封其三子,何足复言。"普惠曰:"圣后封彭城之三子,天下莫不忻至德,知慈母之在上。臣所以重陈者,凡如此枉,乞垂圣察。"太后曰:"卿云兴灭继绝,意复谁是?"普惠曰:"昔淮南逆终,汉文封其四子,盖骨肉之不可弃,亲亲故也。窃见咸阳、京兆,乃皇子皇孙,一德之亏,自贻悔戾,沈沦幽壤,缅焉弗收,岂不是兴灭继绝之意?"太后曰:"卿言有理,当命公卿博议。"

及任城王澄薨,普惠荷其恩待,朔望奔赴,至于禫除,虽寒暑风雨,无不必至。初,澄嘉赏普惠,临薨启为尚书右丞。灵太后既深悼澄,览启从之。诏行之后,尚书诸郎以普惠地寒,不应便居管辖,相与为约,并欲不放上省,纷纭多日乃息。

正光二年,诏遣杨钧送蠕蠕主阿那瓌还国。普惠谓遣之将贻后患,上疏极言其不可,表奏不从。魏子建为益州刺史,有赃罪,普惠被使验之,事遂得释,故子建父子甚德之。时梁西丰侯正德诈称降款,朝廷颇事当迎。普惠请付杨州,移还萧氏,不从。俄而德果逃还,后除光禄大夫,右丞如故。

先是,仇池武兴郡氏数反,西垂郡戍,租运久绝,诏普惠以本官为持节、西道行台,给秦、岐、泾、华、雍、豳、东秦七州兵武三万人,任其召发,送南秦、东益二州兵租,分付诸戍。其所部将统,听于关西牧守之中随机召遣。军资板印之属,悉以自随。事讫还朝,赐绢布一百段。时诏访冤屈,普惠上疏,多所陈论。

出除东豫州刺史。淮南九戍十三郡,犹因梁前弊,别郡异县之人错杂居止。普惠乃依次括比,省减郡县,上表陈状,诏许之。宰守因此,绾摄有方,奸盗不起,人以为便。

普惠不营财业,好有进举,敦于故旧。冀州人侯坚固少时与其游学,早终,其子长瑜,普惠每于四时请禄,无不减赡,给其衣食。及为豫州,启长瑜解褐,携其合门拯给之。在州卒,谥曰宣恭。

成淹字季文,上谷居庸人也。好文学,有气尚。仕宋为员外郎,领军主,援东阳、历城。皇兴中,降慕容白曜,赴阙,授兼著作佐郎。时献文于仲冬月欲巡漠北,朝臣以寒甚固谏,并不纳。淹上《接舆释游论》帝览之,诏尚书李欣曰:“卿诸人不如成淹论,通释人意。”乃敕停行。

太和中,文明太后崩,齐遣其散骑常侍裴昭明、散骑侍郎谢竣等来吊,欲以朝服行事。主客不许,昭明等执志不移。孝文敕尚书李冲选一学识者更与论执。冲奏遣淹。昭明言:“不听朝服行礼,义出何典?”淹言:“玄冠不吊,童孺共闻。昔季孙将行,请遭丧之礼,千载之下,犹共称之。卿方谓义出何典,何其异哉!”昭明言:“齐高帝崩,魏遣李彪通吊,初不素服,齐朝亦不为疑。”淹言:“彪通吊之日,朝命以吊服自随。彼不遵高宗追远之慕，乃逾月即吉。齐之君臣，皆已鸣玉盈庭，彪行人，何容独以衰服间衣冠之中？我皇处谅闇以来，百官听于冢宰，卿岂得以此方彼也？"昭明乃摇膝而言曰："三皇不同礼，亦安知得失所归。"淹言："若如来谈，卿以虞、舜、高宗为非也？"昭明相顾笑曰："非孝者，宣尼有成责，行人亦弗敢言。使人唯赍绮褶，不可以吊，幸借衣帢，以申国命。今为魏朝所逼，还南日，必得罪本朝。"淹言："彼有君子也，卿将折中，还南日，应有高赏。若无君子也，但令有光国之誉，虽非理得罪，亦复何嫌。南史、董狐，自当直笔。"既而敕送衣帢给昭明等，明旦引入，皆令文武尽哀。后正佐郎。

其后齐遣其散骑常侍庾荜、散骑侍郎何宪、主书邢宗庆等来聘，孝文敕淹接于外馆。宗庆语淹言："南北连和既久，而比弃信绝好，为利而动，岂是大国善邻之义？"淹言："夫为王者不拘小节，岂得眷眷守尾生之信！且齐先主历事宋朝，当应便尔欺夺？"宗庆、庾荜及从者皆相顾失色。何宪知淹昔从南入，以手掩目曰："卿何不作于禁而作王肃。"淹言："我舍逆效顺，欲追踪陈、韩，何于禁之有！"宪亦不对。

王肃之至，銮舆行幸，肃多扈从，敕淹将引，若有古迹，皆使知之。行到朝歌，肃问："此是何城？"淹言："纣都朝歌城。"肃言："故应有殷之顽人。"淹言："昔武王灭纣，悉居河洛，中因刘、石乱华，仍随司马东度。"肃知淹寓青州，乃笑谓曰："青州何必无其余种。"淹以肃本隶徐州："若言青州，本非其地，徐州间今日重来，非所知也。"肃遂伏马上掩口笑，顾谓侍御史张思宁曰："向聊因戏言，遂致辞溺。"思宁驰马以闻，孝文大悦，谓彭城王勰曰："淹此段足为制胜。"舆驾至洛，肃因侍宴，帝戏肃曰："近者行次朝歌，闻成淹共卿殊有往复，卿试重叙之。"肃言："臣于朝歌失言，一之已甚，岂宜再说。遂大笑。肃又言淹才词，宜应叙进。帝言："若因此迁淹，恐辱卿转甚。"肃言："臣屈己达人，正可显臣之美。"帝曰："卿为人所屈，欲求屈己之名，复于卿大优。"肃言："淹既蒙进，臣得屈己申人，此所谓陛下惠而不费。"遂醣笑而止。赐淹龙厩上马一疋,并鞍勒宛具,朝服一袭,转谒者仆射。

时迁都,帝以淹家贫,敕给事力,送至洛阳,使与家累相随。及车驾济淮,敕征淹,淹于路左请见,曰:"敌不可小,愿圣明保万全之策。伏闻发洛已来,诸有谏者,解官夺职,恐非圣明纳下之义。"帝优而容之。帝幸徐州,敕淹与闾龙驹专主舟楫,将泛泗入河,溯流还洛。军次碻磝,淹以黄河浚急,虑有倾危,乃上疏陈谏。帝敕淹曰:"朕以恒代无运漕之路,故京邑人贫。今移都伊、洛,欲通运四方。黄河急浚,人皆难涉,我因此行乘流,所以开百姓之心。知卿诚至而不得相纳。"赐骅骝马一疋,衣冠一袭。除羽林监、主客令。

于时宫极初构,运材日有万计,伊、洛流澌,苦于厉涉。淹遂启求敕都水造浮航。帝赏纳之,意欲荣淹于众,朔旦受朝,百官在位,乃赐帛百疋,知左右二都水事。景明三年,出除平阳太守。还朝,病卒,赠光州刺史,谥曰定。

子霄,字景鸾,好为文咏,坦率多鄙俗,与河东姜质等朋游相好,诗赋间起,知音之士所共嗤笑。卒于书侍御史。

范绍字始孙,敦煌龙勒人也。少聪敏,年十二,父命就学,师事崔光。以父忧废业,母又诫之曰:"汝父卒日,令汝远就崔生,希有成立。今已过期,宜遵成命。"绍还赴学。太和初,充太学生,转算生,颇涉经史。孝文选为门下通事令史,迁录事,掌奏文案。帝善之,又为侍中李冲、黄门崔光所知。帝曾谓近臣曰:"崔光从容,范绍之力。"

后朝廷有南讨计,发河北数州田兵,通缘淮戍兵合五万余人,广开屯田,八座奏绍为西道六州营田大使,加步兵校尉。绍勤于劝课,频岁大获。又诏与都督、中山王英论攻钟离。绍观其城隍,恐不可陷,劝令班师,英不从。绍还,具以状奏闻,俄而英败。后历位并州刺史、太常卿。庄帝初,遇害河阴。

刘桃符,中山卢奴人也。生不识父,九岁丧母。性恭谨,好学。举孝廉,射策甲科。历碎职,累迁中书舍人,以勤明见知。久不迁职,宣武谓曰:"杨子云为黄门,顿历三世。卿居此任始十年,不足辞也。"

东豫州刺史田益宗居边贪秽,宣武频诏桃符慰喻之。桃符还,具称益宗老耄,而诸子非理处物。宣武后欲代之,恐其背叛,拜桃符东豫州刺史,与后将军李世哲领众袭益宗。语在《益宗传》。桃符善恤蛮左,为人吏所怀。久之,征还。病卒,赠洛州刺史。

鹿悆字永吉,济阴乘氏之人也。祖寿兴,沮渠氏库部郎。

父生,再为济南太守,有政绩。献文嘉其能,特征赴季秋马射,赐以骢马,加以青服,彰其廉洁。时三齐始附,人怀苟且,蒲博终朝,颇废农业。生立制断之,闻者嗟善。后卒于淮阳太守,追赠兖州刺史。

悆好兵书、阴阳、释氏之学,彭城王勰召为馆客。尝诣徐州,马疲,附船而至大梁。夜睡,从者上岸,窃禾四束饲马。船行数里。悆觉,即停船至取禾处,以缣三丈置禾束下而反。

初为真定公元子直国中尉,恒劝以忠廉之节。尝赋五言诗曰:"峄山万丈树,雕镂作琵琶,由此材高远,弦响谒中华。"又曰:"援琴起何调?幽兰与白雪,丝管韵未成,莫使弦响绝。"子直少有令问,悆欲其善终,故以讽焉。后随子直镇梁州,州有兵粮和籴,和籴者靡不润屋,悆独不取。子直强之,终不从。

孝庄为御史中尉,悆兼殿中侍御史,监临淮王彧军。时梁遣其豫章王综据徐州,综密信通彧,云欲归款。众议谓不然,悆遂请行曰:"综若诚心,与之盟约;如其诈也,岂惜一人命乎!"时徐州始陷,边方骚扰,综部将成景俊、胡龙牙并总强兵,内外严固。悆遂单马间出,径趣彭城。未至之间,为综军主程兵润所止,问其来状。悆曰:"我为临淮王所使。"兵润遣人白龙牙等。综既有诚心,闻悆被执,语景俊等曰:"我每疑元略规欲叛城,将验虚实,且遣左右为元略使,入魏军中唤彼一人，其使果至。可令人诈作略身，在一深室，托为患状，呼使户外，令人传语。"时略始被梁武追还。综又遣腹心人梁话迎念，密语意状，令善酬答。引念诣龙牙所。龙牙语念曰："元中山甚欲相见，故令唤卿。"又曰："安丰、临淮，将少弱卒，规复此城，容可得乎？"念曰："彭城，魏之东鄙，势在必争，可否在天，非人所测。"龙牙曰："当如卿言。"复诣景俊住所，停念外门，久而未入。时夜已久，有综军主姜桃来与念言，谓曰："元法僧魏之微子，拔城归梁，梁主待物有道。"乃上指曰："今岁星在斗，吴之分野，君何不归梁国？"念答曰："法僧，莒仆之流，而梁纳之，无乃有愧于季孙也！今月建鹑首，斗牛受破，岁星木也，逆而克之，吴国败丧不久。且衣锦夜游，有识不许。"言未尽，乃引入见景俊。景俊良久谓曰："卿不为刺客也？"答曰："今者为使，欲反命本朝，相刺之事，更卜后图。"为设食，念强饮多食，向敌数人，微自夸矜。诸人相谓曰："壮哉！"乃引向元略所，一人引入户，指床令坐。一人别在室中出，谓念曰："中山王有教：'我昔有以向南，且遣相唤，欲问卿事。晚来患动，不获相见。'念遂辞而退。须臾天晓，综军主范勖、景司马杨膘等竞问北朝士马多少，念陈士马之盛。寻而与梁话盟契讫。未旬，综降，诏封念定陶县子，除员外散骑常侍。

永安中，为右将军、给事黄门侍郎，进爵为侯。虽任居通显，志在谦退，迎送亲宾，加于畴昔。而自无屋宅，常假赁居止，布衣粝食，寒暑不变。孝庄嘉其清洁，时复赐以钱帛。

及东徐城人吕文欣杀刺史元大宾，南引梁人，诏念以使持节、散骑常侍、安东将军为六州大使，与行台樊子鹄讨破之。念又购斩文欣。还，拜金紫光禄大夫，兼尚书右仆射、东南道三徐行台。与都督贺拔胜等拒尔朱仲远，军败还京。

天平中，除梁州刺史。时荥阳人郑荣业反，围州城，城降，荣业送念于关西。

张耀字景世，自云南阳西鄂人也。仕魏，累迁步兵校尉。永宁寺塔大兴,经营务广。灵太后曾幸作所,凡有顾问,耀敷陈指画,无所遗阙,太后善之。后为别将,以军功封长平男。历岐、东荆州刺史。

天平初,迁邺草创,右仆射高隆之、吏部尚书元世俊奏曰:"南京宫殿毁撤送都,连筏竟河,首尾大至,自非贤明一人,专委受纳,则恐材木耗损,有关经构。耀清直素著,有称一时,臣等辄举为大将。"诏从之。耀勤于其事,寻转营构左都将。兴和初,加卫大将军。宫殿成,除东徐州刺史。卒于州,赠司空公,谥曰懿。

刘道斌,武邑灌津人也。有器干,腰带十围,须髯甚美。初拜校书郎,转主书,颇为孝文所知。从征南阳,还,加积射将军、给事中。帝谓黄门郎邢峦曰:"道斌是行,便异侪流矣。"宣武即位,迁谒者仆射。后历恒农太守、岐州刺史,所在有清贞称。卒于州,谥曰康。

道斌在恒农,修立学馆。建孔子庙堂,图书形象。去郡后,故吏追思之,复立道斌形于孔像之西而拜谒焉。

董绍字兴远,新蔡铜阳人也。少好学,颇有文义。起家四门博士,累迁兼中书舍人,为宣武所赏。豫州城人白早生以城南叛,诏绍慰劳,为贼锁禁送江东。梁领军吕僧珍暂与绍言,便相器重。梁武闻之,使劳绍云:"忠臣孝子不可无之,今当听卿还国。"绍曰:"老母在洛,无复方寸,既奉恩贷,实若更生。"乃引见之,谓曰:"战争多年,人物涂炭,是以不耻先言,欲与魏朝通好,卿宜备申此意。若欲通好,今以宿豫还彼,彼当以汉中见归。"及绍还,虽陈说和计,朝廷不许。

后除洛州刺史。绍好行小惠,颇得人情。萧宝夤反于长安,绍上书求击之,云:"臣当出瞎巴三千,生啖蜀子。"孝明谓黄门徐纥曰:"此巴真瞎也?"纥答:"此绍之壮辞,云巴人劲勇,见敌无所畏,非实瞎也。"帝大笑,敕绍速行。以拒宝夤功,赏新蔡县男。

尔朱天光为关右大行台,启为大行台从事,兼吏部尚书。天光败,贺拔岳复请绍为其开府谘议参军。岳后携绍于高平牧马,绍悲而赋诗曰:"走马山之阿,马渴饮黄河。宁谓胡关下,复闻楚客歌!"
岳死,周文帝亦重之。

及孝武西迁,除御史中丞,非其好也,郁郁不得志,或行戏街
衢,或与少年游聚,不自拘持,颇类失性。孝武崩,周文与百官推奉
文帝,上表劝进,令吕思礼、薛憕作表,前后再奏,帝尚执谦冲不许。
周文曰:"为文能动至尊,唯董公耳。"乃命绍为第三表,操笔便成,
表奏,周文曰:"开进人意,不当如此也?"及登阼,方任用之,而绍议
论朝廷,赐死。孙嗣。

冯元兴字子盛,东魏郡肥乡人也。少有操尚。举秀才,中尉王
显召为检校御史,迁殿中御史,司徒、江阳王继召为记室参军,遂为
元叉所知。又执朝政,引为尚书殿中郎,领中书舍人,仍御史,预闻
时事,卑身克己,人无恨焉。家素贫约,食客恒数十人,同其饥饱,时
人叹尚之。太保崔光临薨,荐元兴为侍读,尚书贾思伯为侍讲,授孝
明《杜氏春秋》,元兴常为摘句,儒者荣之。又既赐死,元兴亦被废。
乃为《浮萍诗》以自喻曰:"有草生碧池,无根水上荡,脆弱恶风波,
危微苦惊浪。"普泰初,为光禄大夫,领中书舍人。太昌初,卒于家,
赠齐州刺史。元兴世寒,因元叉之势,托其交道,相用为州主簿,论
者以为非伦。

时有济郡曹昂,有学识,举秀才。永安中,除太学博士,兼尚书
郎。常徒步上省,以示清贫,忽遇盗,大失绫缣,时人鄙其矫诈。

论曰:孙绍关左之士,又能指论时务。张普惠明达典故,强直从
官,侃然不挠,其有王臣之风矣。成淹、范绍、刘桃符、鹿悆、张耀、刘
道斌、董绍、冯元兴等身遭际会,俱得效其所能,苟曰非才,亦何能
致于此也。

北史卷四七
列传第三五

袁翻　阳尼　贾思伯　祖莹

袁翻字景翔,陈郡项人也。父宣,为宋青州刺史沈文秀府主簿,随文秀入魏。而大将军刘昶言是其外祖淑近亲,令与其府谘议参军袁济为宗。宣时孤寒,甚相依附。及翻兄弟官显,与济子洸、演遂各陵竞,洸等乃经公府,以相排斥。

翻少入东观,为徐纥所荐,李彪引兼著作佐郎,参史事。后拜尚书殿中郎。正始初,诏尚书门下于金墉中书外省考论律令,翻与门下录事常景、孙绍、廷尉监张彪、律博士侯坚固、书侍御史高绰、前将军邢苗、奉车都尉程灵虬、羽林监王元龟、尚书郎祖莹、宋世景、员外郎李琰之、太乐令公孙崇等并在议限。又诏太师彭城王勰、司州牧高阳王雍、中书监京兆王愉、青州刺史刘芳、左卫将军元丽、兼将作大匠李韶、国子祭酒郑道昭、廷尉少卿王显等入豫其事。后除豫州中正。

是时,修明堂辟雍,翻议曰:

谨按明堂之义,今古诸儒论之备矣。盖唐、虞以上,事难该悉,夏、殷以降校可知之。按《周官考工》所记,皆记其时事,具论夏、殷名制,岂其纰缪?是知明堂五室,三代同焉,配帝像行,义则明矣。及《淮南》、《吕氏》与《月令》同文,虽布政班时,有堂个之别,然推其体,则无九室之证。

既而正义残隐,妄说斐然。明堂九室,著自《戴礼》,探绪求

源，罔知所出，而汉氏因之，自欲为一代之法。故郑玄云："周人
明堂五室，是帝一室也，合于五行之数。《周礼》依数，以为之
室。"本制著存，是周五室也。于今不同，是汉异周也。汉为九
室，略可知矣。但就其此制，犹有憪焉。何者？张衡《东京赋》
云："乃营三宫，布教班常，复庙重屋，八达九房。"此乃明堂
之文也。而薛综注云："房室也。谓堂后有九室。"堂后有九室之
制，非巨异乎。斐顾又云："汉氏作四维之个，不能令各据其辰，
就使其像可图，莫能通其居用之礼，此为设虚器也。"甚知汉世
徒欲削灭周典，损弃旧章，改物创制，故不复拘于载籍。且郑玄
之诂训《三礼》及释《五经》异义，并尽思穷神，不坠周公之旧法
也。伯喈损益汉制，章句繁杂，既违古背新，又不能易玄之妙
矣。魏、晋书纪，亦有明堂祀五帝之文，而不记其经始之制，又
无坦然可准。观夫今之基趾，犹或髣髴，高卑广狭，颇与《戴
礼》不同，何得以意抑心，便谓九室可明？且三雍异所，复乖卢、
蔡之义，进退无据，何用经通？晋朝亦以钻凿难明，故有一屋之
论，并非经典正义，皆以意妄作，兹为不典。学家常谈，不足以
范时轨世。

　　皇代既乘乾统历，得一御宸，自宜稽古则天，宪章文、武，
追踪周、孔，述而不作。岂容虚追子氏放篇之浮说，徒损经纪雅
诰之遗训，而欲以支离横义，指画妄图，仪刑宇宙而贻来叶者
也？

　　又北京制置，求皆允怗，缮修草创，以意良多。事移化变，
存者无几，理苟宜革，何必仍旧。且迁都之始，日不遑给，先朝
规度，每事循古，是以数年之中，悛换非一，良以永法为难，数
改为易。何为宫室府库多因故迹，而明堂辟雍独遵此制？建立
之辰，复未可知矣。既猥班访速，辄轻率瞽言，明堂五室，请同
周制，郊建三雍，求依故所，庶有会经诰，无失典刑。

后议选边戍事，翻议曰：

　　臣闻两汉警于西北；魏、晋备在东南。是以镇边守塞，必寄

威重;伐叛柔服,实赖温良。故田叔、魏尚,声高于沙漠,当阳、钜平,绩流于江汉。纪籍用为美谈,今古以为盛德。自皇上以睿明纂御,风清化远,威厉秋霜,惠沾春露,故能使淮海输诚,华阳即序,连城革面,比屋归仁。县车剑阁,岂伊曩载;鼓噪金陵,复在兹日。然荆扬之牧,宜尽一时才望;梁、郢之君,尤须当今秀异。

自比缘边州郡,官至便登,疆埸统戍,阶当即用。或逢秽德凡人,或遇贪家恶子,不识字人温恤之方,唯知重役残忍之法。广开戍逻,多置帅领,或用其左右姻亲,或受人贷财请属,皆无防寇御贼之心,唯有通商聚敛之意。其勇力之兵,驱令抄掠,若遇强敌,即为奴虏;如有执获,夺为己富。其赢弱老小之辈,微解金铁之工,少闲草木之作,无不搜营窃垒,苦役百端。自余或伐木高山,或芸草平陆,贩贸往还,相望道路。此等禄既不多,资亦有限,皆收其实绢,给其虚粟,穷其力,薄其衣,用其工,节其食,绵冬历夏,加之疾苦,死于沟渎者常十七八焉。是以吴、楚间伺,审此虚实,皆云粮匮兵疲,易可乘扰,故驱率犬羊,屡犯疆埸。频年已来,甲胄生虮,十万在郊,千金日费,为弊之深,一至于此。皆由边任不得其人,故延若斯之患。贾生所以痛哭,良有以也。

夫洁其流者清其源,理其末者正其本,既失之在始,庸可止乎。愚谓自今已后,荆、扬、徐、豫、梁、益诸蕃及所统郡县府佐统军至于戍主,皆令朝臣王公已下各举所知,必选其才,不拘阶级。若能驾御有方,清高独著,威足临戎,信能怀远,抚循将士,得其忻心,不营私润,专修公利者,则就加爵赏,使久于其任,以时褒赉,厉其忠款。所举之人,亦垂优异,将其得士,嘉其诚节。若不能一心奉公,才非捍御,贪吝日富,经略无闻,人不见德,兵厌其劳者,即加显戮,用章其罪。所举之人,随事免降,责其谬荐,罚其伪薄。如此则举人不得挟其私,受任不得孤其举。善恶既审,沮劝亦明。庶边患永消,讥议攸息矣。

遭母忧去职。熙平初,除廷尉少卿,颇有不平之论,为灵太后所责。出为阳平太守,甚不自得,遂作《思归赋》。

神龟末,迁凉州刺史。时蠕蠕主阿那瓌、后主婆罗门并以国乱来降,朝廷问安置之计。翻表曰:

今蠕蠕内为高车所讨灭,外凭大国之威灵,两主投身,一期而至,百姓归诚,万里相属。然夷不乱华,前鉴无远,覆车在于刘、石,毁辙固不可寻。今蠕蠕虽主奔于上,人散于下,而余党实繁,部落犹众,高车亦未能一时并兼,尽令率附。又高车士马虽众,主甚愚弱,上不制下,下不奉上,唯以掠盗为资,陵夺为业。而河西捍御强敌,唯凉州、敦煌而已。凉州土广人稀,粮仗素阙,敦煌、酒泉,空虚尤甚。若蠕蠕无复竖立,令高车独擅北垂,则西顾之忧,匪旦伊夕。

愚谓蠕蠕二主,并宜存之,居阿那瓌于东偏,处婆罗门于西裔,分其降人,各有攸属。那瓌住所,非所经见,其中事势,不可辄陈。婆罗门请修西海故城以安处之,西海郡本属凉州,今在酒泉,直抵张掖西北千二百里,去高车所住金山一千余里。正是北虏往来之冲要,汉家行军之旧道,土地沃衍,大宜耕殖。非但今处婆罗门,于事为便,即可永为重戍,镇防西北。虽外为署蠕蠕之声,内实防高车之策。一二年后,足食足兵,斯固安边保塞之长计也。若婆罗门能自克厉,使余烬归心,收离聚散,复兴其国者,乃渐令北转,徙度流沙,即是我之外藩,高车之勍敌,西北之虞,可无过虑。如其奸回返覆,孤恩背德者,此不过为逋逃之寇,于我何损?今不早图,戎心一启,脱先据西河,夺我险要,则酒泉、张掖,自然孤危,长河已西,终非国有。不图厥始,而求忧其终,噬脐之恨,悔将何及。

愚见如允,乞遣大使往凉州敦煌及于西海,躬行山谷要害之所,亲阅亭障远行之宜,商量士马,校练粮仗,部分见定,处置得所。入春,西海之间,即令播种,至秋收一年之食,使不复劳转输之功也。且西徼北垂,即是大碛,野兽所聚,千百为群,正是蠕蠕射猎之处。殖田以自供，籍兽以自给，彼此相资，足以自固。今之豫度，似如小损，岁终大计，其利实多。高车豺狼之心，何可专信？假令称臣致款，正可外加优纳，而复内备弥深，所谓先人有夺人之心者也。

时朝议是之。还，拜吏部郎中。迁齐州刺史，无多政绩。

孝昌中，除安南将军、中书令，领给事黄门侍郎，与徐纥俱在门下，并掌文翰。翻既才学名重，又善附会，亦为灵太后所信待。是时蛮贼充斥，六军将亲讨之。翻乃上表谏止。后萧宝夤大败于关西，翻上表，请为西军死亡将士举哀，存而还者，并加赈赉。后拜度支尚书，寻转都官。翻上表，愿以安南、尚书换一金紫。时天下多事，翻虽外请闲秩，而内有求进之心，识者怪之。于是加抚军将军。明帝、灵太后曾燕华林园，举觞谓群臣曰："袁尚书朕之杜预，欲以此杯敬属元凯，今为尽之。"侍坐者莫不羡仰。

翻名位俱重，当时贤达咸推与之。然独善其身，无所奖拔，排抑后进，论者鄙之。建义初，遇害河阴。所著文笔百余篇，行于世。赠使持节、侍中、车骑将军、仪同三司、青州刺史。嫡子宝首，武定中，司徒记室参军事。翻弟跃。

跃字景腾，博学俊才，性不矫俗，笃于交友。翻每谓人曰："跃可谓我家千里驹也。"历位尚书都兵郎中，加员外散骑常侍。将立明堂，跃乃上议，当时称其博洽。蠕蠕主阿那瑰亡破来奔，朝廷矜之，送复其国。既而每使朝贡，辞旨颇不尽礼。跃为朝臣书与瑰。陈以祸福，方辞甚美。后迁车骑将军、太傅、清河王怿文学，雅为怿所爱赏。怿之文表，多出于跃。卒，赠冠军将军、吏部郎中。所制文集行于世。无子，兄翻以子聿修继。

聿修字叔德。七岁遭丧，居处礼若成人。九岁，州辟主簿。性深沈，有鉴识，清靖寡欲，与物无竞。姨丈人尚书崔休深所知赏。年十八，领本州中正，兼尚书度支郎中。齐天保初，除太子庶子，以本官行博陵太守，大有声绩，远近称之。累迁司徒左长史，领兼御史中丞。司徒录事参军卢思道私贷库钱三十万，娉太原王乂女为妻，而王氏以先纳陆孔文礼娉为定。聿修为首寮，又国之司宪，知而不劾，免中丞。寻迁秘书监。

天统中，诏与赵郡王睿等议定三礼。出为信州刺史，即其本乡也，时久无例，莫不荣之。为政清靖，不言而化，自长史以下，爰逮鳏寡孤幼，皆得其欢心。武平初，御史普出，过诸州悉有举劾，唯不到信州。及还都，人庶道俗追列满道，或将酒脯，涕泣留连，竞欲远送。时既盛暑，恐其劳敝，往往为之驻马，随举一酌，示领其意，辞谢令去。还后，州人郑播宗等七百余人请为立碑，敛缣布数百匹，托中书侍郎李德林为文，以记功德。敕许之。

寻除都官尚书。聿修少年平和温润，素流之中，最为规检，以名家子历任清华，时望多相器待，许其风鉴。在郎署之日，时赵彦深为水部郎中，同在一院，因成交友。彦深后重被沙汰停私，门生藜藿，聿修犹以故情，音问来往。彦深任用，铭戢甚深，虽人才无愧，盖亦由彦深接引。为吏部尚书以后，自以物望得之。

初，冯子琮以仆射摄选，婚姻相寻，聿修常非笑之，语人云："冯公营婚，日不暇给。"及自居选曹，亦不能免，时论以为地势然也。素品孤官，颇有怨响。然在官廉谨，当时少匹。魏、齐世，台郎多不免交通饷馈。初，聿修为尚书郎十年，未曾受升酒之遗。尚书邢邵与聿修旧款，每省中语戏，常呼聿修为清郎。大宁初，聿修以太常少卿出使巡省，仍令考校官人得失。经兖州，时邢邵为刺史，别后，送白紬为信。聿修不受，与邢邵书云："今日倾过，有异寻常，瓜田李下，古人所慎，愿得此心，不贻厚责。"邵亦欣然领解，报书云："老夫忽忽，意不及此，敬承来旨，吾无间然，弟昔为清郎，今日复作清卿矣。"及在吏部，属政衰道丧，若违忤要势，祸不旋踵，虽以清白自守，犹不免请谒之累。

入周，位仪同大将军、吏部下大夫、东京司宗中大夫。隋开皇初，加上仪同，迁东京都官尚书。东京废，入朝，除都官尚书。二年，出为熊州刺史，卒。子知礼，大业初卒于太子内舍人。

跃弟扬，卒于豫州冠军府司马。扬弟升，位正员郎。扬死后，升通其妻,翻恚,为之发病,升终不止,时人鄙秽之。亦于河阴见害。赠左将军、齐州刺史。

阳尼字景文,北平无终人也。累世仕于慕容氏。尼少好学,博通群籍,与上谷侯天护、顿丘李彪同志齐名。幽州刺史胡泥表荐之,征拜秘书著作郎。及改中书学为国子,时中书监高闾、侍中李冲等以尼硕学,举为国子祭酒。后兼幽州中正。孝文临轩,令诸州中正各举所知,尼与齐州大中正房千秋各举其子。帝曰:"昔有一祁,名垂往史;今有二奚,当闻来牒。"

出为幽州平北府长史,带渔阳太守,未拜,坐为中正时受乡人货免官。每自伤曰:"吾昔未仕,不曾羡人,今日失官,与本何异?然非吾宿志,命也如何!"既而还家。有书数千卷。所造《字释》数十篇,未就而卒。其从孙太学博士承庆撰为《字统》二十卷,行于世。承庆从弟固。

固字敬安,性倜傥,不拘小节,少任侠,好剑客,弗事生产。年二十六,始折节好学,博览篇籍,有文才。太和中,从大将军、宋王刘昶征义阳,板府法曹行参军。昶性严暴,三军战栗,无敢言者,固启谏,并面陈事宜。昶大怒,欲斩之,使监当攻道。固在军勇决,意志闲雅,了无惧色,昶甚奇之。军还,言之孝文。年三十余,始辟大将军府参军事,累迁书侍御史,多所劾奏。

宣武广访得失,固上谠言表曰:"当今之务,宜早正东储,立师傅以保护,立官司以防卫,以系苍生之心。揽权衡,亲宗室,强干弱枝,以立万世之计。举贤良,黜不肖,使野无遗才,朝无素餐。孜孜万机,躬勤庶政,使人无谤讟言之响。省徭役,薄赋敛,修学官,遵旧章,贵农桑,贱工贾,绝谈虚穷微之论,简桑门无用之费,以救饥寒之苦。然后备器械,修甲兵,习水战,灭吴会,撰封禅之礼,袭轩、唐之轨,岂不茂哉!"

初,帝委任群下,不甚亲览,好桑门之法。尚书令高肇以外戚权宠,专决朝事。又咸阳王禧等并有衅,故宗室大臣相见疏薄,而王畿

人庶劳弊益甚。固乃作《南北二都赋》,称恒代田渔声乐侈靡之事,
节以中京礼仪之式,因以讽谏。

宣武末,中尉王显起宅既成,集寮属飨宴。酒酣,问固曰:"此宅
何如?"固曰:"晏婴湫隘,流称于今,丰屋生灾,著于《周易》。此盖同
传合耳,唯有备能卒,愿公勉之。"显嘿然。他日又谓固曰:"吾作太
府卿,府库充实,卿以为何如?"固对曰:"公收百官之禄四分之一,
州郡赃赎悉入京藏,以此充府未足为多。且有聚敛之臣,宁有盗臣,
岂不戒欤!"显大不悦,以此衔固,又有人间固于显,因奏固剩请米
麦,免固官。

遂阖门自守,著《演赜赋》以明幽微通塞之事。又作《刺谗嫉壁
幸诗》二首,曰:

巧佞巧佞,谗言兴兮。营营习习,似青蝇兮,以白为黑,在
汝口兮。汝非蝮虿,毒何厚兮?巧巧佞佞,一何工矣。司间司
忿,言必从矣。朋党哔沓,自相同矣。浸润之谮,倾人庸矣。成
人之美,君子贵焉。攻人之恶,君子耻焉。汝何人斯,谮毁日繁?
子实无罪,何骋汝言?番番缉缉,谗言侧入,居子好谗,如或弗
及。天疾谗说,汝其至矣,无妄之祸,行将及矣。泛泛游凫,弗
制弗拘,行藏之徒,或智或愚。维余小子,未明兹理,毁与行俱,
言与衅起。我其惩矣,我其悔矣,岂求人兮,忠恕在己。

彼诌谀兮,人之蠹兮,刺促昔粟,罔顾耻辱,以求媚兮。邪
干则入,如恐弗及,以自容兮。志行褊小,好习不道。朝挟其车,
夕承其舆,或骑或徒,载奔战趋。或言或笑,曲事亲要,正路不
由,邪径是蹈。不识大猷,不知话言,其朋其党,其徒实繁。有
诡其行,有佞其音,籧篨戚施,邪媚是钦,既谗且妒,以逞其心。
是信是任,败其以多,不始不慎,末如之何。习习宰嚭,营营无
极,梁丘寡智,王䳕浅识,伊戾、息夫,异世同力,江充、赵高,甘
言似直,竖刁、上官,擅生羽翼,乃如之人,僭爽其德,岂徒丧
邦,又亦覆国。嗟尔中下,其亲其昵,不谓其非,不觉其失,好之
有年,宠之有日,我思古人,心焉苦疾。凡百君子,宜其慎矣,覆

车其鉴，近可信矣。言既备矣，事既至矣，反是不思，维尘及矣。

明帝即位，除尚书考功郎中，奏诸秀孝考中第者听叙，自固始。大军征硖石，敕为仆射李平行台七兵郎。平奇固勇敢，军中大事，悉与谋之。又命固节度水军。固设奇计，先期乘贼，获其外城。后太傅、清河王怿举固，除步兵校尉，领汝南王悦郎中令。时悦年少，行多不法，固上疏谏悦，悦甚敬惮之。怿大悦，以为举得其人。除洛阳令，在县甚有威风。丁母忧，号慕毁疾，杖而能起，练禫之后，酒肉不进。时固年逾五十，而丧过于哀，乡党亲族咸叹服焉。

清河王怿领太尉，辟固从事中郎，属怿被害，不奏。怿之遇害，元又执政，朝野震悚，怿诸子及门生寮吏，莫不虑祸，隐避不出。固以尝被辟命，遂独诣丧所，尽哀恸哭，良久乃还。仆射游肇闻而叹曰：“虽栾布、王修，何以尚也？君子哉若人！”

及汝南王悦为太尉，选举多非其人，又轻肆挝挞。固以前为元卿，虽离国，犹上疏切谏，事在《悦传》。后悦辟固为从事中郎，不就。京兆王继为司徒，高选官寮，辟固从事中郎。府解，除前军将军，又典科扬州勋赏。初，硖石之役，固有先登之功，而朝赏未及，至是，与尚书令李崇讼勋，更相表奏。崇虽贵盛，固据理不挠，谈者称焉。卒，赠辅国将军、太常少卿，谥曰文。

固刚直雅正，不畏强御，居官清洁，家无余财，终没之日，室徒四壁，无以供丧，亲故为其棺敛。初，固著《终制》一篇，务从俭约。临终，又敕诸子一遵先制。五子，长子休之。

休之字子烈，俊爽有风概，好学，爱文藻，时人为之语曰：“能赋能诗阳休之。”初为州主簿。孝昌中，杜洛周陷蓟城。休之与宗室南奔章武，转至青州。葛荣寇乱，河北流人，多凑青州。休之知将有变，请其族叔伯彦等潜归京师避之。多不能从，休之垂涕别去。俄而葛荣邢杲作乱，伯彦等咸为土人所杀，诸阳死者数十人，唯休之兄弟免。

庄帝立，累迁太尉记室参军。李神俊监起居注，启休之与河东裴伯茂、范阳卢元伯、河间邢子才俱入撰次。普泰中，为太保长孙承业府属。寻敕与魏收、李同轨等修国史。后行台贺拔胜经略樊沔，请为南道军司。俄而魏武帝入关，胜令休之奉表诣长安参谒。时齐神武亦启除休之太常少卿。寻属胜南奔，仍随胜至江南。休之闻神武推奉静帝，乃白胜启梁武求还，文襄以为大行台郎中。

神武幸汾阳之天池，池边得一石，上有隐起字，文曰"六王三川"，问休之曰："此文字何义？"对曰："'六'者，大王字。河、洛、伊为三州，大王若受天命，终应统有关右。"神武曰："世人常道我欲反，今若闻此，更致纷纭，慎莫妄言也。"元象初，录荆州军功，封新泰县伯。

武定二年，除中书侍郎。先是中书专主纶言，魏宣武已来，事移门下，至是发诏依旧，任遇甚显。时魏收为散骑常侍，领兼侍郎，与休之参掌诏命，世论以为中兴。有人士戏嘲休之云："有触藩之羝羊，乘连钱之骢马，从晋阳而向邺，怀属书而盈把。"左丞卢斐以其文书请谒，启神武禁止，会赦不问。历尚食典御、太子中庶子、给事黄门侍郎、中军将军、幽州大中正。

兼侍中，持节奉玺书诣并州，敦喻文宣为相国、齐王。时将受魏禅，发晋阳至平阳郡，为人心未一，且还并州，恐漏泄，仍断行人。休之性疏放，使还，遂说其事，邺中悉知。后高德正以闻，文宣忿之而未发。齐受禅，除散骑常侍，监修起居注。顷之，坐诏书脱误，左迁骁骑将军，积其前事也。文宣郊天，百僚咸从，休之衣两裆甲，手持白棓。时魏收为中书令，嘲之曰："义真服未？"休之曰："我昔为常伯，首戴蝉冕；今处骁游，身被衫甲。允文允武，何必减卿。"谈笑晏然，议者服其夷旷。以禅让之际，参定礼仪，别封始平县男。

后除中山太守。先是韦道建、宋钦道代为定州长史带中山太守，并立制，监临之官出行，不得过百姓饮食。有者，即数钱酬之。休之常以为非，及至郡，复相因循。或问其故，休之曰："吾昔非之者，为其失仁义；今日行之者，自欲避嫌疑。岂是夙心，直是处世难耳。"在郡三年，再致甘露之瑞。

文宣崩，征休之至晋阳，经纪丧礼，与魏收俱至。尚书令杨遵彦与休之等款狎，相遇中书省，言及丧事，收掩泪失声，休之颦眉而已。他日遵彦谓曰："昨闻讳，魏少傅悲不自胜，卿何容都不流涕？"休之曰："天保之世，魏侯时遇甚深，鄙夫以众人见待，佞哀诈泣，实非本怀。"

皇建初，兼度支尚书。昭帝留心政道，访以政术，休之答以明赏罚，慎官方，禁淫侈，恤人患，为政教之先。帝深纳之。大宁中，历都官、七兵、祠部三尚书。河清三年，出为西兖州刺史。天统初，征为光禄卿，监国史。寻除吏部尚书。休之多识故事，谙悉氏族，凡所选用，莫不才地俱允。前国子助教熊安生，当时硕儒，因丧解职，久而不见调，休之引为国子博士，儒者以此归之。简率不乐烦职，典选称久，非其所好，每谓人曰："此官实自清华，但烦剧，妨吾赏适，真是樊笼矣"。武成崩后，频乞就闲。武平初，除中书监、尚书右仆射。三年，加位特进，与朝士撰《圣寿堂御览》。六年，正除尚书左仆射，领中书监。

休之早得才名，为人物所倾服。外如疏放，内实谨厚。少年颇以峻急为累，晚节以通美见称。重衿期，好游赏。太常卿卢元明，人地华重，罕所交接，非一时名士，不得与之游，休之始为行台郎，便坦然投分，文酒会同，相得甚款，乡曲人士莫不企羡焉。太子中庶子平原明少遐，风流名士也。梁亡奔邺，昔因通聘，与休之同游。及少遐卒，其妻穷敝，休之经纪振恤，恩分甚厚。尚书仆射崔遏为文襄所亲任，势倾朝列，休之未尝请谒。遏子达拏幼而聪敏，年十余，已作五言诗。时梁通和，聘使在馆，遏持达拏数首诗示诸朝士有才学者，又欲示梁客。余人畏遏，皆随宜应对，休之独正言："郎子聪明，方成伟器，但小儿文藻，恐未可以示远人。"其方直如此。元景每云："当今直谏，阳子烈其有焉。"

晚节，说祖珽撰《御览》，书成加特进，令其子辟强预修《御览》书。及珽黜，便布言于朝廷，云先有隙。及邓长颙、颜之推奏立文林馆，之推本意不欲令耆旧贵人居之，便相附会，与少年朝请、参军之徒，同入待诏。时论贬焉。魏收监史之日，立《神武本纪》，取平四胡之岁为齐元。收在齐州,恐史官改夺其志,上表论之。及收还朝,敕集朝贤议其事,休之立议从天保为限断。魏收存日,犹两议未决,收死,便讽动内外,发诏从其议。后领中书监,谓人云:"我已三为中书监,用此何为。"隆化还邺,举朝多有迁授,封休之燕郡王,乃谓所亲曰:"我非奴,何忽此授?"凡此诸事,为识者所讥。

好学不倦,博综经史,文章虽不华靡,亦为典正。魏收在日,深为收所轻,魏殂后,以先达见推。位望虽高,虚怀接物,为搢绅所爱重。

周武帝平齐,与吏部尚书袁聿修、卫尉卿李祖钦、度支尚书元修伯、大理卿司马幼之、司农卿崔达拏、秘书监源宗、散骑常侍兼中书侍郎李若、散骑常侍兼给事黄门侍郎李孝贞、给事黄门侍郎卢思道、给事黄门侍郎颜之推、通直散骑常侍兼中书侍郎李德林、通直散骑常侍兼中书舍人陆乂、中书侍郎薛道衡、中书舍人元行恭、辛德源、王卲、陆开明十八人同征,令随驾后赴长安。寻除开府仪同,依例封临泽县男。历纳言中大夫、太子少保,进位上开府,除和州刺史。隋开皇二年罢任,终于洛阳。所著文集四十卷,又撰《幽州人物志》,并行于世。

初,休之在洛,将仕,夜梦见黄河北驿道上行,从东向西。道南有一冢,极高大。休之步登冢头,见一铜柱,趺为莲花形。休之从西北登一柱础上,以手捉一柱,柱遂右转。休之咒曰:"柱转三匝,吾至三公",柱遂三匝而止。休之寻寤,意如在邺城东南者,其梦竟验云。

子辟强,字君大,性疏脱,又无艺,休之亦引入文林馆,为时人所嗤鄙。武平末,为尚书水部郎中。

体之弟绦之,天平中入关,次俊之,位兼通直常侍,聘陈副、尚书郎。当文襄时,多作六言歌辞,淫荡而拙,世俗流传,名为《阳五伴侣》,写而卖之,在市不绝。俊之尝过市,取而改之,言其字误。卖书者曰:"阳五,古之贤人,作此《伴侣》,君何所知,轻敢议论!"俊之大喜。后待诏文林馆,自言"有文集十卷,家兄亦不知吾是才士也。"固从兄藻。

藻字景德，少孤，有雅志，涉猎经史。位中书博士，诏兼礼官，拜燕宣王庙于长安，还赐爵魏昌男，累迁瀛州安东府长史，以年老归家，为贼杜洛周所囚，发病卒。永熙中，赠幽州刺史。子斐。

斐字叔鸾，魏孝庄时，于西兖州督护流人有功，赐爵方城伯。历广平王开府中郎，修起居注。除起部郎中，兼通直散骑常侍，聘梁。梁尚书羊侃，魏之叛人也，与斐旧故，欲召斐至宅，三致书，斐不答。梁人曰："羊来已久，经贵朝迁革，李、卢亦诣宅相见，卿何致难？"斐曰："柳下惠则可，吾不可。"梁武帝又亲谓斐曰："侃极愿相见，今二国和好，安得复论彼此。"斐终辞焉。还除廷尉少卿。石齐河溢，桥坏，斐移津于白马，中河起石潬，两岸造关城，累年乃就。东郡太守陆士佩以黎阳关河形胜，欲因山壑以为公家苑囿。斐书答以国步始康，人劳未息，诚宜轻徭薄赋，勤恤人隐，不从。天保中，除都水使者。诏斐监筑长城。累迁殿中尚书，以本官监瀛州事，拜仪同三司。卒，赠中书监、北豫州刺史，谥曰简。子师孝，中书舍人。固从弟昭。

昭字元景，学涉史传，尤闲案牍。为齐文襄府墨曹参军，甚见亲委，与陈元康、崔暹等参谋机密。及崔棱为崔暹所告，元景劾成其狱，赖邢子才证白以免，时以元景为告而顺旨。初，文襄择日将受魏禅，令元景等定仪注，草诏册并授官，未毕而文襄殂，罢府。天保初，除给事黄门侍郎。后以风气弥留，不堪近侍，出除青州高阳内史，卒于郡。文集十卷。

子静立，性淳孝，操履清方，美词令，善尺牍。仕齐，位三公郎中。隋开皇初，州主簿。

贾思伯字仕休，齐郡益都人也，其先自武威徙焉。世父元寿，中书侍郎，有学行，见称于时。

思伯自奉朝请累迁中书侍郎，颇为孝文所知。任城王澄之围钟离也，以思伯持节为其军司。及澄失利，思伯为后殿。澄以其儒者，谓之必死。及至，大喜曰："仁者必有勇，常谓虚谈，今于军司见之矣。"思伯托以失道，不伐其功，时论称其长者。

累迁南青州刺史。初，思伯与弟思同师事北海阴凤，业竟，无资
酬之，凤遂质其衣物。时人为之语曰："阴生读书不免痴，不识双凤
脱人衣。"及思伯之部，送缣百匹遗凤，因具车马迎之，凤惭不往。时
人称叹焉。昭帝时，拜凉州刺史，思伯以边远不愿，辞以男女未婚，
灵太后不许，因舍人徐纥言乞得停。后除廷尉卿，自以儒素为业，不
好法律，希言事。俄转卫尉卿。

时议建明堂，多有同异。思伯上议曰：

案《周礼》，夏后氏世室，殷重屋，周明堂，皆五室。郑注云：
"此三者或举宗庙，或举王寝，或举明堂，互言之以明其制同
也。"若然，则夏殷之世已有明堂矣。唐、虞以前，其事未闻。

戴德《礼记》云："明堂凡九室十二堂。"蔡邕云："明堂者，
天子太庙，飨功、养老、学教、选士皆于其中，九室十二堂。"案
戴德撰《记》，世所不行，且九室十二堂，其于规制，恐难得厥
衷。《周礼》营国，左祖右社，明堂在国之阳。则非天子太庙明
矣。然则《礼记·月令》四堂及太室皆谓之庙者，当以天子暂配
享五帝故耳。又《王制》云："周人养国老于东胶。"郑注云："东
胶即辟雍，在王宫之东。"又《诗·大雅》云："邕邕在宫，肃肃在
庙。"郑注云："宫谓辟雍宫也，所以助王，养老则尚和，助祭则
尚敬。"又不在明堂之验矣。案《孟子》云："齐宣王谓孟子曰：吾
欲毁明堂。"若明堂是庙，则不应有毁之问。且蔡邕论明堂之制
云："堂方百四十尺，象坤之策；屋圆径二百一十六尺，象乾之
策；方六丈，径九丈，象阴阳九六之数；九室以象九州；屋高八
十一尺。象黄钟九九之数；二十八柱以象宿，外广二十四丈以
象气。"案此皆以天地阴阳气数为法，而室独象九州，何也？若
立五室以象五行，岂不快也？如此，蔡邕之论，非为通典，九室
之言，或未可从。

窃寻《考工记》虽是补阙之书，相承已久，诸儒注述，无言
非者，方之后作，不亦优乎。其《孝经援神契》、《五经要义》、旧
《礼图》皆作五室，及徐、刘之论，谓同《考工》者多矣。朝廷若独

绝今古,自为一代制作者,则所愿也。若犹祖述旧章,规摹前事,不应舍殷、周成法,袭近代妄作。且损益之极,极于三王,后来疑议,难可准信。郑玄云:"周人明堂五室,是帝各有一室也,合于五行之数,《周礼》依数以为之室。施行于今,虽有不同,时说然矣。"寻郑此论,非为无当。案《月令》亦无九室之文,原其制置,不乖五室。其青阳右个即明堂左个,明堂右个即总章左个,总章右个即玄堂左个,玄堂右个即青阳左个。如此,则室犹是五,而布政十二。五室之理,谓为可按。其方圆高广自依时量。戴氏九室之言,蔡子庙学之议,子干灵台之说,裴逸一屋之论,及诸家纷纭,并无取焉。

学者善其议。

后为都官尚书。时崔光疾甚,表荐思伯侍讲,中书舍人冯元兴为侍读,思伯遂入授明帝《杜氏春秋》。思伯少虽明经,从官废业,至是更延儒生,夜讲昼授。性谦和,倾身礼士,虽在街途,停车下马,接诱恂恂,曾无倦色。客有谓曰:"公今贵重,宁能不骄?"思伯曰:"衰至便骄,何常之有?"当世以为雅言。思伯与元兴同事,大相友昵,元兴时为元叉所宠,论者讥其趣势云。卒,赠青州刺史,又赠尚书左仆射,谥曰文贞。子彦始,武定中,淮阳太守。

思伯弟思同,字仕明,少励志行,雅好经史,与兄思伯,年少时俱为乡里所重。累迁襄州刺史,虽无明察之誉,百姓安之。元颢之乱,思同与广州刺史郑光护并不降。庄帝还宫,封营陵县男。后与国子祭酒韩子熙并为侍讲,授静帝《杜氏春秋》。加散骑常侍,兼七兵尚书,寻拜侍中。卒,赠尚书右仆射、司徒公,谥曰文献。

初,思同为青州别驾,清河崔光韶先为中从事,自恃资地,耻居其下,闻思同还乡,遂便去职,州里人物为思同恨之。及光韶亡,遗诫子侄不听求赠。思同遂表讼光韶操业,特蒙赠谥。论者叹尚焉。

思同之侍讲也,国子博士辽西卫冀隆精服氏学,上书难《杜氏春秋》六十三事,思同复驳冀隆乖错者一十余,条互相是,非积成十卷。诏下国学,集诸儒考之,事未竟而思同卒。后魏郡姚文安、乐陵秦道静复述思同意。冀隆亦寻物故，浮阳刘休和又持冀隆说。竟未能裁正。

祖莹子元珍，范阳遒人也。曾祖敏，仕慕容垂为平原太守。道武定中山，赐爵安固子，拜尚书左丞。卒，赠并州刺史。祖嶷，字元达，以从征平原功进爵为侯，位冯翊太守，赠幽州刺史。父季真，多识前言往行，位中书侍郎、巨鹿太守。

莹年八岁能诵《诗》、《书》，十二为中书学生，耽书，父母恐其成疾，禁之不能止。常密于灰中藏火，驱逐僮仆，父母寝睡之后，燃火读书，以衣被蔽塞窗户，恐漏光明，为家人所觉。由是声誉甚盛，内外亲属呼为圣小儿。尤好属文，中书监高允每叹曰："此子才器，非诸生所及，终当远至。"时中书博士张天龙讲《尚书》，选为都讲。生徒悉集，莹夜读劳倦，不觉天晓，催讲既切，遂误持同房生赵郡李孝怡《曲礼》卷上座，博士严毅，不敢复还，乃置《礼》于前，诵《尚书》三篇，不遗一字。孝文闻之，召入，令诵《五经》章句并陈大义。帝戏卢昶曰："昔流共工于幽州，北裔之地那得忽有此子。"昶对曰："当是才为世生。"

以才名拜太学博士。征署司徒彭城王勰法曹行参军。帝顾谓勰曰："萧颐以王元长为子良法曹，今为汝用祖莹，岂非伦匹也？"敕令掌勰书记。莹与陈郡袁翻齐名秀出，时人为之语曰："京师楚楚袁与祖，洛中翩翩祖与袁。"再迁尚书三公郎中。尚书令王肃曾于省中咏《悲平城诗》云："悲平城，驱马入云中，阴山常晦雪，荒松无罢风。"彭城王勰甚嗟其美，欲使肃更咏，乃失语云："公可更为诵《悲彭城诗》。"肃因戏勰云："何意呼《悲平城》为《悲彭城》也？"勰有惭色。莹在座，即云："《悲彭城》，王公自未见。"肃云："可为诵之。"莹应声云："悲彭城，楚歌四面起，尸积石梁亭，血流睢水里。"肃甚嗟赏之。勰亦大悦，退谓莹曰："卿定是神口，今日若不得卿，几为吴子所屈。"

为冀州镇东府长史，以货贿事发，除名。后侍中崔光举为国子博士，仍领尚书左户郎。李崇为都督北讨，引莹为长史，坐截没军资除名。未几，为散骑侍郎。孝昌中，于广平王第掘得古玉印，敕召莹与黄门侍郎李琰之辨之。莹云："此是于阗国王晋太康中所献。"用以墨涂字观之，果如莹言，时人称为博物。累迁国子祭酒，领给事黄门侍郎、幽州大中正，监起居事，又监议事。

元颢入洛，以莹为殿中尚书。庄帝还宫，坐为颢作诏罪状尔朱荣，免官。后除秘书监，中正如故。以参议律历，赐爵容城县子。坐事系于廷尉。会尔朱兆入，焚烧乐署，钟石管弦略无存者，敕莹与录尚书事长孙承业、侍中元孚典造金石雅乐，三载乃就。迁车骑大将军。及孝武登阼，莹以太常行礼，封文安县子。天平初，将迁邺，齐神武因召莹议之，以功进爵为伯。卒，赠尚书左仆射，司徒公。

莹以文学见重，常语人云："文章须自出机杼，成一家风骨，何能共人同生活也。"尽讥世人好窃他文以为己用。而莹之笔札亦无乏天才，但不能均调，玉石兼有，其制裁之体减于袁、常焉。性爽侠，有节气，士有穷厄，以命归之，必见存拯，时亦以此多之。其文集行于世。子珽袭。

珽字孝徵，神情机警，词藻遒逸，少驰令誉，为当世所推。起家秘书郎，对策高第，为尚书仪曹郎中，典仪注。尝为冀州刺史万俟受洛制《清德颂》，其文典丽，由是齐神武闻之。时文宣为并州刺史，署珽开府仓曹参军。神武口授珽三十六事，出而疏之，一无遗失，大为僚类所赏。时神武送魏兰陵公主出塞嫁蠕蠕，魏收赋《出塞》及《公主远嫁诗》二首，珽皆和之，大为时人传咏。

珽性疏率，不能廉慎守道。仓曹虽云州局，乃受山东课输，由此大有受纳，丰于财产。又自解弹琵琶，能为新曲，招城市年少，歌舞为娱，游集诸倡家，与陈元康、穆子容、任胄、元士亮等为声色之游。诸人尝就珽宿，出山东大文绫并连珠孔雀罗等百余匹，令诸妪掷摴蒲赌之，以为戏乐。参军元景献，故尚书令元世俊子也，其妻司马庆云女，是魏孝静帝故博陵长公主所生。珽忽迎景献妻赴席，与诸人递寝，亦以货物所致。其豪纵淫逸如此。常云："丈夫一生不负身。"

已文宣罢州，珽例应随府，规为仓局之间，致请于陈元康。元康为白，由是还任仓曹。珽又委体附参军事摄典签陆子先，为画计，请粮之际，令子先宣教出仓粟十车。为寮官捉送。神武亲问之，珽自言不署，归罪子先，神武信而释之。珽出而言曰："此丞相天缘明鉴，然实孝徵所为。"

性不羁，放纵。曾至胶州刺史司马世云家饮酒，遂藏铜叠二面，厨人请搜诸客，果于珽怀中得之。见者以为深耻。所乘老马，常称骝驹，又与寡妇王氏奸通。每人前相闻往复。裴让之与珽早狎，于众中嘲珽曰："卿那得如此诡异，老马年十岁，犹号骝驹，奸耳顺，尚称娘子。"于时喧然传之。后为神武中外府功曹，神武宴寮属，于坐失金叵罗，窦太令饮酒者皆脱帽，于珽髻上得之，神武不能罪也。后为秘书丞，领舍人，事文襄。州客至，请卖《华林遍略》，文襄多集书人，一日一夜写毕，退其本曰："不须也。"珽以《遍略》数帙质钱樗蒲，文襄杖之四十。

又与令史李双、仓督成祖等作晋州启，请粟三千石代功曹参军赵彦深宣神武教，给城局参军。事过典签高景略，景略疑其不实，密以问彦深。彦深答都无此事，遂被推检，珽即引伏。神武大怒，决鞭二百，配甲坊，加钳刓，其谷倍征。未及科，会并州定国寺成，神武谓陈元康、温子升曰："昔作芒山寺碑文，时称妙绝，今定国寺碑当使谁作词也？"元康因荐珽才学并解鲜卑语，乃给笔札，就禁所具草，二日内成，其文甚丽。神武以其工而且速，特恕不问，然犹免官，散参相府。

文襄嗣事，以为功曹参军。及文襄遇害，元康被伤创重，倩珽作书，属家累事，并云："祖喜私有少许物，宜早索取。"珽乃不通此书，唤祖喜私问，得金二十五挺，唯与祖喜二挺，余尽自入，又盗元康家书数千卷。祖喜怀恨，遂告元康二弟叔谌、季璩等。叔谌以语杨愔，愔蹙眉答曰："恐不益亡者。"因此得停。

文宣作相，珽拟补令史十余人，皆有受纳，而谘取教判，并盗官《遍略》一部。时又除珽秘书丞，兼中书舍人。还邺后，其事皆发。文宣付从事中郎王士□推检，并书与平阳公淹，令录珽付禁，勿令越逸。淹遣田曹参军孙子宽往唤。珽受命，便尔私逃。黄门郎高德正副留台事，谋云："珽自知有犯，惊窜是常。但宣一命向秘书，称奉并州约束，须《五经》三部，仰丞亲检校催遣。如此，则珽意安，夜当还宅，然后掩取。"珽果如德正图，遂还宅，薄晚就家掩之，缚珽送廷尉。据犯枉法处绞刑，文宣以珽伏事先世，讽所司，命特宽其罚，遂奏免死除名。天保元年，复被召从驾，依除免例，参于晋阳。

珽天性聪明，事无难学，凡诸伎艺，莫不措怀。文章之外，又善音律，解四夷语及阴阳占候，医药之术，尤是所长。帝虽嫌其数犯刑宪，而爱其才伎，令直中书省，掌诏诰。珽通密状，列中书侍郎陆元规，敕令裴英推问，元规以应对忤旨，被配甲坊。除珽尚药丞，寻选典御。又奏造胡桃油，复为割藏免官。文宣每见之，常呼为贼。文宣崩，普选劳旧，除为章武太守。会杨愔等诛，不之官。授著作郎。数上密启，为孝昭所忿，敕中书、门下三省断珽奏事。

珽善为胡桃油以涂画，为进之长广王，因言"殿下有非常骨法，孝征梦殿下乘龙上天。"王谓曰："若然，当使兄大富贵。"及即位，是为武成皇帝，擢拜中书侍郎。帝于后园使珽弹琵琶，和士开胡舞，各赏物百段。士开忌之，出为安德太守，转齐郡太守。以母老乞还侍养，诏许之。会南使入聘，为申劳使。寻为太常少卿、散骑常侍、假仪同三司，掌诏诰。

初，珽于乾明、皇建之时，知武成阴有大志，遂深自结纳，曲相祗奉，武成于天保频被责，心常衔之。珽至是希旨，上书请追尊太祖献武皇帝为神武，高祖文宣皇帝改为威宗景烈皇帝，以悦武成。武成从之。

时皇后爱少子东平王俨，愿以为嗣，武成以后主体正居长，难于移易。珽私于士开曰："君之宠幸，振古无二。宫车一日晚驾，欲何以克终？"士开因求策焉。珽曰："宜说主上云：襄、宣、昭帝子俱不得立，今宜命皇太子早践大位，以定君臣。若事成，中宫少主皆德君，此万全计也。君且微说，令主上粗解，珽当自外表论之。"士开许诺。因有慧星出，太史奏云除旧布新之征，斑于是上书，言："陛下虽为天子，未是极贵。案《春秋元命苞》云：'乙酉之岁，除旧革政。'今年太岁乙酉，宜传位东宫，令君臣之分早定，且以上应天道。"并上魏献文禅子故事。帝从之。由是拜秘书监，加仪同三司，大被亲宠。

既见重二宫，遂志于宰相。先与黄门侍郎刘逖友善，乃疏侍中尚书令赵彦深、侍中左仆射元文遥、侍中和士开罪状，令逖奏之。逖惧，不敢通，其事颇泄，彦深等先诣帝自陈。帝大怒，执斑诘曰："何故毁我士开？"斑因厉声曰："臣由士开得进，本无心毁之。陛下今既问臣，臣不敢不以实对。士开、文遥、彦深等专弄威权，控制朝廷，与吏部尚书尉瑾内外交通，共为表里，卖官鬻狱，政以贿成，天下歌谣，若为有识所知，安可闻于四裔？陛下不以为意，臣恐大齐之业隳矣！"帝曰："尔乃诽谤我。"斑曰："不敢诽谤，陛下取人女。"帝曰："我以其俭饿，故收养之。"斑曰："何不开仓振给，乃买取将入后宫乎？"帝益怒，以刀镮筑口，鞭杖乱下，将扑杀之。大呼曰："不杀臣，陛下得名；杀臣，臣得名。若欲得名，莫杀臣，为陛下合金丹。"遂少获宽放。斑又曰："陛下有一范曾不能用，知如何！"帝又怒曰："尔自作范曾，以我为项羽邪！"斑曰："项羽人身亦何由可及，但天命不至耳。项羽布衣，率乌合众。五年而成霸王业。陛下藉父兄资，财得至此，臣以谓项羽未易可轻。臣何止方于范曾？纵拟张良亦不能及。张良身傅太子，犹因四皓，方定汉嗣。臣位非辅弼，疏外之人，竭力尽忠，劝陛下禅位，使陛下尊为太上，子居宸扆，于己及子，俱保休祚。蕞尔张良，何足可数！"帝愈怒，令以土塞其口，斑且吐且言，无所屈挠。乃鞭二百，配甲坊。寻徙于光州。刺史李祖勋遇之甚厚，别驾张奉礼希大臣意，上言斑虽为流囚，常与刺史对坐。敕报曰："牢掌。"奉礼曰："牢者，地牢也。"乃为深坑，置诸内，苦加防禁，桎梏不离其身，家人亲戚不得临视，夜中以芜菁子烛熏眼，因此失明。

武成崩，后主忆之，就除海州刺史。是时陆令萱外干朝政，其子穆提婆爱幸，斑乃遗陆媪弟悉达书曰："赵彦深心腹阴沈，欲行伊、霍事，仪同姊弟岂得平安，何不早用智士邪？"和士开亦以斑能决大事，欲以为谋主，故弃除旧怨，虚心待之。与陆媪言于帝曰："襄、宣、昭三帝，其子皆不得立，令至尊独在帝位者，实由祖孝徵。又有大功，宜重报之。孝徵心行虽薄，奇略出人，缓急真可冯仗。且其双盲，必无反意。请唤取，问其谋计。"帝从之。入为银青光禄大夫、秘书监，加开府仪同三司。

和士开死后，仍说陆媪出彦深，以珽为侍中。在晋阳通密启，请诛琅邪王。其计既行，渐被任遇。又灵太后之被幽也，珽欲以陆媪为太后，撰魏帝皇太后故事，为太姬言之。谓人曰："太姬虽云妇人，实是雄杰，女娲已来无有也。"太姬亦称珽为"国师"、"国宝"。由是拜尚书左仆射，监国史，加特进，入文林馆，总监撰书。封燕郡公，食太原郡干，给兵七十人。所住宅在义井坊，旁拓邻居，大事修筑，陆媪自往案行，势倾朝野。

斛律光甚恶之，遥见窃骂云："多事乞索小人，欲作何计数！"尝谓诸将云："边境消息，处分兵马，赵令恒与吾等参论之。盲人掌机密来，全不共我辈语，止恐误他国家事。"又珽颇闻其言，因其女皇后无宠，以谣言闻上，曰："百升飞上天，明月照长安。"令其妻兄郑道盖奏之。帝问珽，珽证实。又说谣云："高山崩，槲树举，盲老公背上下大斧，多事老母不得语。"珽并云"盲老公是臣"，自云与国同忧戚，劝上行，语"其多事老母，似道女侍中陆氏。"帝以问韩长鸾、穆提婆。并令高元海、段士良密议之，众人未从。因光府参军封士让启告光反，遂灭其族。

珽又附陆媪，求为领军，后主许之。诏须覆述，取侍中斛律孝卿署名。孝卿密告高元海，元海语侯吕芬、穆提婆云："孝徵汉儿，两眼又不见物，岂合作领军也？"明旦面奏，具陈珽不合之状，并书珽与广宁主孝珩交结，无大臣体。珽亦求面见，帝令引入。珽自分疏，并云："与元海素嫌，必是元海谮臣。"帝弱颜，不能讳曰："然。"珽列元海共司农卿尹子华、太府少卿李叔元、平准令张叔略等结朋树党。遂除子华仁州刺史，叔元襄城郡守，叔略南营州录事参军，陆媪又唱和之，复除元海郑州刺史。

　　珽自是专主机衡，总知骑兵、外兵事。内外亲戚，皆得显位。后主亦令中要数人，扶侍出入著纱帽直至永巷，出万春门向圣寿堂，每同御榻，论决政事，委任之重，群臣莫比。自和士开执事以来，政体隳坏，珽推崇高望，官人称职，内外称羡。复欲增损政务，沙汰人物。始奏罢京畿府并于领军，事连百姓，皆归郡县；宿卫都督等号位从旧官名，文武服章并依故事。又欲黜诸阉竖及群小辈，推诚延士，为致安之方。

　　陆媪、穆提婆议颇同异。珽乃讽御史中丞丽伯律，令劾主书王子冲纳赂，知其事连提婆，欲使赃罪相及，望因此坐，并及陆媪。犹恐后主溺于近习，欲因后党为援，请以皇后兄胡君瑜为侍中、中领军，又征君瑜兄梁州刺史君璧，欲以为御史中丞。陆媪闻而怀怒，百方排毁，即出君瑜为金紫光禄大夫，解中领军，君璧还镇梁州。皇后之废，颇亦由此。王子冲释而不问，珽日以益疏，又诸宦者更共谮毁之，无所不至。后主问诸太姬，悯嘿不对，三问，乃下床拜曰："老婢合死，本见和士开道孝徵多才博学，言为善人，故举之。此来看之，极是罪过，人实难容，老婢合死。"后主令韩凤检案，得其诈出敕受赐十余事，以前与其重誓不杀，遂解珽侍中、仆射，出为北徐州刺史。珽求见分疏，韩长鸾积嫌于珽，遣人推出柏阁。珽固求面见，坐不肯行。长鸾乃令军士牵曳而出，立珽于朝堂，大加诮责。上道后，复令追还，解其开府仪同、郡公，直为刺史。

　　至州，会有陈寇，百姓多反，珽不闭城门，守陴者皆令下城靖坐，街巷禁断人行，鸡犬不听鸣吠。贼无所闻见，莫测所以，或疑人走城空，不设警备。至夜，珽忽令大叫，鼓噪聒天，贼众大惊，登时走散。后复结陈向城，珽弃马自出，令录事参军王君植率兵马，仍亲临战。贼先闻其盲，谓为不能拒抗，忽见亲在戎行，弯弧纵镝，相与惊怪，畏之而罢。时提婆憾之不已，欲令城陷没贼，虽知危急，不遣救援。珽且守且战十余日，贼竟奔走，城卒保全。卒于州。

　　子君信，涉猎书史，多诸杂艺。位兼通直散骑常侍，聘陈使副，中书郎。珽出，亦见废免。

君信弟君彦，容貌短小，言辞涩讷，少有才学。隋大业中，位至东平郡书佐，郡陷翟让，因为李密所得。密甚礼之，署为记室，军书羽檄，皆成其手。及密败，为王世充所杀。

斑弟孝隐，亦有文学，早知名。词章虽不逮兄，机警有口辩，兼解音律。魏末为兼散骑常侍，迎梁使。时徐君房、庾信来聘，名誉甚高，魏朝闻而重之，接对者多取一时之秀，卢元景之徒，并降阶摄职，更递司宾。孝隐少处其中，物议称美。

孝隐从父弟茂，颇有辞情，然好酒性率，不为时所重。大宁中，以经学为本乡所荐，除给事，以疾辞，仍不复仕。斑受任寄，故令呼茂，茂不获已，暂来就之。斑欲为奏官，茂乃逃去。斑族弟崇儒，涉学有辞，少以干局知名。武平末，位司州别驾、通直常侍。入周，为容昌郡太守。隋开皇初，终宕州长史。

论曰：袁翻弟兄，可为一时才秀；聿修行业，亦乃不殒家风。景文学义见称，敬安正情自立，休之加以藻思，可谓载德者焉。思伯经明行修，乃惟门素。祖莹干能艺用，实曰时良；孝徵俊才虽多，适足败国。叔鸾器怀清峻，元景才干知名，并匡佐齐初，一时推重，美矣哉。

北史卷四八
列传第三六

尔朱荣

尔朱荣字天宝,北秀容人也。世为部落酋帅,其先居尔朱川,因为氏焉。

高祖羽健,魏登国初为领人酋长,率契胡武士从平晋阳,定中山,拜散骑常侍。以居秀容川,诏割方三百里封之,长为世业,道武初,以南秀容川原沃衍,欲令居之。羽健曰:"家世奉国,给侍左右,北秀容既在划内,差近京师,岂以沃瘠,更迁远地?"帝许之。所居处曾有狗舐地,因而穿之得甘泉,因名狗舐泉。

曾祖郁德、祖代勤,继为酋长,代勤,太武敬哀皇后舅也。既以外亲,兼数征伐有功,给复百年,除立义将军。曾围山而猎,部人射虎,误中其髀,代勤仍令拔箭,竟不推问,曰:"此既过误,何忍加罪。"部内咸感其意。位肆州刺史,封梁郡公,以老致仕,岁赐帛百疋以为常。卒,谥曰壮。孝庄初,追赠太师、司徒公、录尚书事。

父新兴,太和中继为酋长。曾行马群,见一白蛇,头有两角,咒之,求畜牧蕃息。自是牛羊驼马,日觉滋盛,色别为群,谷量之。朝廷每有征讨,辄献私马,兼备资粮,助裨军用。孝文嘉之。及迁洛,特听冬朝京师,夏归部落。每入朝,诸公王朝贵,竞以珍玩遗之,新兴亦报以名马。位散骑常侍、平北将军、秀容第一领人酋长。新兴每春秋二时,恒与妻子阅畜牧于川泽,射猎自娱。明帝时,以年老,启求传爵于荣。卒,谥曰简。孝庄初,赠太师、相国、西河郡王。

荣洁白美容貌，幼而神机明决。及长，好射猎，每设围誓众，便为军阵之法，号令严肃，众莫敢犯。秀容界有池三所，在高山上，清深不测，相传曰祁连池，魏言天池也。父新兴曾与荣游池上，忽闻箫鼓音，谓荣曰：“古老相传，闻此声，皆至公辅。吾年老暮，当为汝耳。”荣袭爵，后除直寝、游击将军。

正光中，四方兵起，遂散畜牧，招合义勇。以讨贼功，进封博陵郡公，其梁郡前爵听赐弟二子。时荣率众至肆州，刺史尉庆宾闭城不纳。荣怒，攻拔之，乃署其从叔羽生为刺史，执庆宾还秀容。自是兵威渐盛，朝廷亦不能罪责。及葛荣吞杜洛周，荣恐其南逼邺城，表求东援相州，帝不许。荣以山东贼盛，虑其西逸，乃遣兵固守滏口以防之。于是北捍马邑，东塞井陉。

寻属明帝崩，事出仓卒，荣乃与元天穆等密议，入匡朝廷。抗表云：“今海内草草，异口一言，皆云大行皇帝鸩毒致祸，举潘嫔之女以诳百姓，奉未言之儿而临四海。求以徐纥、郑俨之徒，付之司败。更召宗亲，推其明德。”于是将赴京师。灵太后甚惧，诏以李神轨为大都督，将于太行杜防。荣抗表之始，遣从子天光、亲信奚毅及仓头王相入洛，与从弟世隆密议废立。天光乃见庄帝，具论荣心，帝许之。天光等还北，荣发晋阳，犹疑所立，乃以铜铸孝文及咸阳王禧等五王子孙像，成者当奉为主。唯庄帝独就。师次河内，重遣王相密迎庄帝与帝兄彭城王邵、弟始平王子正。武泰元年四月，庄帝自高渚度，至荣军，将士咸称万岁。

及庄帝即位，诏以荣为使持节、都督中外诸军事、大将军、开府、尚书令、领军将军、领左右、太原王。及度河，太后乃下发入道，内外百官皆向河桥迎驾。

荣惑武卫将军费穆之言，谓天下乘机可取。乃诮朝士共为盟誓，将向河阴西北三里，至南北长堤，悉命下马西度，即遣胡骑四面围之。妄言丞相高阳王欲反，杀百官王公卿士二千余人，皆敛手就戮。又命二三十人拔刀走行宫，庄帝及彭城王、霸城王俱出帐。荣先遣并州人郭罗察共西部高车叱列杀鬼在帝左右，相与为应。及见

事起,假言防卫,抱帝入帐,余人即害彭城、霸城二王。乃令四五十
人迁帝于河桥,沈灵太后及少主于河。时又有朝士百余人后至,仍
于堤东被围。遂临以白刃,唱云能为禅文者出,当原其命。时有陇
西李神俊、顿丘李谐、太原温子升立当世辞人,皆在围中,耻是从
命,俯伏不应。有御史赵元则者,恐不免死,出作禅文。荣令人诚军
士,言元氏既灭,尔朱氏兴,其众咸称万岁。荣遂铸金为己像,数四
不成。时荣所信幽州人刘灵助善卜占,言今时人事未可。荣乃曰:
“若我作不吉,当迎天穆立之。”灵助曰:“天穆亦不吉,唯长乐王有
王兆耳。”荣亦精神恍惚,不自支持,遂便愧悔,至四更中,乃迎庄
帝,望马首叩头请死。其士马三千余骑,既滥杀朝士,乃不敢入京,
即欲向北为移都之计。持疑经日,始奉驾向洛阳宫。及上北芒。视
城阙,复怀畏惧,不肯更前。武卫将军泛礼苦执不听。复前入城,不
朝戍,北来之人,皆乘马入殿。诸贵死散,无复次序,庄帝左右,唯有
故旧数人。荣犹执移都之议,上亦无以拒焉。又在明光殿重谢河桥
之事,誓言无复二心。庄帝自起止之,因复为荣誓,言无疑心,荣喜,
因求酒一遍。及醉熟,帝欲诛之,左右苦谏乃止。即以床舆向中常
侍省。荣夜半方寤,遂达旦不眠,自此不复禁中宿矣。

荣女先为明帝嫔,欲上立为后,帝疑未决。给事黄门侍郎祖莹
曰:“昔文公在秦,怀嬴入侍。事有反经合义,陛下独何疑焉?”上遂
从之,荣意甚悦。

于时人间犹或云荣欲迁都晋阳,或云欲肆兵大掠,迭相惊恐
人情骇震。京邑士子,十不一存,率皆逃窜,无敢出者,直卫空虚,官
守废旷。荣闻之,上书谢愆。无上王请追尊帝号;诸王、刺史、乞赠
三司;其位班三品,请赠令仆,五品之官,各赠方伯,六品已下及白
身,赠以镇郡。诸死者无后,听继,即授封爵。均其高下,节级别科
使恩洽存亡,有慰生死。诏如所表。又启帝,遣使巡城劳问,于是人
情遂安,朝士逃亡者,亦稍来归阙。荣又奏请番直,朔望之日,引见
三公、令、仆、尚书、九卿及司州牧、河南尹、洛阳河阴执事之官,参
论国政,以为常式。

五月，荣还晋阳，乃令元天穆向京，为侍中、太尉公、录尚书事、京畿大都督，兼领军将军，封上党王。树置腹心在列职，举止所为，皆由其意。七月，诏加荣柱国大将军。

时葛荣向京师，众号百万，相州刺史李神俊闭门自守。荣率精骑七千，马皆有副，倍道兼行，东出滏口。而与葛荣众寡非敌。葛荣闻之，喜见于色，乃令其众办长绳，至使缚取。自邺以北，列阵数十里，箕张而进。荣潜军山谷为奇兵，分督将已上三人为一处，处有数百骑，令所在扬尘鼓噪，使贼不测多少。又以人马逼战，刀不如棒，密勒军士，马上各赍袖棒一枚，至战时，虑废腾逐，不听斩级，使以棒棒之而已。乃分命壮勇，所当冲突，号令严明，将士同奋。荣身自陷阵，出于贼后，表里合击，大破之。于阵禽葛荣，余众悉降。荣恐其疑惧，乃普令各从所乐，亲属相随，任所居止。于是，群情喜悦，登即西散，数十万众，一朝散尽。待出百里之外，乃始分道押领，随便安置，咸得其宜。获其渠帅，量才授用，新附者咸安。时人服其处分机速。乃槛车送葛荣赴阙。诏加荣大丞相、都督河北畿外诸军事。

初，荣将讨葛荣，军次襄垣，遂大猎，有双兔起于马前，荣弯弓誓之曰："中则禽葛荣，不中则否。"既而并应弦而殂，三军咸悦，及后，命立碑于其所，号双兔碑。又将战夜，梦一人从葛荣索千牛刀，葛荣初不肯与，此人自称己是道武皇帝，葛荣乃奉刀，此人手持授荣。寤而喜，自知必胜。

又诏以冀州之长乐、相州之南赵、定州之博陵、沧州之浮阳、平州之辽西、燕州之上容、幽州之渔阳七郡，各万户，通前满十万，为太原国邑。又加位太师。

建义初，北海王元颢南奔梁，梁立为魏主，资以兵将。时邢杲以三齐应颢。朝廷以颢孤弱，永安二年春，诏元天穆先平齐地，然后征颢。颢乘虚径进，荥阳、武牢并不守，车驾出居河北。荣闻之，驰传朝行宫于上党之长子，舆驾于是南趣。荣为前驱，旬日之间，兵马大集。天穆克平邢杲，亦度河以会。车驾幸河内。荣与颢相持于河上，无船不得即度。议欲还北，更图后举，黄门郎杨侃、高道穆等并固执以为不可。属马渚诸杨云有小船数艘，求为乡导。荣乃令都督尔朱兆等率精骑夜济。颢奔，车驾度河，入居华林园。诏加荣天柱大将军，增封通前二十万户，加前后部羽葆鼓吹。

荣寻还晋阳，遥制朝廷，亲戚腹心，皆补要职，百寮朝廷动静，莫不以申。至于除授，皆须荣许，然后得用。庄帝虽受制权臣，而勤政事，朝夕省纳，孜孜不已。数自理冤狱，亲览辞讼。又选司多滥，与吏部尚书李神俊议正纲纪，而荣乃大相嫌责。曾关补定州曲阳县令，神俊以阶县不奏，别更拟人。荣大怒，即遣其所补者往夺其任。荣使入京，虽复微茂，朝贵见之，莫不倾靡。及至阙下，未得通奏，恃荣威势，至乃忿怒。神俊遂上表逊位。荣欲用世隆摄选，上亦不违。荣曾启北人为河内诸州，欲为掎角势，上不即从。天穆入见论事，上犹未许。天穆曰："天柱既有大功，为国宰相，若请普代天下官属，恐陛下亦不得违。如何启数人为州，便停不用？"帝正色曰："天柱若不为人臣，朕亦须代，如其犹存臣节，无代天下百官理。"荣闻，大怒曰："天子由谁得立？今乃不用我语！"皇后复嫌内妃嫔，甚有妒恨之事。帝遣世隆语以大理，后曰："天子由我家置立，今便如此。我父本日即自作，今亦复决？"世隆曰："兄止自不为，若本自作，臣今亦得封王。"帝既外迫强臣，内逼皇后，恒怏怏不以万乘为贵。

先是，葛荣枝党韩娄仍据幽、平二州，荣遣都督侯深讨斩之。时万俟丑奴、萧宝夤拥众豳、泾，荣遣其从子天光为雍州刺史，令率都督贺拔岳、侯莫陈悦等入关讨之。天光至雍州，以众少未进，荣大怒，遣其骑兵参军刘贵驰驿诣军，加天光杖罚。天光等大惧，乃进讨，连破之，禽丑奴，宝夤，并槛车送阙。天光又禽王庆云、万俟道乐，关中悉平。于是天下大难便尽。庄帝恒不虑外寇。唯恐荣为逆。常时诸方未定，欲使与之相持，及告捷之日，乃不甚喜，谓尚书令、临淮王彧曰："即今天下便是无贼？"临淮见帝色不悦，曰："臣恐贼平以后，方劳圣虑。帝畏余人怪，还以他语解之，曰："其实抚宁荒，余弥成不易。"

荣好射猎，不舍寒暑，法禁严重，若一鹿出，乃有数人殒命。曾有一人，见猛兽便走，谓曰："欲求活邪！"遂即斩之。自此猎如登战场。曾见一猛兽在穷谷中，乃令余人重衣空手搏之，不令复损，于是数人被杀，遂禽得之。持此为乐焉。列围而进，虽阻险不得回避，其下甚苦之。

太宰、元天穆从容言荣勋业，宜调政养人。荣便攘肘谓天穆曰："太后女主，不能自正，推奉天子者，此是人臣常节。葛荣之徒，本是奴才，乘时作乱，譬如奴走，禽获便休。顷来受国大宠，未能混一海内，何宜今日便言勋也？如闻朝士犹自宽纵，今秋欲共兄戒勒士马，校猎嵩原，令贪污朝贵，入围搏虎。仍出鲁阳，历三荆，悉拥生蛮，北填六镇。回军之际，因平汾胡。明年简练精骑，分出江、淮，萧衍若降，乞万户侯，如其不降，径度数千骑，便往缚取。待六合宁一，八表无尘，然后共兄奉天子巡四方，观风俗，布政教，如此乃可称勋耳。今若止猎，兵士懈怠，安可复用也？"

及见四方无事，乃遣人奏曰："参军许周劝臣取九锡，臣恶其此言，已发遣令去。"荣时望得殊礼，故以意讽朝廷。帝实不欲与之，因称其忠。荣见帝年长明晤，为众所归，欲移自近，皆使由己。每因醉云，入将天子，拜谒金陵后，还复恒朔。而侍中朱元龙辄从尚书索太和中迁京故事，于是复有移都消息。

荣乃暂来向京，言看皇后娩难。帝惩河阴之事，终恐难保，乃与城阳王徽、侍中杨侃、李彧、尚书右仆射元罗谋，皆劝帝刺杀之。唯胶东侯李侃晞、济阴王晖业言荣若来，必有备，恐不可图。又欲杀其党与，发兵拒之。帝疑未定，而京师人怀忧惧，中书侍郎邢子才之徒，已避之东出。荣乃遍与朝士书，相任留。中书舍人温子升以书呈帝，帝恒望其不来，及见书，以荣必来，色甚不悦，武卫将军奚毅，建义初往来通命，帝每期之甚重，然以为荣通亲，不敢与之言情。毅曰："若必有变，臣宁死陛下难，不能事契胡。"帝曰："朕保天柱无异心，亦不忘卿忠款。"

三年八月，荣将四五千骑，发并州向京。时人皆言其反，复道天子必应图之。九月初，荣至京。有人告云，帝欲图之。荣即具奏。帝

曰："外人亦言王欲害我,岂可信之?"于是荣不自疑,每入谒帝,从
人不过数十,皆不持兵仗。帝欲止,城阳王曰："纵不反,亦何可耐?
况何可保耶?"又北人语讹,语"尔朱"为"人主"。上又闻其在北言,
我姓人主。先是,长星出中台,埽大角。恒州人高荣祖颇明天文,荣
问之曰:"是何祥也?"答曰:"除旧布新象也。昔长星埽大角,秦以之
亡。"荣闻之悦。又荣下行台郎中李显和曾曰:"天柱至,那无九锡,
安须王自索也? 亦是天子不见机!"都督郭罗察曰:"今年真可作禅
文,何但九锡。"参军褚光曰:"人言并州城上有紫气,何虑天柱不
应。"荣下人皆陵侮帝左右,无所忌惮。其事皆上闻。奚毅又见,求
闻。帝即下明光殿与语。帝又疑其为荣,不告以情。及知毅赤诚,
乃召城阳王徽及杨侃、李彧,告以毅语。

荣小女嫁与帝兄子陈留王,小字伽邪,荣尝指之曰:"我终当得
此女婿力。"徽又云:"荣虑陛下终为此患,脱有东宫,必贪立孩幼。
若皇后不生太子,则立陈留以安天下。"并言荣指陈留语状。帝既有
图荣意,夜梦手持一刀自害,落十指节,都不觉痛。恶之,以告城阳
王徽及杨侃。徽解梦曰:"蝮蛇螫手,壮士解腕。割指节与解腕何异?
去患乃是吉祥。"闻者皆言善。

九月十五日,天穆到京,驾迎之。荣与天穆立从入西林园宴射。
荣乃奏曰:"近来侍官皆不习武,陛下宜将五百骑出猎,因省辞讼。"
先是奚毅言荣因猎挟天子移都,至是,其言相符。

至十八日,召中书舍人温子升告以杀荣状,并问以杀董卓事。
子升具通本,上曰:"王允若即赦凉州人,必不应至此。"良久,语子
升曰:"朕之情理,卿所具知,死犹须为,况必不死,宁与高贵乡公同
日死,不与常道乡公同日生。"上谓杀荣、天穆,即赦其党,便应不
动。应诏王道习曰:"尔朱世隆、司马子如、朱元龙比来偏被委付,其
知天下虚实,谓不宜留。"城阳王及杨侃曰:"若世隆不全,仲远、天
光岂有来理?"帝亦谓然,无复杀意。城阳曰:"荣数征伐,腰间有刀,
或能很戾伤人。临事,愿陛下出。"乃伏侃等十余人于明光殿东。其
日,荣与天穆并入,坐食未讫,起出。侃等从东阶上殿,见荣、天穆出

至中庭,事不果。

十九日是帝忌日,二十日荣忌日,二十一日,暂入,即向陈留王家,饮酒极醉。遂言病动,频日不入。上谋颇泄,世隆等以告荣。荣轻帝,不谓能反。预帝谋者皆惧。

二十五日,旦,荣、天穆同入,其日大欲革易。上在明光殿东序中西面坐,荣与天穆并御床西北小床上南坐,城阳入,始一拜,荣见光禄卿鲁安等持刀从东户入,即驰向御坐,帝拔千牛刀手斩之,时年三十八。得其手板上有数牒启,皆左右去留人名,非其腹心,悉在出限。帝曰:“竖子若过今日,便不可制。”时又天穆与荣子菩提亦就戮,于是内外喜叫,声满京城。既而大赦。

荣虽威名大振,而举止轻脱,正以驰射为伎艺,每入朝见,更无所为,唯戏上下马。于西林园宴射,恒请皇后出观,并召王公妃主,共在一堂。每见天子射中,辄自起舞叫,将相卿士,悉皆盘旋,乃至妃主妇人,亦不免随之举袂。及酒酣耳热,必自匡坐唱虏歌,为《树梨普梨》之曲。见临淮王或从容闲雅,爱尚风素,固令为敕勤舞。日暮罢归,便与左右连手蹋地,唱《回波乐》而出。性甚严暴,愠喜无恒,弓箭刀槊,不离于手,每有瞋嫌,即行忍害,左右恒有死忧。曾欲出猎,有人诉之,披陈不已,发怒,即射杀之。曾见沙弥重骑一马,荣即令相触,力穷不复能动,遂使傍人以头相击,死而后已。

节闵帝初,世隆等得志,乃诏赠假黄钺、相国、录尚书、都督中外诸军事、晋王,加九锡,给九旒銮辂,武贲班创三百人,辒辌车,准晋太宰、安平献王故事,谥曰武。又诏百官议荣配飨,司直刘季明曰:“晋王若配永安,则不能终臣节。以此论之,无所配。”世隆作色曰:“卿合配?”季明曰:“下官预在议限,据理而言,不合上心,诛翦唯命。”众为之危,季明自若。世隆意不已,乃配享孝文庙庭。

菩提位太常卿、开府仪同三司、侍中、特进。死时年十四。节闵帝初,加赠司徒,谥曰惠。

菩提弟义罗,武卫将军、梁郡王。寻卒,赠司空公。

义罗弟文殊,封平昌郡王,孝静初,转袭荣爵太原王。薨于晋阳,时年九岁。

文殊弟文畅,初封昌乐郡公。以荣破葛贼之勋,进爵为王。其姊魏孝庄皇后,及韩陵之败,齐神武纳之,待其家甚厚。文畅由是拜开府仪同三司、肆州刺史。家富于财,招致宾客,穷极豪侈。与丞相司马任胄、主簿李世林、都督郑仲礼、房子远等相狎,外示杯酒交,而潜谋害齐神武。自魏氏旧俗,以正月十五日夜为打簇戏,能中者即时赏帛。胄令仲礼藏刀于绔中,因神武临观,谋窃发,事捷,共奉文畅。为任氏家客薛季孝所告。以姊宠,止坐文畅一房。文畅死时年十八。

弟文略,以兄义罗卒无后,袭义罗爵梁郡王。文畅事当从坐,静帝使人往晋阳,欲拉杀之。神武特加宽贷,奏免之。文略聪明俊爽,多所通习。齐文襄尝令章永兴马上弹琵琶,奏十余曲,试使文略写之,遂得八。文襄戏之曰:“聪明人多不老寿,梁郡其慎之!”文略对曰:“命之修短,皆在明公。”文襄怆然曰:“此不足虑。”

初,神武遗令恕文略十死,恃此益横,多所陵忽。齐天保末,尝邀平秦、武兴、汝南诸王至宅,供设奢丽,各有赠贿。诸王共假聚宝物以要之,文略弊衣而往,从奴五十人,皆骏马侯服。其豪纵不逊如此。平秦王有七百里马,文略敌以好婢,赌取之。明日,平秦王使人致请,文略杀马及婢,以二银器盛婢头马肉而遗之。平秦王诉之于文宣,系于京畿狱。文略弹琵琶,吹横笛,谣咏倦极,便卧唱挽歌。居数月,夺防者弓矢以射人,曰:“不然,天子不意我。”有司奏,遂伏法。

文略尝大遗魏收金,请为父作佳传,收论荣比韦、彭、伊、霍,盖由是也。

兆字万仁,荣从子也。少善骑射,矫捷过人,数从荣游猎,至穷岩绝涧,人所不能升降者,兆必先之。手格猛兽,无所疑避。荣以此特加赏爱,任为爪牙。荣曾送台使,见二鹿,授兆二箭,令取供今食,遂构火以待之。俄而兆获其一,荣欲夸使人,责兆不尽取,杖之五十。荣之入洛,兆兼前锋都督。孝庄即位,封颍川郡公。后从上党王天穆平邢杲。又与贺拔胜击斩元颢子冠受，禽之，进破安丰王延明，颢乃退走。庄帝还宫，论功除车骑大将军、仪同三司、汾州刺史。尔朱荣死，兆自汾州据晋阳。元晔立，授兆大将军，进爵为王。兆与世隆等定谋，攻洛。兆遂轻兵倍道，掩袭京邑。先是河边人梦神谓己曰："尔朱家欲度河，用尔作澶波津令，为之缩水脉。"月余，梦者死。及兆至，有行人自言知水浅处，以草往往表插而导焉，忽失其所在。兆遂策马涉度。是日暴风彭怒，黄尘张天，骑叩宫门，宿卫乃觉。弯弓欲射，袍拨弦，矢不得发，一时散走。庄帝步出云龙门外，为兆骑所系，幽于永宁佛寺。兆扑杀皇子，污辱妃嫔，纵兵房掠。停洛旬余，先令卫送庄帝于晋阳，兆后于河梁监阅财贷。

初，兆将入洛，遣使招齐神武，欲与同举。神武时为晋州刺史，谓长史孙腾曰："臣而伐君，其逆已甚。我今不往，恐彼致恨，卿可往申吾意，但云山蜀未平，不可委去。"腾乃诣兆，具申意。兆不悦曰："还白高兄弟，有吉梦，今行必克。吾比梦吾亡父登一高堆，堆傍地悉耕熟，唯有马蔺草株，往往犹在，吾父顾我，令下拔之，吾手所至，无不尽出。以此而言，往必有利。"腾还，具报之。神武曰："兆等猖狂，举兵犯顺，吾势不可反事尔朱也。今天子列兵河上，兆进不能度，必退还。吾乘山东下，出其不意，此徒可一举而禽。"俄而兆克京州，孝庄幽絷，都督尉景从兆南行，以书报神武。神武大惊，召腾，令驰驿诣兆，示以谒贺，密观天子所在，当于路邀迎，唱大义于天下。腾遇帝于中路，神武时率骑东转，闻帝已度，于是西还。仍与兆书，具陈祸福，不宜害天子，受恶名于海内。兆怒不纳，而帝遂遇弑。

初，荣既死，庄帝诏河西人纥豆陵步蕃等，令袭秀容。兆入洛后，步蕃兵势甚盛，南逼晋阳。兆所以不暇留洛，回师御之。频为步蕃所败，于是部勒士马，谋出山东，令人频征神武，神武晋州寮属，并劝不行。神武揣其势迫，必无他虑，决策赴之。兆乃分三州六镇之人，令神武统领。神武既分兵别营，乃引兵南出，避步蕃之锐。步蕃至乐平郡，神武与兆还讨，破斩之。

及节闵帝立，授兆使持节、侍中、都督中外诸军事、柱国大将军,兼录尚书事、大行台。又以兆为天柱大将军,兆以是荣所终之官,固辞不拜。寻加都督十州诸军事,世袭并州刺史。

神武之克殷州也,兆与仲远、度律约拒之。仲远、度律次阳平,兆屯广阿,众号十万。神武广纵反间,于是两不相信,各致猜疑。仲远等频使斛斯椿贺拔胜往喻之,兆轻骑三百,来就仲远,同坐幕下。兆性粗犷,意色不平,手舞马鞭,长啸凝望,深疑仲远等有变,遂趋出驰还。仲远遣椿、胜等追而謦,兆遂拘缚将还,经日放遣。仲远等于是奔退,神武乃进击,兆军大败。

兆与仲远、度律遂相疑阻,久而不和。世隆请节闵纳兆女为皇后,兆乃大喜。世隆谋抗神武,□乃降辞厚礼,喻兆赴洛。兆与天光、度律更自信约,然后大会韩陵山。战败,复奔晋阳。其年秋,神武自邺进讨之,兆遂大掠并州,走于秀容。神武又追击,度赤洪岭,破之。兆窜于穷山,杀所乘马,自缢于树。神武收葬之。兆勇于战斗,而无将领之能。荣虽奇其胆决,然每云:“兆不过将三千骑,多则乱矣。”兆弟智彪,节闵帝封为安定王,与兆俱走,神武禽之,后死于晋阳。

彦伯,荣从弟也。祖侯真,文成时并安二州刺史、始昌侯。父买珍,宣武时武卫将军、华州刺史。彦伯性和厚,永安中,为荣府长史。节闵帝潜嘿于龙花佛寺,彦伯敦喻往来,尤有勤款。帝既立,尔朱兆以己不豫谋,大为忿恚,将攻世隆,诏令华山王鸷慰兆,兆犹不释。世隆复令彦伯自往喻之,兆乃止。及还,帝宴彦伯于显阳殿。时侍中源子恭、黄门郎窦瑗并侍坐,彦伯曰:“源侍中比为都督,与臣相持于河内。当尔之时,旗鼓相望,眇如天隔,宁期同事陛下,为今日之忻也?”子恭曰:“蒯通有言,犬吠非其主。他日之事永安,犹今日之事陛下耳。”帝曰:“源侍中可谓有射钩之心也。”遂令二人极醉而罢。

后封博陵郡王,位司徒公。于时炎旱,有劝彦伯解司徒者,乃上表逊位,诏许之。俄除仪同三司、侍中,余如故。彦伯于兄弟之中,差无过患。

天光等败于韩陵,彦伯欲领兵屯河桥,世隆不从。及张劝等掩袭世隆,彦伯时在禁直。长孙承业等启陈神武义功既振,将除尔朱。节闵令舍人郭崇报彦伯知,彦伯狼狈出走,为人所执。寻与世隆同斩于阊阖门外,县首于斛斯椿门树,传于神武。先是洛中谣曰:“三月末,四月初,杨灰簸上觅真珠。”又曰:“头去项,脚根齐,驱上树,不须梯。”至是并验。子敞。

敞字乾罗。彦伯之诛,敞小,随母养于宫中。年十二,敞自窦走至大街,见童儿群戏,敞解所著绮罗金翠服,易衣而遁。追骑至,不识敞,便执绮衣儿。比究问知非,会日已暮,由是免。遂入一村,见长孙氏媪踞胡床坐,敞再拜求哀,长孙氏愍之,藏于复壁之中。购之愈急,追且至,长孙氏资而遣之。遂诈为道士,变姓名,隐嵩山,略涉经史,数年间,人颇异之。尝独坐岩石下,泫然叹曰:“吾岂终此乎!伍子胥独何人也?”乃奔长安。

周文帝见而礼之,拜行台郎中、灵寿县伯。保定中,迁开府仪同三司,进爵为公。后为胶州刺史,迎长孙氏至其第,置于家,厚资给之。隋文帝受禅,改封边城郡公。黔安蛮叛,命敞讨平之。师旋,拜金州总管,政号严明,吏人惧之。后以年老乞骸骨,赐二马辂车归河内,卒于家。子最嗣。

仲远,彦伯弟也。明帝末年,尔朱荣兵威称盛,诸有启谒,率多见从。而仲远摹写荣书,又刻荣印,与尚书令史,通为奸诈。造荣启表,请人为官,大得财货,以资酒色。落魄无行业。

及孝庄即位,封清河公、徐州刺史,兼尚书左仆射、三徐大行台,寻进督三徐诸军事。仲远上言:“窃见比来行台采募者,皆得权立中正,在军定第,斟酌授官。今求兼置,权济军要。若立第亦爽,关京之日,任有司裁夺。”诏从之。于是随情补授,肆意聚敛。

尔朱荣死,仲远勒其部众,来向京师。节闵立,进爵彭城王,加大将军,又兼尚书令,镇大梁。仲远遣使请准朝式,在军鸣驺。节闵帝览启,笑而许之。其肆情如此。复进督东道诸军事、本将军、兖州刺史,余如故。仲远天性贪暴,心如峻壑,大宗富族,诬之以反,没其家口,簿籍财物,皆以入己。丈夫死者,投之河流,如此者不可胜数。

诸将妇有美色者，莫不被其淫乱。自荥阳以东，输税悉入其军，不送京师。

时天光控关右，仲远在大梁，兆据并州，世隆居京邑，各自专恣，权强莫比。所在并以贪虐为事，于是四方解体。又加太宰，解大行台。仲远专恣尤剧，方之彦伯、世隆，最为无礼。东南牧守，下至人俗，比之豺狼，特为患苦。

后移屯东郡，率众与度律等拒齐神武。尔朱兆领骑数千自晋阳来会。军次阳平，神武纵以间说，仲远等迭相猜忒，狼狈遁走。中兴二年，复与天光等于韩陵战败，南走，寻乃奔梁，死于江南。

世隆字荣宗，仲远弟也。明帝末，兼直阁，加前特军。尔朱荣表请入朝，灵太后恶之，令世隆诣晋阳慰喻荣。荣因欲留之，世隆曰："朝廷疑兄，故令世隆来。今遂住，便有内备，非计之善。"荣乃遣入。荣举兵南出，世隆遂走，会荣于上党。建义初，除给事黄门侍郎。庄帝之立，世隆预其谋，封乐平郡公。元颢逼大梁，诏为前将军、都督，镇武牢。颢既克荥阳，世隆惧而遁还，庄帝仓卒北巡。及车驾还宫，除尚书左仆射，摄选。

庄帝之将图尔朱荣，每屏人言。世隆惧变，乃为匿名书，自榜其门曰："天子与侍中杨侃、黄门高道穆等为计，欲杀天柱。"还复自以此书与荣妻北乡郡公主，并以呈荣，劝其不入。荣毁书唾地曰："世隆无胆，谁取生心!"世隆又劝其速发。荣曰："何匆匆?"皆不见从。

荣死，世隆奉荣妻，烧西阳门夜走。北次河桥，杀武卫将军奚毅。率众还战大夏门外。及李苗烧绝河梁，世隆乃北遁。攻建州克之，尽杀人以肆其忿。至长子，与度律等共推长广王晔为主。晔小名盆子，闻者皆以为事类赤眉。晔以世隆为尚书令，封乐平郡王，加太傅，行司州牧，会兆于河阳。兆既平京邑，让世隆曰："叔父在朝多时，耳目应广，如何令天柱受祸?"案剑瞋目，词色甚厉。世隆逊辞拜谢，然后得已，而深恨之。

时仲远亦自滑台入京。世隆与兄弟密谋，虑元晔母干豫朝政，伺其母卫氏出行，遣数十骑如劫贼，于京巷杀之。公私惊愕，莫识所由。寻县榜,以千万钱募贼,百姓知之,莫不丧气。寻又以晔疏远,欲推立节闵帝。而度律意在南阳王,乃曰:"广陵不言,何以主天下?"后知能语,遂行废立。

初,世隆之为仆射,尚书文簿,在家省阅。性聪解,又畏荣,深自克勉,留心几案,傍接宾客,遂有解了之名。荣死之后,无所顾惮,及为令,常使尚书郎宋游道、邢昕在其宅听事,东西别座,受纳诉讼,称命施行。既总朝政,生杀自由,公行淫泆,信任群小,随情与夺。又兄弟群从,各拥强兵,割剥四海,极其贪虐。奸谄蛆酷,多见信用,温良名士,罕豫腹心。于是天下之人,莫不厌毒。世隆寻让太傅。节闵特置仪同三师之官,位次上公之下,以世隆为之。赠其父买珍相国、录尚书事,大司马。

及齐神武起义兵,仲远、度律等愚戆恃强,不以为虑,而世隆独深忧恐。及天光等败于韩陵,世隆请赦天下,节闵不许。斛斯椿既据河桥,尽杀世隆党附,令行台长孙承业诣阙奏状,掩执世隆及兄彦伯,俱斩之。

初,世隆曾与吏部尚书元世俊握槊,忽闻局上诙然有气,一局子尽倒立,世隆甚恶之。又曾昼寝,其妻奚氏忽见一人持世隆首去,奚氏惊,就视,而世隆寝如故。既觉,谓妻曰:"向梦人断我头持去,意殊不适。"又此年正月晦日,令、仆并不上省,西门不开。忽有河内太守田帖家奴,告省门亭长云:"今旦为令王借车牛一乘,终日于洛滨游观。至晚,王还省,将车出东掖门,始觉车上无褥,请为记识。"亭长以令仆不上,西门不开,无迹入者。此奴固陈不已,公文列诉。尚书都令史谢远疑,谓妄有假借,白世隆,付曹推验。时都官郎中穆子容究之。奴言:初来时,至司空府西,欲向省。令王嫌迟,遣催车。车入,到省西门,王嫌牛小,系于关下槐树,更将一青牛驾车。令王著白纱、高顶帽,短小黑色,傧从皆裙襦绔褶,握板,不似常时服章。遂遣一吏将奴送入省中听事东阁内,东厢第一屋中。其屋先常闭,奴云:入此屋中有板床,床上无席,大有尘土,兼有瓮米。奴拂床坐,兼尽地戏,瓮中米亦握看之。子容与谢远看之,闭极久,全无开迹。

及入，状皆符同。具以此对世隆。世隆怅然，意以为恶，未几见诛。

世隆弟世承，庄帝时位侍中，领御史中尉。人才猥劣，备员而已。及元颢内逼，世承守辗辕，为颢所禽，颢让而卨之。庄帝还宫，赠司徒。

世承弟弼，字辅伯，节闵帝时，封河间郡公。寻为青州刺史，韩陵之败，欲奔梁，数日，与左右割臂为约。弼帐下都督冯绍隆为弼信待，乃说弼曰："今方同契阔，宜当心沥血，示众以信。"弼从之，大集部下，弼乃踞胡床，令绍隆持刀披心。绍隆因推刃杀之，传首京师。

度律，荣从父弟也，鄙朴少言。庄帝初，封乐乡县伯。荣死，与世隆赴晋阳。元晔之立，以度律为太尉公、四面大都督，封常山王。与尔朱兆入洛。兆迁晋阳，留度律镇京师。节闵帝时，为使持节、侍中、大将军、大尉公、兼尚书令、东北道行台，与仲远出拒义旗。齐神武间之，与尔朱兆遂相疑贰，自败而还。

度律虽在军戎，聚敛无厌，所经为百姓患毒。其母山氏闻度律败，遂恚愤发病。及至，母责之曰："汝荷国恩，无状而反，我何忍见他屠戮汝也！"言终而卒，时人怪异之。后韩陵之败，斛斯椿先据河桥，遂西走瀍波津，为人执送。椿囚之，送齐神武，斩之都市。

天光，荣从祖兄子也。少勇决，荣特亲爱之，常预军戎谋。孝昌末，荣据并、肆，仍以天光为都将，总统肆州兵马。明帝崩，荣向京师，委以后事。建义初，为肆州刺史，封长安县公。荣将讨葛荣，留天光在州，镇其根本。谓曰："我身不得至处，非汝无以称我心。"永安中，与元天穆东破邢杲。元颢入洛，天光与天穆会荣于河内。荣发后，并、肆不安，诏天光兼尚书仆射，为并、肆等九州行台，仍行并州事。天光至并州，部分约勒，所在宁辑。颢破，还京师，改封广宗郡公。

初，高平镇城人赫贵连恩等为逆，共推敕勤酋长胡琛为主，号高平王，遥臣沃野贼帅破六韩切贵。琛入据高平城，遣其大将万俟丑奴来寇泾州。琛后与莫折念生交通，侮慢切贵。遣使人费律如至高平，诱斩琛。为丑奴所并，与萧宝夤相拒于安定。定贵败还。建义元年夏,丑奴击宝夤于灵州,禽之,遂僭大号。时获西北贡师子,因称神兽元年,置百官。

朝廷忧之,乃除天光使持郎、都督、雍州刺史,率大都督武卫将军贺拔岳、大都督侯莫陈悦等讨丑奴。天光初行,唯有军士千人。时东雍赤水蜀贼断路,天光入关击破之,简取壮健。至雍,又税人马,合得万疋。以军人寡少,停留未进。荣遣责之,杖天光百下,荣复遣军士二千人赴天光。天光令贺拔岳率千骑先驱,至岐州,禽其行台尉迟菩萨。丑奴弃岐州,走还安定。天光发雍至岐,与岳合势,破丑奴,获萧宝夤。于是泾、豳二夏,北至灵州,及贼党结聚之类,并降。唯贼行台万俟道洛不下,率众西依牵屯山,据险自守。

荣责天光不获道洛,复遣使杖之百,诏削爵为侯。天光与岳、悦等复向牵屯讨之,道洛战败,投略阳贼帅王庆云。庆云以道洛骁果绝伦,得之甚喜,便谓大事可图,乃自称皇帝,以道洛为大将军。天光乃入陇,至庆云所居永洛城,破其东城。贼遂并趣西城,城中无水,众聚热渴。有人走降,言庆云、道洛欲突出。天光恐失贼帅,乃遣谓庆云,可以早降,若未决,当听诸人今夜共议。又谓曰:"相知须水,今为小退。"贼众安悦,无复走心。天光密使军人多作木枪,各长七尺,至昏,布立人马,为防卫之势,又伏人枪中。其夜,庆云、道洛果突出,至枪,马各伤倒,伏兵便起,同时禽获。贼穷,乞降而已。天光、岳悦等议悉坑之,死者万七千人,分其家口。于是三秦、河、渭瓜、凉、鄯善咸来款顺。诏复天光前官爵。

岳闻荣死,还泾州以待,天光亦下陇,与岳图入洛之策。既而庄帝进天光爵为广宗王,元晔又以为陇西王。及闻尔朱兆已入京,天光乃轻骑向都,见世隆等,寻便还雍。世隆等议废元晔,更举亲贤,遣告天光。天光与定策,立节闵帝。又加开府仪同三司、尚书令、关西大行台。天光北出夏州,遣将讨宿勤明达,禽之送洛。时费也头帅纥豆陵伊利、万俟受洛于等据有河西,未有所附。天光以齐神武起兵信都,内怀忧恐,不暇他事伊利等,但微遣备之而已。又除大司马。

时神武军既振,尔朱兆、仲远等并以败退。世隆累使征天光,天光不从。后令斛斯椿苦要天光云:"非王无以能定,岂可坐看宗家之灭?"天光不得已,东下,与仲远等败于韩陵。斛斯椿等先还,于河桥拒之,天光不得度,西北走,被执,与度律并还于神武。神武送于洛,斩于都市。

尔朱专恣,分裂天下,各据一方,赏罚自出,而天光有定关西之功,差不酷暴,比之兆与仲远,为不同矣。

论曰:魏自宣武之后,政道颇亏。及明皇幼冲,女主南面,始则于忠专恣,继以元叉权重,居官者肆其聚敛,乘势者极其陵暴,于是四海嚣然,已有群飞之渐。逮于灵后反政,宣淫于朝,倾覆之征,于此至矣。

尔朱荣缘将帅之列,藉部众之威,属天下暴虐,人神怨愤,遂有匡颓拯弊之志,援主逐恶之功。及夫禽葛荣,诛元颢,戮邢杲,揃韩娄,丑奴、宝夤,咸枭马市,然则荣之功烈,亦已茂矣。而始则希觊非望,睥睨宸极,终乃灵后、少帝,沈流不反,河阴之下,衣冠涂地,其所以得罪人神者焉。至于末迹凶忍,地逼亦已除矣。而朝无谋难之宰,国乏折冲之将,遂使余孽相纠,还成严敌。隆实指踪,兆为戎首,山河失险,庄帝幽崩。宗属分方,作威跋扈,废帝立主,回天倒日,揃剥黎献,割裂神州,刑赏任心,征伐自己。天下之命,县于数胡,丧乱弘多,遂至于此。岂非天将去之,始以共定。终于恶稔,以至殄灭。抑亦魏纾其难,齐以驱除矣。

北史卷四九
列传第三七

朱瑞　叱列延庆　斛斯椿
贾显度　樊子鹄　侯深
贺拔允　侯莫陈悦　念贤
梁览　雷绍　毛遐　乙弗朗

朱瑞字元龙，代郡桑乾人也。祖就，沛县令。父惠，行太原太守。瑞贵达，并赠刺史。瑞长厚质直，敬爱人士，尔朱荣引为大行台郎中，甚见亲任，以为黄门侍郎，仍中书舍人。荣恐朝廷事意有所不知，故居之门下，为腹心之寄。封阳邑县公。及元颢内逼，从车驾于河阳，除侍中、兼吏部尚书，改封北海郡公。庄帝还洛，改封乐陵郡公，仍侍中。瑞虽为尔朱荣所委，而善处朝廷间。帝亦赏遇之，尝谓侍臣曰："为人臣，当须忠实，至如朱元龙者，朕待之亦不异余人。"

瑞以青州乐陵有朱氏，意欲归之，故求为青州中正。又以沧州乐陵亦有朱氏，而心好河北，遂乞三从内并属沧州乐陵郡。诏许之，仍转沧州大中正。

尔朱荣死，瑞与世隆俱北走，以庄帝待之素厚，且见世隆等并无雄才，终当败丧，于路乃还，帝大悦。时尔朱天光拥众关右，帝招纳之，乃以瑞兼尚书左仆射，为西道大行台，以慰劳焉。既达长安，会尔朱兆入洛，复还京师。都督斛斯椿先与瑞有隙，数谮之于世隆，世隆遂诛之。太昌初，赠开府仪同三司、青州刺史，谥曰恭穆。

叱列延庆，代西部人也，世为酋帅。延庆娶尔朱世隆姊，故被尔朱荣亲遇。普泰初，世隆得志，特见委重，兼尚书左仆射、山东行台、北海郡公。时幽州刺史刘灵助以庄帝幽崩，遂举兵唱义，世隆白节闵帝，以延庆与大都督侯深于定州讨之。深以灵助善占，百姓信惑，未易可图，欲还师入据关拒险，以待其变。延庆以灵助庸人也，彼皆恃其妖术，坐看符厌，宁肯戮力致死，宜诡言西归，可袭而禽。深从之，乃出顿城西，声云将还，诘朝造灵助垒，遂破禽之。

及韩陵战败，延庆与尔朱仲远走度石济。仲远南窜，延庆北降齐神武，仍从并州。后赴洛，孝武帝以为中军大都督。孝武之西，齐神武诛之。

斛斯椿字法寿，广牧富昌人也。其先世为莫弗大人。父足，一名敦，明帝时为左牧令。时河西贼起，牧人不安，椿乃将家投尔朱荣。征伐有功，稍迁中散大夫，署外兵事。椿性佞巧，甚得荣心，军之密谋，颇亦关预。庄帝初，改封阳曲县公，除荣大将军司马。后为东徐州刺史。

及荣死，椿甚忧惧，时梁以汝南王悦为魏主，资其士马，次于境上，椿遂弃州归悦。悦授尚书左仆射、司空公，封灵丘郡公，又为大行台前驱都督。会尔朱兆入洛，悦知不逮，南旋，椿复背悦归兆。

以参立节闵谋，拜侍中、骠骑大将军、仪同三司，封城阳郡公。寻加开府。时椿父足先在秀容，忽有传其死问，椿请减己阶以赠之。寻知其父犹存，诏复官，仍除其父为车骑将军、扬州刺史。

椿以尔朱兆擅权，惧祸，乃与贺拔胜俱说世隆以正道。世隆不悦，欲害椿，赖尔朱天光救，得免。及世隆、度律与兆自相疑，椿与贺拔胜和之，兆执椿、胜还营。椿又陈以正理，兆谢而遣之。椿谓胜曰："天下皆怨毒尔朱，吾等附之，亡无日矣，不如图之。"胜曰："天光与兆，各据一方，今俱禽为难。"椿曰："易致耳。"乃说世隆追天光等赴洛,讨齐神武。及韩陵之败,椿谓都督贾显智等曰:"若不先执尔朱,我等死无类矣。"遂与显智等夜于桑下盟约,倍道兼行。椿入北中城,收尔朱部曲,尽杀之。令弟元寿与张欢、长孙承业、显智等袭世隆、彦伯兄弟,并斩于闾阖门外。椿入洛,县世隆兄弟首于其门树。椿父出见,谓曰:"汝与尔朱约为兄弟,今何忍县其头于家门?宁不愧负天地!"椿乃传世隆等首,并因度律、天光送于齐神武。

及神武入洛,椿谓贺拔胜曰:"今天下事在吾,与君若不先制人,将为人所制。高欢初至,图之不难。"胜曰:"彼有心于人,害之不祥。比数夜与欢同宿,具序往昔之怀,兼荷兄恩意甚多,何苦惮之!"椿乃上。孝武帝立,拜椿侍中、仪同开府、城阳郡公。父足亦加开府,子悦太中大夫,同日受拜,当时荣之。

椿自以数反,意常不安,遂密劝孝武帝置阁内都督部曲,又增武直人数百,直阁已下,员别数百,皆选天下轻剽以充之。又说帝数出游幸,号令部曲,别为行阵,椿自约勒指麾其间。从此以后,军谋朝政,一决于椿。又劝帝征兵,诡称南讨,将以伐齐神武。帝从之,以椿为前驱大都督。椿因奏请率精骑二千,夜度河掩其劳弊,帝始然之,黄门侍郎杨宽说帝曰:"高欢以臣伐君,何所不至?今假兵于人,恐生他变。今度河万一有功,是灭一高欢复生一高欢矣。"帝遂敕椿停行。椿叹曰:"顷荧惑入南斗,今上信左右间构,不用吾计,岂天道乎!"帝勒兵河桥,命椿自洛而东,至武牢。帝以贾显智背叛,东师失律,将幸关中,乃遣使命椿,因从入关。拜尚书令,侍中如故,封常山郡公。历位司徒、太保,仍尚书令。时寇难未息,内外戒严,唯椿得列威仪,鸣驺清路。迁太傅,薨,年四十三。帝亲临吊,百寮赴哭。诏赐东园秘器,遣尚书、梁郡王景略监护丧事。赠大将军、录尚书、三十州诸军事、侍中、恒州刺史、常山郡王,谥曰文宣,祭以大牢。又诏改大将军,赠大司马,给辒辌车。及葬,车驾临于渭阳,止绋恸哭。

帝尝给椿店数区,耕牛三十头,椿以国难未平,不可与百姓争利,辞店受牛,日烹一头,以养军士。及死,家无余资。

有四子，悦、恢、征、演。演为齐神武所杀，三子入关。征字士亮，博涉群书，尤精《三礼》，兼解音律。有至性，居父丧，朝夕共一溢米。少以父勋赐爵城阳郡公。大统末，起家通直散骑常侍，稍迁兼太常少卿。

自魏孝武迁西，雅乐废缺，征博采遗逸，稽诸典故，创新改旧，方始备焉。又乐有錞于者，近代绝此器，或有自蜀得之。皆莫之识。征见之曰："此錞于也。"众弗信之，征遂依干宝《周礼注》以芒筒拊之，其声极清，众乃叹服。征仍取以合乐焉。

六官建，拜司乐下大夫，迁司乐中大夫，进位骠骑大将军、开府仪同三司，转内史下大夫。天和三年，周武帝以征经有师法，诏令授皇诸子。宣帝时为鲁公，与诸皇子等咸服青衿，束脩之礼，受业于征。仍并呼征为夫子，儒者荣之。六年，除司宗中大夫，行内史，仍摄乐部。进封歧国公，寻转小宗伯。除太子太傅，仍小宗伯。

宣帝嗣位，迁上大将军、大宗伯。时武帝初崩。梓宫在殡，帝意欲速葬，令朝臣议之。征与内史宇文孝伯等固请依《礼》七月，帝竟不许。

帝之为太子也，宫尹郑译坐不能以正道调护，被谪除名。而帝雅亲爱译，至是，拜译内史大夫，甚委任之。译乃献新乐，十二月各一笙，每笙用十六管。帝令与征议之。征驳而奏之曰："《礼》云，十二律转相生，声五具在十六焉，六律十二管，还相为宫。然详一笙十六管，总一百九十二管，既无相生之理，又无还宫之义。臣恐郑声乱乐，未合于古。夫音乐之起，本于人心，天之应人，有如影响。为善者，天报之以福；为恶者，天谴之以殃。故舜弹五弦之琴，歌《南风》之诗，而天下化。纣为朝歌、北里之音，而社稷灭。是知乐也者，和情性，移风俗，动天地，感鬼神，祸福所基，盛衰攸系，安可不慎哉！案译之所为，不师古始。若以月奏一笙，则钟鼓诸色，各须一十有二。雅乐之备，已充庙廷，今若益之，于保陈列？方须更辟阶墀，增修廊宇，非急之务，宁可劳人？如谓笙管之外，不须加造，则乐之损益，岂系于笙？进退无据，窃谓不可。"帝颇纳之，且令停译所献。

及武帝山陵回，帝欲作乐，复令议其可不。征曰："《孝经》云：'闻乐不乐。'闻尚不乐，其况作乎！"郑译曰："既云闻乐，明即非无，止可不乐，何容不奏。"帝遂依译议，译因此衔之。帝后肆行非度，昏虐日甚，征以荷武帝重恩，尝备位师傅，乃上疏极谏，指陈帝失，不纳。译因谮之，遂下征于狱。征惧不免，狱卒张元平哀之，乃以佩刀穿墙，送之出。元平被捶栲百数，而无所言。征既出，匿于人家，后遇赦得免，然犹坐除名。

隋文帝践极，例复官爵，除太子太傅，仍诏征修撰乐书。开皇四年，薨，年五十六。初，隋文帝为大司马，有外姻丧，就第吊之，久而不出，征怒，遂弗之待，比出候，征已去矣。隋文帝以此常恨之。至是，诏所司谥之曰闇。子该嗣。征所撰《乐典》十卷。

兄恢，散骑常侍，新蔡郡公。子政嗣。

政明悟有器干，隋开皇中，以军功授仪同，甚为杨素所礼。大业中，位尚书兵曹郎，渐见委遇。玄感兄弟，俱与之交。辽东之役，兵部尚书段文振卒，侍郎明雅复以罪废，帝弥属意于政。寻迁兵部侍郎，称为干理。玄感之反，政与通谋，及玄纵等亡归，亦政之计。及帝穷玄纵党与，政亡奔高丽。明年，帝复东征，高丽请和，遂送政。锁至京师以告庙，左翊卫大将军宇文述请变常法行刑，帝许之。以出金光门，缚之于柱，公卿百寮，并亲击射，脔其肉，多有啖者，然后烹焚，扬其骨灰。

椿弟元寿，性刚毅谅直，武力过人，弯弓两石，左右驰射。历位吏部尚书，封桑乾县伯。孝武践阼，进爵为公，除豫州刺史。及车驾西巡，为部下所杀。赠司空公，谥曰景庄。

贾显度，中山无极人也。父道监，沃野镇长史。显度形貌伟壮，有志气。初为别将，防守薄骨律镇。正光末，北镇扰乱，显度乃率镇人浮河而下，达秀容，为尔朱荣所留。随荣破葛荣，封石艾县公，累迁南兖州刺史。尔朱荣之死，显度奔梁。普泰初，还朝。后随尔朱度律等败于韩陵，与斛斯椿及弟智等先据河桥，诛尔朱氏。

孝武帝初，除尚书左仆射，寻加骠骑大将军、开府仪同三司、定州大中正。永熙三年，为雍州刺史、西道大行台。亲故祖饯于张方桥，显度执酒曰：“显智性轻躁，好去就，覆败吾家，其此人也。”武帝入关后，显智果同于齐神武。孝武帝怒，乃赐显度死。

智字显智，少有胆决，以军功累迁金紫光禄大夫，封义阳县伯。及尔朱仲远为徐州刺史，智隶仲远赴彭城。尔朱荣死，仲远举兵向洛，智不从之，庄帝闻而善之。普泰初，还洛。仲远忿其乖背，议欲杀之。智兄显度先为世隆所厚，世隆为解喻得全。后进爵为公。随度律等败于韩陵。智与显度、斛斯椿谋诛尔朱氏，显度据守北中城，令智等入京，禽世隆兄弟。

孝武帝初，除开府仪同三司、沧州刺史。在州贪纵，甚为人害。孝武征还京师，加侍中，除济州刺史，率众达东郡，仍停不进。于长寿津为相州刺史窦泰所破。天平初，赴晋阳。智去就多端，后坐事死。

樊子鹄，代郡平城人也。其先荆州蛮酋，徙代。父兴，平城镇长史、归义侯。普泰中，子鹄贵，乃赠荆州刺史。

子鹄逢北镇扰乱，南至并州，尔朱荣引为都督府仓曹参军。使诣京师，灵太后问荣兵势，子鹄应对称旨。太后嘉之，除直斋，封南和县子，令还赴荣。建义初，拜晋州刺史，封平安县伯。永安二年，以招纳叛蜀，进封中都县公。又兼尚书行台，政有威信。寻征授都官尚书、西荆州大中正。后兼右仆射，为行台。进封西阳郡公，尚书如故，假骠骑将军，率所部为都督。时尔朱荣在晋阳，京师之事，子鹄颇预委寄，故在台阁，征官不解。后出为殷州刺史。属岁旱俭，子鹄恐人流亡，乃勒有粟家分济贫者，并遣人牛易力，多种二麦，州内以此获安。

尔朱荣死，世隆等遣书招子鹄，子鹄不从。以母在晋阳，启求移镇河南。庄帝嘉之，除都督、豫州刺史。行达汲郡，闻尔朱兆入洛，乃度河见仲远。仲远遣镇汲郡。兆征子鹄赴洛，既见责以乖异之意，夺其部众,将还晋阳。元晔以为侍中、御史中尉、中军大都督。

太昌初,兼尚书左仆射、东南道大行台,总大都督杜德等追讨尔朱仲远,仲远奔梁,收其兵马。时梁遣元树入寇,陷据谯城,诏子鹄与德讨之,树大败,奔入城门,遂围之。树请归南,以地还魏,许之。及树众半出,子鹄击破之,禽树及梁谯州刺史朱文开。班师,迁吏部尚书,转尚书右仆射。寻加骠骑大将军、开府,典选。

后除兖州刺史,子鹄先遣腹心,缘历人间,采察得失。及至境,太山太守彭穆参候失仪,子鹄责让穆,并数其罪状,穆皆引伏,于是州内震悚。

及孝武帝入关,子鹄据城为应,南青州刺史大野拔率众就子鹄。天平初,齐神武遣仪同三司娄昭等讨之。城久不拔,昭以水灌城。而大野拔因与相见,令左右斩子鹄以降。

侯深,神武尖山人也。机警有胆略。孝明末年,六镇饥乱,深随杜洛周寇,后与妻兄念贤,背洛周归尔朱荣。路中遇寇,身披苦褐。荣赐其衣帽,厚待之,以为中军副都督。庄帝即位,封厌次县子。从荣讨葛荣于滏口。战功尤多,除燕州刺史。

时葛荣别帅韩楼、郝长等屯据蓟城,荣令深讨楼,配众甚少。或以为言,荣曰:“深临机设变,是其所长,若总大众,未必能用。”止给骑七百。深遂广张军声,率数百骑深入楼境。去蓟百余里,遇贼帅陈周马步万余,大破之,虏其卒五千余人。寻还其马仗,纵令入城。左右谏,深曰:“我兵少,不可力战,事须为计以离隙之。”深度其已至,遂率骑夜进,昧旦叩其城门。韩楼果疑降卒为内应,遂遁走,追禽之。以功赐爵为侯,寻为平州刺史,仍镇范阳。

及尔朱荣死,太守卢文伟诱深出猎,闭门拒之。深率部曲,屯于郡南,为荣举哀,勒兵南向。庄帝使东莱王贵平为大使,慰劳燕、蓟。乃诈降,贵平信之,遂执贵平自随。进至中山,行台仆射魏兰根邀击之,为深所败。元晔立,授深仪同三司、定州刺史、左军大都督、渔阳郡公。节闵帝立,仍加开府。后随尔朱兆拒齐神武于广阿,兆败走。

深后从神武破尔朱氏于韩陵。

永熙初,除齐州刺史。孝武末,深与兖州刺史樊子鹄、青州刺史东莱王贵平使信往来,以相连结。又遣使通诚于神武。及孝武入关,复怀顾望。汝阳王暹既除齐州刺史,深不时迎纳。城人刘桃符等潜引暹入,据西城。深争门不克,率骑出奔,妻儿部曲,为暹所虏。

行达广里,会承制以深行青州事,齐神武又遗深书曰:"卿勿以部曲轻少,难于东迈,齐人浇薄,齐州人尚能迎汝阳王,青州人岂不能开门待卿也?"深乃复还,暹始归其部曲。而贵平自以斛斯椿党,亦不受代。深袭高阳郡克之,置部曲家累于城中,亲率轻骑,夜趣青州,城人执贵平出降。深自惟反覆,虑不获安,遂斩贵平,传首于邺,明不同于斛斯椿。

及子鹄平,诏以封延之为青州刺史。深既不获州任,情又恐惧,行达广州,遂劫光州库军反。遣骑诣平原,执前胶州刺史贾璐,夜袭青州南郭,劫前廷尉卿崔光韶以惑人情,攻掠郡县。其部下督帅叛拒之,遂奔梁。达南青州境,为卖浆者斩之,传首于邺,家口配没。

贺拔允字可泥,神武尖山人也。其先与魏氏同出阴山。有如回者,魏初为大莫弗。祖尔头,骁勇绝伦,以良家镇武川,因家焉。献文时,以功赐爵龙城县男,为本镇军主。

父度拔,性毅,袭爵,亦为本镇军主。正光末,沃野人破六韩拔陵反,怀朔镇将杨钧闻度拔名,召补统军,配以一旅。其贼伪署王卫可瓌徒尤盛,既攻没武川,又陷怀朔,度拔父子并为贼所虏。度拔乃与周德皇帝合谋,率州里豪杰珍、念贤、乙弗库根、尉迟檀等,招义勇,袭杀可瓌。朝廷嘉之,未及封赏,度拔与铁勒战没。孝昌中,追赠度拔肆州刺史。

允便弓马,颇有胆略。初度拔之死,允兄弟俱奔恒州刺史广阳王深。深败,归尔朱荣。允父子兄弟并以武艺称,荣素闻其名,待之甚厚。建义初,封寿阳县侯。永安中,进爵为公。魏长广王立,除开府仪同三司,封燕郡王,兼侍中,使蠕蠕。还至晋阳,属齐神武将出山东，允素知神武非常人，早自结托，神武以其北土之望，尤亲礼之，遂与允出信都，参定大策。中兴初，转司徒，领尚书令。神武入洛，进爵为王，转太尉，加侍中。

魏孝武既忌神武，以允弟岳据关中，有重兵，深相委托，潜使来往，当时咸虑允为变。及岳死，孝武又委岳兄胜心腹之寄。神武重旧，尤全护之。天平元年，因与神武猎，或告允引弓拟神武，乃置于楼上饿杀之，年四十八。神武亲临哭之，赠太保。

允三子，世文、世乐、难陀。兴和末，齐神武并召与诸子同学。武定中，敕居定州，赐田宅。允弟胜。

胜字破胡，少有志操，善左右驰射，北边莫不推其胆略。卫可瓌之围怀朔，胜时亦为军主，从父度拔镇守。既被围经年而外援不至，胜乃慷慨白镇将杨钧，请告急于大军。钧许之，乃募勇敢少年，得十余骑，夜溃围出。贼追及之，胜曰：“我贺拔破胡也。”贼不敢逼。至朔州，白临淮王或以怀朔被围之急。或以胜辞义恳至，许以出师，还令报命。乃复攻围而入，贼追之，射杀数人。至城下，大呼曰：“贺拔破胡与官军至矣！”城中纳之。钧复遣胜出觇武川。武川已陷，胜乃驰还报怀朔。怀朔亦溃，胜父子遂为贼虏。

寻而袭杀可瓌，众令胜驰告朔州，未反而度拔已卒。刺史费穆奇胜才略，厚礼留之，委以兵事。时广阳王深在五原，为破六韩贼所围，召胜为军主。以功拜统军。又隶仆射元纂镇恒州。时有鲜于河胡拥朔州流人南下为寇，恒州城人应之，胜与兄允、弟岳相失，胜南投肆州，允、岳投尔朱荣。荣与肆州刺史尉庆宾构隙，引岳攻肆州陷。荣得胜，大悦曰：“吾得卿兄弟，天下不足定。”胜兄弟三人，遂委质事荣。

时杜洛周据幽、定，葛荣据冀、瀛。荣谓胜曰：“井陉险要，我之东门，欲屈君镇之，如何？”胜曰：“是我愿也。”荣乃表胜镇井陉，以所乘大马并银鞍遗之。及荣入洛，以预定策立孝庄帝功，封易阳县伯。后元天穆北征葛荣，大破之。时杜洛周余烬韩楼在蓟城结聚，以胜为大都督，镇中山。楼奢胜威名，竟不敢南寇。元颢入洛阳，荣征胜,使与尔朱兆自硖石度,大破颢军,禽其子寇受,遂前驱入洛。
进爵真定县公。

及荣死,胜与田怡等奔赴荣第,时宫殿之门未加严防,怡等议
即攻门。胜止之曰:"天子既行大事,必当更有奇谋,吾众旅不多,何
轻尔!"怡乃止。及世隆夜走,胜随至河桥,胜以为臣无雠君之义,遂
勒所部还都。庄帝大悦。仲远逼东郡,诏以本官假骠骑大将军、东
征都督,率骑一千,会郑先护讨之。为先护所疑,置之营外,人马未
得休息,俄而仲远兵至,与战不利,降之。复与尔朱氏同谋立节闵
帝,以功拜右卫将军。

及尔朱氏将讨齐神武,胜时从尔朱度律。度律与兆不平,胜以
临敌构隙,取败之道,乃与斛斯椿诣兆营和之,反为兆所执。度律大
惧,引军还。兆将斩胜,数之曰:"尔杀可瓌,罪一也。天柱薨后,不
与世隆等俱来而东征仲远,罪二也。我欲杀尔久矣!"胜曰:"可瓌作
逆,胜父子诛之,其功不小,反以为罪。天柱被戮,以君诛臣,胜宁负
王,不负朝廷。今日之事,生死在王。但去贼密迩,内构嫌隙,自古
迄今,未有不破亡者。胜不惮死,恐王失策。"兆乃舍之。胜既免,行
百余里,方追及度律。齐神武既克相州,兵威渐盛,于是兆及天光、
仲远、度律等众十余万阵于韩陵。兆率铁骑陷阵,出齐神武后,将乘
其背而击之。度律恶兆之骁悍,惧其陵己,勒兵不进。胜以其携贰,
遂以麾下降齐神武。度律军以此免退,遂大败。

太昌初,以胜为领军将军,寻除侍中。孝武帝将图齐神武,以胜
弟岳拥众关西,欲广其势援,乃拜都督、荆州刺史、骠骑大将军、开
府仪同三司、南道大行台、尚书左仆射。胜多所克捷,沔北荡为丘
墟。梁武帝敕其子雍州刺史续曰:"贺拔胜北间骁将,尔宜慎之,勿
与争锋。"续遂城守不敢出。寻进位尚书令,进爵琅邪郡公。

及齐神武与孝武帝有隙,诏胜引兵赴洛,至广州,犹豫未进,而
帝已入关。胜还军南阳,遣右丞杨休之奉表入关,又令府长史元颖
行州事,胜自率所部,将西赴关中。进至浙阳,诏授胜太保、录尚书
事。闻齐神武已平潼关,禽毛鸿宾,胜乃还荆州。州人邓诞执元颖,

引齐师。时齐神武已遣行台侯景、大都督高敖曹赴之，胜败，中流矢，奔梁。

在南三年，梁武帝遇之甚厚。胜乞师北讨齐神武，既不果，乃求还。梁武帝许之，亲饯于南苑。胜自是之后，每执弓矢，见鸟兽南向者，皆不射之，以申怀德之意。既至长安，诣阙谢罪。魏帝握胜手，歔欷久之曰：“初平西徙，永嘉南度，汉、晋皆尔，事乃关天，非公之咎也。”乃授太师。

从周文帝禽窦泰于小关，攻弘农；下河北，禽郡守孙晏；摧破东魏军于沙苑，追奔至河上。仍与李弼别攻河东，略定汾、绛。河桥之役，胜大破东魏军，周文令胜收其降卒而还。及齐神武率众攻玉壁，胜以前军大都督从周文。见齐武镇旗鼓，识之，乃募敢勇三千人配胜以犯其军。胜适与神武遇，连叱而字之曰：“贺六浑，贺拔破胡必杀汝也！”时胜持槊追神武数里，刃垂及之，神武汗流，气殆尽。会胜马为流矢所中，死，比副骑至，神武已逸去。胜叹曰：“今日之事，吾不执弓矢者，天也！”是岁，胜诸子在东者，皆为神武所害。胜愤恨，因动气疾，大统十年，薨于位。临终，手书与周文曰：“胜万里杖策，归身阙庭，冀望与公埽除逋寇。不幸殒毙，微志不申。若死而有知，犹望魂飞贼庭，以报恩遇耳。”周文览书，流涕久之。

胜长于丧乱之中，尤工武艺，走马射飞鸟，十中其五六。周文每云：“诸将对敌，神色皆动，唯贺拔公临阵如平常，真大勇也。”自居重任，始爱坟籍，乃招引文儒，讨论义理。性又通率，重义轻财，身死之日，唯有随身兵仗及书千卷而已。

初，胜至关中，自以年位素重，见周文不拜。寻而自悔，周文亦有望焉。后从宴昆明池，时有双凫游池上，周文授弓矢于胜曰：“不见公射久矣，请以为欢。”胜射之，一发俱中，因拜曰：“使胜得奉神武，以讨不庭，皆如此也。”周文悦，因是恩礼日重，胜亦尽诚推奉焉。赠太宰、录尚书事，谥曰贞献。明帝二年，以胜配飨文帝庙庭。

无子，以弟岳子仲华嗣。位开府仪同三司，袭爵琅邪公，大象末，位江陵总管。胜弟岳。

岳字阿斗泥,少有大志,爱施好士。初为大学生,及长,能左右驰射,骁果绝人。不读兵书,而暗与之合,识者咸异之。与父兄赴援怀朔,贼王卫可瓌在城西三百余步,岳乘城射之,箭中瓌臂,贼大骇。后广阳王深以为帐内军主,与兄胜俱镇恒州。州陷,投尔朱荣,荣以为都督。每帐下与计事,多与荣意合。荣与元天穆谋入匡朝廷,问计于岳。岳曰:"夫非常之事,必俟非常之人,将军士马精强,位望隆重,若首举义旗,伐叛匡救,何往不克,何向不摧,古人云:'朝谋不及夕,言发不俟驾。'此之谓矣。"荣与天穆相顾良久曰:"卿此言真丈夫之论也。"未几,孝明帝暴崩,荣疑有故,乃举兵赴洛,配岳甲卒二千,为先驱。至河阴,荣既杀朝士,因欲称帝,疑未能决。岳乃从容致谏,荣寻亦自悟,乃尊立孝庄。以定策功,赐爵樊城乡男。从荣破葛荣,平元颢,累迁左光禄大夫,武卫将军。

时万俟丑奴僭称大号,关中骚动,荣将遣岳讨之。私谓其兄胜曰:"丑奴足为劲敌,若岳往无功,罪责立至;假令克定,恐谗诉生焉。"乃请尔朱氏一人为元帅,岳副贰之。荣大悦,乃以天光为使持节、大都督、雍州刺史,以岳为左厢大都督,又以征西将军侯莫陈悦为右厢大都督,并为天光之副,以讨之。时赤水蜀贼兵断路,天光众不满二千,及军次潼关,天光有难色。岳乃进破之于渭北,军容大振。

时丑奴自围岐州,遣其大行台尉迟菩萨、仆射万俟行丑同向武功,南度渭水,攻围趄栅。天光遣岳率千骑赴援。菩萨攻栅已克,率步骑二万至渭北。岳以轻骑数十,与菩萨隔水交言。岳称扬国威,菩萨乃自骄,令省事传语。省事恃水,应答不逊,岳怒,举弓射之,应弦而倒,时已逼暮,于是各还。岳于渭南傍水,分精兵数十为一处,随地形势置之。明日,将百余骑,隔水与贼相见,且并东行。岳渐前进,先所置骑,随岳而集,骑既渐增,贼不复测其多少。行二十许里,至水浅可济处,岳便驰马东出,似欲奔遁。贼谓岳走,乃弃步兵,南度渭水,轻骑追岳。岳东行十余里,依横冈设伏兵以待之,身先士卒,急击之,贼便退走。岳号令所部,贼下马者皆不听杀,贼顾见之,便悉投马。俄虏三千人，马亦无遗，遂禽菩萨。仍度渭北，降步卒万余。

丑奴寻弃岐州，北走安定。天光方自雍至，与岳合势。宣言今气候已热，非征讨之时，待至秋凉，更图进取。丑奴闻之，遂以为实，分遣诸军散营农于岐州北百里网川。使大尉侯伏侯元进据险立栅。岳知其势分，密与天光严备。昧旦，攻围元进栅，拔之，即禽元进，自余诸栅悉降。又轻骑追丑奴，及之于平凉之长坑，一战禽之。高平城中又执萧宝夤以归。

贼行台万俟道洛退保牵屯，岳攻之。道洛败入陇，投略阳贼帅王庆云。以道洛骁果绝伦，得之甚喜，以为将。天光又与岳度陇，至庆云所居永洛城。庆云、道洛频出城拒战，并禽之，余众皆悉坑之。三秦、河、渭、瓜、凉、鄯州咸来归款。贼帅夏州人宿勤明达降复叛，岳又讨禽之。天光虽为元帅，而岳功效居多，进封樊城县伯。寻诏岳都督、泾州刺史，进爵为公。

天光入洛，使岳行雍州事。普泰初，除都督、岐州刺史，进清水郡公，寻加侍中，给后部鼓吹。进位开府仪同三司，兼尚书左仆射、陇右行台，仍停高平。后以陇中犹有土人不顺，岳助侯莫陈悦，所在讨平之。二年，加都督、雍州刺史。天光将拒齐神武，遣问计于岳。岳曰："莫若且镇关中，以固根本。"天光不从，后果败。岳率军下陇赴雍，禽天光弟显寿以应齐神武。

及孝武即位，加关中大行台，永熙二年，孝武密令岳图齐神武，遂刺心血，持以寄岳。岳惧，乃自诣北境，安置边防，率众趣平凉西界，布营数十里，托以牧马于原州，为自安之计。先是，费也头万俟受洛干、铁勒斛律沙门、解拔弥俄突、纥豆陵伊利等拥众自守，至是皆款附。秦、南秦、河、渭四州刺史又会平凉，受岳节度。唯灵州刺史曹泥不应召，通使于齐神武。神武乃遣左丞翟嵩使至关中，间岳及侯莫陈悦。三年，岳召悦会于高平，将讨曹泥，令悦前驱。而悦受神武指，密图岳。岳弗之知而先又轻悦，悦乃诱岳入营，共论兵事。悦诈云腹痛，起而徐行，令其婿元洪景斩岳于幕中。朝野莫不痛惜之。赠侍中、太傅、录尚书事、都督关中二十州诸军事、大将军、雍州刺史，谥曰武壮。崔嵩复命于神武，神武下床鸣其颊曰："除吾病者卿也，何日忘之！"后岳部下收岳尸，葬于雍州北石安原，葬以王礼。

子纬嗣，拜开府仪同三司。周保定中，录岳旧德，进爵霍国公，尚周文帝女。

侯莫陈悦，代人也。父婆罗门为驼牛都尉，故悦长于河西。好田猎，便骑射，会牧子作乱，遂归尔朱荣。荣引为府长流参军。庄帝初，除金紫光禄大夫，封柏人县侯。

尔朱天光之讨关西，荣以悦为天光右厢大都督。西伐克获，皆与天光、贺拔岳略同。除鄜州刺史。尔朱荣死后，亦随天光下陇。元晔立，进爵为公，改封白水郡公。普泰中，除秦州刺史。天光之东出，将抗齐神武，悦与岳下陇以应神武。至雍州，会尔朱覆败。永熙初，加开府仪同三司、都督陇右诸军事，仍兼秦州刺史。

三年，岳召悦共讨曹泥，悦诱岳斩之。岳左右奔散，悦遣人安慰，众皆畏服。悦心犹豫，不即抚纳，乃还入陇，止永洛城。岳所部聚于平凉，规还图悦。周文帝时为夏州刺史，众遣奉迎。周文至，遂总岳部众并家口入高平城，以自安固。乃勒众入陇征悦。悦闻之，弃城南据山水之险。悦先召南秦州刺史李景和。其夜，景和遣人诣周文，密许翻降。至暮，景和乃勒其所部，使上驴驼云："仪同有教，欲还秦州，守以拒贼。"复给帐下云："仪同欲还秦州，汝等何不装办？"众谓言实，以次相惊，皆散趣秦州。景和先驰至城，据门以慰辑之。悦部众离散，猜畏傍人，不听左右近己。与其二弟并儿及谋杀岳者八九人，弃军进走，数日之中，盘回往来，不知所趣。左右劝向灵州，而悦不决。言下陇后恐为人见，乃放马山中，令从者悉步，自乘一骡，欲往灵州。中路追骑将及，缢死野中。弟息部下，悉见禽杀。唯先谋杀岳者悦中兵参军豆卢光，走至灵州，后奔晋阳。

悦自杀岳后，精神恍惚，不复如常。恒言："我睡即梦岳语我。'兄欲何处去？'随逐我不相置。"因此弥不自安，而致败灭。

念贤字盖卢，金城枹罕人也。父求就，以大家子戍武川镇，仍家焉。贤美容质，颇涉经史。为儿童时，在学中读书，有善相者过学，诸生竞诣之。贤独不往，笑谓诸生曰："男儿死生富贵皆在天也，何遽相乎！"少遭父忧，居丧有孝称。后以破卫可瓖功，除别将，又以军功封屯留县伯。从尔朱荣入洛，兼尚书右仆射、东道行台，进爵平恩县公。永熙中，孝武以贤为中军北向大都督，进爵安定郡公，加侍中、开府仪同三司。大统初，拜太尉，为秦州刺史，加太傅，给后部鼓吹。三年，转太师、都督、河州刺史、大将军。久之还朝，兼录尚书事。后与广陵王欣、扶风王季等同为正直侍中。时行殿初成，未有题目，帝诏近侍各名之，对者非一，莫允帝心。贤乃为"圆极"，帝笑曰："正与朕意同。"即名之。河桥之役，贤不力战，乃先还，自是名颇减。五年，除都督、秦州刺史，薨于州。谥曰昭定。

贤于诸公，皆为父党，自周文以下，咸拜敬之。

子华，性和厚，有长者风。官至开府仪同三司、合州刺史。

梁览字景睿，金城人也。其先出自安定，避难走西羌，世为部落酋帅。曾祖穆，以枹罕城归吐谷浑，后又归魏，封临洮公。祖颢，为尚书，封南安公。父钊，河华二州刺史，封新阳县伯。

览家世豪富，赀累千金。孝昌初，秦州莫折念生、胡琛等反，散财招募，有三千人，镇河州。从大军平贼，历凉、河二州刺史，封安德县侯。览既为本州刺史，盛修甲仗，人马精锐。吐谷浑惮不敢出，皆曰："梁公在，未可行也。"永安中，诏大鸿胪琅邪王皓就策授世为河州刺史。永熙中，改封郡公。大统二年，加太尉。其年，览从弟仚定反，欲图览，览与数战未能平，王师至，始破之。四年，迁太傅。

及河桥之役，王师败，时病留长安，赵青雀反北城；览为之谋主。事平，乃见杀。

子鹳雀，位仪同三司、大都督，后坐事免，死。

雷绍字道宗,武川镇人也。九岁而孤。有膂力,善骑射。年十八,给事镇府。尝使洛阳,见京都礼义之美,还谓同僚曰:"徒知边备尚武,以图富贵,不谓文学,身之宝也。生世不学,其犹穴处,何所见焉?"遂逃归,辞母求师,经年,通《孝经》、《论语》。尝读书,至人行莫大于孝,乃投卷叹曰:"吾离违侍养,非人子之道。"即还乡里,躬耕奉养。遭母忧,哀毁骨立,由是知名,镇将召补镇佐。

后随贺拔岳征讨,为岳长史。岳有大事,常访而后行。及齐神武起兵,岳耻居其下。绍乃劝岳迎孝武西都长安,以顺讨逆。岳曰:"吾本意也。"后岳信诸将言,欲保关中,坐观成败,绍知计不用,请为边州,建功效。岳曰:"君有毗佐之力,当总大州。"遂以绍为京兆太守。清平理物,甚得人和。

在郡逾年,岳被害。初,绍见岳数与侯莫陈悦宴语,尝谓岳曰:"公其慎之!"岳不从,果及于难。绍乃弃郡,驰赴岳军,与寇洛等迎周文帝。悦平,以功授大都督、凉州刺史。绍请留所领兵以助东讨,请单骑赴州。刺史李叔仁拥州逆命,绍遂归。永熙三年,以绍为渭州刺史,进爵昌国伯。初绍为岳长史,周文为岳左丞,及居相,常以恩旧接之。卒于州。

绍性好施,禄赐皆分瞻亲故,及死日,无以送终。兼敬信佛道,遗敕其子曰"吾本乡葬法,必杀大马,于亡者无益,汝宜断之,敛以时服,事从约俭。"还葬长安,天子素服临吊,赠太尉,赐东园秘器。子涣。

毛遐字鸿远,北地三原人也。世为酋帅。曾祖天爱,太武时,至定州刺史、始昌子。传至遐,四世不绝。

正光中,萧宝夤为大都督,讨关中诸贼,咸阳太守韦遂时为督,以遐为都督府长史。宝夤败还长安,三辅骚扰。遐因辞遂还北地,与弟鸿宾聚乡曲豪杰,遂东西略地,氐、羌多赴之,共推鸿宾为盟主。既而贼帅宿勤买奴自号京兆王于北地,遐诈降之,而与鸿宾攻其壁。贼自相斫射,纵兵追击,七栅皆平。

　　后宝夤构逆谋，遐知之，乃寄书与鸿宾，索马迎接，复于马祇栅建旗鼓以拒宝夤，攻其将卢祖迁禽之。宝夤以是日拜南郊，窃号，礼未毕而告败，宝夤惧，口干色变，不遑部伍，人皆乱还。诏授遐南幽州刺史，进爵为伯。遐又攻破其将侯终德。宝夤知内外势异，轻将十数骑走巴中。冬，万俟丑奴陷秦州，诏以遐兼尚书，二州行台。孝武帝入关，敕周文帝置二尚书，分掌机事，遐与周惠达始为之。稍迁骠骑大将军、仪同三司，卒。

　　遐少任侠，有智谋。世为豪右，赀产巨亿，士流贫乏者，多被赈赡。故中书郎檀翥、尚书郎公孙范等，常依托之。至于自供衣食，粗弊而已。死之日，乡党赴葬，咸共痛惜。

　　鸿宾大鼻眼，多髭须，黑而且肥，状貌颇异，氐羌见者皆畏之。加胆略骑射，倜傥不拘小节。昆季之中，尤轻财好施。遐虽云早立，而名出其下。及贼起，乡里推为盟主，常与遐一守一战。后拜岐州刺史、散骑常侍、开国县侯。遐笑谓鸿宾曰：“击贼之功，吾不居汝后，至于受赏，汝在吾前，当以德济物，不及汝故。”明帝以鸿宾兄弟所定处多，乃北地郡为北雍州，以旌其兄弟。

　　后尔朱天光自关中还洛，夷夏心所忌者，皆将自随。鸿宾亦领乡中壮武二千人以从。洛中素闻其名，衣冠贫冗者，竞与之交。寻拜西兖州刺史。羁寓倦游之辈，四座常满，鸿宾资给衣食，与己悉同，私物不足，颇有公费。转南青州刺史。未几，征还，为有司所纠，鸿宾遂逃匿人间。月余，特诏原之。

　　及孝武帝与齐神武有隙，令鸿宾镇潼关，为西道之寄。车驾西幸，浆糗乏绝，侍官三二日间，唯饮涧水，鸿宾奉献酒食，迎于稠桑，文武从者，始解饥渴。武帝把其手曰：“寒松劲草，所望于卿也。事平之日，宁忘主人。”仍留守潼关。后神武来寇，见禽至并州，忧恚卒。

　　鸿宾弟鸿显，位散骑常侍，封县侯。遐乳母所产也，一字七宝。遐养之为弟，因姓毛氏。劲悍多力，后随诸兄战斗，多先锋陷阵。大统四年，为广州刺史，与骆超镇东阳，陷东魏。卒。子野义。

乙弗朗字通照,其先东部人也。世为部落大人,与魏徙代,后因家上乐焉。

朗少有侠气,在乡里以善骑射称。孝庄末,北边扰乱,避地居并、肆间。尔朱荣见而重之,甚相接待,以功封莲勺子。后隶贺拔岳,从尔朱天光西讨,为岳左厢都督。孝武帝之御齐神武,授朗阁内大都督。及帝西入,诏朗为军司,先驱靖路。至长安,封长安县公。卒于岐州刺史。

初,朗患积冷,周文赐三石东生散,令朗法服之,使人问疾,朝夕相继,见重如此。临终惟云“恨不见河、洛清平,重反京县”,以此为恨,三举手捶床,而便气尽。赠太尉。

子凤,位宫伯、开府仪同三司。与周闵帝谋宇文护,见杀。

论曰:朱瑞以向义受戮,延庆以违顺遇祸,各其命焉。斛斯椿屡践危机,终获贞吉,岂人谋之所致也?征沿闻强记,以夔、襄任己,终使《咸》《英》不坠,《韶》《濩》惟新。加以尽心所事,无忘直道,抗辞正色,颠沛不渝,盖有周之忠烈乎。贾显智、樊子鹄、侯深等并驱驰风尘之际,但自陷夷戮,观其遗迹,虽获罪于霸政,求之有魏,得失未可知也。

贺拔允昆季以勇略之资,当驰竞之日,并邀时投隙,展效立功。始则委质尔朱,中乃结款高氏,太昌之后,即帝图高,察其所由,固非守节之士。及胜垂翅江左,忧魏室之危亡,奋翼关西,感梁朝之顾遇,有长者之风矣。终能保荣持宠,良有以焉。岳以二千赢兵,抗三秦劲敌,奋其智勇,克翦凶渠,杂种畏威,遐方慕义,斯亦一时之盛矣。卒以勋高速祸,无备婴戮,惜哉!昔陈涉首事不终,有汉因而创业;贺拔功成凤殒,周文籍以开基。不有所废,君何以兴?信乎其然矣。

侯莫陈悦肆行残慝,死不旋踵,观其亡灭,盖自取之。念贤有始有卒,取敬群公。梁览终以取祸,鲜克之义。雷绍驰骛云雷之秋,毛遐史弟致力经纶之日,乙弗朗展转扰攘之中,卒获归顺,美矣!

北史卷五○
列传第三八

> 辛雄　　杨机　　高道穆　　綦俊
> 山伟　　宇文忠之　　费穆
> 孟威

　　辛雄字世宾,陇西狄道人也。父畅,汝南、乡郡二郡太守。雄有孝性,居父忧,殆不可识。清河王怿为司空,辟为左曹。怿迁司徒,仍授左曹。雄用心平直,加以闲明政事,经其断割,莫不悦服。怿每谓人曰:"必也无讼,辛雄有焉。"历尚书驾部、三公郎。会沙汰郎官,唯雄与羊深等八人见留,余悉罢遣。

　　先是,御史中丞、东平王匡复欲舆棺谏净,尚书令、任城王澄劾匡大不敬,诏恕死,雄奏理匡曰:"窃惟白衣元匡,历奉三朝,每蒙宠遇,谔谔之性,简自帝心。故高祖锡之以匡名,陛下任之以弹纠。当高肇之时,匡造棺致谏,主圣臣直,卒以无咎,假欲重造,先帝已容之于前,陛下亦宜宽之于后。"未几,匡除平州刺史。右仆射元钦称雄之美,左仆射萧宝夤曰:"吾闻游仆射云:'得如雄者四五人共省事,足矣。'今日之赏,何其晚哉!"

　　初,廷尉少卿袁翻以犯罪之人,经恩竞诉,枉直难明。遂奏曾染风闻者,不问曲直,推为狱成,悉不断理。诏门下、尚书、廷尉议之。雄议曰:"《春秋》之义,不幸而失,宁僭不滥。僭则失罪人,滥乃害善人。今议者不忍罪奸吏,使出入纵情,令君子小人,薰莸不别,岂所谓赏善罚恶,殷勤隐恤者也?古人唯患察狱之不精,未闻知冤而不理。"诏从雄议。自后每有疑议,雄与公卿驳难,事多见从。于是公能之名甚盛。

又为《禄养论》,称仲尼陈五孝,自天子至于庶人,无致仕之文。《礼记》:八十,一子不从政,九十,家不从政。郑玄注云:"复除之。"然则止复庶人,非公卿士大夫之谓。以为宜听禄养,不约其年。书奏,孝明纳之。后除司空长史。时诸公皆慕其名,欲屈为佐,莫能得也。

时诸方贼盛,而南寇侵境,山蛮作逆,孝明欲亲讨,以荆州为先。诏雄为行台左丞,与临淮王彧,东趣叶城,别将裴衍,西通鸦路。衍稽留未进,彧师已次汝滨,逢北沟求救,彧以处分道别,不欲应之。雄曰:"王执麾阃外,唯利是从,见可而进,何必守道?"彧恐后有得失之责,要雄符下。雄以车驾将亲伐,蛮夷必怀震动,乘彼离心,无往不破,遂符彧军,令速赴击。贼闻,果自走散。

在军上疏曰:"凡人所以临坚陈而忘身,触白刃而不惮者,一则求荣名,二则贪重赏,三则畏刑罚,四则避祸难。非此数事,虽圣王不能劝其臣,慈父不能厉其子。明主深知其情,故赏必行,罚必信,使亲疏贵贱,勇怯贤愚,闻钟鼓之声,见旌旗之列,莫不奋激,竞赴敌场。岂厌久生而乐早死也?利害县于前,欲罢不能耳。自秦、陇逆节,将历数年,蛮左乱常,稍已多载。凡在戎役,数十万人,三方之师,败多胜少,迹其所由,不明赏罚故也。陛下欲天下之早平,愍征夫之勤悴,乃降明诏,赏不移时。然兵将之勋,历稔不决,亡军之卒,晏然在家,致令节士无所劝慕,庸人无所畏慑。进而击贼,死交而赏赊,退而逃散,身全而无罪,此其所以望敌奔沮,不肯进力者矣。若重发明诏,更量赏罚,则军威必张,贼难可弭。臣闻必不得已,去食就信,以此推之,信不可斯须废也。赏罚,陛下之所易,尚不能全而行之,攻敌,士之所难,欲其必死,宁可得也?"后为吏部郎中。

及尔朱荣入洛,河阴之难,人情未安,雄潜窜不出。孝庄欲以雄为尚书,门下奏曰:"辛雄不出,存亡未知。"孝庄曰:"宁失亡而用之,可失存而不用也?"遂除度支尚书。

后以本官兼侍中、关西慰劳大使。将发,请事五条,一言逋悬租调,宜悉不征;二言简罢非时徭役,以纾人命;三言课调之际,使丰俭有殊,令州郡量检,不得均一;四言兵起历年,死亡者众,或父或子,辛酸未歇,见存耆老,请假板职,悦生者之意,慰死者之鬼;五言丧乱既久,礼仪罕习,如有闺门和穆,孝悌卓然者,宜旌其门闾。庄帝从之,因诏人年七十者授县,八十授郡,九十加四品将军,百岁从三品将军。

永熙二年,兼吏部尚书。时近习专恣,雄惧其谗愬,不能守正,论者颇讥之。孝武南狩,雄兼左仆射,留守京师。永熙末,兼侍中。帝入关右,齐神武至洛,于永宁寺大集朝士,责雄及尚书崔孝芬、刘廞、杨机等曰:"为臣奉主,匡危救乱。若处不谏净,出不陪随,缓则耽宠,急便窜避,臣节安在?"乃诛之。

二子,士璨、士贞,逃入关中。

雄从父兄纂,字伯将,学涉文史,温良雅正。初为兖州安东府主簿,与秘书丞同郡李伯尚有旧。伯尚与咸阳王禧同逆,逃窜投纂,事觉,坐免官。后为太尉骑兵参军,每为府主清河王怿所赏。至定考,怿曰:"辛骑兵有学才,宜为上第。"

及梁将曹义宗攻新野,诏纂为荆州军司。纂善抚将士,人多用命,贼甚惮之。会孝明崩讳至,咸以对敌,欲秘凶问。纂曰:"安危在人,岂关是也。"遂发丧号哭,三军缟素,还入州城,申以盟约。寻为义宗所围,相率固守。孝庄即位,除兼尚书,仍行台。后大都督费穆击义宗禽之,入城,因举酒属纂曰:"微辛行台之在斯,吾亦无由建此功也。"

永安二年,元颢乘胜至城下,为颢禽。及孝庄还宫,纂谢不守之罪。帝曰:"于时朕亦北巡,东军不守,岂卿之过。"转荥阳太守。百姓姜洛生、康乞得者,旧是前太守郑仲明左右,豪猾偷窃,境内患之。纂肆捕禽获,枭于郡市,百姓欣然。纂侨属洛阳,太昌中,乃为河南邑中正。

永熙三年,除河内太守。齐神武赴洛,兵集城下,纂出城谒,神武慰勉之。因命前侍中司马子如曰:"吾行途疲弊,宜代吾执河内手也。"寻为兼尚书、南道行台、西荆州刺史。时蛮酋樊大能应西魏,纂攻之不克而败,为西魏将独孤信所害。赠司徒公。雄族祖琛。

琛字僧贵。祖敬宗,父树宝,并代郡太守。

琛少孤,曾过友人,见其父母无恙,垂涕久之。释褐奉朝请、荥阳郡丞。太守元丽性颇使酒,琛每谏之。丽后醉,辄令闭阁,曰:"勿使丞入也。"孝文南征,丽从舆驾,诏琛曰:"委卿郡事,如太守也。"景明中,为扬州征南府长史。刺史李崇,多事产业,琛每谏折,崇不从,遂相纠举,诏并不问。后加龙骧将军、南梁太守。崇因置酒谓琛曰:"长史后必为刺史,但不知得上佐何如人耳。"琛对曰:"若万一叨忝,得一方正长史,朝夕闻过,是所愿也。"崇有惭色。卒于官。

琛宽雅有度量,涉猎经史,喜愠不形于色。当官奉法,所在有称。

长子悠,字元寿,早有器业,为侍御史,监扬州军。贼平,录勋书,时李崇犹为刺史,欲寄人名,悠不许。崇曰:"我昔逢其父,今复逢其子。"早卒。

悠弟俊,字叔义,有文才。魏子建为山南行台,以为郎中。有军国机断。还京,于荥阳为人所劫害。赠东秦州刺史。俊弟术。

术字怀哲,少明敏,有识度,解褐司空胄曹参军。与仆射高隆之共典营构邺都宫室,术有思理,百工克济。再迁尚书右丞,出为清河太守,政有能名。追授并州长史,遭父忧去职。清河父老数百人,诣阙上书,请立碑颂德。齐文襄嗣事,与尚书左丞宋游道、中书侍郎李绘等并追诣晋阳,俱为上客。累迁散骑常侍。

武定六年,侯景叛,除东南道行台尚书,封江夏县男。与高岳等破侯景,禽萧明,迁东徐州刺史,为淮南经略使。齐天保元年,侯景征江西租税,术率诸军度淮断之,烧其稻数百万石。迁镇下邳,人随术北度淮者三千余家。东徐州刺史郭志杀郡守,文宣闻之,敕术:自今所统十余州地,诸有犯法者,刺史先启听报;以下先断,后表闻。

齐代行台兼总人事，自术始也。安州刺史、临清太守、盱台薪城二镇将犯法，术皆案奏杀之。睢州刺史及所部郡守，俱犯大辟，朝廷以其奴婢百口及赀财赐术。三辞不见许，术乃送诣所司，不复以闻。邢邵闻之，遗术书曰：“昔钟离意云：孔子忍渴于盗泉，便以珠玑委地。足下今能如此，可谓异代一时。”

及王僧辩破侯景，术招携安抚，城镇相继款附，前后二十余州。于是移镇广陵，获传国玺送邺，文宣以玺告于太庙。此玺即秦所制，方四寸，上纽交盘龙，其文曰：“受命于天，既寿永昌。”二汉相传，又历魏、晋；晋怀帝败，没于刘聪；聪败，没于石氏；石氏败，晋穆帝永和中，濮阳太守戴僧施得之，遣督护何融送于建业；历宋、齐、梁，梁败，侯景得之，景败，侍中赵思贤以玺投景南兖州刺史郭元建，送于术，故术以进焉。

寻征为殿中尚书，领太常卿。仍与朝贤，议定律令。迁吏部尚书，食南兖州梁郡干。迁邺以后，大选之职，知名者数四，互有得失，未能尽美。文襄少年高朗，所弊也疏；袁叔德沈密谨厚，所伤者细；杨愔风流辩给，取士失于浮华，唯术性尚贞明，取士以才以器，循名责实，新旧参举，管库必擢，门阀不遗。考之前后铨衡，在术最为折衷，甚为当时所称举。天保末，文宣尝令术选百员官，参选者二三千人，术题目士子，人无谤讟，其所旌擢，后亦皆致通显。

术清俭寡嗜欲，勤于所职，未尝暂懈，临军以威严，牧人有惠政。少爱文史，晚更勤学，虽在戎旅，手不释卷。及定淮南，凡诸货物，一豪无犯。唯大收典籍，多是宋、齐、梁时佳本，鸠集万余卷，并顾、陆之徒名画，二王已下法书，数亦不少，俱不上王府，唯入私门。及还朝，颇以饷遗贵要，物议以此少之。十年卒，年六十。皇建二年，赠开府仪同三司、中书监、青州刺史。

子阁卿，尚书郎。

阁卿弟衡卿，有识学，开府参军事，隋大业初，卒于太常丞。术族子德源。德源字孝基，祖穆，魏平原太守。父子馥，尚书左丞。

德源沈静好学，十四解属文，及长，博览书记。美仪容，中书侍郎裴让之特相爱好,兼有龙阳之重。齐尚书仆射杨遵彦、殿中尚书辛术皆一时名士,并虚襟礼敬,同举荐之。

后为兼员外散骑侍郎,聘梁使副。德源本贫素,因使,薄有资装,遂饷执事,为父求赠,时论鄙之。中书侍郎刘逖上表荐德源:弱龄好古,晚节逾厉,枕籍《六经》,渔猎百氏。文章绮艳,体调清华。恭慎表于闺门,谦执著于朋执。实后进之辞人,当今之雅器。由是除员外散骑侍郎,后兼通直散骑常侍,聘陈。及还,待诏文林馆,位中书舍人。

齐灭,仕周为宣纳上士。因取急诣相州,会尉迟迥起逆,以为中郎,德源辞不获免,遂亡去。隋受禅,不得调者久之。隐林虑山,郁郁不得志,著《幽居赋》以自寄。素与武阳太守卢思道友善,时相往来。魏州刺史崔彦武奏德源潜为交结,恐有奸计,由是谪令从军讨南宁。

及还,秘书监牛弘以德源才学显著,奏与著作郎王劭同修国史。德源每于务隙撰集,注《春秋三传》三十卷,注《杨子法言》二十三卷。蜀王秀奏以为掾,转谘议参军,卒官。有集二十卷,又撰《政训》、《内训》各二十卷。有子素臣。

德源从祖兄元植,齐天保中,司空司马。学涉,有名闻于世。

德源族叔珍之,少有气侠,历位北海太守,后行平州事,卒于州。赠骠骑大将军、洛州刺史,谥曰恭。

子愆,武定未,开府铠曹参军。

杨机字显略,天水冀人也。祖伏恩,徙居洛阳,因家焉。

机少有志节,为士流所称。河南尹李平、元晖,并召署功曹。晖尤委以郡事。或谓晖曰:"弗躬弗亲,庶人弗信,何得委事于机,高卧而已。"晖曰:"吾闻君子劳于求士,逸于任贤,吾既委得其才,何为不可?"由是声名更著。时皇子国官多非其人,诏选清直之士,机见举为京兆王愉国中尉,愉甚敬惮之。后为洛阳令,京辇伏其威风。诉讼者一经其前,后皆识其名姓,并记其事理。历司州别驾、清河内史,河北太守,并有能名。永熙中,除度支尚书。

机方直之心,久而弥厉,奉公正己,为时所称。家贫无马,多乘小犊车,时论许其清白。与辛雄等并为齐神武所诛。

高恭之字道穆,自云辽东人也。祖潜,献文初,赐爵阳关男。诏以沮渠牧犍女赐潜为妻,封武威公主,拜驸马都尉。

父崇,字积善,少聪敏,以端谨称。家资富厚,而崇志向俭素。初,崇舅氏坐事诛,公主痛本生绝胤,遂以崇继牧犍后,改姓沮渠。景明中,启复本姓,袭爵,除洛阳令。为政清断,吏人畏其威风,发擿不避强御,县内肃然。卒,赠沧州刺史,谥曰成。

道穆以字行于世,学涉以史,所交皆名流俊士。幼孤,事兄如父。每谓人曰:“人生厉心立行,贵于见知,当使夕脱羊裘,朝佩珠玉。若时不我知,便须退迹江海,自求其志。”御史中尉元匡高选御史,道穆奏记求用于匡,遂引为御史。

其所纠擿,不避权豪。正光中,出使相州。前刺史李世哲,即尚书令崇之子,多有非法,逼买人宅,广兴屋宇,皆置鸱尾,又于马埒堠上为木人执节。道穆绳纠,悉毁去之,并表发其赃货。尔朱荣讨蠕蠕,道穆监其军事,荣甚惮之。萧宝夤西征,以为行台郎中,委以军机之事。

后属兄谦之被害,情不自安,遂托身于孝庄。孝庄时为侍中,深相保护。及即位,赠爵龙城侯,除太尉长史,领中书舍人,及元颢逼武牢,或劝帝赴关西者,帝以问道穆,道穆言关中残荒,请车驾北度,循河东下,帝然之。其夜到河内郡北,帝命道穆烛下作诏书,布告远近,于是四方知乘舆所在。寻除给事黄门侍郎、安喜县公。于时尔朱荣欲回师待秋,道穆谓荣曰:“大王拥百万之众,辅天子而令诸侯,此桓、文之举也。今若还师,令颢重完守具,可谓养虺成蛇,悔无及矣。”荣深然之。及孝庄反政,因宴次谓尔朱荣曰:“前若不用高黄门计,社稷不安,可为朕劝其酒,令醉。”因荣陈其作监军时,临事能决,实可任用,寻除御史中尉,仍兼黄门。

道穆外执直绳，内参机密，凡是益国利人之事，必以奏闻。谏争尽言，无所顾惮。选用御史，皆当世名辈，李希宗、李绘、阳休之、阳斐、封君义、邢子明、苏淑、荣世良等三十人。

于时用钱称薄，道穆表曰："百姓之业，钱货为本，救弊改铸，王政所先。自顷以来，私铸薄滥，官司纠绳，挂网非一。在市铜价，八十一文得铜一斤，私铸薄钱，斤余二百。既示之以深利，又随之以重刑，得罪者虽多，奸铸者弥众。今钱徒有衣五铢之文，而无二铢之实，薄甚榆荚，上贯便破，置之水上，殆欲不沈。因循有渐，科防不切，朝廷失之，彼复何罪。昔汉文帝以五分钱小，改铸四铢。至武帝复改三铢为半两。此皆以大易小，以重代轻也。论今据古，宜改铸大钱，文载年号，以记其始。则一斤所成，止七十六文。铜价至贱，五十有余，其中人功、食料、锡炭、松砂，纵复私营，不能自润。直置无利，自应息心，况复严刑广设也？以臣测之，必当钱货永通，公私获允。"后遂用杨侃计，铸永安五铢钱。

仆射尔朱世隆当朝权盛，因内见，衣冠失仪，道穆便即弹纠。帝姊寿阳公主行犯清路，执赤棒卒呵之不止，道穆令卒棒破其车。公主深恨，泣以诉帝。帝曰："高中尉清直人，彼所行者公事，岂可私恨责之也？"道穆后见帝，帝曰："一日家姊行路相犯，深以为愧。"道穆免冠谢，帝曰："朕以愧卿，卿反谢朕！"寻敕监仪注。又诏："秘书图籍及典书缃素，多致零落，可令道穆总集帐目，并牒儒学之士，编比次第。"

道穆又上疏曰："高祖太和之初，置廷尉司直，论刑辟是非，虽事非古始，交济时要。窃见御史出使，悉受风闻，虽时获罪人，亦不无枉滥。何者？得尧之罚，不能不怨，守令为政，容有爱憎，奸猾之徒，恒思报恶，多有妄造无名，共相诬谤。御史一经检究，耻于不成，杖木之下，以虚为实。无罪不能自雪者，岂可胜道哉！臣虽愚短，守不假器，绣衣所指，冀以清肃。若仍更踵前失，或伤善人，则尸禄之责，无所逃罪。如臣鄙见，请依太和故事，还置司直十人，名隶廷尉，以五品，选历官有称，心平性正者为之。御史若出纠劾，即移廷尉，令知人数。廷尉遣司直与御史俱发,所到州郡,分居别馆。御史检了,移付司直,司直覆问事讫,与御史俱还。中尉弹闻,廷尉科案,一如旧式。庶使狱成罪定,无复稽宽,为恶取败,不得称枉。若御史、司直纠劾失实,悉依所断狱罪之。听以所检,送相纠发。如二使阿曲,有不尽理,听罪家诣门下通诉,别加案检。如此则肺石之傍,怨讼可息,丛棘之下,受罪吞声者矣。”诏从之,复置司直。

及尔朱荣死,帝召道穆,付赦书,令宣于外,谓曰:“今当得精选御史矣。”帝召道穆,付赦书,令宣于外。谓曰:“当今得精选御史矣!”先是荣等常欲以其亲党为御史,故有此诏。及尔朱世隆等战于大夏门北,道穆受诏督战。又赞成太府卿李苗断桥之计,世隆等于是北遁。加卫将军、大都督,兼尚书右仆射、南道大行台。时虽外托征蛮,而帝恐北军不利,欲为南巡之计。未发,会尔未兆入洛,道穆虑祸,托病去官。世隆以其忠于前朝,遂害之。太昌中,赠车骑大将军、仪同三司、雍州刺史。

子士镜袭爵,为北豫州刺史。道穆兄谦之。

谦之字道让,少事后母以孝闻。专意经史,天文、算历、图纬之书,多所该涉。好文章,留心《老》、《易》。袭父爵。

孝昌中,行河阴令。先是有人囊盛瓦砾,指作钱物,诈市人马,因而逃去。诏令追捕,必得以闻。谦之乃伪枷一囚,立于马市宣言是前诈市马贼,今欲刑之。密遣腹心,察市中私议者。有二人相见忻然曰:“无复忧矣!”执送案问,悉获其党。并出前后盗处,失物之家,各得其本物,具以状告。寻正河阴令。在县二年,损益政体,多为故事。时道穆为御史,亦有能名,世美其父子兄弟并著当官之称。

旧制,二县令得面陈得失,时佞幸之辈,恶其有所发闻,遂共奏罢。谦之乃上疏曰:“臣以无庸,谬宰神邑,实思奉法不挠,称是官方。酬朝廷无赀之恩,尽人臣守器之节。但豪家支属,戚里亲媾,缧绁所及,举目多是。皆有盗憎之色,咸起恶上之心。县令轻弱,何能克济!先帝昔发明诏,得使面陈所怀。臣亡父先臣崇之为洛阳令,常得入奏是非,所以朝贵敛手,无敢干政。近年已来,此制遂寝,致使神宰威轻，下情不达。今二圣远遵尧、舜，宪章高祖，愚臣亦望策其驽骞，少立功名。乞行新典，更明往制，庶奸豪知禁，颇自屏心。”诏付外量闻。

谦之又上疏，以为“自正光以来，边城屡扰，命将出师，相继于路。但诸将帅，或非其才，多遣亲者，妄称入募，唯遣奴客充数而已。对寇临敌，略不弯弓。则是王爵虚加，征夫多阙，贼虏何可殄除？忠贞何以劝诫也？且近习侍臣，戚属朝士，请托官曹，擅作咸福。如有清贞奉法不为回者，咸共谮毁，横受罪罚。在朝顾望，肯肯申闻？蔽上拥下，亏风损政，使谗谄甘心，忠谠息义。且频年以来，多有征发，人不堪命，动致流离，苟保妻子，竞逃王役，不复顾其桑井，惮此刑书。正由还有必困之理，归无自安之路，若听归其本业，徭役微甄，则还者必众，恳田增辟，数年之后，大获课入。今不务以理还之，但欲严符切勒，恐数年之后，走者更多。故有国有家者，不患人不我归，唯患政之不立；不恃敌不我攻，唯恃吾不可侮。此乃千载共遵，百王一致。伏顾少垂览察。”灵太后得其疏，以责左右近侍，诸宠要者由是疾之。乃启太后，云谦之有学艺，除为国子博士。

谦之与袁翻、常景、郦道元、温子升之徒，咸申款旧。好施赡恤，言诺无亏。居家僮隶，对其儿不挞其父母，生三子便免其一世。无髡黥奴婢，常称：“俱禀人体，如何残害？”谦之以父舅氏沮渠蒙逊曾据凉土，国书漏阙，乃修《凉书》十卷，行于世。凉国盛事佛道，为论贬之，称佛是九流之一家。当世名流，竞以佛理来难，谦之还以佛义对之，竟不能屈。以时所行历多未尽善，乃更改元修者撰，为一家之法。虽未行于世，识者叹其多能。

时朝议铸钱，以谦之为铸钱都将长史，乃上表求铸三铢钱曰：

盖钱货之立，本以通有无，便交易，故钱之轻重，世代不同。太公为周置九府圜法。至景王时，更铸大钱。秦兼海内，钱重半两。汉兴，以秦钱重，改铸榆荚钱。至文帝五年，复为四铢。孝武时悉复销坏，更铸三铢。至元狩中，变为五铢。又造赤仄之钱，以一当五。王莽摄政，钱有六等：大钱重十二铢，次九铢,次七铢,次五铢,次三铢,次一铢,魏文帝罢五铢钱,至明帝复立。孙权江左铸大钱,一当五百。权赤乌年,复铸大钱,一当千。轻重大小,莫不随时而变。

窃以食货之要,八政为首,聚财之贵,诒训典文。是以昔之帝王,乘天地之饶,御海内之富,莫不腐红粟于太仓,藏朽贯于泉府,储蓄既盈,人无困弊,可以宁谧四海,如身使臂者矣。昔汉之孝武,地广财饶,外事四戎,遂虚国用。于是草茅之臣,出财助国,兴利之计,纳税庙堂,市列榷酒之官,邑有告缗之令,盐铁既兴,钱币屡改,少府遂丰,上林饶积。外辟百蛮,内不增赋者,皆计利之由也。

今群妖未息,四郊多垒,征税既烦,千金日费,仓储渐耗,财用将竭,诚杨氏献税之秋,桑儿言利之日,夫以西京之盛,钱犹屡改,并行大小,子母相权,况今寇难未除,州郡沦败,人物凋零,军国用少,别铸小钱,可以富益,何损于政,何妨于人也?且政兴不以钱大,政衰不以钱小,唯贵公私得所,政化无亏,既行之于古,亦宜效之于今矣。昔禹遭大水,以历山之金铸钱,救人之困。汤遭大旱,以庄山之金铸钱,赎人之卖子者。

今百姓穷悴,甚于曩日,钦明之主,岂得垂拱而观之哉?臣今此铸,以济交乏,五铢之钱,任使并用,行之无损,国得其益。诏将从之,事未就,会卒。

初,谦之弟道穆,正光中为御史,纠相州刺史李世哲事,大相挫辱,其家恒以为憾。至是世哲弟神轨为灵太后深所宠任,会谦之家僮诉良,神轨左右之,入讽尚书,判禁谦之于廷尉。时将赦,神轨乃启灵太后,发诏于狱赐死。朝士莫不哀之。所著文章百余篇,别有集录。永安中,赠营州刺史,谥曰康。又除一子出身,以明冤屈。

谦之弟谨之,字道修。父崇既还本姓,以谨之继沮渠氏。

綦俊字㩧显,河南洛阳人也。其先居代。俊孝庄时仕,累迁为沧州刺史,甚为吏人畏悦。寻除太仆卿。及尔朱世隆等诛,齐神武召文武百司,下及士庶,议所立,莫有应者。俊避席曰:"广陵王虽为尔朱扶戴,当今之圣主也。"神武将从之。时黄门崔悛议不同,高乾、魏兰根等固执悛言,遂立孝武帝。及帝入关,神武深思俊言,常以为恨。

寻除御史中尉,于路与仆射贾显度相逢,显度恃勋贵,排俊骖列倒,俊忿见于色,自入奏之。寻加散骑常侍、骠骑大将军、左光禄大夫,仪同三司。俊佞巧,能候当涂,斛斯椿、贺拔胜皆与友善。性多诈,贺拔胜出镇荆州,过俊别,因辞俊母,俊故见败毡弊被,胜更遗之钱物。后兼吏部尚书,复为沧州刺史。征还,兼中尉,章武县伯。寻除殷州刺史,薨于州。赠司空公,谥曰文贞。

子洪实字巨正,位尚书左右郎、魏郡邑中正。嗜酒好色,无行检,卒官。

山伟字仲才,河南洛阳人也。其先居代。祖强,美容貌,身长八尺五寸,工骑射,弯弓五石,为奏事中散。从献文猎方山,有两狐起于御前,诏强射之,百步内,二狐俱获。位内行长。父幼之,位金明太守。

伟涉猎文史,孝明初,元匡为御史中尉,以伟兼侍御史。入台五日,便遇正会,伟司神武门,其妻从叔为羽林队主,挝直长于殿门,伟即劾奏。匡善之,俄然奏正,帖国子助教,迁员外郎、廷尉评。

时天下无事,进仕路难,代迁之人,多不沾预。及六镇、陇西二方起逆,领军元乂欲用代来寒人为传诏,以慰悦之。而牧守子孙投状求者百余人,又因奏立勋附队,令各依资出身,自是北人,悉被收叙。伟遂奏记,赞乂德美。乂素不识伟,访侍中安丰王延明、黄门郎元顺,顺等因是称荐之。又令仆射元钦引伟兼尚书二千石郎,后正名士郎,修起居注。仆射元顺领选,表荐为谏议大夫。

尔朱荣之害朝士,伟时守直,故免祸。及孝庄入宫,仍除伟给事黄门侍郎。先是伟与仪曹郎袁升、屯田郎李延考、外兵郎李奂、三公郎王延业方驾而行,伟少居后,路逢一尼,望之叹曰:"此辈缘业,同

日而死。"谓伟曰："君方近天子,当作好官。"而升等四人皆于河阴
遇害,果如其言。

　　俄领著作郎,节闵帝立,除秘书监,仍著作。初,尔朱兆入洛,官
守奔散,国史典书高法显密埋史书,故不遗落。伟自以为功,诉求爵
赏。伟挟附世隆,遂封东河阿县伯,而法显止获男爵。伟寻进侍中。
孝静初,除卫大将军,中书令,监起居。后以本官复领著作,卒官。赠
骠骑大将军、开府仪同三司、都督、幽州刺史,谥曰文贞公。

　　国史自邓彦海、崔深、崔浩、高允、李彪、崔光以还,诸人相继撰
录。綦俊及伟等诣说上党王天穆及尔朱世隆,以为国书正应代人修
缉,不宜委之余人,是以綦、伟等更主大籍。守旧而已,初无述著,故
自崔鸿死后,迄终伟身,二十许载,时事荡然,万不记一。后人执笔,
无所凭据,史之遗阙,伟之由也。

　　外示沈厚,内实矫竞,与綦俊少甚相得,晚以名位之间,遂若水
火。与宇文忠之徒代人为党,时贤畏恶之。而爱尚文史,老而弥笃。
伟弟少亡,伟抚寡训孤,同居二十余载,恩义甚笃。不营产业,身亡
之后,卖宅营葬,妻子不免飘泊,士友叹愍之。长子昂袭爵。

　　宇文忠之,河南洛阳人也。其先南单于之远属,世据东部,后居
代都。父侃,卒于书侍御史。

　　忠之涉猎文史,颇有笔札,释褐太学博士。天平初,除中书侍
郎。裴伯茂与之同省,常侮忽之,以忠之色黑,呼为"黑宇。"后敕修
国史。元象初,兼通直散骑常侍,副郑伯猷,使梁。武定初,为尚书
右丞,仍修史。未几,以事除名。

　　忠之好荣利,自为中书郎六七年矣,遇尚书省选右丞,预选者
皆射策,忠之试焉。既获丞职,大为忻满,志气嚣然,有骄物之色。识
者笑之。既失官爵,怏怏发疾,卒。子君山。

　　费穆字朗兴,代人也。祖于,位商贾二曹令、怀州刺史,赐爵松
阳男。父万袭爵。位梁州镇将,赠冀州刺史。

穆性刚烈，有壮气，颇涉文史，好尚功名。宣武初，袭爵，稍迁泾州平西府长史。时刺史皇甫集，灵太后之元舅，恃外戚之亲，多为非法。穆正色匡谏，集亦惮之。

后蠕蠕主婆罗门自凉州归降，其部众因饥侵掠边邑，诏穆衔旨宣慰，莫不款附。明年复叛，入寇凉州。除穆兼尚书右丞、西北道行台，仍为别将，往讨之。穆至凉州，蠕蠕遁走。穆谓其所部曰："夷狄兽心，见敌便走，若不令其破胆，终恐疲于奔命。"乃简练精骑，伏于山谷，使羸步之众为外营，以诱之。贼骑觇见，俄而竞至，伏兵奔击，大破之。

及六镇反叛，穆为别将，隶都督李崇北伐。都督崔暹失利，崇将议班师，以朔州是白道之冲，贼之咽喉，若不全，则并、肆危，选将镇捍，佥议举穆。崇乃请穆为朔州刺史。寻改云州刺史。穆招离聚散，颇复人心，北境州镇皆没，唯穆独存。久之，援军不至，穆乃弃城南走，投尔朱荣于秀容。既而诣阙请罪，诏原之。孝昌中，以都督讨平二绛反蜀，拜散骑常侍。后袄贼李洪于阳城起逆，连结蛮左，诏穆兼武卫将军，击破之。

及尔朱荣向洛，灵太后征穆，令屯小平。荣推奉孝庄，穆遂先降。荣素知穆，见之甚悦。穆潜说荣曰："公士马不出万人，长驱向洛，前无横陈者，政以推奉主上，顺人心故。今以京师之众，百官之盛，一知公之虚实，必有轻侮之心。若不大行讨罚，更树亲党，公还北之日，恐不得度太行而内难行矣。"荣心然之，于是有河阴之事。天下闻之，莫不切齿。荣入洛，穆为吏部尚书、鲁县侯，进封赵平郡公。为侍中、前锋大都督，与大将军元天穆讨平邢杲。

时元颢入京师，穆与天穆既平齐地，将击颢。穆围武牢，将拔，属天穆北度，既无后继，穆遂降颢。颢以河阴酷滥，事起于穆，引入诘让，杀之。孝庄还宫，赠侍中、司徒公，谥曰武宣。

孟威字能重，河南洛阳人也。颇有气尚，尤知北土风俗。历东宫斋帅、羽林监。后以明解北人语，敕在著作，以备推访。累迁沃野镇将。前后频使远藩,粗能称旨。普泰中,除大鸿胪卿,卒。赠司空公。子恂嗣。

论曰:辛雄吏能历职,琛以公方行己,怀哲体有清监,德源雅业无亏,并素门之所得也。杨机清断在公。道穆兄弟有政事之用。綦俊遭逢受职。山伟位行颇爽。忠之虽文史足用,而雅道蔑闻。费穆出身效力,功名著矣,末路一言,祸延簪带,其死也宜哉!孟威以方言陈力,其勤亦可称矣。

北史卷五一
列传第三九

齐宗室诸王上

赵郡王琛　清河王岳　广平公盛
阳州公永乐　襄乐王显国
上洛王思宗　平秦王归彦
长乐太守灵山　神武诸子

　　赵郡王琛字元宝,齐神武皇帝之弟也。少便弓马,有志气。封南赵郡公,累迁定州刺史、六州大都督,甚有声誉。及斛斯椿等衅结,神武帅师入洛阳,以晋阳根本,召琛留总相府政事。天平中,除御史中尉,正色纠弹,无所回避,远近肃然。寻乱神武后廷,因杖而毙,时年二十三。赠太尉、尚书令,谥曰贞。天平三年,又赠假黄钺、左丞相、太师、录尚书事,进爵为王。配享神武庙廷。子睿嗣。

　　睿小名须拔,幼孤,聪慧夙成,特为神武所爱,养于宫中,令游娘母之,恩异诸子。魏兴和中,袭爵南赵郡公。年至四岁,未尝识母。其母魏华山公主也,其从母姊郑氏戏谓曰:“汝是我姨儿,何倒亲游氏?”睿因访问,遂失精神。神武疑其感疾,睿曰:“儿无患苦,但闻有所生,欲得暂见。”神武惊,命元夫人至,就宫见之,睿前跪拜,因抱颈大哭。神武甚悲伤,谓平秦王曰:“此儿至孝,吾子无及者。”遂为休务一日。睿读《孝经》,至“资于事父”,辄流涕歔欷。十岁丧母,神武亲送至领军府,为发哀,举声殒绝,三日水浆不入口。神武与武明太后殷勤敦譬,方渐顺旨。居丧长斋,骨立,杖而后起。神武令常山王与同卧起,日夜喻之。并敕左右,不许进水,虽绝清漱,午辄不肯食,由是神武食必呼与同案。神武崩,哭泣呕血。及壮,将婚,貌有戚容。文襄谓曰:"我为尔娶郑述祖女,何嫌而不乐?"对曰:"自痛孤遗,方从婚冠,弥用感切。"言未卒,呜咽不自胜,文襄为之悯然。励之勤学,常夜久方罢。

文宣受禅,进爵为王。睿身长七尺,容仪甚伟,闲习吏事,有知人之鉴。天保二年,出为定州刺史、六州大都督,时年十七,稍为良牧。六年,诏睿领兵监筑长城,于时六月,睿途中屏盖扇,亲与军人同劳苦。定州先常藏冰,长史宋钦道以睿冒热,遣倍道送冰,正遇炎盛,咸谓一时之要。睿对之叹曰:"三军皆饮温冰,吾何义独进寒冰!"遂至销液,竟不一尝,兵人感悦。先是役罢,任其自归,丁壮先返,羸弱多致僵殒。睿于是亲帅营伍,强弱相恃,赖全者十三四焉。

八年,除都督、北朔州刺史。睿抚慰新迁,量置烽戍,备有条法,大为兵人所安。无水处祷而掘井,泉源涌出,至今号曰赵郡王泉。九年,济南以太子监国,因立大都督府,与尚书省分理众事,仍开府置佐史,文宣特崇其选,除睿侍中,摄大都督府长史。睿后因侍宴,帝从容谓常山王演等曰:"由来亦有如此长史不?"

皇建初,兼并州事。孝昭帝临崩,预受顾托,奉迎武成于邺,拜尚书令。天统中,追赠父琛假黄钺,母元氏赠赵郡王妃,谥曰贞昭,华阳长公主如故。有司备礼仪,就墓拜受。时隆冬盛寒,睿跣步号哭,面皆破裂,呕血数升。及还,不堪参谢。帝亲就第看问,拜司空、摄录尚书事。

河清三年,周师及突厥至并州,武成戎服,将以宫人避之,睿叩马谏,乃止。帝亲御戎,六军进止,并令取睿节度,而使段孝先总焉。帝与宫人被绯甲,登故北城以望,军营甚整。突厥咎周人曰:"尔言齐乱,故来伐之;今齐人眼中亦有铁,何可当邪!"乃还,至陉岭,冻滑,乃铺毡以度。胡马寒瘦,膝已下皆无毛。比至长城,死且尽,乃截稍杖之以归。是役也，段孝先持重，不与贼战，自晋阳失道，为虏所屠，无遗类焉。斛律光自三堆还，帝以遭大寇，抱其头哭。任城王湝进曰："何至此！"乃止。光面折孝先于帝前曰："段婆善为送女客。"于是以睿为能，加尚书令，封宣城郡公，拜太尉，监五礼。晚睿颇以酒色为和士开所构。睿久典朝政，誉望日隆，渐被疏忌，乃撰古忠臣义士，号曰《要言》，以致其意。

武成崩，葬后数日，睿与冯翊王润、安德王延宗及元文遥奏后主云："和士开不宜仍居内。"并入奏太后，因出士开为兖州刺史。太后欲留过百日，睿正色不许。太后令酌酒赐睿，睿正色曰："今论国家大事，非为卮酒。"言讫便出。其夜，睿方寝，见一人长可丈五尺，臂丈余，当门向床，以臂厌睿，良久遂失。甚恶之，起坐叹曰："大丈夫运命一朝至此！"且欲入朝，妻子咸谏止之。睿曰："社稷事重，吾当以死效之，吾宁死事先皇，不忍见朝廷颠沛。"至殿门，又有人曰："愿勿入。"睿曰："吾上不负天，死亦无恨。"入见太后，太后复以为言，睿执之弥固。出至永巷，被送华林园，于雀离佛院令刘桃枝拉杀之，时年三十六。大雾三日，朝野冤惜之。其年，诏听以王礼葬，竟无赠谥。

子整信嗣，好学有行检，位仪同三司，后终于长安。

清河王岳字洪略，神武从父弟也。父翻，字飞雀，以器度知名，卒于侍御中散。元象中，赠假黄钺、大将军、太傅、太尉、录尚书事，谥孝宣公。

岳幼孤贫，人未之知，长而敦直，姿貌巍然，深沉有器量。初居洛邑，神武每使入洛，必止岳舍。岳母山氏尝夜起，见神武室中无火而有光，移于别室，如前所见。怪之，诣卜者筮，遇《乾》之《大有》。占者曰："吉，《易》称'飞龙在天，大人造也'贵不可言。"山氏归报神武。神武后起岳于信都，山氏谓岳曰："赤光之瑞，今当验矣，汝可从之。"岳遂往信都，神武见之大悦。

及战于韩陵，神武将军中军，高昂将左军，岳将右军。中军败，岳举麾大呼,横冲贼阵,神武因大破贼,以功除卫将军、左光禄大夫,封清河郡公。母山氏封郡君,授女侍中,入侍皇后。天平二年,除侍中、六州军事都督,寻加开府。岳辟引时贤,以为僚属,论者美之。寻授使持节、六州大都督、冀州大中正。俄拜京畿大都督,其六州事悉隶京畿。时神武统务晋阳,岳与侍中孙腾等京师辅政。岳性至孝,母疾,衣不解带。及遭丧去职,哀毁骨立,神武忧之,每日遣人劳勉。寻起复本位,历冀晋二州刺史、西南道大都督,有绥边之称。

及神武崩,侯景叛,梁武乘间遣其贞阳侯明于寒山拥泗水灌彭城,与景为掎角声援。岳总诸军南讨,与行台慕容绍宗击破明,禽之。景仍于涡阳与左卫将军刘丰等相持,岳又破之。以功除太尉。又统慕容绍宗、刘丰等攻王思政于长杜,岳引洧水灌城。绍宗、刘丰为思政所获,西魏出岳援思政,岳内外防御,城不没者三板。会文襄亲临,数日克城,获思政等。以功别封真定县男。文襄以为己功,故赏典不弘。

文襄崩,文宣出抚晋阳,令岳以本官兼尚书左仆射,留镇邺。天保初,进封清河郡王。五年,加太保,寻为西南道大行台,统司徒潘相乐等救江陵。师次义阳,西魏克荆州。因略地,克郢州,获梁州刺史陆法和,送邺。诏岳旋师。

岳自讨寒山、长社及出随、陆,并有功,威名弥重。性华侈,尤悦酒色,歌姬舞女,陈鼎击钟,诸王皆莫及。初,高归彦少孤,神武令岳抚养。轻其年幼,情礼甚薄,归彦内衔之。及归彦为领军,岳谓其德己,更倚仗之。归彦密构其短,奏岳造城南大宅,僭拟为永巷,但无阙耳。帝后夜行,见壮丽,意不平。仍属帝召邺下妇人薛氏入宫,而岳先尝迎之至宅,由其姊也。帝县薛氏姊而锯杀从,让岳,以为奸人女。岳曰:“臣本欲取之,嫌其轻薄,非奸也。”帝益怒,使高归彦就宅赐以鸩。岳曰:“臣无罪。”彦曰:“饮之!”饮而薨。朝野惜之,时年三十四。诏大鸿胪护丧事,赠太宰、太傅、假黄钺、给辒辌车,谥曰昭武。敕以城南宅为庄严寺。

初,岳与神武经纶天下,家有私兵戎器,储甲千余领。文襄末,岳表求纳之,文襄推心相任,不许。文宣时,亦频请纳,又不许。将薨,遗表谢恩,并请上甲。葬毕,方许纳焉。皇建中,配享文襄庙庭。后归彦反,武成知其前谮,以归彦良贱百口赠岳家。赠岳太师、太保,余如故。子劢。

劢字敬德,幼聪敏,美风仪,以仁孝闻。七岁,袭爵清河王,十四,为青州刺史,历祠部尚书、开府仪同三司,改封安乐侯。性刚直,有才干,斛律光雅敬之,每征伐则引为副。迁侍中、尚书右仆射。

及后主为周师所败,劢奉太后归邺。时宦官放纵,仪同苟子溢尤幸,劢将斩以徇,太后救之,乃得释。刘文殊窃谓劢曰:“子溢之徒,言成祸福,何得如此!”劢攘袂曰:“今西军日侵,朝贵多叛,正由此辈弄权。若今日杀之,明日就诛,无恨。”文殊甚愧之。劢劝后主,五品已下家累,悉置三台上,胁之曰:若战不捷,则烧之,此辈必死战,乃可捷也。后主不从,遂弃邺东迁。劢恒后殿,为周军所得。武帝与语,大悦,因问齐亡所由,劢发言流涕,悲不自胜,帝为改容。授开府仪同三司。

隋文帝为丞相,谓曰:“齐亡由任邪佞,公父子忠良,闻于邻境,宜善自爱。”劢拜谢曰:“劢亡齐末属,不能扶危定倾,既蒙获宥,已多优幸,况滥叨名级,致速官谤。”帝甚器之,再迁楚州刺史。城北有伍子胥庙,其俗敬鬼,祈者必以牛酒,至破产业。劢叹曰:“子胥贤者,岂宜损百姓乎!”告谕所部,自是遂止,百姓赖之。

开皇七年,转光州刺史,上表曰:“陈氏数年已来,荒悖滋甚,天厌乱德,妖实人兴。或空里时有大声,或行路共传鬼怪,或剖人肝以祠天狗,或自舍身以厌妖讹。人神怨愤,怪异荐发。臣以庸才,猥蒙朝寄,频历蕃守,与其邻接,密迩仇雠,知其动静。天讨有罪,此即其时。若戎车雷动,戈船电迈,臣虽驽怯,请效鹰犬。”并上平陈五策,帝嘉之,答以优诏。及大举伐陈,以劢为行军总管,从宜阳公王世积下陈江州,以功拜上开府,赐物三千段。

时陇右诸羌,数为寇乱,朝廷以劢有威名,拜洮州刺史。下车大崇威惠,人夷悦附,豪猾屏迹,路不拾遗,以善政称。后吐谷浑来寇,劢时遇疾，不能拒战，贼遂大掠而去。宪司奏劢亡户口，坐免，卒于家。大唐褒显前代名臣，追赠都督四州诸军事、定州刺史。

子士廉最知名。

广平公盛，神武从叔祖也。宽厚有长者风，神武起兵于信都，盛来赴，以为中军大都督，封广平郡公。历位司徒、太尉。天平三年，薨于位，赠假黄钺、太尉、太师、录尚书事。无子，以兄子子瑗嗣。天保初，改封平昌王，卒于魏尹。

阳州公永乐，神武从祖兄子也。太昌初，封阳州县伯，进爵为公，累迁北豫州刺史，河桥之战，司徒高昂失利奔退，永乐守洛阳南城，昂走趣城南，西军追者将至，永乐不开门，昂遂为西军所禽。神武大怒，杖之二百。

后罢豫州，家产不立。神武问其故，对曰："裴监为长史，辛公正为别驾，受王委寄，斗酒只鸡不敢入。"神武乃以永乐为济州，仍以监、公正为长史、别驾。谓永乐曰："尔勿大贪，小小义取莫复畏。"永乐至州，监、公正谏不见听，以状启神武，神武封启以示永乐，然后知二人清直，并擢用之。永乐卒于州，赠太师、太尉、录尚书事，谥曰武昭。

无子，从兄思宗以第二子孝绪为后，袭爵。天保初，改封修城郡王。

永乐弟长弼，小名阿伽，性粗武，出入城市，好殴击行路，时人皆呼为阿伽郎君。以宗室封广武王。时有天恩道人，至凶暴，横行阛肆，后入长弼党，专以斗为事。文宣并收掩付狱，天恩等十余人皆弃市，长弼鞭一百。寻为南营州刺史，在州无故自惊走，叛亡入突厥，竟不知死所。

襄乐王显国，神武从祖弟也。无才伎，直以宗室谨厚，天保元年，封襄乐郡王。位右卫将军，卒。

　　上洛王思宗，神武从子也。性宽和，颇有武干。天保初，封上洛郡王，历位司空、太傅，薨于官。子元海，累迁散骑常侍，愿处山林，修行释典，文宣许之。乃入林虑山，经二年，绝弃人事。志不能固，自启求归。征复本任，便纵酒肆情，广纳姬侍。又除领军将军。器小志大，颇以智谋自许。

　　皇建末，孝昭幸晋阳，武成居守，元海以散骑常侍留典机密。初，孝昭之诛杨愔等，谓武成云，事成，以汝为皇太弟。及践位，乃使武成在邺主兵，立子百年为皇太子，武成甚不平。

　　先是，恒留济南于邺，除领军库狄伏连为幽州刺史，以斛律丰乐为领军，以分武成之权。武成留伏连而不听丰乐视事。乃与河阳王孝瑜伪猎，谋于野，暗乃归。先是童谣云："中兴寺内白凫翁，四方侧听声雍雍，道人闻之夜打钟。"时丞相府在北城中，即旧中兴寺也。凫翁谓雄鸡，盖指武成小字步落稽也。道人，济南王小名也。打钟，言将被击也。既而太史奏言，北城有天子气，昭帝以为济南应之，乃使平秦王归彦之邺，迎济南赴并州。武成先告元海，并问自安之计。元海曰："皇太后万福，至尊孝性非常，殿下不须别虑。"武成曰："此岂我推诚之意邪？"元海乞还省一夜思之。武成即留元海后堂，元海达旦不眠，唯绕床徐步。夜漏未尽，武成遽出曰："神算如何？"答云："夜中得三策，恐不堪用耳。"因说梁孝王惧诛入关事，请乘数骑入晋阳，先见太后求哀，后见主上，请去兵权，以死为限，求不干朝政，必保太山之安，此上策也。若不然，当具表云威权大盛，恐取谤众口，请青、齐二州刺史，沉靖自居，必不招物议，此中策也。更问下策，曰："发言即恐族诛。"因逼之，答曰："济南世嫡，主上假太后令而夺之，今集文武，示以此敕，执丰乐，斩归彦，尊济南，号令天下，以顺讨逆，此万世一时也。"武成大悦，狐疑，竟未能用。乃使郑道谦卜之，皆曰："不利举事，静则吉。"又召曹魏祖问之国事，对曰："当有大凶。"又时有林虑令在藩，知占候，密谓武成曰："宫车当晏驾，殿下为天下主。"武成拘之于内以候之。又令巫觋卜之，多云不须举兵,自有大庆。武成乃奉诏,令数百骑送济南于晋阳。

及孝昭崩,武成即位,除元海侍中、开府仪同三司、太子詹事。河清二年,元海为和士开谮,被马鞭六十,责云:"尔在邺城说我以弟反兄,几许不义!以邺城兵马抗并州,几许无智!不义无智,若为可使?"出为兖州刺史。

元海后妻,陆太姬甥也,故寻被追任使。武平中,与祖珽共执朝政。元海多以太姬密语告珽,珽求领军,元海不可,珽乃其所告报太姬。姬怒,出元海为郑州刺史。邺城将败,征为尚书令。周建德七年,于邺城谋逆,伏诛。

元海好乱乐祸,然诈仁慈,不饮酒啖肉。文宣天保末年,敬信内法,乃至宗庙不血食,皆元海所为。及为右仆射,又说后主禁屠宰,断酤酒。然本心非靖,故终致覆败。

思宗弟思好,本浩氏子也,思宗养以为弟,遇之甚薄。少以骑射事文襄。及文宣受命,为左卫大将军。本名思孝,天保五年讨蠕蠕,文宣悦其骁勇,谓曰:"尔击贼如鹘入鸦群,宜思好事。"故改名焉。累迁尚书令、朔州道行台、朔州刺史、开府、南安王。甚得边朔人心。

后主时,斫骨光弁奉使至州,思好迎之甚谨,光弁倨傲,思好因心衔恨。武平五年,遂举兵反,与并州诸贵书曰:"主上少长深宫,未辨人之情伪,昵近凶狡,疏远忠良。遂使刀锯刑余,贵溢轩阶,商胡丑类,擅权帷幄。剥削生灵,劫掠朝市,暗于听受,专行忍害。幽母深宫,无复人子之礼。二弟残戮,顿绝孔怀之义。仍纵子立夺马于东门,光弁掣鹰于西市。骏龙得仪同之号,逍遥受郡君之名。犬马班位,荣冠轩冕,人不堪役,思长乱阶。赵君王睿,实曰宗英,社稷惟寄。左丞相斛律明日,世为元辅,威著邻国;并非有辜,奄见诛殄。孤既忝预皇枝,实蒙殊奖,今便拥率义兵,指除君侧之害,幸悉此怀,无致疑惑。"行台郎王行思之辞也。

思好至阳曲,自号大丞相,置百官,以行台左丞王尚之为长史。武卫赵海在晋阳掌兵,时仓卒,不暇奏,矫诏发兵拒之。军士皆曰:"南安王来,我辈唯须唱万岁奉迎耳。"帝闻变,使唐邕、莫多娄敬显、刘桃枝、中领军库狄士文驰之晋阳,帝勒兵续进。思好军败,与行思投水而死。其麾下二千人,桃枝围之,且杀且招,终不降,以至于尽。

时帝在道,叱奴世安自晋阳送露布,于城平都遇斛斯孝卿,孝卿诱使食,因驰诣行宫,叫已了。帝大欢,左右呼万岁。良久,世安乃以状自陈。帝曰:"告尔何物事?乃得坐食!"于是赏孝卿而免世安罪。暴思好尸七日,然后屠剥焚之,烹尚之于邺市,令内参谢其妃于宫内,仍火焚杀之。

思好反前五旬,有人告其谋反。韩长鸾女适思好子,故奏言有人诬告诸贵,事相扰动,不杀无以息后,乃斩之。思好既诛,死者弟伏阙下诉求赠兄,长鸾不为通也。

平秦王归彦字仁英,神武族弟也。父徽,魏末坐事当徙凉州。行至河、渭间,遇贼,以军功得免流。因于河州积年,以解胡言为西域大使,得胡师子,以功行河东事,遂死焉。徽于神武,旧恩甚笃。及神武平京洛,迎徽丧,与穆同营葬。赠司徒,谥曰文宣。

初,徽尝过长安市,与妇人王氏私通而生归彦,至是年已九岁,神武追见之,抚对悲喜。稍迁徐州刺史。归彦少质朴,后更改节,放纵,好声色,朝夕酣歌。妻魏上党王元天穆女也,貌不美而甚娇妒,数忿争,密启文宣求离,事寝不报。天保元年,封平秦王,嫡妃康及所生母王氏,并为太妃。善事二母,以孝闻。征为兼侍郎,稍被亲宠。以讨侯景功,别封长乐郡公,除领军大将军。领军加大,自归彦始也。文宣诛高德正,金宝财货,悉以赐之。乾明初,拜司徒,仍总知禁卫。

济南自晋阳之邺,杨愔宣敕,留从驾兵五千于西中,阴备非常。至邺数日,归彦乃知之,由是阴怨杨、燕等。杨、燕等欲去二王,问计于归彦。归彦诈喜,请共元海量之。元海亦口许心违,驰告长广。长广于是诛杨、燕等。孝昭将入云龙门,都督成休宁列仗拒而不内,归彦谕之,然后得入。进向柏阁、永巷亦如之。孝昭践阼,以此弥见优重，每入，常在平原王段韶上。以为司空，兼尚书令。齐制，宫内唯天子纱帽，臣下皆戎帽，特赐归彦纱帽以宠之。孝昭崩，归彦从晋迎武成于邺。及武成即位，进位太傅，领司徒，常听将私部曲二人，带刀入仗。从武成还都，诸贵戚等竞要之。其所在处，一坐尽倾。

归彦既地居将相，志气盈满，发言陵侮，傍若无人。议者以威权震主，必为祸乱。上亦寻其前翻复之迹，渐忌之。高元海、毕义云、高乾和等言其短，上幸归彦家，召魏收对御作诏草，欲加右丞相。收曰：“至尊以右丞相登帝位，今为归彦威名太盛，故出之，岂可复加此号？”乃拜太宰、冀州刺史。即乾和缮写。昼日，仍敕门司不听辄内。时归彦在家纵酒，经宿不知，至明欲参，至门知之，大惊而退。及通名谢，敕令早发，别赐钱帛、鼓吹、医药，事事周备。又敕武职督将，悉送至清阳宫。拜而退，莫敢共语。唯与赵郡王睿久语，时无闻者。

至州不自安，谋逆，欲待受调讫，班赐军士。望车驾如晋阳，乘虚入邺。为其郎中令吕思礼所告，诏平源王段韶袭之。归彦旧于南境置私驿，闻军将逼，报之，便婴城拒守。先是冀州长史宇文仲鸾、司马李祖挹、别驾陈季璩、中从事房子弼、长乐郡守尉普兴等疑归彦有异，使连名密启，归彦追而获之，遂收禁仲鸾等五人。仍并不从，皆杀之。军已逼城，归彦登城大叫云：“孝昭皇帝初崩，六军百万众，悉由臣手，投身向邺迎陛下，当时不反，今日岂有异心？正恨高元海、毕义云、高乾和诳惑圣上，疾忌忠良。但为杀此三人，即临城自刎。”

其后城破，单骑北走。至交津，见获，锁送邺。帝令赵郡王睿私问其故，归彦曰：“使黄颔少儿牵挽我，何可不反？”曰：“谁邪？”归彦曰：“元海、乾和，岂是朝廷老宿？如赵家老公时，又讵怀怨？”于是帝又使让焉，对曰：“高元海受毕义云宅，用作本州刺史，给后部鼓吹。臣为蕃王、太宰，仍不得鼓吹，正杀元海、义云而已。上令都督刘桃枝牵入，归彦犹作前语，望活。帝命议其罪，皆云不可赦。乃载以露车，衔枚面缚，刘桃枝临之以刃，击鼓随之，并子孙十五人，皆弃市。

赠仁州刺史。

魏时山崩，得石角二，藏在武库。文宣入库，赐从臣兵器，特以二石角与归彦，谓曰：“尔事常山不得反，事长广得反，反时，将此角吓汉。”归彦额骨三道，着帻不安，文宣见之怒，使以马鞭击其额，血被面曰：“尔反时，当以此骨吓汉。”其言反，竟验云。

武兴王普字德广，归彦兄归义子也。性宽和，有度量。九岁归彦自河州俱入洛，神武使与诸子同游处。天保初，封武兴郡王。武平二年，累迁司空。六年，为豫州道行台尚书令。后主奔邺，就加太宰。周师逼，乃降。卒于长安，赠上开府、豫州刺史。

长乐太守灵山，字景嵩，神武族弟也。从神武起兵信都，终长乐太守，赠大将军、司空，谥曰文宣。子懿，卒武平镇将。无子，文宣以灵山从父兄齐州刺史建国子伏护为灵山后。

伏护字臣援，粗有刀笔。天统初，累迁黄门侍郎。伏护历事数朝，恒参机要，而性嗜酒，每多醉失。末路逾剧，乃至连日不食，专事酣酒，神识恍惚，遂以卒。赠兖州刺史，建国侯。孙义袭。

义少谨，武平末，给事黄门侍郎。隋开皇中，为太尉府少卿，坐事死。

神武皇帝十五男：武明娄皇后生文襄皇帝、文宣皇帝、孝昭皇帝、襄城景王淯、武成皇帝、博陵文简王济。王氏生永安简平王浚。穆氏生平阳靖翼王淹。大尔朱氏生彭城景思王浟、华山王凝。韩氏生上党刚肃王涣。小尔朱氏生任城王湝。游氏生高阳康穆王湜。郑氏生冯翊王润。马氏生汉阳敬怀王洽。

永安简平王浚字定乐，神武第三子也。初神武纳浚母，当月而孕，及产浚，疑非己类，不甚爱之。而浚早慧，后更被宠。年八岁，谓博士卢裕曰：“祭神如神在，为有神邪？无神邪？”对曰：“有。”浚曰：“有神，当云祭神神在，何烦如字？”景裕不能答。及长，嬉戏不节，曾以属请受纳，大见杖罚，拘禁府狱，既而见原。后稍折节，颇以读书为务。

元象中，封永安郡公。豪爽有气力，善骑射，为文襄所爱。文宣性雌懦，每参文襄，有时涕出。浚恒责帝左右："何因不为二兄拭鼻？"由是见衔。累迁中书，兼侍中。出为青州刺史，虽颇好畋猎，聪明矜恕，上下畏悦之。保定初，进爵为王。

文宣末年多酒，浚谓亲近曰："二兄旧来，不甚了了，自登阼已后，识解顿进。今因酒败德，朝臣无敢谏者，大敌未灭，吾甚以为忧。欲乘驿至邺面谏，不知用吾不？"人有知，密以白帝，又见衔。八年，来朝，从幸东山。帝裸裎为乐，杂以妇女，又作狐掉尾戏。浚进言，此非人主所宜，帝甚不悦。浚又于屏处召杨遵彦，讥其不谏。帝时不欲大臣与诸王交通，遵彦惧，以奏帝。大怒曰："小人由来难忍！"遂罢酒还宫。浚寻还州，又上书切谏。诏令征浚，浚惧祸，谢疾不朝。上怒，驰驿收浚，老幼泣送者数千人。至，盛以铁笼，与上党王涣俱置北城地牢下，饮食溲秽，共在一所。

明年，帝亲将左右，临穴歌讴，令浚等和之。浚等惶怖且悲，不觉声战。帝为怆然，因泣，将赦之。长广王湛先与浚不睦，进曰："猛兽安可出穴？"帝嘿然。浚等闻之，呼长广王小字曰："步落稽，皇天见汝！"左右闻者，莫不悲伤。浚与涣皆有雄略，为诸王所倾服，帝恐为害，乃自刺涣，又使壮士刘桃枝就笼乱刺，槊每下，浚、涣辄以手拉折之，号哭呼天，于是薪火乱投笼，烧杀之，填以石土。后出，皮发皆尽，尸色如炭，天下为之痛心。

后帝以其妃陆氏配仪同刘郁捷，旧帝苍头也，以军功见宠，时令郁捷害浚，故以配焉。后数日，帝以陆氏先无宠于浚，敕与离绝。乾明元年，赠太尉。无子，诏以彭城王浟第三子准字茂则嗣。

平阳靖翼王淹字子邃，神武第四子也。元象中，封平阳郡公，累迁尚书左仆射。天保初，进爵为王，历位尚书、开府仪同三司、司空、太尉。皇建初，为太傅，与彭城、河间王并给仗身羽林百人。太宁元年，迁太宰。性沉谨，以宽厚称。河清三年，薨于晋阳。或云以酖终。还葬邺，赠假黄钺、太宰、录尚书事。子德素嗣。

彭城景思王浟字子深，神武第五子也。元象二年，拜通直散骑常侍，封长乐郡公。博士韩毅教浟书，见浟笔迹未工，戏浟曰："五郎书画如此，忽为常侍开国，今日后，宜更用心！"浟正色答曰："昔甘罗为秦相，未闻能书。凡人唯论才具何如，岂必勤勤笔迹。博士当今能者，何为不作三公？"时年盖八岁矣，毅甚惭。

武定六年，出为沧州刺史。为政严察，部内肃然。守令参佐，下及胥吏，行游往来，皆自赍粮食。浟纤介知人间事，有隰沃县主簿张达，尝诣州，夜投人舍食鸡羹，浟察知之。守令毕集，浟对众曰："食鸡羹何不还他价直也？"达即伏罪，合境号为神明。又有一人从幽州来，驴驮鹿脯，至沧州界，脚痛行迟，偶会一人为伴，遂盗驴及脯去。明旦告州，浟乃令左右及府僚吏分市鹿脯，不限其价。其主见脯识之，推获盗者。转都督、定州刺史。时有人被盗黑牛，背上有白毛。长史韦道建谓中从事魏道胜曰："史君在沧州日，禽奸如神。若捉得此贼，定神矣。"浟乃诈为上符，市牛皮，倍酬价直。使牛主认之，因获其盗。建等叹服。又有老母姓王，孤独，种菜三亩，数被偷。浟乃令人密往书菜叶为字，明日，市中看菜叶有字，获贼。尔后境内无盗，政化为当时第一。

天保初，封彭城王。四年，征为侍中，人吏送别悲号。有老公数百人，相率具馔白浟曰："自殿下至来五载，人不识吏，吏不欺人，百姓有识已来，始逢今化。殿下唯饮此乡水，未食百姓食，聊献疏薄。"浟重其意，为食一口。七年，转司州牧，选从事皆取文才士明剖断者，当时称为美选。州旧案五百余，浟未期悉断尽。别驾羊修等恐犯权戚，乃诣阁谘陈。浟使告曰："吾直道而行，何惮权戚？卿等当成人之美，反以权戚为言！"修等惭悚而退。后加特进，兼司空、太尉、州牧如故。太妃薨，解任。寻诏复本官。俄拜司空，兼尚书令。济南嗣位，除开府仪同三司、尚书令，领大宗正卿。皇建初，拜大司马，兼尚书令，转太保。武成入承大业，迁太师、录尚书。

浟明练世务，果于断决，事无大小，咸悉以情。赵郡李公统预高归彦之逆，其母崔氏，即御史中丞崔昂从父姊，兼右仆射魏收之内

妹也。依令：年出六十，例免入官。崔增年陈诉，所司以昂、收故，崔
遂获免。澈擿发其事，昂等以罪除名。自后车驾巡幸，澈常留邺。

河清三年三月，郡盗白子礼等数十人，谋劫澈为主。诈称使者，
径向澈第，至内室，称敕呼澈，牵上马，临以白刃，欲引向南殿。澈大
呼不从，遂遇害，时年三十二。朝野痛惜焉。初澈未被劫前，其妃郑
氏梦人斩澈头持去，恶之。数日而澈见杀。赠假黄钺、太师、太尉、
录上书事，给辒辌车。

子宝德嗣。位开府，兼尚书左仆射。

上党刚肃王涣字敬寿，神武第七子也。天姿雄杰，倜傥不群，虽
在童幼，恒以将略自许，神武壮而爱之曰：“此儿似我。”及长，力能
扛鼎，材武绝伦。每谓左右曰：“人不可无学，但要不为博士耳。”故
读书颇知梗概，而不甚耽习。

元象中，封平原郡公。文襄之遇贼，涣年尚幼，在西学，闻宫中
谨，惊曰：“大兄必遭难矣！”弯弓而出。武定末，除冀州刺史，在州有
美政。天保初，封上党王，历中书令、尚书左仆射。与常山王演等筑
伐恶诸城。遂聚邺下轻薄，陵犯郡县，为法司所纠。文宣戮其左右
数人，涣亦被谴。六年，率众送梁王萧明还江南，仍破东关，斩梁特
进裴之横等，威名甚盛。八年，录尚书事。初，术士言亡高者黑衣，
由是自神武后每出行不欲见桑门，为黑衣故也。是时文宣幸晋阳，
以所忌问左右曰：“何物最黑？”对曰：“莫过漆。”帝以涣第七，为当
之，乃使库真都督破六韩伯升之邺征涣。涣至紫陌桥，杀伯升以逃，
凭河而度，士人执以送帝。铁笼盛之，与永安王浚同置地牢下。岁
余，与浚同见杀，时年二十六。

以其妃李氏配冯文洛，是帝家旧奴，积劳位至刺史。帝令文洛
等杀涣，故以其妻妻焉。至乾明元年，收二王余骨葬之，赠司空，谥
曰刚肃。有敕李氏还第，而文洛尚以故意，修饰诣李。李盛列左右，
引文洛立于阶下，数之曰：“遭难流离，以至大辱，志操寡薄，不能自
尽。幸蒙恩诏，得反蕃闱。汝是谁家执奴？犹欲见侮！”于是杖之一
百，流血洒地。

涣无嫡子，庶长子宝严，以河清二年袭爵。位终金紫光禄大夫、开府仪同三司。

襄城景王清，神武第八子也。容貌甚美，弱年有器望。元象中，封章武郡公。天保初，封襄城郡王。二年春，薨。齐氏诸王选国臣府佐，多取富商群小，鹰犬少年。唯襄城、广宁、兰陵王等，颇引文艺清识之士，当时以此称之。乾明元年二月，赠假黄钺、太师、太尉、录尚书事。无子，诏以常山王演第二子亮嗣。

亮字彦道，性恭孝，美风仪，好文学。为徐州刺史，坐夺商人财物，免官。后主败，奔邺，亮从焉。迁兼太尉、太傅。周师入邺，亮于启夏门拒守，诸军皆不战而败，周军于诸城门皆入，亮军方退走。亮入太庙行马内，恸哭拜辞，然后为周军所执。入关，依例授仪同，分配远边，卒于龙州。

任城王湝，神武第十子也。少明慧，天保初封。自孝昭、武成时，车驾还邺，尝令湝镇晋阳，总并省事。历司徒、太尉、并省录尚书。天统三年，拜太保，并州刺史，别封正平郡公。

时有妇人临汾水浣衣，有乘马人换其新靴驰而去者，妇人持故靴诣州言之。湝召居城诸妪，以靴示之，绐曰："有乘马人于路被贼劫害，遗此靴，焉得无亲属乎？"一妪抚膺哭曰："儿昨着此靴向妻家。"如其语，捕获之，时称明察。

武平初，迁太守、司州牧。出为冀州刺史，加太宰，迁右丞相、都督、青州刺史。湝频牧大蕃，虽不洁己，然宽恕，为吏人所怀。五年，青州人崔蔚等夜袭州城。湝部分仓卒之际，咸得齐整，击贼大破之。拜左丞相，转瀛州刺史。

及后主奔邺，加湝大丞相。及安德王称尊号于晋阳，使刘子昂修启于湝："至尊出奔，宗庙既重，群公劝迫，权主号令。事宁终归叔父。"湝曰："我人臣，何容受此启。"执子昂送邺。帝至济州，禅位于湝，竟不达。

湝与广宁王孝珩于冀州召募，得四万余人，拒周军。周齐王宪来伐，先遣送书，并敕诏，湝并沉诸井。战败，湝、孝珩俱被禽。宪曰：

"任城王,何苦至此!"。湝曰:"下官神武帝子,兄弟十五人,幸而独
存。逢宗社颠覆,今日得死,无愧坟陵。"宪壮之,归其妻子。将至邺
城,湝马上大哭,自投于地,流血满面。至长安,寻与后主同死。

妃卢氏,赐斛斯征。卢蓬首垢面,长斋不言笑,征放之,乃为尼。
隋开皇三年,表请文帝,葬湝及五子于长安北原。

高阳康穆王湜,神武第十一子也。天保元年封。十年,稍迁尚
书令。以滑稽便辟,有宠于文宣,在左右行杖,以挞诸王,太后深衔
之。其妃父护军长史张晏之,尝要道拜湜,湜不礼焉。帝问其故,对
曰:"无官职汉,何须礼!"帝于是擢拜晏之为徐州刺史。文宣崩,湜
兼司徒,导引梓宫。吹笛云:"至尊颇知臣不?"又击胡鼓为乐。太后
杖湜百余,未几薨。太后哭之哀曰:"我恐其不成就,与杖,何期带创
死也!"乾明初,赠假黄钺、太师、司徒、录尚书事。子士义袭爵。

博陵文简王济,神武第十二子也。天保元年封。济尝从文宣巡
幸,在路忽忆太后,遂逃归。帝怒,临以白刃,因此惊悸。历位太尉。
河清初,出为定州刺史。天统五年,在州语人云:"计次第,亦应到
我。"后主闻之,阴使人杀之。赠假黄钺、太尉、录尚书事。子智袭爵。

华山王凝,神武第十三子也。天保元年,封新平郡王。九年,改
封安定。十五年,封华山。历位中书令、齐州刺史,就加太傅。薨于
州,赠左丞相、太师、录尚书。凝诸王中最为孱弱,妃王氏,太子洗马
王洽女也,与苍头奸,凝知而不能限禁。后事发,王氏赐死,诏杖凝
一百,其愚如此。

冯翊王润字子泽,神武第十四子也。幼时,神武称曰:"此吾家
千里驹也。"天保初封,历位东北道行台右仆射、都督、定州刺史。润
美姿仪,年十四五,母郑妃与之同寝,有秽杂之声。及长,廉慎方雅,
习于吏职。至于摘发隐伪,奸吏无所匿其情。开府王回洛,与六州
大都督独孤枝侵窃官田,受纳赂贿,润按举其事。二人表言:"王出
送台使,登魏孝文旧坛,南望叹息,不测其意。"武成使元文遥就州
宣敕曰:"冯翊王少小谨慎,在州不为非法,朕信之熟矣。登高远望,
人之常怀,鼠辈欲轻相间构,由生眉目。"于是回洛决鞭二百,独孤

枝决杖一百。

寻为尚书令，领太子少师，历司徒、太尉、大司马、司州牧、太保、河南道行台、录尚书，别封文成郡公，太师、太宰，复为定州刺史。薨，赠假黄钺、左丞相。子茂德嗣。

汉阳敬怀王洽字敬延，神武第十五子也。天保元年封，五年薨，年十三。乾明元年，赠太保、司空。无子，以任城王第三子建德为后。

论曰：赵郡王以跗萼之亲，当顾命之重，安夫一德，固此贞心，践畏途而不疑，履危机而莫惧，以斯忠义，取毙凶慝。岂道光四海，不遇周成之明。将朝去三仁，终见殷墟之祸，不然，则邦国殄瘁，何苦斯之速欤？清河属经纶之期，青云自致，出将入相，翊成鸿业。虽汉朝刘贾，魏室曹洪，俱未足谕其风烈，适足以彰文宣之失德焉。思好属昏乱之机，归彦因猜嫌之衅，咫尺邺都，以速其祸，智小谋大，理则宜然。神武诸王，多有声誉。永安以谏争遇祸，固齐室之比干。彭城莅人布政，乃与循良比迹，求之近古，未为易遇。上党申威淮海，受辱牢阱，以英侠之气，迫悲歌之思，欲食藜霍之羹，处茅茨之下，其可得乎！冯翊廉慎闲明，妄被谗慝，以武成阴忌之朝，而见免夫《角弓》之刺，已为幸矣。

北史卷五二
列传第四○

齐宗室诸王下

文襄诸子　　文宣诸子　　孝昭诸子
武成诸子　　后主诸子

　　文襄六男：文敬元皇后生河间王孝琬。宋氏生河南王孝瑜。王氏生广宁王孝珩。兰陵王长恭不得母氏姓。陈氏生安德王延宗。燕氏生渔阳王绍信。

　　河南康献王孝瑜，字正德，文襄长子也。初封河南郡公，齐受禅，进爵为王。历位中书令、司州牧。初，孝瑜养于神武宫中，与武成同年相爱。将诛杨愔等，孝瑜预其谋。及武成即位，礼遇特隆。帝在晋阳手敕之曰："吾饮汾清二杯，劝汝于邺酌两杯。"其亲爱如此。

　　孝瑜容貌魁伟，精彩雄毅，谦慎宽厚，兼爱文学，读书敏速，十行俱下，复棋不失一道。初，文襄于邺东起山池游观，时俗眩之，孝瑜遂于第作水堂龙舟，植幡稍于舟上，数集诸弟，宴射为乐。武成幸其弟，见而悦之，故盛兴后园之玩。于是贵贱慕敩，处处营造。

　　武成尝使和士开与胡后对坐握槊，孝瑜谏曰："皇后天下之母，不可与臣下接手。"帝深纳之。后又言赵郡王父死非命，不可而亲。由是睿及士开皆侧目。士开密告其奢僭；睿又言山东唯闻河南王，不闻有陛下。帝由是忌之。尔朱御女名摩女，本事太后，孝瑜先与之通，后因太子婚夜，孝瑜窃与之言。武成大怒，顿饮其酒三十七杯。体至肥大,腰带十围,使娄子彦载以出,酰之于车。至西华门,烦热躁闷,投水而绝。赠太尉、录尚书事。子弘节嗣。

孝瑜母,魏吏部尚书宋弁孙也。本魏颍川王斌之妃,为文襄所纳,生孝瑜。孝瑜还第,为太妃。孝瑜妃卢正山女,武成胡后之内姊也。孝瑜薨后,宋太妃为卢妃所潜诉,武成杀之。

广宁王孝珩,文襄第二子也。历位司州牧、尚书令、司空、司徒、录尚书、大将军、大司马。孝珩爱赏人物,学涉经史,好缀文,有技艺。尝于听事壁自画一苍鹰,见者皆以为真。又作《朝士图》,亦当时之妙绝。

后主自晋州败奔邺,诏王公议于含光殿。孝珩以“大敌既深,事籍机变,宜使任城王领幽州道兵入土门,扬声趣并州。独孤永业领洛州道兵趣潼关,扬声取长安。臣请领京畿兵出滏口,鼓行逆战。敌闻南北有兵,自然溃散。”又请出宫人宝物赏将士,帝不能用。

承光即位,以孝珩为太宰,与呼延族、莫多娄敬显、尉相愿同谋,期二月五日,孝珩于千秋门斩高阿那肱。相愿在内,以禁兵应之。族与敬显自游豫园勒兵出。既而阿那肱从别宅取便路入宫,事不果。乃求出拒西军,谓阿那肱、韩长鸾、陈德信等云:“朝廷不赐遣击贼,岂不畏孝珩反邪?破宇文邕遂至长安,反何与国家事?以今日之急,犹作如此猜!”高、韩恐其变,出孝珩为沧州刺史。

至州,以五千人会任城王于信都,共为匡复计。周齐王宪来伐,兵弱不能敌,怒曰:“由高阿那肱小人,吾道穷矣!”齐叛臣乞扶令和以稍刺孝珩坠马,奴白泽以身扞之,孝珩犹伤数处,遂见虏。

齐王宪问孝珩齐亡所由,孝珩自陈国难,辞泪俱下,俯仰有节。宪为之改容,亲为洗疮傅药,礼遇甚厚。孝珩独叹曰:“李穆叔言齐氏二十八年,今果然矣!自神武帝以外,吾诸父兄弟无一得至四十者,命也。嗣君无独见之明,宰相非柱石之寄,恨不得握兵符,受庙算,展我心力耳。”至长安,依例受开府、县侯。

后周武帝在云阳宴齐君臣,自弹胡琵琶,命孝珩吹笛。辞曰:“亡国之音,不足听也。”固命之,举笛裁至口,泪下呜咽,武帝乃止。

其年十月疾甚，启葬山东，从之。寻卒，还葬邺。

河间王孝琬，文襄第三子也。天保元年封。天统中，累迁尚书令。初，突厥与周师入太原，武成将避之而东，孝琬叩马谏，请委赵郡王部分之，必整齐，帝从其言。孝琬免胄将出，帝使追还之。周军退，拜并州刺史。

孝琬以文襄世嫡，骄矜自负。河南王之死，诸王在宫内，莫敢举声，唯孝琬大哭而出。又怨执政，为草人而射之。和士开与祖珽谮之云："草人拟圣躬也。又前突厥至州，孝琬脱兜鍪抵地云：'岂是老妪，须着此！'此言属大家也。"初魏世谣言："河南种谷河北生，白杨树头金鸡鸣。"珽以说曰："河南河北，河间也，金鸡鸣，孝琬将建金鸡而大赦。"帝颇惑之。

时孝琬得佛牙，置于第内，夜有神光。照玄都法顺请以奏，不从。帝闻，使搜之，得填库稍幡数百。帝闻，以为反状。讯其诸姬，有陈氏者，无宠，诬对曰："孝琬画作陛下形哭之。"然实是文襄像，孝琬时时对之泣。帝怒，使武卫赫连辅玄倒鞭挝之。孝琬呼阿叔。帝怒曰："谁是尔叔?敢唤我作叔！"孝琬曰："神武皇帝嫡孙，文襄皇帝嫡子，魏孝静皇帝外甥，何为不得唤作叔也?"帝愈怒，折其两胫而死。瘗诸西山，帝崩后乃改葬。

子正礼嗣，幼聪颖，能诵《左氏春秋》。齐亡，迁绵州。卒。

兰陵武王长恭，一名孝瓘，文襄弟四子也。累迁并州刺史。突厥入晋阳，长恭尽力击之，芒山之败，长恭为中军，率五百骑再入周军，遂至金庸之下，被围甚急。城上人弗识，长恭免胄示之面，乃下弩手救之，于是大捷。武士共歌谣之，为《兰陵王入阵曲》是也。历司州牧、青瀛二州，颇受财货。后为太尉。与段韶讨桓谷，又攻定阳。韶病，长恭总其众。前后以战功，别封钜鹿、长乐、乐平、高阳等郡公。

芒山之捷，后主谓长恭曰："入阵太深，失利悔无所及。"对曰："家事亲切，不觉遂然。"帝嫌其称家事，遂忌之。及在定阳，其属尉相愿谓曰："王既受朝寄，何得如此贪残?"长恭未答。相愿曰："岂不由芒山大捷,恐以威武见忌,欲自秽乎?"长恭曰:"然"。相愿曰:"朝廷若忌王,于此犯便当行罚,求福反以速祸。"长恭泣下,前膝请以安身之术。相愿曰:"王前既有勋,今复告捷,威声大重,宜属疾在家,勿预时事。"长恭然其言,未能退。及江淮寇扰,恐复为将,叹曰:"我去年面肿,今何不发?"自是有疾不疗。武平四年五月,帝使徐之范饮以毒药。长恭谓妃郑氏曰:"我忠以事上,何辜于天而遭鸩也?"妃曰:"何不求见天颜?"长恭曰:"天颜何由可见!"遂饮药而薨。赠太尉。

长恭貌柔心壮,音容兼美。为将躬勤细事,每得甘美,虽一瓜数果,必与将士共之。初在瀛州,行参军阳士深表列其赃,免官。及讨定阳,士深在军,恐祸及。长恭闻之曰:"吾本无此意。"乃求小失,杖深二十,以安之。尝入朝而出,仆从尽散,唯有一人,长恭独还,无所谴罚。武成赏其功,命贾护为买妾二十人,唯受其一。有千金责券,临死悉燔之。

安德王延宗,文襄第五子也。母陈氏,广阳王妓也。延宗幼为文宣所养,年十二,犹骑置腹上,令溺已齐中。抱之曰:"可怜,止有此一个。"问欲作何王,对曰:"欲作冲天王。"文宣问杨愔,愔曰:"天下无此郡名,愿使安于德。"于是封安德焉。为定州刺史,于楼上大便,使人在下,张口承之。以蒸猪糁和人粪以饲左右,有难色者鞭之。孝昭帝闻之,使赵道德就州杖之一百。道德以延宗受杖不谨,又加三十。又以囚试刀,验其利钝。骄纵多不法。武成使挞之,杀其昵近九人,从是深自改悔。

兰陵王芒山凯捷,自陈兵势,诸兄弟咸壮之。延宗独曰:"四兄非大丈夫,何不乘胜径入? 使延宗当此势,关西岂得复存!"及兰陵死,妃郑氏以颈珠施佛,广宁王使赎之,延宗手书以谏,而泪满纸。河间死,延宗哭之,泪赤。又为草人以像武成,鞭而讯之曰:"何故杀我兄!"奴告之,武成覆卧延宗于地,马鞭挝之二百,几死。后历司徒、太尉。

及平阳之役,后主自御之,命延宗率右军,先战城下,禽周开府宗挺，及大战，延宗以麾下再入，周军莫不披靡。诸军败，延宗独全军。后主将奔晋阳，延宗言："大家但在营莫动，以兵马付臣，臣能破之。"帝不纳。及至并州，又闻周军已入劓鼠谷，乃以延宗为相国、并州刺史，总山西兵事，谓曰："并州阿兄取，儿今去也。"延宗曰："陛下为社稷莫动，臣为陛下出死力战。"骆提婆曰："至尊计已成，王不得辄沮。"后主竟奔邺。

在并将卒咸请曰："王若不作天子，诸人实不能与王出死力。"延宗不得已，即皇帝位。下诏曰："武平孱弱，政由宦竖，衅结萧墙，盗起疆场。斩关夜遁。莫知所之，则我高祖之业，将坠于地。王公卿士，猥见推逼，今便祗承宝位，可大赦天下。"改武平七年为德昌元年，以晋昌王唐邕为宰辅，齐昌王莫多娄敬显、沐阳王和阿于子、右卫大将军段畅、武卫将军相里僧伽、开府韩骨胡、侯莫陈洛州为爪牙。众闻之，不召而至者前后相属。延宗容貌充壮，坐则仰，偃则伏，人皆笑之。及是，赫然奋发，力力绝异，驰骋行陈，劲捷若飞。倾府藏及后宫美女以赐将士，籍没内参千余家。后主谓近臣曰："我宁使周得并州，不欲安德得之！"左右曰："理然。"延宗见士卒，皆亲执手陈辞，自称名，流涕呜噎。众皆争为死，童儿女子亦乘屋攘袂，投砖石以御周军。

特进、开府那卢安生守太谷，以万兵叛。周军围晋阳，望之如黑云四合。延宗命莫多娄敬显、韩骨胡拒城南。和阿千子、段畅拒城东。延宗亲当周齐王于城北。奋大稍往来督战，所向无前。尚书令史祖山亦肥大多力，捉长刀步从，杀伤甚多。武术兰芙蓉、綦连延长皆死于阵。和阿于子、段畅以千骑投周军，周军攻东门，际昏遂入。进兵焚佛寺门屋，飞焰照天地。延宗与敬显自门入，夹击之，周军大乱，争门相填，齐人后斫刺，死者三千余人。周武帝左右略尽，自拔无路，承御上士张寿辄牵马头，贺拔佛恩以鞭拂其后，以崎岖仅得出，齐人奋击，几中焉。城东厄曲，佛恩及降者皮子信为之导，仅免。时四更也。延宗谓周武帝崩于乱兵，使于积尸中求长鬣者，不得。

时齐人既胜，入坊饮酒，尽醉卧，延宗不复能整。周武帝出城，饥甚，欲为遁逸计。齐王宪及柱国王谊谏，以为去必不免。延宗叛将段畅亦盛言城内空虚，周武帝乃驻马，鸣角收兵，俄倾复振。诘旦，还攻东门，克之。又入南门。延宗战，力屈，走至城北，于人家见禽。周武帝自投下马，执其手。延宗辞曰："死人手何敢迫至尊！"帝曰："两国天子，有何怨恶，直为百姓来耳！勿怖，终不相害。"使复衣帽，礼之。

先是，高都郡有山焉，绝壁临水，忽有墨书云："齐亡延宗。"洗视逾明。帝使人就写，使者改亡为上。至是应焉。延宗败前，在邺听事以十二月十三日脯时受敕守并州，明日建尊号，不间日而被围，经宿至食时而败。年号德昌，好事者言其得二日云。

既而周武帝问取邺计，辞曰："亡国大夫不可以图存，此非臣所及。"强问之，乃曰："若任城王援邺，臣不能知。若今主自守，陛下兵不血刃。"

及至长安，周武与齐君臣饮酒，令后主起舞，延宗悲不自持。屡欲仰药自裁，傅婢苦执谏而止。未几，周武诬后主及延宗等，云遥应穆提婆反，使并赐死。皆自陈无之，延宗攘袂，泣而不言，以椒塞口而死。明年，李妃收殡之。

后主之传位于太子也，孙正言窃谓人曰："我昔武定中为广州士曹，闻襄城人曹普演有言：高王诸儿，阿保当为天子，至高德之承之，当灭。阿保谓天保，德之谓德昌也，承之谓后主年号承光，其言竟信云。"

渔阳王绍信，文襄第六子也。历特进、开府、中领军、护军、青州刺史。行过渔阳，与大富人钟长命同床坐，太守郑道盖来谒，长命欲起，绍信不听曰："此何物小人，主人公为起！"乃与长命结为义兄弟，妃与长命妻为姊妹，责其阖家长幼皆有赠贿，钟氏因此遂贫。齐灭，死于长安。

文宣五男：李后生废帝及太原王绍德。冯世妇生范阳王绍义。裴嫔生西河王绍仁。颜嫔生陇西王绍廉。

太原王绍德，文宣第二子也。天保末，为开府仪同三司。武成因怒李后，罢绍德曰："尔父打我时，竟不求救。"以刀环筑杀之，亲以土埋之游豫园。

武平元年，诏以范阳王子辩才为后，袭太原王。

范阳王绍义，文宣第三子也。初封广阳，徙封范阳。历位侍中、清都尹。好与群小同饮，擅致内参打杀博士任方荣。武成尝杖之二百，送付昭信后，后又杖一百。

及后主奔邺，又绍义为尚书令、定州刺史。周武帝克并州，以封辅相为北朔州总管。此地齐之重镇，诸勇士多聚焉。前长史赵穆、司马王当万等谋执辅相，迎任城王于瀛州。事不果，迎绍义。绍义至马邑。辅相及其属韩阿各数奴等十人，皆齐叛臣，自肆州以北城戍二百八十余，尽从辅相。及绍义至，皆反焉。绍义与灵州刺史袁洪猛引兵南出，欲取并州。至新兴而肆州已为周守，前队二仪同，以所部降周。周兵击显州，执刺史陆琼，又攻陷诸城。绍义还保北朔。周将宇文神举军逼马邑，绍义遣杜明达拒之，兵大败。绍义曰："有死而已。不能降人。"遂奔突厥，众三千家，令之曰："欲还者任意。"于是哭拜别者太半。

突厥他钵可汗谓文宣为英雄天子，以绍义重踝似之，甚见爱重。凡齐人在北者，悉隶绍义。高宝宁在营州，表上尊号，绍义遂即皇帝位，称武平元年，以赵穆为天水王。他钵闻宝宁得平州，亦招诸部，各举兵南向，云共立范阳王作齐帝，为其报雠。周武帝大集兵于云阳，将亲北伐，遇疾暴崩。绍义闻之，以为天赞己。卢昌期据范阳，亦表迎绍义。俄而周将宇文神举攻灭昌期。其日，绍义适至幽州，闻周总管出兵于外，欲乘卢取蓟城，列天子旌旗，登燕昭王冢，乘高望远，部分兵众。神举遣大将军宇文恩将四千人驰救幽州，半为齐军所杀。

绍义闻范阳城陷，素服举哀，回军入突厥。周人购之于他钵，又使贺若谊往说之。他钵犹不忍，遂伪与绍义猎于南境，使谊执之，流于蜀。绍义妃，勃海封孝琬女，自突厥逃归。绍义在蜀，遗妃书云：

"夷狄无信,送吾于此。"竟死蜀中。

西河王绍仁,文宣第四子也。天保末,为开府仪同三司。寻薨。

陇西王绍廉,文宣第五子也。初封长乐,后改焉。性粗暴,尝拔刀逐绍义,绍义走入厕,闭门拒之。绍义初为清都尹,未及理事,绍廉先往,唤囚悉出,率意决遣之。能饮酒,一举数升,终以此薨。

孝昭七男:元皇后生乐陵王百年。桑氏生襄城王亮,出后襄城景王。诸姬生汝南王彦理、始平王彦德、城阳王彦基、定阳王彦康、汝阳王彦忠。

乐陵王百年,孝昭第三子也。孝昭初即位,在晋阳,群臣请建中宫及太子,帝谦未许。都下百寮又请,乃称太后令,立为皇太子。帝临崩,遗诏传位于武成,并有手书。其末曰:"百年无罪,汝可以乐处置之,勿学前人。"太宁中,封乐陵王。

河清三年五月,白虹围日再重,又横贯而不达。赤星见,帝以盆水承星影而盖之,一夜盆自破。欲以百年厌之。会博陵人贾德胄教百年书,百年尝作数敕字,德胄封以奏。帝又发怒,使召百年。百年被召,自知不免,割带玦,留与妃斛律氏。见帝于玄都苑凉风堂,使百年书敕字,验与德胄所奏相似。遣左右乱捶击之,又令人曳百年绕堂且走且打,所过处,血皆遍地。气息将尽,曰:"乞命,愿与阿叔作奴。"遂斩之,弃诸池,池水尽赤,于后园亲看埋之。

妃把玦哀号,不肯食,月余亦死。玦犹在手,举不可开,时年十四,其父光自擘之,乃开。

后主时,改九院为二十七院,掘得小尸,绯袍金带,一臂一解,一足有靴。诸内参窃言,百年太子也。或以为太原王绍德。

诏以襄城王子白泽袭爵乐陵王。齐亡入关,徙蜀死。

汝南王彦理,武平初封王,位开府、清都尹。齐亡入关,随例授仪同大将军,封县子。女入太子宫,故得不死。隋开皇初,卒于并州刺史。

始平王彦德、城阳王彦基、定阳王彦康、汝南王彦忠与汝南王同受封,并加仪同三司,后事阙。

武成十三男:胡皇后生后主及琅邪王俨。李夫人生南阳王绰。后宫生齐安王廓、北平王贞、高平王仁英、淮南王仁光、西河王仁机、乐平王仁邕、颍川王仁俭、安乐王仁雅、丹杨王仁直、东海王仁谦。

南阳王绰字仁通,武成长子也。以五月五日景时生,至午时,后主乃生,武成以绰母李夫人非正嫡,故贬为第二。初名融,字君明,出后汉阳王。河清三年,改封南阳,别为汉阳置后。

绰始十余岁,留守晋阳。爱波斯狗,尉破胡谏之,欻然斫杀数狗,狼藉在地,破胡惊走,不敢复言。后为司徒、冀州刺史。好裸人,画为兽状,纵犬噬而食之。左转定州,汲井水为后池,在楼上弹人。好微行,游猎无度,恣情强暴,云学文宣伯为人。有妇人抱儿在路,走避入草,绰夺其儿饲波斯狗。妇人号哭,绰怒,又纵狗使食,狗不食,涂以儿血,乃食焉。

后主闻之,诏锁绰赴行在所。至而宥之,问在州何者最乐。对曰:“多取蝎,将蛆混看,极乐。”后主即夜索蝎一斗,比晓,得二三升,置诸浴斛,使人裸卧浴斛中,号叫宛转。帝与绰临观,喜噱不已。谓绰曰:“如此乐事,何不早驰驿奏闻?”绰由是大为后主宠,拜大将军,朝夕同戏。

韩长鸾闻之,除齐州刺史。将发,长鸾令绰亲信诬告其反,奏云:“此犯国法,不可赦。”后主不忍显戮,使宠胡何猥萨后园与绰相扑,搤杀之。瘗于兴圣佛寺,经四百余日乃大敛,颜色毛发皆如生。俗云五月五日生者,脑不坏。

绰兄弟皆呼父为兄兄,嫡母为家家,乳母为姊姊,妇为妹妹。齐亡,妃郑氏为周武帝所幸,请葬绰,敕所司葬于永平陵北。

琅邪王俨字仁威,武成第三子也。初封东平王,拜开府、侍中、中书监、京畿大都督、领军大将军,领御史中丞,迁大司徒、尚书令、大将军、录尚书事、大司马。

魏氏旧制,中丞出,千步清道,与皇太子分路行,王公皆遥住车,去牛顿轭于地,以待中丞过。其或迟违,则赤棒棒之。自都邺后,此仪浸绝。武成欲雄宠俨,乃使一依旧制。俨初从北宫出,将上中丞,凡京畿步骑,领军之官属,中丞之威仪,司徒之卤簿,莫不毕备。帝与胡后在华林园东门外,张幕隔青纱步障观之。遣中贵骤马趣仗,不得入,自言奉敕,赤棒应声碎其鞍,马惊人坠。帝大笑,以为善,更敕令驻车,传语良久,观者倾京邑。

俨恒在宫中,坐含章殿以视事,诸父皆拜焉。帝幸并州,俨恒居守,每送驾,或半路,或至晋阳乃还。王师罗尝从驾,后至,武成欲罪之。辞曰:"臣与第三子别,留连不觉晚。"武成忆俨,为之下泣,舍师罗不问。俨器服玩饰皆与后主同,所须悉官给。于南宫尝见新冰绿李,还怒曰:"尊兄已有,我何意无?"从是,后主先得新奇,属官及工匠必获罪。太上、胡后犹以为不足。俨尝患喉,使医下针,张目不瞬。又言于帝曰:"阿兄瞯,何能率左右!"帝每称曰:"比黠儿也,当有所成。"以后主为劣,有废立之意。武成崩,改封琅邪。

俨以和士开、骆提婆等奢恣,盛修第宅,意甚不平。尝谓曰:"君等所营宅,早晚当就,何太迟也?"二人相谓曰:"琅邪王眼光弈弈,数步射人,向者暂对,不觉汗出。天子门奏事,尚不然。"由是忌之。

武平二年,出俨居北宫,五日一朝,不复得无时见太后。四月,诏除太保,余官悉辞,犹带中丞,且京畿。以北城有武库,欲移俨于外,然后夺其兵权。书侍御史王子宜与俨左右开府高舍洛、中常侍刘辟强说俨曰:"殿下被疏,正由士开构,何可出北宫,入百姓丛中也?"俨谓侍中冯子琮曰:"士开罪重,儿欲杀之。"子琮心欲废帝而立俨,因赞成其事。俨乃令子宜表弹士开罪,请付禁推。子琮杂以他文书奏之,后主不审省而可之。俨诳领军库狄伏连曰:"奉敕,令领军收士开。"伏连以咨子琮,且请复奏。子琮曰:"琅邪王受敕,何须重奏。"伏连信之,伏五十人于神兽门外,诘旦,执士开送御史。俨使冯永洛就台斩之。

俨徒本意,唯杀士开。及是,因逼俨曰:"事既然,不可中止。"俨

遂率京畿军士三千余人，屯千秋门外。帝使刘桃枝将禁兵八十人召
俨。桃枝遥拜，俨命反缚，将斩之，禁兵散走。帝又使冯子琮召俨。
俨辞曰："士开昔来实合万死，谋废至尊，剥家家头使作阿尼，故拥
兵马欲坐着孙凤珍宅上。臣为是，矫诏诛之。尊兄若欲杀臣，不敢
逃罪。若放臣，愿遣姊姊来迎臣，臣即入见。"姊姊即陆令萱也，俨欲
诱出杀之。令萱执刀帝后，闻之战栗。又使韩长鸾召俨，俨将入，刘
辟强牵衣谏曰："若不斩提婆母子，殿下无由得入。"广宁、安德二王
适从西来，欲助成其事，曰："何不入？"辟强曰："人少。"安德王顾众
而言曰："孝昭杀杨遵彦，止八十人，今乃数千，何言人少？"后主泣
启太后曰："有缘，更见家家，无缘，永别。"乃急召斛律光，俨亦召
之。光闻杀士开，抚掌大笑曰："龙子作事，固自不似凡人。"入见后
主于永巷。帝率宿卫者步骑四百，授甲将出。光曰："小儿辈弄兵，
与交手即乱。鄙谚云：'奴见大家心死。'至尊宜自至千秋门，琅邪必
不敢动。"皮景和亦以为然，后主从之，光步道，使人走出曰："大家
来。"俨徒骇散。帝驻马桥上，遥呼之，俨犹立不进。光就谓曰："天
子弟杀一汉，何苦？"执其手，强引以前。请帝曰："琅邪王年少，肠肥
脑满，轻为举措，长大自不复然，顾宽其罪。"帝拔俨带刀环，乱筑辫
头，良久乃释之。收伏连及高舍洛、王子宜、刘辟强、都督翟显贵于
后园，帝亲射之而后斩，皆支解，暴之都街下。文武职吏，尽欲杀之。
光以皆勋贵子弟，恐人心不安，赵彦深亦云《春秋》责帅，于是罪
之各有差。

　　俨之未获罪也，邺北城有白马佛塔，是石季龙为澄公所作。俨
将修之，巫曰："若动此浮图，北城失主。"不从，破至第二级，得白
蛇，长数丈，回旋失之，数旬而败。

　　自是，太后处俨于宫内，食必自尝。陆令萱说帝曰："人称琅
邪王聪明雄勇，当今无敌，观其根表，殆非人臣。自专杀以来，常怀
恐惧，宜早为计。"何洪珍与和士开素善，亦请杀之。未决，以食舆密
迎祖珽问之。珽称周公杀管叔，季友酖庆父，帝纳其言。以俨之晋
阳，使右卫大将军赵元侃诱执俨，元侃曰："臣昔事先帝日，见先帝

爱王,今宁就死,不能行。"帝出元侃为豫州刺史。九月下旬,帝启太后曰:"明旦欲与仁威出猎,须早还。"是夜四更,帝召俨,俨疑之,陆令萱曰:"兄兄唤,儿何不去?"俨出至永巷,刘桃枝反接其手。俨呼曰:"乞见家家、尊兄!"桃枝以袖塞其口,反袍蒙头负出,至大明宫,鼻血满面,立杀之,时年十四。不脱靴,裹以席,埋于室内。帝使启太后,临哭十余声,便拥入殿。明年三月,葬于邺西,赠谥曰楚恭哀帝,以慰太后。

有遗腹四男,生数月皆幽死。以平阳王淹孙世俊嗣,俨妃李祖钦女也,进为楚帝后,居宣则宫,齐亡乃嫁焉。

齐安王廓字仁弘,武成第四子也。性长者,无过行,位特进,开府仪同三司、定州刺史。

北平王贞字仁坚,武成第五子也。沈审宽恕,帝常曰:"此儿得我凤毛。"位司州牧、京畿大都督、兼尚书令、录尚书事。帝行幸,总留台事。积年,后主以贞长大,渐忌之。阿那肱承旨,令冯士干劾,系贞于狱,夺其留后权。

高平王仁英,武成第六子也。举止轩昂,精神无检格。位定州刺史。

淮南王仁光,武成第七子也。性躁又暴,位清都尹。次西河王仁机,生而无骨,不自支持。次乐平王仁邕;次颍川王仁俭;次安乐王仁雅,从小有喑疾;次丹阳王仁直;次东海王仁谦,皆养于此宫。

琅邪王死后,诸王守禁弥切。武平末年,仁邕已下,始得出外,供给俭薄,取充而已。寻后主穷蹙,以廓为光州,贞为青州,仁英为冀州,仁俭为胶州,仁直为济州刺史。自廓已下,多与后主死于长安。仁英以清狂,仁雅以喑疾,获免,俱徙蜀。隋开皇中,追仁英,诏与萧琮、陈叔宝其本宗祭祀。未几而卒。

后主五男:穆皇后生幼主。诸姬生东平王恪。次善德,次买德,次质钱。胡太后以恪嗣琅邪王,寻夭折。

齐灭,周武帝以任城已下大小三十王归长安,皆有封爵。其后不从戮者，散配西土，皆死边。

论曰：文襄诸子，咸有风骨。虽文雅之道，有谢间、平，然武艺英姿，多堪御侮。纵咸阳赐剑，歼覆有征，若使兰陵获全，未可量也。而终见诛翦，以至土崩，可为太息者矣。安德以时艰主暗，晦迹韬光，及平阳之阵，奋其忠勇，盖以临难见危，义深家国。德昌大举，事迫群情，理至沦亡，无所归命。广宁请出后宫，竟不获遂，非孝珩辞致有谢李同，自是后主心识去平原已远。存亡事异，安可同年而说。武成残忍奸秽，事极人伦，太原迹异猜嫌，情非衅逆，祸起昭信，遂及淫刑。嗟乎！欲求长世，未之有也，以孝昭德音，庶可庆流后嗣，百年之酷，盖济南之滥觞，其云“莫效前人”之言，可为伤叹。各爱其子，岂其然乎？琅邪虽无师傅之资，而早闻气尚，士开淫乱，多历岁年，一朝剿绝，庆集朝野，以之受毙，深可痛焉。然专戮之衅，未之或免。赠帝谥恭，矫枉过直，观过知仁，不亦异于是乎？

北史卷五三
列传第四一

万俟普　可朱浑元　刘丰
破六韩常　金祚　刘贵
蔡俊　韩贤　尉长命　王怀
任祥　莫多娄贷文
库狄回洛　库狄盛　张保洛
侯莫陈相　薛孤延
斛律羌举　张琼　宋显
王则　慕容绍宗　叱列平
步大汗萨　薛脩义　慕容俨
潘乐　彭乐　暴显　皮景和
綦连猛　元景安　独孤永业
鲜于世荣·傅伏

万俟普字普拨，太平人，其先匈奴之别也。少雄果，有武力。正光中，破六韩拔陵构逆，逼授太尉。后归魏，累迁第二镇人酉长。孝武帝初，封清水郡公。随入关，拜司空。神武平夏州，普自覆鞯城率部归齐神武。神武躬自迎接，封河西郡公，位太尉，薨。赠太师、大司马、录尚书事。子洛。

洛字受洛干，随孝武入关，除尚书左仆射。天平中，随父东归，封建昌郡公，再迁领军将军。初，神武以其父普尊老，特崇礼之，尝亲扶上马。洛免冠稽首，愿出万死力，以报深恩。及河阴之战，诸军北度桥，洛以一军不动，谓西人曰："万俟受洛干在此，能来可来也！"西人畏而去之。神武名其所营地为回洛。洛慷慨有气节，勇锐冠世。卒，赠太师、大司马、太尉、录尚书，谥曰武。

可朱浑元字道元，自云辽东人也。曾祖护野肱，为怀朔镇将，遂家焉。元宽仁有武略，少与神武相知。尔朱荣以为别将，隶尔朱天光。平万俟丑奴等，以功封东县伯。孝武帝立，累迁渭州刺史。

元既早为神武知遇，兼其母兄在东，恒表疏与神武往来。周文帝有疑心。元乃率所部三千户，发渭州，西北度乌兰津，历河、源二州境，乃得东出。灵州刺史曹泥待元甚厚。泥女婿刘丰生与元深相结，遂资遣元。元从灵州东北入云州界。周文每遣兵邀元，元战必摧之，神武闻其来，遣平阳太守高崇持金环一枚赐元，并运资粮候接。元至，引见执手。后拜并州刺史，以贪污劾，特见原。累以军功拜司空。

天保初，封扶风郡王，位太傅、太师。薨，赠假黄钺、太宰、太师、录尚书。元用兵务持重，未尝败。皇建初，配享文襄庙庭，子长举袭。

道元弟天元，亦有将略。便弓马，封昌阳县伯。天保初，位殿中、七兵二尚书。卒，赠都督、沧州刺史，谥曰恭武。

天元弟天和，以道元勋重，尚东平长公主，赐爵宜安乡男。文宣受禅，加驸马都尉，位开府仪同三司，封成皋郡公。济南即位，加特进，改封博陵郡公。与杨愔同被杀，追赠司空。

刘丰字丰生，普乐人也。有雄姿壮气，果毅绝人。破六韩拔陵之乱，以守城功，除普乐太守，山鹿县公，灵州镇城大都督。贺拔岳与灵州刺史曹泥不睦，丰助泥守。岳将自讨泥，为侯莫陈悦所杀。周文帝遣行台赵善、大都督万俟受洛干复来攻围，引河灌之，泥与丰坚守不下。

丰乃东奔神武，神武以丰为南汾州刺史。河阴之役，丰功居先，神武执其手嗟赏之。及王思政据长社，丰与高岳等攻之。先是讹言大鱼道上行，百姓苦之。丰建水攻策，遏洧水灌城，水长，鱼鳖皆游焉。城将陷，丰与行台慕容绍宗见忽有暴风从东北来，正昼昏暗，飞沙走砾，船缆忽绝，漂至城下。丰拍浮向土山，为浪激，不时至。西人钩之，并为敌所害。丰壮勇善战，死日，朝野骇恸。赠大司马、司徒公、尚书令，谥武忠。子晔嗣。

第三子龙，有巧思，位亦通显。隋开皇中，历将作大匠，卒于领军大将军。

八子俱非嫡妻所生，每一子所生丧，诸子皆为制服三年。武平中，晔所生丧，诸弟并请解官，朝廷义而不许。

破六韩常，单于之裔也。初呼厨貌入朝汉，为魏武所留，遣其叔父右贤王去卑监本国户。魏氏方兴，率部南转，去卑遣弟右谷蠡王潘六奚率军北御。军败，奚及五子俱没于魏，其子孙遂以潘六奚为氏。后人讹误，以为破六韩。世领部落。父孔雀，少骁勇，背其宗人拔陵，率部降尔朱荣。诏封永安县侯，第一领人酋长。

常，孔雀少子，沈敏有胆略，善骑射。尔朱荣死，常归河西。天平中，与冀州刺史万俟受洛干等东归，神武上为武卫将军。齐受禅，封广川县公，拜太子太保。卒于沧州刺史。赠尚书令、司徒公、太傅、第一领人酋长、假王，谥曰忠武。

金祚字神敬，安定人也。性骁雄，尚气侠，魏末，以军功至太中大夫，随元天穆讨平邢杲，历泾、歧二州刺史。后大行台贺拔岳表授东雍州刺史,令讨仇池氏杨绍先于百顷。未还,岳为侯莫陈悦所杀。
祚克仇池还,莫知所归。俄而神武遣行台侯景慰谕,祚遂解甲而还,
封安定县公。

　　后随魏孝武西入,周文帝以祚为兖州刺史。历太仆、卫尉二卿。
寻除东北道大都督、晋州刺史,入据东雍州,神武遣尉景攻降之。芒
山之战,以大都督从破西军,除华州刺史。文宣受禅,加开府仪同三
司,别封临济县子。卒,赠司空公。

　　刘贵,秀容阳曲人也。刚格有气断。历尔朱荣府骑兵参军。荣
性猛急,贵尤严峻,任使多惬荣心。晋泰初,行汾州事,弃戍归齐神
武。累迁御史中尉、肆州大中正,加开府、西道行台仆射。

　　贵所历莫不肆其威酷,非理杀害,视下如草芥。性峭直,攻讦无
所回避。虽非佐命元功,然与神武布衣旧,特见亲重。卒,赠太保、
太尉公、录尚书事,谥忠武。齐受禅,诏祭告其墓。皇建中,配享神
武庙庭。

　　次子洪徽嗣乐县男。卒,赠都督、燕州刺史。

　　蔡俊,广宁石门人也。父普,北方扰乱,走奔五原,守战有功,拜
宁朔将军。卒,赠燕州刺史。

　　俊豪爽有胆略,齐神武微时,深相亲附。俊初为杜洛周所虏。时
神武亦在洛周军中,神武谋诛洛周,俊预其计。事泄,奔葛荣。仍背
荣归尔朱荣。从入洛,及从破葛荣,平元颢,封乌洛县男。随神武举
义,及平邺,破韩陵,并有战功,进爵为侯。出为齐州刺史。为政严
暴,又多受纳。然亦明解,有部分,吏人畏服之。性好宾客,颇称施
惠。天平中,卒于扬州刺史,赠尚书令、司空公,谥曰威武。齐受禅,
诏祭告其墓。皇建初,配享神武庙庭。

　　韩贤字普贤,广宁石门人也。壮健有武用。初随葛荣作逆。荣
败后,尔朱荣擢充左右,荣死,尔朱度律以贤为帐内都督,封汾阳县

伯。后为广州刺史。及齐神武起义,度律以贤素为神武所知,恐有变,遣使征之。不愿去,乃密遣群蛮多举烽,若有寇至。使者遂为启,得停。贤仍潜使人通诚于神武。后拜建州刺史。

天平初,为洛州刺史,州人韩木兰等起兵,贤破之。亲自案检收甲仗,有一贼窜迫藏尸间,见将至,忽起斫贤,断其胫而卒。始汉明帝时,西域以白马负佛经送洛,因立白马寺。其经函传于此寺,形制厚朴,世以古物。历代宝之。贤知,故斫破之,未几而死。论者谓因此致祸。赐尚书令、司空公。子裔嗣。

尉长命,太安狄那人也。父显,魏代郡太守。长命性和厚,有器识。参预齐神武起兵,破尔朱氏于韩陵,拜安南将军。樊子鹄据兖州反,除东南道大都督,与诸军讨平之。徙幽州刺史,督安、平二州。虽多聚敛,然以恩抚人,少得安集。卒,赠司空,谥曰武壮。

子兴,字敬兴。便弓马,有武艺,位冠军将军。

王怀字怀周,不知何许人也。少好弓马,颇有气尚。随齐神武于冀州起兵,讨破尔朱兆于广阿,又从破四胡于韩陵,以功封卢乡县侯。天平中,为都督、广州刺史。后从神武袭克西夏州。还,为大都督,镇下馆。除车骑大将军、仪同三司。卒,赠司徒公、尚书仆射。怀以武艺勋诚,为神武所知。志力未申,论者惜其不遂。皇建初,配飨神武庙庭。

任祥字延敬,广宁人也。少和厚,有器度。初从葛荣,荣署为王。荣败,拥所部先降,拜广宁太守,赐爵西河县公。随神武起兵,封魏郡公。后兼尚书左仆射,进位开府仪同三司。祥位望既重,能以宽和接物,人士称之。及斛斯椿衅发,祥弃官北走,归神武。天平初,拜侍中,迁徐州刺史。在州大有受纳,然政不残,不为人所疾苦。颍川长史贺若徽执刺史田迅,据城降西魏,祥战失利,还北。与行台侯景、司徒高昂共攻拔颍川。元象元年,卒于邺。赠太尉公、录尚书事。

子胄,性轻侠,颇敏慧,少在神武左右。天平中,擢为东郡太守。家本丰财,又多聚敛,动极豪华,宾客往来,将迎至厚。兴和末,神武攻玉璧还,留清河公岳为行台,镇守晋州,以胄隶之。胄饮酒游纵,不勤防守,神武责之。惧,遂潜遣使送款于周。为人所纠,推勘未得实,神武特免之。胄内不自安,乃与仪同尔朱文畅、参军房子远、郑仲礼等阴图弑逆,伏诛。

莫多娄贷文,太安狄那人也。骁果有胆气。从神武起兵,破尔朱兆于广阿,封石县子。从破四胡于韩陵,进爵为侯。从平尔朱兆于赤𪩘岭,兆自缢,贷文获其尸。天平中,进爵为公,晋州刺史。元象初,除车骑大将军、仪同三司、南道大都督,与行台侯景攻独孤信于金墉城。周文帝出瓯谷,景与高昂议待其至,贷文请率所部击其前锋,景等固不许。贷文性勇而专,不受命,以轻骑一千,军前斥堠,死于周军。赠尚书左仆射、司徒公。

子敬显嗣,强直勤干,少以武力见知。恒从斛律光征讨,数有战功。光每令敬显前驱置营,中夜巡察,或达旦不眠,临敌置阵,亦命部分将士,深见重。位至开府仪同三司。武平七年,从后主平阳败归,在并州与唐邕等推立安德王称尊号。安德败,武将皆投周军,唯敬显走还邺,授司徒。周武帝平邺,执之,斩于阊阖门外,责其不留晋阳也。

厍狄回洛,代人也。少有武力,仪貌魁伟。初事尔朱荣。荣死,隶尔朱兆。神武举兵于信都,回洛拥众来归。从破四胡于韩陵,以军功封顺阳县子,累迁夏州刺史。昭帝即位,封顺阳郡王。大宁初,为朔州刺史,转太子太师。卒,赠大尉、定州刺史。

厍狄盛字安盛,怀朔人也。性和柔,少有武用。初为神武亲信都督,从征伐,累迁幽州刺史,封长广县公。齐受禅,改封华阳县公,后拜特进。卒,赠太尉公。

　　张保洛，自云本出南阳西鄂。家世好宾客，尚气侠，颇为此土所知。保洛少便弓马。初从葛荣。荣败，仍为尔朱荣统军。后隶齐神武。神武起兵，保洛为帐内。从破尔朱兆于广阿及韩陵战。元象初，为西夏州刺史，以前后功，封安武县伯。又从战芒山，进爵为侯。文襄嗣事，历梁州刺史，进爵为公。齐受禅，加开府，仍为刺史。聚敛，为百姓所患。济南初，兼侍中，寻出为沧州刺史，封敷城郡王。以聚敛免官，夺王爵。卒，赠前官，追复本封。

　　从神武出山东，又有贺拔仁、麹珍、段琛、尉标、子相贵、康德、韩建业、封辅相、范舍乐、牒舍乐，并以军功至大官，史失其事。

　　仁字天惠，无善人。以帐内都督从神武破尔朱氏于韩陵，力战有功。天保初，封安定郡王，历数州刺史、太保、太师、右丞相、录尚书事。武平元年，薨，赠假黄钺、相国、太尉、录尚书、十二州诸军事、朔州刺史，谥曰武。

　　珍字舍洛，西平酒泉人。壮勇骑射，以帐内从神武。天统中，封安康郡王。武平初，为豫州道行台尚书令，豫州刺史。卒，赠太尉。

　　琛字怀宝，代人。少有武用，从起兵。天保中，开府仪同三司、兖州刺史。

　　标，代人。太宁初，位司徒，封海昌王。卒，子相贵嗣。

　　相贵，武平末，开府仪同三司、晋州道行台尚书仆射、晋州刺史。及行台左丞侯子钦等密启周武帝请师，求为内应。周武自率众至城下。子钦等夜开城门，引军入，锁相贵送长安，卒。

　　弟相愿，强干有胆略。武平末，开府仪同三司、领军大将军。自平阳至并州及到邺，每立计将杀高阿那肱，废后主立广宁王，事竟不果。及广宁被出，相愿拔佩刀斫柱而叹曰："大事去矣，知复何言！"

　　德，代之。历数州刺史、并省尚书左仆射、开府仪同三司，封新蔡王。

　　建业、辅相俱不知所从来。建业位领军大将军、并州刺史。以辅相为朔州总管。

范舍乐，代人。有武艺，筋力绝人。位东雍州刺史、开府仪同三司，封平舒侯。

牒舍乐，武威人。开府仪同三司、营州刺史，封汉中郡公，战殁关中。

侯莫陈相，代人也。祖社伏颓，魏第一领人酋长。父斛古提，朔州刺史，白水公。相七岁丧父，号慕过人。及长，性雄杰。后从神武起兵，破四胡于韩陵，力战有功，封阳平县伯，后改封白水郡公。天保初，累迁司空公，进爵白水王。又迁大将军，拜太尉公，兼瀛州刺史，历太保、朔州刺史，又授太傅，别封义宁郡公。薨于州，赠假黄钺、右丞相、太宰、太尉、都督、朔州刺史。

次子晋贵，严重有文武干略，袭爵白水王，武卫将军、开府仪同三司、梁州刺史。归周，授上大将军，封信安县公。子仲宣，太常丞。子弘颖、弘信，雍州司去参军。子行方、行俭、行恭。

薛孤延，代人也。少骁果，从神武起兵，以功累加仪同三司。从西征，至蒲津。及窦泰失利，神武班师，延后殿，且战且行，一日斫折十五刀。神武尝阅马于北牧，道逢暴雨，大雷震地，火烧浮图，神武令延视之。延案稍直前，大呼绕浮图走，火遂灭。延还，须及马鬃尾皆焦。神武叹其勇决曰："延乃能与霹雳斗!"后封平秦公，与诸将讨颍川，延专监造土山，以酒醉，为敌所袭据。颍川平，诸将还京师，宴华林园，文襄启魏帝，坐延阶下以辱之。齐受禅，别赐爵都昌县公。

延性好酒，率多昏醉，以善战，每大军征讨，常为前锋。位太子太保、太傅。

斛律羌举，太安人也。世为部落酋长。羌举少骁果，从尔朱兆。兆破，乃归诚神武。神武以其忠于所事，亦如嗟赏。天平中，除大都督。

后从神武战于沙苑,时议进趣计,羌举曰:"黑獭若欲固守,无粮援可恃。今揣其情,欲一死决,有同猘犬,或能噬人。且渭曲土泞,无所用功。若不与战,径趣咸阳,咸阳空虚,可不战而克。拔其根本,则黑獭之首,可悬军门。"神武欲纵火焚之,侯景曰:"当禽以示百姓,烧杀谁复信之?"诸将议既有异同,遂战于渭曲,大军败绩。

后封密县侯,为东夏州刺史。有疫疾,刺匈,竹筒吮之。垂愈,因怒,创裂而卒。赠仪同三司。子孝卿嗣。

孝卿少聪敏,机悟有风检。武平末,位侍中、开府仪同三司,封义宁王,知内省事,典外兵骑兵、机密。时政由群竖,自赵彦深死后,朝贵典机密者,唯孝卿一人差居雅道,不至贪秽。后主奔齐州,以孝卿为尚书令,又以中书侍郎薛道衡为侍中,封北海王。二人劝后主作承光诏,禅位任城王。令孝卿赍诏策及传国玺往瀛州,孝卿便诣邺。仍从周武帝入关,授仪同大将军、宣纳上士。隋开皇中,位太府卿、户部尚书。

张琼字连德,代人也。少壮健,有武用。初随葛荣为乱。荣败,尔朱荣以为都督。后历位济州刺史。及尔朱氏败,归神武,拜沧州刺史,加骠骑大将军、开府仪同三司。天平中,神武袭克夏州,以琼为慰劳大使,留镇之。寻为周文帝所陷,卒。赠司徒、都督、恒州刺史。

琼子欣,尚魏平阳公主,除驸马都尉、骠骑大将军、开府仪同三司、建州刺史,南郑伯。琼常忧其太盛,每谓亲识曰:"凡人官爵,莫若处中。欣位秩太高,深为忧虑。"而欣豪险,遂与公主情好不笃,寻为孝武所害。时人称琼先见。

宋显字仲华,敦煌效谷人也。性果毅,有干用。初事尔朱荣,稍迁为记室参军。荣死,世隆等以为晋州刺史。后归神武,为行台左丞,拜西兖州刺史。在州多所受纳,然勇决有气干,检御左右,咸得其心力。及河阴之战,深入,没于行阵。赠司徒公。

王则字元轨，自云太原人也。少骁果，有武艺。初随叔父魏广平内史老生征讨，每有战功，老生为朝廷所知，则颇有力。初以军功赐白水子。元颢入洛，则与老生俱降颢。颢疑老生，遂杀之。则奔广州刺史郑先护，与同拒颢。颢败，为东徐州防城都督。尔朱荣之死也，东徐州刺史斛斯椿是其枝党，内怀忧惧。时梁立魏汝南王悦为魏主，资其士马，送之境上，椿遂降悦。则与兰陵太守李义击其偏师，破之。魏因以则行北徐州事，隶尔朱仲远。仲远败，乃归神武。

天平初，频以军功，都督、荆州刺史。则有威武，边人畏伏之。渭曲之役，则为西师围逼，弃城奔梁。梁寻放还，神武恕而不责。元象初，洛州刺史。以前后勋，封太原县伯。则性贪狼籍。令送晋阳，文襄恕其罪。卒，赠司空，谥烈懿。

则弟敬宝，位东广州刺史，与萧轨攻建业，不克，死焉。

慕容绍宗字绍宗，晃第四子太原王恪之后也。曾祖腾，归魏，遂居代。祖郁，岐州刺史。父远，恒州刺史。

绍宗容貌恢毅，少言，深沉有胆略。尔朱荣即其从舅子也。荣入洛，私告曰："洛人士繁盛，骄侈成俗，不除翦，恐难制。吾欲因百官出迎，悉诛之，若何？"对曰："太后淫虐，天下共弃。公既执忠义，忽欲歼夷多士，实谓非策。"不从。后以军功封索卢侯，迁尔朱兆长史。及兆败，绍宗于乌突城见神武，遂携尔朱荣妻子并兆余众自归神武。神武仍加恩礼，所有官爵并如故，军谋兵略，时参预焉。

及迁邺，令绍宗与高隆之共知府库、图籍诸事。累迁青州刺史。时丞相记室孙搴属绍宗，以其兄为州主簿，绍宗不用。搴谮之神武曰："绍宗尝登广固城长叹，谓所亲云：大丈夫有复先业理不？"由是征还。元象初，以军功进爵为公，累迁御史中尉。属梁人刘乌黑入寇徐方，授徐州刺史，执乌黑杀之。还，除尚书左仆射。

侯景反，命绍宗为东南道行台，加开府，改封燕郡公，又与大都督高岳禽梁贞阳侯萧明于寒山。回军讨侯景于涡阳。时景军甚盛，初闻韩轨往讨之，曰："啖猪肠小儿。"闻高岳往，曰："此兵精人凡尔。"诸将被轻。及闻绍宗至，扣鞍曰："谁教鲜卑小儿解遣绍宗来？若然，高王未死邪？"及与景战，诸将频败，无肯先者。绍宗麾兵径进，诸将从之，因大捷。

西魏遣王思政据颍川。又以绍宗为南道行台，与太尉高岳、仪同刘丰围击之，堰洧水灌城。时绍宗数有凶梦，每恶之，私谓左右曰："吾自数年已还，恒有蒜发，昨来忽尽。蒜者算也，其算尽乎！"未几，与刘丰临堰，径向敌城。绍宗自度不免，遂投水卒。三军将士，莫不悲惋，朝廷嗟伤焉。赠太尉，谥曰景惠。

长子士肃，以谋反伏法。朝廷以绍宗功，罪止士肃身。皇建初，配享文襄庙庭。士肃弟三藏。

三藏幼聪敏，多武略，颇有父风。武平初，袭爵燕郡公。以军功，历位武卫大将军。周师入邺，齐后主东遁，委三藏留守邺宫。齐王公已下皆降，三藏犹拒战。及齐平，武帝引见，恩礼甚厚，授仪同大将军。

隋开皇元年，授吴州刺史。九年，副襄阳公韦洸讨平岭南。至广州，洸中流矢卒，诏三藏检校广州道行军事。以功授大将军。后迁廓州刺史，人歌颂之，文帝数有劳问。又畜产繁滋，获醍醐奉献，赉物百段。十三年，州界连云山响，称万岁者三，诏颁郡国，仍遣使醮山所。其日景云浮于上，雉兔驯坛侧。使还以闻，上大悦，改封河内县男。历叠州总管、和州刺史、淮南郡太守，所在有惠政。改授金紫光禄大夫。大业七年卒。

叱列平字杀鬼，代郡西部人，世为酋帅。平有容貌，美须髯，善射驭。袭第一领人酋长、临江伯。魏末，以军功至武卫将军。随尔朱荣破葛荣，平元颢，封瘿陶县伯。荣死，尔朱氏陵僭，平惧祸，后归神武。从破四胡于韩陵。以军功，天保初累迁兖州刺史，开府仪同三司。卒，赠都督、瀛州刺史，谥曰庄惠。子孝冲嗣。

孝冲弟长义，武平末，侍中、开府仪同三司，封新宁王。隋开皇中,位上柱国,卒于泾州刺史。长义无他才技,在官以清干称。

步大汗萨,代郡西部人。祖荣,代郡太守。父居,袭骧将军、领人别将。

萨初从尔朱荣入洛。及平葛荣,累功为都督。荣死,又从兆入洛。及韩陵之败,以所部降神武。稍迁车骑大将军,封行唐县公,晋州刺史。齐受禅,改封义阳郡公。

薛脩义字公让,河东汾阴人也。曾祖绍,魏七兵尚书。祖寿仁,秦州刺史、汾阴公。父宝集,定阳太守。

脩义少而奸侠,轻财重气。魏正光末,天下兵起,特诏募能得三千人者,用为别将,脩义得七千余人,假安北将军、西道别将。以军功,拜龙门镇将。

后宗人凤贤等作乱,围镇城,脩义以天下纷扰,遂为逆,自号黄钺大将军。诏都督宗正珍孙讨之,军未至,脩义惭悔,遣表乞一大将招慰,乃降。凤贤等犹据险不降,脩义与书,降之。乃授凤贤龙骧将军,阳夏子,改封汾阴县侯。尔朱荣以脩义反覆,录送晋阳,与高昂等并见拘防。荣赴洛,并以自随,置于驼牛署。

荣死,魏孝庄以脩义为弘农、河北、河东、正平四郡大都督。时神武为晋州刺史,见之,相待甚厚。及韩陵之捷,以脩义行并州事。孝武帝入关,神武以脩义为关右行台,自龙门济河,招下西魏北华州刺史薛崇礼。

初,神武欲大城晋,中外府司马房毓曰:“若使贼到此处,虽城何益?”乃止。及沙苑之败,徙秦、南汾、东雍三州人于并州,又欲弃晋,以遣家属向英雄城。脩义谏曰:“若晋州败,定州亦不可保。”神武怒曰:“尔辈皆负我,前不听我城并州城,使我无所趣。”脩义曰:“若失守,则请诛。”斛律金曰:“还仰汉小儿守,收家口为质,勿与兵马。”神武从之,以脩义行晋州事。及西魏仪同长孙子彦围逼城下,脩义开门伏甲待之,子彦不测虚实,于是遁去。神武嘉之,就拜晋州刺史。

后除齐州刺史，以黩贷除名。追其守晋州功，复其官爵。俄以军功，进正平郡公，加开府。天保中，卒于太子太保，赠司空。子文殊嗣。

脩义从弟嘉族，性亦豪爽。从神武平四胡于韩陵。历华、阳二州刺史，卒官。子震，字文雄，位廉州刺史，亦著军功。又历南汾、谯二州刺史。

慕容俨字恃德，清都人，蒐之后也。容貌出群，衣冠甚伟，不好读书，颇学兵法。尔朱氏败，归神武。以勋，累迁五城太守。见东雍州刺史潘相乐，长揖而已。丞尉已下，数罹其罪，乃谓俨曰："府君，少为群下屈节。"俨攘袂曰："吾状貌如此，行望人拜，岂可拜人！"神武闻三人在边不和，征相乐还朝，以俨代为刺史。迁东荆州刺史，行次长社，忽为其部下人所执，将投山贼张俭，为守人王崇祖私放，获免。神武仍授以军司，共击平俭，始得达州。沙苑之败，时诸州多翻陷，唯俨获全。

天保初，以军功，除开府仪同三司。六年，梁司徒陆法和、仪同宋莒等以郢州城内附。时清河王岳帅师江上，议以城在江外，求忠勇过人者守之，众推俨，遂遣镇郢城。始入而梁大都督侯瑱、任约率水陆军奄至城下，于上流鹦鹉洲造荻洪，竟数里，以塞船路。众惧，俨悦以安之。城中先有神祠一所，俗号城隍神，俨于是顺士卒心祈请，须臾，冲风惊波，漂断荻洪。约复以铁锁连缉，防御弥切。俨还共祈请，风浪夜惊，洪复断绝。如此再三，城人大喜，以为神助。俨出城奋击，大破之。瑱、约又并力围城。唯煮槐楮叶并纻根、水葒、葛、艾等及靴、皮带、筋角等食之。人死，即火别分食，唯留骸骨。俨犹信赏必罚，分甘同苦。自正月至六月，人无异志。后萧方智立，请和。文宣以城在江表，有诏还之。及至，望帝悲不自胜。帝亲执其手，捋俨须，脱帽看发，叹息久之。曰："自古忠烈，岂过此也！"除赵州刺史。

天统四年，别封寄氏县公，并赐金银酒钟各一枚、胡马一匹。五年，进爵为义安王。武平元年，为光州刺史。俨少从征讨，经略虽非所长，而有将帅之节。所历诸州，虽不能清白守道，亦不贪残害物。卒，赠司徒。

子子会，位郢州刺史。周武帝平邺，使其子送敕喻之，子会枷其子，付狱。寻赦书至，云行台武王已降，子会乃与寮属北面恸哭，然后奉命。

尔朱氏将帅归神武者，又有代人库狄伏连，字仲山，本名伏邻，语音连。事尔朱荣至直阁将军。后从神武，赐爵蛇丘男。天保初，仪同三司，寻加开府。性质朴，勤公事，直卫宫阙，晓夕不离帝所，颇以此见知。然鄙吝愚狠。为郑州刺史，好聚敛。又严酷。居室患蝇，杖门者曰："何故听入！"其妻病，以百钱买药，每自恨之。不识士流，开府参军，多是衣冠士族，皆加捶挞，逼遣筑墙。武平中，封宜都郡王，除领军大将军。寻与琅邪王俨杀和士开，伏诛，被支解。

伏连家口百余，盛夏，人料仓米二升，不给盐菜，常有饥色。冬至日，亲表称贺，其妻为设豆饼。问豆饼得处，云于马豆中分减。伏连大怒，典马、掌食人立加杖罚。积年赐物，藏在别库，遣一婢专掌管钥。每入库检阅，必语妻子，此官物，不得取用。至死时，唯着敝裤。而积绢至二万疋，簿录并归天府。

潘乐字相贵，广宁石门人也。本广宗大族，魏世分镇北边，因家焉。父永，有技艺，袭爵广宗男。

乐初生，有一雀止其母左肩，占者咸言富贵之征，因名相贵，后始为字。及长，宽厚有胆略，初归葛荣，荣授京兆王，时年十九。荣败，随尔朱荣。为别将讨元颢，以功封敷城县男。

齐神武出牧晋州，引乐为镇城都将。后从破尔朱兆于广阿，进爵广宗县伯。累以军功，拜东雍州刺史。神武尝议欲废州，乐以东雍地带山河，境连胡、蜀，形胜之会，不可弃也，遂如故。后从破周师于河阴，议欲追之，令追者在西，不愿者东，唯乐与刘丰居西。神武善之,以众之不同而止。改封金门郡公。

文宣嗣事,镇河阳,破西将杨标等。时帝以怀州刺史平鉴等所筑城深入敌境,欲弃之。乐以轵关要害,必须防固,乃更修理,增置兵将而还。还镇河阳,拜司空。齐受禅,乐进玺绶,进封河东郡王,迁司徒。

周文东至崤、陕,遣其行台侯莫陈崇齐子岭趣帜关。仪同杨摽从鼓钟道出建州,陷孤公戍。诏乐总大众御之。乐昼夜兼行,至长子,遣仪同韩永兴从建州西趣崇,崇遂遁。

又为南道大都督讨侯景,乐发石鳖,南度百余里,至梁泾州。泾州旧在石梁,侯景改为淮州。乐获其地,仍立泾州,又克安州之地。除瀛州刺史,仍略淮、汉。天保六年,薨于悬瓠。赠假黄钺、太师、大司马、尚书令。

子子晃嗣。诸将子弟,率多骄纵,子晃沈密谨愿,以清靖自居。尚公主,拜驸马都尉。武平末,为幽州道行台右仆射、幽州刺史。周师将入邺,子晃率突骑数万赴援,至博陵,知邺城不守,诣冀州降周齐王军。授上开府。隋大业初卒。

彭乐字兴,安定人也。骁勇善骑射。初随杜洛周贼,知其不立,降尔朱荣。从破葛荣于滏口。又为都督,从神武与行台仆射于晖讨破羊侃于瑕丘。后叛投逆贼韩楼,封北平王。及尔朱荣遣大都督侯深击楼,乐又叛楼降深。神武出山东,乐又随从。韩陵之役,乐先登陷阵,贼众大崩,封乐城县公。后以军功,进爵汨阳郡公,除肆州刺史。

天平四年,从神武西讨,与周文相拒。神武欲缓持之,乐气奋请决战,曰:“我众贼少,百人取一,差不可失也。”神武从之。乐因醉入深,被刺肠出,内之不尽,截去复战,身被数创,军势遂挫,不利而还。神武每追谕以戒之。

高仲密之叛也,周文援之,神武迎击于芒山。候骑言贼去洛州四十里,蓐食干饭,神武曰:“自应渴死,何待我杀!”乃勒阵以待之,西军至皆喉燋。乐以数千精骑为右甄,冲西军北垂,所向奔退,遂驰入周文营。人告乐叛,神武曰:"乐弃韩楼事尔朱荣,背尔朱归我,又叛入西。事成败岂在一乐?但念小人反复尔。"俄而西北尘起,乐使告捷,虏西魏临洮王乐、蜀郡王荣宗、江夏王升、钜鹿王阐、谯郡王亮、詹事赵善,督将寮佐四十八人,皆系颈反接手,临以刃,历两阵而唱名焉。诸将乘胜,斩首三万余。

西军退,神武使乐追之。周文大窘而走,曰:"痴男子!今日无我,明日岂有汝邪?何不急还前营收金宝?"乐从其言,获周文金带一束以归。言周文漏刃破胆矣。神武诘之,乐以周文言对。且曰:"不为此语放之。"神武虽喜其胜,且怒,令伏诸地,亲称其头,连顿之,并数沙苑之失,举刀将下者三,嚓断良久,乃止。更请五千骑取周文。神武曰:"尔何放而复言捉邪?"取绢三千疋压乐,因赐之。

累迁司徒。天保初,封陈留王,迁太尉。二年,谋反,为前行襄州事刘章等告,状诛。

暴显字思祖,魏郡斥丘人也。祖嘒,仕魏,为朔州刺史,因家焉。父诞,恒州刺史、乐安公。

显幼时,见一沙门指之曰:"此郎子好相表,大必为良将,贵极人臣。"语终失之。显善骑射,曾从魏孝庄猎,一日中,手获禽兽七十三。后从齐神武起义信都,累迁北徐州刺史,封屯留公。天保中,以赃货解州,大理禁止。处叛未讫,为合肥被围,遣显与步大汗萨等攻梁北徐州,禽其刺史王强。天统中,累迁位特进,封定阳王,卒。

皮景和,琅邪下邳人也。父庆宾,魏淮南王开府中兵参军。正光中,因使遇乱,遂家广宁之石门县。

景和少通敏,善骑射。初以亲信事神武。后征步落稽,疑贼伏,令景和将五六骑深入一谷。遇贼百余人,便战,景和射数十人,莫不应弦而倒。神武尝令景和射一野豕,一箭获之,深见赏异。除库直正都督。

天保初，授通州刺史，封永宁县子。景和矫捷，有武用，从袭库莫奚，度黄龙，征契丹，定稽胡，讨蠕蠕，每有战功。累迁殿中尚书、侍中。景和于武职中兼长吏事，又性识平均，故频有美授。周通好后。冠盖往来，常令景和对接。每与同射，百发百中，甚见推重。

武平中，诏狱多令中黄门等监之，恒令景和案复，据理执正，由是过无枉滥。后除特进，封广汉郡公，迁领军将军。琅邪王之杀和士开，兵指西阙，内外莫知所为。景和请后主出千秋门，自号令。事平，除尚书右仆射。

陈将吴明彻寇淮南，令景和拒之。除领军大将军，封文城郡王。又有平阳人郑子饶，诈依佛道设斋会，用米面不多，供赡甚广，密从地藏，渐出饼饭。愚人以为神力，见信于魏、卫之间。将为逆乱，谋泄。乃潜度河聚众，自号长光王，已破乘氏县。景和遣骑击破之，禽子饶，送邺烹之。及吴明彻围寿阳，敕景和与贺拔伏恩救之。是时，拒明彻者多倾覆，唯景和全军而还。除尚书令。

武平六年，卒。赠太尉、录尚书。

长子信，机悟有风神。位开府仪同三司、武卫将军，于勋贵子弟中，称其识鉴。降周军，授上开府、军正中大夫。隋开皇中，卒于洮州刺史。

少子宿达，开皇中，通事舍人。母忧起复，将赴京，辞灵，恸哭而绝，久而获苏，不能下食，三日而死。

綦连猛字武儿，代人也。其先姬姓，六国末，避乱出塞，保祈连山，因以山为姓。北人语讹，故曰綦连。父元成，燕郡太守。

猛少有志气，便弓马。初为尔朱荣亲信。荣被害，从尔朱兆入洛。猛父母兄弟皆在山东，尔朱京缠欲投神武，召之与俱。举稍谓曰："不从我者死！"乃从之。去城五十余里，猛以素蒙兆恩，即背京缠复归兆。兆败，猛与斛律羌举、乞伏贵和逃亡。及见获，各杖一百。以猛配尉景，贵和配娄昭。羌举以故酋长子，故无所配。既而三人并为神武亲信。后都督尔朱文畅将为逆，猛曰："昔事其父兄，宁今日受死,不忍告而杀之。"神武闻之曰:"事人当如此。"舍其罪而益亲之。

以军功,封广兴县侯。梁使来聘。云求角武艺。文襄遣猛就馆接之,双带两鞬,左右驰射。校挽缰弓,梁人引弓两张,皆三石。猛遂并取四张,叠挽之,过度。梁人嗟服。天保初,除东秦州刺史。河清三年,加开府。突厥侵逼晋阳,敕猛觇贼。中一骑将超出来斗,猛即斩之。

天统五年,除并省尚书令,领军大将军,封山阳王。猛自和士开死后,渐预朝政,疑议与夺,咸亦咨禀。赵彦深以猛武将之中,颇疾奸佞,言议时有可采,故引知机事。祖珽奏方言猛与彦深前推琅邪王,事有意故。于是出猛为定州刺史,彦深为西兖州刺史,即日首途。先是,谣曰:"七月刈禾太早,九月啖糕未好,本欲寻山射虎,激箭旁中赵老。"至是,其言乃验。猛行至牛兰,有人告和士开被害时,猛亦知情,遂被追还,削王爵,以开府赴州。在任宽惠清慎,吏人称之。淮阴王阿那肱与猛有旧,每欲携引之,韩长鸾等沮难,复授胶州刺史。后除大将军。齐亡入周,卒。初,猛与尉兴庆、谢猥馁并善射小心,给事神武左右。神武使相者视之,曰:"猛大贵,尉、谢无官。"及芒山之役,兴庆救神武之窘,为军所杀。神武叹曰:"富贵定在天也。"猛竟如相者言,卒以荣宠自毕。

兴庆事见《齐本纪》。兴庆每入阵,常自署名于前,神武使求其尸,祭之。于死处立浮图,世谓高王浮图云。于是超赠仪同、泾州刺史,谥曰闵壮。

元景安,河南洛阳人,魏昭成皇帝之五世孙也。高祖虔,陈留王。景安沈敏有干局,少工骑射,善于事人。父永启回代郡公授之。随魏孝武帝西入关。天平末,周、齐交战,景安临阵东归。芒山之战,以功赐爵西华县男,代郡公如故。景安妙闲驰骋,有容则,每梁使至,恒与斛律光、皮景和等对客骑射,见者称善。天保初,别封兴势伯,带定襄县令,赐姓高氏,累迁兼七兵尚书。

时初筑长城，镇戍未立，诏景安与诸将缘塞以备守。督领既多，且所部军人，富于财物，遂贿货公行。文宣闻之，遣使推检，唯景安纤毫无犯。帝深嘉叹，乃以所敛赃绢五百匹赐，以彰清节。孝昭尝与功臣西园宴射，侯去堂一百三十步，中的者赐以良马及金玉锦彩。有一人射中兽头，去鼻寸余，唯景安最后，有矢未发。帝令景安解之，景安引满，正中兽鼻。帝嗟异称善，特赏马二匹，玉帛杂物，又加常等。

天统四年，除豫州刺史，加开府仪同三司。武平三年，授行台尚书令，刺史如故，封历阳郡王。景安久在边州，人物安之。又管内蛮多华少，景安被以恩威，咸得宁辑，武平末，征拜领军大将军。入周，以大将军、义宁郡公讨稽胡，战没。

初，永兄祚袭爵陈留王，祚卒，子景皓嗣。天保时诛诸元亲近者，如景安之徒疏宗，议请姓高氏。景皓云："岂得弃本宗，遂他姓？大丈夫宁可玉碎，不能瓦全。"景安以白文宣，乃收景皓诛之，家属徙彭城。由是景安独赐姓高氏，自外听从本姓。

永弟种子豫，字景豫，美容仪，有器干。景安告景皓慢言，引豫，云相应和。豫占云："尔时以衣袖掩景皓口，云：莫妄言。"问景皓，与豫同，获免。卒于东徐州刺史。

独孤永业字世基。本姓刘，中山人也，母改适独孤氏，永业幼随母，为独孤家养，遂从其姓。天保初，除中书舍人。永业解书计，善歌舞，甚为文宣所知。

后为洛州刺史、河阳行台左丞，甚有威信。迁行台尚书。永业久在河阳，善于招抚，周人惮之。性鲠直，不交权势。斛律光求二婢弗得，毁之于朝廷。河清末，征为太仆卿，以乞伏贵和代之，于是西境矍弱，河洛人情骚动。武平三年，遣永业取斛律丰洛，因以为北道行台仆射、幽州刺史。河洛人庶多思永业，又除河阳道行台、洛州刺史。

周武帝亲攻金墉，永业出兵御之，问是何达官，作何行动。周人曰:"至尊自来,主人何不出看客?"永业曰:"客行怱怱,故不出看。"
乃通夜办马槽二千,周人闻之,以为大军至,乃去。进位开府、临川
王。有甲士三万,闻晋州败,请出兵北讨,奏寝不报,永业慨愤。又
闻并州亦陷,乃遣子须达告降于周。授上柱国、应公。宣政末,为襄
州总管。大象二年,为行军总管崔彦睦所杀。

　　鲜于世荣,渔阳人也。父宝业,怀朔镇将。武平初,赠仪同三司、
祠部尚书。

　　世荣少沈敏,有器干。兴和二年,为神武亲信都督,称迁平西将
军,赐爵石门县子。天统二年,累加开府仪同三司,除郑州刺史。武
平中,以领军从平高思好,封义阳郡王,领军大将军、太子太傅。及
周武入代,送马脑酒钟与之,得便撞破。周兵入邺,诸将皆降,世荣
在三台之前,独鸣鼓不辍。及被执不屈,乃见杀。

　　世荣虽武人无文艺,以朝危政乱,每常窃叹。见征税无厌,赏赐
过度,发言叹息焉。子贞,武平末,假仪同三司。

　　傅伏,太安人也。少从戎,以战功,稍至开府、永桥领人大都督。
周武帝前攻河阴,伏自永桥夜入中潬城。南城陷,被围二旬不下,救
兵至,周师还。

　　后除东雍州刺史。周克晋州,执行台尉相贵。招伏,伏不从。周
克并州,遣韦孝宽以伏子世宽来招伏,授上大将军、武乡郡公。即给
告身,以金马脑二酒钟为信。伏不受曰:"事君,有死无二。此儿为
臣不能竭忠,为子不能尽孝,人所雠疾,愿即斩之,以号令天下。"周
武自邺还至晋州,遣高阿那肱等临汾召伏。伏闻后主已被获,仰天
大哭,率众入城,于听事前,北面哭良久,然后降。周武见曰:"何不
早降?"伏流涕曰:"臣三世衣食齐家,被任如此,革命不能自死,差
见天地。"周武亲执手曰:"为臣当若此。朕平齐,唯见公一人。"乃自
食一羊肋,以骨赐伏曰:"骨亲肉疏所以相付。"遂引与同食。令于侍
伯色宿卫,授上仪同,敕之曰:"若即与公高官,恐归投者心动。勿虑

不富贵。"又问:"前救河阴得何官?"曰:"蒙一转,授特进、永昌郡公。"周武谓后主曰:"朕前三年,决意取河阴,正为傅伏不可动。公当时赏授,何其薄也?"赐伏金酒卮。后以为岷州刺史,寻卒。

齐军晋州败后,兵将罕有全节有。其杀身成仁者,有仪同叱于苟生。镇南兖州。周武破邺,赦书至,苟生自缢死。

又有开府、中侍中、宦者田敬宣,本字鹏,蛮人也。年十四五,便好读书。既为阉寺,伺隙便周章询请。每至文林馆,气喘汗流,问书之外,不暇他语。及视古人节义事,未尝不感激沈吟。颜之推重其勤学,甚加开奖。后遂通显。后主之奔青州,遣其西出参伺动静,为周军所获。问齐主何在,绐云已去。殴捶服之,每折一支,辞色愈厉,竟断四体而卒。

又有雷显和,晋州败后,为建州道行台左仆射。周武帝使其子招焉,显和禁其子而不受。闻邺城败,乃降。

后主失并州,使开府纥奚永安告急于突厥他钵略可汗。及闻齐灭,他钵处永安于吐谷浑使下。永安抗言曰:"本国既败,永安岂惜贱命?欲闭气自绝,恐天下不知大齐有死节臣。唯乞一刀,以显示远近。"他钵嘉之,赠马七十匹,归之。

又有代人高宝宁,武平末,为营州刺史,镇黄龙。夷夏重其威信。周武帝平齐,遣信招慰,不受赦书。范阳王绍义在突厥中,宝宁上表劝进。范阳王署宝宁为丞相。及卢昌期据范阳起兵,宝宁引绍义集夷夏兵数万救之。至潞河,知周将宇文神举屠范阳,还据黄龙。

论曰:尔朱残逆,远效诚款,知神武陵逼,随帝西迁,去就之途,未为失节。道元感母兄之恋,荷知遇之恩,思亲怀旧,固其宜矣。生不屈西朝,归诚河朔;保年之于开,义异策名。并乘几独运,异夫盗宝窃邑者也。神武招携,理殊纳叛;诸将择木,情非背恩。故能各立功名,终极荣宠。神敬力屈东维,未亏臣节,其被恩化,盖亦明主之仁焉。刘贵、蔡俊有先见之明,匡赞霸业,配飨清庙,岂徒然也。

韩贤、尉长命、王怀、任祥、莫多娄贷文、库狄回洛、库狄盛、张保洛、侯莫陈相、薛孤延、斛律羌举、张琼、宋显、王则等，并运属时来，或因羁旅，冯附末光，申其志力，化为王侯，固为宜矣。孝卿功臣之胤，自致公卿，立履之地，亦足称也。

慕容绍宗兵机武略，在世见重，昔事尔朱，固执忠议，不用范曾之言，终见乌江之祸。侯景狼戾，固非后主之臣；神武遗言，实表知人之鉴。寒山、涡水，往若摧枯。算尽数奇，逢斯祸酷，悲夫！三藏连属危亡，贞概自处，可谓不陨门节矣。

叱列平步、大汗萨、薛修义、慕容俨、潘乐、彭乐、暴显、皮景和、綦连猛、元景安等，策名戎幕，备开夷险，位高任重，咸遂本诚。永业、世荣之徒，因危方见忠节。不然，则丹青简册，安所贵乎。

北史卷五四
列传第四二

孙腾　高隆之　司马子如
窦泰　尉景　娄昭　厍狄干
韩轨　段荣　斛律金

　　孙腾字龙雀，咸阳石安人也。祖通，仕沮渠氏，为中书舍人。沮渠氏灭，因徙居北边。及腾贵，魏朝赠司徒。父机，赠太尉。

　　腾少质直，明解吏事。魏正光中，北方扰，归尔朱荣。寻为齐神武都督长史。神武为晋州，又引为长史，封石安县伯。及起兵于信都，常以诚款预谋策。累迁郡公，入为侍中，寻兼尚书左仆射。时魏京兆王愉女平源公主寡，腾愿尚之，而公主欲侍中封隆之。腾妒隆之，遂相间构。神武启免腾官，俄而复之。与斛斯椿同掌机密，见忌虑祸，奔晋阳。神武入讨椿，留腾行并州事。入为尚书左仆射，内外之事，腾咸知之。兼司空，除侍中，兼尚书令。

　　时西魏攻南兖州，诏腾率诸将讨之。腾性怯无威略。失利而还。又除司徒，余官如故。初北境乱，腾亡一女，及贵，推访不得，疑其为人婢。及为司徒，奴婢诉良者皆免之，愿免千人，冀得其女。神武知之大怒，解司徒。寻为尚书左仆射、太保，仍侍中，迁太傅。

　　初，博陵崔孝芬取贫家子贾氏为养女。孝芬死，其妻元更适郑伯猷，携贾于郑氏。贾有色，腾纳之为妾。其妻袁死，腾以贾有子，正以为妻，诏封丹杨郡君。复请以袁氏爵回授其妻女。其违礼肆情，多此类也。

　　腾早依神武，神武深信待之，置于魏朝，寄以心腹。遂志气骄盈。与夺自已。纳贿不知纪极，官赠非财不行，肴藏银器，盗为家物，亲狎小人，专为聚敛。与高岳、高隆之、司马子如，号四贵，非法专恣，腾为甚焉。神武、文襄，屡加诮让，终不悛改，朝野深非笑之。

　　武定六年，薨，赠太师、开府、录尚书事，谥曰文。天保初，以腾佐命，诏祭告其墓。皇建中，配飨神武庙庭。

　　子凤珍嗣，性庸暗，卒于仪同三司。

　　高隆之字延兴，洛阳人也。为阉人徐成养子。少时，以赁升为事，或曰：父干为姑婿高氏所养，因从其姓。隆之后有参定功，神武命为弟，仍云勃海蓨人。干赠司徒公。

　　隆之身长八尺，美须髯，深沉有志气。初，行台于晖引为郎中，与神武深相结托。后从起于山东，累迁并州刺史，入为尚书右仆射。时初给人田，权贵皆占良美，贫弱咸受瘠薄，隆之启神武，更均平之。又领营构大将，以十万夫彻洛阳宫殿，运于邺，构营之制，皆委隆之。增筑南城，周二十五里。以漳水近帝城，起长堤以防泛溢。又凿渠引漳水，周流城郭，造水碾硙。并有利于时。

　　魏自孝昌之后，天下多难，刺史、太守皆为当部都督，虽无兵事，皆立佐僚，所在颇为烦扰。隆之请非实边要，见兵马者，悉断之。又朝贵多假常侍以取貂蝉之饰，隆之自表解侍中，并陈诸假侍中服者，请亦罢之，诏皆如表。自军国多事，冒名窃官者，不可胜数，隆之奏请检括，旬日获五万余人。而群小谗嚣，隆之惧而止。诏监起居事，进位司徒。

　　武定中，除尚书令，迁太保。文襄作宰，风俗肃清，隆之时有受纳，文襄于尚书省大加责让。齐受禅，进爵为王。寻以本官录尚书事，领大宗正卿，监国史。隆之性好小巧，至于公家羽仪，百戏服制，时有改易，不循典故，时论非之。于射埪土上立三人像，为壮勇之势。文宣曾至东山，因射，谓隆之曰："埪上可作猛兽，以存古义，何为终日射人？"隆之无以对。

先是，文襄委任崔暹、崔季舒等。及文襄崩，隆之启文宣，并欲害之，不见许。文宣以隆之旧齿，委以政事。隆之子淫于杨遵彦前妻，帝妹也，故遵彦谗毁日至。崔季舒等仍以前隙，潜云："隆之每见诉讼者，辄加哀矜之意，以示非己能裁。"文宣以其受任既久，知有冤状，便宜申涤，何过要名，非大臣义。天保五年，禁止尚书省。隆之曾与元昶宴，语昶曰："与王交游，当死生不相背。"人有密言之者。又帝未登庸日，隆之意常侮帝，帝将受禅，大臣咸言未可，隆之又在其中，常深衔之。因此大怒，骂曰："徐家老公。"令壮士筑百余拳，放出。渴将饮水，人止之，隆之曰："今日何在！"遂饮之。因从驾，死于路中。赠太尉、太保、阳夏王，竟不得谥。

隆之虽不学涉，而钦尚文雅，搢绅名流，必存礼接。寡姊为尼，事之如母。训督诸子，必先文义。世以此称之。

文宣末年，多猜害，追忿隆之，执其子司徒中兵慧登等二十人于前。慧登言乞命，帝曰："不得已。"以鞭扣鞍，一时头绝，并投之漳水。发隆之冢，出尸，其貌不败，斩骸骨焚之，弃于漳流。天下冤之。隆之嗣遂绝。乾明中，诏其兄子子远为隆之后，袭爵阳夏王，还其财产。

隆之见信神武，性阴毒，仪同三司崔孝芬以结婚姻不果。太仆卿任集同加营构，颇相乖异。瀛州刺史元晏请托不遂。并构成其罪，诛害之。终至家门殄灭，论者谓有报应焉。

司马子如字遵业，自云河内温人也。徙居云中，因家焉。子如初为怀朔镇省事，与齐神武相结托，分义甚深。孝昌中，北州沦陷，子如南奔肆州，为尔朱荣所礼，封平遥子，称迁大行台郎。荣死，随荣妻子与尔朱世隆等走出京城。节闵帝立，以前后功，进爵阳平郡公。神武入洛，以为大行台尚书，朝夕左右，参知军国。天平初，除尚书左仆射、开府，与高岳、孙腾、高隆之等共知朝政，甚见信重，神武镇晋阳，子如时往谒见。及还，神武、武明后俱有赍遗，率以为常。

子如性既豪爽，兼恃恩旧，簿领之务，与夺任情，公然受纳。兴和中，以北道行台巡检诸州守令已下，至定州，斩深泽令，至冀州，斩东光令，皆稽留时刻，致之极刑。进退少不合旨者，便令武士顿曳，白刃临颈，士庶惶惧，不知所为，转尚书令。

及文襄辅政，以赇为御史中尉崔暹劾，在狱一宿而发皆白。辞曰：“司马子如本从夏州策一杖投相王，王给露车一乘，犗牸牛犊。犊在道死，唯犗角存。此外，皆人上取得。”神武书敕文襄曰：“马令是吾故旧，汝宜宽之。”文襄驻马行街，以出子如，脱其锁。子如惧曰：“非作事邪？”于是，除削官爵。神武后见之，哀其憔悴，以膝承其首，亲为择虱，赐酒百瓶，羊五百口，粳米五百石。子如曰：“无事尚被囚几死，若受此，岂有生路邪？”未几，起行冀州事，能自改厉，甚有声誉。诏复官爵，别封野王县男。齐受禅，以翼赞功，别封须昌县公。寻除司空。

子如性滑稽，不事检裁，言戏秽亵，识者非之。而事姊有礼，抚诸兄子慈笃，当时名士，并加钦爱，复以此称之。然素无鲠正，不能以平道处物。文襄时，中尉崔暹、黄门郎崔季舒俱被任用。文襄崩，暹等赴晋阳，子如以纠劾之衅，乃启文宣，言其罪，劝帝诛之。后子如以马度关，为有司所奏。文宣让之曰：“崔暹、季舒事朕先世，有何大罪，卿令我杀之！”因此免官。久之，犹以先帝之旧，拜太尉。寻以疾薨，赠太师、太尉、谥曰文明。长子消难嗣。

消难字道融。幼聪慧，微涉经史，有风神，好自矫饰，以求名誉。子如既当朝贵盛，消难亦爱宾客，邢子才、王元景、魏收、陆卬、崔瞻等皆游其门。称迁光禄卿，出为北豫州刺史。

文宣末年，昏虐滋甚，消难常有自全之谋，曲意抚纳，颇为百姓所附。不能廉洁，为御史所劾。又尚公主，而情好不睦。公主诉之。属文宣在并州，驿召上党王涣，涣惧害，斩使者东奔，邺中大扰，后竟获于济州。涣之初走，朝士疑赴成皋，云：“若与司马北豫连谋，必为国患。”此言达于文宣，颇见疑。消难惧，密令所亲人河东裴藻间行入关，请降。

入周，封荥阳郡公，累迁大司寇。从武帝东伐，还除梁州总管。大象初，迁大后丞，女为静帝后。寻出为邳州总管。及隋文帝辅政，消难乃与蜀公尉迟迥合势举兵，使其子永质于陈，以求援。隋文帝命襄城总管王谊讨之，消难奔陈。位司空，隋郡公。

初，隋武元帝之迎消难，结为兄弟，情好甚笃，隋文每以叔礼事之。及平陈，消难至，特免死配为乐户，二旬而免，犹以旧恩，特被引见。寻卒于家。

消难性贪淫，轻于去就，故世言反复者，皆以方之。其妻高，齐神武女也，在邺极加礼敬，入关便相弃薄。及赴邳州，留妻及三子在京，妻言于文帝曰："荥阳公携宠自随，必不顾妻子，愿防虑之。"及消难入陈，高母子因此获免。子谭，即高氏所生，以消难勋，拜仪同大将军，坐消难除名。

裴藻字文芳。少机辩，有不羁之志，为子如太傅主簿。消难镇北豫，又以为中兵参军。入周，封闻喜县男，除晋州刺史。

子如兄纂。纂长子世云，轻险无行。累迁颍州刺史，肆行奸秽，将见推，惧，遂从侯景。文襄犹以子如恩旧，免其诸弟死罪，徙北边。世云以侯景败于涡阳，复有异志，为景所杀。世云弟膺之。

膺之字仲庆，美须髯，有风貌，好学，厚自封植，神气甚高。历中书、黄门侍郎。天平中，叔父子如执钧当轴。膺之既宰相犹子，兼自有名望，所与游集，尽一时名流。与邢子才、王景等并为莫逆之交。及兄世云陷于逆乱，期亲皆应诛。膺之及诸弟并有人才，为朝廷所惜，文襄特减死徙近镇。文宣嗣业，得还。齐受禅，子如别封须昌县公，回授膺之。子如抚爱甚慈，膺之昆季，事之如父。

性方古，不会俗旧。与杨愔同为黄门郎，至愔为尚书令，抗礼如初。愔尝有从姊惨，尚书卿尹皆跪吊，膺之执手而出。曾路逢，愔威仪道引，乃于树下侧避之。愔于车望见，令呼谓曰："兄何意避弟？"膺之曰："我自避赤棒，本不避卿。"愔甚重之，然以其疏简傲物，竟天保间，沦滞不齿。乾朝中，除卫尉少卿，迁国子祭酒。河清末，拜金紫光禄大夫。患泄痢，积年不起。武平中，就家拜仪同三司。班台之贵，近世专以赏勋勤，膺之虽为猥杂，名器犹重。初，司徒赵彦深起自孤微，为子如管记，膺之甚相忽略，不为之礼。及彦深为宰相，朝士辐凑，膺之自念，故被延请，永不至门，每与相见，捧袂而已。太常卿段孝言，左丞相孝先之弟也，位望甚隆，尝诣其弟幼之，举座倾敬。膺之时牵疾，在外斋冯几而坐，不为动容。直言："我患痾久，太常不得致怪。"黄门郎陆杳，贵游后进，膺之尝与棋。杳忽后至，寒温而已，棋遂辍。园宅闲素，门无杂客，性不饮酒，而不爱重宾游。病久，不复堪读书，或以奕棋永日。名士有素怀者，时相寻候，无杂言，唯论经史。好读《太玄经》，又注扬雄《蜀都赋》。每云："我欲与杨子云周旋。"患痾十七年，竟不愈。亡岁，以痾疾终。

膺之弟子瑞，为御史中丞，正色举察，为朝廷所许。以疾去职，就拜祠部尚书。卒，赠仪同三司、瀛州刺史，谥曰文节。子瑞妻，陆令萱妹。及令萱得宠于后主，重赠子瑞开府仪同三司、中书监、温县伯。诸子亦并居显职，同游，给事黄门侍郎。同回，太常少卿。同宪，通直常侍。同游终为佳吏，隋开皇中，为尚书户部侍郎，卒于遂州刺史。

子瑞弟幼之，清贞有行。武平末，为大理卿。开皇中，卒于眉州刺史。

窦泰字世宁，太安捍殊人也。本出清河观津胄。祖罗，魏统万镇将，因居北边。父乐，魏末破六韩拔陵为乱，与镇将杨钧固守，遇害。泰贵，追赠司徒。

初，泰母梦风雷暴起，若有雨状，出庭观之，见电光夺目，驶雨沾洒，寤而惊汗，遂有娠。期而不产，大惧。有巫曰："度河湔裙，产子必易。"便向水所，忽见一人曰："当生贵子，可徙而南。"泰母从之，俄而生泰。及长，善骑射，有勇略。泰父兄战殁于镇，泰身负骸归尔朱荣。以从讨邢杲功，赐爵广阿子。神武之为晋州，请泰为镇城都督、参谋军事。累迁侍中、京畿大都督，寻领御史中尉。泰以勋戚居台，虽无多纠举，而百寮畏惧。

天平三年，神武西讨，令泰自潼关入。四年，泰至小关，为周文帝所袭，众尽没，泰自杀。初，泰将发邺，邺有惠化尼，谣云："窦行台，去不回。"未行之前夜，三更，忽有朱衣冠帻数千人入台，云收窦中尉。宿直兵吏皆惊。其人入数屋，俄顷而去。旦视关键不异，方知非人，皆知其必败。赠大司马、太尉、录尚书事，谥曰武贞。

泰妻，武明娄后妹也，泰虽以亲见待，而功名自建。齐受禅，祭告其墓。皇建初，配享神武庙庭。

子孝敬嗣，位仪同三司。

尉景字士真，善无人也。秦、汉置尉堠官，其先有居此职者，因以氏焉。

景性温厚，颇有侠气。魏孝昌中，北镇反，景与神武入杜洛周中，仍共归尔朱荣。以军功，封博野县伯。后从神武起兵信都。韩陵之战，唯景所统失利。神武入洛，留景镇邺。寻进封为公。景妻常山君，神武之姊也，以勋戚，每有军事，与库狄干常被委重。而不能忘怀财利，神武每嫌责之。转冀州刺史，又大纳贿，发夫猎，死者三百人。库狄干与景在神武坐，请作御史中尉。神武曰："何意下求卑官？"干曰："欲捉尉景。"神武大笑，令优者石董桶戏之。董桶剥景衣曰："公剥百姓，董桶何为不剥公？"神武诫景曰："可以无贪也。"景曰："与尔计生活孰多，我止人上取，尔割天子调。"神武笑不答。

改封长乐郡公，历位太保、太傅。坐匿亡人，见禁止。使崔暹谓文襄曰："语阿惠，儿富贵，欲杀我邪？"神武闻之泣，诣阙曰："臣非尉景无以至今日。"三请，帝乃许之。于是黜为骠骑大将军、开府仪同三司。神武造景，景恚，卧不动，叫曰："杀我时趣邪？"常山君谓神武曰："老人去死近，何忍煎迫至此。"又曰："我为尔汲水，胝生。"因出其掌。神武抚景，为之屈膝。先是，景有果下马，文襄求之，景不与，曰："土相扶为墙，人相扶为王，一马亦不得畜而索也？"神武对景及常山君责文襄而杖之。常山君泣救之，景曰："小儿惯去，放使作心腹，何须干啼湿哭，不听打邪！"寻授青州刺史，操行颇改，百姓安之。征授大司马，遇疾，薨于州。赠太师、尚书令。齐受禅，以景元勋，诏祭告其墓。皇建初，配享神武庙庭，追封长乐王。

子粲，少历显职，性粗武。天保初，封库狄干等为王，粲以父不预王爵，大恚恨，十余日闭门不朝。帝在，遣使就宅问之。隔门谓使人曰："天子不封粲父作王，粲不如死。"使云："须开门受敕。"粲遂弯弓隔门射。使者以状闻之，文宣使段韶谕旨。粲见韶，唯抚膺大哭，不答一言。文宣亲诣其宅宽慰，方复朝请。寻追封景长乐王，粲袭爵。位司徒、太傅，薨。

子世辩嗣，周师将入邺，令世辩率千余骑觇候。出滏口，登高阜西望，遥见群鸟飞起，谓是西军旗帜，即驰还，北至紫陌桥，不敢顾。隋开皇中，卒于浙州刺史。

娄昭字菩萨，代郡平城人也，武明皇后之母弟也。祖父提，雄杰有识度，家僮千数，牛马以谷量。性好周给，士多归附之，魏太武时，以功封真定侯。父内干，有武力，未仕而卒。昭贵，魏朝赠司徒。齐受禅，追封太原王。

昭方雅正直，有大度深谋，腰带八尺，弓马冠时。神武少亲重之，昭亦早识人雄，曲尽礼敬。数随神武猎，每致请，不宜乘危历险。神武将出信都，昭赞成大策，即以为中军大都督。后破尔朱兆于广阿，封安喜县伯，改济北公，又徙濮阳郡公，授领军将军。魏孝武将贰于神武，昭以疾辞还晋阳。后从神武入洛。

兖州刺史樊子鹄反，以昭为东道大都督讨之。子鹄既死，诸将劝昭尽捕诛其党，昭曰："此州无状，横被残贼，其贼是怨，其人何罪？"遂皆舍焉。后转大司马，仍领军。迁司徒，出为定州刺史，昭好酒，晚得偏风，虽愈，犹不能处剧务。在州，事委寮属，昭举其大纲而已。薨于州，赠假黄钺、太师、太尉，谥曰武。

齐受禅，诏祭告其墓，封太原王。皇建初，配享神武庙庭。

长子仲达嗣，改封濮阳王。

次子定远，少历显职。外戚中，偏为武成爱狎，别封临淮郡王。

武成大渐，与赵郡王等同受顾命，位司空。赵郡王之奏黜和士开，定远与其谋。遂纳士开贿赂，成赵郡之祸，其贪鄙如此。寻除瀛州刺史。初，定远弟季略，穆提婆求其伎妾，定远不许。因高思好作乱，提婆令临淮国郎中金造远阴与思好通。后主令开府段畅率三千骑掩之。令侍御史赵秀通至州，以赃货事劾定远。定远疑有变，遂缢而死。昭兄子睿。

睿字佛仁。父拔，魏南部尚书。睿幼孤，被叔父昭所养，为神武帐内都督，封掖县子。累迁光州刺史，在任贪纵，深为文襄所责。后改封九门县公。齐受禅，除领军将军，别封安定侯。睿无佗器干，以外戚贵幸，纵情财色。为瀛州刺史，聚敛无厌。皇建初，封东安王。大宁元年，进位司空。平高归彦于冀州，还拜司徒。河清三年，滥杀人，为尚书左丞宋仲羡弹奏，经赦乃免。寻为太尉，以军功进大司马。武成至河阳，仍遣总偏师赴县瓠。睿在豫境，留停百余日，专行非法。诏免官，以王还第。寻除太尉，薨，赠大司马。

子子产嗣，位开府仪同三司。

厍狄干，善无人也。曾祖越豆眷，魏道武时，以功割善无之西腊汗山地方百里以处之。后率部落北迁，因家朔方。

干鲠直少言，有武艺。魏正光初，除扫逆党，授将军，宿卫于内。以家在寒乡，不宜毒暑，冬得入京师，夏归乡里。孝昌元年，北边扰乱，奔云中，为刺史费穆送于尔朱荣。以军主随荣入洛。后从神武起兵，破四胡于韩陵，封广平县公，寻进郡公。河阴之役，诸将大捷，唯干兵退。神武以其旧功，竟不责黜。寻转太保、太傅。

及高仲密以武牢叛，神武讨之，以干为大都督，前驱。干上道不过家，见侯景，不遑食，景使骑追馈之。时周文自将兵至洛阳，军容甚盛。诸将未欲南度，干决计济河，神武大兵继至，遂大破之。还为定州刺史，不闲吏事，事多烦扰，然清约自居，不为吏人所患。迁太师。天平初，以干元勋佐命，封章武郡王，转太宰。

干尚神武妹乐陵长公主，以亲地见待。自预勤王，常总大众，威望之重,为诸将所伏,而最为严猛。曾诣京师,魏谯王元孝友于公门言戏过常,无能面折者,干正色责之,孝友大惭,时人称善。薨,赠假黄钺、太宰,给辒辌车,谥曰景烈。

干不知书,署名为干字,逆上画之,时人谓之穿锤。又有武将王周者,署名先为吉,而后成其外□□□人至孙,始并知书。干,皇建初配享神武庙庭。

子伏敬,位仪同三司。卒,子士文嗣。

士文性孤直,虽邻里至亲,莫与通狎。在齐,袭封章武郡王,位领军将军。周武帝平齐,山东衣冠多来迎,唯士文闭门自守。帝奇之。授开府仪同三司、随州刺史。

隋文受禅,加上开府,封湖陂县子,寻拜贝州刺史。性清苦,不受公料,家无余财。其子尝啖官厨饼,士文枷之于狱累日,杖之二百,步送还京。僮隶无敢出门。所买盐菜,必于外境,凡有出入,皆封署其门,亲故绝迹,庆吊不通。法令严肃,吏人股战,道不拾遗。有细过,必深文陷害。尝入朝,遇上赐公卿入左藏,任取多少。人皆极重,士文独口衔绢一匹,两手各持一匹。上问其故,士文曰:“臣口手俱足,余无所须。”上异之,别赏遗之。

士文至州,发摘奸诡,长吏尺布斗粟之赃,无所宽贷,得千人,奏之,悉配防岭南。亲戚相送,哭声遍于州境。至岭南遇瘴厉,死者十八九。于是父母妻子,唯哭士文。士文闻之,令人捕搦,捶楚盈前而哭者弥甚,司马京兆韦焜、清河令河东赵达,二人并苛刻,唯长史有惠政。时人语曰:“刺史罗杀政,司马蝮蛇瞋,长史含笑判,清河生吃人。”上闻,叹曰:“士文暴过独兽!”竟坐免。未几,为雍州长史。谓人曰:“我向法深,不能窥候贵要,无乃必死此官!”及下车,执法严正,不避贵戚,宾客莫敢至门,人多怨望。

士文从妹为齐氏嫔,有色,齐灭后,赐薛公长孙览。览妻郑氏妒,谮之文献后,令览离绝。士文耻之,不与相见。后应州刺史唐君明居母忧,娉以为妻。由是君明、士文并为御史劾。士文性刚,在狱数日,愤恚而死。家无余财,有三子,朝夕不继,亲宾无赡之者。

　　韩轨字伯年，太安狄那人也。少有志操，深沈喜怒不形于色。神武镇晋州，引为镇城都督。及起兵于信都，轨赞成大策。从破尔朱兆于广阿，又从韩陵阵，封平昌县侯。仍督中军，从破尔朱兆于赤谼岭。再迁泰州刺史，甚得边和。神武巡泰州，欲以轨还，仍赐城人户别绢布两疋，州人田昭等七千户皆辞不受，唯乞留轨。神武嘉叹，乃留焉。频以军功，进封安德郡公，迁瀛州刺史，在州聚敛，为御史纠劾，削除官爵。未几，复其安德郡公。历位中书令、司徒。齐受禅，封安德郡王。

　　轨妹为神武所纳，生上党王涣，复以勋庸，历登台铉，常以谦恭自处，不以富贵骄人。后拜大司马，从文宣征蠕蠕，在军暴疾，薨。赐假黄钺、太宰、太师，谥曰肃武。皇建初，配享文襄庙庭。

　　子晋明嗣。天统中，改封东莱王。晋明有侠气，诸勋贵子孙中，最留心学问。好酒诞纵，招引宾客，一席之费，动至万钱，犹恨俭率。朝廷欲处之贵要地，必以疾辞，告人云：“废人饮美酒，对名胜。安能作刀笔吏，披反故纸乎？”武平末，除尚书左仆射，百余日，便谢病解官。

　　段荣字子茂，姑臧武威人也。祖信，仕沮渠氏。后入魏，以豪族徙北边，仍家于五原郡。父连，安北府司马。荣少好历术，专意星象。正光中，谓人曰：“吾今观玄象，察人事，不及十年，当有乱矣。乱起北地，天下因此横流，无可避也。”未几如言。荣初之杜洛周，因奔尔朱荣。及神武起兵，荣赞成之。神武南讨邺，留荣镇信都，仍授定州刺史。时攻邺未克，荣转输无阙。神武入洛，论功封姑臧县侯，转授瀛州刺史。荣妻，武明皇后长姊也，荣恐神武招私亲之议，固推诸将，竟不之州。寻历相、济、春三州，所在百姓爱之。神武将图关右，荣称未可。及渭曲败，神武曰：“不用段荣言，以至于此。”寻除山东大行台，领本州流人大都督，甚得物情。卒，赠太尉，谥曰昭景。皇建初，配享神武庙庭。二年，重赐大司马、尚书令、武威王。长子韶嗣。

韶字孝先，少工骑射，有将领才略。以武明皇后甥，神武益器爱之，常置左右，以为心腹，领亲信都督。

神武拒尔朱兆于广阿，惮兆兵众。韶曰："所谓众者，得众人之死，所谓强者，得天下之心。尔朱裂冠毁冕，拔本塞原，芒山之会，搢绅何罪，杀主立君，不脱旬朔。天下从乱，十室而九。王躬昭德义，诛君侧之恶，何往而不克哉！"神武曰："吾虽以顺讨逆，恐无天命。"韶曰："闻小能敌大，小道大淫，皇天无亲，唯德是辅。今尔朱外贼天下，内失善人，智者不为谋，勇者不为斗。不肖失职，贤者取之，是何疑也！"遂与挑战，败之。频以军功，封下洛县男，后回赐父爵姑臧县侯。芒山之役，为贺拔胜所窘，韶从傍驰马反射，毙其马，追骑不敢进，遂免。赐鞍下马并金，进爵为公。

及征玉壁，攻城未下，神武不豫，谓大司马斛律金、司徒韩轨、左卫将军刘丰等曰："吾每谓孝先论兵，殊有英略，若比来用其谋，可无今日之劳矣。吾患危笃，欲委孝先以邺下事，若何？"金等咸曰："知臣莫若君，实无出孝先者。"仍令韶从文宣镇邺，召文襄赴军顾命。文襄以孝先为托，令军旅大事，并与筹之。及神武崩，侯景反，文襄还邺，留韶守晋阳，委以军事。加骠骑大将军、开府仪同三司。文宣受禅，除尚书右仆射，迁冀州刺史。

天保四年，梁州东方白额潜至宿豫，诏韶讨之。既至，会梁将严超达逼泾州，陈霸先将攻广陵，尹令思谋袭盱眙，三军咸惧。韶谓诸将曰："自梁氏丧乱，国无定主，人怀去就。霸先外托同德，内有离心，吾揣之熟矣。"乃留仪同三司敬显俊等围宿豫，自倍道赴泾州。涂出盱眙，令思不虞大军卒至，望旗而奔。进破超达军。回赴广陵，霸先遁走。旋师宿豫，遣辩士喻白额，白额开门请盟。盟讫，度白额终不为用，斩之，并其诸弟，并传首京师。封平原郡王，历司空、司徒、大将军、尚书令、太子太师。以继母忧，去职。寻起为大司马，仍为尚书令，迁录尚书事、并州刺史。后与东安王娄睿平高归彦，迁太傅，仍莅并州，为政不存小察，甚得人和。周文遣将率羌夷与突厥合众逼晋阳,武成自邺倍道赴之。时大雪,诸将或欲逆之,韶曰:"不如阵以待之,彼劳我逸,破之必矣。"遂大破之。进位太师。

周冢宰宇文护母阎氏,先配中山宫,护闻尚存,乃因边境移书,请还其母,并通邻好。韶以为护外托为相,其实王也。为母请和,不通一介之使,据移送书,恐示以弱。且外许之,待通和往复,放之未晚。不听,遂遣使以礼将送。护得母,仍遣将尉迟迥等袭洛阳。诏兰陵王长恭、大将军斛律光击之。事次芒山下,逗留未进。武成召韶,欲赴洛阳围,但以突厥为虑。诏曰:"北虏侵边,事等疥癣。西羌窥逼,是膏肓之病。"帝仍令韶督精骑一千发晋阳,五日便济河。遇周军于大和谷,与诸将军以待之,韶为左军,兰陵王为中军,斛律光为右军。上山逆战,韶且却引,待其力毙,下马击之,周人大溃。洛城围亦即奔遁。除太宰,封灵武县公。天统三年,除左丞相,四年,别封永昌郡公,食沧州干。

武平二年,出晋州道,到定陇,筑威敌、平寇二城而还。二月,周师来寇,遣韶与右丞相斛律光、太尉兰陵王长恭往。行达西境,有柏谷城者,敌之绝险,诸将莫肯攻围。诏曰:"汾北河东,势为国家之有,若不去柏谷,事同痼疾,计彼会兵在南道,今断其要路,救不能来,城势虽高,其中甚狭,火弩射之,一旦可尽。"遂攻之,城溃,仍城华谷,置戍而还。封广平郡公,是月,周又遣将攻边,斛律光先率军御之。韶亦请行。五月,到服秦城,西人于姚襄城南更起镇,韶抽壮士从北袭之,使人潜度河告姚襄城中,内外相应,进战大破之。诸将咸欲攻其新城,韶曰:"此城一面阻河,三面地险,不可攻。不如更作一城,壅其要道。破服秦,并力图之。"从之。六月,徙围定阳。七月,屠其外城,时韶病在军中,谓兰陵王曰:"此城三面重涧,并无走路,唯虑东面一处耳。贼若突围,必从此出。"长恭乃设伏,其夜,果如策,伏兵击之,大溃。韶竟以病薨,赐温明秘器、辒辌车。军校之士,阵送至平恩墓所,发卒起冢。赠假黄钺、相国、太尉、录尚书事,谥忠武。

韶出总军旅,入参帷幄,功既居高,重以婚媾之故,望倾朝野。

而长于计略，善于御众，得将士之心，又雅性温慎，有宰相之风。教训子弟，闺门雍肃，事后母以孝闻。齐代勋贵家，罕有及者。然僻于好色，虽居要重，微服间行，魏黄门郎元瑀妻皇甫氏，缘瑀谋逆，没官。诏美之，上启固请，文襄赐之，别宅处之，礼同正嫡。尤啬于财，亲戚故旧，略无施与。其子深尚公主，并省丞郎在家佐事十余日，事毕辞还，人唯赐一杯酒。

元妃所生三子懿、深、亮，皆宦达。

懿字德猷，尚颍川长公主，拜驸马都尉，袭封平原王。位行台右仆射，兼殿中尚书，卒。

子宝鼎，尚中山长公主。隋开皇中，开府仪同三司。大业初，卒于饶州刺史。

深字德深，美容貌，宽谨有父风。天保中，受父封姑臧县公，尚东安公主，位侍中。诏病笃，诏封深济北王，以慰其意。入周，拜大将军、郡公，坐事死。

亮字德堪。隋大业初，位汴州刺史。卒于汝南郡守。

韶弟孝言，少警发，有风仪。齐受禅，其兄韶以别封霸城县侯授之。历中书黄门侍郎，典机密。又历秘书监、度支尚书、清都尹。

孝言本以勋戚致位通显，骄奢无惮，曾夜过其客宋孝王家，呼坊人防援，不时赴，遂拷杀之。又与诸淫妇密游，其夫觉，又拷掠而殒，时苑内须果木，课人间及僧寺备输，孝言悉分向其私宅种植，又殿内及园中须石，差车从漳河运载，复分车回取。事发，出为海州刺史。累迁吏部尚书。祖珽执政，将废赵彦深，引孝言为助，加侍中。孝言待物不平，抽擢非贿则旧。有将作丞崔成于众中抗言："尚书，天下尚书，岂独段家尚书也。"孝言无辞以对，唯厉色遣下。寻除中书监，加特进。又托韩长鸾共构祖珽之短。及珽出后，孝言除尚书右仆射，仍掌选。恣情用舍，请谒大行。敕浚京城北隍，孝言监作。仪同三司崔士顺、将人大匠元士将、太府少卿郦孝裕、尚书左户郎中薛叔昭、司州中从事崔龙子、清都尹丞李道隆、邺县令尉长卿、临漳令崔象、成安令高子彻等，并在孝言部下典作。日别置酒会，诸人膝行跪伏，称觞上寿，或自陈屈滞，更请转官。孝言意色扬扬，以为己任，皆随事报答，许有加授。富商大贾，多被铨擢，所进用人士，咸是险纵之流。寻迁左仆射、特进、侍中如故。孝言富贵豪侈，尤好女色。后取娄定远妾董氏，大耽爱之。为此内外不和，更相纠列。又于晋阳监作，坐事除名，徙光州。隆化主败后，有敕追还。

孝言虽黩货无厌，恣情酒色，然举止风流，招致名士，美景良辰，未尝虚弃，赋诗奏伎，以尽欢洽，虽草莱之士，粗关文艺，多引入宾馆，与同兴赏。其贫踬者，亦时乞遗，时论复以此多之。齐亡入周，位上开府。

斛律金字阿六敦，朔州敕勒部人也。高祖倍侯利，魏道武时内附，位大羽真，赐爵孟都公。祖幡地斤，殿中尚书。父那瓖，光禄大夫，赠司空。

金性敦直，善骑射，行兵用匈奴法，望尘知马步多少，嗅地知军度远近。初为军主，与怀朔镇将杨钧送蠕蠕主阿那瓖。瓖见金猎射，叹其工。及破六韩拔陵构逆，金拥众属焉，署金为王。金度陵终败，乃统所部叛陵，诣云州。魏除为第二领人酋长，秋朝京师，春还部落，号曰雁臣。仍稍引南出黄瓜堆，为杜洛周所破。与兄平二人脱身归尔朱荣，为别将。孝庄立，赐爵阜城男，位金紫光禄大夫。神武密怀匡复，金赞成大谋。太昌初，为汾州刺史，进爵为候。从神武破纥豆陵于河西。

沙苑之役，神武以地厄少却，军为西帅所乘，遂乱。张华原以簿帐历营点兵，莫有应者。神武将集兵便战，金曰："众散将离，其势不可得用，宜急向河东。"神武据鞍未动，金以鞭拂马，神武乃还。于是大崩，丧甲士八万。侯景敛。西魏力人持大棒守河桥，衣甲厚，射之不入，贺拔仁候其转面，射一发毙之。是役也，无金先请还，几至危矣。及高仲密西叛，周文攻洛阳，从神武破之。还，除大司马，改封石城郡公。

金性质直，不识文字。本名敦，苦其难署，改名为金，从其便易，犹以为难。司马子如教为金字，作屋况之，其字乃就。神武重其古质，每诫文襄曰："尔所使多汉，有谗此人者，勿信之。"

及文襄嗣事，为肆州刺史。文宣受禅，封咸阳郡王。天保三年，就除太师。四年，解州，以太师还晋阳。车驾幸其第，六宫及诸王尽从，置酒极夜方罢。帝欣甚，诏金第二子丰乐为武卫大将军，赐帛五千疋。谓曰："公元勋佐命，父子忠诚，朕当结以婚姻，永为藩卫。"仍诏金孙武都尚义宁公主。成礼之日，帝从皇太后幸金宅。皇后、太子、诸王皆从。其见待如此。后蠕蠕为突厥破散，虑其犯塞，诏金屯兵白道以备之。多所俘获，并表陈虏可取状。文宣乃与金共讨之。进位右丞相，食齐州干。还左丞相。帝晚年败德，尝持矟走马以拟金胸者三，金立不动，于是赐物千段。

孝昭践阼，纳其孙女为皇太子妃。诏金朝见，听乘步挽车至阶。武成即位，礼遇弥重，又纳其孙女为太子妃。金曾遣人献食，中书舍人李若误奏，云金自来。武成出昭阳殿，敕侍中高文遥将羊车引之。若知事误，更不敢出映廊下。文遥还复奏，帝骂若云："空头汉，合杀。"亦不加罪。

金长子光，大将军，次子羡及孙武都，并开府仪同三司，出镇方岳，其余子孙，皆封侯贵达。一门一皇后，二太子妃，三公主，尊宠，当时莫比。金尝谓光曰："我虽不读书，闻古来外戚梁冀等，无不倾灭。女若有宠，诸贵人妒，女若无宠，天子嫌之。我家直以立勋抱忠致富贵，岂藉女也？"辞不获免，常以为忧。天统三年薨，年八十，赠假黄钺、相国、太尉公，赠钱百万，谥曰武。子光嗣。

光字明月，马面彪身，神爽雄杰，少言笑，工骑射。初为侯景部下，彭乐谓高敖曹曰："斛律家小儿，不可三度将行，后夺人名。"以库直事文襄。从出野，见雁双飞来，文襄使光驰射之，以二矢俱落焉。后从金西征，周文帝长史莫孝晖在行间，光年十七，驰马射中之，因禽于阵。神武即擢授都督，封永乐子。又尝从文襄于洹桥校猎，云表见一大鸟。射之正中其颈，形如车轮，旋转而下，乃雕也。丞相属邢子高叹曰："此射雕手也。"当时号落雕都督。

齐受禅，别封西安县子。皇建元年，进爵钜鹿郡公。时乐陵、王百年为皇太子，求妃。孝昭以光世载醇谨，纳其长女为太子妃。历位太子太保、尚书令、司空、司徒。

河清三年，周大司马尉迟迥、齐公宪、庸公王雄等众十万攻洛阳。光率骑五万驰往，战于芒山，迥等大败。光亲射雄杀之，迥、宪仅而获免。仍筑京观。武成幸洛阳策勋，迁太尉。

初，文宣时，周人常惧齐兵之西度，恒以冬月，守河椎冰。及帝即位，朝政渐紊，齐人椎冰，惧周兵之逼。光忧曰："国家常有吞关、陇之志，今日至此，而唯玩声色。"先是，武成纳光第二女为太子妃，天统元年，拜皇后，光转大将军。三年六月，父丧去官。其月，诏起光及弟羡，并复位。秋，除太保，袭爵咸阳王，迁太傅。

十二月，周军围洛阳，壅绝粮道。武平元年正月，诏光率步骑三万御之，锋刃才交，周将宇文桀众大溃，直到宜阳。军还，击周齐王宪等众大溃。诏加右丞相、并州刺史。其年冬，光又率步骑五万于玉壁筑华谷、龙门二城，与宪相持，宪不敢动。二年，率众筑平陇等镇戍十三所。周柱国枹罕公普屯威、柱国韦孝宽等来逼平陇，光与战于汾水，大破之。周遣其柱国纥干广略围宜阳，光率步骑五万赴之，战于城下，取周建安等四戍，捕千余人而还。

军未至邺，敕令便放兵散，光以功勋者未得慰劳，若散，恩泽不施。乃密表，请使宣旨，军仍且进。朝廷发使迟留，军还将至紫陌，光驻营待使。帝闻光军营已逼，心甚恶之，急令舍人追光入见，然后宣劳散兵。拜左丞相，别封清河郡公。

光尝在朝堂，垂廉而坐，祖珽不知，乘马过其前。光怒，谓人曰："此人乃敢尔！"后珽在内省，言声高慢，光过闻之，又怒。珽知光忿，赂其从奴磕头。曰："自公用事，相王每夜抱膝叹曰：'盲人用权，国必破矣！'"珽省事褚士达梦人倚户授其诗曰："九升八合粟，角斗定非真，堰却津中水，将留何处人。"以告珽。珽占之曰："角斗，斛字；津却水，何留人，合成律字，非真者，解斛律于我不实。"士达又言所梦状，乃其父形也。珽由是惧。又穆提婆求娶光庶女，不许。帝赐提婆晋阳之田，光言于朝曰：“此田，神武以来，常种禾饲马，以拟寇难。令赐，无乃阙军务也？”帝又以邺清风园赐提婆租赁之。于是官无菜，赊买于人，负钱三百万，其人诉焉。光曰：“此菜园赐提婆，是一家足；若不赐提婆，便百官足。”由是祖、穆积怨。

　　周将韦孝宽惧光，乃作谣言，令间谍漏之于邺曰：“百升飞上天，明月照长安。”又曰：“高山不推自崩，槲树不扶自竖。”斑读之曰：“盲老公背上下大斧，饶舌老母不复语。”令小儿歌之于路。提婆闻，以告其母。令萱以饶舌为斥己，盲老公谓祖斑也，遂协谋，以谣言启帝曰：“斛律累世大将，明月声震关西，丰乐威行突厥，女为皇后，男尚公主，谣言可畏。”帝以问韩长鸾。鸾以为不可，事寝。光又尝谓人曰：“今军人皆无裤绔；后宫内参，一赐数万匹，府藏稍空，此是何理！”受赐者闻之，皆曰：“天子自赐我，关相王何事？”斑又通启求见，帝使以库车载入，斑因请间，唯何洪珍在侧，帝曰：“前得公启，即欲施行，长鸾以为无此理，未可。”斑未对。洪珍进曰：“若本无意，则可，既有此意，不决行，万一事泄，如何！”帝然洪珍言，而犹预未决。斑令武都妾兄颜玄，告光谋为不轨，又令曹魏祖奏，言上将星盛，不诛，恐有灾祸。先是天狗西流，占曰秦地。案秦即咸阳也。自太庙及光宅，并见血。先是三日，鼠常昼见光寝室，常投食与之，一朝三鼠俱死。又床下有二物如黑猪，从地出走，其穴腻滑。大蛇屡见。屋脊有声，如弹丸落。又大门横木自焚。捣衣石自移。

　　既而丞相府佐封士让密启云：“光前西讨还，敕令便放兵散，光令军逼帝京，将为不轨，不果而止。家藏弩甲，奴僮千数，每使丰乐、武都处。阴谋往来，若不早图，恐事不可测。”帝谓何洪珍曰：“人心亦大圣，我前疑其欲反，果然。”帝性怯，恐即有变，令洪珍驰召祖斑告之。又恐追光不从命，斑因请赐其一骏马，令明日乘至东山游观，须其来谢，因执之。帝如其言。光将上马，头眩。及至，引入凉风堂，刘桃枝自后扑之，不倒。光曰：“桃枝常作如此事，我不负国家。”桃枝与力士三人，以弓弦勒其颈，遂拉杀之。年五十八。血流于地，刬之迹终不灭，于是下诏称其反，族灭之。

　　使二千石郎邢祖信掌簿籍其家。斑于都省问所得物,祖信曰:"得弓十五张,宴射箭一百,贝刀七口,赐稍二张。"斑又厉声曰:"更得何物?"曰:"得枣子枝二十束,拟奴仆与人斗者,不问曲直,即以杖之一百。"具大惭,乃下声曰:"朝廷已加重刑,郎中何可分雪?"及出,人尤其抗直。祖信慨然曰:"好宰相尚死,我何惜余生!"祖信少年时,父逊为李庶所卿,因诣庶,谓庶曰:"暂来见卿,还辞卿去。"庶父谐杖庶而谢焉。

　　光居家严肃,见子弟若君臣。虽极贵盛,性节俭,简声色,不营财利,杜绝馈饷,门无宾客,罕与朝士交言,不肯预政事。每会议,常独后言,言辄合理。将有表疏,令人执笔,口占之,务从省实。行兵用匈奴卜法,吉凶无不中。军营未定,终不入幕,或竟日不坐。身不脱介胄,常为士卒先。有罪者,唯大杖挞背,未尝妄杀。众皆争为之死。宜阳之役,谓周人曰:"归我七年人,不然取尔十倍。"周人即归之。在西境筑定夸诸城,马上以鞭指划,所取地皆如其言,拓地五百里而未尝伐功。板筑之役,鞭挞人士,颇称其严。自结发从戎,未尝失律,深为邻敌慑惮。罪既不彰,一旦屠灭,朝野惜之。周武帝闻光死,赦其境内。后入邺,追赠上柱国、崇国公。指诏书曰:"此人若在,朕岂得至邺?"长子武都,位特进、开府仪同三司、梁兖二州刺史,所在唯事聚敛。光死,遣使于州斩之。小子钟,年甫数岁,获免。周朝袭封崇国公。隋开皇中,卒于车骑将军。

　　羡字丰乐,少机警,善骑射。河清三年,为都督、幽州刺史。其年,突厥十余万寇州境,羡总诸将御之,突厥望见军容齐整,遂不敢战,遣使求款附。天统元年五月,突厥可汗遣使请朝贡,自是岁时不绝,羡有力焉。诏加行台仆射。羡以虏屡犯边塞,自库推戍果拒于海,二千余里,其间凡有险要,或斩山筑城,断谷起障,并置立戍逻五十余所。又导高梁水,北合易京,乐会于潞,因以灌田,公私获利。在州养马二千匹,部曲三千,以备边,突厥谓之南面可汗。四年,遣行台尚书令,别封高城县侯。

　　羡历事数帝,以谨直称,虽极荣宠,不自矜尚。以合门贵盛,深以为忧。武平元年，乃上书推让，乞解所职，诏不许。其年秋，进爵荆山郡王。羡虑祸，使人骑快骡迎至邺，无日不得音问。后二日邺使不至，家人乞养忧之。又梦著枷锁，劝丰乐速奔突厥，羡不从。占其梦曰：“枷者加官，锁者锁锁吉利。”及光诛，敕中领军贺拔伏恩等十余人驰驿捕之，遣领军大将军鲜于桃枝、洛州行台仆射独孤永业便发定州骑卒续进。伏恩等既至，门者白羡曰：“使人夷甲马汗，宜闭城门。”羡曰：“敕使岂可疑拒！”出迎之，遂见执，死于长史听事。谓其妻曰：“启太后，臣兄弟死自当知。”临刑叹曰：“富贵如此，女为皇后，公主满家，常使三百兵，何得不败？”并害五子，年十五已下者宥之。羡未诛前，忽令其在州诸子五六人，锁颈乘驴出城，合家泣送之至阁，日晚而归。吏人莫不惊异，行燕郡守马嗣明，道术之士也，为羡所钦，窃问之，答云：“须有攘厌。”数日而有此变。

羡及光并工骑射。少时猎，父金命子孙会射而观之，泣曰：“明月、丰乐用弓不及我，诸孙又不及明月、丰乐，世衰矣。”每日令出田，还即效所获。光获少，必丽龟达掖，羡获虽多，非要害之所。光恒蒙赏，羡或被捶。人问其故，云：“明月必背上著箭，丰乐随处即下手，数虽多，去兄远矣。”闻者服其言。

金兄平，少便弓马。神武起，以都督从。皇建初，封定阳郡公。后为青州刺史。卒，赠太尉。

论曰：齐神武以晋阳戎马之地，霸图攸属，练兵训旅，遥制朝权，邺都机务，情寄深远。孙腾、高隆之、司马子如等俱不能清贞守道，以康乱为怀，而后敛货财，填彼溪壑。昔萧何之镇关中，荀彧之居许下，不亦异于是乎！赖文襄入辅，责以骄纵，厚遇崔暹，奋其霜简，不然则君子属厌，岂易闻焉。子如徒以少相器重，情深昵狎，义非草昧，恩结宠私，勋德莫闻，坐致台辅。消难去齐归周。义非殉国，向背不已，晚又奔陈，一之谓甚，胡可而再。膺之风素可重，幼之清简自立，有足称者。

窦泰、尉景、娄昭、库狄干、韩轨等，并以外戚近亲，属云雷之举,位非宠进,功藉势成,附翼攀鳞,郁为佐命之首。定远以常人之才,而因赵郡忠正,将以志除朝蠹,谋逐佞臣,而信纳奸凶,反受其乱。遂使庸竖肆毒,贤戚见诛,败政害时,莫大于此,鄙语曰:"利以昏智,"况定远非智者乎。段荣以姻戚之重,遇时来之会,功伐之地,亦足称焉。

韶光辅七君,克隆门业,每出当阃外,或任处留台。以猜忌之朝,终其眉寿;属亭候多惊,为有齐上将。岂其然乎!当以志谢矜功,名不渝实,不以威权御物,不以智数要时,欲求复悚,其可得也。《礼》云:"率性之谓道",此其效欤!

斛律金以神武拨乱之始,翼成王业,忠款之至,成此大功,故能终享遐年,位高百辟。视其盈满之戒,动之微也,才及后嗣,遂至诛夷。既处威权之重,盖符道家所忌。

光以上将之子,有沈毅姿,战将兵权,暗同韬略,临敌制胜,变化无方。自关、河分隔,年将四纪,以高氏霸王之期,属宇文草创之日,出军薄伐,屡挫兵威。而大宁已还,东邻浸弱,关西前收巴蜀,又殄江陵,叶建瓴而用武,成并吞之壮志。光每临戎誓众,式遏边鄙,战则前无完阵,攻则罕有全城,齐氏必致拘原之师,秦人无复启关之策。而世乱谗胜,诈以震主之威,主暗时艰,自毁藩篱之固。昔李牧之为赵将也,北翦胡冠,西却秦军,郭开谮之,牧死赵灭。其议诛光者,岂秦之反间欤?何同术而同亡也!内令诸将解体,外为强邻灭雠。呜呼!后之君子,可为深戒者欤!

北史卷五五
列传第四三

　孙搴　陈元康　杜弼　房谟
张纂　张亮　张曜　王峻
王纮　敬显俊　平鉴
唐邕　白建　元文遥
赵彦深　赫连子悦　冯子琮
郎基

　孙搴字彦举，乐安人。世寒贱，少励志勤学。自检校御史再迁国子助教。太保崔光引修国史。历行台郎。后预崔祖螭反，逃于王元景家，遇赦乃出。孙腾以宗情，荐之齐神武，未被知也。

　会神武西征，登凤陵，命中外府司马李义深、相府城局李士略共作檄文，皆辞，请以搴代。神武乃引搴入帐，自为吹火，催促之，搴神色安然，援笔立就，其文甚美。神武大悦，即署相府主簿，专典文笔。又能通鲜卑语，兼宣传号令，当烦剧之任，大见赏重。赐妻韦氏，既士人子女，又兼色貌，时人荣之。

　文襄初欲之邺总知朝政，神武以其年少，未许。搴为致言，乃果行。恃此，自乞特进，文襄但加散骑常侍。时大括人为军士，逃隐者，身及主人、三长、守、令罪以大辟，没其家。于是所获甚众，搴之计也。

搴学浅行薄、邢邵尝谓曰:"须更读书。"搴曰:"我精骑三千,足敌君嬴卒数万。"搴少时与温子升齐名,尝谓子升:"卿文何如我?"子升谦曰:"不如卿。"搴要其为誓。子升笑曰:"但知劣于卿便是,何劳旦旦?"搴怅然曰:"卿不为誓,事可知矣!"搴常服棘刺丸,李谐调之曰:"卿应自足,何假外求?"坐者皆笑。司马子如与高季式召搴饮酒,醉甚而卒。神武亲临之曰:"折我右臂。"赠吏部尚书、青州刺史。

陈元康字长猷,广宗人也。父终德,魏济阴内史,元康贵,赠度支尚书,谥曰贞。

元康颇涉文史,机敏有干用。魏正光中从李崇北伐,以军功赐爵临清男。普泰中,除主书,累迁司徒高昂记室。初,司马子如、高季式与孙搴剧饮,搴醉死,神武命求好替,子如举魏收。他日,神武谓季式曰:"卿饮杀我孙主簿,魏收作文书,都不称我意。司徒尝道一人谨密,是谁!"季式以元康对曰:"是能夜□书,快吏也。"召之,一见便授大丞相功曹,内掌机密。善陈事意,不为华藻。迁大行台都官郎,封安平子。军国多务,元康问无不知。神武临行,留元康在后,马上有所号令九十余条,元康屈指数之,尽能记意。神武甚亲之,曰:"如此人,世间希有,我今得之,乃上天降佐也。"时赵彦深亦知机密,人谓之陈、赵,而元康势居赵前。性又柔谨。神武之伐刘蠡升,天寒雪深,使人举毡,元康于毡下作军书,飒飒运笔,笔不及冻,俄顷数纸。及出,神武目之曰:"此何如孔子邪?"神武尝怒文襄,亲加殴蹋,极口肆骂。以告元康,元康俯伏泣下沾地曰:"王教世子过矣!"神武曰:"我性急,瞋阿惠,常如此。"元康大啼曰:"一度为甚,况常然邪!"神武自是为之惩忿。时或恚挞,辄曰:"勿使元康知。"又谓左右曰:"元康用心诚实,必与我儿相抱死。"高仲密之叛,神武知其由崔暹,将杀之。文襄匿暹,为之请,神武曰:"我为尔不杀,然须与苦手。"文襄乃出暹而谓元康曰:"暹若得杖,不须见我。"及暹见神武,将解衣受罚。元康趋入,止伍伯,因历阶升曰:"王方以天下付世子,世子有一崔暹不能免其杖,父子尚尔,况世间人邪?"神武意解曰:"不由元康,崔暹得一百。"乃舍之。

文襄入辅,居邺下,崔暹、崔季舒、崔昂等并被任用,张亮、张徽纂并为神武待遇,然皆出元康下。神武每与元康久语,文襄门外待接之。时人语曰:"三崔二张,不如一康。"左卫将军郭琼以罪死,子妇范阳卢道虔女也,没官。神武启以赐元康为妻。元康地寒,时以为殊赏。元康遂弃故妻李氏,识者非之。元康便辟善事人,而不能平心处物。溺于财利,受纳金帛,不可胜纪,责负交易,遍于州郡,为清论所讥。

从神武于芒山,将战,遗失阵图,元康冒险求得之。西师既败,神武会诸将,议进取策。或以为人马疲瘦,不可远追。元康曰:"两雄交争,岁月已久,今得大捷,便是天授,时不可失,必须乘胜追之。"神武曰:"若遇伏兵,孤何以济?"元康曰:"前沙苑还军,彼尚无伏,今者奔败,何能远谋?舍之,必成后患。"神武不从。累迁大行台左丞。及神武疾笃,谓文襄曰:"芒山之战,不用元康方,方贻汝患,以此为恨,死不瞑目。事皆当与元康定也。"

神武崩,秘不发丧,唯元康知之。文襄嗣事,自晋阳将之邺,令元康预作神武条教数十纸,留付段孝先、赵彦深,在后以次行之。别封昌国县公,以从嘉名。侯景反,文襄逼于诸将,欲杀崔暹以谢之,元康谏曰:"今枉杀无辜,亏废刑典,岂直上负天神,何以下安黎庶?朝错前事,愿公慎之。"文襄乃止。高岳讨侯景未克,文襄欲遣潘相乐副之。元康曰:"相乐缓于机变,不如慕容绍宗。且先王有命,称堪敌景。"时绍宗在远,文襄欲召见之,恐其惊叛,元康曰:"绍宗知元康特蒙顾待,新使人来饷金,以致诚款,元康欲安其意,故受之而厚答其书,保无异也。"乃任绍宗,遂破景,赏元康金五十斤。

王思政入颍城,诸将攻之不能拔。元康进曰:"公自匡朝政,未有殊功,虽败侯景,本非外贼,今颍城将陷,愿公因而乘之,足以取威定业。"文襄令元康驰驿观之,复命曰:"必可拔。"文襄乃亲征颍川,益发众军,决既至而克之,赏元康金百铤。

初，魏朝授文襄相国、齐王，诸将皆劝恭膺朝命。元康以为未可。崔暹因间之，荐陆元规为大行台郎，欲分元康权。元康既贪货赂，文襄内渐嫌之，又欲用为中书令，以闲地处之，事未施行。

属将受魏禅，元康与杨愔、崔季舒并在坐，将大迁除朝士，共品藻之。文襄家仓头兰固成掌厨，与其弟阿改，谋害文襄。阿改时事文宣，常执刀从，期闻东斋叫，即加刃于文宣。时文宣别有所之，未还而难作。固成因进食，置刀盘下，而杀文襄。元康抱文襄。文襄曰："可惜！可惜！"与贼争力，髻解，被刺，伤重肠出，犹手书辞母，口占祖孝征陈权宜。至夜而终，时年四十三。时杨愔狼狈走出，遗一靴，崔季舒逃匿于厕，库直纥奚舍乐捍贼死，散都督王师罗战伤。监厨仓头薛丰洛率宰人持薪以赴难，乃禽盗。固成一名京，事见《齐本纪》。秘文襄凶问，故殡元康于宫中。托以出使南境，虚除中书令。明年，乃赠司空，谥曰文穆。元康卒后，母李氏哀感发病而终，赠广宗郡君，谥曰贞昭。元康子善藏嗣。

善藏温雅秀鉴裁，位给事黄门侍郎。隋开皇中，尚书郎。大业初，卒于彭城郡赞务。

杜弼字辅玄，中山曲阳人也。祖彦衡，唯南太守。父慈度，繁畤令。弼幼聪敏，家贫无书，年十三，寄郡学受业。同郡甄琛为定州刺史，简试诸生，见而策问，应答如响，大叹异之，命其二子楷、宽与交，州牧任城王澄闻而召问，深相嗟赏，许以王佐之才。澄、琛还洛称之，丞相高阳王等多相招命。但父祖官薄，不获优叙。以军功，起家征虏府墨曹参军，典管记。弼长于笔札，每为时辈所推。孝昌初，除太学博士。迁先州曲城令，为政清静，远近称之。弼父在乡，为贼所害，弼居丧六年。以常调，除侍御史，台中弹奏，皆见信任。仪同窦泰西伐，诏弼监军。及泰失利自杀，弼与其徒六人，走还陕州。刺史刘贵锁送晋阳。神武责以不谏争，赖房谟谏以免。

累迁大行台郎中，又引典掌机密，甚见信待。或有造次不及书教，直付空纸，即令宣读。承间密劝受禅，神武举杖击走之。相府法

曹辛子炎谘事云"取署",子炎读"署"为"树",神武怒其犯讳,杖之
于前。弼进曰:"孔子言'征',不言'在'子炎可恕。"神武骂曰:"眼看
人瞋,乃复牵经引《礼》!"叱令出去。弼行十许步,呼还,子炎亦蒙
宥。文襄在邺闻之,谓曰:"王左右赖此人,天下蒙利,岂独吾家也。"
初,神武自晋阳东出,改尔朱氏贪政,使人入村,不敢饮社酒。及平
京洛,货贿渐行。弼以文武在位,罕有廉洁,言之神武。神武曰:"弼
来,我语尔。天下浊乱,习俗已久,今督将家属,多在关西,黑獭常相
招诱,人情去留未定。江东复有一吴老翁萧衍,专事衣冠礼乐,中原
士大夫望之,以为正朔所在。我若急作法网,恐督将尽投黑獭,士子
悉奔萧衍,则何以为国?尔宜少待,吾不忘之。"及将有沙苑之役,弼
又请先除内贼,却讨外寇,指诸勋贵掠夺百姓。神武不答,因令军人
皆张弓挟矢,举刀按矟以夹道,使弼冒出其间曰:"必无伤也"。弼战
栗流汗。神武然后喻之曰:"箭虽注不射,刀虽举不击,矟虽按不刺,
尔犹顿丧魂胆。诸勋人触锋刃,百死一生,纵其贪鄙,所取处大。"弼
顿颡谢曰:"愚人不识至理。"后破芒山军,命为露布,弼即书绢,曾
不起草。以功赐爵定阳县男。

　　奉使诣阙,魏帝见之九龙殿,曰:"闻卿精学,聊有所问。经中佛
性法性,为异?"弼曰:"正是一理。"又问曰:"说者妄,皆言法性宽,
佛性惬,如何?"弼曰:"在宽成宽,在惬成惬,若论性体,非惬非宽。"
诏曰:"既言成宽成惬,何得非惬非宽?"弼曰:"若定是宽,则不能为
惬;若定是惬,亦不能为宽。以非宽非惬,所成虽异,能成恒一。"上
称善,引入经库,赐《地持经》一部,帛百疋。弼性好名理,探味玄宗,
在军恒带经行。注老子《道德经》二卷,表上之。迁廷尉卿。

　　会梁贞阳侯萧明等入寇彭城,大都督高岳、行台慕容绍宗讨
之,诏弼为军司,摄行台左丞。临发,文襄赐胡马一疋,曰:"此厩中
第二马,孤恒自乘,聊以为赠。"又令陈政要可为鉴诫者,弼曰:"天
下大务,莫过刑赏二端。赏一人使天下之人喜,罚一人使天下之人
服,二事得衷,自然尽美。"文襄大悦曰:"言虽不多,于理甚要。"握
手而别,破萧明回,破侯景于涡阳。后魏帝集名僧于显阳殿讲说佛

理,敕弼升师子座,莫有能屈。帝叹曰:"此贤若生孔门,则何如也!"关中遣王思政据颍州,朝廷以弼行颍州,摄行台左丞。及颍州平,文襄曰:"卿试论思政所以禽。"弼曰:"思政不察逆顺之理,不识大小之形,不度强弱之势,有此三蔽,宜其俘获。"文襄曰:"古有逆取顺守,大吴困于小越,弱燕能破强齐,卿之三义,何以自立?"弼曰:"王若顺而不大,大而不强,强而不顺,于义或偏,得如圣旨。今既兼备,鄙言可以还立。"文宣作相,位中书令,仍长史,进爵为侯。弼志在匡赞,知无不为。及受命,以预定策功,迁卫尉卿,别封长安县伯。

常与邢邵扈从东山,共论名理,邢以为人死还生,恐是为蛇画足,弼曰:"物之未生,本亦无也。无而能有,不以为疑,因前生后,何独致怪?"邢云:"圣人误教,本由劝奖,故惧以有来,望各遂其性。"弼曰:"圣人合德天地,齐信四时,言则为经,行则为法,而云以虚示物,以诡劝人,安得使北辰降光,龙宫韫牍。既如所论,福果可以熔铸性灵,弘奖风教,为益之大,莫极于斯,此即真教,何谓非实?"邢云:"季札方无不之,亦言散尽,若得聚而为物,不得言无不之也。"弼曰:"骨肉下归于上,鬼气则无不之,此乃形坠魂游,往而非尽。由其尚有,故云无所不之。若也全无,之将焉适。"邢云:"神之在人,犹光之烛,烛尽则光穷,人死则神灭。"弼曰:"烛则因质生光,质大光亦大,人则神不系形,形小神不小。故仲尼之智,必不短于长狄,孟德之雄,乃远奇于崔琰。"其后,别与邢书,前后往复再三,邢理屈而止。文多不载。

又以本官行郑州事,未发,为家客告弼谋反,案察无实,久乃见原,因此绝朝见。复坐弟二子廷尉监台卿断狱稽迟,与寺官俱为郎中封静哲所讼,徙临海镇。时楚州人东方白额谋反,镇为贼帅张绰、潘天合等所攻,弼率厉城人,终得全固。文宣嘉之,敕行海州事。后除胶州刺史。弼所在清静廉洁,为吏人怀之。耽好玄理,注《庄子·惠施篇》并《易·上下系》,名曰《新注义苑》,并行于世。

性质直,在霸朝多所匡正。及文宣作相,致位寮首,初闻揖让之议,犹有谏言。帝又尝问弼:"治国当用何人?"对曰:"鲜卑车马客,会须用中国人。"帝以为讥己。高德正居要，不能下之，乃至于众前面折德正。德正深以为恨，数言其短，又令主书杜永珍密启弼在长史日，受人属，大营婚嫁，帝内衔之。弼恃旧，仍有公事陈请。十年夏，上因饮酒，积其愆失，遣使就州斩之。寻悔，驿追不及。子蕤及远徙临海镇。次子台卿，先徙东豫州。乾明初，并得还邺。天统五年，追赠弼开府仪同三司、尚书右仆射。武平元年，又赠骠骑大将军，谥曰文肃。

蕤字子美，学业不如弟台卿而干局过之。武平中，位大理少卿，兼散骑常侍、聘陈使主、吏部郎中。隋开皇中，终于开州刺史。

子公赡，仕隋，位安阳令。

公赡子之松，大业中，起居舍人。

台卿字少山，好学博览，解属文。仕齐，位中书、黄门侍郎，修国史。既居清显，忌害人物。赵彦深、和士开、高阿那肱等亲信之。后兼尚书左丞，省中以其耳聋，多戏弄之。下辞不得理者，乃至大骂。台卿见其口动，谓为自陈。令史又故不晓喻，训对往往乖越，听者以为嗤笑。及周武平齐，归乡里。以《礼记》、《春秋》讲授子弟。隋开皇初，被征入朝。台卿采《月令》，触类广之，为书名《玉烛宝典》十二卷，至是奏之，赐帛二百疋。患耳，不堪吏职，请修国史，拜著作郎。后致仕，终于家。有集十五卷，撰《齐记》二十卷，并行于世。无子。

房谟子敬放，河南洛阳人也。其先代人，本姓屋引氏。少淳厚，虽无造次能，而沈深内敏。正光末，历位昌平、代郡太守，所在著廉惠。及六镇乱，谟率郡人入九峰山，结垒拒守。时外无救援，乃率所部奔中山。遇鲜于修礼之乱，朝廷以谟得北边人情，以为假燕州事。北转至幽州南，为修礼所执，仍陷葛荣。荣败，尔朱荣启授行冀州事。寻除太宁太守。荣死，其党征兵，谟不应，前后斩其三使。遣弟毓诣阙。孝庄以毓为都督，毓弟钦为行台，并持节诣谟，同为经略。

及京都沦覆，为贼党建州刺史是兰安定执系州狱。蜀人闻谟被囚，并叛。安定于是给谟弱马，令军前慰劳。诸贼见谟，莫不遥拜。

谟先所乘马,安定别给将士,战败,蜀人得之,谓谟遇害,莫不悲泣。善养其马,不听乘骑,儿童妇女,竞投草粟,皆言此房公马也。其结爱人心如此。尔朱世隆闻而嘉之,舍其罪,以为东北道行台。及尔朱氏败,济州刺史侯景以谟先款附,推谟降首。谟以受眷尔朱,不宜先为反覆,不从其计。

神武入洛,再迁颍川太守。魏孝武帝入关,神武以谟忠贞,遣其弟毓为大使,持节劳问。时军国未宁,征发烦速,至有数使同征一物,公私劳扰。谟请军遣一使,下自催勒,朝廷从之。征为丞相右长史,以清直甚被赏遇。谟悉心尽力,知无不为。前后赐其奴婢,率多免放,神武后赐其生口,多黥面为房字而付之。神武讨关右,以谟兼大行台左丞,长史如故,总知府省务。天平三年,行定州事。请在左右,拾遗补阙,固不肯行,神武责而罢之。

未几,出为兖州刺史。谟选用廉清,广布恩信,寮属守令,有犯必知,虽号细密,百姓安之。转徐州刺史。始谟在兖州,彭城慕其政化,及为刺史,合境欣悦。谟为政如在瑕丘。先是,当州兵皆寮佐驱使,饥寒死病,动至千数。谟至,皆加检勒,不令烦扰,以休假番代洗沐,督察主司,亲自检见。又使庸赁,令作衣服。终岁还家,无不温饱,全济甚多。时梁、魏和好,使人入其界,咸称叹之。神武与诸州刺史书,叙谟及广平太守羊敦、广宗太守窦瑗,平原太守许季良等清能,以为劝励。谟曾启神武,以天下未宁,宜降婚勋将,收将士心,深见纳。魏朝以河南数州,乡俗绢滥,退绢一疋,征钱三百,人庶苦之。谟乃表请钱绢两受,任人所乐,朝廷从之。征拜侍中,监国史。谟无他材学,每求退身,不许。寻兼吏部尚书,加卫大将军。以子子远罪,解官。久之,诏复本将军,起为大丞相左长史。

后除晋州刺史,加骠骑大将军,又摄南汾州事。先时境接西魏,土人多受其官,为之防守。至是,酋长、镇将及都督、守、令前后降附者三百余人,谟抚接殷勤,人乐为用。爰及深险胡夷,咸来归服。谟常以己禄物,充其飨赉,文襄嘉之,听用公物。西魏惧,乃增置城戍,慕义者,自相纠合,击破之。自是龙门已北,西魏戍皆平。文襄特赐粟千石，绢二百疋，班示天下。卒于州，州府相帅赠物及车牛，妻子遵其遗志，拒而不纳。谟寡嗜欲，贞白自守，然内营家产，足为富赡，不假官俸，是以世称清白。赠司空，谥曰文惠。

谟与子结婚卢氏，谟卒后，卢氏将改适他姓。有平阳廉景孙者，少厉志节，以明经举郡孝廉，为谟所重，至是讼之，台府不为理。乃持绳诣神庙前北面大呼曰："房谟清吏，忠事高祖，及其死也，妻子见陵，神而有知，当助申之。今引决，诉于地下。"便以绳自经于树。卫士见之，救解送所司。朝廷哀其至诚，命女归房族。

谟前妻子子远险薄，谟甚嫌之，不以为子例。时以谟为后妻卢氏所谮，神武亦以责谟。谟陈其恶。神武弗信，自收恤之，令与诸子同学，久乃令还。后与任胄等谋杀神武，事发，神武叹曰："知子莫若父，信哉！"因上言房谟、郑述祖、李道璠三家，理宜从法，窃以谟立身清白，履行忠谨，郑仲礼严祖庶儿，晚始收拾。李世林生自外养，属绝本宗。三人特乞罪止一房，魏帝许焉。及谟卒，子广嗣。广弟恭懿。

恭懿字慎言，沈深有局量，达于从政。仕，齐平恩令、济阴太守，并有能名。齐亡，不得调。后预尉迟迥乱，废于家。隋开皇初，吏部尚书苏威举为新丰令，政为三辅最。上闻而喜之，赐物四百段。以所得赐，分给穷乏。未几，复赐米三百石，又振贫人。上闻止之。时雍州诸县令，每朔朝谒，上必呼恭懿至榻前，访以化下之术。威又荐之，历泽、德二州司马。卢恺复奏其政美，上甚异之，复赐以帛。诸州朝集，称为劝励之首，以为"上天宗庙之所祐助，岂朕寡薄能致？朕即拜为刺史，卿等宜师之"。乃下诏褒美，因授海州刺史。未几，国子博士何妥奏恭懿尉迟迥之党，威、恺曲相举荐。上大怒，恭懿竟放岭南，未几征还，至洪州卒。论者冤之。

张纂字徽纂，代郡平城人也。初事尔朱荣，又为尔朱兆长史，使于神武，遂被顾识。及相州城拔，参丞相军事，封武安县伯。累迁神武行台右丞。从征玉璧，大军将还山东，至晋州忽遇寒雨，士卒饥冻有死者。州以边禁，不听入城。时纂为别使，遇见，辄令开门内之，分寄人家，给其火食，多所全济。神武闻而善之。

纂性便僻，事神武二十余岁，通传教令，甚见亲赏。文宣时，卒于护军将军。

张亮字伯德，西河隰城人也。初事尔朱兆，兆奔秀容，左右皆密通诚款，唯亮独无启疏。及兆败，窜于穷山，令亮及仓头陈山提斩己首以降，皆不忍。兆乃自缢于树，亮因伏尸哭。神武嘉叹之，授丞相府参军，渐见亲待，委以书记之任。天平中，为文襄行台郎中，典七兵事。虽为台郎，常在神武左右。还右丞。

高仲密之叛，与大司马斛律金守河阳。周文帝于上流入火船，欲烧河桥。亮乃备小艇百余，皆载长锁，锁头施钉，火船将至，即驰小船，以钉钉之，引锁向岸，火船不得及桥。桥全，亮之计也。后自太中大夫拜幽州刺史。薛琡尝梦亮于山上挂丝，以告亮，且占之曰：“山上丝，幽字也，君其为幽州乎。”数月而验。累迁尚书右仆射、西南道行台。

亮性质直，勤力强济，深为神武、文襄信委。然少风格，好财利，久在左右，不能廉洁。及历数州，咸有黩货之号。天保初，别封安定县男，位中领军。卒，赠司空。

时霸府又有赵起、徐远者，并见任委。

起广平人，性沈谨。神武频以为相府骑兵二局，典兵马十余载。至文宣即位，累迁大鸿胪卿。虽历九卿、侍中，常以本官监兵马，出内居腹心寄，与二张相亚，武平中，卒于师，赠都督、沧州刺史。

远广宁人，为丞相骑兵参军事，深为神武所知。累迁东楚州刺史，政有恩惠，郭邑大火，城人亡产业，远躬自赴救，对之流涕，仍为经营，皆得安立。卒于卫尉卿。起、远前书并有传，更无异迹，今附此云。

张曜字灵光，上谷昌平人也。少贞谨，韩轨为御史劾，州府僚佐

及轨左右以赃挂网者百余人,唯暹以清白免。天保初,赐爵都乡男,
累迁尚书右丞。文宣曾近出,令暹居守。帝夜还,暹不时开门,勒兵
严备。帝驻驿门外久之,催迫甚急。暹以夜深,须火至面识,门乃可
开。于是独出见帝。帝笑曰:"卿欲效郅君章也?"乃使暹前开门,然
后入。嗟赏之,赐以锦彩。大宁初,迁秘书监。

　　暹历事累世,奉职恪勤,咸见亲侍,未尝有过。每得禄赐,辄散
之宗族。性节俭率素,车服饮食,取给而已。好读《春秋》,月一遍,
时人比之贾梁道。赵彦深尝谓之曰:"君研寻左氏,岂求杜、服缪
邪?"暹曰:"何为其然乎?左氏之书,备叙言事,恶者可以自戒,善者
可以庶几。故励己温寻,非欲诋诃古人得失也。"

　　天统元年,奏事,暴疾,仆于御前。武平下坐临视,呼不应。帝
泣曰:"失我良臣也。"旬日卒,赠尚书右仆射,谥曰贞简。

　　王峻字峦嵩,灵丘人也。明悟有干略。历事神武、文襄,为相府
佐,赐爵北平男,除营州刺史。营州地接边贼,数为人患。峻至州,
远设斥候,广置疑兵,贼不敢发,合境获安。先是,刺史陆士茂诈杀
室韦八百余人,因此朝贡遂绝。至是,峻要其行路,大破之。虏其酋
帅,厚加恩礼,放遣之。室韦遂献诚款,朝贡不绝,峻有力焉。蠕蠕
主庵罗辰东徙,峻设伏大破之,于此遁走。历位尚书。

　　河清中,位南道行台,坐违格私度禁物,并盗截军粮,有司定处
斩刑,家口配没。诏决鞭一百,除名配甲坊,蠲其家口。武平初,卒
于侍中,赠司空。

　　王纮字师罗,太安狄那人也。父基,颇读书,有智略。初从葛荣,
与周文帝相知。及周文据关中,神武遣其与长史侯景同往焉。周文
留基不遣,后乃逃归。历南益、北豫二州刺史,所历皆好聚敛,然性
和直,吏人不甚怨苦。后为奴所害,赠吏部尚书。

　　纮善骑射,爱文学,性敏捷。年十三,见杨州刺史太原郭元贞,
抚其背曰:"读何书?"曰:"诵《孝经》。"曰:"《孝经》云何?"曰:"在上

不骄,为下不乱。"元贞曰:"吾岂骄乎?"纮曰:"君子防未萌,亦愿留意。"元贞称善。十五,随父在北豫州,行台侯景与人论掩衣法为当左右。尚书敬显俊曰:"孔子云:'微管仲吾其被发左衽。'以此言之,右衽应是。"纮进曰:"国家龙飞朔野,雄步中原,五帝异仪,三王殊制,掩衣左右,何足是非?"景奇其早慧,赐以名马。兴和中,文襄召为库直、奉朝请。文襄遇祸,纮冒刃捍御。以忠节,进爵平春县男。

颇为文宣所知,为领左右都督。尝与左右饮酒,曰:"快哉大乐。"纮曰:"亦有大苦。"帝曰:"何苦?"纮曰:"长夜荒饮,不悟国破,是谓大苦。"帝默然。后责纮曰:"尔与纥奚舍乐同事我兄,舍乐死,尔何不死?"纮曰:"君亡臣死,自是常节,但贼坚力薄,故臣不死。"帝使燕子献反缚之,长广王捉头,帝手刃将下。纮呼曰:"杨遵彦、崔季舒逃难,位至仆射、尚书。冒危效命之士,翻见屠戮,旷古未有此事。"帝投刃于地曰:"王师罗不得杀。"遂舍之。

后拜骠骑大将军。武平初,加开府仪同三司。上言突厥与周男女来往,必相影响,南北寇边,宜为之备。五年,陈人寇淮南,封辅相议讨之。纮曰:"若复出顿江、淮,恐北狄西寇,乘弊而来。莫若薄赋省徭,息人养士,使朝廷协睦,岂直江南伪陈而已。"高阿那肱谓众曰:"从王武卫者南席。"众皆同焉。寻兼侍中,聘周,使还即正。未几卒。

纮好著述,作《鉴诫》二十四篇。

敬显俊字孝英,阳平太平人也。少英侠,从神武信都义举,历位度支尚书。神武攻邺,显俊督造土山,以功封永安县侯。出内多历显官,所在著名。河清中,卒于兖州刺史。

子长瑜,武成时为广陵太守,多所受纳,刺史陆骏将表劾之。以货事和士开,以书屏风诈为长瑜献,武成大悦,骏表寻至,遂不问焉。迁合州刺史,陷于陈,卒。子德亮,齐亡后,负尸归。德亮,隋开皇中,卒于尚书郎。

平鉴字明达，燕郡蓟人也。祖延，魏安平太守。父胜，安州刺史。鉴少聪敏，受学于徐遵明，受《诗》、《礼》于弘农杨文懿，通大义，不为章句。雅有豪侠气。孝昌末，见天下将乱，乃之洛阳，与慕容俨以客骑马为业，兼习弓矢。鉴性巧，夜则胡画，以供衣食。俄奔尔朱荣，荣大奇之。以军功，累迁襄州刺史。神武起兵信都，鉴弃州自归，即授本官。

文襄辅政，封西平县伯，迁怀州刺史。鉴奏请于州西故轵关道筑城，以防西军，从之。寻而魏将杨㯹来攻。时新筑之城，粮仗未集。素乏水，南门内有大井，随汲即竭。鉴具衣冠，俯井而祝，至旦而井泉涌溢，有异于常，合城取足，扬示敌人。将士既睹非常，勇气自立。杨㯹败，以功进开府仪同三司。累迁杨州刺史。其妻生男，鉴因喜酣醉，擅免境内囚，误免关中细作二人。醒而知之，上表自劾。文宣特原其罪，赐犊百头、羊二百口、酒百石，令作乐。

河清二年，重拜怀州刺史。时和士开使求鉴爱妾阿刘，即送之。仍谓人曰：“老公失阿刘，与死何异？要自为身计，不得不然。”后卒于都官尚书，赠司空，谥曰文。

子子敬嗣，轻险无赖，奸秽所至，禽兽不若。隋开皇中，为晋州行参军，为并州总管秦王所杀。

唐邕字道和，太原晋阳人也。其先自晋昌徙焉。父灵芝，魏寿阳令，邕贵，赠司空公。邕少明敏，有材干。初直神武外兵曹，以干济见知，擢为文襄大将军督护。文襄崩，事出仓卒，文宣部分将校，镇压四方，夜中召邕支配，造次便了。帝甚重之。天保初，稍迁给事中，兼中书舍人，封广汉乡男。及从征奚虏，黄门侍郎袁猛旧典骑兵事，至是为割配迟留，鞭杖一百，仍令邕监骑兵事，以猛赐邕。文宣频年出塞，邕必陪从，专掌兵机，承受敏速。自军吏已上劳效由绪，无不谙练，占对如响。或御前简阅，邕多不执文簿，唱官名未尝谬误。七年，于羊汾堤讲武，令邕总为诸军节度。事毕，仍监宴射之礼。亲执其手，引至太后前，坐于丞相斛律金上。启太后云：“邕一人当千。"仍别赐钱彩。邕非唯强济明辩,亦善揣上意,是以委任弥重。帝尝白太后云:"邕手作文书,口且处分,耳又听受,实是异人。"一日中六度赐物。又尝解所服青鼠皮裘赐邕云:"朕意在与卿共弊。"除兼给事黄门、中书舍人。文宣尝登并州童子佛寺望并州城,曰:"此何等城?"或曰:"金城汤池,天府之国。"帝云:"我谓唐邕是金城,此非也。"后谓邕云:"高德正妄说唐短,而荐主书郭敬,朕已杀之。卿勤劳既久,欲除卿作州,频敕杨遵彦求堪代卿者,如卿实不可得,所以遂停。"文宣或切责待臣云:"观卿等,不中与唐邕作奴。"其爱遇如此。

孝昭作相,署相府司马。皇建元年,除给事黄门侍郎。大宁元年,除大司农卿。河清元年,突厥入寇,遣邕驿赴晋阳,纂集兵马。在路闻虏将逼,邕斟酌事宜,改敕,更促期会,由此兵士限前皆集。后拜侍中、并州大中正、护军将军。从武成幸晋阳,帝至武军驿,因醉责虞侯都督范洪,将杀之。邕谏,以为若非酒行戮,族诛人无所怨。假实有大罪,因酒杀人,恐招横议。洪因得免死。邕又以军人教习田猎,依令十一月,月别三围,以为疲弊,请每月两围。又奏河阳、晋州,与周连境,请于河阳、怀州、永桥、义宁、乌苏各徙六州军人并家,立军府安置,以备机急之用。帝并从之。未几,出为赵州刺史,侍中、护军、大中正悉如故。谓曰:"朝臣未有带侍中、护军、中正临者,以卿旧勋,故有此举。放卿百余日休息,至秋间,当即召。"邕政颇严酷,然抑挫豪强,公事甚理。寻除中书监,仍侍中,迁尚书右仆射。

武平初,坐断事阿曲,为御史所劾,除名。久之,以旧恩,复除将军、开府,累迁尚书令,封晋昌王。高思好构逆,令邕赴晋阳监勒诸军。事平,录尚书事。属周师攻洛阳。右丞相高阿那肱赴援,邕配割不甚从允,那肱潜之,由是被疏。七年,车驾将幸晋阳,敕斛律孝卿总骑兵,事多自决。邕恃旧,一旦为孝卿所轻,郁怏形于辞色。帝从平阳败后,狼狈归邺,邕惧那肱潜诉,恨孝卿轻己,遂留晋阳,与莫多娄敬显等树安德王为帝。寻降周,邕依例授上开府仪同大将军。再迁户部,转少司马,封安福郡公,迁凤州刺史。隋开皇初,卒。

邕性识明敏,在齐一代,典执兵机。是以九州军士,四方勇募,强弱多少,番代往还,器械精粗,粮储虚实,精心勤事,莫不谙知。自大宁以来,奢侈糜费,比及武平之末,府藏渐虚,邕支度取舍,大有裨益。然既被任遇,意气渐高,其未经府寺陈诉起览辞牒,条数甚多,俱为宪台及左丞弹劾,并御注放免。司空从事中郎封长业、太尉记室参军平涛并为征官钱违限,邕各杖背三十。齐时宰相,未有挞挞朝士,至是,大骇物望。

三子:长子君明,开府仪同三司,开皇初,卒于应州刺史。次子君彻,中书舍人,隋戎、顺二州刺史,大业中,卒于武贲郎将。少子君德,以邕降周,伏法。

齐朝因神武作相,丞相府外兵、骑兵曹,分掌兵马。及受禅,诸司咸归尚书,唯此二曹不废,令唐邕、白建主之,谓之外兵省、骑兵省。后邕、建位望转隆,各置省主,令中书舍人分判二省事,故世称唐、白云。

白建字彦举,太原阳邑人。初入大丞相府任骑兵曹,典文帐,明解书计,为同局所推。天保末,兼中书舍人。孝昭辅政,除大丞相骑兵参军。河清二年,除员外散骑常侍,仍舍人。三年,突厥入境,代、忻二牧,悉是细马,合数万匹,在五台山北柏谷中避贼。贼退,敕建送马定州,付人养饲。建以马瘦,违敕以便宜从事。戎马无损,建有力焉。武平末,历位尚书、特进、侍中、中书令,封高昌郡公。父长命,赠开府仪同三司、都官尚书。

建虽无他才伎,勤于在公,以温柔自处。与唐邕俱以典执兵马,致位卿相。诸子幼弱,俱为州郡主簿。男女婚嫁,皆得胜流。卒,赠司空。

元文遥字德远,河南洛阳人也。魏昭成皇帝六世孙也。五世祖常山王遵。父晞,有孝行,父卒,庐于墓侧而终。文遥贵,赠特进、开府仪同三司、中书监，谥曰孝。

文遥敏慧夙成，济阴王晖业每云："此子王佐才也。"晖业常大会宾客，时有人将《何逊集》初入洛，诸贤皆赞赏之。召河间邢邵试命文遥诵之，几遍可得。文遥一览便诵，时年始十余岁。济阴王曰："我家千里驹，今定如何？"邢云："此殆古来未有。"起家员外散骑待郎。遭父丧，服阕，除太尉东阁祭酒。以天下方乱，遂解官侍养，隐于林虑山。

武定中，文襄征为大将军府功曹。齐受禅，于登坛所授中书舍人，宣传文武号令。杨遵彦每云："堪解穰侯印者，必在斯人。"后忽中旨幽执，竟不知所由。如此积年。文宣后自幸禁狱，执手愧谢，亲解所著金带及御服赐之，即日起为尚书祠部郎中。孝昭摄政，大丞相府功曹，参典机密。及践祚，除中书侍郎，封永乐县伯，参军国大事。及帝大渐，与平秦王归彦、赵郡王睿等同受顾托，迎立武成。武成即位，任遇转隆，历给事黄门侍郎、散骑常侍、侍中、中书监。天统二年，诏特赐姓高氏，籍属宗正，子弟依例，岁时入庙朝祀，再迁尚书左仆射，进封宁都郡公，仍侍中。

文遥历事三王，明达世务，每临轩大集，多令宣敕，号令文武，声韵高朗，发吐无滞。然探测上旨，时有委巷之言，故不为知音所重。齐因魏，宰县多用厮滥，至于士流，耻居百里。文遥以县令为字人之切，遂请革选。于是密令搜杨贵游子弟，发敕用之。犹恐其披诉，总召集神武门，令赵郡王睿宣旨唱名，厚加慰喻。士人为县，自此始也。既与赵彦深、和士开同被任遇，虽不如彦深清贞守道，又不为士开贪淫乱政，于季孟之间。然性和厚，与物无竞，故时论不在彦深之下。初，文遥自洛迁邺，唯有地十余顷，家贫，所资衣食。魏之将季，宗姓被侮，有人冒相侵夺，文遥即以与之。及贵，此人尚在，乃将家逃窜，文遥大惊，追加慰抚，还以与之，彼人愧而不受。彼此俱让，遂为闲田。至后主嗣位，赵郡王睿、娄定远等谋出和士开，文遥亦参其议。睿见杀，文遥由是出为西兖州刺史。诣士开别，士开曰："处得言地，使元家儿作令仆，深负朝廷。"既言而悔，仍执手慰勉之。犹虑文遥自疑，用其子行恭为尚书郎，以慰其心。士开死，自东徐州刺史征入朝，竟不用，卒。

行恭美姿貌，有父风，兼俊才。位中书舍人，待诏文林馆。齐亡，阳休之等十八人同入阙，稍迁司勋下大夫。隋开皇中，位尚书郎，坐事徙瓜州而卒。行恭少颇骄恣，文遥尝与范阳卢思道交游。文遥尝谓思道云："小儿比日微有所知，是大弟之力。然白掷剧饮，甚得师风。"思道答云："六郎辞情俊迈，自是克荷堂构。而白掷剧饮，亦天性所得。"

行恭弟行如，亦聪慧早成。武平末，著作佐郎。

赵隐字彦深，自云南阳宛人，汉太傅喜之后。高祖父难为齐州清河太守，有惠政，遂家焉。清河改为平原，故为平原人也。隐避齐庙讳，改以字行。父奉伯，仕魏，位中书舍人，行洛阳县令。彦深贵，赠司空。

彦深幼孤贫，事母甚孝。年十岁，曾候司徒崔光。光谓宾客曰："古人观眸子以知人，此人当必远至。"性聪敏，善书计，安闲乐道，不杂交游，为雅论所归服。昧爽，辄自埽门外，不使人见，率以为常。

初为尚书令司马子如贱客，供写书。子如善其无误，欲将入观省舍。隐靴无毡，衣帽穿弊，子如给之。用为书令史，月余，补正令史。神武在晋阳，索二史，子如举彦深。后拜子如开府参军，超拜水部郎。及文襄为尚书令摄选，沙汰诸曹郎，隐以地寒，被出为沧州别驾，辞不行。子如言于神武，征补大丞相功曹参军，专掌机密。文翰多出其手，称为敏给。神武曾与对坐，遣造军令，以手扪其额曰："若天假卿年，必大有所至。"每谓司徒孙腾曰："彦深小心恭慎，旷古绝伦。"

及神武崩，秘丧事。文襄虑河南有变，仍自巡抚，乃委彦深后事，转大行台都官郎中。临发，握手泣曰："以母弟相托，幸得此心。"既而内外宁静，彦深之力。及还发丧，深加褒美，乃披郡县簿为选，封安国县伯。从征颍川，时引水灌城，城敌将没，西魏将王思政犹欲死战。文襄令彦深单身入城告喻，即日降之。便手牵思政出城。文襄大悦。先是文襄谓彦深曰："吾昨夜梦猎，遇一群豕，吾射，尽获之。独一大豕不可得，卿言当为吾取，须臾获豕而进。"至是，文襄笑曰："梦验矣。"即解思政佩刀与彦深曰："使卿常获此利。"

文宣嗣位，仍典机密，进爵为侯。天保初，累迁秘书监。以为忠谨，每郊庙，必令兼太仆，执御陪乘。转大司农。帝或巡幸，即辅赞太子知后事。为东南道行台尚书，徐州刺史。为政尚恩信，为吏人所怀。多所降下，所营军处，士庶追思，号赵行台顿。文宣玺书劳勉，征为侍中，仍典机密。

河清元年，进爵安乐公。累迁尚书左仆射、齐州大中正，监国史，迁尚书令，位特进，封宜阳王。武平二年，拜司空。为祖珽所间，出为西兖州刺史。四年，征为司空，转司徒。丁母忧，寻起为本官。七年六月，暴疾薨，时年七十。

彦深历事累朝，常参机近，温柔谨慎，喜怒不形于色。自皇建以还，礼遇稍重，每有引见，或升御榻，常呼官号而不名也。凡诸选举，先令铨定，提奖人物，皆行业为先，轻薄之徒，弗之齿也。孝昭既执朝权，群臣密多劝进，彦深独不致言。孝昭尝谓王晞云："若言众心皆谓天下有归，何不见彦深有语？"晞以告，彦深不获已，陈谏。其为时重如此。常逊言恭己，未尝以骄矜待物，所以或出或进，去而复还。

母傅氏，雅有操识。彦深三岁，傅便孀居，家人欲以改适，自誓以死。彦深五岁，傅谓之曰："家贫儿小，何以能济？"彦深泣而言曰："若天哀矜，儿大当仰报。"傅感其意，对之流涕。及彦深拜太常卿，还，不脱朝服，先入见母，跪陈幼小孤露，蒙训得至于此。母子相泣久之，然后改服。后为宜阳国太妃。

彦深有七子，仲将知名。沈敏有父风，温良恭俭，虽妻子亦未尝息慢，终日俨然。学涉群书，善草隶，虽与弟书，书字楷正。云："草不可不解，若施之于人，即似相轻易。若当家卑幼，又恐其疑所以宜尔。是以必须录笔。"彦深乞转万年县子授之，位给事黄门侍郎、散骑常侍。隋开皇中,位吏部郎,终于安州刺史。

齐朝宰相,善始令终唯彦深一人。然讽朝廷以子叔坚为中书侍郎,颇自招物议。时冯子琮慈明、祖珽子君信并相继居中书,故时语云:"冯、祖及赵,秽我凤池。"然叔坚身才最劣。

赫连子悦字士欣,僭夏赫连勃勃之后也。神武起兵,时为济州别驾,劝刺史侯景赴神武。后除林虑太守。文襄往晋阳,由郡境,问所不便。悦云:"临水、武安,去郡遥远,山岭重叠。若东属魏郡,则地平路近。"文襄笑曰:"卿徒知便人,不觉损干。"悦答曰:"所言者人所疾苦,不敢以私润负公心。"文襄善之,乃敕依事施行。自是人属近便,行路称之。

天保中,为扬州刺史。先是城门早闭晚开,废于农作。子悦到,乃命以时开闭,人吏便之。累迁郑州刺史,政为天下之最。入为都官尚书。郑州人马子韶、崔孝政等八百余人,请立碑颂德,有诏许焉。加位开府,历行北豫州事,兼吏部尚书。子悦在官,唯以清勤自守,既无学术,又阙风仪,人伦清鉴,去之弥远,一旦居铨衡之首,大招物议。由是除太常卿,兼侍中,聘周使主,卒。

子仲章,中书舍人。

冯子琮字子琮,长乐信都人也,北燕主冯弘之后也。祖嗣兴,相州刺史。父灵绍,尚书郎、太中大夫。子琮贵,赠开府仪同三司。

子琮性识聪敏,为外祖荥阳郑伯猷所异。初袭爵荥阳县子。齐天保初,改为长安县男。皇建初,为尚书驾部郎中,摄库部。孝昭曾阅簿领,试令口陈。子琮暗对无有遗失。时梁丞相王琳归国,孝昭诏子琮观其形势。琳即与赴邺,甚见嘉赏。子琮妻,明皇后姊也,故诏与胡长粲辅导太子。后转太子中庶子。

天统元年,武成禅位后主,谓子琮曰:"少君左右,宜得正人,以卿心存正直,今以后事相委。"再迁散骑常侍,奏门下事。寻兼并省祠部尚书。后与胡长粲有隙,武成深诫之曰:"唇亡齿寒,勿复如此。”武成在晋阳，既居旧殿，少帝未有别所，诏子琮监造大明宫。成，帝怪其不宏丽，子琮曰：“至尊幼承大业，欲令敦俭，以示万邦。兼此北连天阙，不宜崇峻。”帝称善。又诏子琮监议五礼，与赵郡王睿分争异同，略无降下，大为识者所鄙。

及武成崩，和士开秘丧三日。子琮问其故。士开引神武、文襄初崩，并秘不举丧，至尊年少，恐王公贰，欲追集，然后与详议。时赵郡王睿先预帷幄之谋，子琮素知士开忌睿及领军娄定远，恐其矫遗诏出睿外任，夺定远禁卫权，因答云：“大行，神武之子，今上又是先皇传位，群臣富贵，皆至尊父子之恩，但令一无改易，必无异望。世异事殊，不得与霸朝相比。且公不出宫门，已经数日，升遐之事，行路皆传，久而不举，恐有他变。”

及发丧，元文遥以子琮太后妹夫，恐其奖成太后干政，说赵王睿及和士开出之。拜郑州刺史。既非后主本意，赏赐甚厚。仍转沧州别驾，封宁都县伯。太后为齐安王纳子琮长女为妃，子琮因请假赴邺，遂授侍中、转吏部尚书。其妻放纵，请谒公行，贿货填积。守宰除授，先定钱帛，然后奏闻。其所通致，事无不允。子琮亦不禁制。又广拓傍邻，增修宅宇，以夜继昼，未曾休息。斛律光将兵度玉壁，至龙门。周有移书，别须筹议。诏子琮传乘赴军，与周将韦孝宽面相要结。龙门等五城，因此内附。后主以为子琮之功，封昌黎郡公。迁尚书右仆射，仍摄选，侍中如故。

和士开居要日久，子琮旧所附托，中虽阻异，其后还相弥缝。士开弟士休与卢氏成婚，子琮检校趋走，与士开府寮不异。时内外除授，多由士开奏拟，子琮既恃内戚，兼带选曹，自擅权宠，颇生间隙。时陆媪势震天下，太后与之结为姊妹，而和士开于太后有丑声。子琮欲阴杀陆媪及士开，因废帝而立琅邪王俨。以谋告俨，俨许之，乃矫诏杀士开。及俨见执，言子琮教己。太后怒，又使执子琮，遣右卫大将军侯吕芬就内省以弓弦绞杀之。使内参以库车载尸归其家。诸子方握槊，闻库车来，以为赐物，大喜，开视乃哭。

子琮微有识鉴，颇慕存公。及位望转隆，宿心顿改，擢引非类，公为深交，纵其子弟，不依伦次。又专营婚媾，历选上门，例以官爵许之，旬月便验。顿丘李克、范阳卢思道、陇西李胤伯、李子希、荥阳郑庭坚并其女婿，皆至超迁。其矫纵如此。祖珽先与子琮有隙，于后具奏此事，诸子并坐此除名。太后以为言，又被擢用。子琮有五子，慈明最知名。

慈明字无佚，在齐为中书舍人。隋开皇中，兼内史舍人。大业中，位尚书兵部郎，加朝请大夫。十三年，摄江都郡丞事。

李密之逼东都，诏慈明追兵击密，为密党崔枢所执。密延与坐，论以举兵之意。慈明曰："慈明直道事人，有死而已，不义之言，非所敢对。"密厚礼之，冀其从己。慈明潜使奉表江都，及致书东都留守，论贼形势。密知，又义而释之。出至营门，为贼帅翟让所瞋责。慈明勃然曰："天子使我来，正欲除尔辈，不图为贼党所获，我岂从汝求活邪？须杀但杀，何须骂詈！"让益怒，乱刀斩之。梁郡通守杨汪上状，炀帝叹惜之，赠银青光禄大夫，拜其二子怦、悼俱为尚书承务郎。王世充推越王侗为主，重赠柱国、户部尚书、黎郡公，谥曰壮武。

长子忱，先在东都。王世充破李密，忱亦在军中，遂遣奴负父尸枢诣东都，身不自送。未几，又盛华烛纳室，时论丑之。

郎基字世业，中山新市人也。祖智，魏鲁郡太守，赠兖州刺史。父道恩，开府、阳平郡守。

基身长八尺，美须髯，泛涉坟籍，尤长吏事。齐天保四年，除海西镇将。遇东方白额称乱淮南，州郡皆从逆。梁将吴明彻攻围海西，基固守，乃至削木为箭，剪纸为羽。围解还朝，仆射杨愔迎劳之曰："卿本文吏，遂有武略，削木剪纸，皆无故事，班、墨之思，何以相过。"御史中丞毕义云引为侍御史。赵州刺史尉粲，文宣外弟。扬州刺史郭元真，杨愔妹夫，基不惮权威，并劾其赃罪。

皇建初，除郑州长史，带颍川郡守。西界与周接境，因侯景背叛，其东西分隔，士人仍缘姻旧，私相贸易。而禁格严重，犯者非一。基初莅职，披检格条，多是权时，不为久长。州郡因循，失于请谳，致密网久放,得罪者众。遂条件申台省,仍以情量事科处,自非极刑,一皆决放。积年留滞,案状胶加,数日之中,剖判咸尽。寻而台省报下,并允基所陈。条纲既疏,狱讼清静。基性清慎,无所营求,尝语人云:"任官之所,木枕亦不须作,况重于此乎?"唯颇令人写书。潘子义曾遗之书云:"在官写书,亦是风流罪过。"基答云:"观过知仁,斯亦可矣。"卒于官,赠骠骑大将军、和州刺史,谥曰惠。柩将还,远近赴送,莫不攀辕悲哭,哀不自胜。

初,基任瀛州骑兵时,陈元康为司马,毕义云为属,与基并有声誉,为刺史元巍所目:"三贤俱有当世才,后来皆常远至。唯郎骑兵任真过甚,恐不足自达。"陈、毕后并贵显,而基位止郡守,子茂。

茂字慰之,少敏慧,七岁诵《骚》、《雅》,日千余言。十五,师事国子博士河间权会,受《诗》、《易》、《三礼》及玄象刑名之学。又就国子助教长乐张奉礼受《三传》群言,至忘寝食。家人恐成病,常节其烛。及长,以博学称,历位保城令,有能名。周平齐,上柱国王谊荐之,授陈州户曹。属隋文帝为亳州总管,命掌书记。

周武帝为《象经》,隋文从容谓茂曰:"人主之所为也,感天地,动鬼神,而《象经》多乱法,何以致人。"茂窃叹曰:"此言岂常人所及!"阴自结纳,隋文亦亲礼之。后还家,为州主簿。及隋文为丞相,以书召之,言及畴昔,甚欢。授卫州司录,有能名。

寻除卫国令,时有系囚二百,茂亲自究审,数日释免者百余人。历年辞讼,不诣州省。魏州刺史元晖谓曰:"长史言卫国人不敢申诉者,畏明府耳。"茂曰:"人犹水也,法令为堤防,堤防不固,必致奔突,苟无决溢,使君何患哉!"晖无以应。有部人张元预与从父弟思兰不睦,丞尉请加严法。茂曰:"元预兄弟,本相憎嫉,又坐得罪,弥益其忿,非化人之意也。"乃遣县中耆旧,更往敦谕,道路不绝。元预等各生感悔,诣县顿首请罪。茂晓之以义,遂相亲睦,称为友悌。

开皇中,累迁户部侍郎。时尚书右仆射苏威立条章,每岁责人间五品不逊。或答者乃云:"管内无五品家。"不相应领,类多如此。又为余粮簿,拟有无相赠。茂以为繁纡不急,皆奏罢之。又奏身死王事者,子不退田,品官左贬不减地。皆发于茂。茂性明敏,剖决无滞,当时以吏干见称。

炀帝即位,为尚书左丞,参掌选事。茂尤工政理,为世所称。时工部尚书宇文恺、右翊卫大将军于仲文竞河东银窟,茂奏劾:"恺位望已隆,禄赐优厚,拔葵去织,寂尔无闻,求利下交,曾无愧色。仲文大将,宿卫近臣,趋侍阶庭,朝夕闻道,虞、芮之风,抑而不慕,分铢之利,知而必急,何以贻范庶寮,示人轨物。"恺与仲文,竟坐得罪。茂与崔祖浚撰《州郡图经》一百卷奏之,赐帛百段。

时帝每巡幸,王纲已紊,茂既先朝旧臣,明习世事,然无謇谔之节,见帝忌刻,不敢措言,唯窃叹而已。以年老乞骸骨,不许。会帝征辽,以茂为晋阳宫留守。其常山赞务王文同与茂有隙,奏茂附下罔上。诏纳言苏威、御史大夫裴蕴杂推之,茂素与二人不平,因深文其罪,及弟司隶别驾楚之,皆除名徙且末郡。茂怡然任命,不以为忧,在途作《登陇赋》以自慰。后附表自陈,帝颇悟。十年,追还京兆,岁余卒。子知年。

论曰:孙骞入幕未久,仓卒致毙,神武以情寄之重,义切折肱,若不爱惜才子,何以成夫王业。元康以知能才干,委质霸朝,绸缪帷幄,任寄为重,及难无苟免,忘生殉义,可谓得其地焉。杜弼识学甄明,发言谠正,禅代之际,先起异图,王怒未终,卒蒙显戮,直言多矣,能无及于此乎?房谟忠勤之操,始终若一。恭懿循良之风,可谓世有人矣。张纂、张亮、张曜、王峻、王纮等并事霸朝,申其力用,皆有齐之良臣也。伯德之恸哭伏尸,灵光之拒关驻跸,有古人之风焉。显俊明达,文武驱驰,尽其知力,不遑宁处。可谓德以称位,能以称官。

道和爰从霸府,以终末路,四十余载,典综兵机,识用闲明,甚为朝臣所服。及于后主奔逃,莫知所之,首赞延宗,以从权变。既而晋阳倾覆,运极途穷,还邺则义隔德昌,死事则情乖旧主,虽复全生握节,岂比背叛之流欤?

　　夫县宰之寄，绵历古今，亲人任功，莫尚于此。汉氏官人，尚书郎出宰百里；晋朝设法，不宰县不得为郎。皆所以贵方城之职，重临人之要。后魏令长，名选旧令史为之，故缙绅之流，耻居其位。爰逮有齐，此途未改。宁都公革斯流弊，弘之在人，固为美矣。

　　司徒器度沈远，有宰臣之量，始从文史，终致台辅，出内有常，夷险若一，而世人谕之胡广，讥其不能廷争。然古称"见几而作"，又曰："相时而动"，若时有开悟，或可希舜一功，而终遇奸回，便恐舟壑俱运，斯尽赵公之志也。

　　子悦牧宰流誉，子琮簿领见知，及居藻镜，俱称尸禄。冯溺于贿货，于斯为甚。慈明赴蹈之义，盖有衔须之节。郎基政绩有闻，蔚之克荷堂构，美矣乎！

北史卷五六
列传第四四

魏收　魏长贤　魏季景
魏兰根

　　魏收字伯起，小字佛助，钜鹿下曲阳人也。自序：汉初魏无知封高良侯，子均。均子恢。恢子彦。彦子歆，字子胡，幼孤，有志操，博洽经史，位终本郡太守。子悦，字处德，性沉厚，有度量，宣城公赵国李孝伯见而重之，以女妻焉。位济阴太守，以善政称。

　　悦子子建，字敬忠，释褐奉朝请，累迁太尉从事中郎。初，宣武时平氏，遂于武兴立镇，寻改为东益州。其后镇将刺史，乖失人和，群氐作梗，遂为边患。乃除子建东益州刺史。子建布以恩信，远近清静。正光五年，南北二秦城人莫折念生、韩祖香、张长命相继构逆。佥以州城之人，莫不劲勇，同烦悉反，宜先收其器械。子建以为城人数当行阵，尽皆骁果，安之足以为用，急之腹背为忧。乃悉召居城老壮，晓示之，并上言诸城人本非罪坐而来者，悉求听免。明帝优诏从之。子建渐分其父兄子弟，外居郡戍，内外相顾，终获保全。及秦贼乘胜，屯营黑水，子建乃潜使掩袭，前后斩获甚众，威名赫然。先反者，及此悉降。乃间使上闻，帝甚嘉之，诏子建兼尚书为行台，刺史如故。于是威振蜀土。其梁、巴、二益、两秦之事，皆所节度。

　　梁州刺史傅竖眼子故中心以为愧，在洛大行货贿，以图行台。先是子建亦屡求归京师，至此，乃遣刺史唐永代焉。竖眼因为行台。子建将还，群氐慕恋，相率断道。主簿杨僧覆先行晓喻，诸氐忿曰：

"我留刺史，尔送出也？"斫之数创，几死。子建徐加慰譬，旬月方得前行。吏人赠遗，一无所受。而东益氐蜀寻反，攻逼唐永，永弃城而走，乃丧一蕃矣。初永之走，子建客有沙门昙璨及钜鹿人耿显皆没落氐手，及知子建之客，垂泣追衣物还之，送出白马。遗爱所被如此。

初，子建为前军将军，十年不徙，在洛闲暇，与吏部尚书李韶、韶从弟延实颇为弈棋，时人谓为耽好。子建每曰："棋于廉勇之际，得之深矣。直吾未为时用，博弈可也。"及一临边事，凡经五年，未曾对局。

还洛后，累迁卫尉卿。初，元颢内逼，庄帝北幸，子建谓所亲卢义僖曰："北海自绝社稷，称藩萧衍，吾老矣，岂能为陪臣！"遂携家口居洛南。颢平乃归。先苦风痹，及此遂甚。以卿任有务，屡上书乞，特除右光禄大夫。邢杲之平，太傅李延实子恃中或为大使，抚慰东土。时外戚贵盛，送客填门，子建亦往候别。延实曰："小儿今行，何以相助？"子建曰："益以盈满为诫。"延实怅然久之。及庄帝杀尔朱荣，遇祸于河阴者，其家率相吊贺。太尉李虔第二子仁曜，子建之女婿，往亦见害。子建谓姨弟卢道虔曰："朝廷诛翦权强，凶徒尚梗，未闻有奇谋异略，恐不可济。此乃李门祸始，吊贺无乃忽忽！"及永安之后，李氏宗族流离，或遇诛夷，如其所虑。后历左光禄大夫，加散骑常侍、骠骑大将军。

子建自出为藩牧，董司山南，居脂膏之中，遇天下多事，正身洁己，不以财利经怀。及归京师，家人衣食，常不周赡，清素之迹，著于终始。性存重慎，不杂交游，唯与尚书卢义僖、姨弟泾州刺史卢道裕雅相亲昵。及疾笃，顾敕二子曰："死生大分，含气所同。世有厚葬，吾平生不取。篷薐裸身，又非吾意。气绝之后，敛以时服。吾平生契阔，前后三娶，合葬之事，抑又非古。且汝二母，先在旧茔，坟地久固，已有定别。唯汝次母墓城外耳，可迁入兆域，依班而定行于吾墓之后，如此足矣。不须祔合。当顺吾心，勿令吾有遗恨。"永熙二年春，卒于洛阳孝义里舍。时年六十。又赠仪同三司、定州刺史，谥曰文静。二子,收、祚。

收少机警,不持细行。年十五,颇已属文。及随父赴边,好习骑射,欲以武艺自达。荥阳郑伯调之曰:“魏郎弄戟多少?”收惭,遂折节读书。夏月,坐板床,随树阴讽诵,积年,床板为之锐减,而精力不辍。以文华显。

初除太学博士。及尔朱荣于河阴滥害朝士,收亦在围中,以日晏获免。吏部尚书李神俊重收才学,奏授司徒记室参军。永安三年,除北主客郎中。节闵帝立,妙简近侍,诏试收为封禅书。收下笔便就,不立藁草,文将千言,所改无几。时黄门郎贾思同侍立,深奇之,白帝曰:“虽七步之才,无以过此。”迁散骑侍郎,寻敕典起居注,并修国史,俄兼中书侍郎,时年二十六。

孝武初,又诏收摄本职,文诰填积,事咸称旨。黄门郎崔㥄从齐神武入朝,熏灼于世,收初不诣广。㥄为帝登阼赦云:“朕托体孝文。”收嗤其率直。正员郎李慎以告之,㥄深忿忌。时节闵帝殂,令收为诏。㥄乃宣言,收普泰世出入帏幄,一日造诏,优为词旨,然则义旗之士,尽为逆人。又收父老,合解官归侍。南台将加弹劾,赖尚书辛雄为言于中尉綦俊,乃解。收有贱生弟仲同,先未齿录,因此怖惧,上籍,遣还乡扶侍。孝武尝大发士卒,狩于嵩少之南,旬有六日,时寒,朝野嗟怨。帝与从官及诸妃王,奇伎异饰,多非礼度。收欲言则惧,欲默不能已,乃上《南狩赋》以讽焉,年二十七。虽富言淫丽,而终归雅正。神武固让天柱大将军,魏帝敕收为诏,令遂所请。欲加相国,问收相国品秩,收以实对,帝遂止。收既未测主、相之意,以前事不安,求解,诏许焉。久之,除帝兄子广平王赞开府从事中郎,收不敢辞,乃为《庭竹赋》以致己意。寻兼中书舍人。与济阴温子升、河间邢子才齐誉,世号三才。时孝武内有间隙,收遂以疾固辞而免,舅崔孝芬怪而问之,收曰:“惧有晋阳之甲。”寻而神武南上,帝西入关。

收兼通直散骑常侍,副王昕聘梁。昕风流文辩,收辞藻富逸,梁主及其群臣咸加敬异。先是,南北初和,李谐、卢元明首通使命,二人才器，并为邻国所重。至此，梁主称曰："卢、李命世，王、魏中兴，未知后来，复何如耳。"收在馆，遂买吴婢入馆。其部下有买婢者，收亦唤取，遍行奸秽。梁朝馆司，皆为之获罪。人称其才，而鄙其行。在途作《聘游赋》，辞甚美盛。使还，尚书右仆射高隆之求南货于昕、收，不能如志，遂讽御史中尉高仲密禁止昕、收于其台，久之得释。

及孙搴死，司马子如荐收，召赴晋阳，以为中外府主簿。以受旨乖忤，频被嫌责，加以箠楚，久不得志。会司马子如奉使霸朝，收假其光。子如因宴戏言于神武曰："魏收，天子中书郎，一国大才，愿大王借与颜色。"由此转府属，然未甚优礼。

收叔季景有文学，历官著名，并在收前，然收常所欺忽。季景、收初赴并，顿丘李庶者，故大司农谐之子也，以华辩见称，曾谓收曰："霸朝便有二魏。"收率尔曰："以从叔见比，便是邪输之比卿。"邪输者，故尚书令陈留公继伯之子，愚痴有名，好自入市肆，高价买物，商贾共所嗤玩。收忽以季景方之，不逊例多如此。

收本以文才，必望颍脱见知，位既不遂，求修国史。崔暹为言于文襄曰："国史事重，公家父子霸王功业，皆须具载，非收不可。"文襄乃启收兼散骑常侍，修国史。武定二年，除正常侍，领兼中书侍郎，仍修国史。

魏帝宴百寮，问何故名"人日"，皆莫能知。收对曰："晋议郎董勋《答问礼俗》云：正月一日为鸡，二日为狗，三日为猪，四日为羊，五日为牛，六日为马，七日为人。"时邢邵亦在侧，甚恶焉。自魏、梁和好，书下纸每云："想彼境内宁静，此率土安和。"梁后使其书乃去"彼"字，自称犹著"此"，欲示无外之意。收定报书云："想境内清晏，今万国安和。"梁人复书，依以为体。

后神武入朝，静帝授相国，固让，令收为启。启成呈上，文襄时侍侧，神武指收曰："此人当复为崔光。"四年，神武于西门豹祠宴集，谓司马子如曰："魏收为史官，书吾善恶，闻北伐时诸贵常饷史官饮食，司马仆射颇曾饷不？"因共大笑。仍谓收曰："卿勿见元康等在吾自下趋走，谓吾以为勤劳。我后世身名在卿手，勿谓我不知。"

寻加兼著作郎。

收昔在京洛，轻薄尤甚，人号云“魏收惊蛱蝶”。文襄曾游东山，令给事黄门侍郎颢等宴。文襄曰：“魏收恃才无宜适，须出其短。”往复数番，收忽大唱曰：“杨遵彦理屈，已倒。”愔从容曰：“我绰有余暇，山立不动。若遇当涂，恐翩翩遂逝。”当涂者魏，翩翩者蝶也。文襄先知之，大笑称善。文襄又曰：“向语犹微，宜更指斥。”愔应声曰：“魏收在并作一篇诗，对众读讫，云：‘打从叔季景出六百斗番，亦不辨此。’远近所知，非敢妄说。”文襄喜曰：“我亦先闻。”众人皆笑。收虽自申雪，不复抗拒，终身病之。

侯景叛入梁，寇南境。文襄时在晋阳，令收为檄五十余纸，不日而就。又檄梁朝，令送侯景，初夜执笔，三更便了，文过七纸。文襄善之。魏帝曾季秋大射，普令赋诗，收诗末云：“尺书征建邺，折简召长安。”文襄壮之，顾谓人曰：“在朝今有魏收，便是国之光采。雅俗文墨，通达纵横。我亦使子才、子升，时有所作，至于词气，并不及之。吾或意有所怀，忘而不语，语而不尽，意有未及，收呈草，皆以周悉。此亦难有。”又敕兼主客郎，接梁使谢珽、徐陵。侯景既陷梁，梁鄱阳王范时为合州刺史，文襄敕以书喻之。范得书，仍率部伍西上，州刺史崔圣念入据其城。文襄谓收曰：“今定一州，卿有其国，犹恨‘尺书征建邺’未效耳。”

文襄崩，文宣如晋阳，令与黄门郎崔季舒、高德正、吏部郎中尉瑾于北第参掌机密。转秘书监，兼著作郎，又除定州大中正。时齐将受禅，杨愔奏收置之别馆，令撰禅代诏册诸文，遣徐之才守门，不听出。

天保元年，除中书令，仍兼著作郎，富平县子。二年，诏撰《魏史》。四年，除魏尹，故优以禄力，专在史阁，不知郡事。初，帝令群臣各言志，收曰：“愿得直笔东观，早出《魏书》。”故帝使收专其任。又诏平原王高隆之总监之，署名而已。帝敕收曰：“好直笔，我终不作魏太武。诛史官。”

始，魏初邓彦海撰《代记》十余卷，其后崔浩典史，游、允、程骏、李彪、崔光、李琰之郎知世修其业。浩为编年体,彪始分作纪、表、志、传,书犹未出。宣武时,命邢峦追撰《孝文起居注》,书至太和十四年。又命崔鸿、王遵业补续焉,下讫孝明,事甚委悉。济阴王晖业撰《辩宗室录》三十卷。收于是与通直常侍房延祐、司空司马辛元植、国子博士刁柔、裴昂之、尚书郎高孝干传总斟酌,以成《魏书》。辩定名称,随条甄举。又搜采亡遗,缀续后事,备一代史籍,表而上闻之。勒成一代大典。凡十一纪,九十二列传,合一百一十卷。五年三月,奏上之。秋,除梁州刺史。收以志未成,奏请终业,许之。十一月复奏十志:《天象》四卷,《地形》三卷,《律历》三卷,《礼乐》四卷,《食货》一卷,《刑罚》一卷,《灵征》二卷,《官氏》二卷,《释老》一卷,凡二十卷。续于纪传,合一百三十卷。分为十二帙,其史三十五例,二十五序,九十四论,前后二表一启,皆独出于收。

收所引史官,恐其陵逼,唯取学流先相依附者。其房延祐、辛元植、睦仲让虽凤涉朝位,并非史才。刁柔、裴昂之以儒业见知,全不堪编缉。高孝干以左道求进。修史诸人,宗祖姻戚,多被书录,饰以美言。收颇急,不甚能平,凤有怨者,多没其善。每言:"何物小子,敢共魏收作色,举之则使上天,按之当使入地。"初,收在神武时为太常少卿,修国史,得阳休之助。因谢休之曰:"无以谢德,当为卿作佳传。"休之父固,魏世为北平太守,以贪虐为中尉李平所弹获罪,载在《魏起居注》。收书云:"固为北平,甚有惠政,坐公事免官。"又云:"李平深相敬重。"尔朱荣于魏为贼,收以高氏出自尔朱,且纳荣子金,故减其恶而增其善,论云:"若修德义之风,则韩、彭、伊、霍,夫何足数。"

时论既言收著史不平,文宣诏收于尚书省与诸家子孙共加论讨。前后投诉,百有余人,云遗其家世职位。或云其家不见记录。或云妄有非毁。收皆随状答之。范阳卢斐父同附出族祖玄传下。顿丘李庶家传,称其本是梁国家人。斐、庶讥议,云史书不直。收性急,不胜其愤,启诬其欲加屠害。帝大怒,亲自诘责。斐曰:"臣父仕魏,位至仪同,功业显著,名闻天下,与收无亲,遂不立传。博陵崔绰,位至本郡功曹，更无事迹，是收外亲，乃为传首。”收曰：“绰虽无位，道义可嘉，所以合传。”帝曰：“卿何由知其好人？”收曰：“高允曾为绰赞，称有道德。”帝曰：“司空才士，为人作赞，正应称扬。亦如卿为人作文章，道其好者，岂能皆实？”收无以对，战慄而已。但帝先重收才，不欲加罪。时太原王松年亦谤史，及斐、庶并获罪，各被鞭配甲坊，或因以致死。卢思道亦抵罪。然犹以群口沸腾，敕魏史且勿施行，令群官博议。听有家事者入署，不实者陈牒。于是众口喧然，号为“秽史”，投牒者相次，收无以抗之。时左仆射杨愔、右仆射高德正二人势倾朝野，与收皆亲。收遂为其家并作传，二人不欲言史不实，抑塞诉辞，终文宣世，更不重论。

又尚书陆操尝谓愔曰：“魏收《魏书》可谓博物宏才，有大功于魏室。”愔尝谓收曰：“此谓不刊之书，传之万古。但恨论及诸家枝叶亲姻，过为繁碎，与旧史体例不同耳。”收曰：“往因中原丧乱，人士谱牒遗逸略尽，是以具书其枝派。望公观过知仁，以免尤责。”

八年夏，除太子少傅，监国史。复参修律令。三台成，文宣曰：“台成，须有赋”。愔先以告收，收上《皇居新殿台赋》，其文甚壮丽。时所作者自邢邵已下，咸不逮焉。收上赋前数日，乃告邢邵，邵后告人曰：“收甚恶人，不早言之。”帝曾游东山，敕收作诏，宣扬威德，譬喻关西。俄顷而讫，辞理宏壮，帝对百寮大嗟赏之。仍兼太子詹事。收娶其舅女，崔之妹，产一女，无子。魏太常刘芳孙女、中书郎崔肇师女，夫家坐事，帝并赐收为妻。时人比之贾充置左右夫人。然无子。后病甚，恐身后嫡媵不平，乃放二姬。及疾瘳追忆，作《怀离赋》以申意。

文宣每以酣宴之次，云太子性懦，宗社事重，终当传位常山。收谓杨愔曰：“古人云：太子国之根本，不可动摇。至尊三爵后，每言传位常山，令臣下疑贰。若实，便须决行；若戏此言，魏收既忝师傅，正当守之以死，但恐国家不安。”愔以收言奏帝，自此便止。帝数宴喜，收每预侍从。皇太子之纳郑良娣也，有司备设牢馔。帝既酣饮，起而自毁覆之，仍诏收曰：“知我意不？”收曰：“臣愚谓良娣既东宫之妾,理不须牢,仰惟圣怀,缘此毁去。"帝大笑,握收手曰:"卿知我意。"安德王延宗纳赵郡李祖收女为妃,后帝幸李宅宴,而妃母宋氏荐二石榴于帝前。问诸人莫知其意,帝投之。收曰:"石榴房中多子,王新婚,妃母欲子孙众多。"帝大喜,诏收:"卿还将来。"仍赐收美锦二疋。

十年,除仪同三司。帝在宴席,口敕以为中书监,命中书郎李愔于树下造诏。愔以收一代盛才,难于率尔。久而未讫。比成,帝已醉醒,遂不重言,愔仍不奏,事竟寝。及帝崩于晋阳,驿召收及中山太守阳休之参议吉凶之礼,并掌诏诰。仍除侍中,迁太常卿,文宣谥及庙号,陵名,皆收议也。

及孝昭居中宰事,命收禁中为诸诏文,积日不出。转中书监。皇建元年,除兼侍中、右光禄大夫,仍仪同,监史。收先副王昕使梁,不相协睦,时昕弟晞亲密,而孝昭别令休之兼中书,在晋阳典诰诏,收留在邺,盖晞所为。收大不平,谓太子舍人卢询祖曰:"若使卿作文诰,我亦不言。"又除祖珽为著作郎,欲以代收。司空主簿李翥,文词士也,闻而告人曰:"诏诰悉归阳子烈,著作复遣祖孝征,文史顿失,恐魏公发背。"于是诏议二王三恪,收执王肃、杜预义,以元、司马氏为二王,通曹备三恪。诏诸礼学之官皆执郑玄五代之议。孝昭后姓元,议恪不欲广及,故议从收。又除兼太子少傅,解侍中。

帝以《魏史》未行,诏收更加研审,收奉诏,颇有改正。及诏行《魏史》,收以为直置秘阁,外人无由得见,于是命送一本付并省,一本付邺下,任人写之。

太宁元年,加开府。河清二年,兼右仆射。时武成酣饮终日,朝事专委侍中高元海,凡庸不堪大任。以收才名振俗,都官尚书毕义云长于断割,乃虚心倚仗。收畏避,不能匡救,为议者所讥。帝于华林别起玄洲苑,备山水台观之丽,诏于阁上画收,其见重如此。

始收比温子升、邢邵稍为后进,邵既被疏出,子升以罪死,收遂大被任用,独步一时。议论更相訾毁,各有朋党。收每议陋邢文。邵又云:"江南任昉,文体本疏,魏收非直模拟,亦大偷窃。"收闻乃曰:

“伊常于沈约集中作贼，何意道我偷任。”任、沈俱有重名，邢、魏各有所好。武平中、黄门郎颜之推以二公意问仆射祖珽。珽答曰：“见邢、魏之臧不，即是任、沈之优劣。”收以温子升全不作赋，邢虽有一两首，又非所长，常云：“会须能作赋，始成大才士。唯以章表碑志自许，此外更同儿戏。”自武定三年以后，国家大事诏命，军国文词，皆收所作。每有警急，受诏立成。或时中使催促，收笔下有同宿构，敏速之工，邢温所不逮也。其参议典礼，与邢相垺。

既而赵郡公增年获免，收知而过之，事发除名。其年，又以托附陈使封孝琰，牒令其门客与行，遇昆仑舶至，得奇货。果然褥表、美玉盈尺等数十件。罪当流，以赎论。三年，起除清郡尹。寻遣黄门郎元文遥敕收曰：“卿旧人，事我家最久，前者之罪，情在可恕。比令卿为尹，非谓美授，但初起卿，斟酌如此。朕岂可用卿之才而忘卿身？待至十月，当还卿开府。”天统元年，除左光禄大夫。二年，行齐州刺史，寻为真。

收以子侄年少，申以戒厉，著《枕中篇》。其词曰：

吾曾览管子之书，其言曰：“任之重者莫如身，途之畏者莫如口，期之远者莫如年。以重任行畏途至远期，惟君子为能及矣。”追而味之，喟然长息。

若夫岳立而重，有潜戴而不倾。山藏称固，亦趋负而不停。吕梁独浚，能行歌而匪惕。焦原作险，或削踵而不惊。九陔方集，故眇然而迅举。五纪当定，想育乎而上征。苟任重也有度，则任之而愈固。乘危也有术，盖乘之而靡恤。彼期远而能通，果应之而不可必。岂神理之独尔，亦人事其如一。

呜呼！处天壤之间，劳死生之地，攻之以嗜欲，牵之以名利，粱肉不期而共臻，珠玉无足而俱致，于是乎骄奢仍作，危亡旋至。然则上智大贤，惟几惟哲，或出或处，不常其时。其舒也齐世成务，其卷也声销迹灭。玉帛子女，抚兰律吕，谄谀无所先；称内度骨，膏挑舌，怨恶莫不。勋名共山河同久，志业与金石比坚。斯盖厚栋不挠，游刃恚然。逮于厥德不常，丧其金璞，驰骛人世，鼓动流俗，挟汤日而谓寒，包溪壑而未足。源不清而流浊，表不端而影曲。嗟乎！胶漆讵坚，寒暑甚促，反利而成害，化荣而就辱，欣戚更来，得丧仍续。至有身御魑魅，魂沈狴狱。讵非足力不强，迷在当局！孰可谓车戒前倾，人师先觉？

闻诸君子，雅道之士，游遨经术，厌饫文史。笔有奇锋，谈有胜理。孝悌之至，神明通矣，审蹈而行，量路而止。自我及物，先人后己。情无系于荣悴，心靡滞于愠喜。不养望于丘壑，不待假于城市。言行相顾，慎然犹始。有一于斯，郁为羽仪。恪居展事，知无不为，或左或右，则髦士攸宜，无悔无吝，故高而下危。异乎勇进忘退，苟得患失。射千金之产，微万钟之秩；投烈风之门，趣炎火之室。载蹶而坠其贻宴，或蹲乃丧其贞吉。可不畏欤！可不戒欤！

门有倚祸，事不可不密；墙有伏寇，言不可而失。宜谛其言，宜端其行。言之不善，行之不正，鬼执强梁，人囚径挺，幽夺其魄，明夭其命。不服非法，不行非道。公鼎为己信，私玉非身宝。过涅为缁，逾蓝作青，持绳视直，置水观平。时然后取，未若无欲，知止知足，庶免于辱。是以为必察其几，举必慎于微，知几虑微，斯亡则稀。既察且慎，福禄攸归。昔蘧瑗识四十九非，颜子邻几三月不违。跬步无已，至于千里。复蒉而进，及于万仞。故云行远自卑，可大可久，与世推移。

月满如规，从夜则亏；槿荣于枝，望暮而萎。夫奚益而不损？孰有损而不害？益不欲多，利不欲大。唯居德者畏其甚，体真者惧其大。道尊则群谤集，任重而众怨会。其达也则尼父栖遑，其忠也而周公狼狈。无曰人之我狭，在我不可而覆，无曰人之我厚，在我不可而咎。如山之大，无不有也；如谷之虚，无不受也。能刚能柔，重可负也；能信能顺，险可走也；能智能愚，期可久也。

周庙之人，三缄其口，漏卮在前，敧器留后，俾诸来裔，传之坐右。

其后群臣多言《魏史》不实，武成复敕更审。收又回换，遂为卢同立传，崔绰反更附出。杨愔家传本云："有魏以来，一门而已。"至是加此八字。又先云："弘农华阴人"，乃改"自云弘农"，以配王慧龙"自云太原人"，此其失也。寻除开府、中书监。

武成崩，未发丧，在内诸公以后主即位有年，疑于赦令。诸公引收访焉。收固执宜有恩泽，乃从之。掌诏诰，除尚书右仆射，总议监五礼事，位特进。收奏请赵彦深、和士开、徐之才共监，先以告士开，士开惊，辞以不学。收曰："天下事皆由，五礼非王不决。"士开谢而许之。多引文士令执笔，儒者马敬德、熊安生、权会实主之。

武平三年薨，赠司空、尚书左仆射，谥文贞。有集七十卷。

收硕学大才，然性褊，不能达命体道。见当涂贵游，每以言色相悦。然提奖后辈，以名行为先，浮华轻险之徒，虽有才能，弗重也。初，河间邢子才、子明及季景与收，并以文章显，世称大邢小魏，言尤俊也。收少子才十岁，子才每曰："佛助，寮人之伟。"后收稍与子才争名，文宣贬子才曰："尔才不及魏收。"收益得志，自序云："先称温、邢，后曰邢、魏。"然收内陋邢，心不许也。收既轻疾，好声乐，善胡舞。文宣末，数于东山与诸优为猕猴与狗斗，帝宠狎之。收外兄博陵崔岩尝以双声嘲收曰："遇魏收衰曰愚魏。"魏答曰："颜岩腥瘦，是谁所生，羊颐狗颊，头团鼻平，饭房等笼，著孔嘲玎。"其辩捷不拘若是。既缘史笔，多憾于人，齐亡之岁，收冢被发，弃其骨于外。

先养弟子仁表为嗣，位至尚书膳部郎中。隋开皇中，卒于温县令。

子建族子悼，字仲让。容貌魁伟，性通率。永安末，除安东将军、光禄大夫。尔朱仲远镇东郡，以事捕悼，遇出外，执悼兄子胤而去。悼闻哭曰："若害胤宁无吾也。"乃见仲远，叩头曰："家事在悼，胤何知也？乞以身罪。"仲远义而舍之。天平中，拜卫将军，右光禄大夫，卒。

悼叔偃，字盘虬，有当世干用，位骁骑将军。性浮动，晚乃曲附高肇。彭城王勰之死也，偃构成其事，为时所患。

　　子质,字怀素。幼有立志,年十四,启母求就徐遵明受业,母以其年幼而不许。质遂密将一奴,远赴徐学,留书一纸,置所卧床。内外见之,相视悲叹。五六年中,便通诸经大义。自学言归,生徒辐凑,皆同衣食,情若兄弟。后避葛荣难,客居赵国飞龙山,为乱贼所害。士友伤惜之。兴和二年,侍中李俊、秘书监常景等三十二人申辞于尚书,为请赠谥。事下太常,傅士考行,谥曰贞烈先生。

　　魏长贤,收之族叔也。祖钊,本名显义,字弘理,魏世祖赐名,仍命以显义为字。雅性俊辩,博涉群书,有当世才,兼资文武,知名梁、楚、淮、泗之间。世祖南伐,闻而召之,既至,与语大悦。谓钊曰:“今我此行,是卿建功之日,勉之,勿忧不富贵也。”授内都直,侍左右。师次淮南,诸城未有下者。钊乃进曰:“陛下有百万之军,风行电扫,攻城略地,所向无前,虽有智者,莫能为计。然而师次淮南,已经累日,义阳诸城,犹敢拒守,此非不惧亡灭,自谓必可保全也。但陛下卒徒果锐,杀掠尚多,人皆畏威,未甚怀惠,恐一旦降下,妻子不全,所以迟疑,未肯先发。臣请间入城内,见其豪右,宣达圣心,示以诚信,必当大小相率,面缚请罪。陛下拔其英楚,因而任之,此外诸城,可不劳兵而自定。”世祖大喜曰:“所以召卿,本为是耳。卿今所言,副吾所望。”钊遂夜入城中,示以危亡之期,开以生全之路,城中大小欣悦,明旦开门出降。自此而南,望尘款附。世祖谓钊曰:“卿之一言,逾于十万之师。扬我信义,播于四表,实卿一人之力。”即授义阳太守、陵江将军。又令钊与诸将,统兵讨袭,所当无不摧破,军中服其勇敢。世祖益喜,谓群臣曰:“中国士人,吾拔擢咸尽,文武胆略,未有若钊俦。”加授建忠将军,追赠其父处顺州刺史。时经略江左,方大用之,遇风疾发动,频降医药,竟不痊复。卒时年六十四。

　　父彦,字惠卿,博学善属文。赵郡王干辟开府参军,广陵王羽辟记室,并不行。陈留公李崇甚重之,引为镇西参军事。崇讨叛氐阳灵珍、叛蛮鲁北燕,又请为记室参军。中山王英讨淮南,又请为记室参军。军还,求为著作郎,思树不朽之业,以《晋书》作者多家,体制

繁杂，欲正其纰缪，删其游辞，勒成一家之典。俄而彭城王闻李崇称
之，复请为掾，兼知主客郎中，书遂不成。王遇害，退归田里。清河
王复引为谘议。王势高名重，深为权倖所疾，恐罹其祸，固辞以疾。
肃宗初，拜骠骑长史，寻转光州刺史。年六十八，卒。

兄伯胤之归也。留长贤与弟德振，使官学于洛中。孝静北迁，
亦徙居邺。博涉经史，词藻清华，举秀才，除汝南王悦参军事，入齐，
平阳王淹辟为法曹参军，转著作佐郎。更撰《晋书》，欲还成先志。

河清中，上书讥刺时政，大忤权幸，为上党屯留令。亲故以长贤
不相时而动，或为书以相规责。长贤复书曰：

日者惠书，义高旨远。诲仆以自求诸己，思不出位，国之大
事，君与执政所图。又谓仆禄不足以代耕，位不登于执戟，干非
其议，自贻悔咎。勤勤恳恳，诚见故人之心。静言再思，无忘寤
寐。

仆虽固陋，亦尝奉教于君子矣。以为士子立身，其路不一。
故有负鼎俎以趋也，隐渔钓以侍时，操筑傅严之下，取履圯桥
之上者矣。或有释赁车以匡霸业，委挽辂以定王基，由斩祛以
见礼，因射钩而受相者矣。或有三黜不移，屈身以直道；九死不
悔，甘心于苦节者矣。皆奋于泥滓，自致青云。虽事有万殊，而
理终一致，权其大要，归乎忠孝而已矣。

夫孝则竭力所生，忠则致身所事，未有孝而遗其亲，忠而
后其君者也。仆自射策金马，记言麟阁，寒暑迭运，五稔于兹。
不能勒成一家，润色鸿业，善述人事，功既阙如，显亲扬名，邈
焉无异。每一念之，曷云其已。自顷王室板荡，彝伦攸斁，大臣
持禄而莫谏，小臣畏罪而不言，虚痛朝危，空哀主辱。匪躬之
故，徒闻其语；有犯无隐，未见其人。此梅福所以献书，朱云所
以请剑者也。抑又闻之，嫠不恤纬而忧宗周之亡，女不怀归而
悲太子之少，况仆之先人，世传儒业，训仆以为子之道，厉仆以
事君之节？今仆之委质，有年世矣，安可自同于匹庶，取笑于儿
女子哉！是以肠一夕而九回，心终朝而百虑，惧当年之不立，耻

没世而无闻，心灵慨怀古，自强不息，庶几伯夷之风，以立懦夫之志。吾子又谓仆干进务入，不畏友朋；居下讪上，欲益反损。仆诚不敏，以贻吾子之羞，默默苟容，又非平生之意。故愿得锄彼草茅，逐兹鸟雀，去一恶，树一善，不违先旨，以没九泉。求仁得仁，其谁敢怨？

但言与不言在我，用与不用在时。若国道方屯，时不我与，以忠获罪，以信见疑，贝锦成章，青蝇变色，良田败于邪径，黄金铄于众口，穷达运也，其如命何！吾子忠告之言，敢不敬承嘉惠。然则仆之所怀，未可一二为俗人道也。投笔而已，夫复何言！

是出也，人皆为之怏怏，而长贤处之怡然，不屑怀抱，识者以此多焉。

武平中，辞疾去职，终于齐代，不复出仕。周武平齐，搜扬才俊，辟书屡降，固以疾辞。卒年，七十四。贞观中，赠定州刺史。子征。

魏季景，收族叔也。父鸾，字双和，为魏文赐名。有器干，体貌魁伟，以有容仪，为奉车都尉。曾升辂车，触毁金翼，敛容请罪。帝笑曰："卿体貌过人，素不便习，何足惧也？"车驾南征汉阳，除鸾统军。帝历幸其营，叹赏之。及在马圈不豫，敕兼武卫将军，领宿卫左右。景明中，六辅之废，鸾颇预其事。后除光州刺史，更满还朝，卒。谥曰夷。

子季景少孤，清苦自立，博学有文才，弱冠有名京师。时邢子明称有才学，殆与子才侔，季景与收相亚，洛中号两邢二魏。庄帝时，为中书侍郎。普泰中，为尚书右丞。季景善附会，宰要当朝，必先事其左右。尔朱世隆特赏爱之。于时才名甚盛，颇过其实。太昌中，位给事黄门侍郎，甚见信待，除定州大中正。孝武帝释奠，季景与温子升、李业兴、窦瑗等俱为摘句。天平初，因迁都，遂居柏人西山。内怀忧悔，乃为《择居赋》。元象初，兼给事黄门侍郎，后兼散骑常侍，使梁。还，历大司农卿、魏郡尹。卒，家无余财，遗命薄葬，赠散骑常侍、卫尉卿。所著文笔二百余篇。子澹知名。

·澹字彦深。年十五而孤，专精好学，高才善属文。仕齐，殿中侍御史，预修五礼，及撰《御览》。除殿中郎、中书舍人，与李德林修国史。入周为纳言中士。隋初，为行台礼部侍郎。寻为聘陈使主。还，除太子舍人。废太子勇深礼之，令注《庾信集》，撰《笑苑》，世称博物。迁著作郎，仍为太子学士。

帝以魏收所撰《后魏书》褒贬失实，平绘为《中兴书》事不伦序，诏澹别成《魏史》。澹自道武下及恭帝，为十二纪，七十八列传。别为史论及例，各一卷，合九十二卷。义例与魏收多所不同。

其一曰："臣闻天子者继天立称，终始绝名。故《谷梁传》：'太上不名。'《曲礼》：'天子不言出，诸侯不生名。'诸侯尚不生名，况天子乎？若为太子，必须书名。良由子者对父生称，父前子名，礼之意也。至如马迁，周之太子，并皆言名，汉之储两，俱没其伟，以尊汉卑周，臣子之意也。窃谓虽立此理，恐非其义。何者？《春秋》、《礼记》，太子必书名，天王不言出，此仲尼之褒贬，皇王之称谓，非当时与异代，遂为优劣也。班固、范晔、陈寿、王隐、沈约参差不同，尊卑失序。至于魏收讳储君之名，书天子之字，过又甚焉。今所撰，讳皇帝名，书太子字，欲尊君卑臣，依《春秋》之义。"

二曰："魏氏平文以前，部落之君长耳。太祖远追二十八帝，并极崇高，违尧舜宪章，越周公典礼。但道武出自结绳，未师典诰，当须南董直笔，裁而正之；反更饰非，岂是观过？但力微天女所诞，灵异绝世，尊为始祖，得礼之宜。平文、昭成，雄据塞表，英风渐盛，图南之业，基自此始。长孙斤之乱也，兵交御坐，太子授命，昭成获免。道武此时，后缉方娠，宗庙复存，社稷有主，大功大孝，实在献明。此之三世，称谥可也，自兹以外，未之敢闻。"

其三曰："幽王死于骊山，厉王出奔于彘，未尝隐讳，直笔书之，欲以劝善惩恶，诒诫将来。而太武、献文，并遭非命，前史立纪，不异天年，言论之间，颇露首尾。杀主害君，莫知姓名，逆臣贼子，何所惧哉？今分明直书，不敢回避。"

四曰："自晋德不竞,宇宙分崩,或帝或王,各自署置。其生略如敌国,书死便同庶人。凡处华夏之地者,皆书曰卒,同之吴、楚。"

澹又以为"司马迁创立纪传已来,述者非一,人无善恶,皆为立论。计在身行迹,具在正书,事既无奇,不足惩劝,再述乍同铭颂,重叙唯觉繁文。案丘明亚圣之才,发扬圣首,言'君子曰'者,无非甚泰,其间寻常,直言而已。今所撰史,窃有慕焉,可为劝戒者,论其得失,其无益者,所以不论也。"上览而善之。未几而卒。有集三十卷。子罕言。

澹弟彦玄,位洧州司马。子满行。

魏兰根字兰根,收族叔也。父伯成,中山太守。

兰根身长八尺,仪貌奇伟,博学高才,机警有识悟。起家北海王国侍郎。母忧,居丧有孝称。将葬,常山郡境先有董卓祠,祠有柏树,兰根以卓凶逆,不应遗祠至今,仍启刺史,请伐为椁,左右人言有灵,兰根了无疑惧。父丧,庐于墓侧,负土成坟,忧毁殆于灭性。

正光末,尚书令李崇为大都督,讨蠕蠕,以兰根为长史。因说崇曰："缘边诸镇,控摄长远,昔时初置,地广人稀,或征发中原强宗子弟,或国之肺腑寄以爪牙。中年以来,有司乖实,号曰府户,役同厮养,官婚班齿,致失清流。而本宗旧类,各各荣显,顾瞻彼此,理当愤怨。宜败镇立州,分置郡县。凡是府户,悉免为平人,入仕次第,一准其旧。此计若行,国家庶无北顾之虑。"崇以奏闻,事寝不报。

孝昌初,为歧州刺史,从行台萧宝夤讨破宛川。俘其人为奴婢,以美女十人赏兰根。兰根辞曰："此县介于强虏,故成背叛。今当恤其饥寒,奈何并充仆隶?"于是尽以归其父兄。部内麦多五穗。邻州田鼠为灾,犬牙不入歧境。及萧宝夤败于泾州,岐州人囚兰根降贼。宝夤兵威复振,城人复斩贼刺史侯莫陈仲和,推兰根复任。朝廷以兰根得西土人心,加都督泾、歧、东秦、南歧四州诸军事,兼四州行台尚书。

孝昌末,河北流人南度,以兰根兼尚书,使齐、济、二兖四州安抚,并置郡县。兰根甥邢杲反于青、光间,复诏兰根慰劳。杲不下,仍随元天穆讨之。还,拜中书令。

庄帝之将诛尔朱荣,兰根泄之于兄子周达,达告尔朱世隆。及荣死,兰根忧,不知所出。时应诏王道习见信于庄帝,兰根乃托附之,求出立功。乃兼尚书右仆射、河北行台,定州率募乡曲,欲防井陉。为荣将侯深所败,走依勃海高乾。属乾兄弟义举,固在其中。神武以宿望深礼之。中兴初,为尚书右仆射。

神武将入洛阳,时废立未决,令兰根察节闵帝。帝神采高明,兰根恐于后难测,遂与高乾兄弟及黄门侍郎崔㥄同请。神武不得已,遂立武帝。大昌初,加侍中、开府仪同三司、钜鹿县侯,启授兄子周达。兰根既预勋业,位居端副,始叙复岐州勋,封永兴侯。高乾之死,兰根惧,以病免。天平初,言病笃,以开府仪同归本乡,门施行马。武定三年薨。赠司徒公,谥曰文宣。长子相如袭爵。

相如性亢直,有文藻,与族兄恺齐名,雅为当时所贵。早卒。孝昭时,佐命功臣配飨,不及兰根,次子敬仲表诉,竟不允。敬仲以才器称,卒于章武太守。子饷,字孝衡。幼孤,学涉有时誉,居丧以孝闻。隋饶州司仓参军事。子景义、景礼并有才行,乡人呼为双凤,早卒。敬仲弟少政,位至洛州刺史。子孝该、孝几。

恺自散骑常侍迁青州长史,固辞。文宣大怒曰:"何物汉子,与官不就!"时帝已失德,朝廷为之惧,恺容色坦然。帝曰:"死与长史,任卿所择。"答曰:"能杀臣者陛下,不受长史者愚臣。"帝谓杨愔曰:"何虑无人,苦有此汉!入还,永不须收。"由是积年沈废。后遇愔于路,微自陈。愔云:"咸申中旨。"恺应声曰:"虽复零雨自天,终待云兴四岳,公岂得言不知?"杨愔欣然曰:"此言极为简要。"数日,除霍州刺史,在职有政理。后卒于胶州刺史。

论曰:伯起少颇疏放,不拘行检,及折节读书,郁为伟器。学博今古,才极从横,体物之旨,尤为富赡,足以入相如之室,游尼父之门。勒成魏籍,追踪班、马,婉而有则,繁而不芜,持论序言,钩深致远。但意存实录，好抵阴私，至于亲故之家，一无所说，不平之议，见于斯矣。王松年、李庶等并论正家门，未为谤议，遂凭附时宰，鼓动淫刑，庶因鞭挞而终，此公之失德。

长贤思树风声，抗言昏俗，有朱子游之风。季景父子，雅业相传，抑弓冶之义。兰根道冠时英，功参霸业，亦一代之伟人也。

北史卷五七
列传第四五

周宗室

邵惠公颢　杞简公连
莒庄公洛生　虞国公仲
广川公测　东平公神举

　　邵惠公颢,周文帝之长兄也。德皇帝娶乐浪王氏,是为德皇后。生颢,性至孝,居德皇后丧,哀毁过礼。德皇帝与卫可瓌战,坠马,颢与数骑奔救,乃免。颢遂战殁。保定初,追赠大冢宰,封邵国公,谥曰惠。三子,什肥、导、护。什肥事母以孝闻。文帝入关,不能离母,遂留晋阳。文帝定秦、陇,什肥为齐神武所害。保定初,追赠大将军、小冢宰、袭爵邵国公,谥曰景。子胄嗣。

　　胄少孤,颇有干略。景公之见害,以年幼下蚕室。保定初,诏以晋公护子会绍景公封。天和中,与齐通好,胄归,袭爵邵国。及隋文帝辅政,胄为荣州刺史,举兵应尉迟迥,为清河公杨素所杀。国除。

　　会字乾仁,胄至自齐,改封谭国公。后与护同诛。建德三年,追复封爵。

　　常武公导字菩萨,少雄豪。初与诸父在葛荣中,荣败,迁晋阳。与文帝随贺拔岳入关,常从征伐。文帝讨侯莫陈悦,导追斩之牵屯山,以功封饶阳县伯。及魏文帝东征,留导为华州刺史。既而赵青雀、于伏德、慕容思庆等作乱,导禽伏德,斩思庆,屯渭桥会文帝军。及事平,进爵章武郡公,加侍中。及高仲密以北豫州降,文帝东征,进爵章武郡公,加侍中。及高仲密以北豫州降,文帝东征,复以导为大都督,行华州刺史,甚得守捍之方,及大军不利,东魏追至稠桑,知关中有备,乃退。侯景来附,诏征陇右大都督独孤信东下,令导代信为秦州刺史、大都督、十五州诸军事。及齐氏称帝,文帝讨之,魏文帝遣齐王廓镇陇右,征导拜大将军、大都督、二十三州诸军事,屯咸阳。大军还,乃旋旧镇。

导性宽明,善抚御,文帝每出征,导恒居守,深为吏人所附,朝廷重之。薨于上邽,魏帝遣侍中、渔阳王纲监护丧事,赠尚书令,谥曰孝。朝议以导抚和西戎,威恩显著,欲令世镇陇右,以彰厥德。乃葬上邽城西无疆原,华戎会葬者万余人,奠祭于路,悲号振野,皆曰"我君舍我乎。"大小相与负土成坟,高五十余尺,周回八十余步。为官司所止,然后泣辞而去。天和五年,重赠太师、柱国公。

导五子,广、亮、翼、椿、众。亮、椿出后于杞。

广字乾归,少方严,好文学。武成初,位大将军、梁州总管,进封蔡国公,累迁秦州刺史,总管十三州诸军事。性明察,善抚绥,人庶畏悦之。时晋公护诸子及广弟杞公亮等侈靡逾制,广独率礼,又折节待士,朝野称焉。曾侍于武帝所,食瓜美,持以奉进,帝悦之。广以晋公护擅权,劝令抱损,护不能纳。后除陕州总管,以病免。及孝公追封豳国公,诏广袭爵。初,广母李氏以患,忧而成疾,遂殁。广居丧加笃,乃以毁薨。世称母为广病,广为母死,慈孝之道,极于一门。武帝素服亲临。其故吏仪同李充信等上表褒述,申其宿志,庶存俭约。诏曰:"昔河间才藻,追叙于中尉;东海谦约,见称于身后。可斟酌前典,率由旧章,使易箦之言,得申遗志,黜殡之请,无夸令终。"于是赠本官,加太保、陇右十四州诸军事、秦州刺史,谥曰文。葬于陇右,所司一遵俭约之典。子洽嗣,隋文辅政,被害,国除。

翼字乾宜,封西阳郡公,早薨,谥曰昭。无子,以杞公亮子温嗣,后坐亮反诛,国除。众字乾道,少不慧,封天水郡公,为隋文所诛。

护字萨保,幼方正有志度,特为德皇帝所爱。文帝之入关,以年小不从。普泰初,始自晋阳至平凉,时年十七。文帝诸子并幼,遂委以家务,内外无不严肃,文帝叹之,以为类己。及临夏州,留护事贺拔岳。岳被害,文帝至平凉,以护为都督,从破侯莫陈悦。后以迎魏帝功,封水池县伯。从文帝禽窦泰,复弘农,破沙苑,战河桥,并有功。芒山之役,为敌人所围,赖都督侯伏龙恩救,乃免。坐免官,寻复本位。大统十三年,进封中山公。十五年,迁大将军。与于谨征江陵,进兵径至江陵城下,以待大军至,围而克之。师还,护又讨平襄阳蛮帅向天保等万余落。初行六官,拜司空。

文帝西巡,至牵屯山遇疾。召护至泾州,见文帝。帝曰:"吾形容若此,必不济。诸子幼,天下事以属汝。"护涕泣奉命。行至云阳,文帝崩,护秘之,至长安乃发丧。时嗣子冲幼,强寇在近,人情不安。护纲纪内外,抚循文武,众心乃定。先是,文帝常云:"我得胡力",当时莫晓其指,时人以"护"字当之。寻拜柱国。文帝山陵毕,护以天命有归,遣讽魏帝以禅代事。孝闵践阼,拜大司马,封晋国公,邑万户。赵贵、独孤信等将谋袭护,护因贵入朝,执之,党与皆伏诛。拜大冢宰。

时司会李植、军司马孙恒等密要宫伯乙弗凤、张光洛、贺拔提、元护等为腹心,说帝言护不守臣节,宜图之。帝然之,数将武士于后园,为执缚势。护微知之,出植为梁州,恒为同州,欲遏其谋。后帝思植等,每欲召之。护谏曰:"天下至亲,不过兄弟。若兄弟自构嫌隙,他人何易可亲? 但恐除臣后,奸回得逞其欲,非唯不利陛下,亦危社稷。"因泣涕,久之乃止。帝犹猜,凤等益惧,密谋滋甚,遂克日将诛护。光洛告护,护乃召柱国贺兰祥、小司马尉迟纲等以凤谋告之。祥并劝废帝。时纲总领禁兵,护乃遣纲入宫,召凤等议事,以次执送护第。因罢散宿卫兵,遣祥逼帝,幽于旧邸。

于是召公卿毕集护第。护曰:"先王勤劳王业三十余年,寇贼未平,奄弃万国。寡人地则犹子,亲受顾命,以略阳公既居正嫡,与公等立而奉之,革魏兴周,为四海主。自即位已来,荒淫无度,昵近群小，疏忌骨肉，大臣重将，咸欲诛夷，若此谋遂行，社稷必致倾覆。寡人若死，将何面目以见先王？今日宁负略阳公，岂可负社稷！宁都公年德兼茂，仁孝圣慈，今欲废昏立明，公等以为何如?"群公咸曰："此公之家事，敢不唯命是听!"于是斩凤等于门外，并诛植、恒。寻弑帝，迎明帝于岐州而立之。

二年，拜太师，赐路车冕服，封子至为崇业郡公。初改雍州刺史为牧，以护为之，并赐金石之乐。武成元年，护上表归政，帝许之，军国大事尚委于护。帝性聪睿，有识量，护深惮之。有李安者，本以鼎俎等宠于护，擢为膳部下大夫。至是，护令安自因进食加毒，帝遂崩，护立武帝，百官总已以听护。

自文帝为丞相，立左右十二军，总属相府。文帝崩后，皆受护处分，凡所征发，非护书不行。护第屯兵禁卫，盛于宫阙。事无巨细，皆先断后闻。保定元年，以护为都督中外诸军事，令五府总于天官。或有希护旨者，云周公德重，鲁立文王之庙，以护功比周公，宜用此礼。于是诏于同州晋国第立德皇帝别庙，使护祭焉。三年，诏自今诏诰及百司文书并不得称公名，以彰殊礼。护抗表固让。初，文帝创业，即与突厥和亲，谋为掎角，共图高氏。是年，乃遣柱国杨忠与突厥东伐，破齐长城，至并州而还，期后年更举，南北相应。齐主大惧。

先是，护母阎与皇第四姑及诸戚属并没齐，皆被幽絷。护居宰相后，每间使寻求，莫知音息。至是，并许还朝，且请和好。四年，皇姑先至。齐主以护权重，乃留其母，以为后图。仍令人为阎作书与护曰：

吾念十九入汝家，今以八十矣。凡生汝辈三男二女，今日目下，不睹一人，兴言及此，悲缠肌骨。赖皇齐恩恤，差安衰暮。又得与汝杨氏姑及汝叔母纥干、汝嫂刘及汝新妇等同居。颇以自适。但为微有耳疾，大语方闻，行动饮食，率无多损。

汝与吾别之时，年尚幼小，以前家事，或不委曲。昔在武川镇，生汝兄弟，大者属鼠，第二属兔，汝身属蛇。鲜于修礼起日，吾合家大小先在博陵郡住，相将欲向左人城。至唐河北，被定州官军打败。汝祖及第二叔时俱战亡。叔母贺拔及儿元宝、汝叔母纥干及儿菩提并吾与汝六人，同被禽捉入定城。未几闻，将吾及汝送与元宝掌，贺拔、纥干各别分散。宝掌军营在唐城内，经停三日。宝掌所掠得男夫女妇可六七千人，悉送向京。吾时与汝同被送限。至定州城南，夜宿同乡人姬库根家。蠕蠕奴望见鲜于修礼营火，语吾云："我今走向本军。"既至营，遂告吾辈在此。明旦日出，汝叔将兵邀截，吾及汝等还得向营。汝时年十二，共吾并乘马随军，可不记此事由缘也？后吾共汝在寿阳任。时元宝、菩提及汝姑儿贺兰盛洛，并汝身四人同学。博士姓成，为人严恶，汝等四人谋欲加害。吾共汝叔母闻知，各捉其儿打之。唯盛洛无母，独不被打。后尔朱天柱亡岁，贺拔阿斗泥在关西，遣人迎家累。汝叔亦遣奴来富迎汝及盛洛等。汝时着绯绫袍、银装带，盛洛着紫织成缬通身，黄绫里，并乘骡同去。盛洛小于汝，三人并唤吾作阿摩敦。如此之事，当分明记之。今又寄汝小时所着锦袍表一领，至宜检看，知吾含悲抱戚，多历年祀。

禽兽草木，母子相依，吾有何罪，与汝分隔，今复何福，还望见汝。世间所有，求皆可得，母子异国，何处可求。假汝贵极公王，富过山海；有一老母，八十之年，飘然千里，死亡旦夕，不得一朝暂见，不得一日同处，寒不得汝衣，饥不得汝食，汝虽穷荣极盛，光耀世间，汝何用为？于吾何益？吾今日之前，汝既不得申其供养，事往何论。今日以后，吾之残命，唯系于汝。载天覆地，中有鬼神，勿云冥昧，而可欺负。

杨氏姑今虽炎暑，犹能先发。关、河阻远，隔绝多年，书依常体，虑汝致惑，是以每存款质，兼亦载吾姓名，当识此理，勿以为怪。

护性至孝，得书悲不自胜，左右莫能仰视。报书云：

区宇分崩，遭遇灾祸，违离膝下，三十五年，受形禀气，皆知母子，谁知萨保，如此不孝！宿殃积庆，唯应赐钟，岂悟网罗，上婴慈母。但立身立行，不负一物，明神有识，宜先哀怜。而子为公侯，母为俘隶，热不见母热，寒不见母寒，衣不知有无，食不知饥饱，泯如天地之外，无由暂闻。昼夜悲号，继之以血，分怀冤酷，终此一生，死若有知，冀奉见于泉下耳。不谓齐朝解纲，惠以德音，摩敦、四姑，并许哀放。初闻此旨，魂爽飞越，号天叩地，不能自胜。四姑即蒙礼送，平安入境，以今月十八日于河东拜见。遥奉颜色，崩恸肝肠。但离绝多年，存亡阻隔，相见之始，口未忍言。唯叙齐朝宽弘，每存大德，云与摩敦虽处宫禁，常蒙优礼，今者来邺，恩遇弥隆。重降矜哀，听许摩敦垂敕，曲尽悲酷，备述家事。伏读未周，五情屠割。书中所道，无一事敢忘。摩敦年尊，又加忧苦，常谓寝食贬损，或多遗漏。伏奉论述，次第分明。一则以悲，一则以喜。当乡里被败之日，萨保年以十岁，邻曲旧事，犹自记忆，况家门祸难，亲戚流离？奉辞时节，先后慈训，刻肌刻骨，常缠心府。

天长丧乱，四海横流，太祖乘时，齐朝抚运，两河三辅，各遇神机。源其事迹，非相负背。太祖升遐，未定，萨保属当犹子子长，亲受顾命。虽身居重任，职当忧责，至于岁时称庆，子孙在庭，顾视悲摧，心情断绝，胡颜履戴，负愧神明。齐朝霈然之恩，既已沾洽，爱敬之至，施及傍人。草木有心，禽鱼感泽，况在人伦，而不铭戴？有国有家，信义为本，伏度来期，已应有日。一得奉见慈颜，永毕生愿。生死肉骨，岂过今恩，负山戴岳，未足胜荷。二国分隔，理无书信，主上以彼朝不绝母子之恩，亦赐许奉答，不期今日，得通家问，伏纸呜咽，言不宣心。蒙寄萨保别时所留锦袍表，年岁虽久，宛然犹识，抱此悲泣，至于拜见，事归忍死，知复何心！

齐朝不即发遣，更令重与护书，要护重报。护复书，往返至于再三，而母竟不至。朝议以其失信，令有司移齐，移未送而母至。举朝庆悦，大赦天下。护与母暌隔多年，一朝聚集，凡所资奉，穷极华盛。每四时伏腊,武帝率诸亲戚,行家人礼,称觞上寿,荣贵之极,振古未闻。

是年,突厥复率众赴朝。护以齐氏初送国亲,未欲即行,复虑失信蕃夷,不得已,遂请东征。九月,诏征二十四军及左右厢散隶、秦陇巴蜀兵、诸蕃国众二十万人。十月,帝于庙庭授护斧钺。出军至潼关,乃遣柱国尉迟迥为前锋,大将军权景率山南兵出豫州,少师杨摽出轵关。护连营渐进,屯军弘农。迥围洛阳,柱国齐王宪、郑公达奚武等营芒山。护性无戎略,此又非本心,故师出虽久,无所克获。以无功,与诸将稽首请罪,帝弗之责。天和二年,护母薨,寻诏起令视事。五年,诏赐护轩悬之乐,六佾之舞。

护性甚宽和,然暗于大体。自恃建立功,久当权轴,所任皆非其人。兼诸子贪残,僚属纵溢,莫不蠹政害人。帝以其暴慢,密与卫王直图之,七年三月十八日,护自同州还,帝御文安殿见护讫,引入含仁殿,朝皇太后。先是,帝于禁中见护,常行家人礼。护谒太后,太后必赐之坐,帝每立侍。至是,护将入,帝谓曰:“太后春秋既尊,颇好酒,诸亲朝谒,或废引进。喜怒有时乖爽。比谏,未蒙垂纳。兄今愿更启请。”因出怀中《酒诰》授护曰:“以此谏太后。”护入,如帝所诫,读示太后。未讫,帝以玉珽自后击之,踣地,又令宦者何泉以御刀斫之。泉惧,斫不能伤。时卫王直先匿于户内,乃出斩之。

初,帝欲图护,王轨、宇文神举、宇文孝伯颇预其谋。是日,轨等并在外,更无知者。杀护讫,乃召宫伯长孙览等,即令收护子柱国谭国公会、大将军莒国公至、崇业公静、正平公嘉及乾基、乾光、乾蔚、乾祖、乾威等,并柱国侯伏侯龙恩、龙恩弟大将军万寿、大将军刘勇、中外府司录尹公正、袁杰、膳部下大夫李安等,于殿中杀之。齐王宪曰:“安出自皂隶,所典庖厨而已,未足加戮。”帝曰:“汝不知耳,世宗之崩,安所为也。”十九日,乃诏暴护等罪,大赦,改天和七年为建德元年,护世子训为蒲州刺史,其夜遣柱国越公盛乘传镇蒲州,征训赴京师,至同州赐死。护长史叱罗协、司录冯迁及所亲任者皆除名。护子昌城公澡使突厥,遣开府宇文德赍玺书就杀之。三年,诏复护及诸子先封,谥护曰荡,并改葬之。

叱罗协,代郡人,本名与武帝讳同,后改焉。少寒微,尝为州小吏,以恭谨见知。窦泰为御史中尉,以协为书侍御史。泰向潼关,协为监军。泰死,协见获。文帝授大丞相东阁祭酒,累迁相府属、从事中郎。协历事二京,详练故事,又深自克励。文帝颇委任之。然犹以家属在东,疑其恋本。及河桥战败,协随军还。文帝知协不贰,封冠军县男,进爵为侯。后为大将军尉迟迥长史,率兵伐蜀,行潼州事。魏恭帝三年,文帝征协入朝,论蜀中事,乃赐姓宇文氏。

晋公护既杀孙恒、李植等,欲委腹心于司会柳庆、司宪令狐整等,二人并辞,俱荐协。护遂征协入朝,引与同宿,深寄托之。协誓以驱命自效,护大悦,以为得协之晚。稍迁护府长史,进爵为公,常在护侧。明帝知其材识庸浅,每按抑之,数谓曰:“汝何知也!”犹以护所亲任,每含容之。及明帝崩,便授协司会中大夫、中外府长史。协形貌瘦小,举措褊急,既以得志,每自矜高;及其所言,多乖事衷,当时莫不笑之。护以其忠己,每提奖之。协既受护重委,冀得婚连帝室,乃求复旧姓叱罗氏,许之。又进位柱国。护以协年老,许其致仕,而协贪荣,未肯告退。及护诛,除名。建德三年,以协宿齿,授仪同三司、赐爵南阳郡公。卒,子金刚嗣。

冯迁字羽伐,弘农人。少修谨,有干能,为护府司录。性质直,小心畏慎,兼明练时事,善于断决,每校阅文簿,孜孜不倦,以此甚为护委任。后授陕州刺史。迁本寒微,不为时辈所重。一旦刺举本州,唯以谦恭接待乡邑,人无怨者。复入为司录,累迁小司空。自天和后,以年老,委任稍衰。及护诛,犹除名。卒于家。子恕,位仪同三司。

杞简公连,幼而谨厚,临敌果毅,随德皇帝遇定州军于唐河,俱战殁。保定初,追赠太傅、柱国大将军、大司徒,封杞国公,谥曰简。子元宝,为齐神武所害。保定初,追赠大将军、小司徒,袭封杞国公,谥曰烈,以章武公导子亮嗣。

亮字乾德，位梁州总管。及酃国公广薨，以亮为秦州总管，所部悉以配焉。在州甚无政绩。寻进柱国，从东伐，进上柱国。仍从平邺，迁大司徒。大象初，以行军总管与元师郑国公韦孝宽等伐陈。至豫州，密谋袭孝宽营，将反逆，孝宽追斩之。胲明坐亮诛，诏以亮弟椿为烈公后。

椿字乾寿，位上柱国、大司徒。大定中，为隋文帝所害，并其五子。

莒庄公洛生，少任侠，好施爱士，北州贤俊皆与之游，而才能多出其下。及葛荣破鲜于修礼，以洛生为渔阳王，仍领德皇帝余众，时人皆呼为洛生王。洛生善抚将士，是以克获常冠诸军。尔朱荣定山东，时洛生在房中，荣雅闻其名，心惮焉。寻为荣所害。保定初，追赠大将军，封莒国公，谥曰庄。

子菩萨，为齐神武所害。保定初追赠大将军、小宗伯，袭爵。谥曰穆，以晋公护子至嗣。

至字乾附，后坐父护诛，诏以卫王直子宾为穆公后。宾字乾瑞，寻坐直诛，而齐王宪 子广都郡公贡袭。贡字乾贞，宣帝初，被诛国除。

虞国公仲，德后帝从父兄也。卒于代。保定初，追赠太傅、柱国大将军、大司徒，封虞国公。子兴嗣。

兴生，属兵乱，与仲相失，年幼莫知其戚属远近，与文帝兄弟，初不相识。沙苑之败，预在行间，被虏，随例散配诸军。兴性弘厚，有志度，虽流离世故，而风范可观。保定二年，诏访仲子孙，兴始附属籍。武帝以兴帝戚近属，尊礼之甚厚。位开府仪同三司、宗师，袭爵虞国公。薨，武帝亲临恸焉。诏大司空、申国公李穆监护丧事，赠柱国大将军，谥曰靖。

子洛嗣，位仪同三司。隋初为介国公，为隋室宾云。

广川公测字澄镜，文帝之族子也。高祖中山、曾祖豆颓、祖骐骥、父永，仕魏位并显达。

测性沈密，少笃学，仕魏，位司徒右长史，尚宣武女阳平公主，拜驸马都尉。及孝武疑齐神武，诏测诣文帝，密为之备。还，封广川县伯。寻从孝武西迁，进爵为公。文帝为丞相，以测为右长史，委以军国，又令测详定宗室昭穆远近，附于属籍。

历位侍中、开府仪同三司，行汾州事。政在简惠，颇得人和。地接东魏，数相抄窃，或有获其为寇者，多缚送之。测皆命解缚，置之宾馆，然后引与相见，如客礼焉。仍宴设，放还其国，卫送出境。自是东魏人大惭，乃不为寇，两界遂通庆吊，时论方之羊叔子。或有告测怀贰。文帝怒曰："测为我安边，何为间骨肉！"乃使斩之。仍许测便宜从事。转行绥州事。每岁河冰合后，突厥即来寇掠。先是，常预遣居人入城堡以避之。测至，皆令安堵。乃于要路数百处并多积柴，仍远斥候，知其动静。是年十二月，突厥从连谷入寇，去界数十里，测命积柴处一时纵火。突厥谓大军至，惧而遁走，委弃杂畜辎重不可胜数。自是不敢复至。测因请置戍兵以备之。后卒于太子少保，文帝亲临恸焉，仍令水池公监护丧事，谥曰靖。

测性仁恕，好施与。在洛阳之日，曾被窃盗，所失即其妻阳平公主之衣服也。州县禽盗，并物俱获。测恐此盗坐之以死，不认焉，遂遇赦免。盗既感恩，请为测左右，及测从孝武西迁，事极狼狈，盗人亦从测入关，并无异志。子该嗣，位除州刺史。测弟深。

深字奴干，性鲠正，有器局。年数岁，便累石为营，折草作旌旗，布置行伍，皆有军阵之势。父永遇见之，喜曰："汝自然知此，后必为名将。"孝武西迁，事起仓卒，人多散。深时为子都督，领宿卫兵，抚循所部，并得入关。以功赐爵长乐县伯。大统中，景转尚书直事郎中。

及齐神武屯蒲坂，分遣其将窦泰趋潼关，高敖曹围洛州。周文帝将袭泰，诸将咸难之。帝隐其事，阳若未有谋，独问策于深。深曰："窦氏，高欢骁将，欢每仗之御侮。今大军就蒲坂，则欢拒守，窦必援之,内外受敌,取败道也。不如选轻锐潜出小关,窦性躁急,必来决战,高欢持重,未即救之,则窦可禽也。房窦,欢势自沮,回师御之,可以制胜。”文帝喜曰:“是吾心也。”军遂行,果获泰,齐神武亦退。深又说文帝进取弘农,复克之。文帝大悦,谓深曰:“君即吾家陈平也”。

是冬,齐神武又率大众至沙苑,诸将皆惧,惟深独贺。文帝问其故,对曰:“欢抚河北,甚得众心,虽乏智谋,人皆用命,以此自守,未易可图。今悬师度河,非众所欲,唯欢耻失窦氏,愎谏而来,所谓忿兵,一战可禽也。不贺何为。”文帝然之。寻大破齐军,果如所策。

俄进爵为侯,六官建,拜小吏部下大夫,迁中大夫。武成元年,迁豳州刺史,改封安化县公。保定初,除京兆尹,入为司会中大夫。

深少丧父,事兄甚谨。性多奇谲,好读兵书,既居近侍,每进筹策。及在选曹,颇有时誉。性仁爱,从弟神举、神庆幼孤,深抚训之,义均同气,世亦以此称焉。卒于位,谥曰成康。子孝伯。

孝伯字胡王,其生与武帝同日,文帝甚爱之,养于第内。及长,又与武帝同学。武成元年,拜宗师上士,时年十六。性沈正謇谔,好直言。

武帝即位,欲引置左右。时政在家臣,不得专制,乃托言少与同业受经,思相启发。由是护弗之猜,得入为右侍上士,恒侍读。及遭父忧,诏令服中袭爵。武帝尝谓曰:“公于我,犹汉高与卢绾也。”赐以十三环金带。自是恒侍左右,出入卧内,朝务皆得预焉。孝伯亦竭心尽力,无所回避。至于时政得失,外间细事,皆以奏闻。帝信委之,当时莫比。及将诛晋公护,密与卫王直图之,惟孝伯及王轨、宇文神举等颇得参预。护诛,授开府仪同三司,历司会中大夫,左官正。

皇太子既无令德,孝伯言于帝曰:“皇太子德声未闻,请妙选正人为其师友,调护圣质,不然,悔无所及。”帝敛容曰:“卿世载鲠正,竭诚所事,观卿此言,有家风矣。”孝伯拜谢曰:“非言之难,受之难也,深愿陛下思之。”帝曰:“正人岂复过君?”于是尉迟运为右宫正,孝伯仍为左宫正、宗师中大夫。累迁右宫伯。常因侍坐,帝问:"我儿比进不?"答曰:"皇太子比惧天威,更无罪失。"及王轨因内宴捋帝须,言太子之不善。帝罢酒,责孝伯曰:"公常谓我云太子无过,今轨有此言,公为诳矣。"孝伯拜曰:"臣闻父子之际,人所难言,臣知陛下不能割情忍爱,遂尔结舌。"帝知其意,默然久之,乃曰:"朕已委公,公其勉之。"

及大军东讨,拜内史下大夫,令掌留台事。军还,帝曰:"居守之重,无忝战功。"于是加授大将军,进爵广陵郡公,并赐金帛女妓等。复为宗师。每车驾巡幸,常执其手令居守。后帝北讨,至云阳宫寝疾,驿召孝伯赴行所,执其手曰:"吾自量必无济理,以后事付君。"是夜授司卫上大夫,总宿卫兵马,令驰驿入京镇守。

宣帝即位,授小冢宰。帝忌齐王宪,意欲除之,谓孝伯曰:"公能图之,当以其官位相授。"孝伯叩头曰:"齐王戚近功高,栋梁所寄。臣若顺旨,则臣为不忠,陛下不孝之子也。"帝因疏之,乃与于智、郑译等图其事。令智告宪谋逆,遣孝伯召入,诛之。

帝之西征也,在军有过行,郑译时亦预焉。军还,孝伯及王轨尽以白武帝。武帝怒,挞帝数十,乃除译名。至是,帝追憾被杖,乃问译:"我脚上杖痕谁所为也?"译曰:"事由宇文孝伯及王轨"。译又说轨将捋帝须事,帝乃诛轨。尉迟运惧,私谓孝伯曰:"吾徒必不免祸,奈何?"孝伯曰:"今堂上有老母,地下有武帝,为臣为子,知欲何之!且委质事人,本徇名义,谏而不入,将焉逃死?足下若为身计,宜且远之。"于是各行其志。运寻出为秦州总管。帝荒淫日甚,诛戮无度。孝伯频谏不从,由是益疏。后稽胡反,令孝伯为行军总管,从越王盛讨平之。及军还,帝将杀之,乃托以齐王事,诮之曰:"公知齐王谋反,何以不言?"对曰:"臣知齐王忠于社稷,为群小媒蘖,加之以罪。臣以言必不用,所以不言。且先帝属微臣辅陛下,今谏而不从,实负顾托。以此为罪,是所甘心。"帝惭,俯首不语。令赐死于家,时年三十六。

及隋文帝践极,以孝伯、王轨忠而获罪,并令收葬,复其官爵。

尝谓高颎曰:"宇文孝伯实有周良臣,若此人在朝,我辈无措手处"。
子歆嗣。

东平公神举,文帝之族子也。高祖普陵、曾祖求男,仕魏位并显
达。祖金殿,魏衮州刺史、安喜县侯。

父显和,少而袭爵,性矜严,颇涉经史,膂力绝人,弯弓数百斤,
能左右驰射。孝武之在蕃,显和早蒙眷遇。时属多难,尝问计于显
和。显和具陈宜杜门晦迹,相时而动,帝深纳焉。及即位,拜阁内都
督,封城阳县公,以恩旧遇之甚厚。显和所居隘陋,乃撤殿省赐为寝
室,其见重如此。

及齐神武专政,帝每不自安,问显和曰:"天下汹汹,将如之
何?"对曰:"莫若择善而从"。因诵《诗》云:"彼美人兮,西方之人
兮。"帝曰:"是吾心也。"遂定入关策。以其母老,令预为计。对曰:
"今日之事,忠孝不并,然臣不密则失身,安敢预为私计"。帝怆然改
容曰:"卿,我之王陵也。"迁朱衣直阁、阁内大都督,改封长广县公。
从孝武入关。至滦水,周文帝素闻其善射而未之见,俄而水傍有一
小鸟,显和射中之。文帝笑曰:"我知卿工矣。"进位车骑大将军、仪
同三司、散骑常侍。卒。建德三年,追赠骠骑大将军、开府仪同三司。

神举早孤,有凤成之量。及长,神情倜傥,志略英赡,眉目疏朗,
仪貌魁梧。明帝初,起家中侍上士。帝留意翰林,而神举雅好篇什,
每游幸,神举恒从。袭长广县公。天和元年,累迁右宫伯中大夫,进
爵清河郡公。建德三年,自京兆尹出为熊州刺史,齐人惮其威名。及
帝东伐,从平并州,即授刺史。州既齐氏别都,多有奸猾,神举示以
威恩,远近悦服。改封武德郡公,进柱国大将军,又改封东平郡公。
宣政元年,转司武上大夫。及幽州人卢昌期等据范阳反,诏神举讨
禽之。时齐黄门侍郎卢思道亦在反中,贼平,将解衣伏法,神举乃释
而礼之,即令草露布。属稽胡反,寇西河,神举与越王盛讨之。时突
厥赴救,神举以奇兵击之,突厥败走,稽胡款服。即授并州总管。

神举见侍于武帝,处心腹之任,王轨、宇文孝伯等屡言皇太子

之短，神举亦颇预焉。及宣帝即位，荒淫无度，神举惧及祸，怀不自安。初定范阳之后，威声甚振，帝亦忌其名望，兼以宿憾，遂使人赍酖酒赐之，薨于马邑，时年四十八。

神举美风仪，善辞令，博涉经史，性爱篇章，尤工骑射。临戎对寇，勇而有谋，莅职当官，每著声绩。兼好施爱士，以雄豪自居，故得任兼文武，声彰外内。百寮无不仰其风则，先辈旧齿至于今称之。

子同嗣，位至仪同大将军。神举弟庆。庆字神庆，沈深有器局，少以聪敏见知。初受业东观，颇涉经史。既而谓人曰："书足记姓名而已，安能久事笔砚为腐儒业乎？"时文州贼乱，庆应募从征，以功授都督。卫王直镇山南，引为左右。庆善射，有胆气，好格猛兽，直甚壮之。稍迁车骑大将军、仪同三司。及诛宇文护，庆有谋焉。进授骠骑大将军，加开府。从武帝攻河阴，先登攀堞，与贼短兵接，中石乃坠，绝而后苏。帝劳之曰："卿勇可以贾人也。"复从武帝拔晋州，齐兵大至，庆与齐王宪轻骑觇，卒与贼窘。宪挺身而遁。庆退据汾桥，众贼争进，庆射之，所中人马必倒，贼乃稍却。及拔高壁，克并州，下信都，禽高湝，功并居最。进位大将军，封南郡公。寻以行军总管击延安反胡，平之。历延、宁二州总管。

隋文帝为丞相，以行军总管征江表，次白帝，以劳进上大将军。帝与庆有旧，甚见亲待，令督丞相军事，委以心腹。寻加柱国。开皇初，拜左武卫将军，进上柱国。数年，除凉州总管。岁余征还，不任以职。

初，文帝龙潜时，尝与庆言，谓曰："天元质无积德，其相貌寿亦不长，加以法令繁苛，耽恣声色，以吾观之，殆将不久。又诸侯微弱，各令就国，曾无深根固本之计，羽翮既翦，何能及远？尉迟迥贵戚，早著声望，国家有衅，必为乱阶。然智量庸浅，子弟轻佻，贪而少惠，终致亡灭。司马消难反复之虏，亦非池内之物，变在俄顷。但轻薄无谋，未能为害，不过自窜江南耳。庸蜀险隘，易生艰阻，王谦愚蠢，素无筹略，但恐为人所误，不足为虞。"未几，上言皆验。及此，庆恐上遗忘，不复收用，欲见旧蒙恩顾，具录前言，为表奏之。上省表大悦,下诏曰:"朕言之验,自是偶然,公乃不忘,弥表诚节。深感至意,嘉尚无已。"自是上每加优礼。卒于家。

子静乱,尚隋文女广平公主,位仪同、安德县公、熊州刺史。先庆卒。

静乱子协,位右翊卫将军。宇文化及之乱,遇害。

协弟晶,字婆罗门,大业中养于宫内,后为千牛左右。炀帝甚亲昵之,每有游宴,必侍从。至于出入卧内,伺察六宫,往来不限门禁。时人号为宇文三郎。与宫人淫乱,至于妃嫔公主亦有丑声。萧后言于帝,晶闻,惧不敢见。协因奏晶壮,不可久在宫掖。帝不之罪,召入待之如初。化及杀逆际,为乱兵所害。

论曰:自古受命之君及守文之主,非独异姓之辅,亦有骨肉之助焉。其茂亲则有鲁卫、梁楚,其疏属则有凡蒋、荆燕,咸能飞声腾实,不灭于百代之后。至若幽孝公之勋烈,加之以善政,蔡文公之纯孝,饰之以俭约,峨峨焉足以辅于前载矣。

有周受命之始,宇文护实预艰难。及文后崩殂,诸子冲幼,群公怀等夷之士,天下有去就之心,卒能变魏为周,捍危获乂者,护之力也。向使加之以礼让,经之以忠贞,桐宫有悔过之期,未央终天年之数,则前史所载,焉足道哉。然护寡于学术,昵近群小,威福在己,征伐自出,有人臣无君之心,为人主不堪之事,终于妻子为戮,身首横分,盖其宜也。

当隋氏之起,假天威而服海内,胄以葭莩之亲,据一州而叶义举,可谓忠而能勇。功业不遂,悲夫!亮实庸才,图非常之巨逆,古人称不度德、不量力者,其斯之谓欤。宇文测兄弟驱驰于经纶之日,孝伯、神举尽言于父子之间,观其智勇忠概,并可追踪于古人矣。

北史卷五八
列传第四六

周室诸王

文帝十王　孝闵帝一王　明帝二王
武帝六王　宣帝二王

周文帝十三子：姚夫人生明帝。后宫生宋献公震。文元皇后生
孝闵皇帝。文宣叱奴皇后生武帝、卫剌王直。达步妃生齐炀王宪。
王姬生赵僭王招。后宫生谯孝王俭、陈惑王纯、越野王盛、代奰王
达、冀康公通、滕闻王逌。

宋献公震，字弥俄突，幼而敏达。大统十六年，封武邑公，尚魏
文帝女。其年薨。保定元年，追赠大司马，封宋国公。

无子，以明帝第三子实嗣。建德三年，进爵为王。大象中，为大
前疑，寻为隋文帝害，国除。

卫剌王直，字豆罗突。魏恭帝三年，封秦郡公。武成初，进封卫
国公，历雍州牧、大司空、襄州总管。直，武帝母弟也，性浮诡。以晋
公护执政，遂贰于帝而昵护。及南讨军败，愠于免黜，又请帝除护。
帝宿有诛护意，遂与直谋之。及护诛，帝以齐王宪为大冢宰，直既乖
本望，又请为大司马，欲擅威权。帝知其意，谓曰：“汝兄弟长幼有
序，何反居下列也？”以为大司徒。建德三年，进爵为王。

初，帝以直第为东宫，更使直自择所居。直历观府署，无称意
者，至废陟屺佛寺，遂欲居之。齐王宪谓曰：“弟儿女成长，此寺褊

小，讵是所宜。”直曰：“一身尚不自容，何论儿女！宪怪而疑之。直尝从帝校猎而乱行，帝怒，对众挞之。自是，愤怨滋甚。及帝幸云阳宫，直在京师反，攻肃章门，司武尉迟运闭门，不得入，退走。追至荆州获之，免为庶人，囚诸宫中。寻有异志，及其子十人并诛之，国除。

齐炀王宪，字毗贺突，性通敏，有度量。初封涪城县公。少与武帝俱受《诗传》，咸综机要，得其指归。文帝尝赐诸子良马，唯其所择。宪独取骏者。帝问之，对曰：“此马色类既殊，或多骏逸。若从军征伐，牧围易分。”帝喜曰：“此儿智识不凡，当成重器。”后从上陇，经官马牧，文帝每见骏马，辄曰：“此我儿马也”，命取以赐之。魏恭帝元年，进封安城郡公。明帝即位，授大将军。

武成初，除益州总管，进封齐国公。初，平蜀之后，文帝以其形胜之地，不欲使宿将居之。诸子中欲有推择，遍问武帝以下，谁欲此行，并未及对，而宪先请。文帝曰：“刺史当抚众临人，非尔所及。以年授者，当归尔兄。”宪曰：“才用殊不关大小，试而无效，甘受面欺。”文帝以宪年尚幼，未之遣。明帝追遵先旨，故有此授。宪时年十六，善于抚绥，留心政术，辞讼辐凑，听受不疲。蜀人悦之，共立碑颂德。

保定中，征拜雍州牧。及晋公护东伐，以尉迟迥为前锋，围洛阳，齐兵数万，奄出军后，诸军怔骇，并各退散，唯宪王雄、达奚武拒之，而雄为齐人所败，三军震惧。宪亲自督励，众心乃安。时晋公护执政，雅相亲委，赏罚之际，皆得预焉。天和三年，以宪为大司马，行小冢宰，雍州牧如故。四年，齐将独孤永业来寇，诏宪与柱国李穆出宜阳，筑崇德等五城，绝其粮道。齐将斛律明月筑垒洛南。五年，宪涉洛邀之，明月遁走。是岁，明月又于汾北筑城，西至龙门。晋公护问计于宪，宪曰：“兄宜暂出同州为威容，宪请以精兵居前，随机攻取。”六年，宪率众出自龙门，齐将新蔡王康德潜军宵遁。宪乃度河，攻其伏龙等四城，二日尽拔。又攻张壁，克之。斛律明月时在华容，弗能救，乃北攻姚襄城陷之。汾州又见围日久，宪追柱国宇文盛运粟馈之。宪自入两乳谷，袭克齐伯杜城。使柱国谭公会筑石殿城以为汾州之援。齐平原王段孝先、兰陵王高长恭引兵大至，大将军韩欢为齐人所乘，遂退。宪身自督战，齐众稍却。会日暮，乃各收军。

及晋公护诛，武帝召宪入，免冠拜谢。帝谓曰："汝亲则同气，休戚共之，事不相涉，何烦致谢？"乃诏宪往护第，收兵符及诸簿籍等。寻以宪为大冢宰。时帝既诛宰臣，亲览朝政，方欲齐之以刑，爰及亲亲，亦为刻薄。宪既为护所任，自天和后，威势渐隆。护欲有所陈，多令宪奏。其间或有可不，宪虑主相嫌隙，每曲而畅之。帝亦悉其此心，故得无患。然犹以威名过重，终不能平，虽迁授冢宰，实夺其权也。开府裴文举，宪之侍读，帝尝御内殿引见，谓曰："昔魏末不纲，太祖匡辅元氏；有周受命，晋公复执威权。积习生常，便谓法应须尔。岂有三十岁天子可为人所制乎？且近代以来，又有一弊，暂经隶属，便即礼若君臣，此乃乱时权宜，非经国之术。尔虽陪侍齐公，不得即同臣主。且太祖十儿，宁可悉为天子？卿宜规以正道，无令兄弟自致嫌疑。"文举再拜而出，归以白宪。宪指心抚几曰："吾心公宁不悉？但当尽忠竭节耳，知复何言！"

建德三年，进爵为王。宪友刘休征献《王箴》一首，宪美之。休征后又以箴上之，帝方翦削诸弟，甚悦其文。宪尝以兵书繁广，自刊为《要略》五篇，至是表陈之。帝览而称善。

其秋，帝于云阳寝疾，卫王直于京师举兵。帝召宪谓曰："汝为前军，吾亦续发。"直寻败走。帝至京师，宪与赵王招俱入拜谢。帝曰："管蔡为戮，周公作辅，人心不同，有如其面。但愧兄弟亲寻干戈，于我为不能耳。"初，直内忌宪，宪隐而容之，且以帝母弟，每加友敬。晋公护之诛也，直固请及宪。帝曰："齐公心迹，吾已悉之，不得更有所疑。"及文宣皇后崩，直又密启宪饮酒食肉与平昔不异。帝曰："吾与齐王异生，俱非正嫡，特为吾意，今袒括是同。汝当愧之，何论得失。汝亲太后之子，但须自勖。"直乃止。

四年，帝将东讨，独与内史王谊谋之，余人莫知。后以诸弟才略，无出宪右，遂告之。宪即赞成其事。及大军将出，宪表上金宝等一十六件以助军资。诏不纳，以宪表示公卿曰："人臣当如此，朕贵其心耳,宁资此物。"乃诏宪为前军,趣黎阳。帝亲围河阴,未克。宪攻拔武济,进围洛口,拔其东西二城。以帝疾班师。是岁,初置上柱国官,以宪为之。

五年,大举东讨,宪复为前锋,守雀鼠谷。帝亲围晋州,宪进克洪洞、永安二城,更图进取。齐主闻晋州见围,自来援之。时陈王纯顿千里径,大将军永昌公椿屯鸡栖原,大将军宇文盛守汾水关,并受宪节度。宪密谓椿曰:"兵者诡道,汝今为营,不须张幕,可伐柏为庵,示有处所。令兵去之后,贼犹致疑。"时齐主分军万人向千里径,又令其众出汾水关,自率大兵与椿对。宇文盛驰告急,宪自救之,齐人邃退。盛与柱国侯莫陈芮逐之,多有斩获。俄而椿告齐众稍逼,宪又救之。会被敕追还,率兵夜反。齐人果谓柏庵为帐幕,不疑军退,翌日始悟。时帝已去晋州,留宪后拒。宪阻水为阵。齐领军段畅至桥。宪隔水问畅姓名,畅曰:"领军段畅也,公复为谁?"宪曰:"我虞候大都督耳。"畅耳:"观公言语,不是凡人,何用隐名位。"宪乃曰:"我齐王也。"偏指陈王纯已下,并以告之。畅鞭马去,宪即命旋军。齐人邃追之,戈甲甚锐。宪与开府宇文忻为殿拒之,斩其骁将贺兰豹子、山褥瓌等,齐众乃退。

帝又命宪援晋州。齐主攻围晋州,帝次于高显,宪率所部先向晋州。明日,诸军总集,稍逼城下。齐人大阵于营南,帝召宪驰往观之。宪反命曰:"请破之而后食。"帝悦。既而诸军俱进,应时大溃,齐主遁走。齐人复据高壁及洛女,帝命宪攻洛女,破之。齐主已走邺,留其安德王延宗据并州。帝进围其城,宪攻其西面,克之。延宗遁走,追而获之。以功进封第二子安成公质为河间王,拜第三子贲为大将军。仍诏宪趣邺,进克邺城。

宪善兵谋,长于抚御,摧锋陷阵,为士卒先。齐人闻风,惮其勇略。齐任城王湝、广宁王孝珩等守信都,复诏宪讨之。仍令齐主手书招湝,湝不纳。宪军过赵州,湝令间谍二人觇,候骑执以白宪。宪乃集齐旧将,遍将示之曰:"吾所争者大,不在汝等。"即放还,令充使,乃与湝书。宪至信都,湝阵于城南,登张耳冢望之。俄而湝所署领军尉相愿伪出略阵，遂降，潜杀其妻子。明日擒潜及孝玢等。

先是，稽胡刘没铎自称皇帝，又诏宪督赵王招等平之。宪自以威名日重，潜思屏退。及帝欲亲征北蕃，乃辞以疾。寻而帝崩，宣帝嗣位，以宪属尊望重，深忌之。时尚未葬，诸王在内居服。司卫长孙览总兵辅政，恐诸王有异志，奏令开府开智察其动静。及山陵还，帝又命智就宅候宪，因是告宪有谋。帝遣小冢宰宇文孝伯谓宪曰："今欲以叔为太师，九叔为太傅，十一叔为太保，如何？"宪辞以才轻。孝伯返命，复来曰："诏王晚共诸王俱入。"既至殿门，宪独被引进。帝先伏壮士于别室，至即执之。宪辞色不挠，固自陈说。帝使于智对宪。宪目光如炬，与智相质。或曰："以王今日事势，何用多言！"宪曰："我位重属尊，一旦至此，死生有命，宁复图存？但老母在堂，恐留慈恨耳。"因掷笏于地，乃缢之。时年四十。帝以于智为柱国封齐国公。又杀上大将军安邑公王兴、上开府独孤熊、开府豆卢绍等，皆以昵于宪也。帝既诛宪，无以为辞，故托兴等与宪结谋，遂加戮焉。时人知其冤酷，咸云伴宪死也。

宪所生达步干氏，蠕蠕人也。建德三年，上册为齐国太妃。宪有至性，事母以孝闻。太妃旧患，屡经发动，宪衣不解带，扶持左右。宪或东西从役，每心惊，母必有疾，乃驰使参问，果如所虑。六子，贵、质、贲、贡、乾禧、乾洽。

贵字乾福，少聪敏，尤便骑射。始读《孝经》，便谓人曰："读此一经，足为立身之本。"十岁，封安定郡公。文帝始封此郡，未尝假人，至是封焉。年十一，从宪猎于监州，一围中，手射野马及鹿一十有五。建德二年，拜齐国世子。后出为幽州刺史。贵虽出自深宫，而留心庶政。性聪敏，过目辄纪，尝道逢二人，谓其左右曰："此人是县党，何因辄行？"左右不识，贵便说其姓名，莫不嗟伏。白兽烽经为商人所烧，烽帅受货，不言其罪。他日，此帅随例来参，贵乃问云："商人烧烽，何因私放？"烽帅愕然，遂即首伏。其明察如此。卒时年十七，武帝甚痛惜之。

质字乾祐，以宪勋封河间郡王。贲字乾礼，中坝公。贡出后莒庄公。乾禧,安成公。乾洽,龙涸公。并与宪俱被诛。

赵僭王招,字豆卢突。幼聪颖,博涉群书,好属文,学庾信体,词多轻艳。魏恭帝三年,封正平郡公。武成初,进封赵国公。历益州总管、大司空、大司马,进爵为王,除雍州牧。建德五年,从东伐,以功进位上柱国。又与齐王宪讨平稽胡,斩贼帅刘没铎。宣政中,拜太师。大象元年,诏以洺州襄国郡邑万户为赵王国,招出就国。二年,宣帝不豫,征招及陈、越、代、滕五王赴阙。比招等至而帝已崩。隋文帝辅政,加招等殊礼,入朝不趋,剑履上殿。

隋文帝将迁周鼎,招密欲图之,以匡社稷。乃要隋文帝至第,饮于寝室。招子员、贯及妃弟鲁封、所亲人史胄,皆先在左右,佩刀而立,又藏兵刃于帷席间,后院亦伏壮士。隋文帝从者多在阁外,惟杨弘、元胄、胄弟威及陶彻坐户侧。招屡以佩刀割瓜啖隋文,隋文未之疑。元胄觉变,扣刀而入。乃以大觞亲饮胄酒,又命胄向厨取浆。胄不为之动。滕王逌后至,隋文降阶迎,胄因得耳语曰:“公宜速出。”隋文共逌等就坐,须臾辞出。后事觉,陷以谋反,其年,伏诛招及其子德广公员、永康王贯、越公乾铣、弟乾铿等,国除。

招所著《文集》十卷。

谯孝王俭,字侯幼突。武成初,封谯国公。建德三年,进为王。从平邺,拜大冢宰。薨,子乾恽嗣。为隋文帝所害,国除。

陈惑王纯,字堙智突。武成初,封陈国公。保定中,使突厥迎皇后,历秦、陕二州总管。建德三年,进爵为王。从平齐,进位上柱国。历并州总管、雍州牧、太傅。大象元年,诏以济南郡邑万户为陈国,纯出就国。二年,朝京师,并其子为隋文帝所害,国除。

越野王盛,字立久突。武成初,封越国公。建德三年,进爵为王。从平齐,进位上柱国。历相州总管、大冢宰。大象元年,迁大前疑、太保。其年,诏以丰州武当、安昌二郡邑万户为越国,盛出就国。二年,朝京师,并其子为隋文帝所害,国除。

代奰王达,字度斤突。性果决,善骑射。武成初,封代国公。建德初,进位柱国。出为荆州刺史,有政绩,武帝手敕褒美之。所管礼州刺史蔡泽黩货被讼。达以其勋庸,不可加戮,若曲法贷之,又非奉上之体,乃令所司精加案劾,密表奏之。事竟得释,终亦不言。其处事周慎如此。雅好节俭,食无兼膳,侍姬不过数四,皆衣绨衣。又未尝营产,国无储积。左右尝以为言。达曰:"君子忧道不忧贫,何烦于此。"三年,进为王。从平齐。齐淑妃冯氏尤为齐后主所幸,见获,帝以达不迩声色,特以冯氏赐之。宣帝即位,进上柱国。大象元年,拜大右弼。其年,诏以潞州上党郡邑万户为代国,达出就国。二年,朝京师,及其子为隋文帝所害,国除。

冀康公通,字屈率突。武成初,封冀国公。薨,子绚嗣。建德三年,进为王。大定中,亦为隋文帝所害,国除。

滕闻王逌,字尔固突,少好经史,解属文。武成初,封滕国公。建德三年,进爵为王。宣政元年,进位上柱国。大象元年,诏以荆州新野郡邑万户为滕国,逌出就国。二年,朝京师,为隋文帝所害,并其子,国除。逌所著文章颇行于世。

孝闵帝一男:陆夫人生纪厉王康,字乾安。保定初,封纪国公。建德三年,进爵为王,出为利州总管。康骄佚无度,遂有异谋,司录裴融谏,康杀之。五年,诏赐康死。子湜嗣,大定中,为隋文帝所害,国除。

明帝三男:徐妃生毕剌王贤。后宫生酆王贞、宋王实。实出后宋献公震。

毕剌王贤,字乾阳。保定四年,封毕公。建德三年,进爵为王。历荆州总管、大司空。大象初,进上柱国、雍州牧、太师。明年,宣帝崩。贤性强济,有威略,虑隋文帝倾复宗祐,言泄,并其子被害,国除。

酆王贞,字乾雅。初封酆国公,建德三年,进爵为王。大象初,为大冢宰。大定中,并其子为隋文帝所害,国除。

武帝七男：李皇后生宣帝、汉王赞。库汗姬生秦王贽、曹王兑。冯姬生道王充。薛世妇生蔡王兑。郑姬生荆王元。

汉王赞，字乾依，初封汉国公，建德三年，进爵为王。大象末，隋文帝辅政，欲顺物情，乃进赞位上柱国，拜右大丞相。外示尊崇，实无所综理。转太师。寻及秦王贽、曹王允、道王允、蔡王兑、荆王元并为隋文帝所害，国除。

宣帝三子：朱皇后生静皇帝。王姬生莱王衍。皇甫姬生郢王术。衍及术并大象二年封，并为隋文帝所害，国除。

论曰：昔贤之议者，咸以周建五等，历载八百；秦立郡县，二世而亡。虽得失之迹可寻，是非之理互起，而因循莫变，复古未闻。良由著论者溺于贵远，司契者难于易业，详求适变之道，并未穷于至当也。尝试论之。

夫皇王迭兴，为国之道匪一；圣贤间出，立德之指殊涂。斯岂故为相反哉，亦云为政而已矣。何则？五等之制，行于商、周之前；郡县之设，始于秦、汉之后。论时则浇淳理隔，易地则用舍或殊。譬犹工戚日用，难以成垓下之业；稷嗣所述，不可施成周之朝。是知因时制宜者，为政之上务也；观人立教者，经国之长策也。且夫裂封疆，建侯伯，择贤能，署牧守，循名虽曰异轸，责实抑亦同归。盛则与之共安，盛则与之共患。共安系乎善恶，非礼义无以敦风；共患寄以存亡，非甲兵不能靖乱。是以齐、晋帅礼，鼎业倾而复振；温、陶释位，王纲弛而更张。然则周之列国，非一姓也，晋之群臣，非一族也，岂齐、晋忠于列国，温、陶贤于群臣哉。盖位重者易以立功，权轻者难以尽节故也。由斯言之，建侯置守，乃古今之异术；兵权爵位，盖安危之所阶乎。

周文之初定关右，日不暇给，既以人臣礼终，未遑蕃屏之事。晋荡辅政，爰树其党，宗室长幼，并握兵权，虽海内谢隆平之风，而国家有盘石之固矣。武皇克翦芒刺，思弘政术，惩专朝之为患，忘维城之远图,外崇宠任,内结猜阻。自是配天之基,潜有朽壤之墟矣。宣皇嗣位,凶暴是崇,芟刈先其本枝,削黜遍于公族。以齐王之奇姿杰出,足可牢笼于前载。处周公之地,居上将之重,智勇冠俗,攻战如神,敌国系以存亡,鼎命由其轻重。属道消之日,挟振主之威,斯人而婴斯戮,君子是以知国祚之不永也。其余虽地惟叔父,亲则同生,假文能辅主,武能威敌,莫不谢卿士于当年,从侯服于下国,号为千乘,位侔亚夫。是以权臣乘其机,谋士因其隙,迁龟鼎速于俯拾,歼王侯烈于燎原,悠悠遂古,未闻兹酷。岂非摧枯振朽,易为力乎。

向使宣皇择姬、刘之制,览圣哲之术,分命贤戚,布于内外,料其轻重,间以亲疏,首尾相持,远近为用,使其位足以扶危,其权不能为乱,事业既定,侥幸自息,虽使卧赤子,朝委裘,社稷固以久安,亿兆可以无患矣。何后族之地而能窥其神器哉。

昔张耳、陈余,宾客厮役,所居皆取卿相,而齐王之文武寮吏,其后亦多台牧,异代相符,可谓贤矣哉。

北史卷五九
列传第四七

寇洛　赵贵　李贤　梁御

寇洛，上谷昌平人也。累世为将吏，父延寿，魏和平中，以良家子镇武川，因家焉。

洛性明辩，不拘小节。贺拔岳西征，洛与岳乡里，乃募从入关。以功封安乡县子。及岳为大行台，以洛为右都督。侯莫陈悦既害岳，欲并其众。时初丧元帅，洛于诸将中最为旧齿，素为众信，乃收集将士，志在复雠。既至原州，众推洛为盟主，统岳之众，至平凉。周文帝至，以洛为右都督。从讨侯莫陈悦，平之。拜泾州刺史。大统初，诏加开府，进爵京兆郡公，封洛母宋为襄城郡君。四年，镇东雍州。五年，卒于镇，赠太尉、尚书令，谥曰武。

子和嗣。明帝二年，录旧勋，以洛配享文帝庙庭，赐和姓若引氏，改封松阳郡公。

赵贵字元宝，天水南安人也。祖仁，以良家子镇武川，因家焉。

贵少有节慨，尔朱荣以为别将，从讨元颢有功，赐爵燕乐县子。从贺拔岳平关中，累迁大都督。岳为侯莫陈悦所害，将吏奔败，莫有守者。贵谓其党曰："吾闻仁义岂有常哉，行之则为君子，违之则为小人。朱伯厚、王感意气微恩，尚能蹈履名节，况吾等荷贺拔公国士之遇，宁可自同众人乎？"因涕泣歔欷，从之者五十人。乃诣悦诈降，悦信之。因请收葬岳，言辞慷慨，悦壮而许之。贵乃收岳尸还营，与寇洛等奔平凉,共图拒悦。贵乃首议迎周文帝。周文至,以贵为大都督,领府司马。悦平,行秦州事。

后以预立魏文帝勋,进爵为公。梁仚定称乱河右,以贵为陇西行台讨破之。从复弘农、沙苑,进爵中山郡公。河桥之战,贵与怡峰为左军,战不利,先还。及高仲密以北豫州降,周文迎之,与东魏人战于芒山。贵为左军,失律,坐免官。寻复官爵。后拜柱国大将军,赐姓乙弗氏。六官建,为太保、大宗伯,改封南阳郡公。周孝闵帝践阼,迁大冢宰,进封楚国公,邑万户。

初,贵与独孤信等皆与文帝等夷。及晋公护摄政,贵自以元勋,每怀怏怏,与信谋杀护,为开府宇文盛告,被诛。

善字僧庆,贵之从祖兄也,少好学,美容仪,沉毅有远量。尔朱天光讨邢杲、万俟丑奴,以为长史。普泰初,为大行台尚书,封山北县伯。天光拒齐神武于韩陵,败,见杀。善请收葬其尸,齐神武义而许之。贺拔岳总关中,迎善,复以为长史。岳为侯莫陈悦所杀,善共诸将翊戴周文帝。魏孝武西迁,改封襄城县伯。历位尚书左右仆射,进爵为公。善性温恭,有器局,虽位居端右,而愈自谦退。其职务克举,则曰某官之力;有罪责,则曰善之咎也。时人称其有公辅量。

大统九年,从战芒山,属大军不利,善为敌所获,卒于东魏。建德初,周、齐通好,齐人乃归其枢。其子询,表请谥。诏赠大将军、大都督、四州诸军事、歧州刺史,谥曰敬。

李贤字贤和,自云陇西成纪人,汉骑都尉陵之后也。陵没匈奴,子孙因居北狄。后随魏南迁,复归汧、陇。曾祖富,魏太武时以子都督讨两山屠各,殁于阵,赠宁西将军、陇西郡守。大统末,以贤兄弟著勋,追赠司空公。贤幼有志节,不妄举动。尝出游,逢一老人,鬓眉皓白,谓曰:“我年八十,观士多矣,未有如卿。卿必为台牧,努力勉之。”九岁,从师受业,略观大指而已。或讥其不精,答曰:“贤岂能领徒授业?至如忠孝之道,实铭于心。”问者惭服,十四遭父忧,抚训诸弟,友爱甚笃。

　　魏永安中，万俟丑奴据歧、泾等州反，孝庄遣尔朱光击破之。光令都督长孙邪利行原州事，以贤为主簿。累迁高平令。贺拔岳为侯莫陈悦所害，周文帝西征，贤与其弟远、穆等密应侯莫陈崇。以功授都督，仍守原州。及大军至秦州，悦弃城走。周文命兄子导追之，以贤为先锋，至牵屯山及之。以功授假节、抚军将军、大都督。

　　魏孝武西迁，周文令贤率骑迎卫，封上邽县公。俄授大都督，还镇原州。大统二年，州人豆卢狼害都督大野树儿等，据州城反。贤率敢死士一战败之，狼斩关遁走，贤追斩之。八年，授原州刺史。周文之奉魏太子西巡，至原州，遂幸贤第，让齿而坐，行乡饮酒礼。后帝复至原州，令贤乘路车，备仪服，以诸侯会遇礼相见。然后幸贤第，欢宴终日，凡是亲族，颁赐有差。恭帝元年，进爵西河郡公。后以弟子植被诛，贤坐除名。保定二年，诏复贤官爵，仍授瓜州刺史。

　　武帝及齐王宪之在襁褓，不利居宫中，周文令于贤家处之，六载乃还宫。因赐贤妻吴姓宇文氏，养为侄女，赐与甚厚。及武帝西巡原州，幸贤第，诏曰："朕昔冲幼，爰寓此州。使持节、骠骑大将军、开府仪同三司、大都督、瓜州诸军事、瓜州刺史贤，斯土良家，勋德兼著，受委居朕，辅导积年。念其规弼，功劳甚茂，今巡抚届此，不殊代邑，举目依然，益增旧想。贤虽无属籍，朕处之若亲，凡厥昆季，乃至子侄等，可并预宴赐。"于是令中侍上士尉迟恺往瓜州，降玺书劳贤。赐衣一袭及被褥，并御所服十三环金带一要、中厩马一匹、金装鞍勒、杂彩五百段、银钱一万。赐贤弟中国公穆亦如之。子侄男女中外诸孙三十四人各赐衣一袭。拜贤甥库狄乐为仪同。贤门生昔经侍奉者，二人授大都督，四人授帅都督，六人别将。奴已免贱者五人，授军主；未免贱者十二人，酬替放之。

　　四年，王师东讨，西道空虚，虑羌、浑侵扰，乃授贤河州总管。河州旧非总管，至是创置。贤乃大营屯田，以省运漕，多设斥候，以备寇戎，于是羌、浑敛迹。五年，宕昌寇边，乃于洮州置总管府以镇遏之。遂废河州总管，改授贤洮州总管。属羌寇侵扰，贤频破之，虏遂震慑，不敢犯塞。俄废洮州总管，还于河州置总管府，复以贤为之。

武帝思贤旧恩，征拜大将军。于京师薨，帝亲临，哀动左右。赠使持节、柱国大将军、大都督、十州诸军事、原州刺史，谥曰桓子。子端嗣。

端位开府仪同三司，从平齐，战没，赠上大将军，追封襄阳公，谥曰果。

端弟吉仪同三司。吉弟孝轨，开府仪同大将军、升迁县伯，后封奇章公。孝轨弟询。

询字孝询，深沉有大略，颇涉书记。仕周，累迁司卫上士。武帝幸云阳宫，委以留府事。卫王直作乱，焚肃章门，询于内益火，故贼不得入。武帝善之。累迁英果中大夫，屡以军功，加位大将军，赐爵平高郡公。隋文帝为丞相，尉迟迥作乱，遣韦孝宽击之，以询为元帅长史，委以心膂。军至永桥，诸将不一，询密启请重臣监护。文帝令高颎监军。与颎同心，唯询而已。及迥平，进位上柱国，改封陇西郡公。

开皇初，历位隰州总管，以疾征还京师。卒，帝悼惜者久之，谥曰襄。子元方嗣。

询弟崇，字永隆，英果有筹算，胆力过人。周元年，以父贤勋，封回乐县侯，时年尚小，拜爵日，亲族相贺，崇独泣下。贤问之，对曰：“无勋于国，幼少封侯，当报主恩，不得终于孝养，是以悲耳。”贤由此大奇之。起家州主簿，非其好也，辞不就职，求为将兵都督。随宇文护伐齐，以功最，授仪同三司。历位少侍伯大夫、少承御大夫，摄太子宫正。周武平齐，引参谋议，以勋加授开府，封襄阳县公，寻改封广宗县公。

隋文帝为丞相，加授上开府仪同大将军、怀州刺史，进爵郡公。尉迟迥反，遣使招之。崇初欲相应，后知叔父穆以并州附文帝，慨然太息曰：“合家富贵数十人，遇国有难，竟不能扶倾继绝，何面目处天地间乎！”韦孝宽亦疑之，与俱卧起，其兄询时为元帅长史，每讽谕之。崇由是亦归心焉。及迥平，授徐州总管，进位上柱国。

开皇三年，除幽州总管。突厥犯塞，崇辄破之。奚、霫、契丹等耆其威略,争来内附。后突厥大为侵掠,崇率步骑三千拒之。转战十余日,师人多死,遂保于沙城,突厥围之,死亡略尽。突厥降之,谓曰:"降者封为特勒。"崇知不免,令其士卒曰:"吾丧师徒,罪当万死,今效命以谢国家。看吾死,且可降贼,方便散走。还见至尊,道此意也。"乃挺刃突贼,复杀二人,没于阵。赠六州诸军事、豫州刺史,谥曰壮。子敏嗣。

敏字树生,文帝以其父死王事,养于宫中。及长,袭爵广宗公,起家左千牛。美姿容,善骑射,工歌舞弦管。开皇初,周宣帝后乐平公主有女娥英,妙择婚对,敕贵公子弟集弘圣宫者,日以百数。公主选取敏,礼仪如尚帝女,后将侍宴,公主谓敏曰:"我以天下与至尊,唯一女夫,当为汝求柱国。若授余官,慎无谢。"及进见上,上亲御琵琶,遣敏歌舞,大悦,谓公主曰:"敏何官?"对曰:"一白丁耳。"谓敏曰:"今授仪同。"敏不答。上曰:"不满尔意耶?今授开府。"又不谢。上曰:"公主有大功于我,我何得向其女婿惜官,今授卿柱国。"敏乃拜而蹈舞。遂于坐发诏授柱国,以本官宿卫。

后避炀帝讳,改封经城县公。历幽、金、华、歧数州刺史,多不莅职,常留京师。往来宫内,侍从游宴,赏赐超于功臣。大业初,转卫尉卿。乐平公主将薨,遗言于炀帝曰:"妾唯一女,不自忧死,深怜之。汤沐乞回与敏。"帝从之,竟食五千户。摄屯卫将军。杨玄感反后,城阙大兴,敏之策也。转将作监。从征高丽,领新城道军,加光禄大夫。十年,帝复征辽东,遣敏黎阳督运。

时或言敏一名洪儿,帝疑"洪"字当谶,尝面告之,冀其引决。敏由是大惧,数与金才、善衡等屏人私语。宇文述知而奏之,竟与浑同诛。其妻宇文氏寻亦赐鸩而终。贤弟远。

远字万岁,幼有器局,尝与群儿为战斗戏,指麾便有军阵之法。郡守见而异之,召使更戏。群儿散走,远持杖叱之,复为向阵,意气雄壮,殆甚于前。郡守曰:"此小儿必为将帅,非常人也。"

及长,涉猎书传。魏正光末,天下鼎沸,敕勒贼胡琮侵逼原州。远昆季率励乡人,欲图拒守,而众情颇有异同。远乃按剑喻以节义,因曰:"有异同远议者,请斩之。"众惧,乃听命,相与盟歃,深壁自守。无援,城陷,其徒多被害,唯远兄弟并为人所匿,得免。远乃使贤晦迹和光,潜身间行,入朝求援。魏朝嘉之,授武骑常侍,俄转别将。及尔朱天光西伐,配远精兵为乡导。天光钦远才望,除为长城郡守。后以应侯莫陈崇功,迁高平郡守。周文见而悦之,令居麾下。

乃魏孝武西迁,封安定县伯。魏文帝嗣位之始,思享遐年,以远字可嘉,令扶帝升殿。进爵为公,仍领左右。从征窦泰,复弘农,立有殊勋。授都督、原州刺史。周文谓远曰:"孤有卿,若身之有臂,本州之荣,乃私事尔。"遂令远兄贤代行州事。沙苑之役,远功居最,进爵阳平郡公。寻除大丞相府司马,参军国机务。时河东初复,人情未安。周文以河东为国之要,乃领授河东郡守。远敦奖风俗,劝课农桑,肃遏奸非,兼修守御之备。曾未期月,百姓怀之。周文降书劳问。征为侍中,迁太子少师。

东魏北豫州刺史高仲密请举州来附,周文以仲密所据辽远,难为应接。诸将皆惮此行。远曰:"北豫远在贼境,高欢又屯兵河阳,常理而论,实难救援。但不入兽穴,不得兽子,若以奇兵出其不意,事或可济,脱有利钝,故是兵家之常,如其顾望不行,便无克定之日。"周文喜曰:"李万岁所言,差强人意。"乃授行台尚书,前驱东出。周文率大军继进。远乃潜师而往,拔仲密以归。仍从周文战于芒山,时大军不利,远独整所部为殿。

寻授都督义州弘农等二十一郡诸军事。远善抚驭,有干略,战守之备,无不精锐。每厚抚境外之人,使为间谍,敌中动静,必先知之。至有事泄被诛,亦不以为悔。尝猎于莎栅,见石于丛薄中,以为伏兔。射之,镞入寸余,视之乃石。周文闻而异之,赐书曰:"昔李将军亲有此事,公今复尔,可谓世载其德矣。"东魏将段孝先趣宜阳,以送粮为名,实有窥窬之意。远密知其计,遣兵袭破之。孝先遁走。周文赐所乘马及金带休帐衣被等,并彩二千疋,拜大将军。顷之,除尚书左仆射,固辞。周文不许,远不得已,方拜职。周文又以第十一子代王达令远子之,其见亲待如此。

　　时周文嫡嗣未建，明帝居长，已有成德；孝闵处嫡，年尚幼冲，乃谓群公曰："孤欲立子以嫡，恐大司马有疑。"大司马即独孤信，明帝敬后父也。众未有答。远曰："立子以嫡不以长，略阳公为嗣，公何疑焉？若以信为嫌，请即斩信。"便起拔剑。周文亦起曰："何事至此！"信又自陈说，远乃止。于是群公立从远议。远出外，拜谢信曰："临大事不得不尔。"信亦谢远曰："今日赖公决此大议。"六官建，授小司寇。周孝闵帝践祚，进位柱国大将军，复镇弘农。

　　远子植，文帝时已为相府司录，参掌朝政。及晋公护执权，密欲诛护，颇泄，护乃出植为梁州刺史。寻而废帝，召远及植还朝。远恐有变，沉吟良久，乃曰："大丈夫宁为忠鬼，安能作叛臣乎！"遂就征，至京师。护以远功名素重，犹欲全宥之，谓曰："公儿遂有异谋，可早为之所。"乃以植付远。远素爱植，植又有口辩，云初无此谋。远信之，诘朝将植谒护。护谓植已死，乃曰："阳平公何意自来？"左右云："植亦在门外。"护大怒曰："阳平公不信我矣！"召入，命远同坐，令帝与植相质于远前。植辞穷，谓帝曰："本为此谋，欲安社稷，利至尊耳。今日至此，何事云云。"远闻之，自投于休，曰："若尔，诚合万死。"于是护乃害植，并逼远自杀。

　　建德元年，晋公护诛，赠本官，加太保，谥曰忠。隋开皇初，追赠上柱国，改谥曰怀。植及诸弟并加赠谥。

　　植弟基，字仲和，幼有声誉，美容仪，善谈论，涉猎群书，尤工骑射。周文令尚义归公主。以父勋，封建安县公。累迁大都督，进爵清河郡公。及魏废帝即位之后，猜隙弥深。时周文诸子年皆幼冲，章武公导、中山公护复东西作镇，唯托意诸婿，以为心膂。基与义城公李晖、常山公于翼等俱为武卫将军，分掌禁旅。魏帝深惮之，故密谋遂泄。魏恭帝即位，进爵敦煌郡公，寻进位骠骑大将军、开府仪同三司，拜阳平国世子。六官建，授御正中大夫。

　　周孝闵帝践祚，出为浙州刺史。寻为兄植，合坐死。以王婿，又为季父穆所请，得免。武成二年，除江州刺史。既被谴谪，常忧愤不得志。保定元年，卒于位。穆尤所钟爱，每哭辄悲恸，谓所亲曰："好儿舍我去，门户岂是欲兴！"宣政元年，追赠使持节、上开府仪同大将军、曹徐谯三州刺史、敦煌郡公，谥曰孝。子威嗣。

威字安人，又改袭远爵阳平郡公，加上开府。大象末，进至柱国，封公。贤弟穆。

穆字显庆，少明敏有度量，文帝入关，便给事左右，深被亲遇。穆亦小心谨肃，未尝懈息。及侯莫陈悦害贺拔岳，周文自夏州赴难，而悦党史归据原州，犹为悦守。周文令侯莫陈崇袭之，穆时先在城中，与兄贤、远应崇，遂禽归。以功授都督。从迎魏孝武，封永平县子。又领乡兵。禽窦泰，复弘农，并有战功。沙苑之捷，穆言："欢今日已丧胆矣，请速逐之，则欢可禽也。"周文不听。论前后功，进爵为公。

芒山之战，周文马中流矢，惊逸坠地，敌人追及，左右皆散。穆下马，以策击周文背，因大骂曰："笼东军士，尔曹主何在？尔独住此！"敌人见其轻侮，不疑是贵人，遂舍而过。穆以马授周文，遂俱逸。是日微穆，周文已不济矣。既而与穆相对而泣，自是恩盻更隆。顾左右曰："成我事者，其此人乎！"擢授武卫将军、仪同三司，进封安武郡公。前后赏赐，不可胜计。周文叹其忠节，曰："人所贵唯命，穆遂轻命济孤，爵位玉帛，未足为报。"乃特赐铁券，恕以十死。进骠骑大将军、开府仪同三司、侍中。初，芒山之败，穆授周文骢马，后中厩有此色者，悉以赐之。又赐穆嗣子安乐郡公，姊一人为郡君，自余姊妹并为县君，兄弟子侄及缌麻已上亲并舅氏皆沾厚赐。其褒崇如此。

从解玉壁围，拜安定国中尉。历同州刺史、太仆卿。从于谨平江陵，以功别封一子长城县侯。寻进位大将军，赐姓拓拔氏。又击曲沔蛮破之。俄除原州刺史，拜世子惇为仪同三司，以贤子为平高郡守，远子为平高县令，并加鼓吹。穆自以叔侄一家三人皆牧宰乡里，恩遇过隆，固辞不拜。周文不许。后入为雍州刺史，兼小冢宰。周孝闵帝践阼，又封一子为升迁县伯。穆请回授贤子孝轨，许之。

及兄子植谋害宇文护被诛，穆亦坐除名，先是穆知植非保家主，每劝远除之，远不能用。及远临刑，泣谓穆曰："显庆，吾不用汝言以至此，将奈何！"穆以此获免，及其子弟亦免官。时植弟基当从坐戮，穆求以子惇、怡等代死，辞理酸切，闻者莫不动容。护矜之，遂特免基死。

明帝即位，拜骠骑大将军、开府仪同三司、大都督，复爵安武郡公，拜直州刺史。武成中，子弟免官爵者悉复之。累迁大司空。天和二年，进封申国公，旧爵回授一子。建德元年，迁太保，寻出为原州总管。四年，武帝东征，令穆别攻轵关及河北诸县，并破之。后以帝疾班师，弃而不守。六年，进位上柱国，除并州总管。时东夏初平，人情尚扰，穆靖以镇守，百姓怀之。大象元年，加邑至九千户，迁大左辅，总管如旧。二年，诏加太傅，仍总管。

及隋文作相，尉迟迥举兵，遣使招穆，穆锁其使，上其书。穆子士荣以穆所居天下精兵处，阴劝穆应之。穆弗听曰："周德既衰，愚智共悉，天时若此，岂能违天？"乃遣使谒隋文帝，并上十三环金带，盖天子服也，以微申其意。时迥子谊为朔州刺史，亦执送京师。迥令其署行台韩长业攻陷潞州，执刺史赵威，署城人郭子胜为刺史。穆遣兵讨获子胜。文帝嘉之，以穆劳同破邺城第一勋，加三转，听分授其二子荣、才及贤子孝轨。荣及才并仪同大将军，孝轨进开府仪同大将军，又别封子雄为容国公。穆又密表劝进。文帝既受禅，诏曰："公既旧德，且又父党，敬惠来旨，便以今月十三日恭膺天命。"俄而穆来朝，文帝降座礼之。拜太师，赞拜不名，真食成安县三千户。穆子孙虽在襁褓，悉拜仪同，其一门执象笏者百余人，贵盛当时无比。穆上表乞骸骨，诏曰："公年既耆旧，筋力难烦，今勒所司，敬蠲朝集。如有大事，须共谋谟，别遣侍臣，就第询访。"

时太史奏当有移都事，帝以初受命，甚难之。穆乃上表极言宜移都之便。帝素嫌台城制度迮小，又宫内多鬼袄。苏威尝劝迁，上不纳，遇太史奏状，意乃惑之。至是省穆表，帝曰："天道聪明，已有征应，太师人望，复抗此请，则可矣。"遂从之。

岁余，下诏："穆自今已后，虽有愆罪，但非谋逆，纵有百死，终不推问。"开皇六年薨，时年七十七，遗令以不得陪驾岱宗为恨。诏遣黄门侍郎监护丧事，赠十州诸军事、冀州刺史，谥曰明。赐以石椁、前后部羽葆鼓吹、辒辌车，百寮送之郭外。诏太常卿牛弘赍哀册文，祭以太牢。

长子惇字士献。周文帝令功臣长子并与略阳游处，惇于辈流中特被引接，每有遐方服玩珍奇，无不班赐。封安乐郡公，位骠骑大将军、开府仪同三司、凤州刺史。先穆卒。子筠，袭祖爵。

惇弟怡，位仪同三司，赠渭州刺史。

怡弟雅，少有识量。仕周，以军功封西安县男，位荆州总管。开皇初，进爵为公。

雅弟恒，位盐州刺史，封曲阳侯。

恒弟荣，位合州刺史，长城县公。

荣弟直，位车骑将军、归政县侯。

直弟雄，位柱国、骠骑将军、密国公。

雄弟浑，仁寿初，筠忽憭嚣，遣兄子善衡贼之。求盗不得，文帝大怒，尽追其亲族。初，筠与从父弟瞿昙有隙，浑遂证瞿昙杀之，而善衡获免。筠死，帝议立嗣，邳公苏威奏筠不轨，请绝其封。帝不许，乃以浑嗣。

浑字金才，姿貌瑰伟，美须髯。起家左侍上士。尉迟迥反于邺，时穆在并州，隋文帝甚虑迥，遣浑乘驿诣穆。穆遽令浑入京奉熨斗曰："愿执柄以慰天下也。"文帝大悦，又遣浑诣韦孝宽所而述穆意。会邺平，以功授上仪同三司，封武安郡公。开皇中，晋王广出蕃，浑出骠骑将军领亲信，从往扬州。

及筠死，浑规欲绍之，谓妻兄太子左卫率宇文述曰："若得袭封，当以国赋之半，每岁相奉。"述因入白皇太子，奏文帝，竟诏浑袭申公以奉穆嗣。大业六年，追改穆封为郕公，浑仍袭焉。累加光禄大夫，迁右骁骑卫大将军。浑既绍父业，日增豪侈。二岁后不以奉物分述。述大恚，因醉谓其友人于象贤曰："我竟为金才所卖，死且不忘。"浑闻之，由是结隙。

及帝讨辽东,有方士安伽陀谓帝曰:"李氏应为天子,宜尽诛天下李姓。"述知之,因构浑于帝曰:"臣与金才昏亲,闻其数与李敏、善衡等日夜屏语,或终夕不寝。浑大臣也,家世隆盛,身捉禁兵,不宜然。"帝曰:"卿可觅其事。"述乃遣武贲郎将裴仁基表告浑反,即日遣述掩其家。遣左丞元文都、御史大夫裴蕴杂推之,数日,不得反状。

帝更遣述推。述入狱中召出敏妻宇文氏,谓曰:"夫人,帝甥也,何患无贤夫?李敏、金才名当妖谶,夫人当自求全。"因教言金才尝告敏云:"汝应图箓,当为天子。今主上好兵,劳扰百姓,此亦天亡隋时也。若复度辽,吾与汝必为大将军,每军二万余兵,固以五万人矣。又发诸房子侄内外亲娅并募从征,吾家子弟决为主师,分领兵马,散在诸军。吾与汝前发,袭取御营,子弟响赴,一日之间,天下定矣。"述口自传授,令敏妻写表,封云"上密"。述持入奏云:"已得金才反状,并有敏妻密表。"帝览之,泣曰:"吾宗社几倾,赖亲家公而获全耳。"于是诛浑、敏等,自余无少长皆徙岭表。

梁御字善通,其先安定人也。后因官北边,遂家于武川,改姓纥豆陵氏。高祖俟力提,从魏太武征讨,位扬武将军、定阳侯。

御少好学,进趣详雅,及长,更好弓马。尔朱天光西讨,知御有志略,引为左右。共平关、陇,除益州刺史,第一领人酋长,封白水县侯。从贺拔岳镇长安,及岳被害,御与诸将同谋翊戴周文帝。周文既平秦、陇,欲引兵东下。雍州刺史贾显持两端,通使于齐神武。周文知其意,以御为大都督、雍州刺史,领前军先行。及与显相见,因说显,显即出迎周文,御遂入镇雍州。大统元年,进爵信都县公,授尚书右仆射。

从周文复弘农,破沙苑,加侍中、开府仪同三司,进爵广平都公。出为东雍州刺史,为政举大纲而已,人庶称之。薨于州,临终唯以国步未康为恨,言不及家。赠太尉、尚书令、雍州刺史,谥曰武昭。子睿。

睿字恃德,少沉敏有行检。周文帝时,以功臣子养宫中,复命与诸子游处。七岁，袭爵广平郡公。累加仪同三司、本州大中正、开府，改封五龙郡公，渭州刺史。周闵帝受禅，征为御伯。出为中州刺史，镇新安以备齐。齐人来寇，睿辄挫之。帝甚嘉叹，拜大将军。以御佐命功，进爵蒋国公。入为司会。后从齐王宪拒齐斛律明月于洛阳，每战有功，迁小冢宰。历敷州刺史、凉、安二州总管，俱有惠政，进位柱国。

隋文帝总百揆，代王谦为益州总管。行至汉川西，谦反，攻始州，睿不得进。文帝命睿为行军元帅，率军总管于义、张威、达奚长儒、梁升、石孝义步骑二十万讨之。谦遣开府李三王守通谷，睿使张威击破之。进至龙门，谦将赵俨、秦会拥众十万，据险为营，周亘三十里。睿令将士衔枚，出自间道，四面奋击，力战破之，遂鼓行而进。谦将敬豪守剑阁，梁严拒平林，并惧而来降。谦又命高阿那瓌、达奚惎等以盛兵攻利州。闻睿将至，惎分兵据开远。睿遣上开府托拔宗趣剑阁，大将军宇文琼指巴西，大将军赵达水军入嘉陵。遣张威、王伦、贺若震、于义、韩相贵、阿那惠等分道攻惎，自午及申，破之。惎奔归于谦。睿逼成都，谦令达奚惎、乙弗虔守城，亲帅精兵五万，背城结陈。睿击败之。谦将入城，惎、虔以城降。谦将麾下三十骑遁走，新都令王宝执之，睿斩谦于市，剑南悉平。进位上柱国，总管如故，赐物五千段、奴婢一千口、金二千两、银三千两，邑千户。

睿时威振西州，夷獠归附，唯南宁首帅爨震恃远不宾，睿上疏曰：“南宁州，汉牂柯之地。近代已来，分置兴古、云南、建宁、朱提四郡，户口殷众，金宝富饶，二河有骏马明珠，益、宁出盐井犀角。晋太始七年以益州旷远，分置宁州。至伪梁，南宁州刺史徐文盛被湘东征赴荆州。属东夏尚阻，未遑远略，土人爨瓒遂窃据一方。国家遥授刺史，其子震相承至今。而震臣礼多亏，贡赋不入。如闻彼人苦其苛政，思被皇风，幸因平蜀士众，不烦重兴师，狎獠既纨，即请略定南宁。”文帝深纳之，然以天下初定，恐人心不安，故未之许。后竟遣史万岁讨平之，并因睿之策也。

睿威惠兼著，人夷悦服，声望逾重，文帝阴惮之。薛道衡从军在蜀，说睿劝进，文帝大悦。及受禅，顾待弥隆。睿复上平陈策，帝善之，下诏曰："昔公孙、隗嚣，汉之贼也，光武与其通和，称为皇帝。尉他之于高祖，初犹不臣。孙皓之答晋文，书尚云'白'。或寻款服，或即灭亡。王者体大，义存遵养，虽陈国来朝，未尽蕃节，如公大略，诚须责罪，尚欲且缓其诛，宜如此意。淮海未灭，必兴师旅，若命水袭，终当相屈，以身许国，无足致辞也。"睿乃止。睿时见突厥方强，恐为边患，复陈镇守之策十余事。帝嘉叹久之，答以厚意。

睿时自以周氏旧臣，久居重镇，内不自安，屡请入朝，于是征还京师。及引见，上为之兴，命睿升殿，握手极欢。睿退谓所亲曰："功遂身退，今其时也。"遂谢病，阖门自守，不交当时。帝赐以板舆，每有朝觐，必令三卫舆上殿。睿初平王谦之始，自以威名太盛，恐为时所忌，遂大受金贿以自秽。由是勋簿多不以实，诣朝堂称屈者，前后百数人。上令有司案验其事，主者多获罪。睿惧，上表陈谢，请归大理。上慰喻遣之。十五年，从至洛阳而卒，谥曰襄。

子洋嗣，历位嵩徐二州刺史、武贲郎将。大业六年，诏追改睿封为戴公，命以洋袭焉。

论曰：贺拔岳变起仓卒，侯莫陈悦意在兼并，于时人有离心，士无固志，寇洛抚循散乱，抗御仇雠，全师而还，敌人绝觇觎之望；度德而处，霸王建匡合之谋。赵贵居二阙之险，周室定二分之功。彼此一时，其功固不细也。

李贤和兄弟属乱离之际，居戎马之间，志略从横，忠勇奋发，频摧勍敌，屡涉难危。及逢时遇主，策名委质，荷生成之恩，蒙国士之遇，俱縻好爵，各著勋庸。遂得任兼文武，声彰出内，位高望重，光国荣家，跗萼连晖，聊椒繁衍，冠冕之盛，当时莫与比焉。自周迄隋，郁为西京盛族，虽金、张在汉，不之尚也。然而周文始崩，嗣君冲幼，内则功臣放命，外则强寇临边，晋公以犹子之亲，膺负图之托，遂能抚宁家国，开翦异端，革魏兴周，远安迩悦，功勤已著，过恶未彰。李植受遇先朝，宿参机务，虑威权之去己，惧将来之不容，生此厉阶，成兹贝锦，乃以小谋大，由疏间亲。主无昭帝之明，臣有上官之诉，嫌隙既兆，衅故因之，启冢宰无君之心，成闵帝废弑之祸，植之由也。李远阙义方之训，又无先见之明，以至诛夷，非为不幸。

梁御豫奉兴王，参谋缔构，驱驰毕力，夷险备尝，虽远志未申，亦云遇其时矣。

穆及梁睿皆周室功臣，隋文王业初基，俱受腹心之寄，故穆首登师傅，睿终膺殊宠，观其见机而动，抑亦人之先觉。然方魏朝之贞烈，有愧王凌；比晋室之忠臣，终惭徐广。穆之子孙，特为隆盛，朱轮华毂，凡数十人，见忌当时，祸难遄及，得之非道，可不戒欤。

北史卷六〇
列传第四八

李弼　宇文贵　侯莫陈崇
王雄

　　李弼字景和，陇西成纪人。六世祖振，慕容垂黄门郎。父永，魏太中大夫，赠凉州刺史。

　　弼少有大志，膂力过人。属魏乱，谓所亲曰："大丈夫生世，会须履锋刃，平寇难，以取功名，安能碌碌依阶以求仕。"初为别将，从尔朱天光西讨，破赤水蜀，以功封石门县伯。又与贺拔岳讨万俟丑奴、万俟道洛、王庆云，皆破之。贼咸畏之曰："莫当李将军前也。"

　　及天光赴洛，弼隶侯莫陈悦，征讨屡有克捷。及悦害贺拔岳，周文帝自平凉讨悦。弼陈悦，令解兵谢之。悦惶惑，计无所出。弼知悦必败。周文帝至，悦乃弃秦州南出，据险以自固。是日，弼密通於周文，许背悦。至夜，弼乃勒所部，云悦欲向秦州，命皆装束。弼妻，悦之姨也，时为悦所亲委，众咸信之，人皆散走。弼慰辑之，遂拥以归周文。悦由此败。周文谓曰："公与吾同心，天下不足平也。"

　　大统初，进位骠骑大将军、开府仪同三司。从平窦泰，斩获居多。周文以所乘骓马及泰所著牟甲赐弼。又从平弘农。与齐神武战於沙苑，弼军为敌所乘。弼将其麾下九十骑横截之，贼分为二，因大破之。以功进爵赵郡公。四年，从周文东讨洛阳，弼为前驱。东魏将莫多娄贷文率至谷城，弼倍道而前，进军士鼓噪，曳柴扬尘。贷文以为大军至，遂走。弼追斩贷文，传首大军。翌日，又从周文与齐神武战河桥，身被七创，遂为所获，阳陨绝於地，睨其傍有马，因跃上得免。历位司空、太保、柱国大将军。废帝元年，赐姓徒何氏。六官建，拜太傅、大司徒。及晋公护执政，朝之大事，皆与于谨及弼等参议。周孝闵帝践阼，除太师，进封赵国公，邑万户，前后赏赐钜万。

弼每征讨，朝受命，夕便引路，略不问私事，亦未尝宿於家。兼性沈雅，有深识，故能以功名终。薨於位，明帝即举哀，比葬，三临其丧。发卒穿冢，给大路、龙旗，陈军至墓。谥曰武。寻追封魏国公，配食文帝庙庭。

子曜居长，以次子晖尚文帝女义安长公主，故遂以为嗣。

晖初赐爵义城郡公，尝卧疾期年，文帝忧之，赐钱一千万，供其药石之费。魏恭帝二年，加骠骑大将军、开府仪同三司。出为岐州刺史。从文帝西巡，率公卿子弟别为一军。后袭赵国公，改袭魏国公。天和六年，进位柱国。建德元年，出为梁州总管。时□篷二州生獠积年侵暴，至州绥抚，并来归附。玺书劳之。

晖弟衍，字拔豆，少专武艺，慨慷有志略。仕周，为义州刺史，封真卿公。王谦作乱，以行军总管从梁睿击平之，进上大将军。隋开皇元年，以行军总管讨平叛蛮，进位柱国。后拜安州总管，以疾还京，卒。子仲威嗣。

衍弟纶，最知名，有文武才用。以功臣子少居显职，位至司会中大夫、开府仪同三司，封河阳郡公。为聘齐使主，卒。

子长雅嗣，尚隋文帝女襄国公主，位内史侍郎、河州刺史、检校秦州总管。

纶弟晏，开府仪同三司、赵郡公，从平齐，殁并州。子憬，以晏死王事，即袭其官爵。

曜既不得嗣，朝廷以弼功重，封曜邢国公，位开府。

子宽，干略过人，自周及隋，数经将领，位柱国、蒲山郡公，号为名将。

弼弟㯹，字云杰，长不盈五尺，性果决，有胆气。魏永安元年，以兼别将从尔朱荣破元颢。荣诛，随尔朱兆入洛。及魏孝武西迁，㯹从都督元斌之与齐神武战，败，遂与斌之奔梁。后得逃归，进封晋阳县子。寻为周文帝帐内都督，从复弘农，破沙苑。擽时跨马运矛，冲坚陷阵，隐身鞍甲之中，敌人见之，皆曰“避此小儿。”不知擽之形貌，正自如此。周文初亦闻擽骁悍，未见其能，至是方嗟叹之。谓曰：“但问胆决如何，何必要须八尺之躯也。”以功进爵为公。武成初，从豆卢宁征稽胡，进爵汝南郡公。出为总管延绥丹三州诸军事、延州刺史，卒官。

无子，以弼子椿嗣，位开府仪同大将军、右宫伯，改封河东郡公。

密字法主，蒲山公宽之子也。才兼文武，志气雄远，少袭爵蒲山公。养客礼贤，无所爱吝。与杨玄感为刎颈交。后更折节耽学，尤好兵书，诵皆在口。师事国子助教包恺，受《史记》、《汉书》。恺门徒皆出其下。大业初，授亲卫大都督，以疾归。

及玄感有逆谋，召密，令与弟玄挺赴黎阳，以为谋主。密进三计曰：“今天子远在辽外，公长驱入蓟，直扼其喉，前有高丽，退无归路，不战而禽，此计上也。又关中四塞，卫文升不足为意，今率众务早入西，万全之势，此计中也。若随近先向东都，以引岁月，此计之下也。”玄感曰：“公下计乃上策矣。今百官家口并在东都，若不取之，安能动物？且经城不拔，何以示威？”密计不行。玄感既至东都，自谓功在朝夕。及获韦福嗣，既非同谋，设筹皆持两端。玄感后使作檄文，固辞不肯。密揣知其情，请斩之。玄感不从。密退谓所亲曰：“楚公好反而不欲胜，吾属今为虏矣。”后玄感将西入，福嗣竟亡归东都。时李雄劝玄感速称尊号，玄感以问密，密以为不可。玄感笑而止。及宇文述、来护等军且至，玄感谓密计将安出。密曰：“元弘嗣统强兵於陇右，今可扬言其反，遣使迎公，因此入关，可得给众。”玄感遂用密谋号令。西至陕县，围弘农不拔，西至闵乡，追兵至，玄感败。

密间行入关，与玄感从叔询相随，匿冯翊询妻家。寻为邻人告，被捕，与其党俱送帝所。在途，与其众谋逃。其徒多金，密令出示使者曰："吾等死日,此金留付公,幸用相瘗,其余即皆报德。"使者利金,遂相许。及出关,密每夜宴饮。行次邯郸,夜宿村中,密等七人皆穿墙而遁。与王仲伯亡抵平原贼帅郝孝德,孝德不甚礼之。备遭饥馑,削树皮而食之。仲伯潜归天水。密诣淮阳,舍於村中,变姓名称刘智远,聚徒教授。经数月,郁郁不得志,为五言诗,诗成,泣下数行。时人有怪之,以告太守赵他,下县捕之。密亡抵其妹夫雍丘令丘君明。君明从子怀义后告之,密得遁去,君明竟坐死。

密投东郡贼帅翟让,乃因王伯当以策干让。遣说诸小贼,所至辄降,让始敬焉,召与计事。密以兵众无粮,劝让直趣荥阳,休兵馆谷,然后争利。让从之,乃掠下荥阳。太守郇王庆及通守张须陀以兵讨让。让数为须陀败,将远避之。密劝让列阵以待,密以奇兵掩击,大破之,斩须陀於阵。让於是令密建牙,别统所部。复说让以廓清天下为事,令掩据兴洛仓,发粟以振穷乏。于是与让以义宁元年春出阳城,北逾方山,自罗口袭兴洛仓,破之,开仓振百姓。越王侗遣武贲郎将刘长恭讨密。密城洛口周回四十里以居之。让上密号为魏公,设坛场即位,称元年。以房彦藻为左长史,邴元真为右长史,杨德方为左司马,郑德韬为右司马。拜让为司徒,封东郡公。长白山贼孟让掠东都,烧丰都市而归。密攻下巩县,获县长柴孝和,拜为护军。武贲郎将裴仁基以武牢归密,密因遣仁基与孟让破回洛仓,据之。俄而德韬、德方俱死,复以郑颋为左司马,郑虔象为右司马。

柴孝和说密,令裴仁基守回洛,翟让据洛口,身率精锐,西袭长安,不然他人我先。密曰："此诚上策,然我之所部并山东人,既见未下洛阳,恐不肯西入。"孝和请间行观隙,乃与数十骑至陕县,贼归之者万余人。密时兵锋甚锐,每入苑与官军连战。会密为流矢所中,卧於营内,东都出兵击之,密众大溃,弃回洛仓归洛口。孝和之众闻密败,各分散而去,孝和轻骑归密。炀帝遣王世充率江淮劲卒五万出讨密,败之。孝和溺洛水死,密甚伤之。

世充营于洛西,与密相拒百余日。武阳郡丞元宝藏、黎阳贼帅李文相、洹水贼帅张升、清河贼帅赵君德、平原贼帅郝孝德并归密，共袭破黎阳仓，据之。周法明举江、黄之地以附密。齐郡贼帅徐圆朗、任城大侠徐师仁、淮阳太守赵他等前后款附以千百数。

　　翟让所部王儒信劝让为太宰，总众务以夺密权。兄宽复谓让曰：“天子止可自作，安得与人？汝若不作，我当为之。”密闻，恶之。会让拒世充，军退数百步，密与单雄信等赴之，世充败走。让欲乘胜破其营，会日暮，固止之。明日，让与数百人至密所，欲为宴乐。其所将左右各就食，诸门并设备，让不觉。密引让入坐，令让射。引满将发，密遣壮士蔡建自后斩之。遂杀其兄宽及儒信等，从者亦有死焉。让部将徐世勣为乱兵所斫，中重创，密止之，仅得免。雄信等皆叩头求哀，密并释而慰之。于是诣让营，遣王伯当、邴元真、单雄信等告以杀让意，令世勣、雄信、伯当分统其众。

　　世充夜袭仓城，密拒破之，斩武贲郎将费青奴。世充复营洛北，于洛水构浮桥，悉众击密。密拒之，不利而退。世充因薄其城下，密击之，大溃，争桥，桥陷，溺水者数万人。武贲郎将杨威、王辨、霍世举、刘长恭、梁德重、董智通等皆没于阵。世充仅而获免，不敢还东都，遂走河阳。其夜大雪，余众死亡殆尽。密乃修金墉故城居之，众三十余万，攻上春门。留守韦津出战，被执。其党劝密即尊号，密不许，及义士围东都，密出军争之，交绥而退。

　　俄而宇文化及弑逆，自江都北指黎阳，密拒之。会越王侗称尊号，遣使授密太尉、尚书令、东南道大行台、行军元帅、魏国公，令先平化及，然后入朝辅政。化及至黎阳，徐世勣守仓城不下。密共化及隔水语，密数之曰：“卿本匈奴皂隶破野头耳，父与兄弟皆受隋恩，岂容躬行杀虐？今若速来归义，尚可全后嗣。”化及默然，俯仰良久，乃瞋目大言曰：“共你论相杀事，何须作书传雅语！”密谓从者曰：“化及庸懦如此，忽欲图帝王，吾当折杖驱之。”知其粮且尽，因伪与之和。化及大喜，恣其兵食，冀密馈之。会密下有人获罪，亡投之，具言密情。化及大怒，又食尽，乃与密战于童山下。自辰达酉，密中流矢，顿于汲郡。化及掠汲郡，北趣魏县，以辎重留于东郡，遣其刑部尚书王轨守之。轨以郡降,密以轨为滑州总管。

密引兵而西,遣记室参军李俭朝于东都,执弑帝人于弘达以献越王侗。侗以俭为司农少卿,使召密入朝。密至温县,闻世充已杀元文都、卢楚等,乃归金墉城。世充既擅权,乃厚赐将士。时密兵少衣,世充乏食,乃请交易。邴元真等各求私利,遂劝密,密许焉。初东都绝粮,人归密者日有数百,至此得食,降人益少。密悔而止。密虽据仓,无府库,兵数战不赏,又厚抚初附兵,于是众心渐怨。时邴元真守洛□仓,性贪鄙。宇文温每谓密曰:"不杀元真,公难未已。"密不答。而元真知之,谋叛。杨庆闻而告密,密因疑焉。

会世充悉众来战,密留王伯当守金墉,自就偃师,北阻芒山以待之。世充令数百骑度御河,密遣裴行俨等逆之。会日暮,行俨、孙长乐、程咬金等骁将十数人皆重创,密甚恶之。世充夜潜济,诘朝而阵,密方觉之。狼狈出战,败绩,驰向洛口。世充夜围偃师,守将郑颋为其部下翻城而降世充。密将入洛口仓城,元真已遣人引世充。密阴知之,不发其事,欲待世充兵半度洛水,然后击之。密候骑不时觉,比将出战,世充军悉已济。密引骑而遁,元真以城降世充。

密众渐离,将如黎阳。人或曰:"杀翟让之际,徐世勣几死,其心安可保。"密乃止。时王伯当弃金墉城,保河阳,密自武牢济,归之。谓曰:"久苦诸君,我今日自刎以谢众。"众皆泣,莫能仰视。密复曰:"诸君幸不相弃,当共归关中。密身虽愧无功,诸君必保富贵。"其府掾柳燮曰:"明公与长安宗族,有畴昔之遇,虽不陪起义,然阻东都,断隋归路,使唐国不战而得京师,此公之功也。"众咸曰:"然。"密遂归朝,封邢国公,拜光禄卿。寻奉使出关安抚,至熊州而逃叛,见杀。

宇文贵字永贵,其先昌黎大棘人也,徙居夏州。父莫豆干,保定中,以贵勋追赠柱国大将军、少傅、夏州刺史、安平郡公。贵母初孕贵,梦老人抱一子授之曰:"赐尔是子,俾寿且贵。"及生,形类所梦,故以永贵字之。

贵少从师受学,尝辍书叹曰:"男儿当提剑汗马以取公侯,何能为博士也！”魏正光末，破六韩拔陵围夏州，刺史源子邕婴城固守，以贵为统军。后从尔朱荣禽葛荣于滏口，加别将。又从元天穆平邢杲，转都督。元颢入洛，贵率乡兵从尔朱荣有功，封革融县侯。除郢州刺史，入为武卫将军、关内大都督。从魏孝武西迁，进爵化政郡公。贵善骑射，有将帅才。周文帝又以宗室，甚亲委之。

大统初，与独孤信入洛阳。东魏颍州长史贺若统据颍川来降，东魏遣将尧雄、赵育、是云宝玄众二万攻颍川。贵自洛阳率步骑二千救之，军次阳翟。雄等去颍川四十里，东魏行台任祥又率众四万，将与雄合。诸将咸以彼众我寡，不可争锋。贵曰：“若贺若一陷，吾辈坐此何为？”遂入颍川。雄等稍进，贵率千人背城为阵，与雄合战。贵马中流矢，乃短兵步斗，雄大败轻走，赵育于是降。任祥闻雄败，遂不敢进。贵乘胜逼祥，败之。是云宝亦降。师还。魏文帝在天游园，以金卮置侯上，令公卿射中者即赐之。贵一发而中。帝笑曰：“由基之妙，正当尔耳。”进侍中、骠骑大将军、开府仪同三司。十六年，迁中外府左长史，进位大将军。

宕昌王梁弥定为宗人獠甘所逐，来奔。又有羌酋傍乞铁匆，因梁仚定反后，据有渠株川，拥隶数千家，与渭州人郑五丑同反。周文令贵与豆卢宁讨之，贵等禽斩铁匆及五丑，宁又别击獠甘破之。乃纳弥定，并于渠株川置岷州。朝廷重功，遂于粟坂立碑，以纪其绩。

废帝三年，诏贵代尉迟迥镇蜀。时隆州人开府李光易反于盐亭，攻围隆州，而隆州人李拓亦聚众反，开府张道应之。贵乃命开府叱奴与牧隆州，又令开府成亚击拓及道降之，并送京师。除益州刺史，就拜小司徒。先是蜀人多劫盗，贵乃召任侠杰健者署为游军二十四部，令其督捕，由是颇息。

周孝闵帝践阼，进位柱国，拜御正中大夫。武成初，与贺兰祥讨吐谷浑。军还，进封许国公，邑万户，旧爵回封一子。迁大司空，行小冢宰，历大司徒，迁太保。

贵好音乐，耽奕棋，留连不倦。然好施爱士，时人颇以此称之。保定末，使突厥，迎皇后。天和二年，还至张掖，薨。赠太傅，谥曰穆。

子善嗣。善弘厚有武艺。大象末，位上柱国，封许国公。隋文帝受禅，遇之甚厚，拜其子颖上仪同。及善弟恺诛，并废于家。善未几卒。

颖，大业中，位司农少卿，后没李密。善弟忻。

忻字仲乐，幼而敏慧，为童儿时，与群辈戏，辄为部伍，进止行列，无不用命者。年十二，能左右驰射，骁捷若飞。恒谓所亲曰："自古名将，唯以韩、白、卫、霍为美谈，吾察其行事，未足多尚，使与仆并时，不令竖子独擅高名。"

年十八，从周齐王宪讨突厥，以功拜仪同三司，赐爵兴固县公。韦孝宽以忻骁勇，请与镇玉壁，以战功加开府，进爵化政郡公。从武攻拔晋州。齐后主亲总兵，六军惮之，欲旋。忻谏曰："以陛下之圣武，乘敌人之荒纵，何往而不克？若齐人更得令主，君臣协力，未易平也。"帝从之，乃战，遂大克。及帝攻陷并州，先胜后败。帝为贼所窘，挺身而遁。诸将多劝帝还，忻勃然曰："破城士卒轻敌，微有不利，何足为怀？今破竹形已成，奈何弃之而去！"帝纳其言，明日复战，拔晋阳。齐平，进位大将军。寻与乌丸轨破陈将吴明彻于吕梁，进位柱国，除豫州总管。

隋文帝龙潜时，与忻情好甚协，及为丞相，恩顾弥隆。尉迟迥作乱，以忻为行军总管，随韦孝宽击之。时兵屯河阳，帝令高颎驰驿监军，与颎密谋进取者，唯忻而已。迥遣子惇盛共武陟，忻击走之。进临相州，迥遣精甲三千伏野马冈，斩以五百骑袭之。斩获略尽。进至草桥，迥又拒守，忻以奇兵破之，直趋邺下。迥背城结阵，大战，官军不利。时邺城士庶观战者数万人，忻谓左右曰："事急矣，吾当以权道破之。"于是射观者走，转相腾籍，声如雷霆。忻乃传呼曰："贼败矣！"众复振，齐力急击之，迥军大败。及平邺，以功迁上柱国。文帝谓曰："尉迟迥倾山东之众，连百万之师，公举无遗算，策无全阵，诚天下英杰也。"进封英国公。

自是每参帷幄，出入卧内，禅代之际，忻有力焉。后拜左领军大将军，宠顾弥重。忻解兵法，驭戎齐整，当时六军有一善事，虽非忻建，在下辄相谓曰："此必英公法也。"其见推服如此。后改封杞国公。

上尝欲令忻击突厥，高颎曰："忻有异志，不可委以大兵。"乃止。忻既佐命功臣，频经将领，甚有威名，上由是微忌之，以谴去官。与梁士彦昵狎，数相往来。士彦时亦怨望，阴图不轨。忻谓士彦曰："帝王岂有常乎？相扶即是。公于蒲州起事，我必从征，两阵相当，然后连结，天下可图也。"谋泄伏诛，家口籍没。忻弟恺。

恺字安乐，在周以功臣子，年三岁赐爵双泉伯，七岁进封安平公。恺多有器局，诸兄并以弓马自达，恺独好学。博览书记，解文，多伎艺，为名公子。

累迁御正中大夫、仪同三司。隋文帝为丞相，加上开府，近师中大夫。及践阼，诛宇文氏，恺亦将见杀，以与周本别，又兄忻有功，故见赦。后拜营宗庙副监、太子左庶子。庙成，别封甑山县公。及迁都，上以恺有巧思，诏领营新都副监。高颎虽总大纲，凡所规画，皆出于恺。及决渭水达河以通运漕，诏恺总督其事。后拜莱州刺史，甚有能名。坐兄忻诛，除名于家，久不得调。

会朝廷以鲁班故道，久绝不行，令恺修之。既而上建仁寿宫，右仆射杨素言恺有巧思，于是检校将作大匠。岁余，拜仁寿宫监，授仪同三司，寻为将作少监。文献皇后崩，恺与杨素营山陵。上善之，复爵安平郡公。炀帝即位，迁都洛阳，以恺为营东都副监，寻迁将作大匠。恺揣帝心在宏侈，于是东都制度，穷极壮丽。帝大悦，进位开府，拜工部尚书。及长城之役，诏恺规度之。时帝北巡，欲夸戎狄。令恺为大帐，其下坐数千人。帝大悦，赐物千段。又造观风行殿，上容卫者数百人，离合为之，下施轮轴，推移倏忽，有若神功。戎狄见之，莫不惊骇。帝弥悦，前后赏赐不可胜纪。

是时将复古制明堂，议者皆不能决。恺博考群籍，为明堂图样奏之。又以"张衡浑象用三分为一度，裴秀舆地以一寸为千里，臣之此图以一分为一尺，推而演之。"又引于时议者，或以绮井为重屋，或以圆楣为隆栋，将为臆说，事不经见。今录其疑难，为之通释，皆

出证据,以相发明。为议曰:

臣恺谨按《淮南子》曰:"昔者神农之御天下也,甘雨以时,五谷蕃植,春生夏长,秋牧冬藏,月省时考,终岁献贡,以时尝谷,祀于明堂。明堂之制,有盖而无四方,风雨不能袭,燥湿不能伤,迁延而入之。"臣恺以为上古朴略,创立典刑。《尚书帝命验》曰:"帝者承天,立五府以尊天重象,赤曰文祖,黄曰神斗,白曰显纪,黑曰玄矩,苍曰灵府。"注云:"唐虞之天府,夏之世室,殷之重屋,周之明堂,皆同矣。"《尸子》曰:"有虞氏曰总章。"《周官考工记》曰:"夏后氏世室,堂修二七,博四修一。"注云:"修,南北之深也。夏度以步,合堂修十四步,其博益以四分修之一,则堂博十七步半也。"臣恺案:三王之世,夏最为古,从质尚文,理应渐就宽大,何因夏室乃大殷堂?相形为论,理恐不尔。《记》云:"堂修二七,博四修一。"若夏度以步,则应修七步。注云:"今常修十四步。"乃是增益《记》文。殷、周二堂,独无加字,便是义类例不同。山东《礼》本辄加二七之字,何得殷无加寻之文,周阙增筵之义?研究其趣,或是不然。雠校古书,并无"二"字。此乃桑间俗儒,信情加减。《黄图》议云:"夏后氏益其堂之大百四十尺,周人明堂以为两杼间。"马宫之言,止论堂之一面。据此为准,则三代堂基并方,得为上圆之制。诸书所说,并为下方,郑注《周官》,独为此义,非直与古违异,亦乃乖背《礼》文。寻求求理,深恐未惬。

《尸子》曰:"殷人阳馆。"《考工记》曰:"殷人重屋,堂修七寻,堂崇三尺,四阿重屋。"注云:"其修七寻,五丈六尺。放夏周,则其博九寻,七丈二尺。"又曰:"周人明堂,度九尺之筵,东西九筵,南北七筵,堂崇一筵,五室,凡室二筵。"《礼记明堂位》曰:"天子之庙,复庙重檐。"郑注云:"复庙,重屋也。"注《玉藻》云:"天子庙及路寝,皆如明堂制。"《礼图》云:"于内室之上,起通天之观,观八十一尺,得宫之数,其声浊,君之象也。"《大戴礼》曰:"明堂者,古有之。凡九室,室有四户八牖,以茅盖,上圆下方。外水曰璧雍。赤缀户，白缀牖。堂高三尺，东西九筵，南北七筵。其宫方三百步。”“凡人疾、六畜疫、五谷灾，生于天道不顺。天道不顺，生于明堂不饬。故有天灾则饬明堂。”《周书》曰：“明堂方百一十二尺，高四尺，阶博六尺三寸，室居内，方百尺，室内方六十尺，高八尺，博四尺。”《作洛》曰：“明堂、太庙、路寝咸有四阿，重亢重廊。”孔氏注云：“重亢累栋，重廊累屋。”

《礼图》曰：“秦明堂，九室十二阶，各有所居。”《吕氏春秋》曰：“有十二堂。”与《月令》同。并不论尺丈。臣恺案：十二阶虽不与《礼》合，一月一阶，非无理思。

《黄图》曰：“堂方百四十四尺，坤之策也，方象地；屋圆，楣径二百一六尺，乾之策也。圆象天。室九宫，法九州；太室方六丈，法阴之变数；十二堂，法十二月；三十六户，法极阴之变数；七十二牖，法五行所得日数；八达象八风，法八卦；通天台径九尺，法乾以九覆六；高八十一尺，法黄钟九九之数；二十八柱，象二十八宿；堂高三尺，土阶三等，法三统；堂四向五色，法四时五行；殿门去殿七十二步，法五行所行。门堂长四丈，取太室三之二。垣高无蔽目之照，牖六尺，其外倍之。殿垣方，在水内，法地阴也；水四周于外，象四海，圆法阳也；水阔二十四丈，应二十四气；水内径三丈，应《觐礼经》。”武帝元封二年，立明堂汶上，无室，其外略依此制。《泰山通义》今亡，不可得而辨也。

元始四年八月，起明堂、璧雍长安城南门，制度如仪。一殿，垣四面，门八观，水外周堤，壤高。四方和会，筑作三旬。五年正月六日辛未，始郊太祖高皇帝以配天。二十二日丁亥，宗祀孝文皇帝于明堂以配上帝。及先贤百辟卿士有益者，于是秩而祭之。亲扶三老五更，袒而割牲，跪而进之。因班时令，宣恩泽。诸侯宗室、四夷君长、匈奴西国侍子，悉奉贡助祭。

《礼图》曰：“建武三十年作明堂，堂上圆下方。圆法天，方法地。十二堂法日辰，九室法九州，八窗象八风，八九七十二，法一时之王。室有二户，二九十八户，法土王十八日。内堂正坛高三尺，土阶三等。"胡伯始注《汉官》云："古清庙盖以茅，今盖以瓦，瓦下藉茅，以存古制。"《东京赋》曰："乃营三宫，布政颁常。复庙重屋，八达九房。造舟清池，惟水泱泱。"薛综注云："复重庙覆，谓屋平覆重栋也。"《续汉书祭祀志》曰："明帝永平二年，祀五帝于明堂。五帝坐各处其方，黄帝在未，皆如南郊之位。光武位在青帝之南，少退，西面，各一犊，奏乐如南郊。"臣恺案《诗》云："《我将》，祀文王于明堂也。我将我享，维羊维牛。"据此，则备大牢之祭。今云一犊，恐与古殊。自晋以前，未有鸱尾，其门墙璧水，一依本图。

晋《起居注》裴颁议曰："尊祖配天，其义明著，庙宇之制，理据未分。直可为一殿以崇严祀，其余杂碎，一皆除之。"臣恺案："天垂象，圣人则之。"辟雍之星，既有图状，晋室方构，不合天文。既阙重楼，又无璧水，空堂乖五室之义，直殿违九阶之文。非古欺天，一何过甚！

后魏于北台城南，造圆墙，在璧水外，门在水内回立，不与墙相连。其堂上九室，三三相重，不依古制。室间通巷，违舛处多。其室皆用墼累，极成褊陋。《后魏乐志》曰："孝昌二年立明堂，议者或言九室，或言五室，诏断从五室。后元又执政，复改为九室。遭乱不成。"

宋《起居注》曰："孝武大明五年立明堂，其墙宇规范，拟则太庙，唯十二间，以应期数。依汉《汶上图仪》，设五帝位，太祖文皇帝对飨。鼎俎簠簋，一依庙礼。"

梁武即位之后，移宋时太极殿以为明堂，无室，十二间。《礼疑议》云："祭用纯，漆俎瓦樽，文于郊，质于庙，止一献，用清酒。"平陈之后，臣得目观，遂量步数，记其尺丈。犹见焚烧残柱，毁破之余，入地一丈，俨然如旧。柱下以樟木为跗，长丈余，阔四尺许，两两相并，凡安数重。宫城处所，乃在郭内。虽湫隘卑陋，未合规摹，但祖宗之灵，得崇严祀。

周齐二代，阙而不修，大飨之典，于焉靡托。

自古《明堂图》唯有二本。一是宗周，刘熙、阮谌、刘昌宗等作，三图略同。一是后汉建武三十年作，《礼图》有本，不详撰人。臣远寻《经传》，傍求子史，研究众说，总撰今图。

其样以木为之，下为方堂，堂有五室，上为圆观，观有四门。

帝可其奏。会辽东之役，事不果行。

以度辽之功，进位金紫光禄大夫。其年卒官，帝甚惜之，谥曰康。撰《东都图记》二十卷、《明堂图议》二卷、《释疑》一卷，见行于世。

长子儒童，游骑尉。少子温，起部承务郎。

侯莫陈崇字尚乐，代武川人也。其先魏之别部，居库斛真水。祖元，以良家子镇武川，因家焉。父兴，殿中将军、羽林监，后以崇著勋，追赠柱国、太保、清河郡公。

崇少骁勇，善驰射，谨悫少言。年十五，随贺拔岳与尔朱荣征葛荣。后从岳入关，破赤水蜀。又从岳力战，破万俟丑奴。崇与轻骑逐北，至泾州长坑及之。贼未成列，崇单骑入贼中，于马上生禽丑奴，遂大破之。封临泾县侯。

及岳为侯莫陈悦所害，崇与诸将同谋迎周文帝。文帝至军，原州刺史史归犹为悦守。周文遣崇袭归，直到城下，即据城门。时李远兄弟在城内，先知崇来，中外鼓噪，伏兵悉起，遂禽归斩之。以崇行原州事，仍从平悦，别封广武县伯。累迁仪同三司，改封彭城郡公。从禽窦泰，复弘农，破沙苑，战河桥，又别讨平稽胡，累战皆有功，进位柱国大将军。六官建，拜大司空。周孝闵践阼，进封梁国公，加太保。历大宗伯、大司徒。

保定三年，从武帝幸原州。时帝夜还京师，窃怪其故。崇谓所亲人常升曰："吾比日闻卜筮者，晋公今年不利，车驾今忽夜还，不过是晋公死耳。"于是皆传之。或有发其事者，帝集诸公卿于大德殿责崇，崇惶惧谢罪。其夜，护遣使将兵就崇宅，逼令自杀。葬礼如常仪，谥曰躁。护诛，改谥曰庄闵。

子芮嗣，位柱国。从武帝东伐，率众守太行道。并州平，授上柱国。仍从平邺，拜大司马。隋大业初，以谴，诏流配岭南。芮弟颖。

颖字遵道，少有器量，风神警发，为时辈所推。魏大统末，以父军功，赐爵广平侯，累迁开府仪同三司。周武帝时，从滕王逌击龙泉、文城叛胡。颖与柱国豆卢勣分路而进，颖悬军五百余里，破其三栅。先是稽胡叛乱，辄略边人为奴婢。至是，诏胡有厌匿良人者诛，籍没其妻子。有人言为胡村所隐匿者，勣将诛之。颖曰：'将在外，君命有所不行。诸胡固非悉反，查相追胁为乱。今慰抚，自可不战而定；如即诛之，转相惊恐，为难不细。未若其渠帅，以隐匿者付之，令自归首，则群胡可安。'勣从之。诸胡争降附，北土以安。迁司武，加振威中大夫。

隋文帝受禅，加上开府，进爵升平郡公。平陈之役，以行军总管从秦王俊出鲁山道，与行军总管段文振度江，安集归附。再迁瀛州刺史，甚有惠政。后坐与秦王俊交通，免官。百姓送者莫不流涕，因相与立碑，颂颖清德。后拜邢州刺史。仁寿中，吏部尚书牛弘持节巡抚山东，以颖为第一，上优诏褒扬。时朝廷以岭南刺史县令多贪鄙，蛮夷怨叛，妙简清史。于是征颖入朝。上与言及平生，以为欢笑，即日进位大将军，拜桂州总管、十七州诸军事。及至官，大崇恩信，人夷悦服。

炀帝即位，颖兄梁国公芮坐事徙边，朝廷恐颖不自安，征还京师。后拜恒山太守。其年，岭南、闽越多不附，帝以颖前在州有惠政，为南方所信伏，拜南海太守。卒官，谥曰定。子虔会最知名。

崇兄顺，少豪侠有志度。初事尔朱荣为统军。普泰元年，封木县子。后从魏孝武入关。顺与周文帝同里闬，素相友善，且崇先在关中，周文见之甚欢，进爵彭城郡公。及梁仚定围逼河州，以顺为大都督，与赵贵讨破之，即行河州事。

大统四年，魏文帝东讨，顺与太尉王盟、仆射周惠达等留镇长安。时赵青雀反，盟及惠达奉魏太子出次渭北。顺于渭桥与贼战，频破之。魏文帝还，执顺手曰：'渭桥之战，卿有殊力。'便解所服金镂玉梁带赐之。南岐州氐羌符安寿遂率部落一千家款附。时顺弟崇又封彭城郡公，遂改封顺河间郡公。六年，加骠骑大将军、开府仪同三司，行西夏州事，改封平原郡公。周孝闵帝践阼，拜少师，进位柱国。其年薨。

崇弟琼，历位荆州总管、上柱国，封修武郡公。

琼弟凯，以军功赐爵下蔡县男。崇以平原州功，赐爵灵武县侯，诏聘转授凯。孝闵践阼，进位开府仪同三司，进爵为公。天和中，为司会中大夫。建德二年，为聘齐使主。

王雄字雄胡布头，太原人也。父岢，以雄著勋，追赠柱国大将军、少傅、安康郡公。

雄仪貌魁梧，少有谋略。魏末，从贺拔岳入关，除金紫光禄大夫。孝武西迁，封临贞县伯。大统中，进爵武威郡公，累迁大将军，行同州事。恭帝元年，赐姓可频氏。周孝闵帝践阼，授少傅，进位柱国大将军。武成初，进封庸国公，邑万户。出为泾州总管。

保定四年，从晋公护东征，至芒山，与齐将斛律明月战。退走，左右皆散，矢又尽，唯余一奴一矢在焉。雄案稍不及明月者丈余，曰："惜尔，不得杀，但生将尔见天子。"明月反射雄中额，抱马走至营，薨。赠使持节、太保、同华等二十州诸军事、同州刺史，谥曰忠。子谦。

谦字敕万，性恭谨，无他才能，以父功封安乐县伯。保定二年，父雄封庸国公，以武威郡公回封谦，安乐伯回封第三弟震。雄死，朝议以谦父殒行阵，特加殊宠，授柱国大将军，袭爵庸国公。建德五年，武帝东征，谦力战，进位上柱国。

六年，授益州总管、十八州诸军事。及宣帝崩，隋文帝辅政，以梁睿为益州总管。时谦使司录贺若昂奉表诣阙。昂还，具陈京师事。谦以父子受国恩，将图匡复，遂举兵，置置官司。总管长史乙弗虔、益州刺史达奚惎劝谦凭险观变。隆州刺史高阿那肱为谦尽三策曰：
"公亲率精锐，直指散关，蜀人知公有勤王之节，必当各思效命，此
上策也；出兵梁、汉，以顾望天下，此中策也；坐守剑南，发兵自卫，
此下策也。"谦参用其中下之策。

梁睿未至大剑，谦先遣兵镇始州。隋文帝即以睿为行军元帅，
便发利、凤、文、秦、成诸州兵讨之。谦所署柱国达奚惎、高阿那肱、
大将军乙弗虔、杨安、任峻、侯翕、景屏等众号十万，尽锐攻利州，总
管、楚国公豆卢勣拒战将四旬。惎等诸军闻睿将至，众遂溃。谦所
署大将军苻子英攻巴州，又为刺史吕珍所破。睿乘其弊，纵兵深入。
惎、虔密遣使诣睿，请为内应以赎罪。谦不知惎、虔之反己也，并令
守成都。谦先无筹略，且所任用多非其才，及闻睿兵奄至，惶惧计无
所出，乃自率众逆战，又以惎、虔之子为左右军。行数十里，左右军
皆叛，谦奔新都，县令王宝执而斩之，传首京师。惎、虔以成都降。隋
文帝以惎、虔首谋，令杀之于蜀市。余众并散。阿那肱寻亦被诛。

论曰：李弼怀佐时之略，逢兴运之期，缔构艰难，绸缪顾遇，方
面宣其庸绩，帷幄尽其谋猷，非唯樊附成名，抑亦材谋自取。密遭风
云之会，奋其鳞翼，思封函谷，将割鸿沟，期月之间，众数十万，威行
万里，声动四方。虽事屈兴王，运乖天眷，而雄名克振，何其壮欤！
然志性轻狡，终致颠覆，固其宜也。宇文贵负将帅之材，蕴刚锐之
气，遭逢丧乱，险阻备尝，自致高位，亦云美矣。忻武艺之风，名高一
代。及晚节遇祸，虽鸟尽弓藏，然亦器盈斯概，夷戮非为不幸。恺学
艺兼该，思理通赡，规矩之妙，参踪班、尔，当时制度，咸取则焉。其
起仁寿宫，营建洛邑，要求时幸，穷侈极丽，使文皇失德，炀帝亡身，
危乱之原，抑亦由此。至于考览书传，定《明堂图》，虽意过其通，有
足观者。侯莫陈崇以勇悍之气，逢战争之秋，轻骑启高平之扉，迮马
得长坑之俊。以宏材远略，附凤攀龙，茂绩元勋，位居上衮，而识惭
明哲，遂以凶终，惜哉！王雄身参佐命，谦宠列山河，及投袂勤王，
志匡社稷，虽忠君之效未宣，与夫怀禄图存者异也。

初，魏孝庄帝以尔朱荣有翊戴之功，拜荣柱国大将军，位在丞相上。荣败后，此官遂废。大统三年，魏文帝复以周文帝建中兴之业，始命为之。其后功参佐命，望实俱重者亦居此职。自大统十六年已前，任者凡有八人。周文帝位总百揆，都督中外军事。魏广陵王欣，元氏懿戚，从容禁闼而已。此外六人，各督二大将军，分掌禁旅，当爪牙御侮之寄。当时荣盛，莫与为比。故今之称门阀者，咸推八柱国家。今并十二大将军录之于左：

使持节、太尉、柱国大将军、大都督、尚书左仆射、陇右行台、少师、陇西郡开国公李虎。

使持节、太傅、柱国大将军、大宗师、大司徒、广陵王元欣。

使持节、柱国大将军、大都督、大宗伯、赵郡开国公李弼。

使持节、柱国大将军、大都督、大司马、河内郡开国公独孤信。

使持节、柱国大将军、大都督、大司寇、南阳郡开国公赵贵。

使持节、柱国大将军、大都督、大司空、常山郡开国公于谨。

使持节、柱国大将军、大都督、少傅、彭城郡开国公侯莫陈崇。与周文帝为八柱国。

使持节、大将军、大都督、少保、广平王元赞。

使持节、大将军、大都督、淮安王元育。

使持节、大将军、大都督、齐王元廓。

使持节、大将军、大都督、平原郡开国公侯莫陈顺。

使持节、大将军、大都督、七州诸军事、秦州刺史、章武郡开国公宇文遵。

使持节、大将军、大都督、雍州诸军事、雍州刺史、高阳郡开国公达奚武。

使持节、大将军、大都督、阳平郡开国公李远。

使持节、大将军、大都督、范阳郡开国公豆卢宁。

使持节、大将军、大都督、化政郡开国公宇文贵。

使持节、大将军、大都督、荆州诸军事、荆州刺史、博陵郡开国公贺兰祥。

使持节、大将军、大都督、陈留郡开国公杨忠。

使持节、大将军、大都督、岐州诸军事、岐州刺史、武威郡开国公王雄。

是为十二大将军，每大将军督二开府，凡为二十四员，分团统领，是二十四军。每一团，仪同二人，自相督率，不编户贯。都十二大将军。十五日上，则门栏陛戟，警昼巡夜；十五日下，则教旗习战。无他赋役。每兵唯办弓刀一具，月简阅之。甲槊戈弩，并资官给。

自大统十六年以前，十二大将军外，念贤及王思政亦拜大将军。然贤作牧陇右，思政出镇河南，并不在领兵之限。此后功臣位至柱国及大将军者众矣，不限此秩，无所统御。六柱国、十二大将军之后，有以位次嗣掌其事者，而德望素在诸公之下，并不得预于此例。

北史卷六一
列传第四九

王盟　独孤信　窦炽
贺兰祥　叱列伏龟　阎庆
史宁　权景宣

　　王盟字仵，明德皇后之兄也，其先乐浪人。六世祖波，前燕太宰。祖珍，魏黄门侍郎，赠并州刺史、乐浪公。父黑，伏波将军，以良家子镇武川，因家焉。

　　魏正光中，破六韩拔陵攻陷诸镇，盟亦为其所拥。拔陵平后，流寓中山，复以积射将军从萧宝寅西征。宝寅僭逆，盟遂逃匿人间。及尔朱天光入关，盟从之。随贺拔岳禽万俟丑奴，平秦陇，常先登力战。及周文帝平侯莫陈悦，除盟原州刺史。孝武至长安，封魏昌县公。大统三年，征拜司空，转司徒。迎魏文帝悼后于蠕蠕，加侍中，迁太尉。魏文帝东征，以留后大都督行雍州事，节度关中诸军。赵青雀之乱，盟与开府李虎辅太子出顿渭北。事平，进长乐郡公，赐姓拓跋氏。迁太保。九年，进位太傅，加开府仪同三司。

　　盟姿度弘雅，仁而泛爱。虽居师傅，礼冠群后，而廉恭自处，未尝以势位骄人。魏文帝甚尊重之，及疾，数幸其第，亲问所欲。十一年，薨，赠本官，谥曰孝定。

　　子劢，字丑兴，性忠果有材干。年十七，从周文帝入关。及平秦陇，定关中，周文尝谓曰："为将坐见成败者上也，被坚执锐者次也。"劢曰:"意欲兼被之。"周文大笑。寻拜散骑常侍,赐爵梁甫县公。大统初,为千牛备身直长,领左右,出入卧内,小心谨厚。魏文帝常曰:"王劢可谓不二心臣也。"沙苑之役,劢以都督领禁兵,居左翼,当其前者死伤甚众。劢亦被伤重,遂卒于行间。周文深悼焉。赠使持节、太尉、尚书令、十州诸军事、雍州刺史,追封咸阳郡公,谥曰忠武。

子弼袭爵,尚魏安乐公主,位大都督、通直散骑常侍。

劢弟懋,字小兴。盟之西征也,以懋尚幼,留在山东。永安中,始入关,与盟相见,遂从征伐。大统初,赐爵安平县子。后进爵为公,累迁右卫将军。于时疆场交兵,未申丧纪,服齐斩者并墨缞从事。及盟薨,懋上表辞位,乞终丧制,魏文帝不许。累迁开府仪同三司、侍中、左卫将军、领军将军。懋温和,小心敬慎,宿卫宫禁十有余年,勤恪当官,未尝有过。废帝二年,除南岐州刺史,赐爵安宁郡公。后拜小司寇,卒于官。

子悦嗣,位大将军、同州刺史,改封济南郡公。

盟兄子显,幼而敏悟,沉静少言。初为周文帐内都督,累迁骠骑大将军、开府仪同三司、光禄卿、凤州刺史。赐爵洛邑县公,进位大将军,卒。子谊。

谊字宜君,少有大志,便弓马,博览群言。周闵帝时,为左中侍上士。时大冢宰宇文护执政,帝拱默无所关预。有朝士于帝侧微不恭,谊勃然而进,将击之,其人惶惧请罪,乃止。自是朝臣无敢不肃。迁御正大夫。父艰,毁瘁过礼,庐于墓侧,负土成坟。

武帝即位,累迁内史大夫,封杨国公。从帝伐齐,至并州。帝既入城,反为齐人所败,左右多死,谊率麾下骁雄赴之。齐平,自相州刺史征为大内史。汾州稽胡乱,谊击之。帝弟越王盛、谯王俭虽为总管,并受谊节度。贼平,封一子开国公。帝临崩,谓皇太子曰:"王谊社稷臣,宜处以机密,不须远任。"皇太子即位,是为宣帝,惮谊刚正,出为襄州总管。

及隋文帝为丞相,郧州总管司马消难举兵反,帝以谊为行军元

帅讨之,,未至而消难奔陈。于时北至商、洛,南拒江、淮,东西二千
余里,巴蛮多叛,共推渠帅兰洛州为主。洛州自号河南王以附消难,
北连尉迟迥。谊分兵讨之,旬月皆平。帝遣使劳问,冠盖不绝,以第
五女妻其子奉孝。寻拜大司徒。谊自以与帝有旧,亦归心焉。及隋
受禅,顾遇弥厚,帝亲幸其第,与之极欢。

　　太常卿苏威议,以为户口滋多,人田不赡,欲减功臣之地以给
人。谊奏曰:"百官者,历世勋贤,方蒙爵土,一旦削之,未见其可。"
帝以为然,竟寝威议。帝将幸岐州,谊谏曰:"陛下初临万国,人情未
洽,何用此行。"上戏之曰:"吾昔与公位望齐等,一朝屈节为臣,或
当耻愧,是行也,振扬威武,欲以服公心耳。"谊笑而退。寻奉使突
厥。帝嘉其称旨,进郧国公。

　　未几,其子奉孝卒。逾年,谊上表言公主少,请除服。御史大夫
杨素劾谊曰:"臣闻丧服有五,亲疏异节;丧制有四,降杀殊文。王者
之所常行,故曰不易之道也。而仪同王奉孝既尚兰陵公主,以去年
五月身丧,始经一周,而谊便请除释。窃以虽曰王姬,终成下嫁之
礼;公则主之,犹在移天之义。况复三年之丧,自上达下,及期释服,
在礼未详。然夫妇之则,人伦攸始,丧纪之制,人道至大,苟不重之,
取笑君子。故钻燧改火,现以居丧之速;朝祥暮歌,讥以忘哀之早。
然谊虽不自强,爵位已重,欲为无礼,其可得乎?乃薄俗伤教,为父
则不慈;轻礼易丧,致妇于无义。若纵而不正,恐伤风俗。"有诏不
问。然恩礼稍薄,谊颇怨望。

　　或告谊谋反,帝令案其事。主者奏谊有不逊之言,实无反状。帝
赐酒而释之。时上柱国元谐亦颇失意,谊数与往来,言论丑恶。胡
僧告之。公卿奏谊大逆不道,罪当死。帝见谊,怆然曰:"朕与公旧
同学,甚相怜愍,将奈国法何。"于是诏曰:"谊有周之世,早预人伦,
朕共游庠序,遂相亲好。然性怀俭薄,巫觋盈门,鬼言怪语,称神道
圣。朕受命之初,深存戒约,口云改悔,心实不悛。乃说四天王神道,
谊应受命,书有谊谶,天有谊星,桃、鹿二川,岐州之下,岁在辰巳,
兴帝王之业。密令卜问,伺殿省之灾。又说其身是明王圣主。信用

左道,所在违误。自言相表,当王不疑。此而赦之,将或为乱。禁暴除恶,宜伏国刑。"帝复令大理正赵绰谓谊曰:"时命如此,将若之何!"乃赐死于家,时年四十六。

独孤信,云中人也,本名如愿。魏初有四十六部,其先伏留屯者为部落大人,与魏俱起。祖俟尼,和平中,以良家子自云中镇武川,因家焉。父库者,为领人酋长,少雄豪有节义,北州咸敬服之。

信美容仪,善骑射。正光末,与贺拔度等同斩卫可瓌,由是知名。后为葛荣所获。信既少年,自修饰服章,军中号为独孤郎。及尔朱氏破葛荣,以信为别将。从征韩娄,信匹马挑战,禽贼渔阳王表赐周。后以破元颢党,赐爵爰德县侯,迁武卫将军。贺拔胜出镇荆州,乃表信为大都督。及胜弟岳为侯莫陈悦所害,胜乃令信入关,抚岳余众。属周文帝已统岳兵,与信乡里,少相友善,相见甚欢,因令信入洛请事。至雍州,大使元毗又遣信还荆州。寻征入朝,魏孝武雅相委任。

及孝武西迁,事起仓卒,信单骑及之于瀍涧。孝武叹曰:"武卫遂能辞父母,捐妻子从我,世乱识忠良,岂虚言哉!"进爵浮阳郡公。时荆州虽陷东魏,人心犹恋本朝,乃以信为卫大将军、都督三荆州诸军事,兼尚书右仆射、东南道行台、大都督、荆州刺史,以招怀之。既至,东魏刺史辛纂出战,信纵兵击纂,大败之。都督杨忠等前驱斩纂,于是三荆遂定。

东魏又遣其将高敖曹、侯景等奄至。信以众寡不敌,遂率麾下奔梁。居三载,梁武帝方许信还北。信父母既在山东,梁武帝问信所往,答以事君无二。梁武义之,礼送甚厚。

大统三年至长安,以亏损国威,上书谢罪。魏文帝付尚书议之。七兵尚书、陈郡王玄等议,以为既经恩降,请赦罪复职。诏转骠骑大将军,加侍中、开府。寻拜领军将军。仍从复弘农,破沙苑,改封河内郡公。俘虏中有信亲属,始得父凶问,乃发丧行服。寻起为大都督,与冯翊王元季海入洛阳,颍、豫、襄、广、陈留之地并款附。四年,东魏将侯景等围洛阳，信据金墉城，随方拒守旬有余日。及周文帝至瀍东，景等退走。信与李远为右军，战不利，东魏遂有洛阳。六年，侯景寇荆州，周文令信与李弼出武关，景退。即以信为大使，慰抚三荆。

寻除陇右十一州大都督、秦州刺史。先是守宰阘弱，政令乖方，人有冤讼，历年不能断决。及信在州，事无拥滞。示以礼教，劝以耕桑，数年之中，公私富实，流人愿附者数万家。周文以其信著遐迩，故赐名为信。七年，岷州刺史赤水蕃王梁仚定举兵反，诏信讨之。仚定寻为其部下所杀，而仚定子弟仍收其余众。信乃勒兵向万年，顿三交谷口。贼并力拒守。信因诡道趣稠松岭。贼不虞信兵之至，望风奔溃。乘胜逐北，径至城下，贼并出降。加授太子太保。

芒山之战，大军不利。信与于谨帅散卒自后击之，齐神武追骑惊扰，诸军因此得全。及凉州刺史宇文仲和据州不受代，周文令信率开府怡峰讨之。仲和婴城固守，信夜令诸将以冲梯攻其东北，信亲率壮士袭其西南，达明克之。禽仲和，虏其六千户送于长安。拜大司马。十三年，大军南讨。时以蠕蠕为寇，令信移镇河阳。十四年，进位柱国大将军，录前后功，增封，听回授诸子。于是第二子善，封魏宁县公；第三子穆，必要县侯；第四子藏，义宁县侯，邑各一千户。第五子顺，武成县侯；第六子陀，建忠县伯，邑各五百户。信在陇右岁久，启求还朝，周文不许。或有自东魏来者，又告其母凶问，信发丧行服。信陈哀苦，请终礼制，又不许。于是追赠信父库者司空公，追封信母费连氏常山郡君。十六年，迁尚书令。六官建，拜大司马。

周孝闵帝践阼，迁大宗伯，进封卫国公，邑万户。赵贵诛后，信以同谋坐免。居无几，晋公护又欲杀之，以其名望素重，不欲显其罪过，逼令自尽于家，时年五十五。

信美风度，雅有奇谋大略。周文初启霸业，唯有关中之地，以陇右形胜，故委信镇之。既为百姓所怀，声震邻国。东魏将侯景之南奔梁也，魏收为檄梁文，矫称信据陇右，不从宇文氏，乃云"无关西之忧”，欲以委梁人也。又信在秦州，尝因猎日暮，驰马入城，其帽微侧，诘旦而吏人有戴帽者，咸慕信而侧帽焉。其为邻境及士庶所重如此。

子罗，先在东魏，乃以次子善为嗣。及齐平，罗至而善卒，又以罗主嗣。信长女周明敬后，第四女元贞后，第七女隋文献后。周、隋及皇家三代皆为外戚，自古以来，未之有也。隋文帝践极，乃下诏褒赠信太上柱国、十州诸军事、冀州刺史，封赵国公，邑一万户，谥曰景；追赠信父库者使持节、太尉、上柱国、六州诸军事、定州刺史，封赵国公，邑一万户，谥曰恭；信母费连氏赠太尉赵恭公夫人。

罗字罗仁。父信随魏孝武入关中，罗遂为高氏所囚。及信为宇文护诛，罗始见释。寓居中山，孤贫无以自给。齐将独孤永业以宗族故，哀之，为买田宅，遗以资畜。

初，信入关后，复娶二妻。郭氏生子六人，善、穆、藏、顺、陀、整；崔氏生隋献皇后。及齐亡，隋文帝为定州总管，献皇后遣人求罗，得之。相见悲不自胜，侍御者皆泣。于是后遗车马财物。未几，周武帝以罗功臣子，久沦异域，征拜楚安郡太守。以疾去官，归京师。诸弟见罗少长贫贱，每轻侮，不以兄礼事之。然性长者，亦不与诸弟校竞长短。后由是重之。

文帝为丞相，拜罗仪同，常置左右。既受禅，诏追赠罗父。其诸弟以罗母后没齐，先无夫人号，不当承袭。上以问后，后曰：“罗诚嫡长，不可诬也。”于是袭爵赵国公。以其弟善为河内郡公，穆为金泉县公，藏为武平县公，陀为武喜县公，整为千牛备身。擢拜罗为左领将军，迁左卫将军，前后赏赐不可胜计。出为凉州总管，进位上柱国，征拜左武卫大将军。炀帝嗣位，改封蜀国公。未几卒官，谥曰恭。

子纂嗣，位河阳都尉。

纂弟武都，大业末，亦为河阳都尉。

庶长子开远。宇文化及之弑逆也，裴虔通率贼入城象殿，宿卫兵士皆从逆。开远时为千牛，与独孤盛力战阁下，为贼所执，贼义而舍之。

善字伏陀，幼聪慧，善骑射，以父勋，封魏宁县公。魏废帝元年，又以父勋，授骠骑大将军、开府仪同三司，加侍中，进爵长城郡公。周孝闵帝践阼，除河州刺史。以父负衅，久废于家。保定三年，乃授龙州刺史。天和六年，袭爵河内郡公。从帝东讨，以功授上开府。寻除兖州刺史，政在简惠，百姓安之。卒于州，赠使持节、柱国、五州诸军事、定州刺史。

子览嗣，位右候卫大将军。大业末卒。

陀字黎邪。仕周，胥附上士。坐父徙蜀十余年，宇文护诛，始归长安。隋文帝受禅，拜上开府、领左右将军，累转延州刺史。

陀性好左道，其外祖母高氏先事猫鬼，已杀其舅郭沙罗，因转入其家。上微闻而不信。会献皇后及杨素妻郑氏俱有疾，召医视之，皆曰："此猫鬼疾。"上以陀，后之异母弟，陀妻，杨素之异母妹，由是意陀所为。阴令其兄左监门郎将穆以情喻之，上又避左右讽陀，陀言无有。上不说，左转迁州刺史。出怨言，上令左仆射高颎、纳言苏威、大理正皇甫孝绪、大理丞杨远等杂案之。陀婢徐阿尼言：本从陀母家来，常事猫鬼，每以子日夜祀之。言子者鼠也。其猫鬼每杀人者，所死家财物潜移于畜猫鬼家。陀尝从家中索酒，其妻曰："无钱可酤。"陀因谓阿尼曰："可令猫鬼向越公家，使我足钱。"阿尼便咒之，居数日，猫鬼向素家。后上初从并州还，陀于园中谓阿尼曰："可令猫鬼向皇后所，使多赐吾物。"阿尼复咒之，遂入宫中。杨远乃于门下外省遣阿尼呼猫鬼，阿尼于是夜中置香粥一盆，以匙扣而呼曰："猫女可来，无住宫中。"久之，阿尼色正青，若被牵拽者，云猫鬼已至。上以其事下公卿。奇章公牛弘曰："祆由人兴，杀其人，可以绝矣。"上令犊车载陀夫妻，将赐死于其家。陀弟司勋侍中整诣阙求哀，于是免陀死，除名，以其妻杨氏为尼。先是有人讼其母为人猫鬼所杀者，上以为祆妄，怒而遣之。及此，诏诛被讼行猫鬼家。陀未几而卒。

炀帝即位，追念舅氏，听以礼葬。乃下诏赠正议大夫。帝意犹不已，复赠银青光禄大夫。二子，延福、延寿。

陀弟整,位幽州刺史。大业初,赠金紫光禄大夫、平乡侯。

窦炽字光成,扶风平陵人,后汉大鸿胪章之后也。章子统,灵帝时为雁门太守,避窦武之难,亡奔匈奴,遂为部落大人。后魏南徙,子孙因家代,赐姓纥豆陵氏。累世仕魏,皆至大官。父略,平远将军,以炽著勋,赠少保、柱国大将军、建昌公。

炽性严明,有谋略,美须髯,身长八尺二寸。少从范阳祁忻受《毛诗》、《左氏春秋》,略通大义。善骑射,膂力过人。魏正光末,北镇扰乱,乃随略避地定州,投葛荣。荣欲官略,略不受。荣疑其有异志,遂留略于冀州,将炽及炽兄善随军。及尔朱荣破葛荣,炽乃将家随荣于并州。时葛荣别帅韩娄等据蓟城不下,以炽为都督,从骠骑将军侯深讨之。炽手斩娄,以功拜扬烈将军。

魏孝武即位,蠕蠕等诸蕃并遣使朝贡,帝临轩宴之。有鹍飞鸣于殿前,帝素知炽善射,因欲矜示远人,乃给炽御箭两支,命射之,鹍乃应弦而落,诸蕃人咸叹异焉。帝大悦。寻随东南道行台樊子鹄追尔朱仲远,奔梁。时梁主又遣元树入寇,据谯城。子鹄令炽击破之,封行唐县子,寻进爵上洛县伯。时帝与齐神武构隙,以炽有威重,堪处爪牙任,拜阁内大都督,迁朱衣直阁,遂从帝西迁。仍与其兄善至城下,与武卫将军高金龙战于千秋门,败之。因入宫城,取御马四十匹并鞍勒,进之行所。帝大悦,赐炽及善骏马各二匹,驽马十四。

大统元年,别封真定县公,从周文帝禽窦泰,复弘农,破沙苑,皆有功。河桥之战,诸将退走,炽时独从两骑,为敌人追至芒山。炽乃下马,背山抗之。俄而敌众渐多,矢下如雨,炽骑士所执弓,并为敌人所射破。炽乃总收其箭以射之,所中人马,应弦而倒。敌乃相谓曰:“得此三人,未足为功。”乃稍引退。炽因其怠,遂突围得出。又从太保李弼讨白额稽胡,破之。

高仲密以北豫州来赴,炽从周文援之。至洛阳,会东魏人据芒山为阵,周文命留辎重于瀍曲,率轻骑奋击,中军与右军大破之,悉虏其步卒。炽独追至石济而还。大统十三年，进使持节、骠骑大将军、开府仪同三司，加侍中。出为泾州刺史，莅职数年，政号清静。改封安武县公。

魏废帝元年，除原州刺史。炽抑挫豪右，申理幽滞，在州十载，甚有政绩。州城北有泉水，炽屡经游践，尝与僚吏宴于泉侧，因酌水自饮，曰："吾在此州，唯当饮水而已。"及去职后，人吏感其遗惠，每至此泉者，莫不怀之。恭帝元年，进爵广武郡公。属蠕蠕寇广武，炽与柱国赵贵分路讨之。蠕蠕引退，炽度河至麹伏川追及，大破之。武成二年，拜柱国大将军。周明帝以炽前朝旧臣，勋望兼重，欲独为造第。炽辞以天下未平，干戈未偃，不宜辄发徒役，周明不许。寻而帝崩，事方得寝。

保定元年，进封邓国公，邑一万户，别食资阳县一千户，收其租赋。天和五年，自大宗伯为宜州刺史。先是周文田于渭北，令炽与晋公护分射走兔，炽一日获十七头，护十一头。护耻不及，因以为嫌。至是，炽又以周武年长，有劝护归政之议，护恶之，故左迁焉。及护诛，征拜太傅。

炽既朝之元老，名望素隆，至于军国大谋，常与参议。尝有疾，周武帝幸其第问之，因赐金石之乐。其见礼如此。帝于大德殿将谋伐齐，炽年已衰老，乃扼腕曰："臣虽朽迈，请执干橹，首启戎行。得一睹诛翦鲸鲵，廓清寰宇，省方观俗，登岳告成，然后归魂泉壤，无复余恨。"帝壮其志节，遂以炽第二子武当公恭为左二军总管。齐平之后，帝乃召炽历观相州宫殿。炽拜贺曰："陛下真不负先帝矣。"帝大悦，进位上柱国。

宣政元年，兼雍州牧。及周宣营建东京，以炽为京洛营作大监，宫苑制度，皆取决焉。大象初，改食乐陵县，邑户如旧。隋文帝入辅政，停洛阳宫作，炽请入朝。属尉迟迥举兵，炽乃移入金墉，与洛州刺史、凉公元亨同心固守。仍权行洛阳镇事。相州平，炽方入朝。属文帝初为相国，百僚皆劝进，自以累世受恩，遂不肯署笺，时人皆高其节。及帝践极，拜太傅，加殊礼，赞拜不名。开皇四年八月薨，时年七十八。赠八州诸军事、冀州刺史,谥曰恭。

炽事亲孝,奉诸兄以悌顺闻。及其望位隆重,而子孙皆处列位,遂为当时盛族。

子茂嗣。茂有弟十三人,恭、威最知名。

恭位至大将军。从周武平齐,封赞国公,除西兖州总管,以罪赐死。

炽兄善,以中军大都督、南城公从魏孝武西迁,仕至太仆、卫尉卿、汾北华瀛三州刺史、骠骑大将军、开府仪同三司、永富县公,谥曰忠。子荣定嗣。

荣定沉深有器局,容貌魁伟,美须髯,便弓马。初为魏文帝千牛备身,周文帝见而奇之,授平东将军,赐爵宜君县子。后从周文与齐人战于北芒,周师不利,荣定与汝南公宇文神庆帅精骑击却齐师。以功拜上仪同。寻复以军功进位开府。袭爵永富县公,除忠州刺史。从平齐,加上开府,拜前将军、徕飞中大夫。

其妻,隋文帝长姊安成长公主也,文帝少与之情契甚厚。荣定亦知帝有人君之表,尤相推结。及帝作相,领左右宫伯,使镇守天台,总统露门内两厢仗卫,常宿禁中。遇尉迟迥初平,朝廷以山东为意,拜荣定为洛州总管以镇之。前后赐缣四千匹、西凉女乐一部。及受禅,来朝,赐马三百匹、部曲八十户遣之。坐事除名。公主曰:"天子姊乃作田舍儿妻!"上不得已,寻拜右武候大将军。上数幸其第,恩锡甚厚,每令尚食局日供羊一口,珍味称是。以佐命功,拜上柱国。

历位宁州刺史、右武候大将军、秦州总管,赐吴乐一部。突厥沙钵略寇边,为行军元帅,率总管出凉州。与虏战于高越原,两军相持,地无水,士卒渴甚,至刺马血而饮,死者十二三。荣定仰天太息。俄而澍雨,军复振。于是进击,数挫其锋,突厥惮之,请盟而去。赐缣万匹,进爵安丰郡公,复封子宪为安康郡公,赐缣五千匹。岁余,拜右武卫大将军。帝欲以为三公,荣定上书固辞,陈畏惧之道,帝乃止。前后赏赐不可胜计。及卒。帝为之废朝,令左卫大将军元旻监护丧事,赗绢三千匹。上谓侍臣曰:"吾每欲致荣定于三事,其人固让不可。今欲赐之,重违其志。"于是赠冀州刺史、陈国公,谥曰懿。子抗嗣。

抗美容仪,性通率,长于巧思。父卒后,恩遇弥厚,所赐钱帛金宝亦以钜万。位定州刺史,检校幽州总管。炀帝即位,汉王谅反,以为抗与通谋,由是除名,以其弟庆袭封陈公。

庆亦有姿容。性和厚,颇工草隶。初封永富郡公,位河东太守、卫尉卿。大业末,为南郡太守,为盗贼所害。

庆弟琎,亦工草隶,颇解钟律。历位颍川、南郡、扶风太守。炽兄子毅。

毅字天武。父岳早卒,及毅著勋,追赠大将军、冀州刺史。毅深沉有器度,事亲以孝闻。魏孝武初,起家员外散骑侍郎。时齐神武擅朝,毅慨然有徇主之志。后孝武西迁,封奉高县子。从禽窦泰,复弘农,战沙苑,皆有功,进爵安武县公。恭帝元年,进授骠骑大将军、开府仪同三司、大都督,改封永安县公。出为幽州刺史。周孝闵帝践阼,进爵神武郡公。保定三年,拜大将军。

时与齐人争衡,戎车岁动,并交结突厥以为外援。突厥已许纳女于周,齐人甘言重币,遣使求婚,狄人便欲有悔。朝廷乃令杨荐等累使结之,往返十余,方复前好。至是虽期往逆,犹惧改图。以毅地兼勋戚,素以威重,乃令为使。及毅至,齐使亦在焉,突厥君臣,犹有贰志。毅抗言正色,以大义责之,累旬乃定,卒以皇后归。朝议嘉之,别封成都县公,进位柱国。历同州刺史、蒲金二州总管,加上柱国,入为大司马。隋开皇初,拜定州总管。累居藩镇,咸得人和。二年,薨于州,赠襄、郢等六州刺史,谥曰肃。

毅性温和,每以谨慎自守,又尚周文帝第五女襄阳公主,特为朝廷所委信,虽任兼出内,未尝有矜惰之容,时人以此称焉。子贤嗣。

贤字托贤,志业通敏,少知名。宣政元年,授使持节、仪同大将军。开皇中,袭爵神武公,除迁州刺史。

毅第二女即大唐太穆皇后。武德元年,诏赠毅司空、使持节、总管荆郢等十州诸军事、荆州刺史、杞国公。又追赠贤子绍宣秦州刺史,并袭贤爵。绍宣无子,仍以绍宣兄子德藏嗣。

贺兰祥字盛乐,其先与魏俱起,有乞伏者,为贺兰莫何弗,因以为氏。后有以良家子镇武川者,遂家焉。父初真,少知名,为乡间所重,尚文帝姊建安长公主。保定二年,追赠太傅、柱国、常山郡公。

祥年十一而孤,居丧合礼。长于舅氏,特为周文帝所爱,虽在戎旅,常博延儒生,教以书传。周文初入关,祥与晋公护俱在晋阳,后乃遣使迎致之。解褐奉朝请。少有胆气,志在立功。寻擢补都督,恒居帐下。从平侯莫陈悦,又迎魏孝武,以前后功封抚夷县伯。仍从击潼关,获东魏将薛长儒,又攻回洛拔之。还拜左右直长,进爵为公。

大统九年,从周文与东魏战于芒山,进位骠骑大将军、开府仪同三司,加侍中。十四年,除都督、荆州刺史,进爵博陵郡公。先是祥尝行荆州事,虽未期月,颇有惠政,至是重往,百姓安之。由是汉南流人襁负至者,日有千数,远近蛮夷莫不款附。祥随机抚纳,咸得其欢心。时盛夏亢阳,祥亲巡境内,观政得失,见有发掘古冢,暴露骸骨,乃谓守令曰:“此岂仁者为政邪!”命所在收葬之。即日澍雨,是岁大有年。境内多古墓,其俗好行发掘,至是遂息。祥虽周文密亲,性甚清素。州境南接襄阳,西通岷蜀,物产所出,多诸珍异。既与梁通好,行李往来,公私赠遗,一无所受。梁雍州刺史、岳阳王萧詧钦其风素,乃以竹屏风、绮绤之属及经史赠之。祥难违其意,取而付诸所司。周文后闻之,并以赐祥。十六年,拜大将军。周文以泾、渭溉灌之处,渠堰废毁,乃令祥修造富平堰,开渠引水,东注于洛。功用既毕,人获其利。魏废帝二年,行华州事,后改华州为同州,仍以祥为刺史。寻拜尚书左仆射。六官建,授小司马。

周孝闵帝践阼,进位柱国、大司马。时晋公护执政,祥与护中表,少相亲爱,军国之事,护皆与祥参谋。及诛赵贵,废闵帝,祥有力焉。

武成初，吐谷浑侵掠州郡，诏祥与宇文贵总兵讨之。祥乃遣其军司檄吐谷浑，与浑广定王、钟留王等战，破之。因拔其洮阳、洪和二城，以其地为洮州。抚安西土，振旅而还。进封凉国公。薨，赠太师、同岐等十三州诸军事、同州刺史，谥曰景。

有七子，敬、让、璨、师、宽知名。

敬少历显职，封化隆县侯，后袭爵凉国公。位柱国、华州刺史。

让，大将军，郑州刺史，河东郡公。

璨，开府仪同三司、宣阳郡公。建德五年，从于并州战殁，赠上仪同大将军，追封清都公。

师，尚明帝女，位上仪同大将军、幽州刺史、博陵郡公。

宽，开府仪同大将军、武始公。入隋，历汴、郑二州刺史，并著政绩。

祥弟隆，大将军、襄乐县公。隋文帝与祥有旧，开皇初，追赠上柱国。

叱列伏龟字摩头陀，代郡西部人也。其先为部落大人，魏初入附，遂世为第一领人酋长，至龟五世。

龟容貌瑰伟，腰带十围，进止祥雅，兼有武艺。嗣父业复为领人酋长。魏孝昌三年，以别将从长孙承业西征，累迁金紫光禄大夫。从还洛，授都督，遂为齐神武所宠任，加授大都督。沙苑之败，随例来降。周文帝以其豪门，解缚礼之，仍以邵惠公女妻之。大统四年，封长乐县公。自此常从征讨，亟有战功。历侍中、骠骑大将军、开府仪同三司、恒州刺史。卒，子椿嗣。

椿字千年。明帝时，位骠骑大将军、开府仪同三司，改封永世县公。天和初，除左宫伯，进位大将军。

阎庆字仁度，河阴人也。曾祖善，仕魏历龙骧将军、云州镇将，因家云州之盛乐郡。祖提，持节、车骑大将军、敦煌镇都大将。父进，有谋略,勇冠当时。正光中,拜龙骧将军。属卫可瓌作乱,攻围盛乐,进率众拒守,以功拜盛乐郡守。

　　庆幼聪敏,重然诺,风仪端肃,望之俨然。随父固守盛乐,颇有力焉,拜别将。后以军功拜步兵校尉、中坚将军。既而齐神武举兵入洛,魏孝武西迁,庆谓所亲曰:“高欢将有篡逆之谋,岂可苟安目前,受其控制也?”遂以大统三年自宜阳归阙。稍迁后将军,封安次县子,以功进爵为伯。庆善于绥抚,士卒未休,未尝先舍,故能尽其死力,屡获勋劳。累迁散骑常侍、骠骑大将军、开府仪同三司、云州大中正,加侍中,赐姓大野氏。周孝闵帝践阼,出为河州刺史,进爵石保县公。州居河外,地接戎夷,庆留心抚纳,颇称简惠。就拜大将军,进爵太安郡公。入为小司空,历云、宁二州刺史。庆性宽和,不苛察,百姓悦之。天和六年,进位柱国。

　　晋公护母,庆之姑也。护虽擅朝,而庆未尝阿附。及护诛,武帝以此重之。诏庆第十二子毗尚帝女清都公主。庆虽位望隆重,婚连帝室,常以谦慎自守,时以此称之。建德二年,抗表致事,优诏许焉。庆既衰老,恒婴沉痼。宣帝以其先朝耆旧。特异恒伦,乃诏静帝至第问疾。赐布千段,医乐所须,令有司供给。大象二年,拜上柱国。隋文帝践极,又令皇太子就第问疾,仍供医药之费。开皇二年薨,年七十七。赠司空、七州诸军事、荆州刺史,谥曰成。长子常,先庆卒。次子毗嗣。

　　毗,七岁袭爵石保县公。及长,仪貌矜严,颇好经史,受《汉书》于萧该,略通大旨。能篆书,草隶尤善,为当时之妙。周武帝见而悦之,命尚清都公主。宣帝即位,拜仪同三司。

　　隋文帝受禅,以技艺侍东宫。数以雕丽之物取悦于皇太子,由是甚见亲待,每称之于上。寻拜车骑,宿卫东宫。上尝遣高颎大阅于龙台泽,诸军部伍多不齐整,唯毗一军,法制肃然。颎言之于上,特蒙赐帛。俄兼太子宗卫率长史,寻加尚仪同。太子服玩之物多毗所为。及太子废,毗坐杖一百,与妻子俱配为官奴婢。二岁放免。

　　炀帝嗣位,盛修军器,以毗性巧,练习旧事,诏典其职。寻授朝请郎。毗立议，辇辂车舆，多所增损。擢拜起部郎。

帝尝大备法驾，嫌属车太多，顾谓毗曰："开皇之日，属车十二乘，于事亦得。今八十一乘，以牛驾车，不足以益文物，朕欲减之，从何为可？"毗曰："臣初定数，共宇文恺参详故实，据汉胡伯始、蔡邕等议，属车八十一乘。此起于秦，遂为后式。故张衡《赋》云'属车九九'是也。次及法驾，三分减一，为三十六乘，此汉制也。又据宋孝建时，有司奏议，晋迁江左，唯设五乘，尚书令建平王宏曰：'八十一乘，义兼六国，三十六乘，无所准凭，江左五乘，俭不中礼。但帝王文物旗旒之数，爰及冕玉，皆用十二，今宜准此，设十二乘。'开皇平陈，因以为法。今宪章往古，大驾依秦，法驾依汉，小驾依宋，以为差等。"帝曰："何用秦法！大驾宜三十六，法驾宜十二，小驾除之。"毗研精故事，皆此类也。

长城之役，毗总其事。及帝有事恒岳，诏毗营立坛场。寻转殿内丞，从幸张掖郡。高昌王朝于行所，诏毗持节迎劳，遂将护入东都。寻以母忧去职，未期，起令视事。将兴辽东之役，自洛口开渠达涿郡以通漕，毗督其役。明年，兼领右翊卫长史，营建临朔宫。及征辽东，以本官领武贲郎将，典宿卫。时军围辽东城，帝令毗诣城下宣谕，贼弓弩乱发，流矢中所乘马，毗颜色不变，辞气抑扬，卒事而去。迁殿内少监，又领将作少监。后复从帝征辽东。会杨玄感作逆，帝班师，从至高阳郡，卒。帝甚悼惜之，赠殿内监。

史宁字永和，建康袁氏人也。曾祖豫，仕沮渠氏为临松令。魏平凉州，祖灌随例迁于抚宁镇，因家焉。父遵，初为征虏府铠曹参军。杜洛周构逆，六镇自相屠陷，遵遂率乡里奔恒州。其后恒州为贼所败，遵后归洛阳，拜楼烦郡守。及宁著勋，赠散骑常侍、征西大将军、凉州刺史，谥曰贞。

宁少以军功，累加持节、征东将军、金紫光禄大夫。贺拔胜为荆州刺史，宁以本官为胜军司，随胜部。会荆蛮骚动，三鸦路绝。宁先驱平之，因抚慰蛮左，翕然降附。寻除南郢州刺史。及胜为大行台，表宁为大都督。攻梁下溠戍破之。封武平县伯。又攻拔梁齐兴镇等九城。未及论功，属孝武西迁，东魏遣侯景寇荆州，宁随胜奔梁。梁武帝引宁至香蹬前，谓之曰："观卿风表，终是富贵，我当使卿衣锦还乡。"宁答曰："臣世荷魏恩，位为列将，天长丧乱，本朝倾覆，不能北面事逆贼，幸得息肩有道。傥如明诏，欣幸实多。"因涕泣横流，梁武为之动容。在梁二年，胜乃与宁密图归计。宁曰："朱异既为梁主所信任，请往见之。"胜然其言。宁乃见异，申以投分之言，微托思归之意，辞气雅至。异亦嗟挹，为奏梁主，果许胜等归。

大统二年，自梁归，进爵为侯。久之，迁车骑将军、行泾州事。时贼帅莫折后炽寇掠居人，宁率州兵与行原州事李贤讨破之。转东义州刺史。东魏亦以胡梨苟为东义州刺史。宁仅得入州，梨苟亦至，宁逆击破之，斩其洛安郡守冯善道。州既邻接疆场，百姓流移，留心抚慰，咸来复业。转凉州刺史。宁未至而前刺史宇文仲和据州作乱，诏独孤信与宁讨之。宁先至凉州，为陈祸福，城中吏人皆相率降附。仲和仍据城不下，寻亦克之。后迁骠骑大将军、开府仪同三司，加侍中，进爵为公。

十六年，宕昌叛羌獠甘作乱，逐其王弥定而自立，并连结傍乞铁忽及郑五丑等。诏宁率军与宇文贵、豆卢宁等讨之。宁别击獠甘，而山路险阻，才通单骑，獠甘已分其党立栅守险。宁进兵攻之，遂破其栅。獠甘将百骑走投生羌巩廉玉。弥定遂得复位。宁以未获獠甘，遂进军大破之，生获獠甘，徇而斩之。并执巩廉玉送阙。所得军实，悉分赏将士，宁无私焉。师还，召宁率所部镇河阳。

宁先在凉州，戎夷服其威惠，迁镇之后，边人并思慕之。魏废帝元年，复除凉甘瓜三州诸军事、凉州刺史。初蠕蠕与魏和亲，后更离叛。寻为突厥所破，杀其主阿那瓌。部落逃逸者，仍奉瓌之子孙，抄掠河右。宁率兵邀击，获瓌子孙二人，并其种落酋长。自是每战破之，前后数万人。进爵安政郡公。二年，吐谷浑通使于齐，宁击获之，就拜大将军。宁后遣使诣周文帝请事，周文即以所服冠履衣被及弓箭甲等赐宁，谓其使人曰："为我谢凉州，孤解衣以衣公，推心以委公，善始令终，无损功名也。”

　　时突厥木汗可汗假道凉州，将袭吐谷浑，周文令宁率骑随之。军至番禾，吐谷浑已觉，奔于南山。木汗将分兵追之，令俱会于青海。宁谓木汗曰：“树敦、贺真二城是吐谷浑巢穴，今若拔其本根，余种自然离散，此上策也。”木汗从之，即分为两军，木汗从北道向贺真，宁趣树敦。浑娑周王率众逆战，宁击斩之。逾山履险，遂至树敦。树敦是浑之旧都，多诸珍藏。而浑主先已奔贺真，留其征南王及数千人固守。宁进兵攻之，伪退，浑人果开门逐之，因回兵奋击，门未及阖，宁兵遂得入。生获其征南王，俘虏男女财宝尽归诸突厥。浑贺罗拔王依险为栅，欲塞宁路，宁攻破之。木汗亦破贺真，虏浑主妻子，大获珍物。宁还军于青海，与木汗会。木汗握宁手，叹其勇决，并遗所乘良马，令宁于帐前乘之，木汗亲自步送。突厥以宁所图必破，皆畏惮之，咸曰：“此中国神智人也。”及将班师，木汗又遗宁奴婢一百口、马五百匹、羊一万口。宁乃还州，寻被征入朝。属周文帝崩，宁悲恸不已，乃请赴陵所尽哀，并告行师克捷。

　　周孝闵帝践阼，拜小司徒，出为荆州刺史、荆襄淅郢等五十二州及江陵镇防诸军事。宁有谋划，识兵权，临敌指捴，皆如其策，甚得当时之举。及在荆州，颇自奢纵，贪浊不修法度。尝出，有人诉州佐屈法，宁还付被讼者治之。自是有事者不敢复言，声名大损于西州。保定三年，卒于州，谥曰烈。子雄嗣。

　　雄字世武。少勇敢，膂力过人，便弓马，有算略。年十四，从宁于牵屯山奉迎周文帝。仍从校猎，弓无虚发，周文叹异之。寻尚周文女永富公主。除使持节、骠骑大将军、开府仪同三司，累迁驾部中大夫、司驭中大夫。从柱国、枹罕公辛威镇金城，遂卒于军，时年二十四。雄弟祥。

　　祥字世休，少有文武才干。仕周，太子车右中士，袭爵武遂县公。隋文帝践阼，拜仪同，领交州事，进爵阳城郡公。在州颇有惠政。转骠骑将军。伐陈之役，从宜阳公王世积出九江道，破陈师，进拔江州。文帝大悦，下诏慰勉之。进位上开府。寻拜蕲州刺史，迁蕲州总管，征拜左领军将军。复以行军总管从晋王广破突厥于灵武。迁右卫将军。仁寿中，率兵屯弘化以备胡。炀帝时在东宫，遗祥书，论旧行兵时事，申以恩旨。祥为书陈谢。太子甚亲遇之。

及即帝位，汉王谅作乱，遣其将綦母良自滏口徇黎阳，塞白马津，余公理自太行下河内。帝以祥为行军总管，军于河阴，久不得济。祥谓军吏曰："余公理轻而无谋，又新得志，谓其众可恃，恃众必骄。且河北人先不习兵，所谓拥市人而战，不足图也。"乃令军中修攻具。公理使谍知之，果屯兵于河阳内城以备。祥于是舣船南岸，公理聚甲当之。祥乃简精锐，于下流潜度。公理拒之，未成列，祥纵击大破之。东趣黎阳，讨綦良。綦良弃军走，其众大溃。进位上大将军，赐缣彩七千段、女妓十人、良马二十疋。转太仆卿。帝尝赐祥诗曰："伯晸朝寄重，夏侯亲遇深，贵耳唯闻古，贱目讵知今？早摧劲草质，久有背淮心，扫逆黎山外，振旅河之阴。功已书王府，留情太仆箴。"祥上表辞谢。帝手诏曰："昔岁劳公，问罪河朔。贼尔日塞两关之路，据仓阻河，公竭诚奋勇，一举而克。故聊示所怀，亦何谢也。"

寻迁鸿胪卿，从征吐谷浑。祥出玉门道，击虏破之。进位右光禄大夫，拜右骁卫大将军。及征辽东，出蹋顿道，不利，由是除名。俄拜燕郡太守，被贼高开道所围，城陷，开道甚礼之。会开道与罗艺通和，送祥于涿郡，卒于途。子义隆，永年令。

祥弟云，字世高，亦以父勋赐爵武平县公。历位司职下大夫、仪同大将军、莱州刺史。

云弟威，字世仪，亦以父勋赐爵武当县公。

权景宣字晖远，天水显亲人也。父昙腾，魏陇西郡守，赠秦州刺史。

景宣少聪悟，有气侠，宗党皆叹异之。年十七，魏行台萧宝夤见而奇之，表为轻车将军。及宝夤败，景宣归乡里。周文帝平陇右，擢为行台郎中。孝武西迁，授镇远将军、步兵校尉，加平西将军、秦州

大中正。大统初,转祠部郎中。景宣晓兵权,有智略。从周文拔弘
农,破沙苑,皆先登陷阵。转外兵郎中。从开府于谨援洛阳,景宣督
课粮储,军以周济。

　　时初复洛阳,将修缮宫室,景宣率徒三千,先出采运。会东魏兵
至,司州牧元季海等以众少拔还,属城悉叛,道路拥塞。景宣将二十
骑且战且走,从骑略尽。景宣轻马突围,手斩数级,驰而获免,因投
人家自匿。景宣以久藏非计,乃伪作周文书,招募得五百余人,保据
宜阳,声言大军续至。东魏将段琛等率众至九曲,惮景宣不敢进。景
宣恐琛审其虚实,乃将腹心自随,诈云迎军,因得西通。与仪同李延
孙相会,攻拔孔城。洛阳以南,寻亦来附。周文即留景宣守张白坞,
节度东南义军。东魏将王元轨入洛,景宣与延孙等击走之,以功授
大行台左丞。进屯宜阳,攻襄城,拔之,获郡守王洪显。周文嘉之,
征入朝。录前后功,封显亲县男,除南阳郡守。郡邻敌境,旧制发人
守防三十五处,多废农桑,而奸宄犹作。景宣至,并除之,唯修起城
楼,多备器械,寇盗敛迹,人得肄业焉。百姓称之,立碑颂德。周文
特赏粟帛,以旌其能。迁广州刺史。

　　侯景举河南来附,景宣从仆射王思政经略应接。既而侯景南
叛,恐东魏复有其地,以景宣为大都督、豫州刺史,镇乐口。东魏亦
遣张伯德为刺史。伯德令其将刘贵平率其戍率及山蛮,屡来攻逼。
景宣兵不满千人,随机奋击,贵平乃退走。进授使持节、车骑大将
军、仪同三司。颍川陷后,周文以乐口等诸城道路阻绝,悉令拔还。
襄州刺史杞秀以狼狈获罪。景宣号令严明,戎旅整肃,所部全济,独
被优赏。仍留镇荆州,委以鸦南之事。

　　初,梁岳阳王萧督将以襄阳归朝,仍勒兵攻梁元帝于江陵。督
叛将杜岸乘虚袭之。景宣乃率轻骑三千助督。因是乃送其妻王氏
及子寮入质。景宣又与开府杨忠取梁将柳仲礼,拔安陆、随郡。久
之,随州城人吴士英杀刺史黄道王,因聚为寇。景宣以英小贼,可以
计取之,若声其罪,恐同恶者众。乃与英书,伪称道王凶暴,归功英
等。英等果信之,遂相率而至。景宣执而戮之,获其党与。进攻应

城,拔之,获夏侯珍洽。于是应礼安随并平。朝议以景宣威行南服,乃授并安肆郢新应六州诸军事、并州刺史。寻进骠骑大将军、开府仪同三司,加侍中,兼督江、北司二州诸军事,进爵为伯。唐州蛮田鲁嘉自号豫州伯,引致齐兵,大为人害。景宣又破之,获鲁嘉,以其地为郡。转安州刺史。梁定州刺史李洪远初款后叛,景宣恶其怀贰,密袭破之,虏其家口及部众。洪远脱身走免。自是酋帅惧服,无敢叛者。

燕公于谨征江陵,景宣别破梁司空陆法和司马羊亮于浕水。又遣别帅攻拔鲁山。多造舟舰,益张旗帜,临江欲度,以惧梁人。梁将王琳在湘州,景宣遣书喻以祸福,琳遂遣长史席壑因景宣请举州款附。周孝闵帝践阼,征为司宪中大夫。寻除基郢硖平四州五防诸军事、江陵防主,加大将军。

保定四年,晋公护东讨,景宣别略河南。齐豫州刺史王士良、永州刺史萧世怡并以城降。景宣以开府谢彻守永州,开府郭彦守豫州,以士良、世怡及降卒一千人归诸京师。寻而洛阳不守,乃弃二州,拔其将士而还。至昌州而罗阳蛮反,景宣回军破之。还次霸上,晋公护亲迎劳之。

天和初,授荆州刺史,总管十七州诸军事,进爵千金郡公。陈湘州刺史华皎举州款附,表请援兵。敕景宣统水军与皎俱下。景宣到夏口,陈人已至。而景宣以任遇隆重,遂骄傲纵恣,多自矜伐,兼纳贿货,指麾节度,朝出夕改。将士愤怒,莫肯用命。及水军始交,一时奔北,战舰器仗,略无孑遗。时卫公直总督诸军,以景宣负败,欲绳以军法。朝廷不忍加罪,遣使就军赦之。寻遇疾卒。赠河、渭、鄀三州刺史,谥曰恭。

子如璋嗣,位至开府、胶州刺史。

如璋弟仕玠,仪同大将军、广川县侯。

论曰:王盟始以亲党升朝,终而才能进达,勤宣运始,位列周行,实参迹于功臣,盖弗由于恩泽。谊文武奇才,以刚正见忌,有隋受命，郁为名臣，末路披猖，信有终之克鲜。独孤信威申南服，化洽西州，信著遐方，光昭邻国，虽不免其身，庆延于后，三代外戚，何其盛欤。窦炽仪表魁梧，器识雄远，入参朝政，则嘉谋屡陈，出总藩条，则惠政斯洽。毅忠肃奉上，温恭接下，茂实彰于本朝，义声播于殊俗。并以国华人望，论道当官，荣映一时，庆流来叶。及炽迟疑劝进，有送故之心，虽王公恨恨，何以加此。荣定以功懋赏，以劳定国，保其禄位，贻厥子孙，盛矣。贺兰祥、叱列伏龟、阎庆等虽阶缘戚属，各以功名自终，而毗制造之功，亦足传于后叶。史宁、权景宣并以将帅之才，受内外之宠，总戎薄伐，著克敌之功，布政莅人，垂称职之誉，若此者，岂非有国之良翰欤。然而史在末年，货财亏其雅志，权亦晚节矜骄，丧其威声，惜矣。杨谅干纪，祥独克之，效亦足称云尔。